地球の歩き方

B17

2023〜2024年版

CANADA'S WEST
カナダ西部

カナディアン・ロッキーとバンクーバー

COVER STORY

カナディアン・ロッキーには、
たくさんの野生動物が生息しています。
国立公園では、主役は動物たち。
私たち人間はあくまでもゲストです。
マナーを守っての観光を心がけましょう。
表紙は、ロッキーにおける野生動物の
生態系の頂点に君臨するグリズリー。

バンクーバーのリン渓谷にかかるつり橋

地球の歩き方 編集室

14
特集 1
カナディアン・ロッキー
Super Guide
観光シーズン／現地ツアー／
サマーアクティビティ／ワイルドライフ

22
特集 2
花の都を巡る旅に出よう！
バンクーバー＆ビクトリア
花紀行

26
特集 3
冬の極北、
夏の極北

34
特集 4
おみやげ＆グルメも楽しめる
スーパー活用術
2 Ways

36
特集 5
カナディアンに愛され続ける
ティム・ホートンを
極める！

37 ブリティッシュ・コロンビア州

■新型コロナウイルス感染症について

2020年3月より新型コロナウイルス（COVID-19）が感染拡大しましたが、感染状況の改善に伴い2023年3月現在感染症危険情報はレベル1（十分注意してください）が発出されています。P.398のほか、渡航計画前に、必ず外務省のホームページにて感染症危険情報をご確認ください。状況は日々刻々と変わっています。各店舗や施設の公式サイト、SNS等でご自身にて最新情報をご確認ください。

◎外務省海外安全ホームページ・カナダ危険情報
URL www.anzen.mofa.go.jp/info/
pcinfectionspothazardinfo_222.html
#ad-image-0

出発前に必ずお読みください！　with コロナのカナダ旅行について…398
　　　　　　　　　　　　　　　旅のトラブルと安全対策…417

本書で用いられる記号・略号

- ❓ 観光案内所
- [住] 住所
- [TEL] 電話番号
- [FAX] ファクス番号
- [FREE] 現地での通話料無料
- [無料] 日本での通話料無料
- [URL] ホームページのアドレス（http:// は省略）
- [E-MAIL] 電子メールアドレス
- [t] twitter アドレス
- [f] Facebook アドレス
- [開] 開館時間
- [営] 営業時間
- [運] 運行時間
- [催] 催行期間、時間
- [休] 休館、定休日（祝日など臨時の休業日を除く）
- [料] 料金
- [MAP] 地図のページ数、エリア
- [交] 物件への行き方

【英 語】

St.	Street
Ave.	Avenue
Rd.	Road
Dr.	Drive
Pwy.	Parkway
Hwy.	Highway
Sq.	Square
E.	East
W.	West
N.	North
S.	South

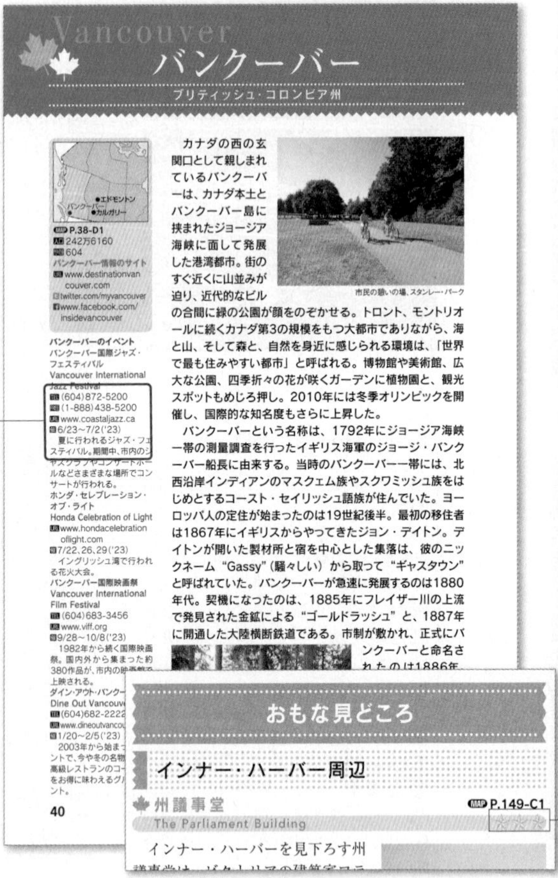

Vancouver
バンクーバー
ブリティッシュ・コロンビア州

[MAP] P.38-D1
[人口] 242万6160
[市外局番] 604
バンクーバー情報のサイト
[URL] www.destinationvancouver.com
[t] twitter.com/myvancouver
[f] www.facebook.com/insidevancouver

バンクーバーのイベント
バンクーバー国際ジャズ・フェスティバル
Vancouver International Jazz Festival
[TEL] (604)872-5200
[FREE] (1-888)438-5200
[URL] www.coastaljazz.ca
[催] 6/23～7/2('23)
夏に行われるジャズ・フェスティバル。期間中、市内のジャズクラブやコンサートホールなどさまざまな場所でコンサートが行われる。
ホンダ・セレブレーション・オブ・ライト
Honda Celebration of Light
[URL] www.hondacelebrationoflight.com
[催] 7/22、26、29('23)
イングリッシュ湾で行われる花火大会。
バンクーバー国際映画祭
Vancouver International Film Festival
[TEL] (604)683-3456
[URL] www.viff.org
[催] 9/28～10/8('23)
1982年から続く国際映画祭。国内外から集まった約380作品が、市内の映画館で上映される。
ダイン・アウト・バンクー…
Dine Out Vancouv…
[TEL] (604)682-2222
[URL] www.dineoutvancou…
[催] 1/20～2/5('23)
2003年から始ま…ントで、今や冬の名物…高級レストランのコ…をお得に味わえるグ…ント。

40

カナダの西の玄関口として親しまれているバンクーバーは、カナダ本土とバンクーバー島に挟まれたジョージア海峡に面して発展した港湾都市。街のすぐ近くに山並みが迫り、近代的なビルの合間に緑の公園が顔をのぞかせる。トロント、モントリオールに続くカナダ第3の規模をもつ大都市でありながら、海と山、そして森と、自然を身近に感じられる環境は、「世界で最も住みやすい都市」と呼ばれる。博物館や美術館、広大な公園、四季折々の花が咲くガーデンに植物園と、観光スポットもめじろ押し。2010年には冬季オリンピックを開催し、国際的な知名度もさらに上昇した。

市民の憩いの場、スタンレー・パーク

バンクーバーという名称は、1792年にジョージア海峡一帯の測量調査を行ったイギリス海軍のジョージ・バンクーバー船長に由来する。当時のバンクーバー一帯には、北西沿岸インディアンのマスクェム族やスクワミッシュ族をはじめとするコースト・セイリッシュ語族が住んでいた。ヨーロッパ人の定住が始まったのは19世紀後半。最初の移住者は1867年にイギリスからやってきたジョン・デイトン。デイトンが開いた製材所と宿を中心とした集落は、彼のニックネーム“Gassy”（騒々しい）から取って“ギャスタウン”と呼ばれていた。バンクーバーが急速に発展するのは1880年代。契機になったのは、1885年にフレイザー川の上流で発見された金鉱による“ゴールドラッシュ”と、1887年に開通した大陸横断鉄道である。市制が敷かれ、正式にバンクーバーと命名されたのは1886年。

おもな見どころ

インナー・ハーバー周辺

州議事堂 [MAP] P.149-C1
The Parliament Building

インナー・ハーバーを見下ろす州…

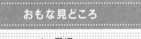

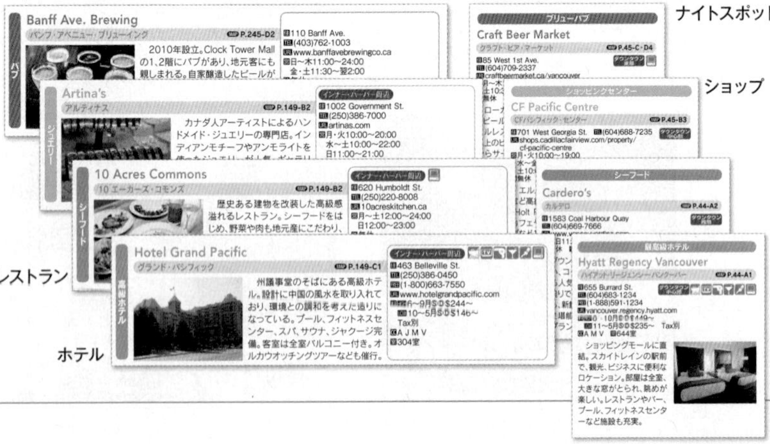

ナイトスポット

ショップ

レストラン

ホテル

パブ
Banff Ave. Brewing
バンフ・アベニュー・ブリューイング [MAP] P.245-D2
2010年設立。Clock Tower Mallの1、2階にパブがあり、地元客にも親しまれる。自家醸造したビールが…
[住] 110 Banff Ave.
[TEL] (403)762-1003
[URL] www.banffavebrewingco.ca
[営] 日～木11:00～24:00
金・土11:30～翌2:00

ジュエリー
Artina's
アルティナス [MAP] P.149-B2
カナダ人アーティストによるハンドメイド・ジュエリーの専門店。インディアンモチーフやアンモライトを…
インナー・ハーバー周辺
[住] 1002 Government St.
[TEL] (250)386-7000
[URL] artinas.com
[営] 月・火10:00～20:00
水～土10:00～22:00
日11:00～21:00

シーフード
10 Acres Commons
10エーカーズ・コモンズ [MAP] P.149-B2
歴史ある建物を改装した高級感溢れるレストラン。シーフードをはじめ、野菜や肉も地元産にこだわり、…
インナー・ハーバー周辺
[住] 620 Humboldt St.
[TEL] (250)220-8008
[URL] 10acreskitchen.ca
[営] 月～土12:00～24:00
日12:00～23:00

高級ホテル
Hotel Grand Pacific
グランド・パシフィック [MAP] P.149-C1
州議事堂のそばにある高級ホテル。設計に中国の風水を取り入れており、環境との調和を考えた造りになっている。プール、フィットネスセンター、スパ、サウナ、ジャクージ完備。客室は全室バルコニー付き。オルカウオッチングツアーなども催行。
インナー・ハーバー周辺
[住] 463 Belleville St.
[TEL] (250)386-0450
[FREE] (1-800)663-7550
[URL] www.hotelgrandpacific.com
[料] 6～9月Ⓢ Ⓓ $244～
10～5月Ⓢ Ⓓ $146～
Tax別
[CC] A J M V
[室] 304室

ブリューパブ
Craft Beer Market
クラフト・ビア・マーケット [MAP] P.45-C・D4
[住] 85 West 1st Ave.
[TEL] (604)709-2337
[URL] craftbeermarket.ca/vancouver

ショッピングセンター
CF Pacific Centre
CFパシフィック・センター [MAP] P.45-B3
[住] 701 West Georgia St. [TEL] (604)688-7235
[URL] shops.cadillacfairview.com/property/cf-pacific-centre
[営] 月・火10:00～19:00

シーフード
Cardero's
カルデロ [MAP] P.44-A2
[住] 1583 Coal Harbour Quay
[TEL] (604)669-7666

最高級ホテル
Hyatt Regency Vancouver
ハイアット・リージェンシー・バンクーバー [MAP] P.44-A1
[住] 655 Burrard St.
[TEL] (604)683-1234
[FREE] (1-888)591-1234
[URL] vancouver.regency.hyatt.com
[料] 6～10月Ⓢ Ⓓ $449～
11～5月Ⓢ Ⓓ $235～ Tax別
[CC] A M V [室] 644室
ショッピングモールに直結。スカイトレインの駅前で、観光、ビジネスに便利なロケーション。部屋は全室、大きな窓がとられ、眺めが楽しい。レストランやバー、プール、フィットネスセンターなど施設も充実。

上から州およびエリア名、都市名になっています。

✉ **読者投稿**

読者の方々からの投稿を紹介しています。投稿データについては、文末の（）内に寄稿年度を記し、【】内に再調査を行った年度を記してあります。

読者投稿について
（→P.431）

地　図

❓	観光案内所	
Ⓗ	ホテル	
Ⓡ	レストラン	
Ⓢ	ショップ	
Ⓝ	ナイトスポット	
Ⓜ	博物館	
✉	郵便局	💰 銀行
Ⓢ	両替所	♁ 教会
Ⓟ	駐車場	

🔁 トランス・カナダ・ハイウエイ
ハイウエイ（メインハイウエイ）番号
⑩
④ ハイウエイ（セカンドハイウエイ）番号
━━━ 鉄道線路
••••••• フェリー航路
••••••• ハイキングコース
（トレイル）
▲ キャンプ場
公園、緑地
⛳ ゴルフ場

★★★ 見どころのおすすめ度
見どころのおすすめ度を、★★★〜★★★でランク付けしました。星3つが最高ランクとなります。

クレジットカード
🅒 利用できるクレジットカード
A アメリカン・エキスプレス
D ダイナースクラブ
J JCB
M マスターカード
V VISA

レストラン
🈷 ひとり当たりの予算

ホテルの部屋
Ⓢ シングルルーム
Ⓓ ダブルまたはツインルーム
※料金は、ひとりあたりではなく、ひと部屋あたりの金額です。
🈐 ハイシーズンの料金
🈘 ローシーズンの料金
🈺 客室数

■本書の特徴

　本書は、おもに個人旅行でカナダ西部を旅行される方が安全かつ存分に旅を楽しめるように各都市の地図やアクセス方法、ホテル、レストランなどの情報を掲載しています。もちろんツアーで旅行される際にも十分活用できるようになっています。

■掲載情報のご利用にあたって

　編集部では、できるだけ最新で正確な情報を掲載するよう努めていますが、現地の規則や手続きなどがしばしば変更されたり、またその解釈に見解の相違が生じることもあります。このような理由に基づく場合、または弊社に重大な過失がない場合は、本書を利用して生じた損失や不都合について、弊社は責任を負いかねますのでご了承ください。また、本書に掲載されている情報がご自身の状況に適しているか、すべてご自身の責任でご判断ください。また、投稿をお送りいただく際は P.431 をご覧ください。

■現地取材および調査時期

　本書は、2022 年 9 月から10月の取材調査データを基に編集されています。また、追跡調査を2023 年 2 月まで行いました。しかしながら時間の経過とともにデータの変更が生じることがあります。特にホテルやレストランなどの料金は、旅行時点では変更されていることも多くあります。したがって、本書のデータはひとつの目安としてお考えいただき、現地では観光案内所などでできるだけ新しい情報を入手してご旅行ください。

■発行後の情報の更新と訂正について

　本書に掲載している情報で、発行後に変更されたものや、訂正箇所が明らかになったものについては『地球の歩き方』ホームページの「更新・訂正情報」で可能なかぎり案内しています（ホテル、レストラン料金の変更などは除く）。
🆄🆁🅻 www.arukikata.co.jp/travel-support

■先住民族の呼び方について

　「インディアン」という言葉は人種差別的な意味合いが強いため、現在はほとんど使われていません。カナダでは先住民族のことを「ネイティブ」や「ファースト・ネイション」と呼びますが、これだと先住民族全体を指し、地方ごとに異なる部族の区別が付かなくなるため、本誌では極北に住む先住民族を「イヌイット」、太平洋沿岸や平原に住む先住民族を「インディアン」と呼び、区別しています。

カナダの基本情報

▶ 旅の言葉→ P.420

国旗
　太平洋と大西洋をイメージした左右のラインに、中央はカエデの葉（メープル）。

正式国名
カナダ　Canada

国歌
オー・カナダ　O Canada

面積
約 998 万 4670km²
（世界第 2 位、日本の約 27 倍）

人口
約 3892 万 9902 人（2022 年 7 月）

首都
オタワ　Ottawa（オンタリオ州）
人口約 101 万 7449 人

元首
チャールズ三世国王 Charles Ⅲ

政体
立憲君主制

民族構成
　200 を超える民族からなる。単純にカナダ人の出自と答える人が最も多く、それにイギリス系、フランス系と続く。人口の約 20.6%はカナダの国外で生まれた移民一世。先住民族の北米インディアン、メティス、イヌイットは人口の 5%以下。
※先住民族の呼び方（→ P.7）

宗教
　80%がクリスチャン。その他、ユダヤ教、イスラム教、仏教など。また、約 16.5%の人々が無宗教。

言語
　国の定めた公用語は英語とフランス語。人口の約 5 割が英語、約 2 割がフランス語を母語とする。州ごとにも異なる公用語を定めている。極北では先住民族の言葉も公用語に定められている。

通貨と為替レート

▶ 旅の予算とお金
　→ P.388

▶ クレジットカード
　→ P.389

　通貨単位はカナダドル Canadian Dollar、略号は $、C$ (CAD)。補助貨はセント ¢ (Cent)。$1=100 セント＝約 100.37 円（2023 年 3 月 3 日時点）。

紙幣の種類は $5、10、20、50、100 の 5 種類。2018 年に $10 のみ新札ができた。硬貨は 5、10、25（クオーター）、$1（ルーニー）、$2 の 5 種類。

5 ドル　　　10 ドル　　　20 ドル

50 ドル　　　100 ドル　　　10 ドル

5 セント　10 セント　25 セント　1 ドル　2 ドル

電話のかけ方

▶ 電話と郵便
　→ P.411

日本からカナダへ電話をかける場合（例：バンクーバー (604)123-4567）

事業者識別番号		国際電話識別番号	カナダの国番号	市外局番	相手先の電話番号
0033（NTTコミュニケーションズ） **0061**（ソフトバンク） 携帯電話の場合は不要	＋	**010**※ ＋	**1** ＋	**604** ＋	**123-4567**

※携帯電話の場合は 010 のかわりに「0」を長押しして「+」を表示させると、国番号からかけられる
※ NTT ドコモ（携帯電話）は事前に WORLD CALL の登録が必要

ビザ

滞在日数が6ヵ月以内の観光なら不要。2016年3月より、電子渡航認証システム eTA の取得が義務付けられた。

パスポート

有効残存期間はカナダ滞在日数プラス1日以上。

入出国

▶ビザ（査証）と電子渡航認証システム eTA
→ P.391
▶出入国の手続き
→ P.397

成田国際空港からエア・カナダと JAL（日本航空）が、羽田空港から ANA がバンクーバーまでそれぞれ直行便を運航。所要時間は約9時間。2023年6月からは関西国際空港からバンクーバーへの直行便も再開予定。エア・カナダは成田〜トロント便、成田〜モントリオール便、羽田〜トロント便もそれぞれ運航。所要時間は12〜13時間。

日本からのフライト時間

▶航空券の手配
→ P.392

広大な国土のため、いくつかの気候地域がある。バンクーバーなどの太平洋沿岸は降水量が多く、豊かな雨林が広がる。カナディアン・ロッキーは寒さが厳しく、夏でも天気が崩れれば上着が必要だ。カルガリーなど平原地帯では寒暖の差が激しい。また、北極圏の極北地方は1年中寒さが厳しい。

バンクーバーと東京の気温と降水量

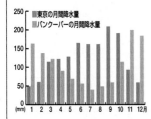

凡例:
■ 東京の月間降水量
■ バンクーバーの月間降水量

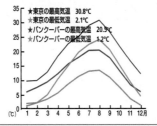

★東京の最高気温　30.8℃
★東京の最低気温　2.1℃
★バンクーバーの最高気温　20.5℃
★バンクーバーの最低気温　1.2℃

気　候

▶旅のシーズン
→ P.386

カナダは6つの時間帯に分かれており、国内でも最大4時間30分の時差がある。バンクーバーは太平洋標準時間で、日本との時差はマイナス17時間。バンフやイエローナイフは山岳部標準時間で、時差はマイナス16時間。サマータイムの実施期間は3月の第2日曜〜11月の第1日曜。この時期は時計の針を1時間進める。

時差とサマータイム

▶時差早見表
→ P.386

以下は一般的な営業時間の目安。店舗により30分〜1時間前後の違いがある。

銀　行

月〜金曜の9:30〜16:00が一般的。土・日曜、祝日は休業。

デパートやショップ

月〜土曜の10:00〜18:00（木・金曜は〜20:00頃のところも多い）。バンフなどは夜まで営業。郊外のショッピングセンターは日曜も営業しているところがある。

リカー・ストア

月〜土曜の9:00〜18:00。都市部や夏季は日曜も営業したり、21:00頃まで営業しているところもある。

ビジネスアワー

カナダから日本へ電話をかける場合（例：東京 (03)1234-5678）

国際電話識別番号		日本の国番号		市外局番の0を除いた番号		相手先の電話番号
011※1	＋	**81**	＋	**3**※2	＋	**1234-5678**

※1 公衆電話から日本へかける場合は上記のとおり。ホテルの部屋からは外線につながる番号を頭に付ける。
※2 携帯電話などへかける場合も、「090」「080」などの最初の0を除く。

▶カナダ国内通話
市内通話の場合、市外局番は不要（バンクーバーは必要）。長距離通話は、始めに長距離通話識別番号「1」のプッシュが必要。なお、市内通話と長距離通話の区分は、市外局番ではなく地域による。

▶公衆電話のかけ方
受話器を上げて、市内通話はコインを入れてからダイヤル、長距離通話は先にダイヤルしてオペレーターが料金を言ったあとにコインを入れる。なお、市内通話は始めに ¢25（地域によっては ¢35 や ¢50）を入れたらあとは時間無制限。テレホンカード式、クレジットカード式のものがある。

祝祭日
（おもな祝祭日）

国の定めた祝祭日のほか、各州の祝祭日もある。下記は 2023 年の祝祭日。

1 月	1/1	元日 New Year's Day
4 月	4/7（※）	聖金曜日 Good Friday
	4/10（※）	復活祭の月曜日 Easter Monday
5 月	5/22（※）	ビクトリア女王誕生祭（ビクトリア・デー）Victoria Day
7 月	7/1	建国記念日（カナダ・デー）Canada Day
9 月	9/4（※）	労働者の日（レイバー・デー）Labour Day
10 月	10/9（※）	感謝祭（サンクスギビング・デー）Thanksgiving Day
11 月	11/11	英霊記念日 Remembrance Day
12 月	12/25	クリスマス・デーChristmas Day
	12/26	ボクシング・デーBoxing Day

（※印）は移動祝祭日。

各州指定のおもな祝祭日

＜ブリティッシュ・コロンビア州＞

ブリティッシュ・コロンビア・ファミリー・デー	2 月第 3 月曜
ブリティッシュ・コロンビア・デー	8 月第 1 月曜

＜アルバータ州＞

アルバータ・ファミリー・デー	2 月第 3 月曜
ヘリテージ・デー	8 月第 1 月曜

＜ユーコン準州＞

ディスカバリー・デー	8 月第 3 月曜

＜ノースウエスト準州＞

先住民の日	6 月 21 日
州民の日（シビック・ホリデー）	8 月第 1 月曜

電圧とプラグ

110 ～ 120V、60Hz。プラグタイプは A 型で、日本のものとほぼ同じ。日本との電圧の違いは 10 ～ 20 ボルトのみで、ドライヤーやヒゲ剃りなど日本からの電気製品はほとんどがそのまま使用できる。コンピューター機器関連も問題なく使用できる。

ビデオ方式

日本と同じく NTSC 方式になっている。日本から持ち込んだビデオソフトも、問題なく再生することができる。ただし、DVD はリージョンコード（日本は 2、カナダは 1）が違うため再生できない。ブルーレイはリージョンコードがカナダ、日本とも「A」なので再生可能。

チップ

チップの習慣はある。レストランやタクシーでの精算時に、10 ～ 15% 程度のチップを渡すのが一般的。会計にサービス料が含まれている場合は不要。

▶ チップについて
→ P.410

飲料水

ほとんどの場所で、水道水を飲むことができるが、水が変わると体調を崩すこともあるので、敏感な人はミネラルウオーターを購入したほうが安心。ミネラルウオーターはキオスクやコンビニ、商店などたいていの場所で購入できる。500ml $2（約 200 円）前後。

※本項目のデータはカナダ大使館、カナダ観光局、外務省などの資料を基にしています。

日本へ送る場合、航空便ははがき、30ｇまでの定形郵便ともに $2.71。切手は郵便局のほかホテルのフロント、駅、空港、バスディーポなどの売店で手に入る。日本に到着までの日数は投函地によっても異なるが、航空便の場合は1～3週間程度。郵便局は、ドラッグストアなどに入っている

Postal Outlet と呼ばれるものがほとんどで、営業時間は、だいたい月～金曜 9:00～17:00、土曜 10:00～14:00、日曜休み。土曜が休業のところもある。

郵　便

▶ 郵便
→ P.412

商品、宿泊料、食事、サービスなどに連邦消費税（GST）5% と州税（州ごとに異なる。各州概要ページ参照）が課税される。ユーコン、ノースウエスト、ヌナブトの3準州は GST のみ、ブリティッシュ・コロンビア州は物品税 7%、宿泊税 8%。アルバータ州は宿泊税のみ 4%。一部の都市を除き、宿泊税 2～6% が別途加算される。

税　金

TAX

▶ 税金について
→ P.389

欧米諸国と比べ治安は良好だが、近年置き引きや窃盗など旅行者を狙った犯罪は増えている。荷物から目を離さないよう注意したり、夜間のひとり歩きなどはしないようにしよう。

緊急時（警察／救急／消防）　911

安全とトラブル

▶ 旅のトラブルと
　安全対策
→ P.417

カナダでは 18 歳未満の喫煙と、19 歳未満（アルバータ州は 18 歳未満）の飲酒とカジノは禁止されている。
　レンタカーは基本的に 25 歳以上。25 歳未満の場合は借りられなかったり、別途料金がかかることもある。

年齢制限

日本と同じく、メートル法を採用している。道路標識もキロメートル表示。ただし、重さに関しては、表示はポンド単位がほとんどだが、実際の計量、計算はメートル法に基づいている。

度量衡

喫煙と飲酒
　公共の場における喫煙、飲酒は一部の例外を除き、全面的に禁じられている。レストランやバーもすべて禁煙。

インターネット
　カナダは、Wi-Fi の普及率が非常に

高い。一部の長距離バスや VIA 鉄道の車内、カナダ国内のほとんどの空港で Wi-Fi の接続が無料になっている。町なかではホテルのほか、レストランやカフェでも Wi-Fi に接続できるところが多い。

その他

▶ マナーについて
→ P.410

▶ インターネット
→ P.414

カナダ西部

太平洋標準時間 (PST),
-17時間 (前日19:00)

山岳部標準時間 (MST)
-16時間 (前日20:00)

北極海
Arctic Ocean

アラスカ
Alaska
(USA)

ボーフォート海
Beaufort Sea

バンクス島
Banks I.

ビクトリア
Victor

アンカレッジ
Anchorage

フェアバンクス
Fairbanks

イヌービク
Inuvik

60°N

マッケンジー山脈
Mackenzie Mts.

グレート・ベア湖
Great Bear

ランゲル・セント・イライアス
タッチェンシーニ・アルセク
ドーソン・シティ
Dawson City
P372

ユーコン準州
Yukon

P377

ノースウエスト準州
Northwest Territories

P377

ホワイトホース
Whitehorse
P372

ナハニ国立公園

イエローナイフ
Yellowknife

スカグウェイ
Skagway

P37

ブリティッシュ・コロンビア州
British Columbia

グレート・スレイブ湖
Great Slave

コースト山脈
Coast Mts.

ロッキー山脈
Rocky Mts.

ウッド・バッファロー
国立公園

ピース川
Peace

P211
ハイダ・グワイ
Haida Gwaii
スカン・グアイ
(アンソニー島)

P209
プリンス・ルパート
Prince Rupert

フォート・マクマレー
Fort McMurray

P325

アルバータ州
Alberta

P273

サスカチュワン州
Saskatchewan

50°N

P186
キャンベル・リバー
Campbell River

P178
ナナイモ
Nanaimo

P212
プリンス・ジョージ
Prince George

カナナスキス・カントリー
Kananaskis Country

P289

P358

エドモントン
Edmonton

ノースサチュカチュワン川
Nth. Saskatchewan

P184
コーモックス・バレー
Comox Valley

P197
ポート・ハーディ
Port Hardy

P142 バンクーバー島
Vancouver I.

P213
カナディアン・ロッキー
Canadian Rocky

ジャスパー
Jasper

P269
キャンモア
Canmore

レッド・ディア
Red Deer

サスカトゥーン
Saskatoon

P189
ユクルーレット
Ucluelet

P192
トフィーノ
Tofino

P204
カムループス
Kamloops

レイク・ルイーズ
Lake Louise
P275

ドラムヘラー
Drumheller

P328

サウスサチュカチュワン川
Sth. Saskatchewan

P182
ポート・アルバーニ
Port Alberni

P198
ケロウナ
Kelowna

P246
バンフ
Banff

カルガリー
Calgary

P140
ソルト・スプリング島
Salt Spring Island

P200
ペンティクトン
Penticton

ナントン
Nanton

レジャイナ
Regina

ダイナソー州立公園

P119
ウィスラー
Whistler

シアトル
Seattle

カナディアン・ロッキー
山脈自然公園群

レスブリッジ
Lethbridge

ライティング・オン・ストーン

P146
ビクトリア
Victoria

太平洋
Pacific Ocean

P40
バンクーバー
Vancouver

ヘッド・スマッシュト・イン
バッファロー・ジャンプ

フォート・マクロード
Fort Macleod

ウォータートン・グレイシャー
国際平和自然公園

コッツ
Coutts

グレイト・フォールズ
Great Falls

カードストン
Cardston

アメリカ合衆国
United States of Ame

タイムゾーン
国　　　境
州　　　境
世界遺産

デボン島
Devon I.

バフィン湾
Baffin Bay

グリーンランド
Greenland
[DNK]

北極圏

ブーシア湾
Boothia Bay

バフィン島
Baffin I.

ナブト準州
Nunavut

フォックス湾
Foxe Basin

P382
イカルイット
Iqaluit

60°N

大西洋
Atlantic Ocean

ハドソン海峡
Hudson Str.

Arviat(Eskimo Point)

ケベック州
Québec

ナダ
anada

ハドソン湾
Hudson Bay

60°N

マニトバ州
Manitoba

ウィニペグ湖
Winnipeg

オンタリオ州
Ontario

グ
eg

太平洋
PACIFIC OCEAN

カ　ナ　ダ
CANADA

アラスカ
ALASKA

グリーンランド
GREENLAND
[DNK]

スベリオル湖
Superior L.

日本
JAPAN

バンクーバー
Vancouver

オタワ
Ottawa

日本標準時間 (JST)

北回帰線

アメリカ合衆国
UNITED STATES OF AMERICA

ミネアポリス
Minneapolice

正午12時

シカゴ
Chicago

メキシコ
MEXICO

北回帰線

13

シーズンからツアー、アクティビティ、
野生動物までまるっとわかる！

カナディアン・ロッキー
Super Guide

カナダ西部、最大の観光地がカナディアン・ロッキー。7つの自然
公園からなるエリアには、多くの野生動物たちが息づく。大自然
を満喫するために知っておきたいことを、4つのテーマで案内。

THEME ＼まずはここから！／
01 観光シーズン

ロッキーにははっきりとした四季がある。観光シーズンは
春から秋にかけてで、11〜4月の半年ほどは雪深い冬。月
ごとの気温や状況を知って、旅の計画作りに役立てよう。

バンフ国立公園にあるペイトー湖

ルイーズ湖畔では
ファイヤーウィードの群生が見られる

ハイキングは7〜8月がベスト

ロッキー最大の町バンフ。ホテルの数
は限られている

緑の森に覆われた大地に
湖や氷河が輝く夏のロッキー

春→夏 5-8月

SPRING-SUMMER

カ ナディアン・ロッキーの観光シーズンが開幕するのは、毎年5月頃。6月の中旬頃までが春〜初夏で、夏は7月〜8月中旬頃までの約1ヵ月半ほど。この時期は世界中から観光客が押し寄せ、バンフやジャスパー、キャンモアなど拠点となる町は夜までにぎわいをみせる。山の上には高山植物が咲き乱れ、ハイキングをはじめとするアクティビティも盛んに行われる。

月の温度と花ごよみ

5月 14.5℃ HOT 1.7℃ COOL

徐々に雪が溶け出す

雪解けは5月頃。標高の低い町なかから始まる。夜は寒いので日本の真冬と同じくらいの服装を心がけて。

この時期の花

ロッキーに春を告げる
プレイリー・クロッカス

ヤナギランの一種
ビーナス・スリッパー

6月 18.5℃ HOT 5.4℃ COOL

高地でも雪解けが始まる

湖の氷もすっかり溶け、本格的な観光シーズンが始まる。上旬にはモレイン湖への道路開通やマリーン湖のボートツアーが始まる。

この時期の花

アルバータ州の州花
ワイルドローズ

可憐な白い花びら
ウエスタン・アネモネ

7月 21.9℃ HOT 7.4℃ COOL

湖が輝き花咲くベストシーズン

高山植物が咲き乱れ、世界中から観光客が集まるシーズン。ツアーやホテルも取りづらいので、予約は早めにすること。

この時期の花

群生を見かけることも
グレイシャー・リリー

真っ赤な花がよく目立つ
インディアン・ペイントブラシ

8月 21.3℃ HOT 6.9℃ COOL

後半には早くも秋めく

昼間はまだまだ暖かいが、8月の後半になると気温が下がり秋の気配が漂いはじめる。トップシーズンではあるので予約は早めに。

この時期の花

湖畔によく咲く
ファイヤーウィード

平均最高気温 HOT　　平均最低気温 COOL

15

秋 9-10月
AUTUMN

黄金色の木々が彩る
落ち着いた黄葉シーズン

9月の中旬には本格的な秋がやってくる。高地では積雪も観測し、日によってはバンフでも雪がちらつく。カラマツ（ラーチ）などの葉が黄色く色付き、緑だった森は一面の黄金色に。黄葉のピークは約1週間ほどと瞬きしているうちに終わってしまうロッキーの秋は、観光客が少ない狙い目のシーズンでもある。

1.黄葉ハイキングの人気スポット、ラーチ・バレー（→**P.319**）
2.夕日の美しさも特筆もの。キャンモアのスリー・シスターズ山
3.エルクは繁殖期にあたり気が立っているので絶対に近寄らないこと
4.バンフにあるアッパー温泉でリラックスするのもおすすめ

9月
🌡 **16.3℃** HOT　🌡 **2.7℃** COOL

10月
🌡 **10.1℃** HOT　🌡 **-1.3℃** COOL

まだまだハイシーズン！

上旬はまだ暖かいが、「インディアン・サマー」と呼ばれるぶり返しの暑さのあとは一気に寒くなる。夜の冷え込みは厳しい。

黄葉のベストシーズン

黄葉は9月下旬あたりから始まるが、ピークはだいたい10月の頭。夜は氷点下に下がることもあるので、防寒具の用意を。

冬 11-4月
WINTER

スキーシーズン真っ盛り!
厳冬期限定の絶景も楽しみ

湖 も森も凍り付く冬のロッキー。風景観光はオフシーズンだが、ウインターアクティビティ目当てのカナディアンたちがやってくる。バンフ周辺には3つのスキー場があり、絶好のパウダースノーが楽しめる。アブラハム湖のアイスバブルやジョンストン渓谷の氷の滝など、この時期にしか見られない絶景も。

ロッキーのおもなスキー場
▶レイク・ルイーズ・スキー場
URL www.skilouise.com
▶サンシャイン・ビレッジ・スキー場
URL www.skibanff.com
▶マウント・ノーケイ・スキー場
URL banffnorquay.com

11月 🌡️ HOT 0.2℃ 🌡️ COOL -8.4℃

ウインターシーズン開幕!
レイク・ルイーズをはじめとするスキー場がオープンし、本格的な冬のシーズンが到来。観光客も少なく落ち着いた雰囲気。

12月 🌡️ HOT -5.1℃ 🌡️ COOL -13.3℃

にぎやかなクリスマス☆
バンフやジャスパーなどの町なかがイルミネーションに彩られるクリスマスシーズン。各地で小さなイベントなども行われる。

1月 🌡️ HOT -4.6℃ 🌡️ COOL -14.1℃

2月 🌡️ HOT 0.4℃ 🌡️ COOL -11.5℃

ウインタースポーツが盛ん
最も気温が下がる1〜2月は、冬のハイシーズン。スキー、スノーボードのほかアイスクライミングを目的に訪れる人も。

3月 🌡️ HOT 4.5℃ 🌡️ COOL -7.3℃

4月 🌡️ HOT 9.5℃ 🌡️ COOL -2.5℃

寒さも峠を越える
日中はプラスの気温になる日もあり、徐々に暖かくなってくる。ローシーズンだがスキー場は4月頃までオープンしている。

1.コース以外にもバックカントリーなども楽しめる。スケール感もカナダサイズ!
2.バンフ国立公園のすぐ外にあるアブラハム湖Abraham Lake（→P.238欄外）では冬のごく一部時期だけアイスバブルという現象が見られる
3.カナディアン・ロッキー最大のレイク・ルイーズ・スキー場
4.ルイーズ湖には氷のオブジェが登場し、湖でアイススケートも楽しめる
5.冬のバンフの名物、ジョンストン渓谷のアイスクライミング

\ 回り方の定番はこれ！/
ツアーで回るロッキー

次から次へと絶景が迫るカナディアン・ロッキーを巡るなら、やはり現地ツアーが効率的。時期や天候に応じた細やかなアレンジで、感動を演出してくれる。言葉とサポート面で安心な日系のツアー会社が断然おすすめ。

START

ツアーはミニバンを使った少人数制の乗り合い

よろしくお願いしま〜す♪

動物が通るための櫓だって〜

個性的な山容や周囲とのコントラストが美しい

8:30
バンフ出発！
バンフ中心部の宿泊施設へガイドが迎えに来てくれる。バンフ、ヨーホー、クートニィの3つの国立公園を回るツアーに出発！

8:50
お城みたいなキャッスル山を仰ぎ見る
ハイウエイ#1を北上。最初に到着するのがキャッスル山を望む展望ポイント。城のような山容が印象的。ガイドさんが教えてくれる土地の歴史や改名の由来も興味深い。

Highlight!

テン・ピークスとよばれる10の峰々が湖の美しさを引き立てる

9:45
ロッキーの宝石モレイン湖へ
バンフ国立公園にあり、かつて20ドル紙幣に描かれたことも。1日のなかでも訪れる時間によって印象が変わりいつまでも見飽きない。

トレイルにはリスの姿も！

湖畔にはモレイン・レイク・ロッジ（→P.281）が建つ

\ ここで参加しました！/

エクスプローラーカナダホリデーズ
Explorer Canada Holidays

DATA
🏠 100 Owl St., Banff
📞 (403)762-3322
📠 (1-866)762-0808
🌐 explorercanadaholidays.com

TOUR
ヨーホー国立公園とモレイン湖＋渓谷散策ツアー
🎫 大人$238（バンフ、レイク・ルイーズ発着、キャンモア発着は+$40）
●その他のツアーなど詳細は（→P.227）

11:00
キッキング・ホース峠を越えヨーホーへ
アルバータ州からブリティッシュ・コロンビア州へ。途中、8の字型に延びるスパイラル・トンネルを見下ろす展望台に立ち寄る。

スパイラル・トンネルでトイレ休憩。運よく列車が通ることも

11:45 🚗

ロッキー最高の
タカカウ滝へゆるハイク

Highlight!

ヨーホー国立公園最大の見どころ。タカカウとは、先住民クリー族の言葉で「壮大」。落差約380mを誇り、トレイルで滝のすぐそばまで行ける。

おもしろ写真も撮れるよ～

ヨーホー国立公園の最奥にある

駐車場から滝までは徒歩10分ほど。途中にも撮影スポットが点在する

12:45

徒歩やカヌーで
エメラルド湖を回る

名前の由来は言わずもがな。翠玉色の水面に周囲の自然が照り映えて、筆舌に尽くしがたいほど神秘的。湖畔には散策路もある。

一度見たら忘れられない感動的なクライマックスが待っている

Highlight!

希望者はカヌーもできる（有料）!

のんびりランチタイム～

ツアーではここでランチを。昼食は持参。ボートで憧れの水上ピクニックを楽しむことも!

14:30

ナチュラル・ブリッジで自然の神秘を体感

キッキング・ホース川の水流によって造られた、自然の造形美を感じられる橋。歩ける橋ではないが、水量により川の色が変化し激流も見られる。

15:15

クートニィ国立公園のマーブル渓谷を散策

氷河の雪解け水が造り出した渓谷はひんやりと涼しく、天然のクーラーのよう。全長約600mの橋が架かり、真上からの景色も必見。

水量によって異なる表情をみせるため朝一番に訪れることも

渓谷といっても普段靴で歩ける道が整備されている

岩の間から激流があふれ出す光景は迫力満点

16:30

FINNISH

バンフ到着

ハイウエイの車窓を楽しみながら帰路へ。夕方にはバンフに到着するので、買い物や市街観光もできる。

自然についてはもちろん、レストランなどのおすすめ情報も教えます!

ガイド：加藤布江さん

19

\ 自然をより感じたい人はこれ！ /

THEME 03
サマーアクティビティ

絶景をただ見るだけでは物足りない！ という人は、アクティビティに参加してみよう。ハイキングや乗馬からカヌーやラフティングといったウオーターアクティビティまで、選択肢は多彩。

乗馬 *Horse riding*

カナダの乗馬は、柵に囲まれた馬場内ではなく、深い森や草原が舞台！ バンフやジャスパーのほかカナナスキス・カントリーでも楽しめる。
● 詳しくは（→P.255、274、298）

陸の アクティビティ

ハイキング

公園内には無数のトレイルがある。1日かけて行く上級コースから、3時間くらいで行ける初心者コースまで、体力に合わせたコースを選ぼう。
● 詳しくは（→P.310）

Hiking

> 地図は必ず持って行くこと！

カヌー *Canoe*

モレイン湖やルイーズ湖、エメラルド湖などでは湖畔のカヌーハウスでカヌーをレンタルできる。
● 詳しくは（→P.277、288、299）

水の アクティビティ

ラフティング *Rafting*

8〜10人ほどでゴムボートに乗り込み、パドルを漕いで川を下る。途中には激流に突っ込むシーンも！
● 詳しくは（→P.256、299）

服装Check
ウエットスーツやパドル、ヘルメットは貸してもらえる。ウエット下の水着は持参すること。

服装Check
ライフジャケットとパドルは貸してもらえる。座るときは足を広げるので、スカートは×。

ワイルドライフ（野生動物）

森の中に生息する野生動物との遭遇は、カナディアン・ロッキー観光の大きな魅力のひとつ。ロッキーでは野生動物に関するルール（→P.220、231）が厳格に定められているので、必ず守るようにしたい。

エルク Elk

カナディアン・ロッキーではもっともよく見かける、大型のシカ。バンフやジャスパーなどの町なかに出てくることも。

遭遇率：★★★★★

グリズリー

成長すると体長250cm以上にもなる、巨大なハイイログマ。危険なので、見かけても絶対に近寄らないように。

遭遇率：★

Bighorn Sheep

ビッグホーン・シープ

ぐるぐると巻いた大きな角が特徴。割とよく見かける動物で、特に崖のそばを車で通るときは要チェック。

遭遇率：★★★★

ロッキーの野生生物 Big5に会う

さまざまな野生動物が生息しているが、大型の動物はおもにこの5種類。どれも見られたら自慢できること間違いなし。

ムース Moose

世界最大のシカで、和名はヘラジカ。遭遇することはかなり稀だが、夕方に湖などの水辺で見かけられるかも。

遭遇率：★★

ブラックベア

グリズリーより小型のクマ。車の通る道路脇で、一心不乱に木の実などを食べているところに出くわすことも。

遭遇率：★★★

Black Bear

花の都を巡る旅に出よう！

バンクーバー
＆ビクトリア

花紀行

カナダでは温暖な気候に属する西部の南海岸。「ガーデンシティ」と呼ばれるブリティッシュ・コロンビア州の2大都市、バンクーバーとビクトリアへ花を巡る旅に出てみるのはいかが？

SPOT 01
バンデューセン植物園
VanDusen Botanical
Garden →P.82

VANCOUVER

別名「ゴールデン・チェーン」とも呼ばれるラバーナムのアーチ。シーズンは毎年5月中旬～下旬頃。

SPOT 02
クイーン・エリザベス公園
Queen Elizabeth Park
→ P.82

1.園内の最高所からは庭園とバンクーバーのダウンタウンまで見渡せる 2.ブローデル温室のそばにある「ハンカチの木」。白い花びらはまさにハンカチ 3.園内のそこかしこで帯状に植えられた花壇が見られる 4.4月上旬には桜の花も咲く

SPOT 03
スタンレー・パーク
Stanley Park
→ P.58

1.湖畔には水草などの花が咲く
2.園内にはローズ・ガーデンもある。3500以上のバラが咲き、開花シーズンは6月頃から
3.園内は広いので、ぐるっと回るならレンタサイクルがおすすめ

ラバーナムの アーチをくぐる

バンクーバーのフラワーシーズンは4月頃からスタートする。市内にはいくつかのフラワースポットがあるが、絶対に行きたいのがダウンタウンの南郊外にあるバンデューセン植物園とクイーン・エリザベス公園。どちらも春から秋までさまざまな花が楽しめる。バンデューセン植物園のハイライトは、5月中旬に開花を迎えるラバーナム（キバナフジ）の大アーチ。園内の遊歩道100mほどに渡って咲き誇り、レモンイエローの美しいトンネルを作り出す。道の両脇にはギガンチウムの花の紫が彩りを添え、歩けばまるでおとぎ話の世界に入り込んでしまったかのような錯覚に陥ってしまう。

丘の上の グリーンパーク

広さ約52ヘクタールの広大な敷地を持つクイーン・エリザベス公園は、小高い丘を利用して造られている。季節の花が帯状に植えられた花壇が園内の遊歩道を飾り、丘の頂上部分には世界中の花が鑑賞できるブローデル温室がある。バンデューセンからは徒歩20分ほどで、途中にはバンクーバーの美しい高級住宅街を通る。個人宅の庭先も季節の花が植えられているので、ぜひ歩いてふたつのスポットを回ってみるといい。

ダウンタウンでは、スタンレー・パークに足を運んでみて。園内にはローズ・ガーデンを始めとしたガーデンがあり、点在する湖では夏にスイレンやスミレ類などの水草が可憐な花をつける。

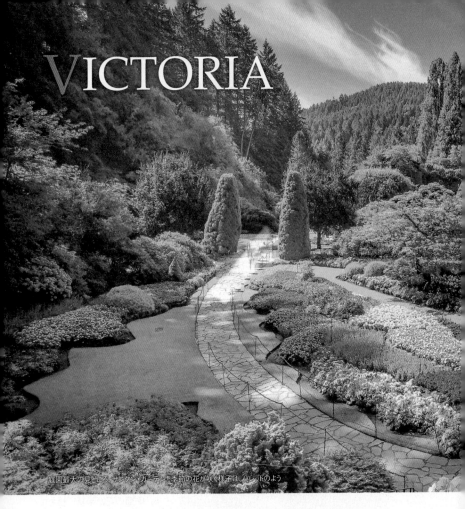

VICTORIA

庭園最大の見どころ、サンクン・ガーデン。季節の花が咲く様子は、パレットのよう

SPOT 03
ベンドレイ・イン・アンド・
ティー・ハウス
Pendray Inn & Tea House
→ P.169

ガーデンを見ながら
アフタヌーンティーを
楽しめる

SPOT 02
インナー・ハーバー
Inner Harbour
→ P.153

州議事堂までの広場を色とりどり
の花が取り囲む

SPOT 01
ブッチャート・ガーデン
The Butchart Gardens
→ P.160

1.イギリス大使がチベットから持ち帰りブッチャート夫人にプレゼントしたというブルー・ポピーが今はすっかり根付いている 2.アーチやハンギングもあるローズ・ガーデン 3.園内数ヵ所に美しい噴水が。花で彩られ、その美しさにため息がこぼれる

カナダ最大の イングリッシュ・ガーデンへ

ビクトリアのフラワースポットといえば、なんと言ってもブッチャート・ガーデンだ。郊外にあるカナダ最大のブリティッシュ・ガーデンで、園内には創業者であるブッチャート夫妻が心血を注いで造り上げた「花たちの楽園」が広がる。大きく5つの庭園に分かれており、なかでも最大の見どころがサンクン・ガーデン。緑に覆われた遊歩道を歩くと、ふと視界が開ける。すると突然、眼下にパレットのような花壇が広がり、その計算され尽くした造形美には目を見張るものがある。5つのガーデンはそれぞれ趣が違い、咲いている花も違うため飽きることがない！途中には噴水や滝などが配され、庭園がひとつのアートのように感じられる。

花に覆われる イギリス風の街並み

ビクトリアの街の中心となるインナー・ハーバーも、春から夏にかけてはさまざまな花が咲き乱れる。州議事堂やフェアモント・エンプレス前の広場は季節の花で埋め尽くされ、街灯にはかわいらしいフラワーバスケットが寄り添う。フォトスポットもたくさんあるので、お気に入りの景色を探して歩いてみよう。ホテルや観光庭園のティールームではビクトリア名物のアフタヌーンティーも楽しめる。カラフルな花が咲くガーデンを眺めながらのアフタヌーンティーで、至福の時間を過ごそう。

町のそこかしこにフラワーバスケットが飾られている

25

冬の極北、夏の極北

カナダの北部にある3つの準州は、総じて「極北」と呼ばれる。
夏は太陽が沈まず、冬は一転して雪と氷に覆われる極限の地だ。
極地だからこそ楽しめる、魂までが震える特別な体験をしてみよう!

冬

Winter
極地の夜空に舞う、
奇跡のオーロラ

カナダの2大オーロラ観測地

イエローナイフ
Yellowknife
冬になると多くの日本人が殺
到する、人気No.1オーロラ観
賞地。平原や広大な湖が多く、
オーロラを遮るものがない。

ホワイトホース
Whitehorse
周囲を山に囲まれた、ユーコン
準州の州都。3000m級の雪
山にかかるオーロラは美しく、多
くのカメラマンを魅了する。

極北の夜空でブレイクアップするオーロラ
© Shin Okamoto / www.shutterstock.com

\ 5 Stepで簡単！/
オーロラ観測ツアー

個人でオーロラツアーを申し込みたいけど、なんだか面倒……。そんな人も安心な、オーロラツアーの手配の流れをさくっとご紹介。基本情報から手配時に気をつけることまで、役立つ情報満載！

©Makoto Hirata

Step 01
シーズンをチェックする

オーロラシーズンは11～4月。この時期には天候も安定し、毎日観測ツアーが出る。最盛期の1～3月には、オーロラ観測率が90％以上！(3泊以上滞在の場合)。なお、同じ冬でも月により気温がかなり異なる。ちなみに、オーロラは冬だけでなく1年中出ている。夏は深夜まで明るいので見えないというわけ。

↑イエローナイフでは最近、秋(8～9月)のオーロラも人気

2大観測地の月別平均最低気温

	12月	1月	2月	3月	4月
ホワイトホース	−16.5	−19.2	−17.5	−11.9	−4.6
イエローナイフ	−25.7	−29.5	−27.5	−22.7	−11

Step 02 どこで見るかを決める

オーロラ観測の人気都市は、イエローナイフとホワイトホース。オーロラ観測率はイエローナイフに利があるが、寒さは非常に厳しい。オーロラ観測方法や町の規模には大差はないので、2か所の特徴を踏まえて、どちらにするか選ぼう。

↑イエローナイフのオーロラ観賞率は、世界でもトップクラス
©Ken Phung / Shutterstock.com

2大観測地、ここが○、ここが×！

ホワイトホース	○気温がイエローナイフより高い ○オプショナルツアーの種類が豊富 ○バンクーバーからのアクセスが便利 ×沿岸部のため天候が崩れやすい
イエローナイフ	○晴天率が高く、オーロラが出やすい ○町中にたくさんの見どころがある ○参加者が多いので安心感あり ×とにかく寒い

Step 03
ツアー会社を選択

行く日にちと場所を決めたら、お次は現地でアレンジしてくれるツアー会社を選ぼう。どちらの町にもたくさんのツアー会社があり、ほとんどが日本語対応可能。オーロラ観賞ツアーの内容はもちろん、宿泊先や扱うオプショナルツアー、防寒着や送迎の有無は必ずチェックを。
●詳細は→P.28

←日中でも寒いので、送迎は必須

Step 04 オプショナルツアーを決める

最後は、滞在中に楽しむアクティビティ(オプショナルツアー)選び。なにしろオーロラが出るのは夜なので、昼は市内ツアーやアクティビティを楽しむのがメイン。なお、こちらは現地に行ってから申し込んでもOK。
●詳細は→P.29

→人気No.1の犬ぞりはぜひ挑戦したい

Step 05 現地へ行き、オーロラ観賞！

現地のツアーはもちろん、航空券などの手配を終えたら、いよいよ現地へ！ 送迎込みのパッケージツアーなら、空港まで迎えに来てくれるので楽々。

←イエローナイフの空港にはホッキョクグマのはく製が置かれている

\ 5 Stepで簡単！/
オーロラ撮影方法

5つのステップで、オーロラの撮影方法をレクチャー。正しく操作すれば、オーロラ撮影なんてカンタンなんです！

Step 01
一眼レフカメラを用意

オーロラを撮影するなら、シャッタースピードを変えられる一眼レフのカメラがいい。レンズは24mmよりも広角のものを用意したい。

> #### コンパクトデジカメで撮影する
> 多機能な高級デジカメならマニュアルモードが付いている場合があるので、右記と同じ操作をすれば充分撮影できる。スマホは機種にもよるが、最新のものだと条件次第で撮影できる場合も。

Step 02
カメラをマニュアルにセット

長時間シャッターを開けるマニュアルモードにセット。絞りは最も小さい値(f2.8～4)にして、ISOは800～3200、シャッタースピードは10～30秒が目安。それぞれの値を動かしながら、複数枚撮影しよう。

Step 04
カメラを三脚にオン！

氷点下の暗い屋外で準備するのは難しいので、あらかじめ三脚にカメラを取り付けておいて、いざ外へ出よう！

Step 03
あらかじめピント合わせ

オーロラは遠くで発生しているため、ピントは最も遠景にセット。撮影中に動く可能性もあるので、テープで固定してしまおう。

Step 05
撮影後は、カメラをケア

暖かい屋内にカメラを持ち込むと結露してしまい故障の原因に。カメラを密封できるビニール袋に入れ、さらにバッグなどで保管して。

27

イエローナイフとホワイトホースのツアー会社

現地に行ってからオーロラ観賞ツアーだけを申し込むこともできるが、
現地でのアクセスや防寒具を考えると、ツアー会社のパッケージに入ったほうが楽ちん。
3社とも日本人スタッフがいるので、予約も日本語でOK！

1.ティーピーとオーロラと一緒に撮影してみて©Ken
Phung / Shutterstock.com 2.温まりながらオーロ
ラが見られるオーロラこたつもある 3.空いた時間には、
レストランやパブでひと休み

【イエローナイフ】

ティーピーのテントで
オーロラ観賞

オーロラ・ビレッジ
Aurora Village

イエローナイフ最大手のツアー会社。ティーピーという先住民族のテント小屋が並ぶ「オーロラビレッジ」で観賞する。ビレッジは湖畔に位置しており、小高い丘になった展望ポイントもある。レストランやギフトショップが点在する敷地内は、まさにオーロラ観賞村。

4709 Franklin Ave.
(867)669-0006
auroravillage.com（英語）
●オーロラ観賞ツアー
$129（2日目は$110）
オーロラこたつ$25、防寒具レンタル1日
$64、2日$75、3日$95、4日$109
●オーロラパッケージ3泊4日（冬季料金）
$782〜868（1人あたりの料金）。
※宿泊費、オーロラ観賞3回、空港送迎、
防寒具、ウエルカムキット（日本語の特製
ガイドブック、オーロラポストカード）などが
含まれる。
●オプショナルツアー
犬ぞり体験$110、かんじき体験$110、
アイスフィッシング$145、イエローナイフ
市内観光$75
※オーロラ観賞ツアーは秋（8/12〜
10/14）にも催行している
※すべて2023〜2024年の料金。
GST5%別途

【イエローナイフ】

夜の犬ぞりでオーロラを見る

オーロラ・
ワンダーランド・
ベックス・ケンネル
Aurora Wonderland Beck's Kennels

犬ぞりチャンピオンのグラント・ベックさん経営。犬ぞりに乗って観賞地まで出かけるユニークなツアーを催行している。運がよければ、犬ぞりからオーロラが見られることも。オーロラ観賞は、湖畔のキャビンで行う。車でキャビンへ行く普通のツアーもあるので、安心を。

124 Curry Dr.
(867)873-5603
www.beckskennels.com
info@beckskennels.com
●オーロラ観賞ツアー
$100、防寒具レンタル$40
●犬ぞりで行くオーロラ観賞
$160
●オーロラパッケージ2泊3日
$295
※パッケージにはオーロラ観賞
ツアー、宿泊費、空港送迎、防
寒具、ツアー送迎が含まれる。
●オプショナルツアー（ホテル
送迎$5）
犬ぞり体験$75、犬ぞり操縦
体験$95、スノーシューで自然
観賞$85、スノーモービルツ
アー$120、バイソン（バッファ
ロー）見学$150
※すべて2022〜2023年の
料金。GST5%別途

犬ぞりに乗りながら見るオーロラは、格別の体験だ
オーナーのグラントさん。犬ぞりの大会でチャンピオンの
経験あり。日中に楽しめるアクティビティも人気。最も
ポピュラーなのは犬ぞり

2．1．

1．森のなかに佇む豪華なロッジのイン・オン・ザ・レイクなら、ロッジのすぐそばですぐにオーロラが観賞できる 2．グルメスポットやショッピングも楽しめるホワイトホースのダウンタウン 3．スノーシューを付けて大自然のなかを歩くネイチャーウォーク

【ホワイトホース】

郊外のロッジでオーロラステイ！

ヤムナスカ・マウンテン・ツアーズ
Yamnuska Mountain Tours

auroranavi.com

ツアーはホワイトホースの市内ホテル滞在型と、郊外にある豪華ロッジ、イン・オン・ザ・レイクに滞在するものの2種類。市内ホテル滞在型では夜になると車で郊外のオーロラ鑑賞地へと移動。ロッジ滞在型の場合は外に出ればすぐにオーロラ鑑賞ができる。

●ホワイトホース市内滞在ツアー3泊4日
$730〜（2名1室、1名の料金）
※宿泊費、空港送迎、オーロラ鑑賞地
への送迎、プチ市内観光が含まれる。
●イン・オン・ザ・レイク滞在ツアー
4泊5日（ロッジ3泊、市内ホテル1泊）
$988〜（2名1室、1名の料金）
※宿泊費、空港送迎、ロッジ滞在時
の朝・夕食などが含まれる。
※各ツアーに防寒具は含まれない。
レンタルは別途$139〜
●オプショナルツアー
犬ぞり$209、動物保護区訪問
$180（$250）、ネイチャーウォーク
$180（$250）※（ ）内はイン・オン・
ザ・レイクの料金 ※すべて2022〜
2023年の料金。GST5%別途

おすすめオプショナルツアー

昼間に楽しむのが、冬ならではのウインターアクティビティ。
これ以外に、市内ツアーもおすすめ。ホワイトホースでは近郊にある温泉も利用でき、
自然動物保護地区訪問と合わせていくツアーが人気。

`ホワイトホース` `イエローナイフ`
犬ぞり Dog Sleds

10頭ほどのハスキー犬がそりを引っ張る、人気No.1アクティビティ。スリルと癒しの両方を味わえる。そりに乗り込むほか、自分で犬ぞりを操縦するツアーもある。

ハラハラ ─────★───── のんびり

犬との触れ合いも魅力だよ

1.長距離のコースだと、犬たちも途中休憩 2.犬ぞりに選ばれる犬種は、アラスカンやシベリアンのハスキー犬 3.思った以上にスピードが出て、スリリング

`イエローナイフ`
スノーモービル Snowmobile

見渡す限りの雪原や森の中をスノーモービルでぶっ飛ばす、爽快度満点のアクティビティ。特別な資格は特に必要なく、日本の普通運転免許があればOK。

ハラハラ ─★───────── のんびり

スリルならこれに決まり!

スピードの出し過ぎにはくれぐれも注意して

`ホワイトホース`
氷河遊覧飛行 Scenic Flight

ホワイトホースでは、セスナで氷河を見に行くツアーが人気。上空から見ると、自然の雄大さが直に伝わるはず。
※2022〜23年シーズンは催行休止。翌シーズン以降は要問い合わせ

ハラハラ ───★─────── のんびり

山の上までひとっ飛び♪

氷河の上を飛ぶフライトが楽しめる
©Atsushi Sugimoto

`イエローナイフ`
スノーシュー
Snow Shoeing

スノーシュー（かんじき）を履いて、自然の中をハイキング。途中、野鳥や動物に出会えるチャンスも。意外と体力を使うので、疲れている時は避けたほうが無難。

ハラハラ ─────────★─ のんびり

自然をじっくりと満喫できる

`イエローナイフ`
アイスフィッシング
Ice Fishing

厚く張った氷に穴を開け、水の中の魚を釣る。寒いときはまるで修行のようだが、その分釣れたときの感動は倍増するはず! じっとしているので、防寒は万全に。

ハラハラ ─────────★─ のんびり

魚がかかるのをじっくりと待とう

©Wendy Nero / shutterstock.com

`ホワイトホース`
自然動物保護地区訪問
Wildlife Watching

ホワイトホースの近郊にある、自然動物保護地区を訪れるツアー。バッファローやカリブー、ジャコウウシなど、極北で生活する動物を間近に見るチャンスだ。

ハラハラ ───★─────── のんびり

厚い毛に覆われたジャコウウシ（マスコックス）

©Atsushi Sugimoto

オーロラ観測について

オーロラに関する「基本のキ」から防寒具まで、気になる情報をとりまとめ。
これで準備は万端! いざオーロラウオッチへ。

オーロラって、何?

(英) 語で「Northern Lights」と呼ばれるオーロラは、太陽の黒点運動で発せられる太陽風の粒子が、地球の磁気圏に入り大気中の原子や分子と電子衝突をし放電することで起こる発光現象のこと。原理としては蛍光灯やブラウン管と同じ。

オーロラの仕組み

太陽風 / 太陽 / 電離圏で、大気中の原子と衝突し、発光 / 太陽風が磁地気極へと吸い寄せられる / オーロラ・オーバル / N / 地球 / S / 磁地気極

オーロラ・オーバル

(地) 球の磁気圏に近づいた太陽風は、磁地気極という北極点や南極点近くの極へと引き寄せられる。そのため、オーロラが発生するのはこの磁地気極の周辺、北緯65~70度あたりの楕円形の帯になる。この帯のことは通称オーロラ・オーバルと呼ばれ、イエローナイフとホワイトホースはオーロラ・オーバルのほぼ真下に位置している。

オーロラの色

(オ) ーロラは太陽風が衝突する原子によって色が異なる。オーロラが発生するのは、地表から100~500kmの上空の電離圏。高度により原子が変わるため、さまざまな色のオーロラが出るのだ。高度と原子、色の掛け合わせは以下の通り。赤いオーロラは非常に稀。

ア。赤いオーロラはとってもしレア。見られたらラッキー

上空180~500km	× 酸素	赤
上空100~250km	× 酸素	緑
上空100~120km	× 窒素	ピンク 青 紫

オーロラの形

(オ) ーロラのひだが揺れているのは、電子を帯びた微粒子が地球の磁場に引きつけられ動いているため。揺らめくカーテン型のほか頭上にはじけるコロナ型、アーチ型、渦巻き型などさまざまな形がある。なお、オーロラが突如として空全体に広がる現象をブレイクアップと呼ぶ。

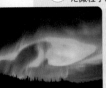

←激しく動く渦巻き型オーロラ

防寒具について

(日) 本から持ち込んでもいいが、装備が不安だったりかさばったりもするので、現地のツアー会社で借りてしまうのがベスト。ただし「みんな同じ格好しているのはイヤ!」という人は、日本から持って行こう。おすすめの服装は下記を参照。

↑オーロラビレッジの防寒具。最高級カナダグースで氷点下でも暖かい

上半身
下着…保温・速乾性のあるポリエステルなど化学繊維のものがいい。
中間着1…保温と湿度・温度コントロールのできるウールシャツやマイクロフリースなど。
中間着2…ウールセーターまたはフリース。
上着…ダウンジャケットまたはインナー用のダウンにマウンテンパーカーの重ね着。
頭部…ニットキャップとネックウォーマー。
手…インナーにポリプロピレンの手袋。その上にウールの手袋。

下半身
下着とタイツ……保温・速乾性のあるポリエステルなど化学繊維のもの。
ズボン…保温性のあるジャージ。
アウターズボン…ダウンパンツ。
靴下…ウール素材の靴下。
シューズ…速乾性が高いスノーブーツ。

日本発着と現地パッケージツアー

(日) 本の旅行会社で申し込むツアーなら、航空券から宿泊先、バンクーバーなどオーロラ観測地以外の街観光も一度に手配できる。一方現地旅行会社のパッケージツアーは、航空券を含まないオーロラ観測地だけのもの。食事も基本つかない。

→ホテルから郊外のロッジまで宿泊の選択肢はさまざま

冬ならではの楽しみ

(犬) ぞりをはじめとしたウインターアクティビティは、寒冷地ならではの遊び。また、凍り付いた空気中の水分が光に反射するダイヤモンド・ダストや木々が凍る樹氷は、町中でも見ることができる自然現象。また厳寒地で濡れたタオルを振り回すと、そのまま凍るのでおもしろい。

→バナナで釘を打つ実験をしてみては?

4泊5日で160km踏破！
これが究極カヌートリップ

夏

Summer

ゴール！
リトル・サーモン・
ビレッジ
Little Salmon Village

★ DAY 4 CAMP

シアーズ・ゴールド・ドレッジ
Cyr's Gold Dredge

★ DAY 3 CAMP

ビッグ・サーモン・ビレッジ
Big Salmon Village

ビッグ・サーモン川
Big Salmon River

ユーコン川
Yukon River

DAY 2 CAMP
★ フータリンクア
Hootalinqua

テズリン川
Teslin River

★ DAY 1 CAMP

スタート！

ラバージ湖
Lake Laberge

ロウアー・ラバージ・ビレッジ
Lower Laberge Village

0   2km

ユーコン川 Yukon River

先住民族の言葉で「大河」を意味するユーコン川は、ブリティッシュ・コロンビア州北部のアトリン湖からアラスカのベーリング海まで続く3185kmの川。北米では5番目の長さで、ホワイトホースやドーソン・シティもこの流域にある。

広大な大河をのんびりと進む。水を漕ぐ音以外は聞こえない、格別な時間だ

31

1	2	3
4	5	6

1.カヌーの操縦法をしっかり教えてくれるので、初心者でも安心 2.テントはセルフで。ツアーが終わる頃には、楽に張れるようになるはず 3.朝、昼、晩、すべて佐久間さんお手製。キャンプとは思えないほど豪華! 4.釣った魚は、塩焼きにして食べよう。こちらがグレーリング 5.2日目に登った山の上からの景色 6.3日目の夜には、なんとオーロラが出現!

キャンプをしながら、ユーコン川を北上

（ホ）ワイトホースからリトル・サーモンまで160kmを行くカヌートリップ。まずは水上飛行機に乗って、出発地点のラバージ湖へ。湖に到着後、ガイドの佐久間さんにカヌーの操縦方法を教わる。パドルの持ち方から基本のストローク、ドローやハッチなどの専門用語を覚えれば、準備は万全。

ラバージ湖からフータリンクアまでの50kmは「The Thirty Mile」と呼ばれ、ユーコン川で最も景色が美しい場所。初日は15kmほど進み、宿泊場所へ。泊まるのはもちろんキャンプ場。テントだって自分で張るのだ。食事は用意してくれるので、全員揃ってキャンプ飯! 気分最高で初日終了。

2日目は35kmと、初日の倍以上を進む。夕方にフータリンクアのキャンプ場へ到着。ハイキングなども楽しみ、心地よい疲れの中ぐっすりと眠る。

耳を澄ますと、砂がカヌーの底にあたる独特の音が聞こえる

ひたすらにカヌーを漕いだ心揺さぶる特別な5日間

（3）日目を出発ししばらくすると、ゴールドラッシュ時代（→P.372）の集落跡に到着。巨大な蒸気船などを見学する。ここで「The Thirty Mile」は終了。川幅も広くなり、氷河期の名残である崖がそこかしこに見られるように。この頃になるとカヌー操縦にも慣れて、進むのも楽々。

4日目は雨が降り出し寒さも厳しくなったが、力を合わせてなんとか乗り切る。最終日のキャンプでは夜遅くまでキャンプファイヤーで語り合い、みんなでこの特別な時間を惜しんだ。

最終日。ゴール地点まではあと16km。残された時間をいとおしむかのように、風景を目に焼き付ける。そして、ついにゴール地点のリトル・サーモンに到着! 普通の観光ツアーでは決して味わえない達成感を味わい、車でホワイトホースへ戻る。

一生のうち、わずか5日。心に刻まれること間違いなしのスペシャルな旅、ぜひ体験してみて。

カヌーピープル Kanoe People 詳細は（→P.374）
MAP P.374-B2 **TEL** (867)668-4899
URL www.kanoepeople.com
●ユーコンリバー・カヌーツアー7日間（日本人ガイド）
営7/29～8/4（2023年）
※7日間のツアーのうち、カヌーキャンプは4泊5日。前後ホワイトホースで1泊ずつ。
料$2895（ホワイトホース空港集合、解散。宿泊費、カヌーキャンプ代、水上飛行機代、キャンプ中の食費込み ※カヌーの距離が短いニサトリン・リバー・カヌーツアー7日間も催行しているので、問い合わせてみて。
日本語での問い合わせ
Email kcjsakuma@
sympatico.ca

親切なカヌーピープルのスタッフたち

ユーコン川カヌートリップについて

究極カヌートリップを盛り上げる動物や自然など、知っておきたい情報からお役立ちまで。
旅に役立つ、とっておきをお届け!

シーズン

ユーコンの雪解けは5〜6月で、7〜8月の短い期間が夏でありカヌーのシーズンだ。7月のほうが気温が暖かいが、蚊が多く苦労するはず。8月も中旬になれば蚊も少なくなるが、朝晩は気温一桁代まで冷え込む。

↑極北の夏は短い。それだけに美しいのだ

服装と持ち物

夏でも、特に日没後はかなり冷え込む。日本の冬キャンプと同じ装備を。昼間は20度以上になることもあるので、着脱しやすい服装を心がけよう。

HEADGEAR
晴れると日差しが強いので、帽子は必須。寒いときはニット帽を用意。

TOPS
防水性のあるマウンテンパーカーの下にフリースなどを着よう。下着類も速乾性のある素材が◎。

GLOVES
晴れた日中はなくても大丈夫だが、寒くなったら必須。ウールやコットンは避ける。

PANTS
濡れる場合が多いので、ジーンズなどコットン素材は×。速乾性のあるタイツと水着を重ねさらに撥水のパンツをはく。

SHOES
黒靴がベスト。濡れてもいいマリンシューズでもOK。長靴はかさばるので、カヌーピープルでレンタルするのも手。

その他の持ち物リスト

下着…○	水筒…○
水着…○	洗面用具…○
レインウエア…○	日焼け止め…○
長靴…△	虫除けスプレー…○
寝袋…○	タオル…○
スリーピングマット…△	ライト…○

※○…日本から持って行ったほうがよいもの
　△…カヌーピープルでレンタル可能(有料)

ユーコンの自然

ユーコン準州は亜寒帯気候に属している。北部の高地は木々の生えないツンドラの大地だが、ユーコン川の周辺には豊かな森が広がる。森に生えるのはスプルース(トウヒ)などの針葉樹のほか、紅葉樹ではアスペンなどが見られる。氷河期には厚い氷に覆われていた地域でもあり、氷河の縁に堆積した砂地が露出したケイムという独特の地形が点在している。

→氷河の名残であるケイムと呼ばれる地形

ユーコンの動物

ユーコンにはクマやムース、カリブー、ビーバー、ハクトウワシなど、たくさんの野生動物が生息している。ツアーの間も運がよければ見かけることができるが、ユーコン川での遭遇率はそれほど高くないので、まったく見られないという可能性も。

ハクトウワシ
その名の通り、頭部が白いワシ。翼を広げた全長は2mにもなるという。

ムース
オスの成体で体重650kgを超える、世界最大のシカ。和名はヘラジカ。

グリズリー
ヒグマの一種。ユーコンには6000頭あまりが生息しているとされる。

ビーバー
姿を見られることは稀だが、巣(ビーバーロッジ)はそこかしこにある。

食事について

カヌートリップ中の食事は、すべてツアー料金に込み。もちろんすべてキャンプ食だが、ステーキからサーモン、ラーメンやカレーなどの日本食までバリエ豊富で、クオリティも◎。ツアー中に釣れた魚も、貴重な食料となる。

←豪華なアルバータ牛のステーキ

1.みんなで食べる食事は格別のおいしさ! 2.キャンプの定番、焼きマシュマロはチョコビスケットで挟んでスモアにするのがカナダ流

おみやげ＆グルメも楽しめる

スーパー活用術 2Ways

> おみやげも
> テイクアウト
> グルメも充実して
> います

活用術 01

プチプラおみやげ探し

市民の生活を支える地元スーパーは、安くておいしい食料品の宝庫！ おみやげ探しはもちろん、買って旅行中に楽しむのもおすすめ。

Must Buy Item

カナダらしさ100％のスーパーみやげはこちら！

ポテトチップス

カナダの最大手ポテトチップスメーカー、オールド・ダッチ。トマトケチャップ味は、カナダだけのオリジナル。

ドレッシング

オカナガン発リトル・クリークのチェリーやアプリコット風味など、珍しいフレーバーも！

サーモン缶

人気のサーモンも、缶詰なら$3くらいで手に入る。ソッカイ（紅鮭）やキング、ピンク、コーホーなど種類もいろいろ。

グラノーラ

ヘルシーなグラノーラは、カナダの朝食の人気メニュー。食感がよく、食べ応え抜群。バリエーションも豊富。

カップラーメン

多国籍の人々が暮らすカナダでは、カップラーメンもポピュラー。中国、韓国、日本製などさまざまに選べる。

クラマト

トマトジュースをハマグリのスープで割ったクラマトは、カナダ独特の飲み物。思ったよりも飲みやすい。

メープルシロップ

カナダみやげの永遠の定番、メープルシロップも、スーパーなら割安。100％ピュアのメープルシロップを選ぼう。

Check!

エコバッグを忘れずに

カナダでは、すべてのスーパーでショッピングバッグが有料。マイエコバッグを利用するのがいい。また各スーパーで販売しているオリジナルのエコバッグは、おみやげにもなるので現地調達も◎。

シャンプー＆コンディショナー

話題のはちみつシャンプーは種類豊富で目移りしてしまうほど。旅行に便利な固形タイプもずらり。

活用術 02

お惣菜で安ウマ☆グルメ

カナダの大型スーパーにはデリコーナーがあり、前菜からメイン、デザートまでさまざまなメニューを販売している。ランチにもディナーにも利用でき、節約にもなって◎。

How to Order

目で見て指させばOK 安心! 簡単オーダー術

1 容器をチョイス

まずはどのサイズにするか決める。ワンプレートやボックスなど店により容器も異なる。

3 ラベルを貼ってもらう

惣菜はグラム売り。オーダーが終わったらスタッフが重さを測りラベルを貼ってくれる。

2 お惣菜をオーダー

サイズを決めたら、お惣菜選び。迷ったらスタッフにおすすめを聞いてみるのも◎。

4 レジに行きお会計

ラベルを貼った容器を受け取ったらレジに行き会計を済ます。カトラリーももらえる。

Check!

料金の目安

スーパーやメニューにより異なるが、前菜やサラダが$4〜、メインは$7〜12くらい。$10〜15あればおなかいっぱい食べられる。なお表示料金は100gなど重さ単位。どのくらい頼むかで合計金額が変わる。

Food Selection

サラダ、メイン、デザートまでバリエーションは豊富

ひよこ豆のサラダ

バーベキューチキン

トマト&バジルビスク

ナナイモバー

ローカルスイーツ

※上記は一例。スーパーによりメニューが変わる

バンクーバーのおもなスーパー

アメリカ生まれの大人気スーパー

ホール・フーズ・マーケット
Whole Foods Market
ダウンタウン西部

MAP P.44-A2 **住** 1675 Robson St.
TEL (604) 687-5288
URL www.wholefoodsmarket.com
営 毎日7:30〜22:30 **休** 無休 **カ** A M V
交 市バス#5でロブソン通りとカルデロ通りの交差点下車、徒歩1分

オーガニックフードならおまかせ!

アーバン・フェア
Urban Fare
イエールタウン

MAP P.45-C3 **住** 177 Davie St.
TEL (604) 975-7550
営 毎日6:00〜23:00
休 無休 **カ** A M V
交 スカイトレインのイエールタウン・ラウンドハウス駅から徒歩2分

ダウンタウン随一の大型店

セーフウェイ
Safeway
ダウンタウン西部

MAP P.44-A2 **住** 1766 Robson St.
TEL (604) 683-6155
URL www.safeway.ca
営 毎日7:00〜23:00 **休** 無休 **カ** A M V
交 市バス#5でロブソン通りとデンマン通りの交差点下車、徒歩2分

カナダ西部主要観光地のスーパー事情

ビクトリア

大手スーパーは中心部になく、ダウンタウンの徒歩圏内ではローカルストアのMarket on Yates（**MAP** P.148-A2）が便利。インスタント食品や菓子類ならセブンイレブンやサークルKへ。

バンフ

バンフで一番大きなスーパーは「Cascade Shops（→P.266）の裏にあるIGA Banff（**MAP** P.245-C1）。町なかにあるので利用しやすく、品物も充実。キャンモアにはSafeway（**MAP** P.269-A2）がある。

イエローナイフ

ダウンタウンにあるYKセンター・モールYK Centre Mall（**MAP** P.379-A1）に大型のスーパーが入っている。そばにあるセンター・スクエア・モールCentre Square Mall（**MAP** P.379-A2）にも小さな商店がある。

35

ティム・ホートンを極める！

ティム・ホートンは、カナダ生まれのコーヒーチェーン。カナダ全土で2700店舗以上展開しており、利用したことのないカナダ人はいないと言っても過言ではないほど、愛される存在なのだ。

インスタント
コーヒーも販売！

Mサイズ
$1.92

10個入り
$2.99

愛されNo.1メニュー
ティム・ビッツ

ピンポン球サイズの小さなドーナツがティム・ビッツ。プレーン、チョコ、ハチミツなどいくつかの種類があり、好きなものを詰めてもらえる。

愛されNo.2メニュー
オリジナルブレンド
コーヒー

アラビカ豆100%使用、ミディアムローストのオリジナルブレンドコーヒー。2023年からは容器が再生素材にリニューアルされた。

DATA
カナダ生まれの
コーヒーチェーン
ティム・ホートン
Tim Hortons
URL www.timhortons.com

朝食限定メニューはこちら

ティム・ホートンの朝食といえば、サンドイッチ。ベーコンやソーセージパティを挟んだシンプル、ボリューミーなブレックファストサンドイッチの2タイプがある。ハッシュポテト$1.99も一緒にぜひ。

Breakfast

ブレックファスト
サンドイッチ
$3.99〜

シンプル
サンドイッチ
$2.99〜

ランチに最適なスープセット

ピリッと辛いチリコンカン、チキンヌードルと2種類のスープがある。パンもついて$10以下！ ほかミートパイやサンドイッチ、バーガーなどさまざまなバリエーションがある。バーガーはバンズも選べる。

チリコンカン
（パン付き）
$5.49

ハーブ＆ガーリック・
セイバリー・ベスト
リー $2.99

Lunch

ディナーはボリューム重視！

ボリューミーなサラダボウルやラップが人気。写真は、スパイシーな細切りステーキを使った新商品。ほかハンバーガーやサンドイッチなどもある。

チポトレ・ステー
キ・ローデッド・
ラップ $8.79

チポトレ・ステー
キ・ローデッド・
ボウル $9.99

Dinner

スイーツ＆ドリンク

ティム・ホートンといえば、やっぱりドーナツ！ おすすめはハニーディップ。ドリンクも豊富にあり、ラテやカプチーノ、さらには甘いモカアイスなどもラインナップ。夏にはコールドタイプのジュースも登場。

Sweets & Drinks

ドーナツ1つ
$1.49〜

バニラココナッツ
ラテ $3.99
バニラココナッツ
カプチーノ $5.79

ワイルドブルー
ベリーマフィン
$1.99

クラシック
レモネード
$2.29

モカアイス
$4.29 な

ブリティッシュ・コロンビア州

ビクトリアのシンボル的存在であるフェアモント・エンプレス

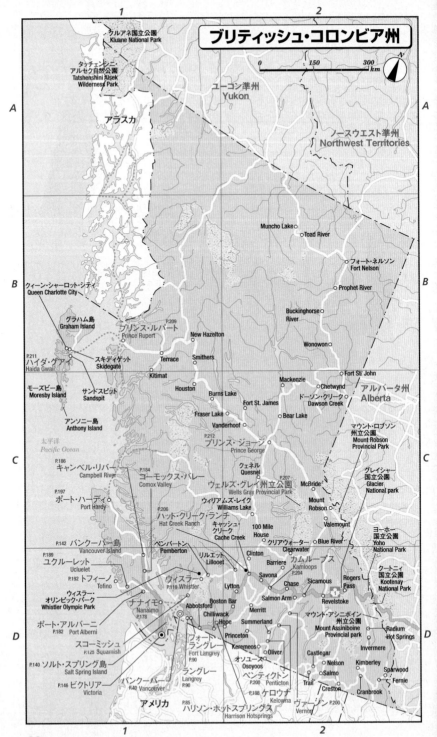

ブリティッシュ・コロンビア州

0　　　150　　　300
km

クルアネ国立公園
Kluane National Park

ユーコン準州
Yukon

タッチェンシニ・
アルセク自然公園
Tatshenshini Alsek
Wilderness Park

アラスカ

ノースウエスト準州
Northwest Territories

Muncho Lake
Toad River

フォート・ネルソン
Fort Nelson

Prophet River

クィーン・シャーロット・シティ
Queen Charlotte City

Buckinghorse
River

グラハム島
Graham Island

P.209
プリンス・ルパート
Prince Rupert

New Hazelton

Wonowon

P.211
ハイダ・グアイ
Haida Gwaii

スキディゲット
Skidegate

Terrace　Smithers

Fort St. John

モーズビー島
Moresby Island

サンドスピット
Sandspit

Kitimat

Houston
Burns Lake

Mackenzie
Chetwynd

ドーソン・クリーク
Dawson Creek

アルバータ州
Alberta

アンソニー島
Anthony Island

Fraser Lake
Fort St. James

Bear Lake

Vanderhoof

マウント・ロブソン
州立公園
Mount Robson
Provincial Park

太平洋
Pacific Ocean

P.212
プリンス・ジョージ
Prince George

P.186
キャンベル・リバー
Campbell River

P.184
コーモックス・バレー
Comox Valley

クェネル
Quesnel

ウェルズ・グレイ州立公園
Wells Gray Provincial Park

P.207
McBride

グレイシャー
国立公園
Glacier
National park

P.197
ポート・ハーディ
Port Hardy

ウィリアムズ・レイク
Williams Lake

Mount
Robson

P.206
ハット・クリーク・ランチ
Hat Creek Ranch

キャッシュ・
クリーク
Cache Creek

100 Mile
House

Valemount

ヨーホー
国立公園
Yoho
National Park

P.142
バンクーバー島
Vancouver Island

ベンバートン
Pemberton

クリアウォーター
Clearwater

Blue River

P.189
ユクルーレット
Ucluelet

リルエット
Lillooet

Clinton

Barriere

カムループス
Kamloops

ロジャーズ
パス
Rogers
Pass

クートニィ
国立公園
Kootenay
National Park

P.192
トフィーノ
Tofino

ウィスラー・
オリンピック・パーク
Whistler Olympic Park

ウィスラー
P.119 Whistler

Lytton

Savona

P.204

Chase　Sicamous

Revelstoke

ナナイモ
Nanaimo
P.178

Boston Bar

Salmon Arm

マウント・アシニボイン
州立公園
Mount Assiniboine
Provincial park

ポート・アルバーニ
P.182 Port Alberni

Abbotsford
Chilliwack

Merritt

Summerland

Radium
Hot Springs

スコーミッシュ
P.125 Squamish

フォート・
ラングレー
Fort Langley
P.90

Hope

Princeton

Keremeos

Oliver

Castlegar

Invermere

P.140 ソルト・スプリング島
Salt Spring Island

オソユース
Osoyoos

Nelson

Kimberley

Sparwood

P.146 ビクトリア
Victoria

バンクーバー
P.40 Vancouver

ラングレー
Langley
P.90

ベンティクトン
P.200 Penticton

Salmo

Fernie

ケロウナ
P.198 Kelowna

Trail

Creston

Cranbrook

アメリカ

P.85
ハリソン・ホットスプリングス
Harrison Hotsprings

ヴァーノン P.200
Vernon

ブリティッシュ・コロンビア州

British Columbia

西は太平洋沿岸から東はロッキー山脈の西側までの変化に富んだ地形をもつブリティッシュ・コロンビア州（BC州）は、地形や気候から、大きく6つのエリアに分別される。カナダのなかで最も日本に近く、成田、羽田、関空と日本の3か所からの直行便が運航するバンクーバーは、カナダの玄関口として親しまれている。

州都：	ビクトリア
面積：	94万4735km²
人口：	500万879人（2021年国勢調査）
時差：	太平洋標準時間 日本との時差−17時間 （サマータイム実施時−16時間） ※一部では山岳部標準時間 （日本との時差−16時間）を採用
州税：	物品税7%、宿泊税8% （一部の都市を除いて宿泊税2〜4%別途加算）
州旗：	上半分に王冠をあしらったユニオンジャック、下は太平洋を意味する青の縞模様と太陽が描かれている。

ノーザン・ブリティッシュ・コロンビア
Northern British Columbia

雪を抱いた山々と原始の大森林が続く未開の地。最北部ではユーコン、アラスカと接している。沿岸部分には今も先住民が多く住み、世界遺産に登録されているクイーン・シャーロット諸島もこのエリアにある。
おもな都市
プリンス・ルパート
（→P.209）

カリブー・カントリー
Cariboo Country

ブリティッシュ・コロンビアのほぼ中央部。かつてフレイザー川上流の金鉱を求めて、ゴールドラッシュに湧いたエリア。今も西部劇さながらの建物が残り、往時の夢の跡をしのばせる町が点在している。
おもな都市
プリンス・ジョージ（→P.212）

バンクーバー島
Vancouver Island

バンクーバーとジョージア海峡を挟んで向かい合う、南北約500kmの細長い島。ビーチやフィヨルドなど、変化に富んだ海岸線はマリンアクティビティ天国。州都ビクトリアのガーデンも見逃せない。
おもな都市
ビクトリア（→P.146）
ナナイモ（→P.178）
ポート・アルバーニ（→P.182）
トフィーノ（→P.192）

トンプソン・オカナガン
Thompson Okanagan

なだらかな牧草地から渓谷、トンプソン川岸の砂漠のような風景などBC州でも特に変化に富んだ地形をもつ。ブドウの栽培に適した気候のエリアでもあり、カナダを代表するワインの生産地としても有名。
おもな都市
ケロウナ（→P.198）
カムループス（→P.204）

バンクーバー

ビクトリア

B.C.ロッキーズ
B.C. Rockies
（→P.215）

バンクーバー、コースト山脈
Vancouver, Coast Mountain

東にコースト山脈を抱くエリアで、太平洋に開かれたゲートシティのバンクーバーや山岳＆スキーリゾートのウィスラーがある。都市の楽しみとアウトドア、両方の魅力をもち合わせた人気の観光スポットだ。
おもな都市
バンクーバー（→P.40）　ウィスラー（→P.119）

Vancouver
バンクーバー
ブリティッシュ・コロンビア州

MAP P.38-D1
人口 242万6160
市外局番 604
バンクーバー情報のサイト
URL www.destinationvan
couver.com
twitter twitter.com/myvancouver
facebook www.facebook.com/
insidevancouver

バンクーバーのイベント
バンクーバー国際ジャズ・
フェスティバル
Vancouver International
Jazz Festival
TEL (604)872-5200
FREE (1-888)438-5200
URL www.coastaljazz.ca
開 6/23〜7/2('23)
　夏に行われるジャズ・フェ
スティバル。期間中、市内の
ジャズクラブやコンサートホー
ルなどさまざまな場所でコン
サートが行われる。
ホンダ・セレブレーション・
オブ・ライト
Honda Celebration of Light
URL www.hondacelebration
oflight.com
開 7/22、26、29('23)
　イングリッシュ湾で行われ
る花火大会。
バンクーバー国際映画祭
Vancouver International
Film Festival
TEL (604)683-3456
URL www.viff.org
開 9/28〜10/8('23)
　1982から続く国際映画
祭。国内外から集まった約
380作品が、市内の映画館で
上映される。
ダイン・アウト・バンクーバー
Dine Out Vancouver
TEL (604)682-2222
URL www.dineoutvancouver.com
開 1/20〜2/5('23)
　2003年から始まったイベ
ントで、今や冬の名物的存在。
高級レストランのコース料理
をお得に味わえるグルメイベ
ント。

市民の憩いの場、スタンレー・パーク

　カナダの西の玄関口として親しまれているバンクーバーは、カナダ本土とバンクーバー島に挟まれたジョージア海峡に面して発展した港湾都市。街のすぐ近くに山並みが迫り、近代的なビルの合間に緑の公園が顔をのぞかせる。トロント、モントリオールに続くカナダ第3の規模をもつ大都市でありながら、海と山、そして森と、自然を身近に感じられる環境は、「世界で最も住みやすい都市」と呼ばれる。博物館や美術館、広大な公園、四季折々の花が咲くガーデンに植物園と、観光スポットもめじろ押し。2010年には冬季オリンピックを開催し、国際的な知名度もさらに上昇した。

　バンクーバーという名称は、1792年にジョージア海峡一帯の測量調査を行ったイギリス海軍のジョージ・バンクーバー船長に由来する。当時のバンクーバー一帯には、北西沿岸インディアンのマスクェム族やスクワミッシュ族をはじめとするコースト・セイリッシュ語族が住んでいた。ヨーロッパ人の定住が始まったのは19世紀後半。最初の移住者は1867年にイギリスからやってきたジョン・デイトン。デイトンが開いた製材所と宿を中心とした集落は、彼のニックネーム "Gassy"（騒々しい）から取って "ギャスタウン" と呼ばれていた。バンクーバーが急速に発展するのは1880年代。契機になったのは、1885年にフレイザー川の上流で発見された金鉱による "ゴールドラッシュ" と、1887年に開通した大陸横断鉄道である。市制が敷かれ、正式に

バンクーバーと命名されたのは1886年。今からわずか137年前のことだ。

バンクーバーの観光名所、緑あふれる
キャピラノつり橋公園

※バンクーバーでは市内通話でも市外局番(604)が必要。

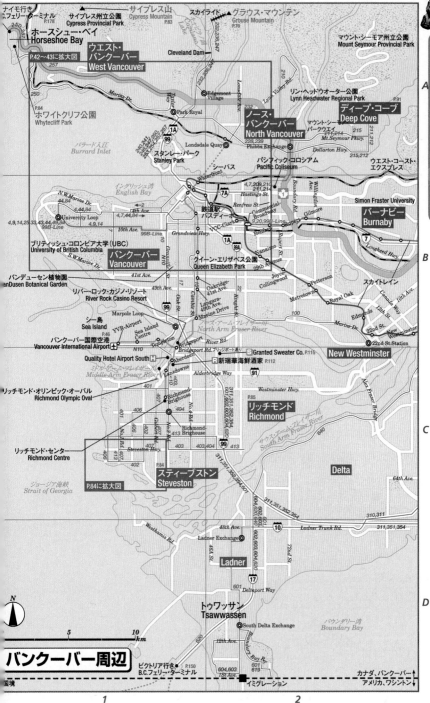

バンクーバー周辺

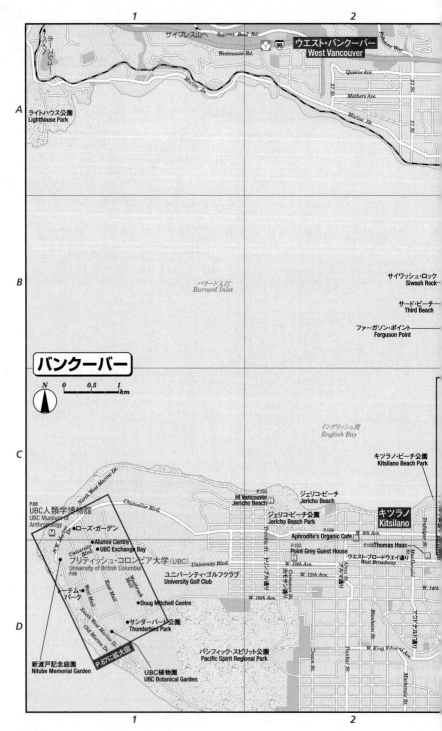

サイプレス山へ Sypress Boul Rd.

99

ウエスト・バンクーバー
West Vancouver

Westmount Rd.

Palisade Way

Queens Ave.

Marine Dr.

Mathers Ave.

27 St.

21 St.

A

ライトハウス公園
Lighthouse Park

Marine Dr.

B

バラード入江
Burrard Inlet

サイワッシュ・ロック
Siwash Rock

サード・ビーチ
Third Beach

ファーガソン・ポイント
Ferguson Point

バンクーバー

N   0   0.5   1 km

イングリッシュ湾
English Bay

C

キツラノ・ビーチ公園
Kitsilano Beach Park

North West Marine Dr.

Chancellor Blvd.

P.103
HI Vancouver
Jericho Beach

ジェリコ・ビーチ
Jericho Beach

P.88
UBC人類学博物館
UBC Museum of Anthropology

●ローズ・ガーデン

ジェリコ・ビーチ公園
Jericho Beach Park

キツラノ
Kitsilano

M

●Alumni Centre
●UBC Exchange Bay

University Blvd.

P.109
Aphrodite's Organic Cafe

ブリティッシュ・コロンビア大学 (UBC)
University of British Columbia
P.66

University Blvd.

P.103
Point Grey Guest House

H

P.108 Thomas Haas

R

R

W. 4th Ave.

ウエスト・ブロードウエイ通り
West Broadway

テム
パーク

West Mall

East Mall

Wesbrook Mall

ユニバーシティ・ゴルフクラブ
University Golf Club

W. 10th Ave.

W. 12th Ave.

W. 14th

●Doug Mitchell Centre

W. 16th Ave.

Blenheim St.

Dunbar St.

W. King Edward Ave.

D

●サンダーバード公園
Thunderbird Park

新渡戸記念庭園
Nitobe Memorial Garden

South West Marine Dr.

Old Marine Dr.

P.67に拡大園

UBC植物園
UBC Botanical Garden

パシフィック・スピリット公園
Pacific Spirit Regional Park

Crown St.

Mackenzie St.

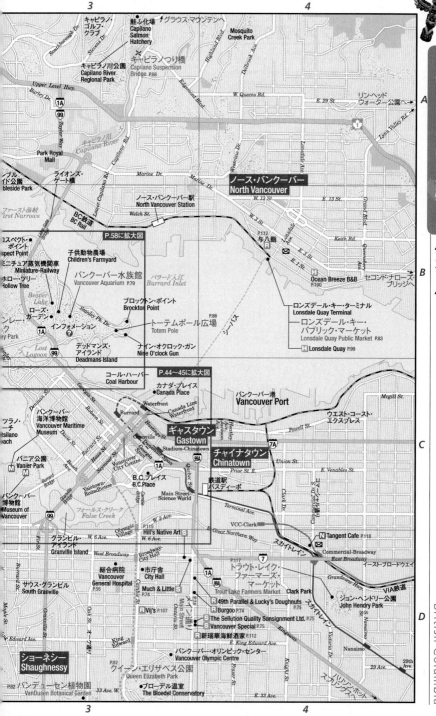

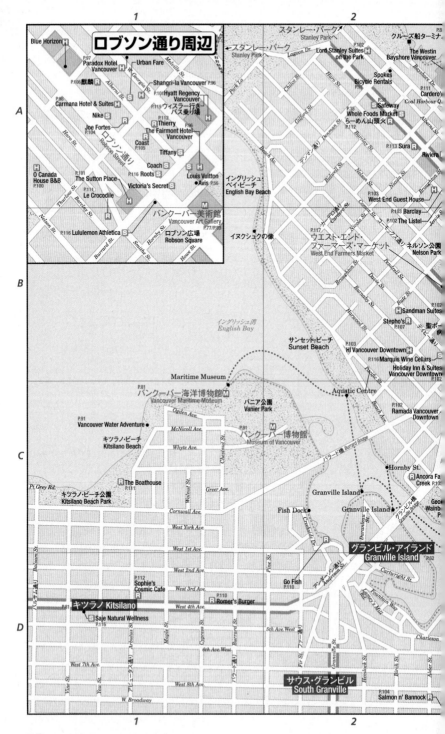

ロブソン通り周辺

Blue Horizon
P.97
Paradox Hotel Vancouver — Urban Fare
P.106 麒麟 — Shangri-la Vancouver P.96
W.Georgia St.
Melville St.
Alberni St.
Hyatt Regency Vancouver P.101
Carmana Hotel & Suites P.98
Nike
ウィスラー行き バス乗り場 P.119
Joe Fortes P.104
Thierry P.112
The Fairmont Hotel Vancouver P.96
Coast P.105
ロブソン通り
Robson Street
Tiffany
Haro St.
Coach
O Canada House B&B P.100
The Sutton Place P.101
Victoria's Secret
Louis Vuitton
Roots P.116
Avis P.56
Le Crocodile P.114
Thurlow St.
Barclay St.
Nelson St.
Lululemon Athletica P.116
Smithe St.
Howe St.
Burrard St.
バンクーバー美術館
Vancouver Art Gallery P.77/P.99
ロブソン広場
Robson Square

スタンレー・パーク
Stanley Park へ P.8
クルーズ船ターミナ P.8
スタンレー・パーク
Stanley Park へ
Lord Stanley Suites on the Park P.102
The Westin Bayshore Vancouver
Lagoon Dr.
Bayshore Dr.
Spokes Bicycle Rentals P.95
Coal Harbour Q.
Cardero'ト P.111
Park La.
Chilco St.
Gilford St.
Denman 通り Denman St.
Beach Av.
Safeway P.35
Whole Foods Market
らーめん山頭火 P.112
Sura P.113
Riviera
Bidwell St.
Cardero St.
Nicola St.
Broughton St.
West End Guest House P.103
P.103 Barclay
The Listel P.102
イングリッシュ・ベイ・ビーチ
English Bay Beach
ウエスト・エンド・ファーマーズ・マーケット
West End Farmers Market P.117
ネルソン公園
Nelson Park
イヌクシュクの像
Comox St.
コーモックス通り
Jervis St.
Broughton St.
Burnaby St.
Harwood St.
Butte St.
Sandman Suites P.102
Stepho's P.107
聖ポー 機
バリー通り

イングリッシュ湾
English Bay
サンセット・ビーチ
Sunset Beach
HI Vancouver Downtown P.103
Marquis Wine Cellars P.116
Holiday Inn & Suites Vancouver Downtown P.102
Pacific St.
Maritime Museum
バンクーバー海洋博物館
Vancouver Maritime Museum P.81
Aquatic Centre
Vancouver Water Adventure P.91
Ogden Ave.
McNicoll Ave.
バニア公園
Vanier Park P.81
Beach Av.
Ramada Vancouver Downtown P.102
キツラノ・ビーチ
Kitsilano Beach
Whyte Ave.
バンクーバー博物館
Museum of Vancouver P.81
Chestnut St.
バラード橋 Burrard Bridge
Hornby St.
The Boathouse P.111
Pt.Grey Rd.
キツラノ・ビーチ公園
Kitsilano Beach Park
Walnut St.
Greer Ave.
Cornwall Ave.
West York Ave.
Fish Dock
Granville Island
Ancora Fa Creek P.10
Geor Wainb P.
Granville Island
グランビル・ステー
Balsam St.
West 1st Ave.
Pine St.
Creekside Dr.
Thurmlow
Anderson 通り
グランビル・アイランド
Granville Island P.82
Cartwright St.
West 2nd Ave.
Sophie's Cosmic Cafe P.112
West 3rd Ave.
Go Fish P.110
Fountain Way
Duranleau
Aquabus
Maple St.
Arbutus St.
Cypress St.
Burrard St.
Romer's Burger P.110
West 4th Ave.
キツラノ Kitsilano P.81
Saje Natural Wellness P.116
5th Ave West
Charleson
6th Ave.West
Fir St.
Granville St.
Hemlock St.
Birch St.
Ader St.
West 7th Ave.
Yew St.
Vine St.
West 8th Ave.
サウス・グランビル
South Granville
Salmon n' Bannock P.104
W. Broadway

A
B
C
D
1
2

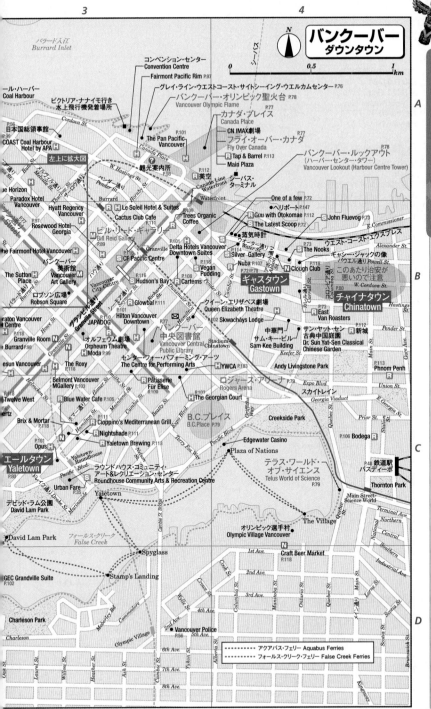

バンクーバー国際空港
MAP P.41-B1
住 3211 Grant
　McConachie Way
TEL (604)207-7077
URL www.yvr.ca

❓ 観光案内所
開 毎日24時間
休 無休
　税関を出てすぐの所にある。バンクーバーのほか、ブリティッシュ・コロンビア州全域の情報が手に入る。

CHECK!

国際線から国内線へ乗り換える場合の注意点
　日本やアメリカから到着した国際線からすぐに国内線に乗り継ぐ場合、まず入国審査を受け、荷物を一度ピックアップし、出口に向かって右側のConnectionsと書かれたカナダ国内乗り継ぎ用カウンターで荷物を預け、専用通路を通って国内線ゲートへ。詳しくは搭乗手続きの際などに確認しよう。

🍁 飛行機

　カナダ国内各地のほか、日本やアメリカの各都市からフライトがある。日本からのアクセスは「旅の準備と技術、航空券の手配」（→P.392）。国内からのフライトは、各都市の行き方を参照。

✈ バンクーバー国際空港

　バンクーバー国際空港Vancouver International Airportは、ダウンタウンの南西約15kmのフレイザー川Fraser Riverの中州にある。ターミナルは地上2階建てで、ガラス張りで吹き抜けのフロアは明るく開放的。到着フロアはLevel 2(1階)で、外に出てすぐにビクトリアやウィスラー行きのバス、タクシー乗り場がある。ダウンタウンへ行くスカイトレインの乗り場は、Level 4(3階)から専用の通路で移動できる。各フロアとも東西のウイングに分かれてアメリカ行きの便とその他の国際線のゲートがある。国際線出発フロア正面の階段そばにある高さ約4mの青銅彫刻は、ビル・リード(→P.88)の作品『The Spirit of Haida Gwaii-The Jade Canoe』で、空港のシンボル的存在。国内線のターミナルは国際線ターミナルのすぐ隣にあり、連絡通路で簡単に行き来できる。

便利な造りのバンクーバー国際空港

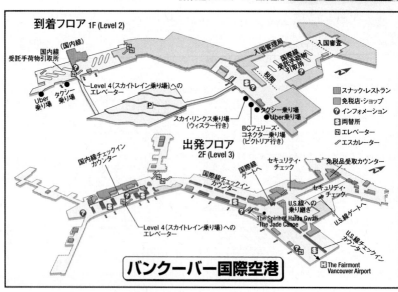

バンクーバー国際空港から直接行きたい

フライ＆ドライブ・おすすめコース

コース 1

海から山へ続く道を通り
いざ、マウンテンリゾートへ

バンクーバー〜ウィスラー
（シー・トゥー・スカイ・ハイウエイ）

走行距離：片道約120km

海辺の街バンクーバーから、山岳リゾートのウィスラーまで続くルートは、「シー・トゥー・スカイ・ハイウエイ」と呼ばれる風光明媚なドライブルートとして知られている。バンクーバーからはハイウエイ＃99で一本道。空港から＃99に出るには、ダウンタウンに一度出て、ノース・バンクーバーへ行きトランス・カナダ・ハイウエイに乗る。詳細は（→P.137）。

▶最初は海を、最後は山を見ながらのドライブ

コース 2

ロハスの島と花の都
ドライブで女子旅に挑戦！

バンクーバー〜ソルト・スプリング島〜ビクトリア

走行距離：約90km（フェリー含まず）

バンクーバー国際空港の南にあるトゥワッサンTsawwassenからフェリーに乗り、ガルフ諸島に浮かぶソルト・スプリング島を目指そう。島内を回ったあとは、来たときとは別の港からフェリーに乗り、バンクーバー島のビクトリアへ。なお、夏季の週末はフェリーも混み合うので、早めに港に到着するか、あらかじめ予約をしておきたい。

▶島の間はカーフェリーで移動する

コース 3

のどかな風景に点在する
ワイナリーとファームを訪れる

バンクーバー〜ラングレー

走行距離：片道約40km

バンクーバーの東にあるフレイザー・バレー地方にあるラングレーは、ワインの生産地として有名。点在する小さなワイナリーを回るには、レンタカーがいちばん。周辺には農園も多く、マーケットや収穫体験も行っているので、合わせて訪れるのもおすすめ。ワイナリー同士は意外に離れているので、くまなく回るとかなり走ることになる。なお、運転手はワインのテイスティングは不可。（→P.90）

▶のどかな農村風景が続く

コース①
コース②
コース③

ウィスラー
ナナイモ
バンクーバー
ラングレー
ソルト・スプリング島
ビクトリア

スカイトレイン
利用方法は（→P.51）。
空港→ダウンタウン
🚈毎日5:07〜24:56
💴$9.45（月〜金曜の18:30〜と土・日曜は$8.1、コンパス・カード利用時は$8.65または$7.5）
ウオーターフロント駅→空港
毎日4:48〜翌1:05
💴$4.45（2ゾーン、コンパス・カード利用時は$3.65）
いずれも6〜20分ごとに出発。所要約25分。

市バス
利用方法は（→P.52）。
N10
空港→ダウンタウン
🚌深夜1:38、2:08、2:38
所要約30分。
💴$3.1（コンパス・カード利用時は$2.5）

タクシー
💴ダウンタウン中心まで$31〜41

リムジン
💴ダウンタウン中心まで$53〜

空港公認ライド・シェア
Uber
Lyft
KABU
国内線と国際線の到着フロアに1ヵ所ずつと、南ターミナルに乗り場がある。

バスディーポ／鉄道駅
MAP P.45-C4
🏠1150 Station St.
駅構内には両替所やレンタカー会社のオフィスもある。
📞(604)683-8133

BCフェリーズ・コネクター
📞(1-888)788-8840
🔗bcfconnector.com

ライダー・エクスプレス
📞(1-833)583-3636
🔗riderexpress.ca

イーバス
📞(1-877)769-3287
🔗myebus.ca

VIA鉄道（→P.419）

ロッキー・マウンテニア鉄道
（→P.419）

アムトラック
📞(1-800)872-7245
🔗www.amtrak.com

空港から市内へ

🍁 スカイトレイン Sky Train

カナダ・ラインCanada Lineが空港とダウンタウンを結んでいる。途中、ブリッジポート駅Bridgeportでふた手に分かれ、リッチモンド方面へはここで乗り換える。ダウンタウンの終点ウオーターフロント駅Waterfrontまで所要約25分。市内から空港へ向かう場合、リッチモンド行き（Richmond-Brighouse）と空港行き（YVR-Airport）のふたつがあるので注意。なお、空港発の運賃は2ゾーンのシングルチケット（$4.45）に、$5の追加料金が加わる。

スカイトレインの車体

🍁 市バス City Bus

ダウンタウンと空港を結ぶバスは、深夜運行のナイトバスN10のみ。所要約30分。ダウンタウンのウオーターフロント行きとリッチモンド行きの両方があるので、間違わないよう注意。バス停は国内線ターミナルのLevel 3（出発フロア）。

🍁 タクシー／リムジン Taxi/Limousine

ダウンタウンまで20〜30分。タクシーは4人まで乗れ、料金はゾーンによる定額制。5〜6人乗りのリムジンもある（2023年1月現在、運休中）。このほか、Uberなど空港が公認する3社のライド・シェアサービスも利用可能。

バスディーポ／鉄道駅から市内へ

バンクーバー島行きのBCフェリーズ・コネクターBC Ferries Connector、カルガリーへ行くライダー・エクスプレスRider Express、カムループスやケロウナ行きのイーバスEBusなどのバスが発着するバスディーポと、VIA鉄道やロッキー・マウンテニア鉄道Rocky Mountaineer Railways、シアトルからのアムトラックAmtrakが着く鉄道駅（パシフィック・セントラル・ステーションPacific Central Station）は、同じ建物内にある。場所はチャイナタウンの1kmほど南。すぐそばにあるメイン・ストリート-サイエンス・ワールド駅Main Street-Science Worldからスカイトレインの西行き（Westbound）に乗ればダウンタウンの中心に行ける。市バスでダウンタウン、チャイナタウンなどに向かうには、メイン・ストリート-サイエンス・ワールド駅前から出ている#3、#8、#19が便利。

鉄道駅の前には公園が広がる

市内交通

　トランスリンク社Translinkが市バス、スカイトレイン、シーバスの3つを運営しており、90分以内なら相互乗り換えが可能（同ゾーン内に限る）。ウオーターフロント駅から近郊の都市を結ぶウエスト・コースト・エクスプレスWest Coast Expressという列車もあるが、これはおもに市民の通勤に使われており、旅行者が利用することはまずない。ダウンタウンとグランビル・アイランドに挟まれた入江フォールス・クリークFalse Creekには、アクアバス・フェリーAquabus Ferriesやフォールス・クリーク・フェリーFalse Creek Ferriesという私営のミニフェリーが運航している。

トランスリンク社の料金とチケット

　トランスリンク社は一貫したゾーンシステムを採用している。ゾーンとは要するにエリア区分のことで、通過するエリア数に応じて料金が上がっていくシステム。観光で回る範囲はまず1ゾーン内に収まるが、複数のゾーンにまたがって乗る場合は、ゾーン数分の料金を支払う。ただし、月〜金曜の18:30以降と、土・日曜、祝日はどこへ移動するにも1ゾーン分の料金でいい。市バスのみ利用の場合も1ゾーン分の料金でOK。

チケットの種類

　コンパス・カードのシステムに従い、チケットは紙タイプのものとカード式のものに分けられるようになった。数回しか乗らないならコンパス・チケット、1日乗るならデイパス、数日にわたって乗るならコンパス・カードを利用するのが便利。

❀ コンパス・チケット　Compass Ticket

　1回の乗車に限り有効のシングルチケット。磁気ペーパー式で、使用するときはバスの車内やスカイトレイン、シーバスのホームにある入口ゲートのカードリーダーにタッチ（Tap In）する。降りる時にも同じ機械にタッチ（Tap Out）する。ただし市バスの場合はTap Outする必要はないので、間違わないように。

❀ デイパス　Day Pass

　交通機関が1日乗り放題になる1日パス。コンパス・チケットと同じ磁気ペーパー式のほか、下記のコンパス・カードを利用し、自動券売機でデイパスを追加する方法がある。

❀ コンパス・カード　Compass Card(Adult)

　日本のSuicaやPasmoのようなチャージ式のICカード。購入には$6のデポジットが必要。チャージは、スカイトレインやシーバスの駅にある自動券売機で。子供や学生、シニア用のConcession Cardもある。使い方はコンパス・チケットと同じ。

トランスリンク社
☎ (604)953-3333
遺失物☎ (604)953-3334
URL www.translink.ca

チケット料金
🎫 シングルチケット
　1ゾーン
　大人$3.1 シニア・子供$2.05
　2ゾーン
　大人$4.45 シニア・子供$3.05
　3ゾーン
　大人$6.05 シニア・子供$4.15
　デイパス
　大人$11 シニア・子供$8.65
　コンパス・カード利用時
　1ゾーン
　大人$2.5 シニア・子供$2.05
　2ゾーン
　大人$3.65 シニア・子供$3.05
　3ゾーン
　大人$4.7 シニア・子供$4.15

コンパス・カード
　日本のSuicaやPasmoのようなチャージ式のICカード。スカイトレインとシーバスの入口ゲートやバスの乗車口そばに専用のカードリーダーが設置され、利用者はチケットをタッチして金額を払うシステム。
　紙式のシングルチケット（コンパス・チケット）とデイパスも残っているが、こちらを利用する場合もカードリーダーにタッチする（市バス内で購入のシングルチケットだけは別）。
　なお、不要になったカードをウォーターフロント駅内のカスタマー・サービス・センターに持参するとデポジットの$6と残高が返金される。

チャージして使えるコンパス・カード

アクアバス・フェリー
☎ (604)689-5858
URL www.theaquabus.com
🎫 片道$4〜8

フォールス・クリーク・フェリー
☎ (604)684-7781
URL www.granvilleisland
　ferries.bc.ca
🎫 片道$4〜11

市バスで購入するシングルチケットについて

　市バスで購入できるシングルチケットには磁気がついておらず、スカイトレインやシーバスのゲートにあるカードリーダーが動作しないので、市バス→スカイトレインorシーバスへは乗り換えができない。市バス同士の乗り換えはできる。その場合、ドライバー横の料金箱にあるTransferと書かれた場所にカードを挿入する。

券売機はスカイトレインの各駅にある

スカイトレイン
エキスポ・ライン
🚆ウォーターフロント駅発
　キング・ジョージ駅行き
　月～金5:32～翌1:16
　土6:48～翌1:16
　日7:48～24:16
　キング・ジョージ駅発
　ウォーターフロント駅行き
　月～金5:08～24:38
　土6:08～24:38
　日7:06～23:38
　運行は2～10分間隔。
ミレニアム・ライン
🚆VCC-クラーク駅発
　ラファージ・レイク-ダグラス行き
　月～金5:30～翌1:22
　土6:30～翌1:22
　日7:30～24:23
　ラファージ・レイク-ダグラス駅発
　VCC-クラーク駅
　月～金5:04～翌1:00
　土6:05～24:59
　日6:56～23:59
　運行は3～10分間隔。

バスの時刻を調べる

　トランスリンク社のウェブサイトにある「Trip Planner」はGoogle Mapと連動しており、場所や通り名、スカイトレインの駅名を入力すればリアルタイムで時刻表と行き方を検索できる。出発および到着の日時指定もできるので、とっても便利。スマートフォンやタブレットのアプリを利用する場合は、「Transit Subway & Bus Times」がおすすめ。

チケットの購入

　コンパス・カードを含むすべてのチケットはスカイトレイン、シーバスの各駅に設置されている自動券売機で購入できる。

　自動券売機はすべてタッチスクリーン式で、始めに言語を、その後チケットの種類を選ぶ。コンパス・チケットを購入する場合は「Single Ticket」にタッチしてから行きたい場所のゾーンを選び、支払い方法を選んでからお金を投入する。自動券売機はすべてのコインと紙幣は$5、10、20の3種類が利用可能。クレジットカードも利用できる。チケットの種類は通常のシングルチケットのほか、シニア、子供用の割引券「Concession」がある。デイパスも同じ券売機で買える（自動券売機で購入するデイパスは当日のみ使用可能）。言語には日本語もある。

　コンパス・カードの購入も自動券売機で可能。まず「New Compass Card」にタッチし、その後「Add Stored Value」にタッチ、最初にチャージする金額を選ぶ。購入には$6のデポジットがかかるので、チャージ金額＋$6が最初にかかる金額。デイパスは「New Compass Card」のあとに「Day Pass」を選択。再チャージは「Load Compass Card」を選び、その後は同じ。

　シングルチケットのみ、市バスでも購入が可能。ドライバーの横にある料金箱にお金を入れるとチケットが出てくる。コンパス・チケットとは使い方が違うので注意。おつりはでない。

カナダ主要都市で使える無料アプリ「Transit Subway & Bus Times」

次のバスや現在地周辺のバスも検索できる「Trip Planner」

🍁 スカイトレイン Sky Train

　コンピューター制御による無人運転の軽鉄道。3〜5両編成で、ダウンタウンでは地下を走るが、郊外に行くと地上に出て高架上を走る。ドアは自動開閉で、駅に到着したら開き、時間が来ると閉まる。車内にルート図もあり、停車駅のアナウンスもあるので乗り過ごす心配は少ない。3本の路線があり、ウオーターフロント駅からコロンビア駅Columbiaまで行き、そこからキング・ジョージ駅King George行きとプロダクション・ウェイ-ユニバーシティ駅Production Way-University行きに分かれるエキスポ・ラインExpo Line、VCC-クラーク駅VCC-Clarkから北東のラファージ・レイク・ダグラス駅Lafarge Lake-Douglasまで行くミレニアム・ラインMillennium Line、ウオーターフロント駅からイエールタウン、ブロードウエイなどバンクーバーを北上して、バンクーバー国際空港やリッチモンドへ行くカナダ・ラインCanada Line。

🍁 シーバス Sea Bus

　ダウンタウンのウオーターフロント駅に接続しているウオーターフロント・ターミナルWaterfrontとノース・バンクーバーNorth Vancouverのロンズデール・キー・ターミナルLonsdale Quay間を約12分で結ぶ定員395人のフェリー。船内からはダウンタウンやスタンレー・パーク、ライオンズ・ゲート橋Lions Gate Bridgeの眺めがよく、特に夜景はすばらしい。市バスやスカイトレインから乗り継ぐ場合は2ゾーンにまたがるので注意。

景色を楽しむだけでも利用価値大

カナダ・ライン
🚇ウオーターフロント駅発
　空港行き
　毎日4:48〜翌1:05
　リッチモンド行き
　毎日5:30〜翌1:15
　バンクーバー国際空港発
　ウオーターフロント駅行き
　毎日5:07〜24:56
　リッチモンド発
　ウオーターフロント駅行き
　毎日5:02〜24:46
　運行は3〜20分間隔。

車内は清潔で快適

シーバス
ウオーターフロント・
ターミナル発
🚢月〜土6:16〜翌1:22
　日8:16〜23:16
ロンズデール・キー・
ターミナル発
🚢月〜土6:02〜翌1:00
　日8:02〜23:02
　運航間隔15分ごと。平日の7:00〜9:30頃と15:00〜18:30頃は10分ごと。だいたい21:00以降と土曜の7:00以前は30分ごと。

ゾーン区分と
スカイトレイン・ルート

ゾーン2 ノース・バンクーバー
North Vancouver
Lonsdale Quay
パラード入江
Waterfront
Burrard
Stadium-
Chinatown
Granville 鉄道駅
Vancouver
City Centre
Main Street-
Science World
Yaletown-
Roundhouse
VCC-Clark
Olympic Village
Broadway-
City Hall
King Edward
Commercial-Broadway
Renfrew Gilmore
Rupert
Holdom
Nanaimo
29th Avenue
Production Way-University
Lincoln, Lafarge Lake-Douglasへ
Brentwood Town Centre
Sperling-Burnaby Lake
Lake City Way
Moody Centre
Burquitlam
Inlet Centre
Coquitlam Central
Lougheed
Town Centre
バーナビー
Burnaby
ゾーン2
Braid
バンクーバー
Vancouver
ゾーン1
Oakridge-41st
Avenue
Langara-
49th Avenue
Joyce-Collingwood
Patterson
Metrotown
Royal Oak
Edmonds
Sapperton
Columbia
Scott Road
Gateway
バンクーバー
国際空港
Sea Island
Centre
Marine Drive
Bridgeport
22nd Street
New Westminster
Surrey
Central
King
George
Templeton
Aberdeen
Lansdowne
リッチモンド
Richmond
ゾーン2
Richmond-
Brighouse
YVR-Airport
サーレー
Surrey
ゾーン3

エキスポ・ライン Expo Line
ミレニアム・ライン Millennium Line
カナダ・ライン Canada Line

市バス

ルートごとの小冊子になっている時刻表は観光案内所やバンクーバー中央図書館の入口フロアなどで手に入る。運行時間はルートによって異なるが、だいたい早朝5:00〜翌1:00くらい。

ダウンタウンのバス停にはバスNo.と行き先が表示されている

⚜ 市バス City Bus

市バス路線は広範囲に発達している。スカイトレインの路線は限られているので、市バスを乗りこなすことが、バンクーバー観光のポイントだ。主要ルートの多くが、スカイトレインのグランビル駅Granvilleとバンクーバー・シティ・センター駅Vancouver City Centreの周辺を走っているので、市バスでの観光はこのふたつの駅を起点に考えるとわかりやすい。バスはルートごとに番号で区別され、正面と後方の電光掲示板に番号と行き先とが表示されている。ほとんどのルートが行きと帰りで同じコースを走るため、逆方向でないか確認してから乗車すること。通常のルートのほか、ピークタイムおよび平日のみ走るバスや深夜1:00頃から運行するナイトバスNight Busもある。

市民みんなの移動の手段だ

ダウンタウン・市バスルート図

凡例
5 赤の数字・通常運行
32 青の数字時間限定運行
C21 赤の数字の前にCはコミュニティ・シャトル
6 矢印なし数字・両方向に運行
←3 付き数字←の方向のみに運行
⊙ スカイトレインの駅

バスは前乗り後ろ降りのワンマンカー。各停留所に停まる直前に車内アナウンスがあるほか、車内前方上部の案内板にも次の停留所が表示されるので、地図さえあれば自分の位置が確認できる。心配なら運転手に行き先を告げておけばいい。降りる際は窓の横にあるひもを引っぱるか、通路の横や出口付近にあるポールに付いた赤いストップボタンを押す。バスが停まって、後部ドアの上にあるランプが点灯したら、後ろ出口のステップを1段下りればドアが開く。また、ステップがないバスもあるので、その場合はドアの上にあるグリーンのライトが点灯してから、取っ手を押してドアを開けよう。

降りるときは、窓枠のひもを引く

ナイトバス

ナイトバスは、通常のバスルートが終了したあとに運行する深夜バス。ルートは10あり、深夜1:00～4:30の20～30分ごとに運行（路線により異なる）。

市バスでの見どころへの行き方 一覧表

目的地	バスNo.	乗車場所
スタンレー・パーク	#19	ペンダー通り、メイン通り
グランビル・アイランド	#50	ウオーターフロント駅、グランビル通り
	#4、#7、#10、#14、#16	グランビル通り
キツラノ	#4、#7	ウオーターフロント駅、グランビル通り
	#44	ウオーターフロント駅、バラード駅、バラード通り
バンクーバー博物館	#2	バラード駅、バラード通り
	#44（平日のみ）	ウオーターフロント駅、バラード駅、バラード通り
ブリティッシュ・コロンビア大学	#4、#14	グランビル通り
	#44（平日のみ）	ウオーターフロント駅、バラード駅、バラード通り
キャピラノつり橋	#236	ロンズデール・キー・ターミナル
グラウス・マウンテン	#236	ロンズデール・キー・ターミナル、キャピラノつり橋
	#232	キャピラノつり橋
バンデューセン植物園	#17	ロブソン通り、グランビル通り、ペンダー通り、キャンビー通り

タクシー Taxi

バンクーバーには流しのタクシーも多く、ダウンタウンならば簡単につかまえられる。つかまえるときは日本と同じように手を挙げて停める。上に付いたランプが点灯中は乗車可能、消えていたらすでに客を乗せている。すべてメーター制で、初乗り料金は$3.5、1kmごとに$2.3ずつ加算される。

最も数の多いYellow Cabのタクシー

おもなタクシー会社
Yellow Cab
TEL (604)681-1111
Black Top & Checker Cabs
TEL (604)731-1111
FREE (1-800)494-1111
Vancouver Taxi
TEL (604)871-1111

ブリティッシュ・コロンビア州

バンクーバー◆市内交通

British Columbia

バンクーバー早わかり

バンクーバーの規模は大きく、見どころも広範囲にわたって点在しているので、初めてだと街の様子もつかみづらい。ただし、街をいくつかのエリアに分けて考えてみると、とたんにわかりやすくなるから不思議だ。各地域の特徴や見どころを学んで、観光の際の参考にしてみよう。

ダウンタウン西部

ダウンタウンのある半島の先には、カナダで最も有名な市民公園、スタンレー・パークがある。都心にありながら豊かな緑のあるこの公園は、市民の憩いの場として親しまれてきた。園内には見どころも多い。

▶▶▶おもな見どころ
●スタンレー・パーク(→P.58)

サイクリングを楽しみたいスタンレー・パーク

ダウンタウン中心部

デパートからレストラン、みやげ物店が並ぶにぎやかなロブソン通りと高級ホテルやオフィスの並ぶジョージア通りGeorgia St.がメインストリート。ロブソン通りの東の端にあるのは、ドーム型のスポーツ施設B.C.プレイス。

ロブソン通りは、夜になっても人通りが絶えない。夏にはカフェやバーにオープンエアの席が出て、ひときわにぎわう。

▶▶▶おもな見どころ ●ロブソン通り(→P.77)
●バンクーバー美術館(→P.77、89)　●バンクーバー中央図書館(→P.77)

半地下にあるロブソン広場は、ロブソン通りの中心

キツラノ周辺

イングリッシュ湾English Bayの南岸は、キツラノと呼ばれるエリア。キツラノの入口にあたるバニア公園Vanier Parkで博物館を見学したら、おしゃれなショップやレストランの並ぶキツラノの中心部、West 4th Ave.を歩こう。西の端には見どころ満載のブリティッシュ・コロンビア大学がある。

▶▶▶おもな見どころ ●キツラノ(→P.81)
●ブリティッシュ・コロンビア大学(→P.66)
●バンクーバー博物館(→P.81)
●バンクーバー海洋博物館(→P.81)

キツラノでショッピング三昧

イングリ
Engli

キツラノ

ブリティッシュ・コロンビア大学

グランビル・アイランド

ダウンタウンのある半島から南へ行くグランビル橋のちょうど真下、フォールス・クリークに突き出した小さな半島。ゴーストタウン化した工場跡地が1970年代の再開発でよみがえったグランビル・アイランドは、ショッピングとグルメが楽しめる人気のエリア。

▶▶▶おもな見どころ ●グランビル・アイランド(→P.62)

橋の下を通って島に入ろう

バンクーバー南部

ダウンタウンからフレイザー川の北に足を延ばせば、広大な自然公園が広がっている。名庭園、バンデューセン植物園とクイーン・エリザベス公園は見逃せない見どころだ。

▶▶▶おもな見どころ
●クイーン・エリザベス公園(→P.82)
●バンデューセン植物園(→P.82)

春から夏には色鮮やかな花が咲き乱れるバンデューセン植物園

スカイトレインのウオーターフロント駅が中心

ノース・バンクーバー

　ダウンタウンの対岸に広がるノース・バンクーバーは、グレーター・バンクーバーに属する市のひとつ。緩やかな山並みが住宅街のそばまで迫り、波のような稜線からノース・ショアとも呼ばれている。グラウス・マウンテンやキャピラノ渓谷に架かるつり橋など自然を満喫できる見どころがある。

▶▶▶おもな見どころ
●キャピラノつり橋(→P.68)
●グラウス・マウンテン(→P.70)
●ロンズデール・キー・パブリック・マーケット(→P.83)

キャピラノつり橋

ウオーターフロント

　港に沿って近代的なビルが並ぶ、港湾都市バンクーバーを象徴するエリア。カナダ・プレイスから北西に延びるコール・ハーバーCoal Harbourという港沿いには、眺めのいいレストランが点在。目印になるビルもあるので、ここから観光を始めるのがいい。

▶▶▶おもな見どころ ●ギャスタウン(→P.72、P.78)
●カナダ・プレイス(→P.77)
●バンクーバー・ルックアウト(→P.78)
●バンクーバー・オリンピック聖火台(→P.78)

ダウンタウン東部

　バンクーバー中央図書館の東側。ロブソン通りの東の端にあるのは、ドーム型のスポーツ施設B.C.プレイス。スカイトレインのスタジアム-チャイナタウン駅の東には、チャイナタウンもある。チャイナタウンの南には、バスディーポと鉄道駅がある。

▶▶▶おもな見どころ ●B.C.プレイスとロジャース・アリーナ(→P.79)
●テラス・ワールド・オブ・サイエンス(→P.79)
●チャイナタウン(→P.80)

大きな中華門のあるチャイナタウン

地図ラベル

キャピラノつり橋
ロンズデール・キー
バラード入江 Burrard Inlet
スタンレー・パーク
シーバス
ジョージア通り
カナダ・プレイス
ウオーターフロント駅
ロブソン通り
チャイナタウン
バニア公園
バンクーバー中央図書館
B.C.プレイス
バンデューセン植物園
クイーン・エリザベス公園

イエールタウン周辺

　倉庫街を改装した街並みが特徴のイエールタウン。洗練されたカフェや老舗のパブ、最先端のクラブまで揃い、大人のナイトライフを語るのに欠かせないエリアとしても知られている。半島から本土へ渡るグランビル橋Granville Bridgeの周辺にはチェーン系の中級のホテルが並ぶ。

▶▶▶おもな見どころ ●イエールタウン(→P.80)

高級マンションが並ぶイエールタウン

さらに郊外へ

　バンクーバー市の南、フレイザー川を越えたルル島Lulu Islandは、グレーター・バンクーバーに属するリッチモンド市。中華系の人々が人口の6割を占め、新チャイナタウンとも呼ばれる。空港にも近く、ホテルも建設ラッシュを迎えている。またノース・バンクーバーの西に広がるのが、同じくグレーター・バンクーバーに属するウエスト・バンクーバー市。山や海に面した広大な公園がある。西の果ては、ナナイモ行きB.C.フェリーの発着所であるホースシュー・ベイHorseshoe Bay。

▶▶▶おもな見どころ
●サイプレス山(→P.83)
●ホワイトクリフ公園(→P.84)
●スティーブストン(→P.84)
●リッチモンド(→P.85)

フレイザー川沿いにあるリバー・ロック・カジノ・リゾート

豊かな自然に囲まれた街

❓ 観光案内所

Destination Vancouver
MAP P.45-A3
🏠 200 Burrard St.
TEL (604)682-2222
URL www.destinationvancou
ver.com
twitter.com/myvancouver
www.facebook.com/
insidevancouver
📅 月~金9:00~15:00
（時期により変動あり）
🚫 土・日
市内地図や無料ガイド小冊
子を入手しよう。

**バンクーバー市とグレーター・
バンクーバー**

　南はフレイザー川から北は
バラード入江までの一帯に広
がるのが、バンクーバー市。バ
ンクーバー市は、さらに周辺
のリッチモンドやノース・バ
ンクーバー、ウエスト・バンク
ーバー、バーナビーBurnaby、ニ
ューウエスト・ミンスターNew
Westminsterなどの各市とと
もに地方行政区グレーター・
バンクーバーを形成している。
一般的にバンクーバーといえ
ばこのグレーター・バンクー
バーを指し、本書でもそれを
採用している。

バンクーバーの歩き方

ダウンタウン

　バンクーバーのダウンタウンは、イングリッシュ湾に突き出
した半島部分。中心は、**ロブソン通り**と**グランビル通りGranville
St.**の交差するあたり。ここからグランビル通りを北へ進むと、
近代的なビルが並ぶウオーターフロント。

　ロブソン通りの北西には**スタンレー・パーク**があり、南東の
端に**B.C.プレイス**がある。B.C.プレイスの南西にあるのが、お
しゃれな再開発地区、**イエールタウン**だ。ダウンタウンの道は
碁盤の目状になっておりわかりやすい。ロブソン通りと1ブロッ
ク北を通るジョージア通り、グランビル通りの3つがメインスト
リート。これに**バラード通りBurrard St.**、小さなレストランが
並ぶ**デンマン通りDenman St.**と**デイビー通りDavie St.**を加え
た6本の道とスカイトレインの駅の場所を頭に入れておけば、迷
うことはないだろう。

バンクーバー南部とグレーター・バンクーバー

　半島の外へは、グランビル橋とバラード橋Burrard Bridgeと
いうフォールス・クリークに架かるふたつの橋を渡る。グラン
ビル橋の下に浮かぶ島は、**グランビル・アイランド**。グランビ
ル通りを南下すると、**バンデューセン植物園**などの広大な庭園
がある。グランビル通りから4th Ave.を西へ進んだあたりが**キ
ツラノ**だ。4th Ave.をそのまま進むと、**ブリティッシュ・コロ
ンビア大学**へ行き着く。

　バンクーバー市は半島から南のフレイザー川の北側までで、
それ以外はグレーター・バンクーバーに属する。バラード入江
Burrard Inletの北には、ダウンタウンと向き合うノース・バン
クーバーとウエスト・バンクーバーWest Vancouver。フレイ
ザー川を越えた南側は**リッチモンド**。空港に近く新しいホテル
も多い、近年注目のエリアだ。

ℹ️ ユースフル・インフォメーション

在バンクーバー日本国総領事館
Consulate-General of Japan
MAP P.45-A3
🏠 900-1177 West Hastings St.
TEL (604)684-5868
URL www.vancouver.ca.
emb-japan.go.jp
📅 月~金9:00~12:00/
13:00~16:30
🚫 土・日、祝日

警察 Vancouver Police
MAP P.45-D3
🏠 2120 Cambie St.
TEL (604)717-3321

病院
MAP P.43-D3
Vancouver General Hospital
🏠 899 West 12th Ave.
TEL (604)875-4111
St. Paul's Hospital
🏠 1081 Burrard St.
TEL (604)682 2344

おもなレンタカー会社
Avis
バンクーバー国際空港
TEL (604)606-2847

ダウンタウン
MAP P.44-A1
🏠 757 Hornby St.
TEL (604)606-2868
Hertz
バンクーバー国際空港
TEL (604)606-3700
ダウンタウン
MAP P.45-C3
🏠 1270 Granville St.
TEL (604)606-4711

ローカルの行きつけ
グランビル・アイランドで
カナダ尽くしの1日を過ごす☆
→P.62

地元っ子が集う
スタンレー・パークの自然に
どっぷり癒される♪
→P.58

これをしなきゃ始まらない!

バンクーバーではずせない
5つのDo!

バンクーバーの王道観光といえば、
自然、アクティビティ、マーケットなど盛り沢山。
でも、さらりと見るだけじゃもったいない!
体験すればもっと楽しい、5つの"Do"をご紹介。

緑がいっぱい☆
キャピラノつり橋で
森のアトラクションを
楽しむ!
→P.68

カナダ学生
になりきって
UBCキャンパスで
学生ライフを満喫する♪
→P.66

山のテーマパーク
グラウス・マウンテンの
山頂で遊ぶ!
→P.70

57

地元っ子が集う

🍁 スタンレー・パークの自然に

どっぷり癒される♪

ダウンタウンの近くにある公園は、緑やビーチなど自然豊かで市民に親しまれている。景色を見たり、運動したり、動物を見つけて癒されよう☆

About

スタンレー・パーク

海 に囲まれた、約400万㎡の広々とした公園。外周にはシーウォールという舗装道路、園内にはハイキングコースがあり、サイクリングやハイキングなどのアクティビティを楽しむ市民でにぎわう。ビーチや水族館、レストランなども充実し、1日めいっぱい遊べる。

スタンレー・パーク Stanley Park

MAP P.43-B3
URL vancouver.ca/parks-recreation-culture/stanley-park.aspx
交市バス#19でStanley Park Loop下車、徒歩すぐ。

所要時間 3時間〜
パーク内を自転車で回る場合は、3時間ぐらいかかる。見どころやハイキングをするなら1日は必要。

1 ゆったりとした時間が流れる海辺
2 自転車でパークをぐるりと一周

(ホローツリー)
Hollow Tree
樹齢800年のレッドシダーで、2006年に撤去を予定されていたが、市民の寄付により保全された。

➚ライオンズ・ゲート橋へ
Lions Gate Bridge

(ナイン・オクロック・ガン)
Nine O'clock Gun
昔、漁師にサケ漁の終了を告げるため鳴らされた大砲。今も毎晩21:00に空砲を打つ。

ファーガソン・ポイント→
Ferguson Point

R ティーハウス・イン・スタンレー・パーク
Teahouse in Stanley Park

バンクーバー水族館
Vancouver Aquarium

ロード・スタンレーの像

市バス#19⊜停留所

サード〜セカンド・ビーチ
Third Beach 〜 Second Beach

ロスト・ラグーン
Lost Lagoon

Beaver Lake ビーバー湖

Stanley Park Causeway

Park Dr.

Pipeline Rd.

Park Dr.

Lagoon Dr.

Denman St.

Georgia St.

Beach Ave.

(デッドマンズ・アイランド)
Deadman's Island
かつて先住民族の埋葬地となっていたとされる島で、現在はカナダ海軍の基地となっている。

- - - - ハイキングトレイル
━━━ シーウォール
━━━ その他の自転車道
i インフォメーション
P 駐車場
🚻 トイレ

0 500m

N

5つのDo!

のんびり景色を見て癒される

スタンレー・パークだからこそ生み出せる美しい景色が広がる。
時間を忘れて、ゆったり絶景を眺めて過ごす、そんな贅沢な時間の使い方もありかも。

~街並み~

2 公園入口付近

ダウンタウンの高層ビルとヨットに、公園の木々と海。都会と自然が融合したバンクーバーを象徴する景観だ。空気の澄んだ朝がベストタイム。

景色が反射した海面も美しい

~海~

8 イングリッシュ・ベイ・ビーチ
English Bay Beach

海水浴やピクニックが楽しめる夏のビーチは、地元の人で大にぎわい。浜辺にある流木のベンチに腰掛けて、ぼんやり海を眺めてみよう。

砂浜に寝そべってくつろぐ

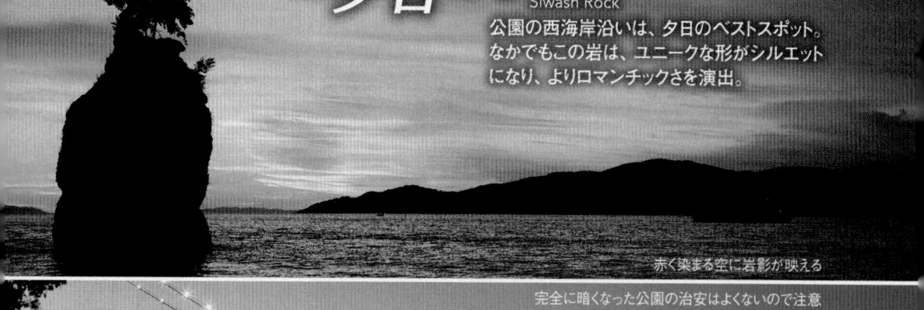

~夕日~

7 セイワッシュ・ロック
Siwash Rock

公園の西海岸沿いは、夕日のベストスポット。なかでもこの岩は、ユニークな形がシルエットになり、よりロマンチックさを演出。

赤く染まる空に岩影が映える

完全に暗くなった公園の治安はよくないので注意

~夜景~

5 ライオンズ・ゲート橋
Lions Gate Bridge

大きな橋とノース・バンクーバーのコラボ夜景。幻想的なノース・ショアの山並みと橋がはっきり見える、日没後30分以内が狙い時。

体を動かして癒される

自然を見ながら運動すれば、リフレッシュ効果は最大！体を動かすのが大好きなバンクーバーっ子に混じって、気持ちのいい汗を流そう！

Cycling サイクリング

[自]転車に乗って、公園の外周を回るシーウォールをぐるり。サイクリングコースは1周約8.8km。山や海、ダウンタウンの移ろいゆく景色に心も弾む♪

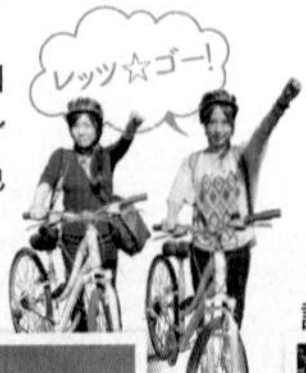

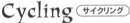

START

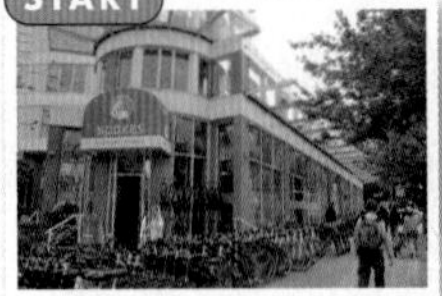

自転車の種類やサイズが豊富

① スポークス・バイシクル・レンタル
Spokes Bicycle Rentals

公園外にあるレンタサイクル店で自転車を借りよう。ヘルメット装着を忘れずに。DATAは（→P.91）

約3分

ゴールを目指してす〜いすい

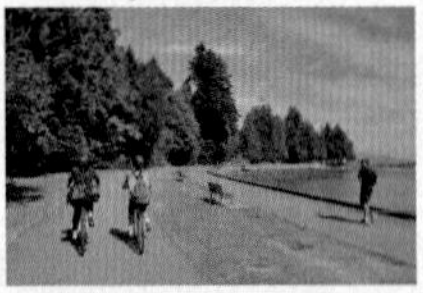

② 公園入口付近

街並みを眺めながら進む。自転車は左回りで一方通行。歩行者レーンを走らないように注意しよう。

約10分

↓トーテムポールと一緒に記念撮影しよう

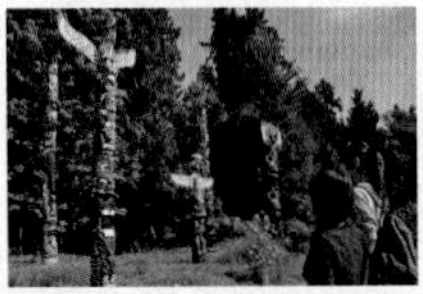

③ トーテムポール広場
Totem Pole

自転車を停めて、8基のトーテムポールが並ぶ広場へ。公園内の人気撮影スポットでもある。詳細は（→P.86）。

約5分

灯台の近くまで行ける

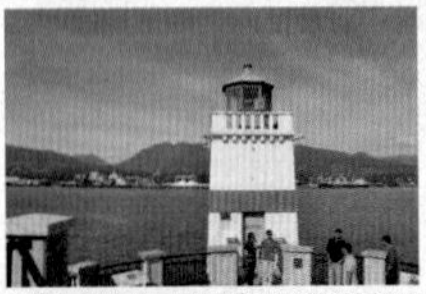

④ ブロックトン・ポイント
Brockton Point

公園の東端に延びる岬に、白と赤の灯台がぽつりと建つ。行き交う船を見られる展望ポイント。

約20分

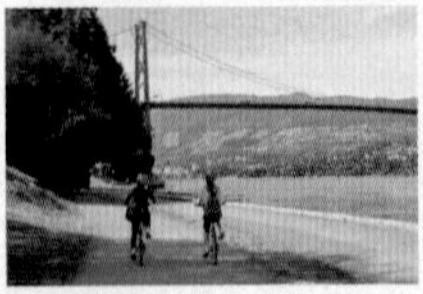

山と街並みの景色が広がる

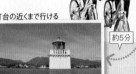

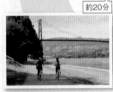

⑤ ライオンズ・ゲート橋
Lions Gate Bridge

対岸のノース・バンクーバーと公園を結ぶ大きな橋。このあたりがシーウォールの中間。

約5分

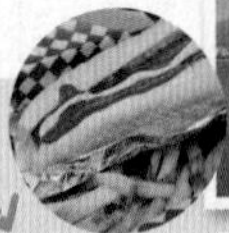

軽食をとって元気をチャージ

ノース・バンクーバーの眺望がすばらしい

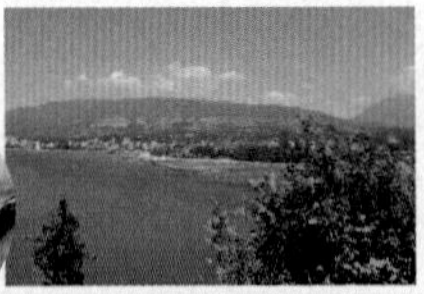

⑥ プロスペクト・ポイント
Prospect Point

2階建ての灯台が建つ、公園の最北端。そばにカフェや展望台があり、休憩するのにちょうどいい。

約15分

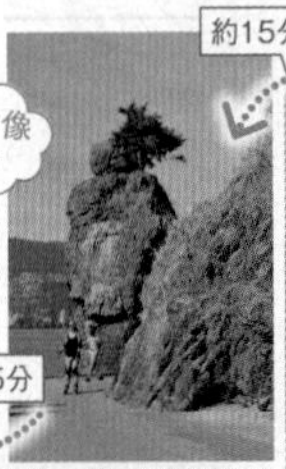

←岩の上には木が生えている

⑦ セイワッシュ・ロック
Siwash Rock

海から突き出た高さ約18mの岩。インディアンの伝説では、他人のために尽くした人が姿を変えたといわれている

約15分

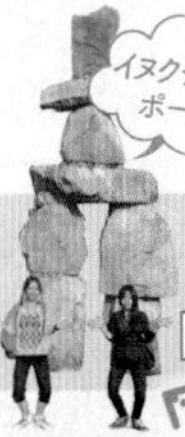

GOAL

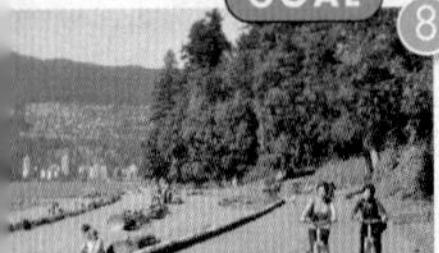

さわやかな海風が気持ちいい

⑧ イングリッシュ・ベイ・ビーチ
English Bay Beach

バンクーバーで最も人気のビーチへ。イヌクシュクの像でコースは終了。その後は自転車を返しに戻ろう。

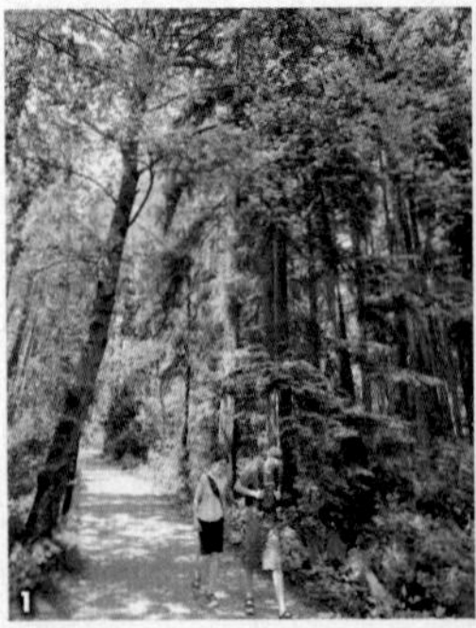

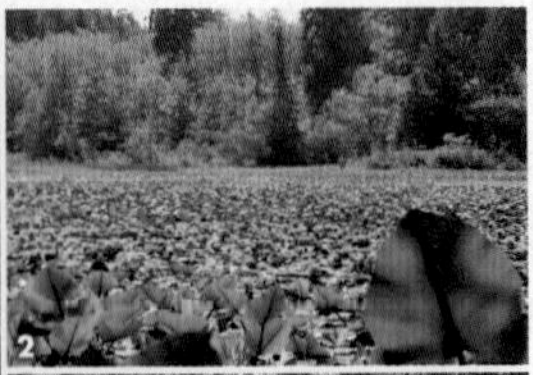

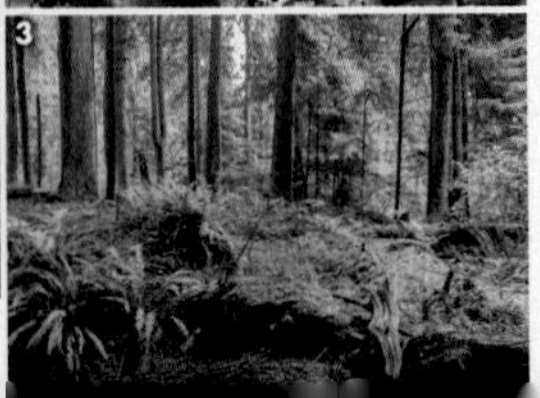

Hiking ハイキング

[原]生林が残る、公園内部のトレイルでハイキングにチャレンジ！短い距離で起伏もほぼないので初心者でも安心。森の中には湖も点在。観光案内所などでマップを入手してから出発しよう。

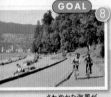

1.原生林が生い茂る道を行く 2.6月になると湖にハスの花が咲き誇る 3.森が放つ神聖な空気に吸い込まれる

🍁 動物に癒される

園内にあるアニマルスポットも
スタンレー・パークの大きな魅力のひとつ。
出合えたらラッキーな野生動物から水族館まで、
アニマル尽くしのひとときを過ごそう。

バンクーバー水族館

（バ）ンクーバー最大の水族館。ラッコやイルカなど海の人気者たちに会うことができる。動物ショーや触れ合い体験などのイベントも催されている。詳細は（→P.79）。

1 水族館の人気者、ラッコ 2 イルカと触れあえるイベントもある

リス

木の上や広場など園内のいたる所にいる

アライグマ

かわいらしいアライグマがひょっこり現れるかも

カナダグース

海辺やパーク内によく姿を現す

アオサギ

シーウォールの北側にある海辺によくいる

公園内で出合える動物たち

（公）園内には、リスやカナダグースなど野生の小動物や鳥の姿がちらほら。木の上や茂みの中をよく観察して、動物たちを見つけてみよう。生態系を崩してしまうので、エサをあげるのはやめよう。

馬車ツアー

（大）きな馬がひっぱる馬車に乗って園内をおさんぽ。公園内のハイライトを回るツアーで所要約1時間。公園のインフォメーションそばから30〜40分ごとに出発。

Stanley Park
Horse Drawn Tours
TEL (604)681-5115
URL www.stanleypark.com
時 3月、10月〜11月中旬
　毎日9:40〜16:00
　4・5月、9月上旬〜末
　毎日9:40〜17:00
　6月 毎日9:30〜17:30
　7月〜9月上旬 毎日9:30〜18:00
　11月中旬〜12月下旬
　毎日10:00〜15:00
料 大人$50、シニア・学生$46、
　子供$22

馬と一緒に公園
を散策

🍁 食べて癒される

遊びまわってへとへとに疲れたら、
地元食材を使った創作料理が味わえる
園内のレストランでお腹を満たそう。

Teahouse in Stanley Park

ティーハウス・イン・スタンレー・パーク

（高）台になった展望地ファーガソン・ポイントにあるレストラン。ステーキや魚介のグリル料理がおすすめ。ランチにはワッフル$21などカジュアルなメニューも提供。

TEL (604)669-3281
URL www.vancouverdine.com/teahouse
営 月〜金11:30〜22:00　土・日11:00〜22:00
　（時期により変動あり）
休 無休 ﾗ ランチ$25〜、ディナー$60〜 ﾝ M V

1 サーモンなど地元産のシーフードが味わえる 2 眺めのいい窓側やテラス席が人気

\ ローカルの行きつけ /

グランビル・アイランドでカナダ尽くしの1日を過ごす☆

バンクーバー市民のご用達、グランビル・アイランドには食材やショッピング、ディナーまでカナダメイドがたくさん! 朝から夜まで、カナダにどっぷり浸る1日を過ごそう。

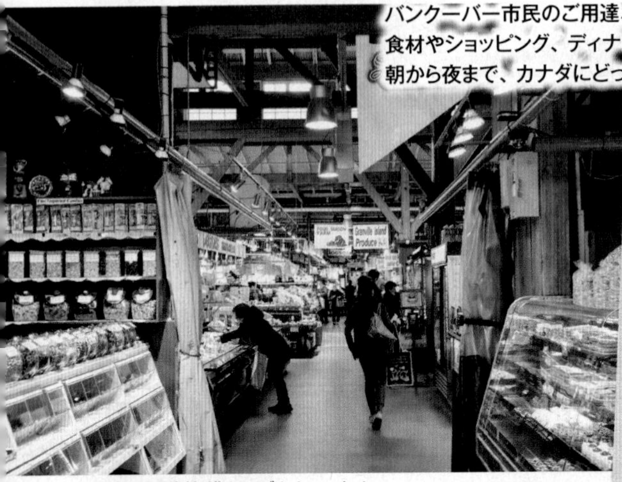

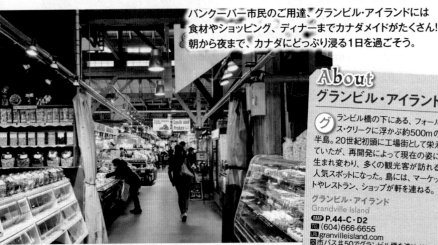

新鮮な地元食材が集まるパブリック・マーケット

About グランビル・アイランド

グランビル橋の下にある、フォールス・クリークに浮かぶ約500mの半島。20世紀初頭に工場街として栄えていたが、再開発によって現在の姿に生まれ変わり、多くの観光客が訪れる人気スポットになった。島には、マーケットやレストラン、ショップが軒を連ねる。

グランビル・アイランド
Grandville Island

[MAP] P.44-C・D2
☎ (604)666-6655
[URL] granvilleisland.com
[交] 市バス#50でグランビル橋を渡り、West 2nd Ave.とアンダーソン通りAnderson St.の交差点下車、徒歩1分。#4、#7、#10、#14、#16でグランビル橋を渡った次のバス停で下車してもいいが、少し歩く。

[おすすめ観光タイム] 3時間
マーケットだけを回るなら1時間ぐらいかかる。ショップやレストランへ行くならさらに時間が必要になる。

Plus Info

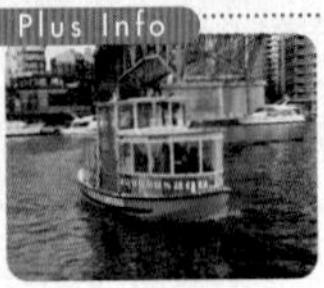

島へのアクセスはフェリーで!

フォールス・クリークを往復する、10人ほど乗れる小さなフェリー。アクアバス・フェリー、フォールス・クリーク・フェリーというふたつの会社があり、各5〜30分ごとに出発。詳細は(→P.49)。

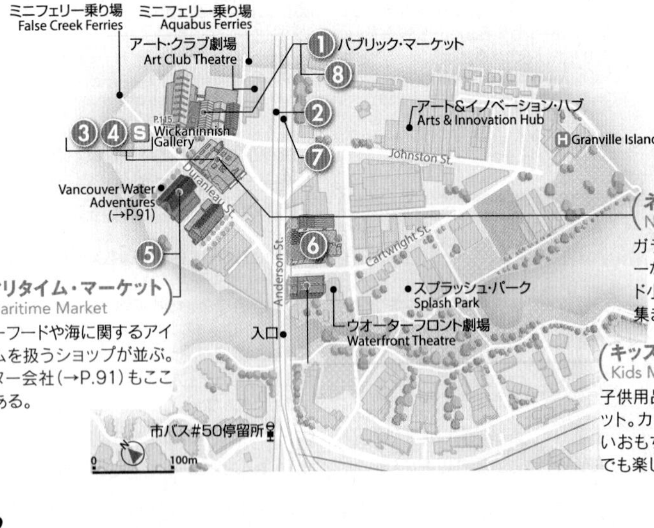
ミニフェリー乗り場
False Creek Ferries
ミニフェリー乗り場
Aquabus Ferries
アート・クラブ劇場
Art Club Theatre
1 パブリック・マーケット
8
2
7
P.115
3 4 S Wickaninnish Gallery
アート&イノベーション・ハブ
Arts & Innovation Hub
H Granville Island
Johnston St.
Duranleau St.
Vancouver Water Adventures (→P.91)
6
5
Cartwright St.
Anderson St.
スプラッシュ・パーク
Splash Park
ウオーターフロント劇場
Waterfront Theatre
入口
市バス#50停留所
0
100m

マリタイム・マーケット
Maritime Market

シーフードや海に関するアイテムを扱うショップが並ぶ。カヌー会社(→P.91)もここにある。

ネット・ロフト
Net Loft

ガラスやジュエリーなどのハンドメイド小物や雑貨店が集まるマーケット。

キッズ・マーケット
Kids Market

子供用品を扱うマーケット。カラフルでかわいいおもちゃは見るだけでも楽しい!

午前は マーケットで カナダ産食材ハント☆

食材の宝庫、パブリック・マーケットは、品揃えのいい午前中が狙い目！カナダの大地で育った食をゲットして、サンドイッチやハンバーガー作りにトライしてみよう！

1 建物は島の東にある 2 食のテーマパーク

新鮮な食材がたくさんあるよ〜！

バラエティに富んだ食の市場

❶ Public Market パブリック・マーケット

🍴 料品を中心とした店舗がいくつも集結する屋内マーケット。精肉やチーズ、野菜など新鮮な食材が手に入るほか、ギフトにぴったりな商品まで勢揃い。マーケット内にはデリやイートインスペースも充実しており、ひとやすみに最適。

☎ 店舗により異なる
🕐 毎日9:00〜19:00
🈺 無休 💳 店舗により異なる

手作りデリ

手軽にお腹を満たせるデリは、できたてがうれしい♪お総菜やスイーツを買ったら、屋内のイートインスペースで食べよう。

野菜をたっぷり使ったお惣菜がたくさん

見た目もかわいいスイーツにキュン！

野菜&果物

マーケットに入ってまず目につくのが、色とりどりの野菜やフルーツの山！量が多いので買いすぎに注意。

日本であまり馴染みのないものも

フレッシュな果物はそのまま食べたい

サーモン

カナダを代表する魚といえば、これ！燻製や缶詰めは、サンドイッチの具材として使えそう！

フレッシュなカキがてんこもり！

ブリティッシュ・コロンビア州ではカキが1年中獲れる。好みのトッピングをしてグリルしてもおいしそう♪

タラ

タラは英語でCodといい、カナダ定番の魚。フィッシュ&チップスによく使用されている。

揚げると軽い食感に

↑ホワイトキングサーモンの缶詰め

↑ソッカイサーモンの燻製

オイスター（カキ）

おすすめShop

Laurelle's Fine Foods `デリ`
ローレルズ・ファイン・フーズ
カラフルなスイーツや惣菜はすべて手作り。スイーツは60種類以上も揃う。
☎ (604) 685-8482

Granville Island Produce `野菜&果物`
グランビル・アイランド・プロデュース
旬な食材を調達するならこちら。地元の農家から仕入れた新鮮な青果を販売する。
☎ (604) 662-3089

Longliner Seafoods `シーフード`
ロングラインナー・シーフード
サーモンやタラなどのフレッシュな魚がずらりと並ぶ。缶詰めなどのおみやげも充実。
☎ (604) 681-9016

Seafood City `シーフード`
シーフード・シティ
定番から日本に馴染みのない魚を販売。スモークサーモンの品揃えがいい。
☎ (604) 688-1818

午後は カナダ製グッズをゲット♪

午後はお買い物タイム♪せっかくならメイドインカナダを持ち帰りたい。
グランビル・アイランドなら手作り石鹸や地元アーティストのグッズがもりだくさん!

ソープ

ハンドメイドの オーガニックソープ

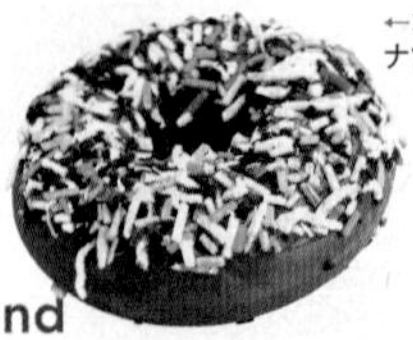

←本物さながらのドーナツの石鹸$11

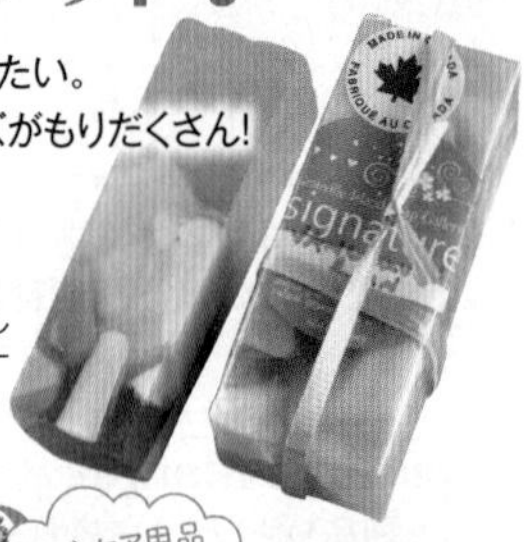

→雨をイメージしたバンクーバーレイン$6〜

② Granville Island Soap Gallery

グランビル・アイランド・ソープ・ギャラリー

オーナーのダーレンさんが作るソープ専門店。すべてお肌にやさしいナチュラル素材を使用しており、ケーキやドーナツ型などルックスもキュート!

[住]104-1535 Johnston St.
[TEL](604)669-3649
[URL]thesoapgallery.blogspot.ca
[営]5〜10月 毎日10:00〜18:00 11〜4月 毎日10:00〜17:00
[休]無休 [CC]A M V

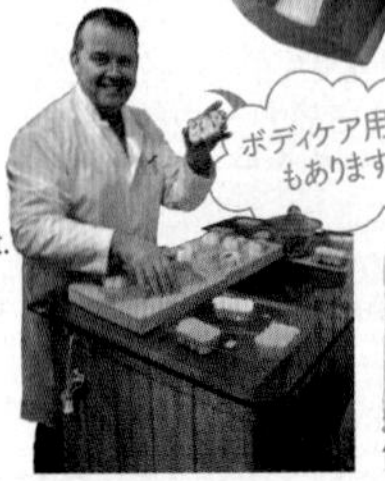

ボディケア用品もあります

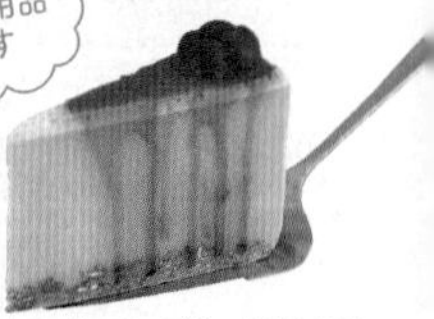

↑チェリーチーズケーキ$14.35

ご当地みやげ

ローカルブランドの おしゃれな雑貨探しが楽しい!

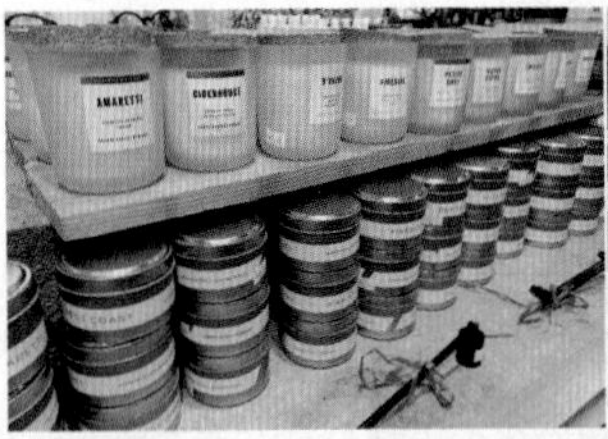

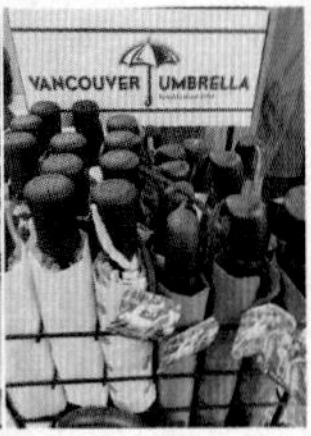

↑北米産大豆を使ったソイワックスのキャンドル$32など ↑メイド・イン・バンクーバーのカラフルな傘$26

③ Gigi B on Granville Island

ジジ・ビー・オン・グランビル・アイランド

バンクーバー発のデニムや雑貨などご当地アイテムをセレクト。商品の素材にもこだわり、ソルト・スプリング島生まれのナチュラルコスメブランドSaltspring Soapworksの固形シャンプー$9.95など幅広い品揃え。

気軽に立ち寄ってね

[住]12-1666 Duranleau St.
[TEL](604)687-1565 [営]毎日10:00〜17:00
[休]無休 [CC]A M V

キッチン用品

←カナダらしい動物モチーフのグッズが多い

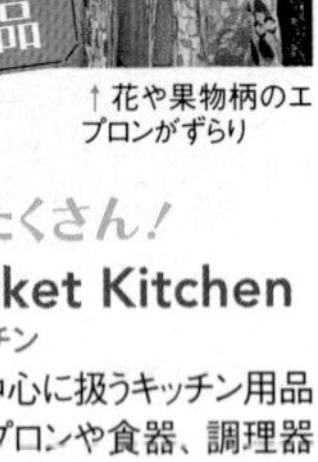

↑花や果物柄のエプロンがずらり

気分のあがる 料理グッズがたくさん!

④ The Market Kitchen

マーケット・キッチン

カナダメイドを中心に扱うキッチン用品専門店。エプロンや食器、調理器具など種類豊富で、どれもポップでカラフル! 人気商品はバナナガード$7.99。

[住]2-1666 Johnston St. [TEL](604)681-7399
[URL]www.themarketkitchen.com
[営]毎日10:00〜17:00 [休]無休 [CC]A M V

ファッション&雑貨

品揃え抜群の セレクトショップ

⑤ Make メイク

地元アーティストが手掛けたグッズやファッションを販売。店オリジナルのTシャツや帽子はユニークなデザイン。カナダブランドのHerschelのリュックも豊富。

[住]1648 Duranleau St. [TEL](604)684-5105
[URL]www.makevancouver.com
[営]毎日10:00〜18:00
[休]無休 [CC]A J M V

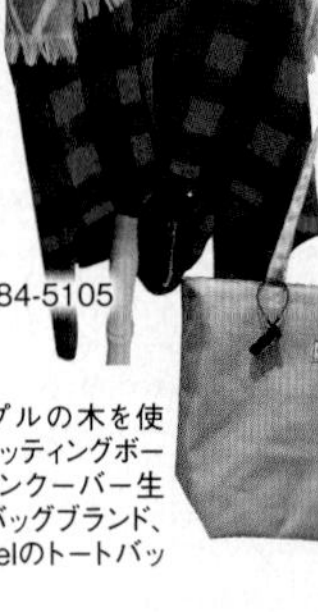

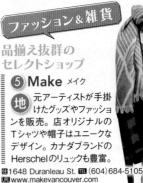

←バンクーバーブランドのケープ$78〜115

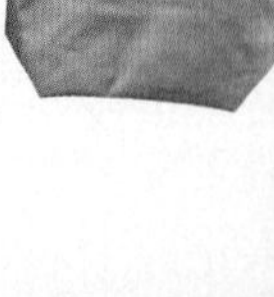

←メープルの木を使用したカッティングボード →バンクーバー生まれのバッグブランド、Herschelのトートバッグ

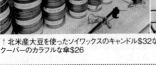

夜は カナダ名物をいただきます！

カナダ料理にシーフード、地ビール……グランビル・アイランドには、カナダに来たら必ず味わいたい料理が勢揃い。特におすすめの飲食店はこちら！

バンクーバー生まれの地ビールをぐびっ！

⑥ Granville Island Brewing
グランビル・アイランド・ブリューイング

隣 接する醸造所で造られたできたてのビールが味わえる、人気パブ。ドラフト$7〜などの4〜6種類のビールを常時揃えている。おすすめは4種類の味が楽しめるテイスティングセット$12。ビールのお供にぴったりなプティン$13やハンバーガー$18〜などの軽食もある。

🏠 1441 Cartwright St.
☎ (604)687-2739 URL www.gib.ca
🕐 毎日10:00〜20:00（時期により変動あり）
休 無休 予 $15〜 CC M V

> **見学ツアーに参加にしよう！**
> パブの横にある醸造所を見学してビールの試飲もできる。所要約45分。詳細はホームページで。

名物❶ 地ビール

1.店内から併設する醸造所が見られる 2.お気に入りのビールを見つけよう

名物❷ シーフード

1.贅沢な魚介尽くしのサンドバー・タワー$149 2.サーモンバーガー$20.5はランチの人気メニュー 3.店内に大きな船が置かれている

絶景が望めるシーフードレストラン

⑦ The Sandbar
サンドバー

地 元で獲れた活きのいい魚介料理が堪能できる、カジュアルレストラン。サーモンやタラのグリルなどのシーフードのほか、ステーキも人気。船内をテーマにした店は2フロアに分かれていて、2階のパティオからオーシャンビューを眺めながら食事を楽しめる。

🏠 1535 Johnston St. ☎ (604)669-9030
URL www.vancouverdine.com/sandbar
🕐 月〜金11:30〜22:30
土・日11:00〜23:00
休 無休 予 ランチ$25〜、ディナー$35〜
CC A M V

散策のお供にもぴったり！
行列のできるドーナツ屋さん

⑧ Lee's Donuts
リーズ・ドーナツ

1 979年の創業以来、手作りならではの素朴な味わいで地元っ子に支持されるのがこちら。人気No.1のハニーディップなど常時30種以上が揃い、季節変わりのフレーバーも登場。1個$2.5〜と手頃で、週末には行列ができるほどの盛況ぶりだ。

🏠 1689 Johnston St.
☎ (236)335-4021
URL www.leesdonuts.ca
🕐 毎日8:00〜18:00 休 無休
予 $2.5〜 CC A M V

名物❸ ドーナツ

ドーナツ好きのお墨付きよ♪

1.ストロベリー、ハニーディップ、スプリンクルなどが売れ筋 2.パブリック・マーケット内にある

カナダ学生になりきって
UBCキャンパスで
学生ライフを満喫する♪

広大なキャンパスと豊かな自然が広がる有名大学UBC。観光地やガーデン、ショップが入ったキャンパスを散策して学生気分に浸ろう。

キャンパスは一般公開されている

About
ブリティッシュ・コロンビア大学（UBC）

①915年に創立した、カナダが誇る名門大学。約5万8000人の学生がここで勉学に励んでいる。キャンパス内には、自然を生かした植物園やビーチ、公園がある。UBC人類博物館や新渡戸記念庭園など定番の見どころもあり、多くの観光客が訪れる。

ブリティッシュ・コロンビア大学
University of British Columbia(UBC)

MAP P.42-C・D1
TEL (604)822-3313
URL www.ubc.ca
URL visit.ubc.ca
交 市バス#4、#14、#44で終点のUBC Exchange Bay下車、徒歩すぐ。

所要時間 半日
キャンパス内をすべて回るなら丸1日必要だが、ポイントを絞れば半日でも充分。

豊かな自然

木々や海に囲まれたUBCのキャンパス。学生たちはピクニックや友達とのおしゃべりを楽しんで、のびのびとキャンパスライフを送っている。

① UBC植物園
UBC Botanical Garden

高 山植物やBC州の自生種、アジアの植物を観察できる植物園。つり橋を渡るグリーンハート・ツリーウオーク Greenheart Treewalk というアトラクションもある。

住 6804 S.W. Marine Dr.
TEL (604)822-4208
URL botanicalgarden.ubc.ca
開 毎日10:00～16:30
休 無休
料 大人$15、シニア・学生・ユース$13、子供$7（新渡戸記念庭園と共通。グリーンハート・ツリー・ウオーク込みの料金は大人$26、シニア・学生・ユース$20、子供$12）

1 巨木の間を歩くグリーンハート・ツリー・ウオーク 2 植物園はふたつのエリアからなる

② ローズ・ガーデン
Rose Gaden

夏 に約20種類のバラが咲き乱れるガーデン。ベストシーズンは6月頃。写真を撮るときは、庭園の後ろに広がるジョージア湾と一緒に撮るのがベスト！

1.さまざまな種類のバラが咲く
2.天気がいいとノース・バンクーバーの山並みが望める

③ タワー・ビーチ Tower Beach

又 ーディストビーチとして知られている浜辺。UBC人類学博物館の横から続く、300段近い急な階段（Trail 4）を下った先にある。撮影する際は、レンズを人に向けないように注意しよう。

↓のんびりとした空気が漂うビーチ

モリス&ヘレン・ベルキン・アート・ギャラリー
Morris & Helen Belkin Art Gallery

1960～70年代のカナダの前衛アートを中心に、約2500点の作品を収蔵・展示するギャラリー。

チャン・センター
The Chan Centre

最新の音響設備をもつイベントホール。クラシック、ジャズ、オペラなどの公演が行われる。

ロバート・H・リー・アルムニ・センター
Robert H. Lee Alumni Centre

教室やミーティングルーム、ホールなどが入った施設。館内に「ウエルカムセンター」がある。スタッフが駐在しており、地図がもらえる。

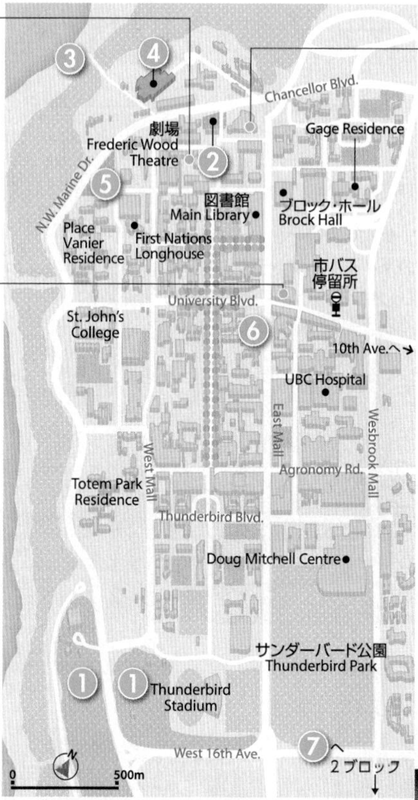

Chancellor Blvd.
劇場
Frederic Wood Theatre
Gage Residence
N.W. Marine Dr.
図書館
Main Library
ブロック・ホール
Brock Hall
Place Vanier Residence
First Nations Longhouse
市バス停留所
University Blvd.
St. John's College
10th Ave.へ
UBC Hospital
East Mall
Wesbrook Mall
West Mall
Agronomy Rd.
Totem Park Residence
Thunderbird Blvd.
Doug Mitchell Centre
サンダーバード公園
Thunderbird Park
Thunderbird Stadium
West 16th Ave.
へ 2ブロック
0
500m

Plus Info

もっと詳しく知れるガイドツアー

夏の間、敷地内を回る無料のガイドツアーがある。出発はブロック・ホールBrock Hallからで、所要50分～1時間30分。ホームページから予約またはウエルカムセンターで申し込む。

キャンパスツアー
☎(604)822-3313
[催]3月中旬～11月中旬 土10:30～12:00

広大な敷地

広～い構内は移動するのもひと苦労！ショップやレストラン、博物館まで、さまざまな施設が揃っており、散策が楽しい！

4 UBC人類学博物館
UBC Museum of Anthropology

カナダ西海岸の先住民族に関しては、世界屈指のコレクションを誇る。トーテムポールや伝統工芸品を展示する。詳細は(→P.88)。

先住民族アートがずらり

5 新渡戸記念庭園
Nitobe Memorial Garden

人工の池を中心に桜の木や滝を配した池泉回遊式の日本庭園。ビクトリアで客死した新渡戸稲造を偲んで造られた。

[住]1895 Lower Mall ☎(604)822-6038
[URL]botanicalgarden.ubc.ca/visit/nitobe-memorial-garden [開]4～10月　毎日10:00～16:30　11～3月　水～日10:00～14:00
[休]11～3月の月・火 [料]大人$15、シニア・学生・ユース$13、子供$7(UBC植物園と共通)

季節ごとに移り変わる風景が楽しめる

6 UBC Bookstore
UBCブックストア

BCのオリジナルグッズが買えるショップ。マグカップやパーカーなどのロゴ入りアイテムがずらり！ ローカルブランドのバッグやギフトも豊富。

[住]6200 University Blvd.
☎(604)822-2665
[URL]bookstore.ubc.ca
[営]月～金 10:00～17:00 土11:00～17:00
[休]日 [CC]A M V

ロゴ入りのクマのぬいぐるみ$24.95～

7 BierCraft
ビアクラフト

ベルギーやBC州産のビールが揃い、ムール貝の酒蒸し$15.5～、フライトポテト$8.5～と好相性。夏季はパティオ席もある。

[住]3340 Shrum Lane
☎(604)559-2437
[URL]biercraft.com
[営]毎日11:00～21:00 [休]無休
[予]ランチ$15～、ディナー$25～
[CC]A M V

大学の街らしい落ち着いた雰囲気

入口でトーテムポールがお出迎え

\ 緑がいっぱい☆ /
🍁キャピラノつり橋で森のアトラクションを楽しむ！

森林の中にあるエンタメスポットへ！ ハラハラ&ドキドキのつり橋や遊歩道のネイチャーアトラクションに心も躍る。マイナスイオンをたっぷり浴びながら森と一緒に遊ぼう！

澄んだ空気が広がり気分爽快

About
キャピラノつり橋

（深）い森の中にあるレクリエーションパーク。木道やトレイルなど、自然の渓谷と大きな木々をいかした4つのアトラクションが楽しめる。ノース・バンクーバーを流れるキャピラノ川Capilano Riverの渓谷に架かる長いつり橋は、バンクーバー屈指の観光名所になっている。

キャピラノつり橋
Capilano Saspension Bridge
MAP P.43-A3
住 3735 Capilano Rd. TEL (604)985-7474
URL www.capbridge.com
営 1月下旬〜2月上旬、2月下旬〜3月中旬
　9月上旬〜11月中旬
　毎日9:00〜17:00
　2月下旬〜下旬　毎日10:00〜20:00
　3月中旬〜4月下旬　毎日9:00〜19:00
　4月下旬〜9月上旬　毎日8:30〜20:00
　11月中旬〜1月下旬　毎日11:00〜21:00
休 無休　料 大人$65.95、シニア$60.95、学生$52.95、ユース$37.95、子供$27.95
※ウェブサイトからの購入で割引あり。
交 ロンズデール・キー・ターミナルから#236で約15分。ダウンタウンからは無料のシャトルバスが運行。停車場所はカナダ・プレイスやBlue Horizonなど。

所要時間 3時間
4つのアトラクションをすべて回るなら3時間あれば十分。つり橋だけなら10分ぐらいで渡れる。

Plus Info

幻想的な冬の渓谷
冬に、キャニオン・ライトというイルミネーションイベントが催される。つり橋や木々が光に照らされてロマンチックな雰囲気に。期間は11月中旬〜1月下旬。

（ ストーリー・センター ）
Story Centre

過去数度の架け替えを経て今日にいたるつり橋の歴史を写真や資料で紹介している。

Three Sisters Pond
④
②
Trout Pond
①
③

Canyon Cafe
Logger's Grill

入口

🚻 トイレ
ℹ️ インフォメーション
📷 ビューポイント

（ トーテム公園 ）
Totem Park
20数基のトーテムポールが並ぶ。1930年代からのコレクションで、どれも制作時のオリジナル。

（ ギフトショップ&カフェ ）
オリジナルグッズやおみやげを販売。周囲ではスタッフによるパフォーマンスも行われる。

70

深い渓谷を結ぶつり橋の高さ。つり橋からは深い渓谷の景色が見渡せる。

森の中に生える北米原産のダグラスファー（ベイマツ）の樹齢。そのほとんどが樹齢200年を超えている。

200

① つり橋
Suspension Bridge

初 代は1889年に麻と杉板で造られた橋だった。現在は123トンの重さに耐えられる設計になっており、ワイヤー製の橋は歩く度に大きく揺れてスリル満点！

② リビング・フォレスト
The Living Forest

高 さ約80m越えの巨木が生える森の中を歩くトレイル。BC州沿岸特有の寒帯雨林が広がり、自然や動物を紹介する展示パネルも点在する。

1.遊歩道は舗装されているので歩きやすい 2.自分と木の大きさをくらべっこ

なんの数字？

数字で楽しむ
Natureアドベンチャー

4つのアドベンチャーにまつわる数字に注目！ 数字から見えてくる新たなアトラクションの魅力に迫る。なんの数字か推測しながら楽しんで！

遊歩道の長さ。ワイヤーで固定されているので揺れないが、両側が金網になっている。

213

③ クリフウオーク Cliffwalk

崖 に沿って造られた遊歩道。両側がスケスケになった歩道を歩いて、地上とはひと味違う、木々と同じ目線からの景色を楽しもう！

1.歩道は人がひとり通れるくらいの幅
2.崖から突き出た展望ポイントもある

7

巨木の間を結ぶつり橋の本数。地上から約30mの高さにある橋まで行くこともできる。

④ ツリートップ・アドベンチャー
Treetops Adventure

リ スの視点になって、木々の間に架けられた橋を伝っていくアトラクション。ダグラスファーの幹を支柱に渡したつり橋は、木を傷めない特殊な方法で固定されている。

1.木々の間を空中散歩。葉っぱや枝が手の届く所に！
2.木で作られたアトラクションの入口

山のテーマパーク

グラウス・マウンテンの山頂で遊ぶ！

自然をいかした遊びが得意なカナダらしく、山のてっぺんにもテーマパークがある。高台からの景色にアトラクション、ショータイム……山ならではの遊びを楽しもう☆

山頂へ行くピーク・チェアリフトから絶景が望める

Plus Info

市内屈指の夜景スポット

キラキラと輝くグラウス・マウンテンの夜景は地元で有名。特にピーク・シャレー内の展望レストラン「The Observatory」は、人気のデートスポット。

午後からスタート♪モデルルート

13:00 スカイライドに乗って山のてっぺんへ
↓
14:00 マウンテン・ジップラインにチャレンジ!
↓
15:15 バード・イン・モーションで猛禽類を観賞
↓
16:30 木こりのショー、ランバージャック・ショーを楽しむ
↓
17:00 頂上にある展望台からの絶景にうっとり

About
グラウス・マウンテン

ノース・バンクーバーにある、標高1250mの山。スカイライドSkyrideというゴンドラで1128mまで登った頂上付近がレジャースポットになっている。ジップラインやショー、ヘリツアーなどのアクティビティが充実。ほとんどが午後から始まるので、お昼頃に頂上に到着するようにしよう。冬はスキー場になる。

グラウス・マウンテン Grouse Mountain

MAP P.41-A2 住6400 Nancy Greene Way
電 (604) 980-9311 URL www.grousemountain.com
交ロンズデール・キー・ターミナルから#236、キャピラノつり橋からは#232で行ける。夏季にはダウンタウンから無料シャトルバスが運行。出発はカナダ・プレイス(→P.77)前から。

所要時間 半日
アトラクションやショーの開始はほとんど午後から。うまく時間をずらせば半日で回れる。

（ パラグライディング ）
Paragliding

リフトを上った先から、出発。夏季のみタンデムフライトが催行される。

（ ヘリツアー ）
Helicopter Tours

頂上にあるヘリポートを出発し、バンクーバー上空をぐるりと回る。$119～。

（ ピーク・シャレー ）
Peak Chalet

レストランやアウトドアショップ、カフェなどが入った施設。裏手には展望台もある。

（ グリズリーベア ）
Grizzly Bear

柵の中に、親とはぐれた2頭のグリズリーの兄弟を保護・飼育している。

ゴート山
Goat Mountain
1401m

グラウス・マウンテン
Grouse Mountain
1250m

マウンテン・ジップライン

マウンテン・ジップライン申し込み

ピーク・シャレー
Peak Chalet

グラウス・グラインド
Grouse Grind

—— ピーク・チェアリフト
---- ジップライン
トイレ
ビューポイント

スカイライドで山の上にGO!

ゴンドラのスカイライドに乗って、麓から山頂付近へ。大きな窓から移り変わる景色が楽しめる。2台のゴンドラが入れ替わりで運行している。スカイライドの上に乗れるスリリングなSkyride Surf Adventure $25も人気を呼んでいる。

1 スカイライド Skyride

[営]毎日7:30～23:00（時期により変動あり）
[料]大人$69、シニア$59、ユース$49、子供$36、ファミリー（大人2人、子供2人）$179

1.赤と青のゴンドラが運行している 2.ピーク・シャレーのカフェで軽食がとれる

View

山頂まで行くピーク・チェアリフト

展望台内

目の前にバンクーバー島やアメリカの山並みが広がる

一部では床がスケルトンになっているところも!

2 アイ・オブ・ザ・ウインド
The Eye of the Wind

頂上に立つ風力発電型の展望台は、街を一望できるビュースポット。山頂付近まではピーク・チェアリフトPeak Chairliftというリフトでアクセスできる。

[営]毎日10:00～18:00（時期により変動あり）
[休]無休　※2023年1月現在、休止中

Attraction

慣れてくると回転や逆さまの姿勢もできる

3 マウンテン・ジップライン
Mountain Zipline

ケーブルをつたって山と山の間を勢いよく降っていく、スリリングなアトラクション。始めは簡単な木の間を渡って体を慣らし、徐々に難易度をあげて最後に渓谷を渡る。

[催]夏季 毎日11:00～17:00
所要約2時間（5-LIne Tours）
[料]$109（体重制限あり）

コントロール方法をマスターしよう!

基本　スピードUp↑　スピードDown↓

Showtime

4 ランバージャック・ショー
Lumberjack Show

ふたりの木こりが登場するショー。木登りをしたり、斧やノコギリで素早く木を切ったりしてふたりで争いをしながらストーリーが進む。

[催]5月下旬～10月上旬　毎日11:15、14:00、16:30
所要約45分。[料]スカイライド料金に含まれる

1.途中で観客参加型のショーも行われる 2.高さ20m以上の木に登ることも

5 バード・イン・モーション
Birds in Motion

フクロウやワシが登場する猛禽類のショー。エサをめがけて飛びついてくる大きなハクトウワシは迫力満点!

[催]5月下旬～9月中旬
毎日12:45、15:15、17:30
所要約30分。
[料]スカイライド料金に含まれる

猛禽類の迫力さに引き込まれる

バンクーバーの最旬★注目エリア❶

ギャスタウン
Gastown

ウオーター通りWater St.沿いにおしゃれな店が並ぶ
ギャスタウン(→P.78)。赤れんがの道を歩いて、
お気に入りの店を探そう。　**MAP P.45-B4**

ギフトショップも多く観光客でにぎわう

Seymour St.

Richards St.

Hastings St.

Homer St.

Cambie St.

○ ウオーターフロント駅

● ● ● ○ 蒸気時計

Water St.
ウオーター通り

Blood Alley Square

ガーリースタイルが得意な
ローカルなセレクトショップ

One of a few

ワン・オブ・ア・フュー　　　**MAP P.45-B4**

　バンクーバーらしいカジュアルでエッジの
効いたアイテムが見つかる。ローカルアーテ
ィストの洋服やアクセ、バッグなど、ほかでは
なかなか手に入らない掘り出し物も多い。

🏠 354 Water St.
☎ (604)605-0685
🔗 www.oneofafew.com
🕐 月～土11:00～18:00
　日12:00～17:00
休 無休
💳 M V

> シンプルな
> デザインでナチュラルな
> 素材にこだわるのが
> バンクーバー
> スタイル!

1 センスよく選んだ服にテンションアップ!
2 小物やアクセサリーなども扱ってい
る

自分用にも、プレゼントにも!
エレガントなアイテムがずらり

The Latest Scoop

レイテスト・スクープ　　　**MAP P.45-B4**

　バンクーバーを中心に12店舗を展開し、フ
ァッション、インテリア雑貨、コスメなど多彩な
ラインナップが魅力。GASTOWNと書かれた
ジュートバッグ$46は普段使い
にもぴったり。

🏠 305 Water St.
☎ (604)428-5777
🔗 thelatestscoop.ca
🕐 日～水11:00～18:00
　木～土11:00～19:00
休 無休
💳 A M V

2

GASTOWN

1 ガーリーなファッ
ションアイテムが揃
う 2 おしゃれして
出かけたくなるミニド
レス$118も 3 ギャ
スタウンのシンボル・
蒸気時計の目の前

1

3

個性的なオリジナルシューズは
世界のセレブも御用達
John Fluevog
ジョン・フリューボグ　**MAP P.45-B4**

　バンクーバーのシューデザイナーJohn Fluevogの店。デザインスタジオを併設するガラス張りの店は、ギャスタウンでもひときわ目立つ。セレブも愛するデザインと質の高さが魅力。

🏠65 Water St.
☎(604)688-6228
🔗www.fluevog.com
🕐月～土10:00～18:00
　日12:00～18:00
🚫無休
💳A M V

> Fluevogの特徴は、くびれのあるヒール♪

① 開放的な空間。れんがの壁がギャスタウンらしさを思わせる ② トゥキャップがアクセントのパンプス$339～ ③ ソールにリサイクルラバーを使ったアンクルブーツ$399～

一歩足を踏み入れると焙煎の香り☆
チョコとコーヒーの黄金コンビ
East Van Roasters
イースト・ヴァン・ロースターズ　**MAP P.45-B4**

　自家焙煎したこだわりのコーヒーを味わえる話題のカフェ。カカオの個性を生かした手作りトリュフチョコレートやクッキーのほか、濃厚なホットチョコレートも人気。

🏠319 Carrall St.
☎(604)629-7562
🔗eastvanroasters.com
🕐火～土10:00～17:00
🚫日・月
🍴$5～　💳M V

① 店内では焙煎や工房の様子も眺められる ② 素材はすべてオーガニック＆フェアトレード。チョコレートは1粒から注文でき、詰め合わせのボックス入りもある ③ 好みのチョコレートとコーヒーを選んでイートインできる

V. Cordova St.
ースト・コルドヴァ通り

カナダ在住アーティストによる
ユニークな手作り雑貨をチェック
The Nooks
ヌークス　**MAP P.45-B4**

　メイド・イン・カナダを掲げ、ネイティブアートからアクセサリーやコスメまで良質な商品だけを厳選。おみやげには手作り石鹸セット$32やクリエイティブなポストカードがおすすめ。

🏠38 Water St.　🔗thenooks.ca
🕐月・火11:00～18:00
　水～日11:00～19:00
🚫無休　💳A M V

① シンプルで合わせやすいアクセサリーはほぼ$50以下 ② カナダ生まれのスキンケアコスメも見逃せない ③ 思わず手に取りたくなるエッジが効いた商品ばかり

ギャシー・
ジャックの像

Abbott St.

Carrall St.

バンクーバーの最旬★注目エリア❷

メイン通り
Main Street

もともとはアンティークショップが集まっていた
メイン通り。近年、若手アーティストの個性的な
ショップが増加中！
<img alt="MAP P.43-D3" /> **MAP P.43-D3**

ダウンタウンから市バス#3で
約15分の場所にある

シンプル×ナチュラルな
ハンドメイドアイテムが並ぶ
Much & Little
マッチ＆リトル　　　　**MAP P.43-D3**

ハイクオリティにこだわった、手
作りの雑貨、洋服、キッチンアイテム
を扱う。「長い間愛されるデザイン」
をコンセプトに、世界中のアーティ
ストから買い付けている。一点物製
品も多い。

🏠2543 Main St.
☎(604)709-9034　URLmuchandlittle.com
⏰火〜木11:00〜17:30 金・土11:00〜18:00 日12:00〜17:00
🗓無休　💳A M V

気軽に立ち寄って
くださいね。
ギフト用のラッピングも
承ってます。

1 ネコのかわいいマグ $46.95、スプーン置きは
$12.95 **2** ゆったりシルエットのワンピース $260 **3** シ
ンプルなセーター $210、パンツ $220、ペンダント $48

E. Broadway
E. 10th Ave.
E. 11th Ave.
E. 12th Ave.

Main St.
メイン通り

E. 13th Ave.
E. 14th Ave.
E. 15th Ave.
E. 16th Ave.

Quebec St.

青い屋根が目印の
気軽に入れるカジュアルビストロ
Burgoo
バーグー　　　　**MAP P.43-D3**

バンクーバー市内に4店舗を構え
るビストロ。木製のインテリアでまと
まった落ち着いた雰囲気で、ビストロ
メニューが味わえる。デイリーカクテ
ル $6.5〜もおすすめ。夏はパティオ
で食事を楽しむのもいい。

🏠3096 Main St.　☎(604)873-1441
URLburgoo.ca　⏰日〜木11:00〜21:00
金・土11:00〜22:00
🗓無休　💰$25〜　💳A M V

1 チェダーチーズたっぷりのマカロニ＆チーズ $16 とトマ
トスープ $10 **2** ウッディな内装で落ち着く **3** ダウ
ンタウンのパラト通り沿いなど4店舗展開している

ふわふわ手作りドーナツと
自慢のコーヒーはいかが
49th Parallel & Lucky's Doughnuts
フォーティーナインス・パラレル＆ラッキー・ドーナツ **MAP P.43-D3**

ドーナツが好評の、地元客でにぎわうカフェ。フェアトレードやオーガニックのコーヒー豆を使用。店内で作るドーナツやパイは、時間が合えば焼きたてが味わえる。

🏠2902 Main St. 📞(604)872-4901
🔗49thcoffee.com
🕐毎日7:00〜19:00
（時期により変動あり）
🈺無休 💴$7〜 💳A M V

ミッドセンチュリーのグッズが並ぶ
ハイセンスなアンティークショップ
The Sellution Quality Consignment Ltd.
セルーション・クオリティ・コンサイメント・リミテッド **MAP P.43-D3**

売り手から委託を受けたアンティークを販売。家具のほか食器や雑貨なども扱う。50〜70年代のヴィンテージアクセサリーの中には映画の撮影に使われたものもあるとか。

🏠3604 Main St. 📞(604)876-4517
🔗www.thesellution.ca 🕐毎日11:00〜18:00
🈺無休 💳A M V

1店内は無線LAN使用可能。夏季はテラス席でくつろぐ人も多い **2**一番人気のグレーズドドーナツ$4とカフェラテ$4.9

1雑貨のほかインテリアなども扱っている **2**アメリカの老舗時計メーカーWestcloxのぜんまい時計。各$38 **3**リーフ柄カップと皿のセットは1900年代半ばのもの。$24〜

E. 18th Ave.
E. 19th Ave.
E. 20th Ave.
E. 21st Ave.
E. 22nd Ave.
E. 23rd Ave.
E. 24th Ave.
King Edward Ave.

Main St.
メイン通り

スタイリッシュだけど温かみのある
バンクーバーらしい雑貨をチェック
Vancouver Special
バンクーバー・スペシャル **MAP P.43-D3**

店名のとおり、コンセプトは"バンクーバーらしさ"。シンプルで使いやすいフェルト生地のコースター$8〜、リサイクル素材を使ったサステナブルなプランター$84などインテリアの主役になる商品が充実する。

🏠3612 Main St. 📞(604)568-3673
🔗www.vanspecial.com
🕐日11:00〜18:00 月〜土12:00〜
17:00 🈺無休 💳A M V

一点物は
即買いが
おすすめよ♪

1おしゃれな店内には掘り出し物がいっぱい **2**地元クリエイターが手がけたクッション$210

City Tour

現地発のツアー

観光バス

スタンレー・パークやグランビル・アイランドなど、おもなポイントを効率よく回るなら観光バスがおすすめ。

グレイ・ライン・ウエストコースト・サイトシーイング社Gray Line Westcoast Sightseeingが催行する、上部がオープンエアになったバスのツアー「Hop-On, Hop-Off」は市内の見どころ約11ヵ所に立ち寄る。チケット（クラシック・パス）を購入すれば1日乗り降り自由。各アトラクション施設の入場料は別途かかるが、バンクーバー・ルックアウト（→P.78）、バンクーバー水族館（→P.79）の2施設については入場料込みのお得なチケットもある。チケットはコンベンション・センターConvention Centre前のウエルカムセンターまたはウェブサイトで購入できる。

グレイ・ライン・ウエストコースト・サイトシーイング
[MAP] P.45-A3
[TEL] (604)451-1600　[FREE] (1-877)451-1777
[URL] westcoastsightseeing.com
[料] 24時間クラシック・パス　大人$59、子供$30（日本語音声ガイド付き）
[交] 夏季　毎日8:45～17:15の30分ごとに出発
冬季　毎日9:10～15:15の60分ごとに出発

ウエルカムセンターでチケットを購入できる

観光ツアーバス
【バスの停車場所】
❶カナダ・プレイス
❷バンクーバー・マリオット・ピナクル・ダウンタウン
❸スタンレー・パーク・パビリオン
❹ロブソン通り
❺サットン・プレイス/ロブソン通り/バンクーバー美術館
❻グランビル・アイランド
❼エンターテインメント・ディストリクト
❽ライブラリー・スクエア
❾サンドマン・ホテル
❿チャイナタウン
⓫ギャスタウン
スタンレー・パーク
ローズ・ガーデン
バンクーバー水族館
ブロックトン・ポイント
トーテムポール広場
ナイン・オクロック・ガン
クルーズ船ターミナル
パラード入江
The Westine Bayshore
Hyatt Regency Vancouver
コンベンション・センター
ウエルカムセンター
カナダ・プレイス
シーバス・ターミナル
イングリッシュ・ベイ
イングリッシュ湾
Bosman's Vancouver
Sheraton Vancouver Wall Centre
クライスト・チャーチ
バンクーバー美術館
ギャスタウン
サン・ヤット・セン中国庭園
チャイナタウン
The Residence Inn by Marriot
ロジャース・アリーナ
鉄道駅 バスディーポ
プラザ・オブ・ネーションズ
B.C.プレイス
バンクーバー中央図書館
バンクーバー博物館
バンクーバー海洋博物館
イエールタウン
テラス・ワールド・オブ・サイエンス
フォールス・クリーク
グランビル・アイランド
Pipeline Rd
Georgia
Denman
Cardero
Nelson
Davie
Beach Ave
Jervis
Robson
Thurlow
Burrard
Hornby
Howe
Smithe
Seymour
Homer
Hastings
Pender
Dunsmuir
Cambie
Beatty
Helmcken
Granville
Water
Columbia
Keefer
Gore Ave
Main St.
Burrard St.Bridge
Granville St.Bridge
Cambie St.Bridge
Cypress
2nd. Ave.
3rd. Ave.
4th. Ave.
6th. Ave.
Arbutus
Oak
N
0
0.5
1
km

おもな見どころ

ダウンタウン～バンクーバー南部

❀ ロブソン通り
Robson Street　　　　　　　　　　　★★★　ダウンタウン中心部
MAP P.44-A2～P.45-C3

B.C.プレイスからスタンレー・パークまで、ダウンタウンの中心を貫く通り。ハウ通りHowe St.との角にあるロブソン広場Robson Squareが中心で、両側には大型のデパートやホテル、ブランドショップ、カナダ生まれのカジュアルブランドやコスメショップ、レストランからファストフードまであらゆる店が並び、深夜までにぎわいを見せる。

❀ バンクーバー美術館
Vancouver Art Gallery　　　　　　★★★　ダウンタウン中心部
MAP P.44-A・B1

ロブソン広場の正面にある美術館。ギリシアの神殿を思わせる重厚な石造りの建物は、もとは裁判所として使われていたものだ。館内は4フロアに分かれており、ブリティッシュ・コロンビア州のアーティストの作品を中心に、17～18世紀のカナダ美術や20世紀半ばのイギリスの絵画や彫刻など約1万2000点もの作品を収蔵・展示している。写真やモダンアートも多い。美術館最大の見どころは、3階のエミリー・カー（→P.88）のギャラリー。美術館に収蔵されている作品は、彼女の死後、州に寄贈されたものだ。館内にはおしゃれなカフェやデザイン雑貨などを販売しているショップもある。

❀ バンクーバー中央図書館
Vancouver Central Public Library　　★★★　ダウンタウン中心部
MAP P.45-B3

ロブソン通りの東、ホマー通りHomer St.との角にある古代ローマの円形闘技場のような建物。カナダの有名建築家モシュ・サフディMoshe Safdieの設計。高い吹き抜けになったエントランスホールにはカフェや書店、ショップが並び、その正面が図書館入口。130万冊以上の蔵書を誇る7階建てで、観光客でも利用できる。

❀ カナダ・プレイスとフライ・オーバー・カナダ
Canada Place & Fly Over Canada　　★★★　ウオーターフロント
MAP P.45-A3・4

バラード入江に突き出す、テントが連なったように見える独特な外観の建物は、船のマストと帆をイメージしたもの。1986年のバンクーバー万博でカナダ政府館として使われた、バンクーバーのシンボル的存在だ。現在は国際会議場として利用されている。2015年には、カナダの大自然や都市の上の遊覧飛行を4D映像でバーチャル体験できるフライ・オーバー・カナダがオープンした。カナダの観光地や自然をテーマにした映像を見ながら、約8分間の遊覧飛行が楽しめる。

バンクーバー美術館
🏠 750 Hornby St.
☎ (604)662-4700
URL www.vanartgallery.bc.ca
開 土～月・水10:00～17:00
　 火12:00～20:00
　 木10:00～20:00
　 金12:00～17:00
休 無休
料 大人$29、子供無料
　（火曜の17:00～は$5程度の寄付金）

階段に座ってランチやアイスを食べている人も多い

バンクーバー中央図書館
🏠 350 West Georgia St.
☎ (604)331-3603
URL www.vpl.ca
開 月～木9:30～20:30
　 金9:30～18:00
　 土10:00～18:00
　 日11:00～18:00
休 無休

渦を巻いた独特の外観

フライ・オーバー・カナダ
🏠 201-999 Canada Place
FREE (1-855)463-4822
URL www.flyovercanada.com
開 毎日10:00～21:00
休 無休
料 大人$32（$28）、子供$22（$18）
※（ ）内はウェブサイトで購入した場合の料金

上映中には風や水しぶきなどのリアルな演出もある

バンクーバー・ルックアウト
住555 West Hastings St.
TEL(604)689-0421
URLvancouverlookout.com
開5月中旬～10月中旬
　毎日8:30～22:30
　10月中旬～5月中旬
　毎日9:00～21:00
　(気象状況により変動あり。
　展望台行きのエレベーター
　は閉館の30分前まで)
休無休
料大人・シニア$18.25、
　学生・子供$13.25

ギャスタウン
TEL(604)683-5650
URLgastown.org

小樽にレプリカがある蒸気時計

CHECK!

ダウンタウンの治安
ペンダー通りPender St.の
3本北にあるパウエル通り
Powell St.はかつて日本人街
と呼ばれたが、今は荒廃し治
安が悪い。チャイナタウンは夜
はひと気がなくなるので注意。
チャイナタウンの北やギャス
タウンを結ぶ通りも治安が悪
いので歩かないこと。

広場から階段を上った所にある
シャチのオブジェDigital Orca

**バンクーバー・オリンピック聖
火台**
交スカイトレインのウオーター
フロント駅から徒歩約8
分。

♣ バンクーバー・ルックアウト
Vancouver Lookout ★★★ ｜ ウオーターフロント ｜ **MAP** P.45-B3

　ブリティッシュ・コロンビア州で最も高
い（地上177m）ビル、ハーバー・センタ
ー・タワーHarbour Centre Towerの上に
ある展望デッキ。高さ167m、円盤型のデ
ッキからは、バンクーバーのダウンタウン
と周りを取り囲む山並みを一望できる。昼
間の大パノラマも迫力だが、夜のウオータ
ーフロントもまた美しくておすすめ。

夜景見物に最適のスポット

♣ ギャスタウン
Gastown ★★★ ｜ ウオーターフロント ｜ **MAP** P.45-B4

　1867年、ひとりのイギリス人がこの地に到着し、広い原野に
1軒の家を建てた。彼の名はジョン・デイトンJohn Deighton。
彼の家を中心に集落が造られ始めると、この地はデイトンのあ
だ名であったギャシー"Gassy"(騒々しい)・ジャックから取っ
てギャスタウンと命名され、ここがバンクーバー発祥の地とな
った。町は発展を続けたが、1886年の大火により焼失。大陸横
断鉄道の開通により一度は復興したものの、20世紀になると再
びさびれ、ゴーストタウンと化していた。その後1960年代後半
に行われた再興計画により、古い建物はレストランやショップ
に改装され、バンクーバーを代表する観光地へと姿を変えた。
石畳のウオーター通り沿いには高さ5.5mの蒸気時計Steam Clock
があり、15分ごとに汽笛を周囲に響かせている。東の端にある
メープル・リーフ広場には、ウイスキーの樽に乗ったデイトン
の像が立ち、人気の撮影スポ
ットになっている。なお、デ
イトンの像の東側、コロンビ
ア通りColumbia St.の北側
は、バンクーバーで最も治安
が悪いエリアのひとつ。像か
ら先へは行かないほうが無難
だ。

町の名前の由来となったギャシー・ジャックの像

♣ バンクーバー・オリンピック聖火台
Vancouver Olympic Flame ★★★ ｜ ウオーターフロント ｜ **MAP** P.45-A3

　2010年2月に開催された冬季オリンピックの聖火台。高さ16.5m
の氷柱をイメージした聖火台を4本の支柱が支えるデザインにな
っている。現在は自由に見学でき、周囲は広場になっている。

聖火台のすぐそばまで行ける

カナダ・プレイスの横から広場を
通って、海沿いに「The Westin
Bayshore Vancouver」まで、遊
歩道になっており、バンクーバー
市民が散歩やジョギングを楽しん
でいる。

🍁 バンクーバー水族館
Vancouver Aquarium
★★★ ダウンタウン西部 MAP P.43-B3

スタンレー・パーク内の水族館。入口の前に置かれた、ブロンズのネイティブ・アートのシャチが目印。1956年に建てられた国内初の水族館で、最も規模が大きい。館内にはおよそ5万匹もの魚類や海獣類が飼育されている。注目は、映像と音、風やミストなどで自然や動物の世界を体感できる4D体験シアター。シーオッター（ラッコ）への餌やりなど飼育体験プログラム、シーオッターエンカウンターも人気。

🍁 B.C.プレイスとロジャース・アリーナ
B.C. Place & Rogers Arena
★★★ ダウンタウン東部 MAP P.45-C3・4

ロブソン通りの東の突き当たりにあるB.C.プレイスは、街のランドマーク的な施設。収容観客数は5万4500人で、世界最大規模の開閉式屋根をもつドーム型屋内競技場だ。カナディアン・フットボール・リーグ（CFL）のB.C.ライオ

街歩きの目印にもなるB.C.プレイス

ンズB.C. Lionsの本拠地として有名だが、各種の展示会、コンサートなどにも利用されている。スタジアムではガイドツアーを催行している。スタジアム正面のゲートAにBCスポーツの殿堂＆博物館The BC Sports Hall of Fame and Museumがあり、アイスホッケーやベースボールなどブリティッシュ・コロンビア州のスポーツの歴史や名シーンのパネル、選手の使っていた道具などが展示されている。また、実際に使われているロッカールームなどが見学できるツアーAll Access Experience $24も催行している（要予約）。

B.C.プレイスの隣にあるロジャース・アリーナは、NHL（アイスホッケー）のバンクーバー・カナックスVancouver Canucksの本拠地として知られている。

🍁 テラス・ワールド・オブ・サイエンス
Telus World of Science
★★★ ダウンタウン東部 MAP P.45-C4

フォールス・クリークの最奥にあるシルバーの球体が目印。バンクーバー万博の際に建てられた建物で、現在は科学館として一般に公開されている。館内には科学について遊びながら学べる体験型の施設が揃っているほか、大画面シアター、オムニマックスOmnimaxなどもある。

輝く銀の球体の建物

バンクーバー水族館
🏠845 Avison Way
📞(604)659-3474
🌐www.vanaqua.org
🕐毎日10:00〜17:00
💰大人$41.45、シニア・学生$36.7、子供$26.2
※夏季は値上がりする
シーオッター・エンカウンター
Sea Otter Encounters
ラッコと触れあうプログラム。所要約90分、要予約。ほか、アシカ、ペンギンに触れあうプログラムがある。
※2023年1月現在、休止中。

B.C.プレイス
🏠777 Pacific Blvd.
📞(604)669-2300
🌐www.bcplace.com
BCスポーツの殿堂＆博物館
📞(604)687-5520
🌐bcsportshall.com
🕐水〜土10:00〜17:00
休日〜火
💰大人$20、シニア$16、学生$12、子供無料
B.C.ライオンズなどの試合のチケットを見せれば半額に。

ロジャース・アリーナ
🏠800 Griffiths Way
🌐rogersarena.com
📞(604)899-7400

テラス・ワールド・オブ・サイエンス
🏠1455 Quebec St.
📞(604)443-7440
🌐www.scienceworld.ca
🕐毎日10:00〜17:00
休無休
💰大人$30.4、シニア・ユース$24.3、子供$20.3
オムニマックス
※2023年1月現在、休止中。

チャイナタウン
URL vancouver-chinatown.
com
サン・ヤット・セン
古典中国庭園
住 578 Carrall St.
TEL (604)662-3207
URL vancouverchinese
garden.com
時 4月～6月中旬、9月
毎日10:00～18:00
6月中旬～8月
毎日9:30～19:00
10月
毎日10:00～16:30
11～3月
水～日10:00～15:00
休 11～3月の月・火
料 大人$16、シニア$13、
学生$12
庭園のすぐ横に孫文の像と
中山公園と書かれた庭園があ
るが、別物。
Chinatown Spring Festival
時 旧正月最初の日曜

CHECK!

飲茶Dim Sum
普通の店ならチップ込みで
$15前後で思いっきり食べら
れる。飲茶の時間は、だいたい
11:00～14:00。どの店も混
むので、早めに行こう。

チャイナタウンへの行き方
チャイナタウンはギャスタ
ウンの南東に位置しているが、
この間の道は治安が悪いた
め、スカイトレインのスタジア
ム-チャイナタウン駅Stadium-
Chinatownからアクセスしよ
う。また、メイン・ストリート-
サイエンス・ワールド駅から
市バス#3、#8、#19、#22で
もアクセス可能。

イエールタウン
交 スカイトレインのイエール
タウン-ラウンドハウス駅
Yaletown-Roundhouseか
ら徒歩すぐ。

🍁 チャイナタウン
Chinatown
★★★　ダウンタウン東部　MAP P.45-B4

活気あふれるチャイナタウン

バンクーバーのチャイナタウンが形成されたのは、19世紀後半。最初に渡ってきた中国人は、カリフォルニアのゴールドラッシュが目当てだったとされている。フレイザー川の上流で発見された金鉱を目指して北上し、大陸横断鉄道建設の労働力としてここに定住した。スタジアム-チャイナタウン駅で降りてアボット通りAbbott St.を北上し、ペンダー通りを右折すると中華門が現れる。門を過ぎてすぐ右側にあるのが、奥行き178cmのギネスブック公認の「世界一薄いオフィスビル」サム・キー・ビルSam Kee Building。ペンダー通りとメイン通りMain St.との交差点付近が、チャイナタウンの中心だ。ペンダー通りと交差するカレル通りCarrall St.には、明朝様式の庭園、サン・ヤット・セン古典中国庭園Dr. Sun Yat-Sen Classical Chinese Gardenがある。なお、サン・ヤット・セン（孫逸仙）とは中国革命の父と呼ばれる孫文（号が中山）のこと。1911年、結成直前の国民党の資金集めにバンクーバーを訪れた。

チャイナタウンではさまざまなイベントも行われ、旧正月にペンダー通りとメイン通りを中国の伝統衣装を身に着けた人々がパレードするChinatown Spring Festivalが有名だ。

🍁 イエールタウン
Yaletown
★★★　イエールタウン周辺　MAP P.45-C3

れんが造りの瀟洒な建物が並ぶイエールタウンは、流行に敏感なビジネスマンやデザイナーなどの業界人が集まるバンクーバーの最先端スポット。建物の多くはもともと鉄道の倉庫として使われていたが、1986年に行われたバンクーバー万博の際の再開発により、れんが造りの外観はそのまま残し、内部をレストランやショップに改装した。蒸気機関車の転車台だったラウンドハウス・コミュニティ・アート＆レクリエーション・センターRoundhouse Community Arts & Recreation Centreには、昔の蒸気機関車が展示されている。

れんが造りのおしゃれな店が続く、流行の最先端スポット

🍁 キツラノ
Kitsilano
★★★　　キツラノ周辺　　MAP P.44-D1

バンクーバー市民に「キッツ」と呼ばれるキツラノは、バンクーバーの流行発信地。ダウンタウンからグランビル橋を越え、4th Ave.に入ったあたりから西に約2kmにわたって続く。キツラノとは、このあたりに住んでいたインディアンのマスクェム族

街路樹が並ぶ道沿いにおしゃれなショップが点在している

Musqueamの酋長の名前に由来する。1970年代にはヒッピーの町として有名だったが、その後の再開発によりおしゃれなストリートに姿を変えた。地元の人は、北のキツラノ・ビーチ公園Kitsilano Beach Parkまでをキツラノと呼んでいるが、店が集中しているのは4th Ave.沿いで、中心はバラード通りBurrard St.とバルサム通りBalsam St.に挟まれたあたり。人気のレストランや雑貨、コスメ、ガーデニングの店などが並ぶ。学生など若者が多く、イエールタウンよりはカジュアルな雰囲気だ。

🍁 バンクーバー博物館
Museum of Vancouver
★☆☆　　キツラノ周辺　　MAP P.44-C2

入口の巨大なスチール製のカニのオブジェは、ハイダ族の伝説に基づいたジョージ・ノリスの作品

バニア公園内にある博物館で、三角屋根のユニークな外観が目印。バンクーバーの歴史についての展示が中心で、期間限定のエキシビジョンもたくさん行われている。

2階は宇宙についての体験型施設H.R.マクミラン・スペース・センターH.R. Macmillan Space Centre。プラネタリウムや宇宙に関するショーなどを楽しめる。

🍁 バンクーバー海洋博物館
Vancouver Maritime Museum
★☆☆　　キツラノ周辺　　MAP P.44-C1

バンクーバーの発展と、海との関わりについて学ぶことができる。大航海時代から現代までの船の模型や、船具、船員のユニホームなどの展示が充実。館内には、世界で初めて北米大陸を一周した帆船、セント・ロック号St. Rochの実物が展示されており、内部を見学できる

船をイメージした建物

キツラノ
🚌市バス#4、#7、#14でグランビル橋を渡り、バラード通りを過ぎて下車。または#44でバラード橋を渡り、4th Ave.に入って下車。

バンクーバー博物館
🏠1100 Chestnut St.
☎(604)736-4431
🌐www.museumofvancouver.ca
🕐日～水10:00～17:00
　木～土10:00～20:00
🈳無休
💴大人$15、シニア・学生・ユース$10、子供無料
🚌市バス#2、#44でバラード橋を渡った最初のバス停で下車、徒歩約10分。
入口のカニのオブジェの中には2067年に開かれるタイムカプセルが入っている。
H.R.マクミラン・スペース・センター
☎(604)738-7827
🌐www.spacecentre.ca
🕐水・金18:30～23:00
　木～土10:00～0:00
　9:30～16:00
🈳無休
💴大人・シニア・ユース$18、子供無料

バンクーバー海洋博物館
🏠1905 Ogden Ave.
☎(604)257-8300
🌐vanmaritime.com
🕐火～日10:00～17:00
🈳月
💴大人$13.5、シニア・学生$11、ユース$10、子供無料
🚌バンクーバー博物館から徒歩5分。

ブリティッシュ・コロンビア州　バンクーバー◆おもな見どころ

British Columbia

81

クイーン・エリザベス公園
- 🏠 33rd Ave. & Cambie St.
- 🌐 vancouver.ca/parks-recreation-culture/queen-elizabeth-park.aspx

ブローデル温室
- ☎ (604)257-8584
- 🕐 3～9月
  毎日10:00～17:00
  10～2月
  毎日10:00～16:00
- 🚫 無休
- 💰 大人$7.2、シニア・ユース$5.5、子供$3.6
- 🚇 スカイトレインのキング・エドワード駅King Edwardから徒歩10分。

🍁 クイーン・エリザベス公園

MAP P.43-D3

Queen Elizabeth Park ★★☆ バンクーバー南部

高台からダウンタウンとノース・ショアの山を望む

ダウンタウンの南に位置する、カナダで最初の市立植物園。公園名の「クイーン・エリザベス」とは、1940年にバンクーバーを訪れたイギリスのクイーン・マザーことエリザベス王妃（女王エリザベス2世の母、2002年に101歳で逝去）を記念したものだ。敷地面積は52ヘクタール。芝生と木々の合間に多くの花々が植えられており、四季折々の美しさを見せる。また公園は標高167mの小高い丘の上に造られており、園内から見渡すダウンタウンと海のパノラマもすばらしい。公園の頂上には、バンクーバー唯一の熱帯温室、ブローデル温室The Bloedel Conservatoryがある。ガラス張りのドーム内には約500種の熱帯植物が植えられており、100羽以上の鳥が放し飼いにされている。町を見下ろす眺望が自慢のレストラン、「Seasons in the Park」もある。

バンデューセン植物園
- 🏠 5251 Oak St.
- ☎ (604)257-8666
- 🌐 vandusengarden.org
- 🕐 3～7月、9・10月
  毎日10:00～17:00
  8月
  月～木10:00～17:00
  金～日10:00～18:00
  11～2月
  毎日10:00～15:00
- 🚫 無休
- 💰 大人$11.9($8.6)、
  シニア・ユース$8.35($6)、
  子供$5.95($4.3)
  ※( )内は4～9月の料金

Festival of Lights
- 🕐 11月下旬～1月初旬
  毎日16:00～22:00
- 💰 大人$21、シニア・ユース$15.5、子供$11
- 🚇 市バス#17で、オーク通りOak St.と37th Ave.の交差点下車、徒歩すぐ。クイーン・エリザベス公園からは徒歩約20分。

インフォメーションでは、現在咲いている花が一覧できる

🍁 バンデューセン植物園

MAP P.43-D3

VanDusen Botanical Garden ★★☆ バンクーバー南部

クイーン・エリザベス公園の西にある植物園。22ヘクタールの広大な敷地は、もともとゴルフコースだったもの。園内には6大陸から集めた7500種類もの植物が植えられており、遊歩道を一周すると世界中の植物を見ることができる。カラフルな花々が咲き競う花のエリアと、手入れされた大木が並ぶ庭のエリアなどテーマ別に分けられたエリアは55あり、湖や池の眺めも美しい。世界のガーデンのハイライトを集めたような園内のなかでも、特に有名なのがラバーナム（キバナフジ）のアーチ。風に揺れる金色の花の下をゆっくりと歩いてみたい。ラバーナムの見頃は年によって変わるがだいたい5月中旬～下旬くらい。クリスマスシーズンの11月下旬～1月初旬には色とりどりのイルミネーションで飾られるイベント、Festival of Lightsが開催されている。ギフトショップやレストランもあるので1日ゆっくりと過ごしてみるのもいい。

うっとりするラバーナムのアーチの下を歩いてみよう

グレーター・バンクーバー

❀ ロンズデール・キー・パブリック・マーケット
Lonsdale Quay Public Market　★★★　ノース・バンクーバー　MAP P.43-B4

シーバスのロンズデール・キー・ターミナルのそばにある屋内マーケット。2階建ての建物は吹き抜けになっており、1階には生鮮食品の店やデリ、フードコートがある。2階には、ホールを取り囲むようにして若者向けのショップが並んでいる。

週末ともなれば多くの人でごったがえす

ロンズデール・キー・パブリック・マーケット
🏠123 Carrie Cates Court
☎(604)985-6261
🌐lonsdalequay.com
🕐毎日9:00～19:00
（2階は10:00～）
🈳無休

❀ サイプレス山
Cypress Mountain　★★★　ウエスト・バンクーバー　MAP P.41-A1

サイプレス州立公園になっている

サイプレス山は、標高約1000mまで快適な舗装道路が通っており、爽快な山岳ドライブを楽しめる。道路の終点は冬はスノーボーダーに人気のスキー場で、バンクーバー冬季オリンピックではモーグルなどが行われた。夏はハイキングやマウンテンバイクが楽しめる。晴れた日なら、道路途中の展望地で休憩したい。ライオンズ・ゲート橋やスタンレー・パークが手に取るように眺められる。夜景スポットとしても有名。

サイプレス山
☎(604)926-5612
🌐cypressmountain.com
スキーリフト（1日券）
💰大人$97～、シニア・ユース$67～、子供$43～
🚌タクシーまたはシャトルバスを利用する。サイプレス・コーチ・ラインCypress Coach Linesが運行する冬季のシャトルバスのピックアップ場所は、バンクーバー美術館、シーバスが発着するロンズデール・キー・ターミナルなど。1日1～3便あり、運賃は片道大人$19、シニア・ユース$16。

Column　バンクーバーで優雅にクルージング！

港湾都市、バンクーバーの魅力を満喫するなら、夏のシーズンに運航されているクルーズ船に乗ってみよう。ツアー会社のハーバー・クルーズHarbour Cruisesでは、5～9月の間、バンクーバー港内を回るVancouver Harbour Toursを催行している。近代的なウオーターフロントや緑濃いスタンレー・パーク、ノース・バンクーバーの山並みを眺めながらホースシュー・ベイの手前まで行く。バンクーバー港はバラード入江内なので船の揺れもなく、潮風を受けながら快適なクルージングを楽しめる。また、海岸線の夕景やダウンタウンの夜景を堪能できるSunset Dinner Cruise（5月～10月中旬）も人気で、ロマンティックな雰囲気はカップルにおすすめ。チケットは観光案内所で購入できる。

スタンレー・パーク横のマリーナから出発する

ハーバー・クルーズ
MAP P.44-A2　🏠501 Denman St.
☎(604)688-7246　FAX(1-800)663-1500
🌐www.boatcruises.com
Vancouver Harbour Tours
🕐5～9月
💰大人$48.95、シニア・ユース$42.95、子供$22
1日4回催行、所要約1時間。
Sunset Dinner Cruise
🕐5月～10月中旬
💰大人・シニア・ユース$118.95、子供$108.95
出発は19:00、所要2時間30分。

♣ ホワイトクリフ公園
Whyteciff Park
★★★ ウエスト・バンクーバー　**MAP** P.41-A1

ウエスト・バンクーバーの一番西端。大木に覆われたホワイトクリフ公園は、ジョージア海峡に突き出した小さな半島部にある。森林の中に点在するピクニックテーブルでは、家族連れがバーベキューを楽しみ、海に突き出した大岩では、恋人たちが寄り添って海を眺めている。砂浜の向こうには、干潮時に歩いて渡れる島もあり、ハイキングにもいい場所だ。さらに足を延ばして、ナナイモ行きフェリーの出ているホースシュー・ベイで行けば、マリーナ沿いの公園に面して並ぶレストランで、新鮮な海の幸が味わえる。

潮風が心地いい海沿いの公園

♣ スティーブストン
Steveston
★★★ スティーブストン　**MAP** P.41-C1

ルル島の南西部に位置する港町。サケ漁とその加工で栄え、20世紀初頭には10以上の缶詰工場が立ち並んだ。1880年代から日本人も多く移住し漁業に従事したが、排斥運動により、第2次世界大戦までにコミュニティは消滅してしまった。

中心街のそばにある国定史跡、ジョージア湾缶詰工場Gulf of Georgia Canneryは1894年建設のサケ缶工場跡。戦後はニシンの缶詰と油圧搾の工場となり、1979年まで操業した。近くのフィッシャーマンズ・ワーフFisherman's Wharfには鮮魚を直売する漁船が停泊し、シーフードの店が集まっている。町の東端にある国定史跡のブリタニア・シップヤードBritannia Shipyardは、19世紀末の缶詰工場（のち造船所に転用）の遺構。付近はかつての日本人街で、日系人船大工の村上音吉氏の旧宅Murakami Houseなどにその名残をとどめている。

フィッシャーマンズ・ワーフでは新鮮な魚介が手に入る

スティーブストン

リッチモンド
Richchond ☆☆☆ リッチモンド

MAP P.41-C1・2

フレイザー川の北と南のふたつの支流に挟まれたルル島をメインに、バンクーバー国際空港があるシー島Sea Islandなど周辺の島々を合わせた都市圏。1990年代以降急速に開発が進み、現在人口は20万人余りに。その6割は中国人を主とするアジア系の住民で占められている。

中心街はシー島からルル島へ橋を渡った所、東西1km、南北2kmほどの一画。中国系のレストランや商店がひしめくこのエリアは「ゴールデン・ビレッジGolden Village」と呼ばれる新しいチャイナタウンだ。No.3 Rd.沿いにはCFリッチモンド・センターCF Richmond Centreなどの大型店も建ち並び、一大ショッピングエリアとなっている。フレイザー川の近くにはリバー・ロック・カジノ・リゾートRiver Rock Casino Resortもある。アジア系の屋台でにぎわうリッチモンド・ナイト・マーケットRichmond Night Marketは観光客にも人気の恒例イベントだ。

大型ショッピングセンターのリッチモンド・センター

エクスカーション

ハリソン・ホットスプリングス
Harrison Hotsprings ☆☆☆

MAP P.38-D1

開放的な温泉プール

ブリティッシュ・コロンビア州は、カナダの温泉の約80%が集中するという温泉天国。ハリソン・ホットスプリングスは、バンクーバーから車でわずか1時間30分で行くことができる山中の温泉だ。バンクーバーの隠し湯とも呼ばれるこの温泉は、ハリソン湖Harrison Lake南岸の山中に開けた静かな保養地になっている。数軒のモーテルや公共の屋内プールのほか、1926年にオープンしたという老舗ホテル「ハリソン・ホットスプリングス・リゾートHarrison Hotsprings Resort」がある。ホテルには5つのミネラル温泉プールがあり、大人専用の屋外プールでは周囲を囲む緑と山を眺めながら入浴できる。屋外の温泉プール隣の建物はスパ＆マッサージルームと屋内温泉プールで、各種マッサージやアロマテラピーマッサージなどが受けられる。

スタンレー・パークで
トーテムポールについて学ぶ

Totem Pole

スタンレー・パークには、8本のトーテムポールが立つ。
これらは、4つの部族により作られたもので、
それぞれ異なる意味をもっている。
トーテムポールの意味を知って、
先住民が木彫りに込めた思いをのぞいてみよう。

MAP P.43-B3

オスカル・マルチピの トーテムポール
● クワキウトル族／1968年
上部にサンダーバードが、下にはシャチが彫られたトーテムポール。この影像はほかのトーテムポールでも見られ、嵐を起こすシャチを、人間の頼みで退治したサンダーバードを称えるという伝説を表している。

ビーバーの紋章柱
● ニスガ族／1987年
8本のなかで、唯一着色されていないトーテムポール。ニスガ族のノーマン・テイトNorman Taitの作。前面にへばりついているのはビーバーで、作者であるテイト家の紋章。なぜビーバーが紋章になったかを説明している。

カカソーラス
KAKASO'LAS
● クワキウトル族／1955年
初となるトーテムポールの女性彫刻師、エレンニール Ellen Neelの作。一番上はサンダーバードで、ほかカエル、レイブンなどに加え、人間の姿も彫られている。日本軍の攻撃を恐れて造られた壕の中で制作された。

チーフ・ワキアスの 入口柱
● クワキウトル族／1987年
酋長ワキアスの住居前にあった入口柱の復元。彫像は、家族の家系や物語を表す。上からサンダーバード、シャチ、オオカミ、チーフ・ナンワカウィ、神秘の鳥、ベア、レイブン。レイブンの下部は開いており、家の入口となっている。

トーテムポールって、何？

トーテムポールとは、北米先住民のなかで、特に北西沿岸インディアンNorthwest Coast Indiansと呼ばれる人々がさまざまな目的のために制作してきた木造彫刻の総称。北西沿岸インディアンが住んだ地域は、最北はアメリカのアラスカ州から南はカリフォルニア州の北部だが、トーテムポールを彫ったのはアラスカ州の最南部からカナダ、ブリティッシュ・コロンビア州の太平洋沿岸に限られている。

トーテムポールは、家族や個人の出自を表すために制作されたもので、グループや部族単位で建立されたものではない。トーテムポール上の彫像は北西沿岸インディアンの各部族が維持してきた文化的伝承に基づいて彫られ、日本でいえば、家族の紋章に相当する。彫像は口頭伝承による物語や事件のいきさつなどを象徴していることが多く、ユニークな古来の話を知るきっかけともなる。またトーテムポールは、宗教的な偶像ではなく、崇拝の対象となることもない。

トーテムポールは彫刻柱だが、特定の目的があり制作され、その目的により区分される。歴史的には18世紀後半にイギリスの探検家ジェームズ・クック船長によって発見が報告されたのが最初の記録だが、制作が始まったのはそれをかなり遡ると考えられる。しかし、白人の交易船との接触で、刃物をはじめとする道具や、交易による富の蓄積により、トーテムポール彫刻の伝統は19世紀末にピークを迎えたと考えられている。

トーテムポールの種類

招待者像
先住民の人々は大宴会などを催す際に、客を歓迎する意味で像を村の入口に建てた。

家柱
家の柱と呼ばれるトーテムポールは、文字どおり家屋の大黒柱として利用された。普通は2本が対となって建てられた。

家屋柱・入口柱
家屋柱とは、住居の前部に組み込んで建てたトーテムポールで、家系などを示す彫像を1本にまとめている。その下部に出入口を設けたものを入口柱という。

墓棺柱
彫刻を施した柱の最上部にチーフ（族長）を埋葬する棺を取り付けたもの。彫刻のモチーフは、埋葬者の紋章が普通。

バンクーバー国際空港の到着階には招待者像のトーテムポールがある

チーフ・スカイの記念柱
● ヌートカ族／1988年
記念柱とは、酋長など重要人物が死亡した際に建てられたもの。こちらは7つの彫像で、ヌートカ族の伝統を表している。上は月を持ったチーフ・スカイで、ほかサンダーバードやクジラ、ヘビ、オオカミなどが彫られている。

サンダーバードの家柱
● クワキウトル族／1987年
家柱とは文字どおり家屋の大黒柱で、普通2本が対となっている。上にサンダーバード、下には人間を抱えたグリズリーが彫られている。大胆な色使いで、後のアーティストに影響を与えたチャーリー・ジェームズCharlie Jamesの手によるもの。

ガアクスタラス
GA'AKSTALAS
● クワキウトル族／1991年
クワキウトル族の神話が彫られている。上は、人々に最初にカヌーを与えた場面。真ん中より少し上にはシャチにまたがった英雄Siwidiが彫られている。下で座りながら両手を広げるのは、繁栄をもたらす伝説の女性、Dzunukwaだ。

チーフ・スケダンの墓棺柱
● ハイダ族／1964年
ビル・リードがアシスタントとともに復元したもので、オリジナルは1870年。てっぺんにあるのはチーフを埋葬する棺で、高貴さを表す月と鷹があしらわれている。その下にはマウンテンゴート、グリズリーベア、クジラが彫られている。

インディアンアートの2大巨匠
ビル・リードと
エミリー・カーを追いかけて

▼『The Raven and the First Men』
（1980年）
ビル・リードの代表作。レイブン（ワタリガラス）が、ハマグリの中に入った最初の人類を見つけたという、ハイダ族の神話を描いた。

カナダのインディアンアートを語るときに、
欠かせないふたりの巨匠が、ビル・リードとエミリー・カーだ。
先住民の文化を尊重しながら、
独自の手法によりアートへと昇華させた
彼らの作品を目的に、博物館、美術館を訪れよう。

ビル・リード　先住民族に関する展示なら
世界でも屈指のコレクション

UBC人類学博物館
UBC Museum of Anthropology

[キツラノ周辺]　　　　　　　　　　　　MAP P.42-C1

う っそうとした森の中にあり、入口前には
大きなトーテムポールが立っている。
博物館の建物はガラスを多用し、明るくモダンなデザインだ。受付を通ってすぐの大ホールには、はるか昔に制作された多数のトーテムポールが並び、見る者を圧倒する。カナダ西海岸の先住民族の展示は、世界有数のコレクション数。博物館中央にある円形ホールRotundaにあるのは、ビル・リードの代表作『The Raven and the First Men』。中庭の「彫刻の森」にもトーテムポールやインディアンの住居が並ぶが、これらは現代のインディアンのアーティストの手により復刻したもの。

行き方は（ブリティッシュ・コロンビア大学→P.66）

🏠6393 N.W. Marine Dr.
☎(604)827-5932
🌐moa.ubc.ca
※2023年1月現在、耐震工事のため休館中（2023年下半期まで）。

1 ビル・リードやチャック・ノリスなどが制作したトーテムポールもある 2 館内にあるトーテムポールは、ほとんどがオリジナル 3 像の周辺にはビル・リードの制作したアクセサリーも展示されている 4 トーテムポールのほか、ファブリックなどの展示もある 5 細かな模様が彫り込まれたボックスは、儀式に使用するもの

ビル・リード Bill Reid

1920年にハイダ・グアイ（旧クイーン・シャーロット諸島）でハイダ族の母親から生まれる。20代前半までは放送局のアナウンサーだったが、23歳のときに故郷であるハイダ・グアイを訪れて以来、ハイダ族の伝統芸術復興に携わった。ハイダ族の伝説をテーマに、動物や人間などを彫り込んだ作品を続々と生み出した。木以外にも、ブロンズ製の彫像なども手かけている。1998年逝去。

Bill Reid carving,
1976. Photo: Bill Reid
Foundation

エミリー・カー Emily Carr

1871年にビクトリアで生まれた女性画家・作家。27歳のときに訪れたユクルーレットで目にしたインディアンの生活や文化、太平洋岸の森林に感銘を受ける。以来ブリティッシュ・コロンビア州のインディアンの村々を訪れ、温帯雨林の森やトーテムポールなどを描いた作品を多く生み出した。先住民族出身ではないアーティストがインディアンの世界を描くことは非常にまれなことであった。短編集や自叙伝などの著作活動も多く行っている。1945年逝去。

▲『Big Raven』(1931年) oil on canvas 87.0 x 114.0cm
Collection of the Vancouver Art Gallery, Emily Carr Trust

バンクーバー美術館
Vancouver Art Gallery

エミリー・カー：3階にあるギャラリーにエミリー・カーが勢揃い！

`ダウンタウン中心部`　　　MAP P.44-A・B1

① 945年に亡くなったエミリー・カーは、その死後にほとんどの作品をバンクーバー美術館へと寄贈した。現在、美術館の3階は彼女が寄贈した作品が並ぶエミリー・カー・ギャラリーとなっている。コレクションは現在200点余りあり、作品を随時入れ替えながら展示している。森の中にたたずむトーテムポールを描いた作品からは、先住民族の伝統文化と自然へのリスペクトとメッセージが強く感じられる。DATAは(→P. 77)

外観は神殿を思わせる重厚な建物

『Zunoqua of the Cat Village』(1931年) oil on canvas 112.2 x 70.1cm Collection of the Vancouver Art Gallery, Emily Carr Trust

『Scorned as Timber, Beloved of the Sky』(1935年) oil on canvas 112.0 x 68.9cm Collection of the Vancouver Art Gallery, Emily Carr Trust

---

ビル・リード・ギャラリー
Bill Reid Gallery

ビル・リード：ビル・リードのすべてがわかるファンならずとも必見の博物館

`ダウンタウン中心部`　　　MAP P.45-B3

カ ナダを代表するアーティスト、ビル・リードの名を冠したギャラリー。館内にはバンクーバー国際空港にある『The Spirit of Halda Gwaii-The Jade Canoe』やUBC人類学博物館の『The Raven and the First Men』などビル・リードの代表作の試作品が並ぶ。彼の生涯を紹介するコーナーには、小学生のときに作ったというチョークのミニチュアティーセットなども展示されており、彼の手先の器用さがよくわかる。

🏠639 Hornby St.　☎(604)682-3455
🌐 www.billreidgallery.ca
🕐5月上旬～10月上旬　毎日10:00～17:00
　　10月上旬～5月上旬　水～日10:00～17:00
🚫10月上旬～5月上旬の月・火
💰大人$13、シニア$10、学生$8、子供$6

Bill Reid『Miniature Tea Set』(1932年) Blackboard chalk, nail polish. Photo: Bill Reid Foundation

チョークのティーセットは、手のツメくらいの大きさ

▼ゴールドを用いたジュエリー

Bill Reid『Wolf Pendant』(1976年) 22k gold, haliotis shell inlay, lost wax technique. Photo: Bill Reid Foundation

▲Bill Reid『Killer Whale』(1984年) Bronze with jade patina. ジェイド(翡翠)でできたシャチの像。高さは1m32cm。

まだある！　ビル・リードとエミリー・カーの必見スポット

バンクーバー国際空港

空港の出発フロアにある『The Spirit of Haida Gwaii-The Jade Canoe』。動物と人間がひとつの船に乗るトーテムポールで、ハイダ族の精神を表したもの。

バンクーバー水族館

水族館前に置かれている『Killer Whale』の像。ビル・リード・ギャラリーのものよりも大きく、マテリアルも異なっている。

エミリー・カーの生家

エミリー・カーが生まれ育った家で、ビクトリアにある(→P.155)。作品は置いていないが、内部は彼女が住んだ時代を再現している。

89

フォート・ラングレー

図スカイトレインのライード・タウン・センター駅Lougheed Town Centreから市バス#555に乗り、カーボルス・エクスチェンジ・ベイCarvolth Exchange Bayで#562に乗り換え、96th Ave.とグローバー通りGlover Rd.の交差点下車、徒歩すぐ。ダウンタウンからは片道1時間45分～。

フォート・ラングレー国立歴史博物館

個23433 Mavis Ave.
TEL(604)513-4777
URLwww.pc.gc.ca/en/lhn-nhs/bc/langley
圖毎日10:00～17:00
休無休
料大人$8.5、シニア$7

ビレッジ・アンティーク・モール

個23331 Mavis Ave.
TEL(604)888-3700
URLvillageantiquesmall.com
圖月～金10:00～17:00
　土・日10:00～17:30
休無休　CCM V

🍁 **フォート・ラングレー**
Fort Langrey

バンクーバーの東約40kmにある町。19世紀頭にハドソン・ベイ社が築いたフォート・ラングレーFort Langreyに端を発する歴史的な町で、「ブリティッシュ・コロンビア州発祥の地」とも呼ばれる。町には昔ながらの建物が残っており、開拓時代の面影が漂う。町のはずれにはフォート・ラングレー国立歴史博物館Fort Langrey National Historic Siteがあり、内部が見学できる。

近年、この町を訪れる人々の目当ては、アンティークショップ巡り。ビレッジ・アンティーク・モールVillage Antique Mallは、大きな建物の中に60を越えるアンティークショップが連なるショッピングモール。ガラスから陶器、おもちゃ、ジュエリーまであらゆるアンティークがずらりと並ぶ。ほかにもおしゃれなカフェやチョコレート屋さんなどもあるので、ゆっくりと1日散歩してみたい。

アンティークモールでお宝探しを楽しんで！

木造の市庁舎。黄色のかわいらしい外観

Column　バンクーバー近郊のワイナリー巡り

ブリティッシュ・コロンビア州のワイン産地といえば、オカナガン地方（→P.202）が有名だが、バンクーバーの郊外、フレイザー・バレーFlaser Valleyと呼ばれる地域にも個性豊かなワイナリーが点在する。その代表的な場所がラングレーLangley。このエリアのワイナリーの特徴は、ブティックワイナリーと呼ばれる家族経営による小規模ワイナリーが多く、アットホームな雰囲気を味わえること。シャベルトンChaberton Estate Wineryは、フレイザー・バレーで最も歴史のあるワイナリーで、建物裏のブドウ畑で栽培したリースリングなどを使った白ワインに定評がある。

各ワイナリーではテイスティングを楽しめる

また、一帯はフルーツの産地としても有名で、フォート・ワインThe Fort Wineなどのワイナリーではクランベリーやブラックベリーなどを使ったフルーツワインも生産している。

ラングレー

MAP P.38-D1
図バンクーバーからラングレーまでグレイハウンドで約1時間。ワイナリーは広範囲に散らばっているので、車がないと回るのは難しい。
シャベルトン
個1064-216th St., Langley
TEL(604)530-1736
URLwww.chabertonwinery.com
圖月～水10:00～18:00　木～土10:00～20:00　日11:00～18:00
休無休
ワイナリーツアーあり（毎日）。要確認。
フォート・ワイン
個26151-84th Ave., Langley
TEL(604)857-1101
URLthefortwineco.com
圖1～5月　金～月　11:00～16:00
　6～12月　木～月　11:00～18:00
休1～5月の火～木、6～12月の火・水

ACTIVITY アクティビティ

ウオーキング＆ランニング　WALKING & RUNNING

ランニングとウオーキングは気軽に楽しめるアクティビティ。定番のコースは、スタンレー・パークのシーウォールやフォールス・クリーク沿い。ウオーターフロントのカナダ・プレイス横から海沿いにスタンレー・パークのそばまで続く、コール・ハーバーCoal Harbourと呼ばれるエリアも、眺めがよく人気。

マリーナ沿いのウオーキングルート

サイクリング　CYCLING

バンクーバーは自転車専用道路が整備されており、サイクリングは定番のアクティビティ。スタンレー・パークの外周約8.8kmを回るのが人気コース。南下してイングリッシュ・ベイ・ビーチからフォールス・クリークに沿って走り、キツラノ・ビーチまで行く

こともできる。体力に自信があれば、スタンレー・パーク中心部の道へ入り、アップダウンの激しい奥深い自然のなかを走るのも楽しい。レンタサイクル店はスタンレー・パーク周辺にある。

スタンレー・パークのシーウォールにて

シーカヤック　SEA KAYAK

イングリッシュ・ベイ・ビーチやグランビル・アイランド、キツラノ北西のジェリコ・ビーチJerico Beach沿岸では、シーカヤックが楽しめる。いずれも波が穏やかなので初心者でも安心。シーカヤッ

グランビル・アイランドの周辺をカヌーで回ろう！

クはシングル（ひとり用）とダブル（ふたり用）の2種類があり、艇の先端にあるペダルを踏み、後部のラダー（舵）を操舵する。ビーチサンダルやカヤック用のシューズがあるといい。日よけ用の帽子や日焼け止め、サングラスも用意したい。

もっと本格的なシーカヤックを楽しみたい！ という人は、ノース・バンクーバーのさらに東、ディープ・コーブDeep Coveへと足を伸ばそう。北にはマウント・シーモア州立公園というハイキングスポットもあり、バンクーバー屈指のアウトドアスポットとなっている。町には、レストランやカフェも多く、特に人気はドーナツ屋さんのHoney Doughnuts& Goodies。体を動かした後に甘いドーナツを食べるのが、ディープコーブの定番コースだ。

レンタサイクル

レンタル時にパスポートなどの身分証明書とクレジットカード（デポジット）が必要。
Spokes Bicycle Rentals
MAP P.44-A2
住1798 West Georgia St.
TEL(604)688-5141
URL www.spokesbicyclerentals.com
営毎日9:00～20:30
（冬季は時間短縮）
休無休
料レンタサイクル
1時間$9～、半日（6時間）
$27～、1日$36～

おもなサイクリングコース

スタンレー・パーク・シーウォール
スタンレー・パークの海岸に沿って反時計回りの約8.8kmのコース。イングリッシュ・ベイ・ビーチに続く（→P.58）。

シーカヤック

Vancouver Water Adventures
MAP P.44-C1/P.62
TEL(604)736-5155
URL www.vancouverwateradventures.com
料カヤックレンタル2時間
$40（シングル）、$55（ダブル）
カヤックツアー$75～
ツアーはキツラノ・ビーチから出発
グランビル・アイランド、キツラノ・ビーチの2ヵ所にオフィスがあり、それぞれガイド付きシーカヤックのツアーを催行している。レンタルカヌーもある。営業は夏季のみ。

ディープ・コーブ

MAP P.41-A2
交スカイトレインのバラード駅やコルドバ通りから市バス#211で約1時間。
Deep Cove Kayak Centre
住2156 Banbury Rd.
TEL(604)929-2268
URL www.deepcovekayak.com
料ガイドカヤック$89～
レンタルカヤック
2時間$45～、1日$105～

自然に囲まれたバンクーバーの
人気No.1アクティビティ

バンクーバー周辺の
ハイキング

バンクーバーのハイキングエリアとしては、ノース・バンクーバーのグラウス・マウンテンやマウント・シーモア州立公園Mount Seymour Provincial Park、ウエスト・バンクーバーのサイプレス州立公園Cypress Provincial Parkなどが挙げられる。これらの山は、冬はスキー場になるエリア。山上を歩くコースは海や街の眺めがよいコースが多い。また山の麓の谷間を歩くコースは清流に育まれた巨木の森を楽しむコースが多く、年間通して開いているコースがほとんどだ。そのほか、ブリティッシュ・コロンビア大学の近くのパシフィック・スピリット公園Pacific Spirit Regional Park、ウエスト・バンクーバーのライトハウス公園Lighthouse Parkなど、森林に覆われたエリアに多くのトレイルが付けられ、ネイチャーウオーキングが楽しめる場所も多い。

同じ登山口から歩く
展望に恵まれたふたつのコース

ドッグ・マウンテンと
マウント・シーモア

DOG MOUNTAIN & MOUNT SEYMOUR

難易度
ドッグ・マウンテン　初心者・家族連れ向き
マウント・シーモア　上級者向き

歩行距離	ドッグ・マウンテン　往復6km マウント・シーモア　往復9km
所要時間	ドッグ・マウンテン　登り1時間20分、下り1時間20分 マウント・シーモア　登り3時間40分、下り2時間30分
標高差	ドッグ・マウンテン　ほとんどなし マウント・シーモア　450m
シーズン	ドッグ・マウンテン　6〜10月（残雪状況による） マウント・シーモア　7月〜10月上旬、年によっては7月まで雪が残る。

登山口へのアクセス　市バスはスキー場まで行っていないので、車を利用。ノース・バンクーバーのマウント・シーモア・パークウエイMt. Seymore Pkwy.からマウント・シーモア通りMt. Seymore Rd.に入る。一番上の駐車場まで上る。トレイルヘッドはマウント・シーモア州立公園内にある。

ノース・バンクーバーのマウント・シーモア州立公園は、冬はスキー場、夏はハイキングのエリアとして人気が高い。園内には多くのトレイルがあるが、ここでは初心者向きとしてドッグ・マウンテン、上級者向きとしてマウント・シーモアのコースを紹介したい。

ドッグ・マウンテン

ふたつのコースはいずれも、スキー場最奥の駐車場から歩き出す。駐車場には地図が書かれた案内板があるので、今から歩く道を確認しておこう。北に向かって歩き出してすぐに、マウント・シーモア・トレイルとの分岐に標識が立っている。標識に従って西（左）に折れ、樹林帯の中を進む。木の根の張ったトレイルを小さく上下しながら進むと、ディンキー・ピークDinkey Peakからのトレイルが合流し、ファースト湖First Lakeに着く。ここからはさらに西に向かう。トレイルの途中にある、木道ができている部分や木の根の張った道は、雨上がりには滑りやすいので、気をつけよう。やがてたどり着いたドッグ山Dog Mountainの山頂からはバンクーバーのダウンタウンやノース・バンクーバーの山並みが望めるすばらしい眺め。ドッグ山の北側からはスーサイド・ブラフスSuicide Bluffsへ続くトレイルがあるが、ルート・ファインディングの必要な経験者向きのコースなので、迷い込まないように注意したい。雪解け後は、すべての道が滑りやすいので注意。

山頂からすばらしい眺めが楽しめる

コースタイム
ドッグ・マウンテン トレイルヘッド（1.3km、30分）→ファースト湖（1.7km、50分）→ドッグ山
マウント・シーモア トレイルヘッド（2.4km、1時間30分）→エルセイ湖分岐（0.6km、40分）→
ファースト・バンプ分岐（1.5km、1時間30分）→シーモア山（1.5km、1時間10分）→
ファースト・バンプ分岐（3.0km、1時間20分）→トレイルヘッド

マウント・シーモア

駐車場の端から北に向かって、わずかに進むと標識がある。ゲレンデの幅広い砂利道を登ることもできるが、ここでは、標識に従って、北に向かって登るトレイルに入る。10分ほど登ると、ファースト湖への道が左へ分かれる。分岐を右に進み、樹林の中をしばらく進むと、ゲレンデを登ってきた砂利道と合流する。砂利道を北（左）に歩くと、道はふたまたに分かれ、右に行けば、リフトの終点ミステリー・ピークMystery Peak。シーモア山Mount Seymourは左へ進む。すぐに現れる標識に従い、左に続くトレイルに入る。小さな池の脇を通って、さらに北へと進む。再び、砂利道と合流し、北（左）に向かうと標識があり、左に進むトレイルに入る。やがてリフトの終点ブロックトン・ポイントBrockton Pointがよく見える場所に出る。南東には空に浮かぶようなベーカー山Mount Bakerが見える。

ここからはいったん下りに入り、メドウ（草地）を抜ける。再び登ってエルセイ湖Elsay Lakeとの分岐を過ぎると、ファースト・バンプ・ピークFirst Pump Peakへの急な登り坂となる。坂は途中で一度傾斜が緩まり、岩と池が点在する庭園のような場所を抜ける。最後にもう一度急斜面を登れば、ファースト・バンプ・ピークの直下に出て、バンクーバーの街や海が眼下に広がる。シーモア山頂上へはさらに右（北）に向かって進む。セカンド・バンプ・ピークSecond Pump Peakへの登りもかなり傾斜がきつい。登りきると標識が現れ、セカンド・バンプ・ピーク頂上は右、シーモア山頂上へは左へ下るとある。距離はさほど長くないが、転倒しないように急傾斜を下りる。道はセカンド・バンプ・ピークの山体を巻いて、シーモア山の頂上との鞍部に続いているが、左側は谷に向かって切れ落ち、岩をへつるように足元に気をつけながら進む。ロープや鎖などは付けられていないので、慎重に行かなければならない箇所だ。鞍部からは岩場の急な斜面をオレンジで書かれた矢印や丸印を追いながら進むが、道を間違えないように気をつけたい。スリップにも注意だ。たどり着いたシーモア山（標高1455m）頂上は、きつい登りのご褒美といってもいいほどの大展望が広がる。遠くには太平洋が広がり、そしてアメリカの山並みが続いている。

下りは来た道を戻るが、特に岩場の部分は転落に注意したい。霧などが出たときは道がわかりにくい所も数ヵ所あるので、くれぐれも無理はしないように。

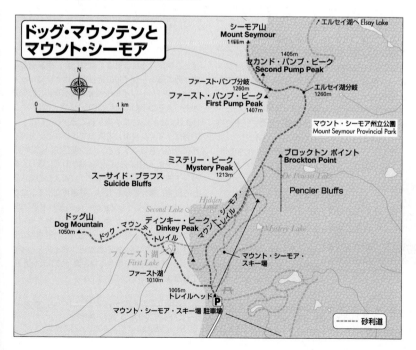

ドッグ・マウンテンと
マウント・シーモア

N

0　　　　　　　1 km

シーモア山
Mount Seymour
1455m

エルセイ湖へ Elsay Lake

1405m
セカンド・バンプ・ピーク
Second Pump Peak

ファースト・バンプ分岐
1260m

ファースト・バンプ・ピーク
First Pump Peak
1407m

エルセイ湖分岐
1260m

マウント・シーモア州立公園
Mount Seymour Provincial Park

ミステリー・ピーク
Mystery Peak
1213m

スーサイド・ブラフス
Suicide Bluffs

ブロックトン ポイント
Brockton Point

De Pencier Lake

Pencier Bluffs

Hidden Lake

Second Lake

マウント・シーモア・トレイル

Mystery Lake

ドッグ山
Dog Mountain
1050m

ドッグ・マウンテン・トレイル

ディンキー・ピーク
Dinkey Peak

マウント・シーモア・スキー場

ファースト湖
First Lake

ファースト湖
1010m

1005m
トレイルヘッド P

マウント・シーモア・スキー場 駐車場

------ 砂利道

つり橋を越えて温帯雨林の森を進む

リン渓谷

LYNN CANYON

難易度	中級者向け		
歩行距離	12km	所要時間	4時間
標高差	240m	シーズン	通年

登山口へのアクセス　ロンズデール・キー・ターミナルから
市バス#228で約20分、Lynn Valley下車。

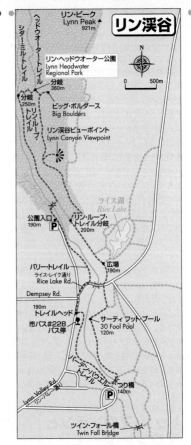

ノース・バンクーバーのリン渓谷沿いには、多くのトレイルがあり、体力や時間に合わせて、コースを選ぶことができる。通年歩けるコースが多いが、おすすめは夏。このあたり一帯は、レッド・シダー（杉の仲間）やヘムロック（ツガの仲間）の巨木が多く、森林浴も楽しめる。

ここで紹介するのは、リン・ヘッドウォーター公園Lynn Headwater Regional Parkのトレイルとリン渓谷のつり橋を組み合わせたコース。リン・バレー通りLynn Valley Rd.のバス停から北（進行方向）に向かうと、すぐにトレイルヘッドがある。始めはバーデン・パウエル・トレイルBaden Powell Trailを進み、急坂を下る。リン渓谷の美しい流れを見ながら、急な階段を上りきると、リン渓谷に架かる高さ50mのつり橋のたもとに出る。つり橋を渡るとトレイルは分岐し、右はツイン・フォール橋Twin Fall Bridgeへ。ここでは左（上流へ）に折れ、水が深みになったサーティ・フット・プール30 Foot Poolへ。夏には岩場からジャンプして飛び込む若者や水浴びをする子供たちでいっぱい。ここからは木組みの急な階段を上る。ライス・レイク通りRice Lake Rd.から来た林道と合流したら右へ。

林道を右へ進むと広場に出る。広場にあるリン・ヘッドウォーター公園への標識に従って、北に向かう林道を行く。しばらく歩くと、右にリン・ループ・トレイルLynn Loop Trailが分かれるので、この道に入る。トレイルは徐々に登っていき、やがてリン・ピークLynn Peakへ続くトレイルが右に分かれる。リン・ループ・トレイルをさらに進むと、リン渓谷ビューポイントLynn Canyon Viewpointとの分岐に出る。ビューポイントへは急坂の往復で15分

川底まで見えるサーティ・フット・プール

ほど。眺望はそれほどよくはないが、南東側の展望が開ける。トレイルの折り返し地点にはヘッドウォーター・トレイルHeadwaters Trailとの分岐があり、その手前には巨岩のビッグ・ボルダースBig Bouldersへ続く小道が右に分かれている。この道は、すぐに往復して戻ってこられる。分岐を西に進み、急坂を下ると、リン渓谷沿いに続くシダー・ミル・トレイルCeder Mill Trailに下り、南へ（下流へ）向かう。帰りは、公園入口の案内板から渓谷に架かる橋を渡り、駐車場に出る。ここからバリー・トレイルVarley Trailを南へと歩けば、やがてライス・レイク通りに出て、これを進んでバス停に戻ろう。車なら、公園入口の駐車場から歩き出してもいい。初心者なら、ライス・レイク通りからリン渓谷に架かる橋を渡って下流へ進み、つり橋まで歩くだけでも楽しい。

コースタイム　バス停（1.5km、30分）→リン渓谷つり橋（1.0km、20分）→サーティ・フット・プール（1.0km、20分）→ライス湖近くの広場（1.0km、20分）→リン・ループ・トレイル分岐（3.0km、1時間）→ヘッドウォーター・トレイルとの分岐（2.5km、50分）→公園入口（2.0km、40分）→バス停

バンクーバー随一の急坂に挑む!
グラウス・グラインド
GROUSE GRIND

難易度	中級者向き
歩行距離	2.9km
所要時間	1時間30分
標高差	854m
シーズン	5月中旬〜10月(残雪状況による)
登山口へのアクセス	トレイルヘッドのあるグラウス・マウンテンのスカイライド乗り場へは、ロンズデール・キー・ターミナルから市バス#236で約25分。

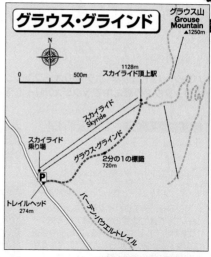

バンクーバー随一の急坂といっていいグラウス・グラインドGrouse Grindは、観光客におなじみのグラウス・マウンテン(→P.70)に徒歩で登るコースだ。通常、観光客はスカイライドと呼ばれるゴンドラで楽々山上へ。一方、徒歩で登るグラウス・グラインドは、非常に厳しい坂を1時間30分ほどで登る。

グラウス・マウンテンのスカイライド乗り場の駐車場の東脇に、グラウス・グラインドのトレイルヘッドがある。ハイカーへの注意事項が書かれている看板が目印だ。歩き出してすぐに道は分かれ、グラウス・グラインドは左へ登る。真っすぐ進む道は、バーデン・パウエル・トレイルBaden Powell Trail。グラウス・グラインドの登山道は、スカイライドの山頂駅までずっと樹林の中を進んでいく。

2分の1という小さなサインが出てくる頃、左側の樹林の間からスカイライドを垣間見ることができる。その後も急坂は休むことなく続く。トレイルは別名「Mother Nature's Stairmaster」と呼ばれ、階段状になっている。木の根や岩を利用して、または木組みの階段ができている所もある。とにかく急坂なため、ジムのマシーンに負けずとも劣らない激しいエクササイズを強いられる。息が上がり、汗がカラダ中からほとばしる。途中で水は補給できないので、水の用意を絶対に忘れないようにしよう。

登り着いた山頂駅からの眺めはすばらしい。ゴンドラを使っても同じ眺めが楽しめるわけだが、自分の足で登った充実感はひとしおだ。バンクーバーの街が足元に広がり、海を行く船や遠くバンクーバー島、アメリカの山並みまでも見渡せる。山頂駅に隣接するピーク・シャレーには、カフェやレストランなどがあって、きれいな水洗トイレ

で顔を洗えば、汗びっしょりの顔もすっきり。グラウス・グラインドの下山はゴンドラ利用が一般的。下りるだけならゴンドラは$10。

激しい急坂が続くので、体力に自信のない人はやめたほうがいい

トレイルは大雨のあとなどに閉鎖されることもある。オープン時間など詳しくは、グラウス・グラインドを管理するメトロ・バンクーバーのウェブサイトで確認しよう。

URL www.metrovancouver.org/services/parks/
parks-greenways-reserves/grouse-grind

タイムトライアルにチャレンジ!

グラウス・マウンテン・ゴンドラでは、グラウス・グラインドのタイムを計るグラインド・タイマー・カードGrind Timer Cardというサービスを有料で行っている。
詳しくは、URL www.grousemountain.com/grind-timer

コースタイム

トレイルヘッド(1.45km、45分)→2分の1の標識(1.45km、45分)→ゴンドラ山頂駅

一度は泊まってみたい 憧れのラグジュアリーホテル

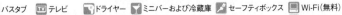

Luxury Hotel

バンクーバーは近年、ホテルのオープンラッシュ!
ダウンタウンの真ん中でラグジュアリーな滞在ができる、最高級ホテルを厳選セレクト。

ダウンタウン中心部

圧倒的な摩天楼に入った シャングリ・ラの北米第1号

Shangri-la Vancouver

シャングリ・ラ・バンクーバー [MAP] P.44-A1

アジアを代表するハイクラスホテル。バンクーバーで最も高層の61階建てビルの1～15階がホテルになっている。ロビーや客室はスタイリッシュながらもオリエンタルな装飾が随所に見られる。ブラインドやカーテンが自動操作できるなど、最新の設備が整う。

[住]1128 West Georgia St.
[TEL](604)689-1120
[URL]www.shangri-la.com/jp/vancouver/shangrila
[料][HIGH]5～9月ⓈⒹ$565～
[LOW]10～4月ⓈⒹ$445～
Tax別
[CC]A D J M V [室]119室
[交]スカイトレインのバラード駅Burrardから徒歩3分。
[館内設備]レストラン(1軒)、バー(1軒)、スパ、プール

1 客室はほとんどが50㎡オーバーと広々している 2 ロビーの天井から巨大なシャンデリアが下がる 3 大理石製の豪華なバスルーム。トイレは別になっている 4 CHI「氣」スパでは、中国の伝統マッサージが受けられる

ダウンタウン中心部

石造りの重厚な建物は バンクーバーのランドマーク

The Fairmont Hotel Vancouver

フェアモント・ホテル・バンクーバー [MAP] P.44-A1

1939年にオープンした老舗ホテル。古城を思わせるクラシカルな外観は、バンクーバーのランドマークとして親しまれている。アンティークの家具が配された内装は、優雅で落ち着いた雰囲気。ホテル内にグッチやルイ・ヴィトンなど高級ブランドのショップがある。

[住]900 West Georgia St.
[TEL](604)684-3131 [FREE](1-866)540-4452
日本の予約先[無料]0120-951096
[URL]www.fairmont.com/hotel-vancouver
[料][HIGH]5～10月ⓈⒹ$489～
[LOW]11～4月ⓈⒹ$296～ Tax別
[CC]A D J M V [室]557室
[交]スカイトレインのバラード駅から徒歩3分。
[館内設備]レストラン(1軒)、バー(1軒)、スパ、プール

1 青銅の屋根は、街歩きの目印にもなる 2 客室もクラシカルな雰囲気 3 館内にあるレストランからは美しい夜景が望める 4 2019年に改装工事を行い、随所に施された彫刻が優雅な空間を演出する

バスタブ / 一部客室　テレビ / 一部客室　ドライヤー / 貸し出し　ミニバーおよび冷蔵庫 / 一部客室　セーフティボックス / フロントにあり　Wi-Fi(無料) / Wi-Fi(有料)

[ウオーターフロント]

都会のオアシスをイメージした ウオーターフロントの高級ホテル

Fairmont Pacific Rim

フェアモント・パシフィック・リム [MAP] P.45-A3

ラグジュアリーと自然の共存をテーマに、2010年にオープン。ウオーターフロントに位置しており、高層階の部屋からは緑豊かなスタンレー・パークやノースショアの山並みが望める。内装はエレガントなデザインで統一。

[住]1038 Canada Place [TEL](604)695-5300
[FREE](1-888)264-6877 日本の予約先[無料]0120-951096
[URL]www.fairmont.com/pacific-rim-vancouver
[料金][HIGH]5月～10月下旬ⓈⒹ$719～
[LOW]10月下旬～4月ⓈⒹ$512～
Tax別 [CC]A D J M V [室]367室
[交]スカイトレインのバラード駅、ウオーターフロント駅から徒歩7分。
[館内設備]レストラン(2軒)、バー(2軒)、スパ、プール

[1]南国のリゾートを思わせるパティオプール [2]ロビーラウンジでは、アフタヌーンティーも楽しめる [3]落ち着いたカラーリングで、リラックスできる客室

[ダウンタウン中心部]

2022年4月にオープン 69階建て最高層のタワーホテル

Paradox Hotel Vancouver

パラドックス・ホテル・バンクーバー [MAP] P.44-A1

前身はトランプ・インターナショナル・ホテル&タワー・バンクーバー。客室の大きな窓から抜群の眺望が楽しめる。ベッドルームの床にはオーク材、バスルームには大理石を使用。照明やブラインドはタッチパッド式のパネルで操作できる。

[住]1161 West Georgia St.
[TEL](236)900-6001
[URL]www.paradoxhotels.com/vancouver
[料金][HIGH]6～8月ⓈⒹ$549～
[LOW]9～5月ⓈⒹ$279～ Tax別 朝食付き
[CC]A J M V
[室]147室
[交]スカイトレインのバラード駅から徒歩5分。
[館内設備]レストラン(1軒)、バー(2軒)、スパ、プール、フィットネスセンター

[1]上品なインテリアでまとめられている [2]上層階からの眺めも抜群 [3]スパなど設備も充実している

[ダウンタウン中心部]

古さと新しさが交錯した 不思議な雰囲気の最新ホテル

Rosewood Hotel Georgia

ローズウッド・ホテル・ジョージア [MAP] P.45-B3

英国のロイヤルファミリーやプレスリーなど世界のVIPも宿泊した1927年創業の名門ホテル。れんが造りのクラシカルな外観と、スタイリッシュな内装のギャップがクール。プライベートガーデンとプールが付いたテラス付きの豪華な客室もある。

[住]801 West Georgia St.
[TEL](604)682-5566
[URL]www.rosewoodhotels.com/en/hotel-georgia-vancouver
[料金][HIGH]5～10月ⓈⒹ$535～
[LOW]11～4月ⓈⒹ$400～ Tax別
[CC]A D M V [室]156室
[交]スカイトレインのバンクーバー・シティ・センター駅から徒歩すぐ。
[館内設備]レストラン(3軒)、バー(1軒)、スパ、プール、フィットネスセンター

[1]アールデコ様式の外観が目を引く [2]明るく、モダンな内装の客室 [3]海水を入れたインドアプール

ロケーション抜群の
お値打ちホテル&コンドミニアム

Reasonable Hotel

コスパの高いホテルをピックアップ。ダウンタウンの中心や
公共交通機関の駅やターミナルそばなど、立地もいいものばかり！

ダウンタウン中心部　🛁📺💨🍸🔒📶

スタイリッシュな内装が
アーバンライフを盛り上げる

Carmana Hotel & Suites

カーマナ・ホテル&スイート　[MAP] P.44-A1

　ロブソン通りからすぐのロケーションにあるコンドミニアムタイプのホテル。部屋はすべてキッチン付きで、ベッドルームとリビング、ダイニング&キッチンが独立している2DKタイプ。ベッドをシェアすればひと部屋に4～5人泊まれるので、よりお得に。

[住]1128 Alberni St.
[TEL](604)683-1399
[FREE](1-877)686-9988
[URL]www.carmanahotel.com
[料][HIGH]5～10月ⓈⒹ$459～
[LOW]11～4月ⓈⒹ$219～
Tax別
[CC]A J M V
[室]96室
[交]スカイトレインのバラード駅から徒歩5分。
[館内設備]フィットネスセンター

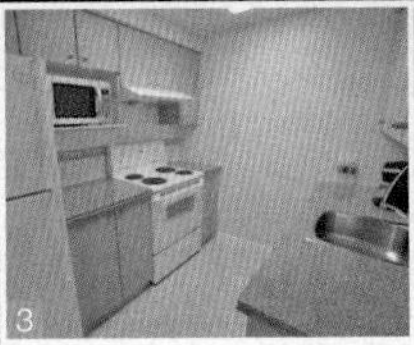

[1]白壁に黒レザーの家具を配した、落ち着いたリビング [2]仕事用のデスクも用意されている [3]電子レンジ、オーブン、コンロがあるキッチン。食器やカトラリーも完備 [4]ベッドはすべてダブルサイズ以上。ツインベッドの部屋もある

ダウンタウン中心部　🛁📺💨🍸🔒📶

料金はリーズナブルでも
設備は高級ホテル並み

The Burrard

バラード　[MAP] P.45-B3

　1956年創業のモーテルを全面リノベーションし、2011年にオープン。モノトーンが基調の内装は清潔でスタイリッシュなデザイン。屋上には開放的なパティオもある。ホームページはやや奇抜だが、ファミリーも利用する普通のホテルなのでご安心を。

[住]1100 Burrard St.
[TEL](604)681-2331
[FREE](1-800)663-0366
[URL]theburrard.com
[料][HIGH]5～9月ⓈⒹ$289～
[LOW]10～4月ⓈⒹ$134～
Tax別
[CC]A D J M V
[室]72室
[交]スカイトレインのイエールタウン-ラウンドハウス駅から徒歩13分。
[館内設備]レストラン(1軒)

[1]おしゃれな客室は、ファブリックにもこだわっている [2]フラットTVやエスプレッソマシーンなど設備も最新式 [3]フレンドリーなスタッフの接客も評判 [4]オリジナルプロダクトのアメニティ

🛁バスタブ　📺テレビ　💨ドライヤー　🍸ミニバーおよび冷蔵庫　🔒セーフティボックス　📶Wi-Fi(無料)
🛁一部客室　📺一部客室　💨貸し出し　🍸一部客室　🔒フロントにあり　📶Wi-Fi(有料)

ダウンタウン中心部

値段はもちろんのこと デザインにも凝るならここへ

Moda Hotel

モーダ [MAP] P.45-B3

1908年創業の老舗ホテルを改装。部屋は黒と赤でまとめられ、設備もフラットTVやノート型パソコンも収まるセーフティボックスなど最新のもの。アメニティはイタリア生まれのアンティカ・ファルマシスタAntica Farmacistaを使っている。

[住]900 Seymour St.
[TEL](604)683-4251 [FREE](1-877)683-5522
[URL]www.modahotel.ca
[料金][HIGH]5～10月ⓈⒹ$320～
[LOW]11～4月ⓈⒹ$124～ Tax別
[CC]A M V [室]69室
[交]スカイトレインのバンクーバー・シティ・センター駅から徒歩5分。
[館内設備]レストラン(1軒)、バー(2軒)

1ホテルに入った瞬間、モードなデザインに圧倒される 2シックなインテリアの客室 3ホテル内にレストランやバーもある

ダウンタウン中心部

日本経営ホテルならではの うれしいサービス

COAST Coal Harbour Hotel by APA

コースト・コール・ハーバー・ホテル・バイ・アパ [MAP] P.45-A3

日本のビジネスホテルとして名を馳せるアパホテルが直営する。バンクーバーのロブソン通りからも近く、買い物や外食に便利。全客室にウオシュレットやルームスリッパ、日本語チャンネル搭載のテレビが完備され、日本ホテル特有のサービスが魅力。

[住]1180 West Hastings St.
[TEL](604)697-0202 [FREE](1-800)716-6199
[URL]www.coasthotels.com/coast-coal-harbour-vancouver-hotel-by-apa/japanese
[料金][HIGH]5～9月ⓈⒹ$259～
[LOW]10～4月ⓈⒹ$179～ Tax別
[CC]A D M V [室]220室
[交]スカイトレインのバラード駅から徒歩7分。
[館内設備]レストラン(1軒)、プール、フィットネスセンター

1街の景色が見下ろせる大きな窓のある、スタイリッシュな客室 2地上20階建てのホテルは2016年にオープン 3温水便座付きのトイレを完備

ノース・バンクーバー

シーバス＆市バスで見どころ直行！ マーケット併設のホテル

Lonsdale Quay Hotel

ロンズデール・キー [MAP] P.43-B4

ノース・バンクーバーにあるものの、ロンズデール・キー・マーケット内なので買い物や観光に便利。通常のルームレートは高めだが、ホームページで予約するとかなり割引に。夜には周囲も静かになり、ゆっくり過ごせる。

[住]123 Carrie Cates Court
[TEL](604)986-6111
[FREE](1-800)836-6111
[URL]www.lonsdalequayhotel.com
[料金][HIGH]5～9月ⓈⒹ$219～
[LOW]10～4月ⓈⒹ$129～ Tax別
[CC]A D M V [室]70室
[交]シーバスのロンズデール・キー・ターミナルから徒歩すぐ。
[館内設備]レストラン(1軒)、フィットネスセンター

1客室はスタンダードでも約30㎡もあるゆとりのサイズ 2マーケット直結のユニークなホテルだ 3フロントはマーケットの3階奥にある

アットホーム&リーズナブル かわいいB&Bに泊まりたい!

Charming B&B

バンクーバーには、キュートなB&Bがたくさん。インテリアに凝っていたり、建物が花に囲まれていたり……。素敵なホストとの会話も、B&Bならではの魅力です。

[ダウンタウン中心部] 🛁 📺 💨 🍸 🔒 📶

街からのアクセス抜群!
歴史的な建物を利用したB&B

O Canada House B&B

オー・カナダ・ハウス B&B [MAP] P.44-A1

ロブソン通りから徒歩4分のところにあるビクトリア様式の一軒家。ここは銀行頭取バッカン氏の住居として建てられ、1910年に国歌「オー・カナダ」が披露された場所。庭には手入れの行き届いたガーデンが広がる。客室はアンティークな家具が配され、優雅に過ごせる。毎朝シェフが作る朝食は絶品だ。

[住]1114 Barclay St.
[TEL](604)688-0555
[URL]ocanadahouse.com
[料][HIGH]5~10月ⓈⒹ$329~
[LOW]11~4月ⓈⒹ$159~ Tax別 朝食付き
[CC]M V [室]7室
[交]スカイトレインのバンクーバー・シティ・センター駅から徒歩12分。

[1]ガーデンが目の前に広がるNorth Suitesルーム [2]エッグベネディクトなどの朝食のほかクッキーなどの本格的なペイストリーが自由に食べられる [3]ダウンタウンから近くて便利

[ノース・バンクーバー] 🛁 📺 💨 🍸 🔒 📶

部屋よし、眺めよし、料理よし
ノース・バンクーバーの個性派B&B

Ocean Breeze B&B

オーシャン・ブリーズ B&B [MAP] P.43-B4

Romantica SuiteやFrench Provincial Suiteなど、部屋ごとに趣向を変えた内装が素敵。3室はバルコニー付きで、ダウンタウンの眺望がすばらしく、特に夜景はロマンティック。朝食は日替わりのフルブレックファスト。

[住]462 E.1st St. [TEL](604)988-0546 [FREE](1-800)567-5171
[URL]www.oceanbreezevancouver.com
[料][HIGH]5~9月Ⓢ$215~259 Ⓓ$269~315
[LOW]10~4月Ⓢ$170~199 Ⓓ$199~265 Tax別 朝食付き
[CC]A M V [室]6室
[交]シーバスのロンズデール・キー・ターミナルから車で6分(無料送迎あり、要問い合わせ)。

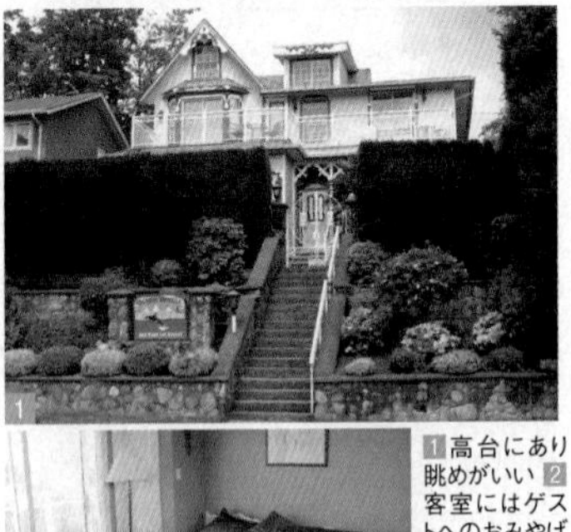

[1]高台にあり眺めがいい [2]客室にはゲストへのおみやげも用意されている。繁忙期は3泊以上から予約可能。

🛁 バスタブ 📺 テレビ 💨 ドライヤー 🍸 ミニバーおよび冷蔵庫 🔒 セーフティボックス 📶 Wi-Fi(無料)
🛁 一部客室 📺 一部客室 💨 貸し出し 🍸 一部客室 🔒 フロントにあり 📶 Wi-Fi(有料)

HOTEL

バンクーバーのホテル

ダウンタウンでは、バラード、ハウ、ジョージアなどの通り沿いに高級ホテルが多い。いずれもシングルで$150以上かかるが、安全で快適。グランビル通りにはチェーン系のリーズナブルなホテルが並ぶ。B&Bはダウンタウンを中心に広範囲に点在しており、ノース・バンクーバーにはおしゃれなB&Bも多い。

最高級ホテル

Hyatt Regency Vancouver

ハイアット・リージェンシー・バンクーバー　[MAP] P.44-A1

[ダウンタウン中心部]
[住]655 Burrard St.
[TEL](604)683-1234
[FREE](1-888)591-1234
[URL]vancouver.regency.hyatt.com
[料][HIGH]6～10月ⓈⒹ$449～
[LOW]11～5月ⓈⒹ$235～　Tax別
[CC]A M V　[室]644室

ショッピングモールに直結。スカイトレインの駅前で、観光、ビジネスに便利なロケーション。部屋は全室、大きな窓がとられ、眺めが楽しい。レストランやバー、プール、フィットネスセンターなど施設も充実。

The Sutton Place Hotel

サットン・プレイス　[MAP] P.44-A1

[ダウンタウン中心部]
[住]845 Burrard St.
[TEL](604)682-5511
[FREE](1-866)378-8866　[URL]www.suttonplace.com
[料][HIGH]7～9月ⓈⒹ$460～
[LOW]10～6月ⓈⒹ$181～　Tax別
[CC]A M V　[室]397室

AAAで4ダイヤモンドの高級ホテル。アフタヌーンティーが人気のレストランや、ワインショップも併設している。2023年6月頃まで一部改装工事中。

The Pan Pacific Vancouver

パン・パシフィック・バンクーバー　[MAP] P.45-A3

[ウオーターフロント]
[住]300-999 Canada Place
[TEL](604)662-8111
[URL]www.panpacific.com
[料][HIGH]5月中旬～10月中旬ⓈⒹ$475～
[LOW]10月中旬～5月中旬ⓈⒹ$254～　Tax別
[CC]A D J M V
[室]503室

カナダ・プレイス内。客室からはバラード入江、ノース・バンクーバーの眺望がすばらしい。シーバスのターミナルもすぐ近く。「Five Sails」などレストランも人気。ホテル内にスパあり。

高級ホテル

Sheraton Vancouver Wall Centre Hotel

シェラトン・バンクーバー・ウォール・センター　[MAP] P.45-B3

[ダウンタウン中心部]
[住]1000 Burrard St.
[TEL](604)331-1000
[FREE](1-888)627-7058　日本の予約先[無料]0120-003535
[URL]www.marriott.com
[料][HIGH]6～9月ⓈⒹ$449～　[LOW]10～5月ⓈⒹ$224～　Tax別
[CC]A J M V　[室]733室

ガラス張りの外観がスタイリッシュな超高層ホテル。ロビーや客室もモダンなデザインで統一されている。プールにフィットネスセンターと設備が充実。

Hilton Vancouver Downtown

ヒルトン・バンクーバー・ダウンタウン　[MAP] P.45-B3

[ダウンタウン中心部]
[住]433 Robson St.
[TEL](604)602-1999
日本の予約先[TEL](03)6864-1634(東京23区内、携帯電話から)
[無料]0120-489852(東京23区外、固定電話から)
[URL]www.westingrandvancouver.com
[料][HIGH]5～9月ⓈⒹ$449～　[LOW]10～4月ⓈⒹ$199～　Tax別
[CC]A D M V　[室]207室

若きデザイナーの洗練されたデザインが光る、全室スイートタイプのホテル。ベッドはクイーンサイズ以上、キッチンも完備。スパ、フィットネスセンターあり。

Delta Hotels Vancouver Downtown Suites

デルタ・ホテルズ・バンクーバー・ダウンタウン・スイート　[MAP] P.45-B3

[ダウンタウン中心部]
[住]550 West Hastings St.
[TEL](604)689-8188
日本の予約先[無料]0120-142890　[URL]www.marriott.co.jp
[料][HIGH]5～9月ⓈⒹ$413～　[LOW]10～4月ⓈⒹ$251～　Tax別
[CC]A M V　[室]225室

全室ベッドルームとリビングの分かれたスイートタイプ。館内には24時間利用できるフィットネスセンターあり。エントランスはシーモア通りSeymore St.。

Opus Hotel

オーパス　[MAP] P.45-C3

[イエールタウン周辺]
[住]322 Davie St.
[TEL](604)642-6787
[FREE](1-866)642-6787　[URL]opushotel.com
[料][HIGH]5～9月ⓈⒹ$489～
[LOW]10～4月ⓈⒹ$259～　Tax別
[CC]A M V　[室]96室

イエールタウンのデザインホテル。部屋のタイプは8種類あり、洗面所や家具、照明もコンテンポラリーなデザインでスタイリッシュ。レストラン、バー、フィットネスセンターあり。

Skwachàys Lodge

スクワチャイズ・ロッジ [MAP] P.45-B4

[ダウンタウン中心部]

[住]29/31 West Pender St.
[TEL](604)687-3589
[FREE](1-888)998-0797 [URL]skwachays.com
[料][HIGH]5月～10月中旬ⓈⒹ$349～
[LOW]10月中旬～4月ⓈⒹ$189～ Tax別 朝食付き
[CC]A M V [室]18室

先住民の文化をテーマとしたブティックホテル。それぞれ趣が異なる18の客室は先住民のアーティストがデザインを手がけている。1階にギャラリー兼ショップがある。

The Georgian Court Hotel

ジョージアン・コート [MAP] P.45-C3

[ダウンタウン東部]

[住]773 Beatty St.
[TEL](604)682-5555
[FREE](1-800)663-1155
[URL]www.georgiancourthotelvancouver.com
[料][HIGH]6～10月ⓈⒹ$379～ [LOW]11～5月ⓈⒹ$209～ Tax別
[CC]A D M V [室]180室

B.C.プレイスそば。各部屋とも高級感ある内装で、女性専用のOrchid Floorもある。24時間利用できるビジネスセンターやフィットネスセンター、スパも完備。無料レンタル自転車あり。

コンドミニアム

Lord Stanley Suites on the Park

ロード・スタンレー・スイート・オン・ザ・パーク [MAP] P.44-A2

[ダウンタウン西部]

[住]1889 Alberni St.
[TEL](604)688-9299
[FREE](1-888)767-7829 [URL]www.lordstanley.com
[料][HIGH]5～9月ⓈⒹ$269～
[LOW]10～4月ⓈⒹ$155～ Tax別
[CC]A M V [室]50室
[交]市バス#5でロブソン通りとデンマン通りの交差点下車、徒歩3分。

閑静な住宅街に立つ。部屋はキッチンとダイニング、書斎が独立した2DKタイプで、洗濯機＆乾燥機付き。港側の部屋からはスタンレー・パークが望める。

Sandman Suites

サンドマン・スイート [MAP] P.44-B2

[ダウンタウン西部]

[住]1160 Davie St.
[TEL](604)681-7263
[URL]www.sandmanhotels.com
[料][HIGH]5～9月ⓈⒹ$250～ [LOW]10～4月ⓈⒹ$148～ Tax別
[CC]A M V [室]198室 [交]市バス#6でデイビー通りとサーロウ通りの交差点下車、徒歩すぐ。

にぎやかなデイビー通りにある高層ホテル。客室は全室スイートタイプ。冷蔵庫や電子レンジ、食洗機を備えたキッチン付き。プールやレストランあり。

中級ホテル

The Listel Hotel

リステル [MAP] P.44-A2

[ダウンタウン中心部]

[住]1300 Robson St.
[TEL](604)684-8461
[FREE](1-800)663-5491 [URL]www.thelistelhotel.com
[料][HIGH]5～9月ⓈⒹ$278～ [LOW]10～4月ⓈⒹ$188～ Tax別
[CC]A D J M V [室]129室

コンテンポラリー・アートで飾られたホテルで、国内外のアーティストの作品を展示するミュージアムフロアやギャラリーフロアなどがある。パティオ付きスイートタイプの部屋も。

Holiday Inn & Suites Vancouver Downtown

ホリデー・イン＆スイーツ・バンクーバー・ダウンタウン [MAP] P.45-B3

[ダウンタウン中心部]

[住]110 Howe St.
[TEL](604)684-2151
[URL]www.ihg.com/holidayinn
[料][HIGH]4～9月ⓈⒹ$259～399
[LOW]10～3月ⓈⒹ$129～229 Tax別
[CC]A D J M V
[室]245室

大通りから1本入った所にあり、交通至便ながら落ち着いた環境が魅力。最大225名収容の会議室、プール、フィットネスセンター、レストランと設備も充実。

GEC Granville Suite

ジーイーシー・グランビル・スイート [MAP] P.45-C3

[イエールタウン周辺]

[住]718 Drake St.
[TEL](604)669-9888
[URL]www.gecgranvillesuites.ca
[料][HIGH]4～9月ⓈⒹ$270～
[LOW]10～3月ⓈⒹ$175～ Tax別
[CC]A M V [室]143室

グランビル橋のダウンタウン側にあり、観光に便利な立地。広々とした客室にはコーヒーメーカー、ドライヤーなどを完備。無料で利用できるサウナやフィットネスセンターあり。

Ramada Vancouver Downtown

ラマダ・バンクーバー・ダウンタウン [MAP] P.45-C3

[イエールタウン周辺]

[住]1221 Granville St.
[TEL](604)901-4933
[URL]www.ramadavancouver.com
[料][HIGH]5～9月ⓈⒹ$170～
[LOW]10～4月ⓈⒹ$152～ Tax別
[CC]A M V [室]116室

グランビル通りに並ぶ中級ホテル。ホテルの予約サイトで格安の料金がよく出る。客室は簡素だが広々した造り。ホテルロビーは24時間オープン。通りに面した部屋はややうるさい。

エコノミーホテル

Barclay Hotel
バークレイ　[MAP] P.44-A2

[ダウンタウン中心部]
[住]1348 Robson St.
[TEL](604)688-8850
[料][HIGH]5～9月Ⓢ$119～ Ⓓ$159～
[LOW]10～4月Ⓢ$64～ Ⓓ$85～　Tax別
[CC]A M V
[室]85室

ロブソン通り沿いの木造ホテル。建物は古いが、室内は清潔感がある。2～3人ならば広々したスイートルーム（夏季$209～、冬季$109～）もおすすめ。

Hotel Belmont Vancouver MGallery
ベルモント・バンクーバー・Mギャラリー　[MAP] P.45-B3

[ダウンタウン中心部]
[住]654 Nelson St.
[TEL](604)605-4333
[URL]www.hotelbelmont.ca
[料]ⓈⒹ$174～　Tax別
[CC]A M V　[室]82室

グランビル通りの近くにあり好ロケーション。モダンな客室にはコーヒーメーカーを備えている。地下にはバーやナイトクラブ、ゲームコーナーがある。

YWCA
ワイ・ダブル・シー・エー　[MAP] P.45-B3

[ダウンタウン東部]
[住]733 Beatty St.
[TEL](604)895-5830
[URL]ywcavan.org/hotel
[料][HIGH]6～9月バス付きⓈⒹ$135～、バス共同ⓈⒹ$108～
[LOW]10～5月バス付きⓈⒹ$98～、バス共同ⓈⒹ$81～
Tax別
[CC]A D J M V　[室]220室

エレベーターも専用の鍵を使うなどセキュリティ面は万全。トリプルやシングルベッドが5つある部屋も。共有スペースは広々として使い勝手がよい。

B&B

Point Grey Guest House
ポイント・グレイ・ゲスト・ハウス　[MAP] P.42-D2

[キツラノ周辺]
[住]4103 West 10th Ave.
[TEL](604)222-4104
[URL]www.pointgreyguesthouse.com
[料][HIGH]6月～9月中旬ⓈⒹ$120～165
[LOW]9月中旬～5月ⓈⒹ$115～155　Tax別　朝食付き
[CC]M V　[室]5室
[交]市バス#14でW. 10th Ave.とカモサン通りCamosun St.の交差点下車、徒歩すぐ。

アットホームなB&B。ブリティッシュ・コロンビア大学にほど近く、ジェリコ・ビーチも徒歩圏内。フルーツサラダや自家製ジャムが自慢の朝食も評判。

West End Guest House
ウエスト・エンド・ゲスト・ハウス　[MAP] P.44-A2

[ダウンタウン中心部]
[住]1362 Haro St.
[TEL](604)681-2889
[URL]www.westendguesthouse.com
[料]ⓈⒹ$140～　Tax別　朝食付き　[CC]A M V　[室]8室

1906年築の建物を利用したB&B。共有スペースや客室はモダンな家具で統一され、設備も新しい。毎朝オーガニック素材を使った料理や手作りパンが楽しめる。

ユースホステル

Samesun Vancouver
セイムサン・バンクーバー　[MAP] P.45-B3

[ダウンタウン中心部]
[住]1018 Granville St.
[TEL](604)682-8226
[URL]samesun.com/vancouver-hostel
[料][HIGH]5月～10月中旬　ドミトリー$52～　ⓈⒹ$165～
[LOW]10月中旬～4月　ドミトリー$44～　ⓈⒹ$122～
Tax別　朝食付き
[CC]M V
[室]67室、148ベッド

バンフやトロントなど5都市に展開するホステルチェーン。グランビル通りに面した好立地ながら1泊$44～と破格で、受付は24時間営業。レストランを併設。

HI Vancouver Downtown
HIバンクーバー・ダウンタウン　[MAP] P.44-B2

[ダウンタウン中心部]
[住]1114 Burnaby St.
[TEL](604)684-4565
[FREE](1-866)762-4122　[URL]www.hihostels.ca
[CC]M V　[室]68室、222ベッド
[交]市バス#6でデイビー通りとサーロウ通りの交差点下車、徒歩2分。

タウンタウンの中心部にある大型のホステル。テレビルーム、キッチン、ランドリーを完備。レセプションは24時間オープン。レンタサイクルも可能。2023年春まで改装のため休業中。

HI Vancouver Jericho Beach
HIバンクーバー・ジェリコ・ビーチ　[MAP] P.42-C2

[キツラノ周辺]
[住]1515 Discovery St.
[TEL](604)224-3208
[FREE](1-866)762-4122　[URL]www.hihostels.ca
[料]ドミトリー$35～（会員）、$39～（非会員）、
バス共同ⓈⒹ$81～（会員）、$90～（非会員）　Tax別
[CC]J M V　[室]24室、252ベッド
[交]市バス#4、#84でW 4th Ave.とNW Marine Dr.の交差点下車、徒歩7分。

カナダ最大級のユース。キツラノのジェリコ・ビーチに近く、環境は抜群。館内に軽食の取れるカフェやキッチンルーム、ロッカーがある。レンタサイクルあり。

シェフの個性が一皿に詰まった
サスティナブルシーフードを味わう

生態系を破壊せず、継続可能な方法で捕獲した魚介をさす、サスティナブルシーフード。
バンクーバーはこの取り組みに積極的なレストランが多く、多彩な料理が楽しめる。

1 ハイダ・グワイ産の昆布で巻いて蒸し焼きにしたツッカイ・サーモン 2 カリカリポテトをのせたレッド・スナッパーのグリル

バンクーバー南部

バンクーバー唯一の
先住民族レストラン

Salmon n' Bannock

サーモン・アンド・バノック　　　**MAP P.44-D2**

　国内でも珍しい、先住民族の料理が味わえる店。エルクやサーモン、薬草などの天然ものにこだわった伝統的な食材を使い、先住民族出身のシェフがさまざまな部族の料理を再現してくれる。パンやソースも手作りで、どの料理も細部までていねいに仕上げられている。事前に要予約。2022年12月にはバンクーバー国際空港内に支店「Salmon n' Bannok on the Fly」もオープンした。

住 7-1128 West Broadway
TEL (604)568-8971
URL www.salmonandbannock.net
営 毎日15:00～21:00（時期により変動あり）
休 無休
予 $40～
CA M V
交 市バス#9でウエスト・ブロードウエイ通りとスプルース通りSpruce St.の交差点下車、徒歩すぐ。

3 エルク肉のゲームバーガーのほか、バイソン、イノシシもある
4 店内にはインディアンアートが飾られている

ダウンタウン中心部

ローカル産の食材が
凝縮したシーフード料理

Joe Fortes

ジョー・フォーテス　　　**MAP P.44-A1**

　サスティナブルシーフードを取り入れた魚介料理が人気。野菜もローカルものを使っており、素材の味をいかした料理が堪能できると地元で長年愛され続けている。おすすめは、カナダ全土から仕入れる新鮮な生ガキ$4～。料理にあうアルコール類も豊富に揃う。

住 777 Thurlow St.
TEL (604)669-1940
URL www.joefortes.ca
営 毎日11:00～23:00
休 無休
予 ランチ$20～、ディナー$40~～
CA A J M V
交 スカイトレインのバラード駅から徒歩6分。

1 濃厚なオランデーズソースがたっぷりかかったカキのグリル $29 2 和風な味付けの銀ダラの味噌マリネ$52 3 クラシカルな店内にはバーカウンターもある

イエールタウン周辺

サスティナブルシーフードの先駆け
高級シーフードレストラン
Blue Water Cafe

ブルー・ウオーター・カフェ　　MAP P.45-C3

　バンクーバーを代表するシーフードレストラン。シェフのフランクさんはサスティナブルシーフードを広めるために発足したプログラム、オーシャンワイズOcean Wiseに初期から携わっている。近海産の魚介を使った料理は、素材の味を楽しんでもらうためにシンプルに味付けしている。

住 1095 Hamilton St.
TEL (604)688-8078
URL www.bluewatercafe.net
営 毎日17:00～23:00(バーは16:30～)
休 無休　予 $50～　CARD A M V
交 スカイトレインのイエールタウン-ラウンドハウス駅から徒歩3分。

1 カキやエビなど8種類の魚介が盛られたシーフードタワー$99
2 レアな食感が楽しめるホタテのグリル$43
3 バーカウンターで日本人が握る寿司も人気

ダウンタウン中心部

地元のフレッシュ魚介が
詰め込まれた料理がずらり!
Coast

コースト　　MAP P.44-A1

　洗練された内装が上品さを演出。BC州でとれた魚介や地元の野菜を生かした創作料理が堪能できる。肉厚なアトランティックロブスター$54や豪快に盛られたシーフードタワー$125～などの新鮮な生ものも充実。料理に合うワインも100種類以上揃えている。

住 1054 Alberni St.
TEL (004)085-5010
URL www.glowbalgroup.com/coast
営 月～金11:30～23:00　土・日14:30～23:00
休 無休　予 ランチ$25～、ディナー$55～
CARD A J M V
交 スカイトレインのバラード駅から徒歩5分。

1 ソッカイサーモンのグリル$36など新鮮な料理が揃う 2 寿司のカウンターでは日本人板前が腕をふるう 3 スタイリッシュな店内は、いつも多くの客でにぎわう

ダウンタウン西部

ペルー×フレンチが
生み出す華麗なフュージョン料理
Ancora False Creek

アンコラ・フォールス・クリーク　　MAP P.44-C2

　ペルー出身のシェフが作る、母国の伝統料理とフレンチをコラボした個性的な料理が自慢。サスティナブルシーフードを使った魚介料理は、繊細で見た目も美しい。全面ガラス張りになっている店内から、目の前に広がるオーシャンビューが楽しめる。料理にあうワインのセレクションも秀逸。

住 1600 Howe St.
TEL (604)681-1164
URL www.ancoradining.com
営 毎日12:00～14:30/17:00～22:00
休 無休　予 ランチ$15～、ディナー$50～　CARD A M V
交 市バス#4、#7、#14、#50でグランビル通りとドレイク通りDrake St.の交差点下車、徒歩7分。

1 日系ペルー料理の前菜$16～をはじめ、日本人好みの創作料理が揃う 2 ダンジネスクラブ$19。ビーツを練り込んだマッシュポテトと一緒に味わう 3 美しいシャンデリアが店内を演出

コスモポリタンな街だから
各国本場の味が楽しめます

世界各地から集まった各国の移民による伝統料理が味わえるのは、
バンクーバーの醍醐味。手加減なんて一切なしの、ビビッドな味を堪能しよう。

ダウンタウン中心部

その実力は金メダル級！
本場以上と評判の中華料理

麒麟

Kirin Restaurant　　　　MAP P.44-A1

　バンクーバーでは老舗となる中華料理の
名店。広東、北京、四川、上海など多彩な料理
が味わえる。ロブスターやダンジネスクラブ
などのシーフードから肉料理、麺料理、スー
プなど幅広いメニューが揃う。ランチに出し
ている飲茶メニューも人気。ホーム
ページには日本語メニューあり。

🏠1172 Alberni St.
☎(604)682-8833
🌐www.kirinrestaurants.com
🕐月～金11:00～14:30/17:00～22:30
　土・日10:00～14:30/17:00～22:30
休無休
💰ランチ$20～、ディナー$50～
💳A M V
🚃スカイトレインのバラード駅から徒歩7分。

1ロブスター揚げ（時価）。ピリ辛味と塩コショウ味の
2種類の味つけから選べる 2干し貝柱とエビの炒め物$45.25
3秘伝のマンゴープリン$7.5 4店内はゴージャスな雰囲気

ダウンタウン東部

"世界一おいしい"サングリアが
自慢のスパニッシュレストラン

Bodega

ボデガ　　　　MAP P.45-C4

　地元で評判のスペインレストラン。アヒー
ジョなどお酒が進むタパスメニューが中心
で、数人でシェアしながらさまざまな料理が
味わえる。ぜひともオーダーしてほしいのが、
世界一と評される自家製サングリア。シメに
はほどよい甘さのチュロス$10がおすすめ。

🏠1014 Main St.
☎(604)565-8815
🌐www.bodegaonmain.ca
🕐毎日11:00～24:00
休無休
💰ランチ$20～、ディナー$35～
💳A M V
🚃メイン・ストリート・サイエンス・ワール
ド駅から徒歩3分。

1ロブスターとチキンのダシがきいた
パエリア$38 2サングリア$12。ピッ
チャー$30でオーダーする人も多い

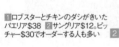

3おしゃれなインテリアの店内 4お酒のお供に
ぴったりなアヒージョ$12

バンクーバー南部

並んでも食べる価値アリ!
スパイス香るモダンカレー

Vij's

ヴィジズ　　　MAP P.43-D3

　1994年の創業以来、数々の受賞歴を誇るバンクーバーで最も有名なインド料理レストラン。ムンバイ出身のシェフ、ビクラム氏によるオリジナリティあふれるインド料理を求め、美食家が集う。ホームページからの予約がおすすめ。

住 3106 Cambie St.
TEL (604)736-6664　URL www.vijs.ca
営 毎日17:30〜22:00　休 無休　予 $40〜
CC A D M V　交 スカイトレインのブロードウェイ・シティ・ホール駅Broadway-City Hallから徒歩10分。

1 マイルドな口当たりとスパイスの刺激が交互にやってくるラム肉のクリームカレー$32　2 カレーと一緒に味わいたいアラカルトメニューもある　3 内装、外観ともモダンなデザイン

ダウンタウン西部

ほろり崩れるラムを求めて
今日も若者たちが列をなす

Stepho's

ステフォーズ　　MAP P.44-B2

　ランチには行列のできるギリシア料理店。名物は、客の半数以上が注文するロースト・ラム$22.95。独自配合のスパイスに10日ほど漬け込んだあとオーブンで焼き上げた骨付きのラム肉は軟らかく、うま味たっぷり。

住 1124 Davie St.
TEL (604)683-2555
営 毎日11:30〜22:00
休 無休　予 $15〜　CC M V
交 スカイトレインのバラード駅から徒歩7分。

1 ロースト・ラムは、ライスやグリークサラダを盛り合わせたワンプレート　2 スタッフもほとんどがギリシア人だ　3 さわやかな青い屋根が目印

ダウンタウン中心部

バンクーバーに4店舗展開
レバノン料理が今アツい!

Nuba

ヌーバ　　　MAP P.45-B4

　レバノン料理を提供する、スタイリッシュなムードが漂うレストラン。ハーブやヨーグルトなどで味付けした体にやさしいベジタリアン料理が、ヘルシー志向のバンクーバーっ子から注目を浴びている。野菜メインの料理だけでなく、ラムなどの肉料理やオリジナルカクテルも楽しめる。

住 207 West Hastings St.
TEL (604)688-1655
URL www.nuba.ca
営 月〜木11:30〜21:00　金11:30〜22:00
　土9:30〜22:00　日9:30〜21:00
休 無休　予 ランチ$15〜、ディナー$25〜　CC A M V
交 スカイトレインのウオーターフロント駅から徒歩6分。

1 シェアしていただく前菜の盛り合わせなど、「酒が進むメニューも。月・火曜はワインのボトル注文がお得　2 バイソンやラム肉は臭みもなく食べやすい　3 店舗は建物の地下にある

甘いもの好き集まれ！
バンクーバーのスイーツカフェ

**バンクーバーには、紅茶やコーヒーと相性ばっちりのスイーツカフェがたくさん。
手かげんなしの甘～いスイーツをほおばって、のんびりティータイムを満喫しよう。**

ダウンタウン中心部

オリジナリティあふれる
地元っ子御用達のドーナツ屋さん

Cartems

カーテムス　　　　　**MAP P.45-B3**

　地元の厳選素材を使った、無添
加ドーナツ専門店。毎日手作りし
ているドーナツは、チョコレートや
アールグレイ、グルテンフリーなど
常時14種ほど。どれも季節や音楽
からインスパイアされた独創的な
ネーミング。週替わりや月替わり
の限定フレーバーも登場する。

住 534 West Pender St.
TEL (778)708-0996
URL cartems.com
営 水～日9:30～16:30
休 月・火
予 $5～　**CARD** A M V
交 スカイトレインのグランビル駅から徒歩3分。

1 左からアールグレイ$4.05、ロンドンフォグ$4.7、アップルフリッター$4.35　**2** ドーナツを考案するペイストリーシェフのダグラスさん　**3** キッチンでは次々とドーナツが作られている　**4** ゆっくりできるイートインスペースもある

キツラノ周辺

スイーツ愛好家はMust Go!
ハイエンドチョコレート&パティスリー

Thomas Haas

トマス・ハース　　　　**MAP P.42-D2**

　北米屈指のチョコレートパティ
スリー。数々の賞を受賞したショ
コラティエのトマスさんが作るチ
ョコレートは、クオリティと繊細さ
に高い評価を得ている。ケーキや
パンの品揃えも充実しており、な
かでもアーモンドクロワッサン
$6.5が人気。おみやげにぴったり
なチョコギフトもある。

住 2539 West Broadway
TEL (604)736-1848
URL www.thomashaas.com
営 火・土8:00～17:30　**休** 日・月
予 $10～　**CARD** A M V
交 市バス#14でウエスト・ブロードウエイ通り
とバルサム通りBalsam St.の交差点下車、
徒歩8分。

1 濃厚がたまらない、ミルクチョコレートパッションフルーツ$6.9とホットチョコレート$5.5～　**2** グルテンフリーの小麦を使った、フレッシュラズベリーケーキ$6.9　**3** 20種以上のチョコレートが揃う　**4** カフェスペースはいつも多くの地元客でにぎわう

乙女チックなティーサロンで
優雅にアフタヌーンティー

Pâtisserie Für Elise

パティスリー・ファー・エリス　　　**MAP P.45-B3**

　ビクトリア調の歴史的な建物を利用した、エレガントなティーサロン。ぜひ体験してほしいのが、お好みの紅茶と一緒に焼きたてのスコーンやミニサンドイッチ、自家製プチスイーツを味わえる本格アフタヌーンティー。1階では手づくりのマカロンやかわいらしいマカロンのグッズも販売している。

🏠847 Hamilton St.
☎(604)684-1025
URL www.patisseriefurelise.com
🕐金13:00～20:00
　土・日11:00～18:00（時期により変動あり）
🚫月～木　💴$10～　💳A M V
🚇スカイトレインのバンクーバー・シティ・センター駅から徒歩8分。

❶2段トレイのアフタヌーン（ハイティー）セット$49は要予約
❷食べきれない時は専用のボックスにつめてくれる
❸スタッフの衣装もキュート

カロリーなんて気にしない！
体に優しいオーガニックスイーツ

Aphrodite's Organic Cafe

アフロディテス・オーガニック・カフェ　　**MAP P.42-C2**

　キツラノにあるヘルシーカフェ。健康志向のローカルっ子から絶大な人気を誇るのが、自家製のオーガニックパイ。ほか、肉や魚料理などの食事メニューも多彩で、地元の農家から直接取り寄せた新鮮な食材を使ったメニューが揃う。交差点の向かいにはパイ専門店がある。

🏠3605 West 4th Ave.
☎(604)733-8308
URL www.organiccafe.ca
🕐水～日9:00～15:00（時期により変動あり）
🚫月・火　💴$25～　💳M V
🚇市バス#4、#7、#44でWest 4th Ave.とアルマ通りAlma St.の交差点下車、徒歩3分。

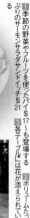

❶季節の野菜やフルーツを使ったパイ$17～も登場するぷりのサーモンサラダサンドイッチ$21
❷ボリュームたっぷりの
❸各テーブルには花が添えられている

チーズケーキとコーヒー
どちらも本格的に楽しめる！

Trees Organic Coffee

ツリー・オーガニック・コーヒー　　　**MAP P.45-B3**

　バンクーバー市内に10店舗以上を展開するカフェ。ニューヨークスタイルの濃厚なチーズケーキは、店内で焙煎するオーガニックコーヒーと相性ばっちり！メープルウォールナッツやラズベリーなど常時9種類のチーズケーキを揃えている。金曜の20:00頃から店内でライブ演奏も行われている。

🏠450 Granville St.
☎(604)684-5022
URL treescoffee.com
🕐月～金7:00～22:00　土・日8:00～22:00
🚫無休　💴$5～　💳A M V
🚇スカイトレインのグランビル駅から徒歩4分。

❶ニューヨークチーズケーキ$7.95。レモンの酸味がさわやか焙煎機が置かれており、コーヒー豆の香りが広がるト利用の客も多い
❷店内には
❸コーヒーのテイクアウ

市民に親しまれる
三大B級グルメを味わって！

「B級グルメはどこで食べても同じ」というのは大間違い！
ハンバーガー、ホットドッグ、フィッシュ＆チップスは
ここで食べるべき。

A ホットドッグ

ボリューム満点の白ソーセージの上に大根おろしがたっぷりのOroshi $7.39。肉のうま味と大根のさっぱり感がマッチ。

C フィッシュ＆チップス

衣にビールを混ぜてカラッと揚げたフィッシュ＆チップス。タラ$14.3とオヒョウ$19.5から選べる。

B ハンバーガー

ジューシーなパティにカリカリのメープルベーコンとフライドオニオン、トマトをサンドしたMan's Man$20.75。メープルのほのかな甘さが絶妙でクセになる。

A ｜ ダウンタウン中心部
JAPADOG
ジャパドッグ　**MAP P.45-B3**

日本人経営の屋台から始まり、日本風にアレンジしたホットドッグが人気。バンクーバー国際空港や商業施設内にも支店あり。

🏠 530 Robson St.
📞 (604)569-1158
🌐 www.japadog.com
🕐 日〜木10:00〜翌3:00
　　金・土10:00〜翌4:00
休 不定休
💴 $5〜
💳 M V
🚃 スカイトレインのグランビル駅から徒歩6分。

B ｜ キツラノ周辺
Romer's burger
ロマズ・バーガー　**MAP P.44-D1**

カジュアルダイニングの本格的なハンバーガーが好評！ オーガニック野菜などこだわりの素材を使用する個性派が勢揃い。

🏠 1873 West 4th Ave.
📞 (604)732-9545
🌐 romersburgerbar.com
🕐 月11:00〜22:00
　　火〜木11:00〜23:00
　　金11:00〜24:00
　　土10:00〜24:00　日10:00〜22:00
休 無休
💴 $20〜
💳 A J M V
🚃 市バス#4、#7、#44でWest 4th Ave.とバラード通りの交差点下車、徒歩すぐ。

C ｜ キツラノ周辺
Go Fish
ゴー・フィッシュ　**MAP P.44-C2**

グランビル・アイランド近くの漁港にあるオープンエアの店。黒板に書かれた旬のおすすめ魚介料理もチェック。

🏠 1505 West 1st Ave.
📞 (604)730-5040
🕐 火・木・金11:30〜19:00
　　土・日12:00〜19:00
　　（時期により変動あり）
休 月・水
💴 $10〜
💳 M V
🚃 市バス #50でWest 2nd Ave.とアンダーソン通りの交差点下車、徒歩5分。

バンクーバーのレストラン

　ダウンタウンのレストラン街といえば、観光客向けの店が集中するロブソン通りと、小さな食堂が並ぶデンマン通り。イエールタウンやグランビル・アイランド、チャイナタウンも外せないグルメスポット。キツラノの周辺には話題のカフェや名店と呼ばれるレストランが多い。さらに注目なのが、レトロの建物を活用したおしゃれレストランが軒を連ねるバンクーバー発祥の地・ギャスタウン（→P.72）だ。

シーフード

Cardero's
カルデロ　　　　　　　　　　　　MAP P.44-A2

🏠1583 Coal Harbour Quay
TEL(604)669-7666　　　　　　ダウンタウン西部
URL www.vancouverdine.com
営毎日11:30～23:00
休無休　予$30～　CA M V

　ダウンタウン北西部の海沿い、コール・ハーバーにある人気店。海にせり出した造りで目の前の海を見ながら、新鮮なBC州の魚介料理を堪能できる。おすすめはプランクサーモングリル$31。

The Boathouse
ボートハウス　　　　　　　　　　MAP P.44-C1

🏠1305 Arbutus St.
TEL(604)738-5487　　　　　　キツラノ周辺
URL boathouserestaurants.ca
営月～木11:00～21:00　金11:00～22:00
　土10:30～22:00　日10:30～21:00
休無休　予$25～　CA M V

　夕日を見ながらの食事ならここ。大きな窓からはキツラノ・ビーチを見渡すことができる。ディナーとブランチでメニューが変わる。人気のフィッシュ＆チップスは$25。

カナダ料理

Cactus Club Cafe
カクタス・クラブ・カフェ　　　　MAP P.45-B3

🏠588 Burrard St.　TEL(604)682-0933
URL cactusclubcafe.com　　　ダウンタウン中心部
営日～木11:30～24:00　金・土11:30～24:30
休無休　予$20～　CA M V

　カナダ全土に30店舗以上を展開し、地元の食材を利用した創作料理が人気。バンクーバーのセレブシェフ、ロブ・フィーニー監修のメニューもある。自家製サングリア$12も美味。

Glowbal
グローバル　　　　　　　　　　　MAP P.45-B3

🏠590 West Georgia St.
TEL(604)602-0835　　　　　　ダウンタウン中心部
URL www.glowbalgroup.com/glowbal
営月～金11:30～23:00　土・日10:30～23:00
休無休　予ランチ$40～、ディナー$70～　CA J M V

　洗練されたムードの漂う高級レストラン。カナダ産の肉や魚を使用した、華やかな盛りつけの料理を提供する。おすすめはアルバータ牛のステーキ$62。ユニークなパティオ席にも注目。

フランス料理

Le Crocodile
ル・クロコダイル　　　　　　　　MAP P.44-B1

🏠100-909 Burrard St.　TEL(604)669-4298
URL lecrocodilerestaurant.com　ダウンタウン中心部
営月～土17:30～22:00（時期により変動あり）
休日　予$60～　CA M V

　シーフードやアルバータ牛など、カナダ食材を使った伝統的なフレンチを提供。ランチメニューのロブスタービスク$20や、ダンジネスクラブケーキ$28が人気。

イタリア料理

Cioppino's Mediterranean Grill
チョッピーノス・メディテラニアン・グリル　MAP P.45-C3

🏠1133 Hamilton St.　TEL(604)688-7466
URL www.cioppinosyaletown.com　イエールタウン周辺
営火～金12:00～14:00、17:00～22:30　土17:00～22:30
休日・月　予$60～　CA M V

　バンクーバーを代表する高級イタリアンレストラン。人気メニューはリングイネロブスター$48やボロネーゼ$38。何十種類ものワインも取り揃えている。

ビーガン料理

Nightshade
ナイトシェイド　　　　　　　　　MAP P.45-C3

🏠1079 Mainland St.　(604)566-2955
URL www.nightshadeyvr.com　　イエールタウン周辺
営月～木17:00～22:00　金・土10:30～24:00
　日10:30～22:00　休無休
予ランチ$15～、ディナー$30～　CA M V

　世界各国の郷土の味を新鮮な地元食材でアレンジ。クリエイティブなビーガン料理に仕立て、イタリア料理のグヌーディ$27などカジュアルなメニューも。オリジナルカクテルは$14～。

Thierry

ティエリー   **MAP P.44-A1**

🏠1059 Alberni St.   ☎(604)608-6870   ダウンタウン中心部

🔗www.thierrychocolates.com

🕐月～木8:00～22:00   金・土8:00～23:00

🚫無休   💰$10～   💳A M V

チョコレートスイーツが中心の名店。繊細で多彩なチョコレートを使ったケーキやスイーツはどれも美味。なかでもマカロン$2.8は地元っ子に人気の一品。

Sophie's Cosmic Cafe

ソフィーズ・コズミック・カフェ   **MAP P.44-D1**

🏠2095 West 4th Ave.   キツラノ周辺

☎(604)732-6810

🔗www.sophiescosmiccafe.com

🕐毎日8:00～15:00

🚫無休   💰$20～   💳M V

🚇市バス#4、#7、#44でWest 4th Ave.とアビュータス通りの交差点下車、徒歩すぐ。

地元の若者が集うキツラノを代表するカフェ。ブリキのボックスなどが飾られた店内はカラフル＆ポップ。フードはオムレツ$19～やハンバーガー$18.5～などで、そのほかのメニューも$20前後。

美空

Miku   **MAP P.45-A3**

🏠70-200 Granville St.   ウォーターフロント

☎(604)568-3900

🔗mikurestaurant.com

🕐月～金11:30～22:00   土・日12:00～22:00（時期により変動あり）

🚫無休   💰ランチ$15～、ディナー$40～   💳A J M V

宮崎県生まれのあぶり寿司の初海外店。あぶることで加わる香り、うま味は想像以上のおいしさ。10貫の寿司がセットのプレミアムは$40。

らーめん山頭火

Ramen Santouka   **MAP P.44-A2**

🏠1690 Robson St.   ダウンタウン中心部

☎(604)681-8121

🕐毎日11:00～23:00

🚫無休

💰$20～   💳M V

🚇市バス#5でロブソン通りとカーデロ通りCardero St.の交差点下車、徒歩すぐ。

北海道旭川ラーメンを代表する「山頭火」のカナダ第1号店。まろやかな豚骨スープが特徴のラーメンは塩、醤油、味噌各$18.7、辛味噌$19.4の4種類。

Guu with Otokomae

グー・ウィズ・オトコマエ   **MAP P.45-B4**

🏠105-375 Water St.   ウォーターフロント

☎(604)685-8682

🔗guu-izakaya.com/gastown

🕐月～木11:30～23:00   金・土11:30～24:00

🚫無休

💰$15～

💳A J M V

スタイリッシュな居酒屋。本日の刺身サラダ$14やサーモンと納豆のまぜまぜユッケ$12はイチオシ。ダウンタウンに姉妹店が3店舗あり、各店雰囲気や味が異なっている。

与八鮨

Yohachi Sushi   **MAP P.43-B4**

🏠171 West Esplanade   ノース・バンクーバー

☎(604)984-6886

🕐毎日11:30～22:00

🚫無休

💰ランチ$15～、ディナー$30～

💳A D J M V

🚇シーバスのロンズデール・キー・ターミナルから徒歩2分。

日本人経営の寿司店。ランチは鍋焼きうどんや豚の角煮定食が人気。新鮮な魚介を使った寿司や刺身をはじめ、天ぷら、焼き物、麺類までメニュー豊富。

新城

New Town Bakery & Restaurant   **MAP P.45-B4**

🏠148 E. Pender St.   ダウンタウン東部

☎(604)689-7835

🔗newtownbakery.ca

🕐毎日6:30～19:30

🚫無休

💰$5～   💳M V

チャイナタウンにある中華まんじゅうの店。チャーシュー、小豆あんなど約13種類が$3～。点心や一品料理も揃い、キッズメニューは$16.5。

新瑞華海鮮酒家

Sun Sui Wah Seafood Restaurant   **MAP P.41-C1**

🏠102, 4940 No.3 Rd.   郊外（リッチモンド）

☎(604)273-8208

🔗www.sunsuiwah.ca

🕐月～金10:30～14:45LO/17:00～21:45LO土・日10:00～14:45LO/17:00～21:45LO

🚫無休   💰ランチ$20～、ディナー$25～   💳A D M V

🚇スカイトレインのアバディーン駅Aberdeenから徒歩9分。

バンクーバーで飲茶といえばこの店。飲茶の時間は10:00～14:45で、種類豊富な点心は上品な味わい。広東料理も多彩なラインアップ。メイン通り（MAP P.43-D3・4）に支店がある。

韓国料理

Sura
スラ　　　 **MAP P.44-A2**

🏠1518 Robson St.　**TEL**(604)687-7872
URLwww.surakoreancuisine.com
営火〜日11:30〜15:00LO/17:00〜20:30LO
休月　**予**$25〜　**CC**A J M V
（ダウンタウン中心部）

　ロブソン通りにあり、定番の韓国料理が揃っている。店内はシックでモダンな雰囲気。ボリュームたっぷりのランチスペシャル$25（2人からオーダー可）がおすすめ。マッコリや韓国焼酎も。

カンボジア料理

Phnom Penh
プノン・ペン　　　**MAP P.45-B4**

🏠244 E. Georgia St.
TEL(604)682-5777
営月・水・木10:00〜20:00　金〜日11:00〜21:00
休火　**予**$15〜　**CC**M V
（ダウンタウン東部）

　食事時には行列となる人気店。名物は、ガーリックやスパイスが効いたプノンペン風チキンウイングのフライ$10.95〜。メニューは豊富で、アジアンスイーツは$7.5〜。

地ビール

Tap & Barrel
タップ＆バレル　　　**MAP P.45-A3**

🏠76-1055 Canada Place
TEL(604)235-9827
URLtapandbarrel.com
営月〜金11:00〜24:00　土・日10:00〜24:00
休無休　**予**$20〜　**CC**A M V
（ウォーターフロント）

　カナダ・プレイスの一角にあり、コール・ハーバーを見渡せる絶好のロケーション。36種の地ビール$7.5〜のほか、タップから注がれるワイン$8〜もBC州産がメイン。飲み比べが楽しい。

Yaletown Brewing
イエールタウン・ブリューイング　　　**MAP P.45-C3**

🏠1111 Mainland St.
TEL(604)681-2739
URLwww.mjg.ca/yaletown
営日〜木12:00〜21:00
　　金・土12:00〜24:00
休無休　**予**$15〜　**CC**A D M V
（イエールタウン周辺）

　イエールタウンの地ビールパブ。自慢の地ビールは8種類揃い、1パイント$8.5〜。フィッシュ＆チップスやハンバーガーなど、食事メニューも充実。

Column　フードトラックの軽食で屋外ランチはいかが？

　バンクーバーでは、ランチタイムになると大通りや広場にたくさんのフードトラックが列をなす。近くのオフィスで働く人や住民たちが続々と集まり、できたてのフードを購入して屋外のベンチや広場でランチを楽しんでいる。フードはハンバーガーやサンドイッチ、スープなど気軽につまめる軽食が中心で、値段は$6〜11程度とお手頃。フードトラックの場所は日によって異なるため、その日のロケーションを教えてくれるサイトをチェックしてから出かけよう！
URLstreetfoodapp.com

🅐 日替わりのチーズサンドイッチが名物

🅑 ピタの中にひよこ豆のコロッケをサンド

🅑 ヘルシーなファラフェルのサラダ

おもなフードトラック

Mom's Grilled Cheese Truck
マムズ・グリルド・チーズ・トラック
🅐

TEL(604)448-2105
営月〜金11:30〜15:00
　　土・日12:00〜17:00
休不定休　**CC**M V

Chickpea
チックピー 🅑
営毎日11:00〜15:00
休不定休
CCM V

今ドキ♡っぽい
インディアンアート
が欲しい！

先住民族のファッションやグッズは
オシャレに取り入れにくいし、
そもそも高額で手が届かない……。
そんなイメージを覆す、新鋭の
インディアンアートが続々と登場中！

ジュエリー

先住民族アーティストがシンボルを彫った
アクセサリー。シンボルにはそれぞれ
意味が込められており、部族により
デザインや彫り方が異なる。

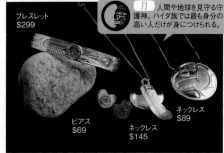

ブレスレット $299

月 人間や地球を見守る守護神。ハイダ族では最も身分の高い人だけが身につけられる。

ピアス $69

ネックレス $145

ネックレス $89

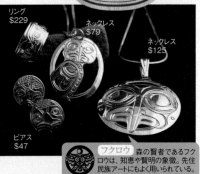

リング $229

ネックレス $79

ネックレス $125

ピアス $47

フクロウ 森の賢者であるフクロウは、知恵や賢明の象徴。先住民族アートにもよく用いられている。

ブレスレット $2975

ブレスレット $450

ネックレス $399

ブローチ $650

シャチ 愛やロマンスを象徴するシャチは、恋愛に効くシンボル。ハチドリも同じような意味をもつ。

ピアス $179

ネックレス $499

イーグル イーグルは仲間との永遠の友情を表し、仕事運にも効果あり。部族の家紋としても用いられる。

※商品はすべて参考価格。

今ドキ♡ポイント
願いが叶うジュエリーはお値段以上の価値あり！天然石がついたものなど、手作り&オンリーワンのデザインが魅力☆

（ウォーターフロント）

豊富な品揃えが自慢
インディアンジュエリー専門店
Silver Gallery

シルバー・ギャラリー　**MAP P.45-B4**

インディアンジュエリーの有名店。店内のショーケースには、ブリティッシュ・コロンビア州などの部族が手掛けた1点物のアクセサリーが並ぶ。日本人スタッフがいる日もある。

↑天然石入りのアクセサリーも揃う

312 Water St. ☎(604) 681-6884 URL silvertalks.com
夏季 毎日11:00～19:00　冬季 毎日11:00～18:00
無休 ADJMV スカイトレインのウォーターフロント駅から徒歩4分。

∴部族の違い∴

部族によって彫り方の特徴もさまざま。
おもな4つの部族を紹介。

ハイダ族
Haida
ハイダ・グアイ(→P.211)に住む北西インディアンで最も有名な部族。深い彫りが特徴で芸術性に長けている。

キャリアー族
Carrier
ブリティッシュ・コロンビア州の中心に暮らす部族。シンプルで繊細なデザインが多く、彫りの線が細い。

クワキウトル族
Kwakiutl
バンクーバー島の北東部とその対岸に住む。細かなデザインが特徴で、天然石を使用したアクセサリーが多い。

ヘルツック族
Heiltsuk
ブリティッシュ・コロンビア州の北中部に暮らしている。厚みのあるシルバーを使用し、美しいカーブが特徴的。

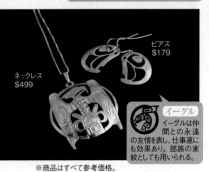

カウチンセーター

バンクーバー島に住むカウチン族が編んだセーター。グランテッド・セーターはカウチン族が編んでないので厳密にはカウチンセーターとは呼ばない。

→いかにもカナダらしいマリン柄のセーター$435

↑自然をモチーフにした作品が人気$435

↑南国を象徴するフラガール柄がユニーク$450

今ドキ♡ポイント
定番のデザインとは違う、ファッションに取り入れやすいデザイン性の高さが◎。斬新な柄のセーターがあるのもおもしろい！

注目☆

→ファスナーのブランド名は手で刻印している

郊外（リッチモンド）
デザイン＆品質ともにトップクラス
Granted Sweater Co.

グランテッド・セーター・カンパニー　**MAP P.41-C2**

販売店を併設するセーターブランド。地元の人がていねいに手編みしたオリジナルデザインが人気。Dayシリーズはネパールで生産しており、軽い着心地が特徴。来店時は事前に要連絡。

📧 130-11181 Voyageur Way ☎ (604)207-9392
URL www.grantedclothing.com 🕐 月 ～ 金9:00 ～
17:00 🈺 土・日 🅲 A M V 🚊 スカイトレインのブリッジポート駅Bridgeportから 市 バス#407でブリッジポート通りBridgeport Rd.とシンプソン通りSimpson Rd.の交差点下車、徒歩3分。

→手編みなので同じデザインでも風合いが異なる

←星柄がかわいい、あったかいルームシューズ$36…B

↓カラフルな動物モチーフが描かれた断熱ボトル$24.99…A

↑先住民族アーティストがデザインした財布。各$19.99…A

↑幸運を運ぶ鳥、ハチドリのウオールデコレーション$11.99…A

今ドキ♡ポイント
現代風にデザインされたインディアングッズはおしゃれで差がつくアイテム！独特なモチーフも今っぽくアレンジされ、見れば見るほど愛着がわく。

雑貨

日常使いできるかわいいインディアングッズもはずせない！オーナメントやファッション雑貨など種類も豊富で、お手頃価格でゲットできるのも魅力。

A グランビル・アイランド
お手頃価格でかわいいグッズがずらり！
Wickaninnish Gallery

ウィカニウィッシュ・ギャラリー　**MAP P.62**

グランビル・アイランドのネット・ロフト内にあるギフトショップ。ポップでカラフルなインディアン雑貨がリーズナブルにゲットできる。インディアンジュエリーも扱う。

📧 14-1666 Johnston St. ☎ (604)681-1057
URL wickaninnishgallery.com
🕐 1～3月 毎日10:00～18:00
4～12月 毎日10:00～19:00
🈺 無休 🅲 A J M V 🚌 市バス#50でWest 2nd Ave.とアンダーソン通りの交差点下車、徒歩7分。

→店はこぢんまりとしている

B バンクーバー南部
市内屈指の先住民族アートの名店
Hill's Native Art

ヒルズ・ネイティブ・アート　**MAP P.43-D3**

本格的なネイティブアートが揃う有名店。カウチンセーターなどのファッション雑貨も販売。先住民族が来店していることもあり、運がよければその姿を見られることも。

📧 120 East Broadway ☎ (604)685-4249
URL www.hills.ca
🕐 火～日10:00～17:30 🈺 月
🅲 A J M V 🚌 市バス#3でメイン通りMain St.とイースト・ブロードウエイの交差点下車、徒歩2分。

←2017年11月に移転した

115

バンクーバーのショッピング

大型のショッピングモールはダウンタウンに集中。ロブソン通りは高級ブランドから小物雑貨までショップが並び、メープルシロップやサーモンなどの定番みやげも手に入る。キツラノやイエールタウン、グランビル・アイランドも外せないスポットだ。旬の店が揃うファッションストリートは、ギャスタウン（→P.72）とメイン通り（→P.74）。

ショッピングセンター

CF Pacific Centre
CFパシフィック・センター　　MAP P.45-B3

🏠701 West Georgia St.　📞(604)688-7235　ダウンタウン中心部
🌐shops.cadillacfairview.com/property/
　cf-pacific-centre
🕐月・火10:00～19:00
　水～金10:00～21:00
　土10:00～20:00　日11:00～19:00
🚫無休　💳店舗により異なる

エルメスやティファニーなど高級ブランドが入った「Holt Renfrew」をはじめ、カフェやジュエリーショップなど140以上の店舗が入る一大ショッピングセンター。「Hudson's Bay」とも連結。

Hudson's Bay
ハドソンズ・ベイ　　MAP P.45-B3

🏠674 Granville St.　📞(604)681-6211　ダウンタウン中心部
🌐www.thebay.com
🕐月・日11:00～19:00　火・水10:00～19:00
　木・金10:00～21:00　土10:00～20:00
🚫無休　💳店舗により異なる

カナダの老舗デパート。バンクーバー店は1913年に創業、現在の建物は1926年に完成。1階はコスメ売り場で、カナダのMACをはじめ有名ブランドが多数出店している。地下でグランビル駅と連絡している。

ファッション

Roots
ルーツ　　MAP P.44-A1

🏠1001 Robson St.　📞(604)683-4305　ダウンタウン中心部
🌐www.roots.com
🕐毎日10:00～20:00
🚫無休　💳A M V

カナダのファッションブランドの代名詞的存在。ロブソン通り店は品揃えが充実しており多くの人でにぎわう。ベストセラーはブランドのロゴ入りトレーナー$82～。

Lululemon Athletica
ルルレモン・アスレティカ　　MAP P.44-A1

🏠970 Robson St.　📞(604)681-3118　ダウンタウン中心部
🌐shop.lululemon.com
🕐月9:00～21:00　火～土10:00～21:00
　日10:00～20:00（時期により変動あり）
🚫無休　💳A M V

カラフルな色使いと機能性で、日本でも人気の高いヨガウエア&グッズのブランド。長袖シャツ$69～やスタジオパンツ$79～、スウェット$118などが人気。サイズ展開も豊富で、試着も可能。

コスメ

Saje Natural Wellness
セージ・ナチュラル・ウェルネス　　MAP P.44-D1

🏠2252 West 4th Ave.　キツラノ周辺
📞(604)738-7253
🌐www.saje.com
🕐毎日10:00～18:00　🚫無休　💳A M V

バンクーバー生まれの自然派コスメ専門店。ロールオンタイプのエッセンシャルオイル$30～はペパーミントが一番人気。ブレンドオイルのセット$66はバラマキみやげにもおすすめ。

ワイン

Marquis Wine Cellars
マーキーズ・ワイン・セラーズ　　MAP P.44-B2

🏠1034 Davie St.　ダウンタウン中心部
📞(604)684-0445
🌐www.marquis-wines.com
🕐毎日11:00～19:00　🚫無休
💳A M V

100種類以上のBC産のワインをはじめ、世界中のワインがずらり。スタッフのイチオシ商品が並ぶワインコーナーは新作を要チェック。定期的に無料の試飲イベントも開催される。

スイーツ

Vegan Pudding
ビーガン・プディング　　MAP P.45-B3

🏠101-422 Richards St.　📞(778)379-0545　ダウンタウン中心部
🌐www.veganpuddingco.com
🕐月～土12:00～17:30　日休　💳M V

日本人夫婦が営むビーガンプリンの専門店。カボチャやココナッツミルクを使い素材の味を引き出したプリン$5は生クリームのトッピングもおすすめ。クレームブリュレ$5.5もある。

Column ファーマーズマーケットに行ってみよう！

クレープなどテイクアウト
グルメを楽しんで

バンクーバーの夏の風物詩のひとつが、ファーマーズマーケット。ファーマーズマーケットとは、野菜など食料品を中心とした屋台が集まる屋外型のマーケットのこと。屋台の店主はほとんどが近隣農家。「地産地消」の考えが強いバンクーバーでは、夏になると市内、市外さまざまな場所でマーケットが開かれ、多くの人が訪れる。

マーケットでは、その日に取れたばかりの新鮮な野菜はもちろん、ジャムや各種ソースなどおみやげにぴったりな加工品も見つかるほか、テイクアウトグルメの屋台などもある。何も買わなくても、活気あふれる市場で地元の生活を垣間見るだけでも楽しい。

バンクーバーのファーマーズマーケットのシーズンは5月から。最も早くから開催されるのは、南郊外にあるトラウト湖Trout Lakeを中心としたジョン・ヘンドリー公園John Hendry Parkで行われるトラウト・レイク・ファーマーズ・マーケットTrout Lake Farmers Market。湖畔の公園の一部、200mほどのエリアに屋台が並び、利用者はほとんどが周辺の住民という地元密着型のマーケットになっている。

ダウンタウンでは、ネルソン公園Nelson Park横のコーモックス通りで開催されるウエスト・エンド・ファーマーズマーケットWest End Farmers Marketが有名。メインストリートのロブソン通りからもほど近いとあって、観光客の利用も多い。地元客のなかには、朝のジョギングや散歩の途中にぶらりと訪れる人も多いとか。

お店の人とおしゃべりするのも楽しい

ライブなどのイベントも随時開催

甘～い香りがする、ハチミツ入りキャンドル

バンクーバーのファーマーズ・マーケット
🔗eatlocal.org
ウエスト・エンド・ファーマーズ・マーケット
MAP P.44-B2
🕐5月下旬～10月
　下旬
　土9:00～14:00
🚇スカイトレインのバンクーバー・シティ・センター駅から徒歩16分。

300mほどにわたって屋台が続く

トラウト・レイク・ファーマーズ・マーケット
MAP P.43-D4
🕐4月下旬～10月下旬　土9:00～14:00
🚇スカイトレインのコマーシャル-ブロードウエイ駅から徒歩17分。

バンクーバーのナイトスポット

バーやパブ、クラブなどさまざまなジャンルのナイトスポットが点在している。なかでも話題の店はイエールタウンとキツラノに多い。イエールタウンはビジネスマンに人気のおしゃれで落ち着いた雰囲気の店が多く、キツラノは若者向き。クラブによっては、発砲事件や麻薬の売買などが起こったこともあるので、十分注意すること。

ブリューパブ

Craft Beer Market
クラフト・ビア・マーケット　　　MAP P.45-C・D4

🏠85 West 1st Ave.　　`ダウンタウン東部`
TEL(604)709-2337
URLcraftbeermarket.ca/vancouver
🕐月～木11:00～24:00　金11:00～翌1:00
　土10:30～翌1:00　日10:30～24:00
休無休　CAMV

ローカルフードとクラフトビールが味わえるカジュアルレストラン。140種類以上のビールがあり、タップからサーブしてくれる。地元の素材を使用したバーガーや魚料理はどれもビールとの相性抜群。月～土曜の14:00～17:00、日曜終日はハッピーアワーを実施。

バー

Granville Room
グランビル・ルーム　　　MAP P.45-B3

🏠957 Granville St.　　`ダウンタウン中心部`
TEL(604)633-0056
URLdonnellygroup.ca/granville-room
🕐火～木・日23:00～翌3:00　金・土22:00～翌3:00
休月　CAMV

れんが造りの壁とエレガントな雰囲気が印象的なバー。カクテルやビールの種類も豊富。フードの人気は、プティンや地元産の素材で作るピザ、ケベック発祥のB級グルメ、プティンなど。

Clough Club
クラフ・クラブ　　　MAP P.45-B4

🏠212 Abbott St.　　`ダウンタウン中心部`
TEL(604)558-1581
URLwww.freehouse.co/locations/clough-club
🕐水～土17:00～翌1:00
休日～火
CAMV

ギャスタウンにあり、隠れ家のようなスタイリッシュな空間が広がる。オリジナルカクテルが充実し、毎週水曜のハッピーアワーや週末22:00～のライブ演奏（チャージ$5）は見逃せない。

Brix & Mortar
ブリックス＆モーター　　　MAP P.45-C3

🏠1138 Homer St.　TEL(604)915-9463　`イエールタウン周辺`
URLwww.brixandmortar.ca
🕐火～木・日16:00～22:00　金・土16:00～23:00
休月
交スカイトレインのイエールタウン-ラウンドハウス駅から徒歩3分。

イエールタウンにあるおしゃれなラウンジレストラン。緑と光に溢れたガラス張りの内装は、パーティにも人気のスポット。カナダ食材を使った料理が味わえるダイニングとバーエリアに分かれている。

ライブレストラン

Tangent Cafe
タンジェント・カフェ　　　MAP P.43-D4

🏠2095 Commercial Dr.　`バンクーバー南部`
TEL(604)558-4641
URLtangentcafe.ca
🕐月・火8:00～14:00　水・木8:00～23:00
　金・土8:00～24:00　日8:00～14:30
休無休　CMV

多国籍文化あふれるコマーシャル通りCommercial Dr.エリアの店。ジャズやその他のジャンルのライブ音楽が楽しめる。マレー風スクランブルエッグ$18など朝食メニューもユニーク。

クラブ

The Roxy
ロキシー　　　MAP P.45-B3

🏠932 Granville St.　TEL(604)331-7999　`ダウンタウン中心部`
URLwww.roxyvan.com　休無休
CAMV

🕐毎日20:00～翌3:00

グランビル通りに面し、エンタメ性の高さから連日にぎわいをみせる。お抱えバンドのライブのほか、日替わりで有名DJなどが登場するイベントが開催され盛り上がること間違いなし。

Twelve West
トゥエルブ・ウエスト　　　MAP P.45-C3

🏠1219 Granville St.　TEL(604)653-6335　`イエールタウン周辺`
URLwww.twelvewest.ca
🕐金・土21:30～翌3:00　日21:30～翌2:00
休月～木　CAMV

バンクーバーで人気の最新クラブ。ブース席があり洗練された雰囲気が人気。カナダや世界中の有名DJによるクラブイベントもある。さまざまなイベントが開催されるので、ウェブサイトでチェックを。

Whistler
ウィスラー

ブリティッシュ・コロンビア州

オリンピックのロゴにもなったイヌクシュク

MAP P.38-D1
人口 9974
面積 604
ウィスラー情報のサイト
URL www.whistler.com
twitter.com/gowhistler
www.facebook.com/
GoWhistler
URL www.whistlerblackco
mb.com
twitter.com/
WhistlerBlckcmb
www.facebook.com/
whistlerblackcomb

バンクーバーの北約120kmに位置するウィスラーは、2010年冬季オリンピック競技が行われた、世界中のスキーヤーが憧れるスキーリゾート。町の中心、ウィスラー・ビレッジにはログハウス風のホテルやレストランが並び、ウィスラー山とブラッコム山をはじめとするコースト山脈の山並みが美しい。周辺には湖や河川が流れ、夏季はハイキングやラフティングなどのアクティビティも楽しめる通年型の山岳リゾートとしても注目されている。

ウィスラーへの行き方

◆ 長距離バス

バンクーバーからはYVRスカイ・リンクスYVR Sky Lynxとエピック・ライズEpic Ridesが運営する直行便エクスプレス・バスExpress Busが運行している。どちらのバスもバンクーバー国際空港、バンクーバーのダウンタウン（ハイアット・リージェンシー・バンクーバー（→P.101）前のメルヴィル通りMelville St.に停車）より乗車可能。YVRスカイ・リンクスはスコーミッシュ（→P.125）を経由してウィスラーのバスディーポまで行く便もある。1日5～7便、所要1時間45分～3時間。どちらのチケットもウェブサイトからオンライン予約・購入が可能。

YVR スカイ・リンクス
TEL (604)326-1616
URL yvrskylynx.com
バンクーバー国際空港から
片道　大人$50～
バンクーバーのダウンタウンから
片道　大人$30～

エピック・ライズ
TEL (604)349-1234
URL epicrides.ca
バンクーバー国際空港から
片道　大人$45～
バンクーバーのダウンタウンから
片道　大人$28～

**バスディーポ（Gateway
Loop）**
MAP P.121-C1
住 4230 Gateway Dr.

BCトランジット社
📞(604)932-4020
🌐www.bctransit.com/
　whistler/home
路線バス
🚌1時間に1〜2便
💰大人$2.5、デイパス$7
　デイパスは観光案内所で購
　入できる
ビレッジ・シャトル(#4)
🚌冬季 毎日6:30〜20:30頃
　の1時間に2〜5便
💰無料

**ゴンドラ・トランジット・
エクスチェンジ**
🗺 P.121-D2

CHECK!

日本語ガイドツアー
　ウィスラーでアクティビティ
を楽しむには現地のツアー会
社を利用する。数多くのツア
ー会社があり、日本語ガイドの
ツアー会社もある。
ジャパナダ・エンタープライズ
JAPANADA Enterprises
🗺 P.121-D1
🏠#124-4090 Whistler Way
📞(604)932-2685
📠(1-800)261-3336
🌐www.japanada.com
　The Westin Resort &
Spa, WhistlerのThe Shop
と呼ばれるモール内にある。
割安な料金で利用できるホテ
ル、コンドミニアム、ドミトリー
などの宿泊施設、バス、列車、
アクティビティの手配をはじ
め、割引リフト券も扱う個人旅
行の強い味方。年中無休で各
種ガイドツアーも催行している
（夏季の各ツアーの情報は、
→P.125〜128）。一部の例
外を除き、各種手配は手数料
不要。詳しくはホームページ
で。日本からの問い合わせは
メールで随時受付中。

❓観光案内所

Whistler Visitor Centre
🗺 P.121-C1
🏠4230 Gateway Dr.
📞(604)935-3357
📠(1-877)991-9988
🌐www.whistler.com
🕐毎日9:00〜17:00
　（時期により変動あり）
🚫無休

市内交通

　BCトランジット社BC Transitが、ウィスラー・ビレッジとク
リークサイドやグリーン湖方面などの周辺地域を結ぶ路線バス
と、ビレッジ内を循環するビレッジ・シャトルVillage Shuttle
を運行。ビレッジ・シャトルには、3つのエリアを結ぶマーケッ
トプレイス・シャトルMarketplace Shuttle（#4）（冬のみ運行）
と、アッパー・ビレッジを通ってブラッコム通りBlackcomb
Wayをさらに北に向かうアッパー・ビレッジ／ベンチランドシ
ャトルUpper Village/Benchlands Shuttle（#5）のルートがあ
る。どのバスも始発はゴンドラ・トランジット・エクスチェンジ
Gondola Transit Exchangeから。

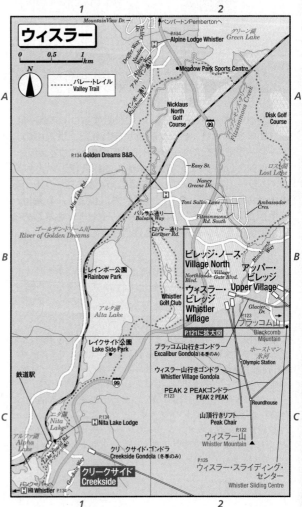

ウィスラーの歩き方

ウィスラー・ビレッジ

　ウィスラーのダウンタウンは**ウィスラー・ビレッジ**Whistler Villageを中心に、北側の**ビレッジ・ノース**Village North、ブラッコム山麓の**アッパー・ビレッジ**Upper Villageの3つのエリア

CHECK!

ボランティアガイド
　街角にはボランティアの小さな観光案内所があり、冬季10:00～16:00、夏季10:00～19:00オープン。地図や各種パンフレットも揃う。

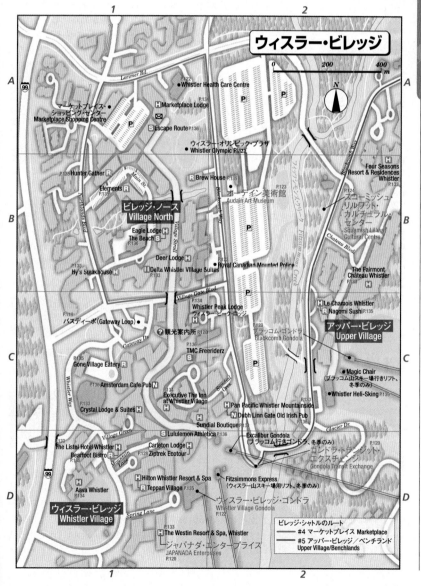

ウィスラー・ビレッジ

0　200　400 m

N

ビレッジ・ノース Village North

アッパー・ビレッジ Upper Village

ウィスラー・ビレッジ Whistler Village

Lorimer Rd.

●P.122 Whistler Health Care Centre

マーケットプレイス・ショッピング・センター Marketplace Shopping Centre

H P.134 Marketplace Lodge

S Escape Route P.136

ウィスラー・オリンピック・プラザ
● Whistler Olympic Plaza

P.135 Hunter Gather R

Elements R P.136

Main St.

R P.135 Brew House

オーデイン美術館
Audain Art Museum P.123

Four Seasons Resort & Residences Whistler

P.124 スコーミッシュ・リルワット・カルチュラル・センター Squamish Lil'wat Cultural Centre

Eagle Lodge H
The Beach S P.136

Village Stroll

Deer Lodge H

Hy's Steakhouse R P.135

H Delta Whistler Village Suites P.133

Royal Canadian Mounted Police P.122

Village Gate Blvd.

Chateau Blvd.

The Fairmont Château Whistler P.133

Whistler Peak Lodge
ウィスラー・ピーク・ロッジ P.134

H Le Chamois Whistler
R Nagomi Sushi P.135

バスディーポ (Gateway Loop) ● P.119

❷ 観光案内所 P.120

Gateway Dr.

TMC Freeriderz P.136

ブラッコム・ゴンドラ Blackcomb Gondola P.123

Gone Village Eatery R P.135

Amsterdam Cafe Pub N P.136

Executive The Inn at Whistler Village H P.135

Crystal Lodge & Suites H P.133

Magic Chair（ブラッコム山スキー場行きリフト、冬季のみ）
● Whistler Heli-Skiing P.139

Pan Pacific Whistler Mountainside H P.133

Dubh Linn Gate Old Irish Pub P.136

Sundial Boutique H P.133

S Lululemon Athletica P.136

Glacier Dr.

Village Green

The Listel Hotel Whistler H P.133
Bearfoot Bistro R P.135

Carleton Lodge H
Ziptrek Ecotour R P.128

Excalibur Gondola
（ブラッコム行きゴンドラ、冬季のみ）

ゴンドラ・トランジット・エクスチェンジ P.120
Gondola Transit Exchange

Whistler Way

Aava Whistler H P.134

Hilton Whistler Resort & Spa H
Teppan Village R P.135

Fitzsimmons Express
（ウィスラー山スキー場用リフト、冬季のみ）

Spring Lane

ウィスラー・ビレッジ・ゴンドラ
Whistler Village Gondola P.122

The Westin Resort & Spa, Whistler H P.133

ジャパナダ・エンタープライズ
JAPANADA Enterprises P.120

ビレッジ・シャトルのルート
—— #4 マーケットプレイス Marketplace
—— #5 アッパー・ビレッジ／ベンチランド Upper Village/Benchlands

ロスト湖までのシャトルバス
夏季のみ、ロスト湖行きの無料シャトルバスが運行している。出発はゴンドラ・トランジット・エクスチェンジ。
圃6月下旬～9月上旬
毎日11:00～18:00
20分ごとに出発。

ウィスラー山
TEL (604)967-8950
FAX (1-800)766-0449
URL www.whistlerblack
comb.com
夏山開山
5月下旬～9月上旬
スキーシーズン
11月中旬～4月下旬

ウィスラー・ビレッジ・ゴンドラ
MAP P.121-D1
圃夏季
5月中旬～6月中旬
毎日10:00～17:00
6月中旬～9月上旬
月～木9:30～17:00
金～日9:30～20:00
冬季のリフト運行時間は
(→P.139)
囧9月上旬～11月中旬
圉1日券　大人$85、シニア
$76、ユース$76、子供
$43
(ウィスラー山、ブラッコム山のゴンドラ、リフト、PEAK
2 PEAKゴンドラ共通)

ウィスラー・オリンピック・プラザにある五輪のオブジェ

で構成されている。ここは計画的に造られたバリアフリータウンなので、徒歩や自転車で簡単に行き来できる。観光案内所やウィスラー山行きのゴンドラ乗り場があるウィスラー・ビレッジには、多数のホテルやレストランが並び、夏季にはさまざまなイベントが繰り広げられる。アッパー・ビレッジには高級リゾートホテルやブラッコム山のスキー場行きのリフト乗り場がある。ビレッジ・ノースはマーケットプレイス・ショッピング・センターMarkeplace Shopping Centreなどが並ぶショッピングエリアだ。

ウィスラー郊外

ウィスラー・ビレッジの郊外には5つの湖がある。湖を結ぶトレイルへは、ビレッジからでも徒歩や自転車で行くことができる。ハイウエイ#99をバンクーバー方面へ行くと、最初に現れるのが**アルタ湖Alta Lake**。湖畔にはいくつかの公園があり、北西岸のレインボー公園Rainbow Parkにはビーチやバーベキューの施設が揃う。アルタ湖の南には**ニタ湖Nita Lake**。ニタ湖とさらに南の**アルファ湖Alpha Lake**の間の一帯はクリークサイドと呼ばれ、ウィスラー駅やウィスラー山へのゴンドラ（スキーシーズンのみ運行）などがある。ダウンタウンの北にはビーチや広い芝生をもつ**ロスト湖Lost Lake**や、淡い緑色をした氷河湖の**グリーン湖Green Lake**がある。

ロスト湖のビーチでくつろぐのもいい

おもな見どころ

♣ ウィスラー山
MAP P.120-C2
Whistler Mountain　★★★

ウィスラー・ビレッジからウィスラー山の中腹まで、夏季でも観光用のウィスラー・ビレッジ・ゴンドラWhistler Village Gondolaが運行されている。途中のオリンピック駅Olympic Stationには、Whistler Mountain Bike Park

ウィスラー山頂に向かうピーク・チェア

(→P.126) がある。ゴンドラ終点のラウンドハウス駅Roundhouse上部からはピーク・チェアPeak Chairというリフトがあり、ウィスラー山頂まで行ける。ラウンドハウス駅からはたくさんのトレイルが延びている。おすすめは氷河の足元まで行く「グレイシャー・ルックアウト・トレイルGlacier Lookout Trail」（往復約1時間）やウィスラー山の山頂に登る「ハーフ・ノート・トレイル（→P.130）」など。

♣ ブラッコム山

Blackcomb Mountain

MAP P.120-B2

★★★

フィッツシモンズ・クリークFitzsimmons Creekを挟んでウィスラー山の隣にそびえるブラッコム山は標高2284m。夏季でもブラッコム・ゴンドラBlackcomb Gondolaで、山頂付近まで登ることができ、ホーストマン氷河でのサマースキーやハイキングなどのアクティビティが楽しめる。リフトの終点から「オーバーロード&デッカーループ（→P.131）」などトレイルが数本出ている。

♣ オーデイン美術館

Audain Art Museum

MAP P.121-B2

★★★

2016年に新しくオープンした、ブリティッシュ・コロンビア州の芸術作品を集めた美術館。森の中にひっそりと佇むユニークなデザインで、建物の

自然を身近に感じられる造り

入口では先住民族アートのオブジェがお出迎え。館内の大きなガラス張りの窓からはウィスラーの森が見え、自然と融合した造りになっている。2階のメインフロアへあがると、代表的なアーティストたちにより手がけられた18世紀から現代までの先住民族アートが約200点展示されている。インディアンアートの2大巨匠のひとりであるエミリー・カー（→P.88）のコレクションも数多く展示されている。1階はさまざまなテーマの企画展を定期的に催している。

ブラッコム山

☎(604)967-8950

FAX(1-800)766-0449

URL www.whistlerblack comb.com

夏山開山

6月中旬～10月中旬

スキーシーズン

11月下旬～5月中旬

ブラッコム・ゴンドラ

MAP P121-C2

運 夏季

　6月中旬～9月上旬

　毎日9:30～17:00

　9月上旬～10月上旬

　毎日10:00～17:00

　冬季のゴンドラ運行時間は

　（→P.139）

休 10月上旬～11月下旬、

　4月下旬～6月中旬

サマースキー／スノーボード

（→P.126）

オーデイン美術館

住4350 Blackcomb Way

☎(604)962-0413

URL audainartmuseum.com

開 木～日

　11:00～18:00

休 月～水

料 $20

Column 世界最高所のゴンドラに乗ろう

チケットはほかのゴンドラと共通

2008年に登場した、ウィスラー山とブラッコム山の山頂を結ぶゴンドラ、P2P（PEAK 2 PEAK）。発着はウィスラー山のラウンドハウス・ロッジ駅Round House Lodgeとウィスラー山のランデブー・クリスティンズ駅Rendezvous Christines。ゴンドラは、地上からの距離が最高で436m！ これは現在の世界記録。全長4.4kmを約11分かけて移動するゴンドラからの眺めはもちろん抜群で、ウィスラーの名物となっている。

PEAK 2 PEAKゴンドラ

運5月下旬～9月中旬　毎日10:00～17:00

　9月中旬～10月中旬　土・日10:30～17:00

　11月下旬～4月中旬　毎日8:30～15:00

料1日券　大人$82、シニア$69、ユース$65、子供$39

（ウィスラー山のゴンドラ、ブラッコム山のリフトなどと共通）

もっと深く知る！
体験する先住民族カルチャー

先住民族の文化を体験できるガイドツアーに参加しよう！
聞いて触れて作って、知れば知るほどおもしろい先住民族カルチャーにのめりこもう。

ガイドツアーに参加！

毎日無料のガイドツアーが行われている。ガイドをするのは全員、先住民族の人たち。歌のパフォーマンスやショートムービー、展示パネルの解説に最後はクラフト作りまで体験できる。

時10:00～16:00の1時間ごとに出発　料無料

❶ 始まりは歌のパフォーマンス

ガイドツアーの始まりは、受付近くにあるトーテムポールの前で行われる歌のパフォーマンス。伝統楽器を演奏しながら披露される歌声に耳をすまそう。

▶楽器の音色と歌声が館内に響き渡る

❷ ガイドによる展示解説で学ぶ

歌のパフォーマンスが終わると、15分間の先住民族に関するショートムービーを観賞。その後、カヌーや織物など展示の解説を聞きながら館内を回る。

実際に使われたカヌーを間近で観察できる ②
見事な木彫りの彫刻が点在する
合いが美しい織物
鮮やかな色

❸ クラフト作りに挑戦

最後は、伝統工芸品であるロープ作りにチャレンジ！ガイドさんに作り方を教わりながら、一本の細い木をねじっていくと5分ほどで完成！旅の記念に持ち帰ろう。

完成☆

作り方はいたってシンプル！

▲ガイドさんから水に浸した1本の薄い木をもらう

▲わっかに木をくくりつけじって交差するを繰り返

スコーミッシュ・リルワット・カルチュラル・センター
Squamish Lil'wat Cultural Centre

MAP P.121-B2

ウィスラー付近に暮らすカナダの先住民族、スコーミッシュ族とリルワット族を紹介する文化センター。カヌーや織物など両民族の展示を比較しながら、文化を学ぶことができる。先住民族の伝統料理を提供するカフェ、モカシンやブローチが揃うギフトショップも併設している。

住4584 Blackcomb Way
FRE(1-866)441-7522
URLslcc.ca
時火～日10:00～17:00
休月
料大人$20、学生・子供$7

ガラス張りで開放的な造りの建物

カフェで伝統料理を食べてみよう！

併設のカフェで先住民族の伝統料理をアレンジしたメニューを味わえる。先住民族の料理でよく使われるサーモンやBannockとよばれるパンを使った、サンドイッチやサラダなどのメニューが揃う。

Thunderbird Café
サンダーバード・カフェ

営火～日10:00～16:00
休月
予$15～　カMV

スープやスイーツもある

食べごたえのあるスモークサーモンのパニーニ$17

♦ウィスラー・スライディング・センター
Whistler Sliding Centre ☆☆☆
MAP P.120-B2

ブラッコム山の麓にある施設で、バンクーバー・オリンピックでボブスレー、リュージュ、スケルトンといったスライディング競技が行われた。オリンピック終了後、施設は一般にも公開されており、内部では競技で実際に使用するそりが見学できる。7～9月には、Rolling Thunderと呼ばれるボブスレー体験（**料**$109）、12月中旬～3月下旬にはPublic Skeletonというスケルトン体験（**料**$199）ができる（どちらもウェブサイトから要予約）。

真近で競技が見られる

エクスカーション

♦スコーミッシュ
Squamish
MAP P.38-D1

スコーミッシュはハクトウワシの越冬地だ

ウィスラーから南へ約60km行ったスコーミッシュ渓谷Squamish Valleyにある小さな町。この町には毎年11～2月にかけて、産卵を終えたサーモンを狙ってアメリカのアラスカやアリゾナ、カナダのユーコン準州など北米全土からハクトウワシが集まる。1994年には3769羽ものハクトウワシが確認され、これは北米における観測史上の最高数として記録されている。スコーミッシュに集まるハクトウワシの数がピークを迎えるのは1月頃。渓谷の周辺を流れるスコーミッシュ川Squamish Riverやチャカムス川Cheakamus Riverなどの川辺に行けば、その姿を見ることができる。毎年1月から2月上旬にかけて、スコーミッシュの北方、ブラッケンデイル地区Brackendaleにあるブラッケンデイル・アートギャラリーBrackendale Art Galleryでは、イーグルフェスティバルも開催され、コンサートやレクチャーなどのイベントを行っている。

スコーミッシュへは、バスで行くこともできるが、バスディーポと観測ポイントは離れているので、ウィスラーからのツアーかレンタカーがおすすめ。スコーミッシュの周囲には335mの落差があるシャノン滝Shannon Fallsなどの見どころがあり、また渓谷の周辺はロッククライミングに絶好の場所としても知られている。また、2015年4月にはシャノン滝の近くにシー・トゥ・スカイ・ゴンドラSea to Sky Gondolaがオープン。標高約850mの山頂から、「チーフ」と呼ばれるクライミング聖地の山をはじめとした周囲の山々を一望できる。山頂駅のそばにはスリル満天のつり橋もあり、夏にはハイキング、冬にはスノーシューやタイヤチューブによる坂下りなどが楽しめる。

ウィスラー・スライディング・センター
住4910 Glacier Lane
TEL(604)964-0040
URLwww.whistlersportlegacies.com
開毎日9:00～17:00
（時期により変動あり）
休無休
料無料
交ウィスラー・トランジット社のバスStaff Housing Loop（#7）の終点Blackcomb Housing Turnaroundから徒歩10分。

❓ スコーミッシュの観光案内所
Squamish Adventure Centre
住38551 Loggers Lane, Squamish
TEL(604)815-4994
FREE(1-877)815-5084
開毎日8:30～16:30
休無休

ウィスラー発のツアー会社
ジャパナダ・エンタープライズ（→P.120欄外）
催11～4月
料$160（最小催行人数2人）
スコーミッシュ・ドライブツアー。12～1月の間はハクトウワシ見学に立ち寄る。所要約4時間。

ブラッケンデイル・アートギャラリー
TEL(604)898-3333
URLwww.brackendaleartgallery.com
開イベント時のみオープン（イベントの日程はウェブサイトを要確認）

シー・トゥ・スカイ・ゴンドラ
TEL(604)892-2550
FREE(1-855)732-8675
URLwww.seatoskygondola.com
開日～木9:00～18:00
金・土9:00～20:00
料大人$62.95～、シニア$55.95、ユース$37.95、子供$24.95

ACTIVITY アクティビティ

氷河ツアー
Mountain Skills Academy
& Adventure
☎ (604)938-9242
URL www.mountainskills
academy.com
営 6~9月
料 氷河ハイク$169
所要約3時間。このほかに、
難易度の低い初心者向け氷河
ウオーク$119もある。

ヘリコプター遊覧飛行
Blackcomb Helicopters
☎ (604)938-1700
FAX (1-800)330-4354
URL www.blackcomb
helicopters.com
料 遊覧飛行15分$189
ヘリハイキング$1975(所
要3時間30分~4時間、2
名~)、$2475(所要約7時
間、2名~)

サイクリング／マウンテンバイク
Whistler Mountain Bike Park
URL bike.whistlerblackcomb.
com
営 5月中旬~9月上旬
毎日9:00~17:00
休 9月上旬~5月中旬
料 大人$84(ゴンドラ代込み)

自然の中でマウンテンバイクを
楽しめる

乗馬
ジャパナダ・エンタープライズ
(→P.120欄外)
ウエスタン乗馬1時間コース
山中を行く乗馬ツアー。ウィ
スラーから車で30分ほど離れ
た隣町ペンバートンで催行(所
要約3時間)。
営 5月下旬~9月中旬
料 $195(最少催行人数2人)

サマースキー／スノーボード
※2023年シーズンは一般開
放なし。翌シーズン以降は要
確認。

氷河ツアー　　　　　GLACIER TOUR

　ただのハイキングでは物足りないという人には、ウィスラー山の頂上にある氷河の上を、ガイドに付いて歩くツアーがおすすめ。滑り止めの付いた靴やストックなど道具はすべて貸してくれるので安心。1日3~4回ツアーがある。

ヘリコプター遊覧飛行　　　HELICOPTER

　通年催行しているのが、Blackcomb Helicoptersの遊覧飛行。所要時間によって料金が変わる。ヘリポートを飛び立ち、グリーン湖の上空を飛んで、青く輝く氷河の間近まで迫る。ウィスラー山やブラッコム山上空も遊覧。夏季のみ遊覧とハイキングを合わせたヘリハイキングのツアーも催行。

サイクリング／マウンテンバイク　　CYCLING

　ウィスラーは、舗装された自転車専用道路から、森や山道を抜ける上級者コースまでバイクコースが豊富。レンタサイクルをしてダウンタウンからゴルフコースを抜けてアルタ湖まで往復したり、ロスト湖まで往復するのが手頃。リフトで山の上までマウンテンバイクを運び、大自然のなかを下るコースもある。ウィスラー山中腹のゴンドラ駅オリンピック駅には、Whistler Mountain Bike Parkがあり、マウンテンバイクのためのさまざまなレベルのトレッキングコースやトレイルが延びている。

乗馬　　　　　HORSEBACK RIDING

　カナダらしい牧歌的な風景のなかで楽しめるウエスタン乗馬ツアーが好評を博す。どの馬もよく調教されているため初心者でもすぐに乗ることができ、クリッとした目がかわいい。山道や草原のトレイルをカウボーイ気分で馬の背に揺られながら進めば気分も爽快だ。

季節ごとの景色が楽しめる

サマースキー／スノーボード　　GLACIER SKIING

　ブラッコム山は1992年以来サマースキーが楽しめる場所として親しまれている。夏の氷河でのスキーは貴重な体験になるはず。

カヌー／カヤック　CANOEING/KAYAKING

　夏の早い時期ならアルタ湖からゴールデン・ドリーム　川River of Golden Dreams を下ってゆく2～3時間のツアーがおすすめだ。初心者でも安心のゆっくりとした川の流

グリーン湖でゆったりカヌー体験

れだが、8月も下旬になると水量不足で途中からしか下れなくなることもある。水面にはさまざまな色合いの緑が映し出され美しい。鳥や動物も観察できる。

　グリーン湖で、氷河を抱いた山並みを望みながらのんびりパドリングするのもおすすめだ。湖の西のほうではビーバーダムを見ることができる。そのほかの湖でのツアーもある。また、各湖にはレンタルカヌーもある。

　シーズンはだいたい5月下旬～9月下旬くらいまで。

ラフティング　RIVER RAFTING

　ウィスラーでのラフティングは、グリーン湖の北にあるグリーン川Green Riverの初心者向けコース（所要約2時間30分）が人気。そのほか、ウィスラー郊外の南西部を流れるチャカムス川（所要約4時間30分）や、ウィスラーの西郊外にあるエ

スリル満点の人気アクティビティ

ラホ・スコーミッシュ川Elaho Squamish Riverを下るコースも人気。ボートやパドル、ライフジャケットなどの用具はすべて借りられるが、水着はあらかじめ着ておくこと。シーズンはだいたい5～9月。雪解け水が大量に流れ込む5～6月は水量も多く、スリル満点だ。

ジェットボート　JET BOATING

　ジェットボートとはスクリューの付いたボートのこと。高速の水流を船尾から吹き出して進むため、水深が非常に浅い川でも走ることができる。舞台となるのはグリーン川。急流を水しぶきを浴びながら進めば、気分爽快でストレスもすっきり解消。所要約1.5時間。

カヌー／カヤック
Backroads Whistler
TEL(604)932-3111
URLwww.backroads
　whistler.com
料ゴールデン・ドリーム川(所要約3時間)
　ガイドなし$105、ガイド付き$165
アルタ湖レンタルカヌー
料1時間$40～
ジャパナダ・エンタープライズ
(→P.120欄外)
日本語ガイド(湖畔での基本操作インストラクション)
料$120
　所要約1時間30分。

ラフティング
Wedge Rafting
TEL(604)932-7171
FREE(1-888)932-5899
URLwedgerafting.com
圏5～9月
料グリーン川2時間コース
　$140
ジャパナダ・エンタープライズ
(→P.120欄外)
　手数料なしで予約代行可能。
Canadian Outback Rafting
FREE(1-866)565-8735
URLcanadianoutbackrafting.
　com
圏4月下旬～9月下旬
料ウィスラー発$159～

ジェットボート
Whistler Jet Boating
TEL(604)905-9455
URLwww.whistlerjetboat
　ing.com
圏5～9月
料グリーン川1.5時間コース
　$139
ジャパナダ・エンタープライズ
(→P.120欄外)
　手数料なしで予約代行可能。

フィッシング
Trout Country Fishing
Guides
☎(604)905-0088
☎(1-888)363-2233
URL www.fishwhistler.com
🚗5時間ツアー$395(2人目
　は$250)
　9時間ツアー$495(2人目
　は$345)
ジャパナダ・エンタープライズ
（→P.120欄外）
　フィッシングライセンスを
含むパッケージ手配可能。

フィッシングライセンス
🚗1日$20、8日$50、1年
　$80

フィッシング　　FISHING

　5つの湖と数え切れない川はレインボートラウト（ニジマス）やサーモンの宝庫。4輪駆動車やボート、ヘリを使ってポイントまで行くガイドツアーが出ている。ルアーかフライで、釣ったら放す"キャッチ＆リリース"が基本。フィッシングライセンス料は別という場合も多いので、確認のこと。ライセンスは観光案内所で入手可能。通年楽しめるが、ベストシーズンは5〜8月頃となっている。

アルタ湖での
フィッシング

Column　ジップトレック・エコツアーを体験しよう

ユーモアのあるガイドのレクチャー

　ジップトレック・エコツアーZiptrek Eco-tourとは、ウィスラー山とブラッコム山に挟まれた渓谷を、ケーブル（ジップライン）を伝って横切っていくスリルと爽快感が味わえるツアーだ。
　ツアー参加者は、始めにウィスラー・ビレッジ・ゴンドラ乗り場の隣に設置されたケーブルでハーネスを着用して練習する。その後車で渓谷へ移動。巨木を結ぶつり橋を渡って、渓谷一帯を見渡せる展望台へ。ガイドによるレクチャーや一帯に広がる温帯雨林（レインフォレスト）の説明のあと、いよいよ本格的なジップトレックの開始。ガイドの合図で出発台から一歩足を離すと、自らの重みで加速がつき、わずか数秒で対岸へ。谷底からロープまでの高さは最大60mあり、初めは足のすくむ

思いだが、一度行ってしまえば爽快感満点。渓谷を5回渡るZiptrek Bear Tourの場合、5回目は頭を下にした逆立ちスタイルになったりもできる。ツアーの参加制限は6歳以上で、体重125kg以下。催行は通年で、人気が高いため事前の予約がおすすめ。つり橋や展望台を訪れるだけ のTreetrek Tourもある。

勇気を出して谷底へジャンプ！

ジップトレック・エコツアー
MAP P.121-D1
☎(604)935-0001　☎(1-866)935-0001
URL www.ziptrek.com
🚗Ziptrek Bear Tour
　大人$139、子供$119
　Treetrek Tour　大人$69、子供$39
ジャパナダ・エンタープライズ（→P.120欄外）
　手数料なしで予約代行可能。

ウィスラーで楽しむ ハイキング

ウィスラー周辺にはコースト山脈Coast Mountainを代表するたくさんのハイキングコースが整備されている。レインフォレストと呼ばれる原生林、夏の陽光に光る氷河、神秘的な湖水の氷河湖……。ロッキーに負けず劣らずの景観を誇るが、そうしたコースは本格的なものが多い。そのなかから比較的気軽に楽しめる4つのコースを紹介。

原生林に隠れた山あいの氷河湖
チャカムス・レイク
CHEAKAMUS LAKE

難易度	初心者向き
歩行距離 8km	所要時間 2時間20分
標高差 50m	シーズン 5月中旬～10月下旬

登山口へのアクセス 一般の交通機関はないので、車かタクシーを利用する。ビレッジからハイウエイを南下、ファンクション・ジャンクションFunction Junctionの信号を左折。約200m先の林道を左に入り、道なりに7km行った突き当たりが駐車場。ビレッジから約30分。

※注1…ブラックベアを見かけることもある神域なので、ベアベルなどで音を出したり大きな声で話したりして、出合いがしらにならないように気をつけたい。

※注2…ここはマウンテンバイクでも訪れることができるトレイル。後ろから声をかけられたり前から来る自転車に気づいたら、右に避けて道を譲るのがマナー。

ガリバルディ州立公園Garibaldi Provincial Park内にある人気のコース。ほとんど高低差がなく、トレイルは全体によく整備されているので万人向け。また、標高が低い分雪解けも早いので、春先から晩秋まで楽しめる。

駐車場がトレイルヘッドになっており、ここからしばらくの間は比較的日当たりのよい場所が多く、春から初夏にかけてトレイル沿いに咲く花も多い。春にはスミレやコマクサ、タケシマラン、チゴユリなど。初夏にはツバメオモト、ミヤケラン、クルマユリなどが代表的。

やがてトレイルは大木がそびえる森の中へ。樹齢300～400年のモミ、ツガ、スギの針葉樹林は陽光を遮り、夏でも森の冷気が心地よい。湿気が適度に保たれたみずみずしい緑の苔の上には、オレンジ色のシャクジョウソウや、日本では見ることができないラン科の寄生植物、コーラルルートなどを見ることができる。

ヘルム・クリーク・トレイルHelm Creek Trailへの分岐を通り過ぎると、やがて川の流れる音が近づいてくる。そして間もなくチャカムス湖に到着。さらに5分ほど奥へ進むと小さなビーチがあり、森の中にトイレもあるのでここで休憩しよう。

チャカムスとは先住民の言葉で「スギの皮のループで編んだ網を使って魚を取る人」の意。今でもニジマスやイワナを狙った釣り人が多く訪れる。帰りは往路を戻る。

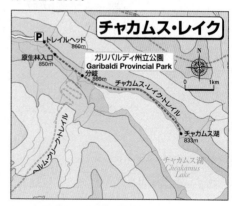

チャカムス・レイク

ガリバルディ州立公園
Garibaldi Provincial Park

P トレイルヘッド 860m
原生林入口 850m
分岐 860m
チャカムス・レイク・トレイル
ヘルム・クリーク・トレイル
チャカムス湖 833m
チャカムス湖 Cheakamus Lake
0 1km

コースタイム 駐車場（1.0km、15分）→原生林入口（2.0km、30分）→
ヘルム・クリーク・トレイル分岐（1.0km、25分）→チャカムス湖（1.0km、25分）→
ヘルム・クリーク・トレイル分岐（2.0km、30分）→原生林入口（1.0km、15分）→駐車場

大パノラマに咲く高原植物

ハーフ・ノート

HALF NOTE

難易度	中級者～上級者向き
歩行距離	7.5km
所要時間	6時間（ゴンドラ往復＆ピーク・チェア移動を含む）
標高差	235m
シーズン	7月中旬～9月下旬

登山口へのアクセス　ウィスラー・ビレッジからウィスラー・ビレッジ・ゴンドラに乗り約30分。ゴンドラ駅終点から山頂へ向かうピーク・チェアまで徒歩で約10分。リフトに乗って8分で山頂へ。

※ゴンドラとピーク・チェアの詳細は（→P.122）

　ゴンドラとリフトで上がれるウィスラー山の山頂（標高2182m）がスタート地点。森林限界線上のアルパイン地帯に造られたトレイルなので、展望は抜群だ。また、日当たりのよい南斜面は植生も豊かで、初夏から真夏にはさまざまな高山植物が花を咲かせる。

　山頂へと架かるピーク・チェアを降りると、夏でも涼しい風が吹く。目に飛び込んでくるのは、黒くとがった印象的な岩峰、ブラックタスクBlack Tuskや氷河が光るキャッスル・タワー山Castle Tower Mountainsをはじめとするコースト山脈の雄大な景観。トレイルヘッドは、2010年冬季オリンピックのモニュメント、「イヌクシュク」の裏手にある。

　歩き始めは段差もある岩場の下りなので、慎重に進もう。標高差で200mほど下ると平坦な場所に出て、ゲレンデの整備用道路を横切る。ここからは軽いアップダウンを繰り返しながら南斜面をトラバースしていく。花の最盛期は例年7月中旬から8月中旬にかけて。また、このあたりにはウィスラーの名の由来となったマーモットが多く生息しており、時折その愛らしい姿を見せてくれる。しばらく行くと、眼下にチャカムス湖が見えてくる。高い場所から見下ろすと、氷河湖独特の青みをたたえた湖水の色がよくわかる。

　さらに進むと分岐点に出る。真っすぐ進むとハイ・ノート・トレイルHigh Note Trail。約2.7kmの遠回りとなる。ハーフ・ノート・トレイルは、ここを左折。そしてリトル・ウィスラー・ピークLittle Whistler Peakに向かって標高差で220mの登りが始まる。急な所も多いので、ゆっくり歩こう。リトル・ウィスラー・ピークにはトイレがある。そこから2.1kmほど下れば、ゴンドラ終点駅に着く。

　全体の標高差はそれほどないが、足元が不安定な場所もある高山である。ハイキングシューズと最低限の装備は必携だ。

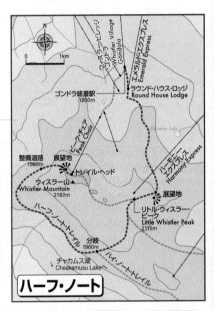

眼下に広がるチャカムス湖を眺めながら進もう

コースタイム
ウィスラー山頂（1.1km、30分）→整備道路（3.1km、1時間10分）→ハイ・ノート・トレイル分岐（1.2km、50分）→リトル・ウィスラー・ピーク（2.1km、40分）→ゴンドラ終点駅

初夏から歩けるアルパイン・ハイキング

オーバーロード&デッカーループ
OVERLORD & DECKER LOOP

難易度	中級者～上級者向き
歩行距離	8.7km
所要時間	6時間30分（ゴンドラ往復&ピーク・チェア移動を含む）
標高差	323m
シーズン	7月初旬～9月下旬

登山口へのアクセス ウィスラー・ビレッジ・ゴンドラで上がり、ピーク・トゥ・ピーク（P2P）ゴンドラに乗り換える方法（所要約40分）と、ブラッコム・ゴンドラで行く（所要約15分）2つの方法がある。

※ゴンドラとリフトの詳細は（→P.123）
※ブラッコム山には、同じ方向に向かうコースがあるため分岐が多い。ゴンドラ乗り場やレストランに無料で置かれているトレイルマップは必ず手に入れること。

ブラッコム山のコース。ウィスラー山のハーフ・ノートより標高がやや低いぶん雪解けも早く、比較的早い時期から歩ける。アルパインエリアの展望と、オーバーロード氷河Overload Glacierの雄姿、高山植物や湿原帯の花が目を楽しませてくれる。

起点は、ブラッコム山中腹のレストラン、ランデブーRendezvous。1周40分ほどで歩けるアルパインウオーク・トレイルAlpinewalk Trailを20分ほど進むと、マーモットやナキウサギがすむガレ場に出る。その先がオーバーロードへの分岐。入口にゴンドラの最終時刻が記されているので、その時間までに戻れるよう留意しよう。

トレイルは、両側に高山植物が咲く斜面の中を小さなアップダウンを繰り返しながら緩やかに下っていく。右はウィスラー山など山並みの大展望。やがて見えてくるチェアリフト下の五差路の分岐をブラッコム湖Blackcomb Lake方向に進む。分岐から湖までは20分ほど。湖から流れ出す小さなクリークを渡ると、そこから先は下り坂。15分ほど下ると分岐に突き当たるのでそこを左。さらに

雄大なオーバーロード氷河を眺めながらのハイキング

10分ほど進むと再び分岐点に出る。この先はループ（周回路）になっているのでどちらに進んでも同じ場所に戻ってくるが、先に急登をやっつけておきたいなら左へ。標高差約200mの急坂が続く。登りきるとブラッコム湖を眼下に見る。

さらに進むと、進行方向にオーバーロード氷河の全容が見えてくる。この先は一部段差もある下り坂。清流が作る湿地帯まで下った所が、トレイルの最奥地点。休憩するにはもってこいの場所。帰路は、道なりにそのまま進めば、軽いアップダウンを繰り返しながら、40分ほどでループの合流点に戻れる。そして次のブラッコム湖から下ってきた分岐を道なりに左に進むと、リフト下にある五差路の分岐点へ。ループの合流点からランデブーまでは約2.5km。全体に緩い登りとなるので、所要時間を最低40分はみておこう。

コースタイム

ランデブー（0.7km、20分）→分岐①（0.8km、20分）→リフト下の分岐（0.7km、20分）→
ブラッコム湖（0.6km、15分）→分岐②（1.4km、50分）→トレイル最高点（2.0km、1時間）→
分岐②（0.9km、30分）→リフト下の分岐（0.8km、25分）→分岐①（0.8km、15分）→ランデブー

ジョフリー・レイクス

JOFFRE LAKES

難易度 中級者～上級者向き

歩行距離	11km
所要時間	往復約6時間
標高差	350m　シーズン　6月中旬～10月初旬

登山口へのアクセス 一般の交通機関はないので、レンタカー利用かツアーに参加する。携帯の電波が届かない場所なので、タクシーの利用は不可。ウィスラーからハイウエイ#99を北へ。ペンバートンの信号を過ぎて約7km。小さな集落に入ると見えてくるリルエットLillooet方面の看板に従い、白い教会の先を右折。右側に大きな湖（リルエット湖）が見えてくると、標高差で約1000mの上り坂が始まり、やがて「ジョフリー・レイクス州立公園」の看板が見えてくる。ウィスラーから約1時間のドライブ。

※近年、過密防止のため日帰りでのハイキングやアッパー・ジョフリー湖でのキャンプは予約制になっている。訪問を計画している場合はBC Parksのウェブサイト（URL bcparks.ca）で最新情報の確認・予約が必要。

　森と湖の国カナダを体感できるコース。森に囲まれた3つの氷河湖と、至近距離に迫る懸垂氷河の迫力は、多くの人を魅了する。

　駐車場から最初のロウワー・ジョフリー湖Lower Joffre Lakeまでは5分。深い森の先に光が射してくると突然現れる絵のような風景。その奥に見えるマティエ氷河Matier Glacierを見上げる場所が最終目的地。

　来た道をやや戻り、看板にUpper Lakeと記された方向へ。橋を渡ると、うっそうとした針葉樹の森に入り、徐々にトレイルの勾配は増してくる。やがて視界が開けガレ場へ出る。近年の再整備で

すっかり歩きやすくなったトレイルを進むと、再び森の中へ。ここからは急な登り。途中で鮮やかな緑色のロウワー・ジョフリー湖を遠望することができる。勾配がゆるくなりほぼ平坦となると、2番目のミドル・ジョフリー湖Middle Joffre Lakeに到着。いつの間にか近づいてきた氷河の景観に息をのむ。ハイカーが食べこぼすスナック類を狙ってウイスキージャック（カケスの仲間）が木の枝に集まってくるが、ここは自然保護に対して厳しい規制が敷かれた州立公園内。野生動物にエサを与えることは罰則の対象になるのでご注意を。

　ミドル・ジョフリー湖を奥へと進みアッパー・ジョフリー湖Upper Joffre Lakeに向かって登って行く途中では迫力ある滝を見ることができる。夏の暑い日には轟音を立てて流れる水が飛沫となって舞い上がり、降り注いでくるのが心地いい。この滝の落差分だけ登れば、3番目のアッパー・ジョフリー湖が見えてくる。湖の奥には青く光るマティエ氷河。道なりに奥へ進むと、「View Point」の看板。ここで湖畔にでることができるが、大きな岩が重なるガレ場なので足場が非常に悪い。時間に余裕があるならさらに湖の奥へと進もう。氷河の真下はキャンプ場になっていて、トイレもあるのでゆっくりとした時間を過ごすことができる。帰りは来た道をそのまま戻る。

ミドル・ジョフリー湖から望むマティエ氷河

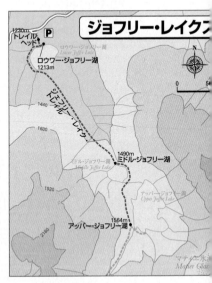

コースタイム　駐車場（0.5km、5分）→ロウワー・ジョフリー湖（3.8km、1時間50分）→ミドル・ジョフリー湖（1.2km、45分）→アッパー・ジョフリー湖（1.2km、45分）→ミドル・ジョフリー湖（3.8km、1時間50分）→ロウワー・ジョフリー湖（0.5km、5分）→駐車場

HOTEL

ウィスラーのホテル

Four Seasons Resort & Residences Whistler

フォー・シーズンズ・リゾート&レジデンス・ウィスラー [MAP] P.121-B2

[住]4591 Blackcomb Way
[TEL](604)935-3400
[URL]www.fourseasons.com/whistler
[料][LOW]4～11月ⓈⒹ$344～ [HIGH]12～3月ⓈⒹ$808～ Tax別
[CC]A D M V [室]291室

最高級のラグジュアリーホテル。客室にはチェリー材の家具を使い、モダンな雰囲気。全室にバルコニーが付いている。キッチン付きのプライベート・レジデンスルームもある。

The Fairmont Château Whistler

フェアモント・シャトー・ウィスラー [MAP] P.121-B2

[住]4599 Chateau Blvd.
[TEL](604)938-8000
[FREE](1-866)540-4424
[URL]www.fairmont.com/whistler
[料][LOW]4月中旬～12月中旬ⓈⒹ$243～
[HIGH]12月中旬～4月中旬ⓈⒹ$599～ Tax別
[CC]A D J M V [室]550室

ウィスラーを代表する高級ホテル。ジャクージやプール、専用ゴルフ場を完備。併設されたスパ「Vida Spa」が人気。ウィスラー・ビレッジまでは無料のシャトルサービスも。

The Westin Resort & Spa, Whistler

ウェスティン・リゾート&スパ・ウィスラー [MAP] P.121-D1

[住]4090 Whistler Way
[TEL](604)634-5577
[FREE](1-888)627-8979 日本の予約先[無料]0120-142890
[URL]www.marriott.com
[料][LOW]4月中旬～12月中旬ⓈⒹ$173～
[HIGH]12月中旬～4月中旬ⓈⒹ$478～ Tax別
[CC]A M V [室]400室

ウィスラー・ビレッジの斜面側にある、スパが人気の大型リゾートホテル。イタリアンレストランやショッピングモール、プールなども完備。

Sundial Boutique Hotel

サンディアル・ブティック [MAP] P.121-C1

[住]4340 Sundial Cres.
[TEL](604)932-2321
[FREE](1-800)661-2321 [URL]www.sundialhotel.com
[料][LOW]夏季ⓈⒹ$147～
[HIGH]冬季ⓈⒹ$495～ Tax別 [CC]A D M V [室]49室

ウィスラー・ビレッジ・ゴンドラにほど近い場所に位置する、オールスイートの高級リゾートホテル。全室に広々としたリビングルームやキッチンが備わる。

Pan Pacific Whistler Mountainside

パン・パシフィック・ウィスラー・マウンテンサイド [MAP] P.121-C2

[住]4320 Sundial Cres.
[TEL](604)905-2999
[URL]www.panpacific.com
[料][LOW]4月上旬～11月下旬ⓈⒹ$145～
[HIGH]11月下旬～4月上旬ⓈⒹ$436～ Tax別
[CC]A M V [室]121室

ブラッコム山行きゴンドラのそばに立つ高級リゾートホテル。全室に暖炉、キッチン、バルコニーが付く。プールやスパ、アイリッシュパブもある。スポーツ用品を併設していて、ウェアのレンタルにも対応。

The Listel Hotel Whistler

リステル・ホテル・ウィスラー [MAP] P.121-D1

[住]4121 Village Green
[TEL](604)932-1133
[FREE](1-800)663-5472
[URL]listelhotel.com
[料][LOW]夏季ⓈⒹ$119～ [HIGH]冬季ⓈⒹ$311～ Tax別
[CC]A M V [室]98室

ウィスラー山行きゴンドラの乗り場まで約100mと好立地のリゾートホテル。客室はスタンダードとスイートルームがある。氷でできたウォッカのテイスティングバーがあるビストロを併設。

Delta Whistler Village Suites

デルタ・ウィスラー・ビレッジ・スイート [MAP] P.121-B1

[住]4308 Main St. [TEL](604)905-3987
[FREE](1-888)299-3987
日本の予約先[無料]0120-142890 [URL]www.marriott.com
[料][LOW]夏季ⓈⒹ$234～ [HIGH]冬季ⓈⒹ$422～ Tax別
[CC]A J M V [室]205室

レストランやプール、フィットネスセンター、ホットタブなどの設備が整う。客室は落ちつきのある内装で統一され、冷蔵庫や電子レンジ、洗濯機が設置された部屋もある。

Crystal Lodge & Suites

クリスタル・ロッジ&スイート [MAP] P.121-C1

[住]4154 Village Green
[TEL](604)932-2221
[FREE](1-800)667-3363 [URL]www.crystal-lodge.com
[料][LOW]4月上旬～11月中旬ⓈⒹ$202～
[HIGH]11月中旬～4月上旬ⓈⒹ$281～ Tax別
[CC]A M V [室]158室

シャレー風の外観のロッジ。プールやホットタブ、フィットネスセンターが揃う。ゴルフやスキーなどのパッケージプランもある。部屋は全5タイプで、いずれも広々としていて過ごしやすい。

バスタブ　テレビ　ドライヤー　ミニバーおよび冷蔵庫　セーフティボックス　Wi-Fi(無料)
一部客室　一部客室　貸し出し　一部客室　フロントにあり　Wi-Fi(有料)

Executive The Inn at Whistler Village

エグゼクティブ・ザ インアットウィスラー・ビレッジ [MAP] P.121-C1

[住]4250 Village Stroll
[TEL](604)932-3200
[FREE](1-800)663-6416
[URL]www.executivehotels.net
[料][LOW]4月中旬～12月中旬ⓈⒹ$109～
[HIGH]12月中旬～4月中旬ⓈⒹ$309～　Tax別
[CC]A M V　[室]67室

客室はステュディオ、ダブルロフト、クイーンロフト、マスタースイートの4種。どのタイプも食器付きキッチン、暖炉があり、ロフトが設けられている。温水プールやフィットネスセンターも完備。

Aava Whistler Hotel

アーヴァ・ウィスラー [MAP] P.121-D1

[住]4005 Whistler Way
[TEL](604)932-2522
[FREE](1-800)663-5644
[URL]www.aavawhistlerhotel.com
[料][LOW]4～11月ⓈⒹ$148～
[HIGH]12～3月ⓈⒹ$263～　Tax別
[CC]A M V　[室]192室

フィットネスセンター、プール、ホットタブ、サウナなどの施設が充実。客室はモダンな雰囲気。スキーやスノーボードのレンタルも行っている。

Marketplace Lodge

マーケットプレイス・ロッジ [MAP] P.121-A1

[住]4360 Lorimer Rd.
[TEL](604)905-3994
[FREE](1-888)898-9208
[URL]www.whistlerretreats.com
[料][LOW]4月下旬～11月ⓈⒹ$214～
[HIGH]12月～4月下旬ⓈⒹ$400～　Tax別　予約は2泊～
[CC]A M V　[室]85室

マーケットプレイス・ショッピング・センターに隣接。受付はAspens On Blackcomb ([住]4800 Spearhead Dr.) にある。全客室にキッチン、バルコニーがあるコンドミニアムタイプ。

Nita Lake Lodge

ニタ・レイク・ロッジ [MAP] P.120-C1

[住]2131 Lake Placid Rd.
[TEL](604)966-5700
[FREE](1-888)755-6482　[URL]www.nitalakelodge.com
[料][LOW]4～11月ⓈⒹ$149～　[HIGH]12～3月ⓈⒹ$239～　Tax別
[CC]A M V　[室]77室
[交]路線バスSpring Creek(#21)で約15分、レイク・プレシッド通りLake Placid Rd.とサラジェボ通りSarajevo Dr.の交差点下車、徒歩5分。

鉄道駅のすぐそばにあるブティックホテル。湖畔の静かな場所にあり、ゆったりと過ごせる。山の景色を楽しめるホットタブ、カヌーやカヤックのレンタルあり。

Whistler Peak Lodge

ウィスラー・ピーク・ロッジ [MAP] P.121C-1

[住]4295 Blackcomb Way
[TEL](250) 385-2405
[FREE](1-866)512-5273
[URL]www.vacasa.ca
[料][LOW]夏季$354～　[HIGH]冬季$595～　Tax別　予約は2泊～
[CC]A M V　[室]115室

観光案内所から徒歩2分の場所に立地するホテル。客室は広々としており、長期滞在者にはキッチン付きの部屋が人気。フィットネスセンターや室内プールなどの施設も充実。

Alpine Lodge Whistler

アルパイン・ロッジ・ウィスラー [MAP] P.120-A2

[住]8135 Alpine Way
[TEL](640)932-5966
[URL]www.alpinelodge.com
[料][LOW]夏季 ドミトリー$40～50、スイート$220
[HIGH]冬季 ドミトリー$50～60、スイート$320　Tax別　朝食付き
[CC]M V　[室]7室
[交]路線バスAlpine/Emeraldで約15分、ハイウエイ#99沿いのアルパイン通りAlpine Wayの交差点前で下車、徒歩2分。

ホステルタイプの宿。オーナーは山好きのジェフさん。部屋は2段ベッドがふたつ入ったドミトリーとプライベートのスイートルームの2種類。サウナもある。

Golden Dreams B&B

ゴールデン・ドリームス B&B [MAP] P.120-B2

[住]6412 Easy St.
[TEL](604)932-2667
[URL]goldendreamswhistler.com
[料][LOW]夏季ⓈⒹ$155～395　[HIGH]冬季ⓈⒹ$195～395
コンドミニアム$195～525　Tax別　朝食付き
[CC]M V　[室]6室　[交]路線バスTapley's/Blueberry(#6)でロリマー通りLorimer Rd.を西に進み、バルサム通りBalsam Wayを越えた所で下車、徒歩2分。

ホストのアンさんが作る朝食に定評あり。各客室は「ブラックベア」や「レインフォレスト」などのテーマがあり、とてもユニーク。ジャクージもある。

HI Whistler

HIウィスラー [MAP] P.120-C1外

[住]1035 Legacy Way
[TEL](604)962-0025
[FREE](1-866)762-4122　[URL]hihostels.ca
[料][LOW]3～11月　ドミトリー$35.9～(会員)、$39.9～(非会員)
ⓈⒹ$89～(会員)、ⓈⒹ$99～(非会員)
[HIGH]12～2月　ドミトリー$50.75～(会員)、$56.4～(非会員)
ⓈⒹ$181～(会員)、ⓈⒹ$201.25～(非会員)　Tax別
[CC]M V　[室]188ベッド、14室　[交]路線バスCheakamus(#20)で約20分、チャカムス川を渡って次のバス停で下車、徒歩すぐ。

ビレッジから6km、バンクーバー・オリンピックの選手村を利用したユースホステル。目の前にスーパーマーケットもある。

ウィスラーのレストラン

Bearfoot Bistro

ベアフット・ビストロ　MAP P.121-D1

住4121 Village Green
TEL(604)932-3433
URLbearfootbistro.com
営火～日15:30～22:00
休月
予$50～　CA M V

「The Listel Hotel Whistler」(→P.133)内のビストロ。ロブスターやアルバータ牛など、カナダ産の素材にこだわった料理を楽しめる。地下にワインセラーがあり、ワインやシャンパンのセレクションも豊富に揃っている。

Teppan Village

テッパン・ビレッジ　MAP P.121-D1

住301-4293 Mountain Square
TEL(604)932-2223
URLteppanvillage.ca
営毎日17:30～22:00(時期により変動あり)
休無休　予$50～　CA J M V

ロブスターやアルバータ牛など、厳選されたカナダ産の食材を鉄板焼きで味わえる。ブランデーをかけて炎を豪快に巻き上げるパフォーマンスも楽しい。

Hy's Steakhouse

ハイズ・ステーキハウス　MAP P.121-B1

住4308 Main St.
TEL(604)905-5555
URLwww.hyssteakhouse.com
営月・火・木・金17:00～22:00　土・日15:00～21:00
休水　予$50～　CA M V

バスディーポの近くにあるステーキハウス。店内は、テーブルにキャンドルが置かれたシックな雰囲気。アルバータ牛のフィレステーキ$49.95～が人気。カナダ産をはじめ、ワインの種類もかなり充実。

Hunter Gather

ハンター・ギャザー　MAP P.121-B1

住101-4368 Main Street
TEL(604)-966-2372
URLwww.huntergatherwhistler.com
営毎日9:00～22:00
休無休　予$25～　CA M V

山好きが集まるカジュアルなレストラン。地元食材をふんだんに使った創作料理とクラフトビールが自慢。18時間スモークした牛バラの燻製$31。

Elements

エレメンツ　MAP P.121-B1

住4359 Main St.
TEL(604)932-5569
URLwww.elementswhistler.com
営毎日9:00～14:00
休無休　予$20～　CA M V

タパススタイルのレストランで、メニューは小さなプレートで運ばれてくる。ブリティッシュ・コロンビア州の魚介にこだわった創作料理が味わえる。

Brew House

ブリュー・ハウス　MAP P.121-B1

住4355 Blackcomb Way
TEL(604)905-2739　URLmjg.ca
営日～木12:00～24:00　金・土10:00～22:00
休無休
CA M V

ノース・アメリカンスタイルのビアレストラン。自家醸造のビールは全15種類で$8.75～。食事メニューも豊富で、人気はフィッシュ＆チップス$26.5やピザ$25～など。

Nagomi Sushi

ナゴミ・スシ　MAP P.121-C2

住108-4557 Blackcomb Way
TEL(604)962-0404
URLnagomisushi.com
営木～火17:00～21:00
休水
予$20～　CA M V

アッパー・ビレッジの「Le Chamois Whistler」内にある日本料理店。シソを挟んだサバ寿司$22が人気。各種丼もの、鍋もの、炉端焼きなどもある。

Gone Village Eatery

ゴーン・ビレッジ・イータリー　MAP P.121-C1

住4205 Village Square
TEL(604)938-1990
URLgoneeaterywhistler.ca
営水～日7:30～16:00
休月・火　予$10～
CM V

新鮮な地元の食材を使った具だくさんの日替わりスープと焼きたてのパンが自慢。ヘルシー志向でボリュームもある。人気はとろ～りチーズのホットサンド$11。パッタイやピーナッツカレー$13.5もおすすめ。

ウィスラーのショッピング

TMC Freeriderz

TMC フリーライダーズ　　　**MAP** P.121-C1

🏠4433 Sundial Place
📞(604)932-1918
🌐www.tmcfreeriderz.com
🕐毎日11:00～19:00（時期により変動あり）
🈂無休
💳J M V

　日本人経営のフリースタイル・スキーショップ。入手の難しい上級モデルのスキー板を取り揃え、ワールドカップ選手も訪れる。修理もレンタルも行っている。

Lululemon Athletica

ルルレモン・アスレティカ　　　**MAP** P.121-D1

🏠118-4154 Village Green
📞(604)332-8236
🌐shop.lululemon.com
🕐月～木10:00～19:00 金10:00～20:00 土9:00～20:00
　日9:00～19:00（時期により変動あり）
🈂無休　💳A M V

　北米全域や日本でも人気が高いカナダブランド。ヨガやダンス、ランニングウェアなどを扱い、XSサイズなど小さいサイズもあるので日本人女性でも安心。メンズ用もある。

Escape Route

エスケープ・ルート　　　**MAP** P.121-A1

🏠113-4350 Lorimer Rd.
📞(604)938-3228
🌐www.escaperoute.ca
🕐日～木9:00～18:00　金・土9:00～19:00
　（時期により変動あり）
🈂無休
💳A M V

　アウトドア、登山用品の専門店。キャンプセットやトレッキングシューズといった山岳ギアから、デイパック、ナイロンジャケットまで幅広い品揃え。

The Beach

ザ・ビーチ　　　**MAP** P.121-B1

🏠39-4314 Main St.
📞(604)902-7570
🌐www.thebeachwhistler.com
🕐月～土10:00～19:00　日10:00～18:00
　（時期により変動あり）
🈂無休
💳A M V

　ウィスラーでは珍しい、水着の専門店。男性用$35～、女性用$70～。子供用の水着のほか、サングラスやタオルなど湖畔で遊ぶ装備が揃う。

ウィスラーのナイトスポット

Amsterdam Cafe Pub

アムステルダム・カフェ・パブ　　　**MAP** P.121-C1

🏠4232 Village Stroll
📞(604)932-8334
🌐amsterdampub.ca
🕐毎日12:00～翌1:00
🈂無休
💳A M V

　昼間はカフェレストラン、夜はパブと使い勝手がよく、ビールは$6.75～。チキン・ウィング$18はオリジナルのスパイシーソースが効いて、尋常でない辛さが人気。

Dubh Linn Gate Old Irish Pub

ダブリン・ゲート・オールド・アイリッシュ・パブ　**MAP** P.121-C2

🏠4320 Sundial Cres.
📞(604)905-4047
🌐www.dubhlinngate.com
🕐毎日8:00～22:00
🈂無休
💳A J M V

　ブラッコム山の麓にあるアイリッシュパブで、幅広い客層でにぎわう。ビールは全25種類扱う。夏季の金・土曜と冬季は毎日21:00頃からライブがある。朝食メニューもある。

Column　バンクーバーとウィスラーをつなぐ道 シー・トゥー・スカイ・ハイウエイ

一本道なので迷うことがない

ぐそばにあるのは、シー・トゥ・スカイ・ゴンドラSea to Sky Gondola。ゴンドラで上った山頂には吊り橋で渡る展望台があるほかハイキングも楽しめるので、ぜひ寄ってみるといい。また見上げるほどの絶壁が続くこのあたりはロッククライミングの聖地ともなっており、夏の休日には岩壁を上るクライマーたちの姿を見かけることも。

ルート上にはほかにも、湖水浴やキャンプが楽しめるアリス湖Alice Lake、落差70mのブランディワイン滝Brandywine Fallsがあるブランディワイン滝州立公園Brandywine Falls Provincial Parkなど自然系の見どころが多数存在している。周辺にはハイキングコースも整備されており、緑の森のなかをのんびりと歩くのも楽しい。

カナダ西部の港湾都市、バンクーバーから山岳リゾートのウィスラーへ続くハイウエイ#99。距離にして約120kmの道は、緩やかな坂道になっている。走行時間わずか2時間あまりの間に、海から山へとその景観を劇的に変えることから、通称「シー・トゥー・スカイ・ハイウエイSea to Sky Highway」と呼ばれ人気のドライブコースとなっている。ノンストップで走るだけでもすばらしい景色が楽しめるが、途中にもたくさんの見どころやスコーミッシュ（→P.125）をはじめとした魅力的な町が点在しているので、1日ゆっくり時間をとって北上していくのもおすすめだ。

バンクーバーを出発して40分くらいでたどり着くのは、かつての鉱山の町であるブリタニア・ビーチBritannia Beach。鉱山の様子がわかるガイドツアーを催行しているブリタニア鉱山博物館Britannia Mine Museumという見どころがあるほか、町に入る直前には人気のバーガーショップもあり休憩にももってこい。ブリタニア・ビーチから10分ほど北上すると落差335mのシャノン滝Shannon Fallsがあるシャノン・フォールズ州立公園Shannon Falls Provincial Parkに着く。す

ビーチもあるアリス湖

ブリタニア鉱山博物館
TEL (604)896-2233
URL www.britanniaminemuseum.ca
圏 7月～9月上旬　毎日9:00～19:00
　9月上旬～6月　毎日9:00～17:00
休 無休
料 大人$36.95、シニア$33.95、
　ユース$28.95、子供$19.95

シー・トゥ・スカイ・ゴンドラ
住 36800 Hwy. 99
TEL (604)892-2550
FREE (1-855)732-8675
URL www.seatoskygondola.com
圏 毎日9:00～17:00
料 大人$62.95($65.95)、シニア$55.95
　($58.95)、ユース$37.95($40.95)、子供
　$24.95($27.95)
　※（　）内は金～日曜の料金

スキーリゾートの最高峰！ウィスラーでスキーを楽しもう

2010年の冬季オリンピック競技開催地となったウィスラー。ウィスラー、ブラッコムというふたつの山にあるゲレンデは、気温と湿度が高いカナダ西部特有のパウダースノー。雄大なゲレンデを駆け抜けたあとは、ビレッジ内のホテルやレストランでゆったり過ごそう。

世界各国の名だたるスキー誌がこぞって取り上げ、人気投票では数多く1位の栄冠に輝く実績をもつスキーリゾート。ウィスラー山とブラッコム山からなり、スキーやスノーボードのワールドカップが開催されることでも有名だ。幅広い層のニーズにこたえる多彩なコース、ゲレンデそばにホテルやレストラン、ショップが集積されたビレッジなど、多くの点で日本での評価も高い。スキーヤーなら誰もが憧れるスキーリゾートだ。

ブラッコム山
Blackcomb Mountain

ピステの入った1枚バーンの急斜面コースが多く、ウィスラー山と比べるとやや上級者向け。コブ斜面も多く、世界有数の難コース（ワールドカップのモーグル競技が開かれるコース）や、世界各国からプロが練習に訪れるというスノーパークも完備している。

ウィスラー山
Whistler Mountain

ウィスラー山は、ウィスラー・ビレッジのある北側斜面と、西側斜面のクリークサイドのふたつがある。クリークサイドは、2010年2月のバンクーバー冬季オリンピックで、アルペンスキーの会場として使われた。クリークサイドで最も人気のあるコースといえば、ウィスラー山頂から一気に滑降するピーク・トゥ・クリークPeak to Creek。コースの全長はなんと11km！ カーブや起伏もあり変化に富んでいるため、飽きることなくスキーが楽しめる。

ふたつの山にまたがった巨大スキー場になっている

スキー場とゲレンデのデータ

ウィスラー＆ブラッコム

TEL (604)967-8950/(604)932-4211（降雪情報）　FREE (1-888)403-4727
URL www.whistlerblackcomb.com　料 リフト1日券　大人$106～、2日券$212～

ブラッコム山

スキーシーズン：11月下旬～5月下旬
リフト運行時間：8:30～15:00
（1月下旬～2月下旬は～15:30、2月下旬～4月中旬は～16:00、4月中旬～5月下旬は10:00～16:00）
リフト数：12基
最長滑走距離：1万1000m
標高差：1609m（675～2284m）
コース数：100本以上
アクセス：ウィスラー・ビレッジのゴンドラ駅（MAP P.121-D2）から、もしくはアッパー・ビレッジのリフト乗り場（MAP P.121-C2）からアクセス。

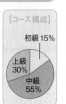
［コース構成］
初級15%
上級30%
中級55%

ウィスラー山

スキーシーズン：11月下旬～4月中旬
リフト運行時間：8:30～15:00
（1月下旬～2月下旬は～15:30、2月下旬～4月中旬は～16:00）
リフト数：19基
最長滑走距離：1万1000m
標高差：1530m（653～2182m）
コース数：100本以上
アクセス：ウィスラー・ビレッジのゴンドラ駅（MAP P.121-D1）からアクセスできる。クリークサイドにもゴンドラ駅（MAP P.120-C1）がある。

［コース構成］
初級20%
上級25%
中級55%

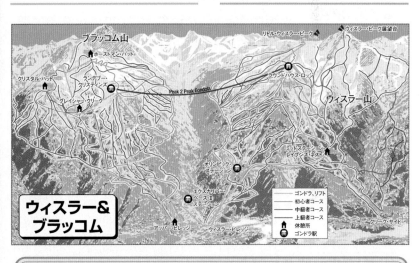

ブラッコム山
ホーストマン・ハット
クリスタル・ハット
ランデブー・クリスティンズ
グレイシャー・クリーク
Peak 2 Peak Gondola
リトル・ウィスラー・ピーク
ウィスラー・ピーク展望台
ラウンドハウス・ロッジ
ウィスラー山
ミッドステーション／レイブンズ・ネスト
オリンピック・ステーション
エクスカリバー／ベースⅡステーション
クリーク・サイド
アッパービレッジ
ウィスラー・ビレッジ

ウィスラー＆ブラッコム

ゴンドラ、リフト
初心者コース
中級者コース
上級者コース
休憩所
ゴンドラ駅

Column　白銀の世界に飛び込め！ヘリスキー

　とびっきりのパウダースノーを楽しめるのが、ヘリスキー。ヘリコプターで山頂まで上がり、圧雪はおろかシュプールすらないバージンスノーを滑り下りることができる。天候が許せば、氷河を滑走することも可能。通常ヘリスキーには、経験豊富なガイドが付くので中級以上のスキーまたはスノーボードの実力があれば問題ない。幅の広いファットスキーを使えば、独特の浮遊感が味わえる。

Whistler Heli-Sking
MAP P.121-C2
住 4545 Blackcomb Way
TEL (604)905-3337
FREE (1-888)435-4754
URL www.whistlerheliskiing.com
営 12月上旬～4月中旬
　（降雪状況によって変わる）
料 4ラン（標高1800～3500mを4回滑走）: $1239～
6ラン（標高2700～4600mを6回滑走）: $1595～
ジャパナダ・エンタープライズ（→P.120欄外）
手数料なしで予約代行可能

139

Salt Spring Island
ソルト・スプリング島
ブリティッシュ・コロンビア州

MAP P.38-D1
MAP P.145-B4
人口 1万1635
面積 250
ソルト・スプリング島情報のサイト
URL saltspringtourism.com

ソルト・スプリング島への行き方

飛行機 バンクーバーから水上飛行機のハーバー・エア・シープレーンが1日3便運航。所要約35分。

フェリー B.C.フェリーがバンクーバーとビクトリアから運航。バンクーバーのトゥワッサンTsawwassenとロング港Long Harbourの間は、1日2～4便、所要1時間30分～3時間、大人$19.2～（車は$83.9～）。ビクトリアのスワーツ・ベイSwarts Bayとフルフォード港Fulford Harbour間は、1日7～8便、所要約50分、大人$11.2～（車は$32.8～）。

バンクーバーとビクトリアの間に浮かぶソルト・スプリング島は、豊かな自然、オーガニックフードなどナチュラルな生活を楽しむ人々が暮らしているロハスな島。美しい自然にひかれた多くの芸術家が移り住み、陶芸、クラフトなど30以上のアートスタジオが点在する。

センテニアル公園は地元の人の憩いの場

ソルト・スプリング島の歩き方

観光の中心は、観光案内所のあるガンジスGangesの町。島の最大のイベントであるサタデー・マーケットもこの町で開かれる。島内を回る循環バスもあるが本数が少ないので、レンタカーの利用がおすすめ。島内にもレンタカー会社はあるが台数が少ないのでバンクーバーやビクトリアで借りて、車ごとフェリーで移動するのがいい。

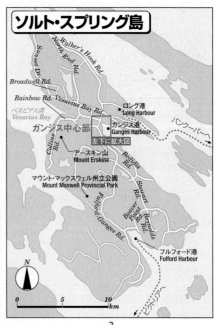

ソルト・スプリング島

ガンジス中心部

おもな見どころ

❦ ソルト・スプリング・サタデー・マーケット
The Salt Spring Saturday Market

島で採れた農産物がずらり

近年、世界中の旅行者の注目を集めているソルト・スプリング島だが、なかでも有名なのがガンジスのセンテニアル公園 Centennial Park で毎年4～10月の土曜に開かれるその名もソルト・スプリング・サタデー・マーケットだ。カナダでは夏の風物詩として全国的に大小さまざまな青空マーケットが催されるが、「芸術と癒やしの島」として知られるソルト・スプリング島では120を超す地元在住アーティストらが出店。絵画、彫刻、陶器、アクセサリー、コスメティックスなど個性的な作品が多く、彼らとの会話を楽しみながら買い物ができる。島内で栽培されたオーガニックの野菜や果物のほか、パン、チーズ、ジャム、ワインといった加工品も揃い、ローカルみやげ探しが楽しい。

開催時間は9～16時頃で、雨天決行。ただし、商品が売り切れて早めに店じまいする露店もあるため、午前中のうちに訪れるとよいだろう。夏季はマーケット目当ての観光客でにぎわい、金曜の午後からはバンクーバーや近隣の島々からヨット、クルーザーが続々と入港してくる。日帰りも可能だが、ガンジスの中心部には観光客向けの宿泊施設が数軒あるため、できれば1泊以上して島ならではの緩やかな雰囲気を味わいたい。

新鮮な野菜が並ぶ

観光案内所
Visitor Info Centre
- MAP P.140-1
- TEL (250)537-5252
- URL saltspringtourism.com
- 圖毎日10:00～16:00
  （時期により変動あり）
- 休無休

ソルト・スプリング・
サタデー・マーケット
- 圖4～10月 土9:00～16:00

CHECK!
ソルトスプリング島のスーパー
ガンジスの中心にあるローカルスーパー。地元で獲れたオーガニックの野菜や果物、ボディケア商品などを販売。マーケットに出店している商品も扱う。
Salt Spring Natureworks
ソルト・スプリング・ネイチャーワークス
- MAP P.140-1
- 116 Lower Ganges Rd.
- TEL (250)537-2325
- 圖火～土9:00～18:00
- 休日・月 CA M V

HOTEL

ホテル & レストラン

Salt Spring Inn
ソルト・スプリング・イン　　　MAP P.140-1
- 132 Lower Ganges Rd.
- TEL (250)537-9339
- URL saltspringinn.com
- 圖5～9月S D$139～　圖10～4月S D$109～　Tax別
- CM V 圖7室

島の中心、ガンジスに立ち、観光に便利なロケーション。暖炉が付いたデラックスルームからは海が見渡せる。行き届いたサービスが評判。レストランを併設。

Tree House Cafe
ツリー・ハウス・カフェ　　　MAP P.140-1
- 106 Purvis Lane
- TEL (250)537-5379　URL treehousecafe.ca
- 圖木～土8:00～20:00　日～水8:00～16:00
- 休無休 圖$10～ CM V

店内にプラムの木が立つカフェ。ハンバーガー$16.95～やサーモンサンドイッチ$21.5のほか、オーガニックコーヒー$3.25などドリンクも充実。6～9月の18:00からはライブを行っている。

 バスタブ　 テレビ　 ドライヤー　 ミニバーおよび冷蔵庫　セーフティボックス　Wi-Fi（無料）
一部客室　一部客室　貸し出し　一部客室　フロントにあり　Wi-Fi（有料）

ひと足延ばして行きたい バンクーバー島
Vancouver Island

カナダ本土の対岸に浮かぶ、バンクーバー島。ゆったりとした空気が流れる島は豊かな自然に恵まれ、訪れる人の心を癒す。アクティビティや動物観察、魚介料理など島に来たら見逃せない楽しみがたくさん！

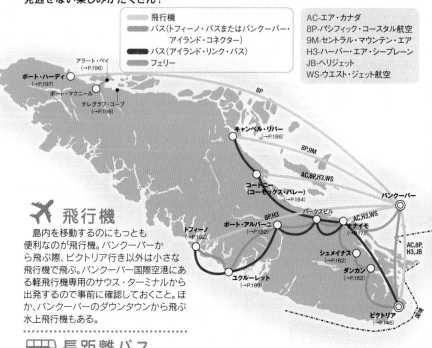

凡例：
- 飛行機
- バス（トフィーノ・バスまたはバンクーバー・アイランド・コネクター）
- バス（アイランド・リンク・バス）
- フェリー

AC-エア・カナダ
8P-パシフィック・コースタル航空
9M-セントラル・マウンテン・エア
H3-ハーバー・エア・シープレーン
JB-ヘリジェット
WS-ウエスト・ジェット航空

地図上の地名：
ポート・ハーディ（→P.197）／アラート・ベイ（→P.196）／ポート・マクニール／テレグラフ・コーブ（→P.196）／キャンベル・リバー（→P.186）／コートニー（コーモックス・バレー）（→P.184）／トフィーノ（→P.192）／ポート・アルバーニ（→P.182）／パークスビル／バンクーバー／ナナイモ（→P.178）／シュメイナス（→P.162）／ダンカン（→P.162）／ユクルーレット（→P.189）／ビクトリア（→P.146）

✈ 飛行機

島内を移動するのにもっとも便利なのが飛行機。バンクーバーから飛ぶ際、ビクトリア行き以外は小さな飛行機で飛ぶ。バンクーバー国際空港にある軽飛行機専用のサウス・ターミナルから出発するので事前に確認しておくこと。ほか、バンクーバーのダウンタウンから飛ぶ水上飛行機もある。

🚌 長距離バス

トフィーノ・バスTofino Busと系列のバンクーバー・アイランド・コネクターVancouver Island Connecter、アイランド・リンクIsland Linkの3社がある。観光シーズン以外はいずれも便数が限られるが、ビクトリアやナナイモを中心に島内の町の間を結んでいる。

なお、トフィーノ・バスとバンクーバー・アイランド・コネクターは2023年より通年営業をやめ、5～10月のみの期間限定運行となる予定。2023年1月現在、新しい時刻表や運賃は発表されていないため、訪問前にウェブサイトで確認すること。

🚢 フェリー

かつては島内間を結ぶローカルのクルーズ船があったが、本土と島を結ぶB.C.フェリーB.C.Ferriesの船以外に移動の手段として使える定期船は現在運航していない。

おもな航空会社
エア・カナダ（→P.419）
ウエスト・ジェット航空（→P.419）
パシフィック・コースタル航空
FREE (1-800)663-2872
URL www.pacificcoastal.com
バンクーバー
TEL (604)273-8666
セントラル・マウンテン・エア
FREE (1-888)865-8585
URL flycma.com
ハーバー・エア・シープレーン
TEL (1-800)665-0212
URL www.harbourair.com
バンクーバー
TEL (604)274-1277
ビクトリア
TEL (250)384-2215
ナナイモ
TEL (250)714-0900

ヘリジェット
FREE (1-800)665-4354
URL helijet.com
バンクーバー
TEL (604)688-4646

おもなバス会社
トフィーノ・バス（バンクーバー・アイランド・コネクター）
FREE (1-866)986-3466
URL tofinobus.ca
URL viconnector.com
アイランド・リンク・バス
URL www.islandlinkbus.com

おもなフェリー会社
B.C.フェリー（→P.419）

1 ネイチャーアクティビティ

自然がいっぱいのバンクーバー島を楽しむならアクティビティがおすすめ。特にシーカヤックやサーフィンなどのマリンアクティビティが盛ん。初心者向けのレッスンや道具のレンタルも行っている。

おもな地域
トフィーノ(→P.195)、ユクルーレット(→P.189)

1シーカヤックのレンタルやツアーを行っている
2初心者向けのサーフレッスンもある

2 シーフード

島の近海で獲れるシーフードはどれも新鮮！なかでも、腕利きのシェフによって多彩にアレンジされたカキ料理と、サクッと軽い食感のフィッシュ&チップスはバンクーバー島の必食メニューだ。

おもな地域 ビクトリア(→P.146)

フェリス・オイスター・バー&グリル(→P.170)

レッド・フィッシュ・ブルー・フィッシュ(→P.170)のフィッシュ&チップス

わざわざ 行きたい 4つの理由
バンクーバー島に足を運んだら、必ず体験したい4つのことを紹介！

3 動物ウオッチング

日本では中々お目にかかれない、野生のクジラやシャチなどの野生動物が見られるのも島ならではの魅力。小型船やゾディアックというゴムボートに乗って、動物を探しに行く。

おもな地域
ビクトリア(→P.146)、トフィーノ(→P.194)

1バンクーバー島の西部はクジラがよく姿を現す
2アザラシやアシカが休憩する様子も見られる

4 先住民族

現在でも多くの先住民族が住んでいる。ダンカンやアラート・ベイなどの町にはトーテムポールが所々に立ち並び、文化センターなどの施設も充実している。

おもな地域
ダンカン(→P.162)、アラート・ベイ(→P.196)

1人や動物などさまざまな柄が彫られている
2ハイダ族が最初にトーテムポールを作ったといわれている

143

Hideout Hotel

バンクーバー島の隠れ家ホテルで贅沢ステイ

ゆっくりとした時間が流れるバンクーバー島。アクセスが不便でも、恵まれた大自然に佇む隠れ家ホテルやロッジは、町では味わえない贅沢なひとときを満喫させてくれる。

[ユクルーレット]

静かな大自然と共に過ごすリゾートホテル
Wya Point Resort

ワイア・ポイント・リゾート [MAP] P.145-B3

　ユクルーレットの約7km北に佇むプチホテル。深い森を抜けた先にはプライベートビーチがあり、静かな環境で自然と寄り添いながらステイを満喫できる。目の前に広がるオーシャンビューを独り占めできるロッジや、エコなステイを楽しめるゲルもおすすめ。

[住]2695 Tofino Ucluelet Hwy., Ucluelet
[TEL](250)726-2625
[FREE](1-844)352-6188
[URL]www.wyapoint.com
[料]ロッジ[HIGH]夏季ⓈⒹ$599～ [LOW]冬季ⓈⒹ$249～
ゲルⓈⒹ$299～
Tax別
[CC]A M V
[室]9室
[館内施設]すべてなし

1 木彫りの先住民族アートが配されたロッジ。TVはなく自然との時間をたっぷり満喫できる 2 ユクルーレットに住む先住民族の歴史地区にあり、静かなプライベートビーチが広がる 3 森の中にあるゲルでの宿泊も楽しい

[レディ・スミス]

美しい海を眺めながらリラックスなひとときを
Inn of the Sea Vacations

イン・オブ・ザ・シー・バケーションズ [MAP] P.145-B4

　ナナイモとシュメイナスの間にある、レディスミスLadysmithの郊外に建つ。コンドミニアムタイプの客室のほとんどが海岸線に面しており、大きな窓ガラスやバルコニーから美しい海を眺めながらゆっくりと過ごせる。近くにトレイルもあり、ハイキングも楽しめる。

[住]3600 Yelllow Point Rd., Ladysmith
[FREE](1-877)384-3456
[URL]www.innoftheseavacations.com
[料][HIGH]6月中旬～9月ⓈⒹ$310～
[LOW]10月～6月中旬ⓈⒹ$199～
Tax別
[CC]M V
[室]37室
[館内施設]プール、ジャクージ

1 青い海と空に囲まれた、爽快なプール 2 スタイリッシュな客室。リビングルームや寝室などの窓は大きめに造られている 3 海岸線沿いにあり、ボートやカヤックなどのマリンアクティビティが楽しめる

バスタブ / 一部客室　テレビ / 一部客室　ドライヤー / 貸し出し　ミニバーおよび冷蔵庫 / 一部客室　セーフティボックス / フロントにあり　Wi-Fi(無料) / Wi-Fi(有料)

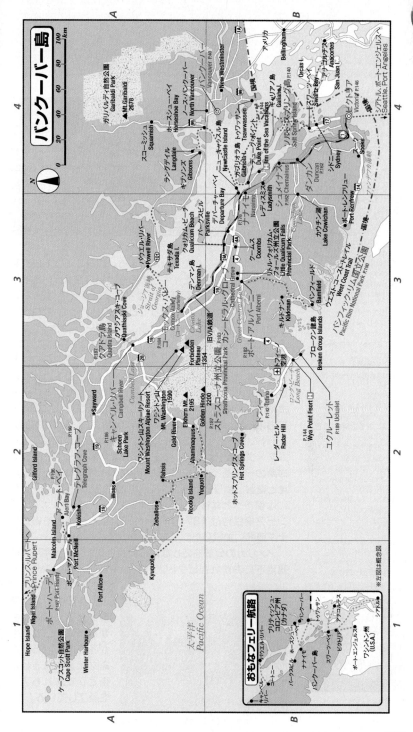

バンクーバー島

おもなフェリー航路
※左図は概念図

Victoria

ビクトリア

ブリティッシュ・コロンビア州

MAP P.38-D1
MAP P.145-B4
人口 39万7237
標高 250

ビクトリア情報のサイト
URL www.tourismvictoria.
com
twitter.com/victoria
visitor
www.facebook.com/
tourismvictoriafan

ビクトリアのイベント

モス・ストリート・ファーマーズ・マーケット
Moss Street Farmers
Market
MAP P.148-B2
URL www.mossstreetmarket.
com
開 5～10月
　モス通りMoss St.とフェアフィールド通りFairfield St.の交差点にある広場で、毎週土曜の10:00～14:00に開催。地元の農産物やクラフトなどを扱う露店が並ぶ。

ビクトリア・デイ・パレード
Victoria Day Parade
開 5/22('23)
　ビクトリア女王誕生祭に行われる街最大のパレード。

ジャズフェスト・インターナショナル
Jazzfest International
開 6/22～7/2('23)
　市内各地でミュージシャンがライブを繰り広げる。

バンクーバー島の南端に位置するビクトリアは、ブリティッシュ・コロンビア州の州都で、政治、経済の中心。街の歴史は、1843年にハドソン・ベイ社が西部地方の毛皮交易の拠点として砦を築いたことに始まる。以来ここは毛皮交易の商用港として、またイギリス海軍の補給を担う前線基地として発展した。1849年にはイギリス領植民地となり、時のイギリス女王の名を取り「ビクトリア」と命名された。

ビクトリアを代表する名所フェアモント・エンプレス

　当時、アメリカのカリフォルニアはゴールドラッシュに沸き立っており、一攫千金をもくろむ人々であふれていた。それが下火になりブリティッシュ・コロンビア州のフレイザー川やカリブー地域に金鉱が見つかると、金を目当てにした多くのアメリカ人がビクトリアに押し寄せ、ここを経由地にしてさらに北へ向かった。これにより、ビクトリアにおけるアメリカの影響力が強まることに。危機感を抱いたハドソン・ベイ社の責任者で、植民地政策の総督ジェームズ・ダグラスは、バンクーバー島とバンクーバーを含む対岸の一帯をイギリス領ブリティッシュ・コロンビア植民地と宣言。よりいっそうの植民地化を推し進め、1862年には都市へと昇格させた。そして、ブリティッシュ・コロンビア植民地は1871年、イギリスより自治権を得たカナダ連邦に加盟した。

　アメリカの脅威を感じながら、長きにわたりイギリスの統治下におかれたビクトリアは、今もアフタヌーンティーやガーデニングなど、英国風の生活習慣を色濃く残し、春から夏にかけて街中が花であふれる、温暖な気候に恵まれた街として訪れる人々を魅了している。

にぎやかなインナー・ハーバー

市内の見どころを馬車で巡ることもできる

ビクトリアへの行き方

🍁 飛行機

　カナダ各都市からビクトリアへ行く場合は、ほとんどがバンクーバーを経由する。シアトルなどアメリカからの便も同様。バンクーバーからはエア・カナダAir Canada（AC）が1日7〜10便、パシフィック・コースタル航空Pacific Coastal Airlines（8P）が冬季の土曜を除く1日1〜5便運航、所要約30分。

🍁 水上飛行機

時間がないときに便利な水上飛行機

　バンクーバーのカナダ・プレイス横の発着所とビクトリアのインナー・ハーバーInner Harbourをハーバー・エア・シープレーンHarbour Air Seaplanes（H3）などが結んでいる。1日10〜13便と便数も多く、所要約35分。乗客14人乗りの小型飛行機なので、上空からの眺めも堪能できる。週末や冬季は便数が減るので注意しよう。

🍁 ヘリコプター

　ヘリジェットHelijet（JB）がバンクーバーとビクトリア間を結んでいる。バンクーバーの発着地点はバンクーバー港Vancouver Harbourとバンクーバー国際空港の2ヵ所あり、バンクーバー国際空港からは月〜金曜の1日1〜2便、所要1時間20分。空港のターミナルはサウス・ターミナルSouth Terminalとなり、普通の国内線ターミナルではないので注意。サウス・ターミナルへは国際線、国内線両方のターミナル前からシャトルバスが出ている。バンクーバー港のヘリポート（**MAP** P.45-B4）からは月〜金曜の1日7〜12便、土・日曜は1日4〜5便運航。所要約35分。料金はどちらからでも同じ。ビクトリアの発着所は、ダウンタウンの西にあるヘリポート（**MAP** P.148-B1）。

エア・カナダ（→P.419）

パシフィック・コースタル航空
TEL (604)273-8666
FREE (1-800)663-2872
URL www.pacificcoastal.com

ビクトリア国際空港
Victoria International Airport
MAP P.147-A
URL www.victoriaairport.com

郊外の北サーニッチにある空港

ハーバー・エア・シープレーン
MAP P.149-B1
住 950 Wharf St.
TEL (250)384-2215
FREE (1-800)665-0212
URL www.harbourair.com
バンクーバー
TEL (604)274-1277
料 片道$148〜
（時期により変動あり）

ヘリジェット
FREE (1-800)665-4354
URL www.helijet.com
バンクーバー
TEL (604)688-4646
料 片道$219〜
（時期により変動あり）

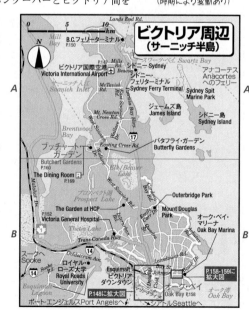

BCフェリーズ・コネクター
🆓(1-888)788-8840
🌐bcfconnector.com
☎(778)265-9474
🎫片道　大人\$60.1、学生
　\$47.61、子供\$30.06

トフィーノ・バス
🆓(1-866)986-3466
🌐tofinobus.ca

アイランド・リンク・バス
🌐www.islandlinkbus.com

🍁 長距離バス

　バンクーバーからBCフェリーズ・コネクターBC Ferries Connectorがバスを運行。バスディーポから出発し、バンクーバーの南部にある港トゥワッサンTsawwassenとビクトリアの北にあるスワーツ・ベイSwartz Bay間はバスに乗ったままB.C.フェリーB.C. Ferriesに乗船し、終点のビクトリアのバスディーポまで行ける。フェリー内ではバスから降りて食事などできるが、アナウンスが入ったら各自バスに戻ることになるので、乗車時にバスのナンバーや特徴を覚えておくこと。1日4〜6便、所要約3時間50分。チケットはオンライン予約も可能。また、バンクーバー島の各町からはトフィーノ・バスTofino Busやアイランド・リンク・バスIsland Link Busなどが運行。

途中フェリーに乗る

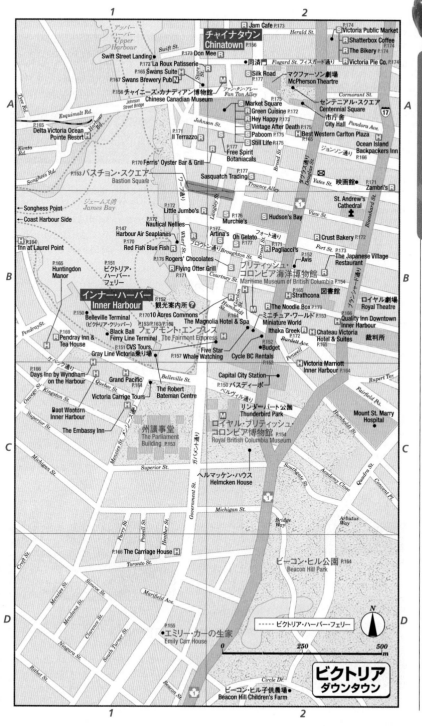

チャイナタウン
Chinatown P.156

Jam Cafe P.173
Victoria Public Market
Shatterbox Coffee
The Bikery P.174
Victoria Pie Co. P.174
Herald St.

P.173 Don Mee
Swift Street Landing
Swift St.
P.172 La Roux Patisserie
P.165 Swans Suite
P.167 Swans Brewery Pub
Fisgard St. フィスガード通り
同済門
Silk Road P.177
マクファーソン劇場
McPherson Theartre
Cormorant St.

P.156 チャイニーズ・カナディアン博物館
Chinese Canadian Museum
Johnson Street Bridge
ファン・タン・アレー
Fan Tan Alley P.175
Market Square
Green Cuisine P.172
Hey Happy P.173
Vintage After Death P.175
Paboom P.175
Still Life P.175
センテニアル・スクエア
Centennial Square
市庁舎 City Hall
Best Western Carlton Plaza P.165
Pandora Ave.
17

P.165 Delta Victoria Ocean Pointe Resort
Esquimalt Rd.
Johnson St.
ジョンソン通り
Ocean Island Backpackers Inn P.166

Kimta Rd.
Songhees Rd.
P.153 バスチョン・スクエア
Bastion Square
P.177 Free Spirit Botaniacals
Sasquatch Trading P.177
Trounce Alley
ダグラス通り Douglas St.
ヤーツ通り Yates St.
映画館
P.171 Zambri's

St. Andrew's Cathedral
View St.

Songhess Point
Coast Harbour Side
ジェームズ湾
James Bay
P.170 Ferris' Oyster Bar & Grill
Il Terrazzo P.171
P.172 Little Jumbo's
Murchie's P.176
Hudson's Bay
フォート通り
Oh Gelato P.177
Crust Bakery P.172
Fort St.
The Japanese Village Restaurant P.173

P.164 Inn at Laurel Point
P.147 Harbour Air Seaplanes
P.172 Artina's
Red Fish Blue Fish P.170
ブロウトン通り Broughton St.
Artina's P.177
Pagliacci's P.172
Avis P.152
Broad St.
Blanshard St.

P.165 Huntingdon Manor
P.151 ビクトリア・ハーバー・フェリー
P.176 Rogers' Chocolates
Flying Otter Grill P.171
Courtney St.
ブリティッシュ・コロンビア海洋博物館
Maritime Museum of British Columbia P.154
図書館
Strathcona P.165

インナー・ハーバー
Inner Harbour
P.150 Belleville Terminal
ビクトリア・クリッパー
Black Ball Ferry Line Terminal
P.152 観光案内所
P.163 10 Acres Commons
The Magnolia Hotel & Spa
フェアモント・エンプレス
The Fairmont Empress
Humboldt St.
ミニチュア・ワールド
Miniature World P.153
The Noodle Box P.173
Ithaka Greek
Chateau Victoria Hotel & Suites P.165
ロイヤル劇場
Royal Theatre
Quality Inn Downtown Inner Harbour P.166

P.169 Pendray Inn & Tea House
P.150 CVS Tours
Gray Line Victoria 乗り場
P.157 Whale Watching
Five Star
Cycle BC Rentals
Budget P.152
Burdett Ave.
裁判所
Penwell St.

P.166 Days Inn by Wyndham on the Harbour
Grand Pacific P.164
Victoria Carriage Tours
Boot Western Inn Harbour
The Embassy Inn
ケベック通り Quebec St.
Kingston St.
Superior St.
The Robert Bateman Centre
Belleville St.
ベルヴィル通り Belleville St.
Capital City Station
P.150 バスディーポ
ベルヴィル通り
リンバート公園
Thunderbird Park
Victoria Marriott Inner Harbour P.164
Rupert Ter.
Fairfield Rd.

Menzies St.
Michigan St.
州議事堂
The Parliament Building P.153
ガバメント通り Government St.
ロイヤル・ブリティッシュ・コロンビア博物館
Royal British Columbia Museum P.154
Mount St. Marry Hospital
Humboldt St.
Academy Close
Quadra St.
Convent Pl.

Michigan St.
ヘルマッケン・ハウス
Helmcken House
Bridge Way
Arbutus Way

P.166 The Carriage House
Toronto St.
ビーコン・ヒル公園
Beacon Hill Park P.154

Marifield Ave.
エミリー・カーの生家 P.155
Emily Carr House
ビクトリア・ハーバー・フェリー
0   250   500 m
N

ビーコン・ヒル子供農場
Beacon Hill Children's Farm
Circle Dr.
ビクトリア
ダウンタウン

B.C.フェリー（→P.419）
MAP P.147-A
■1日14〜16便、所要約1時間35分
■大人$18、子供$9
　車は$62〜
　（時期により変動あり。車は大きさにより変わる）

シアトルからのフェリー
　アメリカのシアトルSeattleからもビクトリア・クリッパーVictoria Clipperが運航。1日1便、所要約3時間。大人片道$115〜。
ビクトリア・クリッパー
MAP P.149-B1
FREE(1-800)888-2535
URL www.clippervacations.com

イージー・ライド・シャトル
FREE(1-866)445-8259
■毎日8:45〜23:00
　約1時間ごとに出発、所要30分〜1時間15分。
■大人$31、子供$15

市バス
　利用方法は（→P.151）。

CHECK!
空港からタクシーでダウンタウンへ
　空港からダウンタウンまでは所要約30分、料金は$65〜70くらい。

数社のタクシーが待機している

バスディーポ
MAP P.149-C2
■721 Douglas St.

キャピタル・シティ・ステーションにある

市バス＆フェリー

　バンクーバーのダウンタウンからビクトリアのダウンタウンまで、市バスとフェリーを乗り継いで行くこともできる。バンクーバーのグランビル駅Granvilleからスカイトレイン

フェリーの甲板から景色を楽しもう

のカナダ・ラインでブリッジポート駅Bridgeportへ行き、市バス#620に乗り換えてトゥワッサンまで行って、スワーツ・ベイ行きのB.C.フェリーに乗る。スワーツ・ベイからは市バス#70と#72がビクトリアのダウンタウン、ダグラス通りDouglas St.まで行く。すべて合計して、所要4時間〜4時間30分。

空港から市内へ

空港バス YYJ Airport Shuttle

　ビクトリア国際空港Victoria International Airportとダウンタウンの間をイージー・ライド・シャトルEasy Ride Shuttleが結んでいる。ダウンタウンまで所要1時間〜1時間20分。空港を出てすぐの所に乗り場があり、チケットは乗り場そばの券売所か車内で購入する。ダウンタウンから空港へ行くにはピックアップの予約が必要。予約は電話、もしくはホテルのフロントで。ウェブサイトからオンライン予約もできる。

市バス City Bus

　ビクトリア国際空港からダウンタウンへは、まず市バス#88でMc Tavish Exchange Bayに行く。そこから市バス#70、#71のどちらかに乗り換えればダウンタウンのダグラス通りまで行ける。

チケットは車内でドライバーから購入できる

バスディーポから市内へ

　BCフェリーズ・コネクターとトフィーノ・バスが発着するバスディーポは「フェアモント・エンプレス（→P.153）」のすぐ裏側、ダグラス通り沿いにある。ダウンタウンの中心に位置しているため宿泊するホテルへの移動も容易だ。

市バス City Bus

BCトランジット社BC Transitが市バスを運行。ダウンタウン周辺からスワーツ・ベイまで広範囲に路線を展開している。料金はどこまで行っても同じ。トランスファーチケットをもらえば、1時間以内なら乗り換えることも可能。ダウンタウンを走るほとんどの路線がダグラス通りを通過する。時刻表やルートマップは観光案内所で手に入る。

フェリー Victoria Harbour Ferry

ビクトリア・ハーバー・フェリーVictoria Harbour Ferryが、インナー・ハーバーの桟橋からビクトリア港Victoria Harbour内の14ヵ所の乗船場を結ぶ小型フェリーを運航。ルートはハーバー・ツアーHarbour Tour（所要約45分、1時間ごとに出発）とゴージ・ツアーGorge Tour（所要約1時間、1時間～1時間15分ごとに発）のふたつ。水上タクシーとしても利用できる。

ツアー以外に気軽に利用できる水上タクシー

タクシー Taxi

「フェアモント・エンプレス（→P.153）」やバスディーポ前などにタクシーストップがある。流しのタクシーも多く、手を挙げれば停まる。料金は初乗り$3.3、1kmごとに$1.93ずつ加算。

BCトランジット社
TEL (250)382-6161
URL www.bctransit.com
料 シングルチケット
　大人$2.5、
　デイパス　大人$5
　回数券（10枚）
　大人$22.5
　デイパスは運転手からしか買えない（現金のみで釣り銭はもらえない）。回数券はコンビニやドラッグストアで購入可。

ビクトリア・ハーバー・フェリー
MAP P.149-B1
TEL (250)514-9747
URL victoriaharbourferry.com
圏 5～7月
　毎日10:00～21:00
　8月～10月下旬
　毎日10:00～日没
圏 10月下旬～4月
料 ハーバー・ツアー
　大人$40、子供$20
　ゴージ・クルーズ　$40
　水上タクシー　大人$12～

おもなタクシー会社
Yellow Cab of Victoria
TEL (250)381-2222
FREE (1-800)808-6881
Victoria Taxi
TEL (250)383-7111
FREE (1-888)842-7111

City Tour

現地発のツアー

CVSクルーズ・ビクトリア

インナー・ハーバー周辺など主要観光名所のほか、ビクトリアの街を見下ろせる展望地にも行くHop-On Hop-Off Craigdarroch Castle Experienceが人気。所要約1時間30分。ブッチャート・ガーデンが目的なら、Butchart Gardens & Butterfly Gardens Experienceがおすすめ。所要約1時間30分。

グレイ・ライン・ビクトリア

2階建ての観光バスで市内15ヵ所を巡る。1周約1時間30分で自由に乗り降り可能。出発はフェアモント・エンプレス前にあるキオスクから。

CVSツアーズCVS Tours
MAP P.149-B2　FREE (1-877)578-5552
URL www.cvstours.com
The Craigdarroch Castle & More
圏 3月上旬～12月
料 大人$72、子供$24（クレイダーロック城の入場料金含む）
Butchart Gardens & Butterfly Gardens Experience
圏 通年
料 大人$85～、子供$35～（ブッチャート・ガーデンの入園料含む）

グレイ・ライン・ビクトリアGray Line Victoria
MAP P.149-B2
TEL (250)385-6553　FREE (1-855)385-6553
URL sightseeingvictoria.com　圏 2月下旬～10月
料 1日券大人 $60、ユース $38、子供 $15

❓ **観光案内所**

Tourism Victoria Visitor
Information Centre
🗺 **P.149-B1**
🏠812 Wharf St.
☎(250)953-2033
📠(1-800)663-3883
🌐www.tourismvictoria.
com
🕐日～木9:00～17:00
金・土9:00～20:30
休無休

CHECK!

ビクトリアの治安
　都市にしては、治安は比較的良好。しかしダウンタウンの北、旧鉄道駅と夜の市庁舎付近の治安はあまりよくない。浮浪者がたむろしていたり、ドラッグの売人がうろついていたりするので、注意しよう。

チャイナタウンの小径ファン・タン・アレー

ビクトリアの歩き方

　ダウンタウンの中心部は、**インナー・ハーバー**周辺。見どころは広範囲に広がっているので、市バスやツアー、フェリーをうまく利用したい。ブッチャート・ガーデンは街の北約21kmにあるので、市バスやシャトルバスで行くといい。

インナー・ハーバー周辺

　ダウンタウンを南北に走る**ガバメント通りGovernment St.**と**ダグラス通り**がメインストリート。この2本の通りと、南の**州議事堂**から北のジョンソン通りJohnson St.に囲まれた一帯が、ダウンタウンの中心。インナー・ハーバ

州議事堂とインナー・ハーバー

ーの正面にはガバメント通りを挟んでフェアモント・エンプレスが立ち、その北にはビクトリア発祥の地バスチョン・スクエアが、南側には**ロイヤル・ブリティッシュ・コロンビア博物館**や州議事堂がある。コンパクトにまとまった狭いエリアなので、観光は徒歩で十分だ。

ダウンタウン周辺

　ダグラス通りからフォート通りFort St.を東に入ると、小さな店が並ぶ**アンティーク街**があり、その先は住宅街になっている。ビクトリア調の建物や美しい庭園が多く、そぞろ歩きが楽しい一角だ。ダウンタウンの北には**チャイナタウン**が、南には**ビーコン・ヒル公園**がある。いずれもダウンタウンから徒歩圏内だが、チャイナタウンからビーコン・ヒル公園までは徒歩で45分ほどかかる。徒歩で行きづらい**ポイント・エリス・ハウス**へはビクトリア・ハーバー・フェリーで、**クレイダーロック城**へは市バスで行こう。

ⓘ ユースフル・インフォメーション

警察
Victoria Police
🗺 **P.148-A2**
🏠850 Caledonia Ave.
☎(250)995-7654
病院
Victoria General Hospital
🗺 **P.147-B**
🏠1 Hospital Way
☎(250)727-4212
おもなレンタカー会社
Avis
ビクトリア国際空港
☎(250)656-6033

ダウンタウン
🗺 **P.149-B2**
🏠1001 Douglas St.
☎(250)386-8468
Hertz
ビクトリア国際空港
☎(250)657-0380
Budget
ダウンタウン
🗺 **P.149-B2**
🏠724 Douglas St.
☎(250)953-5218
📠(1-800)268-8900

レンタサイクル&スクーター
Cycle BC Rentals
🗺 **P.149-B2**
🏠685 Humboldt St.
☎(250)380-2453
🌐victoria.cyclebc.ca
🕐毎日9:00～19:00
休無休
🚲自転車 1時間$12～、1日$45～
　スクーター
　1時間$25～、1日$100～
　スクーターを借りるには、国際運転免許証が必要。

おもな見どころ

インナー・ハーバー周辺

州議事堂 **MAP P.149-C1**
The Parliament Building

芝生と花々が建物を演出

インナー・ハーバーを見下ろす州議事堂は、ビクトリアの建築家フランシス・ラッテンベリーFrancis Rattenburyの設計により1893年から5年の年月をかけて建てられた。議事堂前の広場にはビクトリア女王の像が立ち、青銅ドームの上にはバンクーバー島を島であると発見したジョージ・バンクーバーの像がある。建物は夜になると約3000個のイルミネーションでライトアップされる。内部は個人でも見学できるが、無料のガイドツアーも催行されている。また議事堂内には、レストラン「Legislative Dining Room」があり、一般にも開放されている。優雅な雰囲気のなかランチを取るのもおすすめだ。

フェアモント・エンプレス **MAP P.149-B2**
The Fairmont Empress Hotel

南に州議事堂、西にインナー・ハーバーを見下ろす好立地にある最高級ホテル。イギリス様式の建築美を感じさせる優雅な

宿泊者以外も必見の高級ホテル

外観は、観光客の記念写真スポットになっている。ホテル内のロビーやラウンジもイギリス調で、1階のティーロビーTea Lobbyでは19世紀から続くアフタヌーンティーを楽しめる（→P.168）。

バスチョン・スクエア **MAP P.149-A1**
Bastion Square

1843年にハドソン・ベイ社によって毛皮交易の拠点が築かれ、ビクトリア発祥の地となった場所。広場周辺の建物は古い外観を残したまま改装されており、現在はカフェやパブとして営業している。

終日にぎわい週4日マーケットも開催

州議事堂
住 501 Belleville St.
TEL (250)387-3046
URL www.leg.bc.ca
ガイドツアー
個 月～金8:30～16:30
土・日9:00～16:40
（時期により変動あり）
料 無料
15人以上の参加は要事前予約。所要約45分。議会開催中はホール見学は不可。
レストラン
TEL (250)387-3959
営 月～木8:30～15:00
金8:30～14:00
休 土・日
レストランへは、入口のスタッフにIDを見せて入る。

荘厳な雰囲気が漂う

フェアモント・エンプレス
（→P.163）

CHECK!
雨の日も楽しい観光スポット
開拓期の街並みや鉄道模型、19世紀に作られたドールハウス、近未来の宇宙空間など85を超すミニチュアの世界が広がる。フェアモント・エンプレスの北側にあり、雨の日の屋内観光におすすめ。
ミニチュア・ワールド
MAP P.149-B2
住 649 Humboldt St.
TEL (250)385-9731
URL miniatureworld.com
個 毎日10:00～18:00
休 無休
料 大人$19、ユース$11、子供$9

細部まで忠実に再現された街並み

バスチョン・スクエア
Bastion Square Public Market
個 木～土11:00～17:30
日11:00～16:00

153

左サイドバー情報

**ブリティッシュ・コロンビア
海洋博物館**
🏠 744 Douglas St.
📞 (250)385-4222
🔗 mmbc.bc.ca
🕐 火～土10:00～17:00
休 日
💰 大人$10、シニア・学生$8

**ロイヤル・ブリティッシュ・
コロンビア博物館**
🏠 675 Belleville St.
📞 (250)356-7226
📠 (1-888)447-7977
🔗 www.royalbcmuseum.
　bc.ca
🕐 毎日10:00～17:00
休 無休
💰 大人$18、シニア・ユース・
　学生$11、子供無料
アイマックス劇場
🕐 毎日10:00～19:00
休 無休
💰 大人$11.95、シニア・ユー
　ス$10.25、学生$10.75、
　子供$5.4

ハトレー城
🏠 2005 Sooke Rd.
📞 (250)391-2666
🔗 hatleycastle.com
💰 寄付程度
ガイドツアー
🕐 5月下旬～9月上旬
　毎日10:30、11:45
　13:45、15:00
　9月上旬～4月上旬
　月～金11:00、13:00
💰 $22

ビーコン・ヒル公園
ビーコン・ヒル子供農場
📞 (250)381-2532
🔗 beaconhillchildrensfarm.ca
🕐 毎日10:00～17:00
　（時期や天候により変動あり）
休 10月中旬～3月
💰 寄付程度

季節の草花を楽しめる

メインコンテンツ

🔱 ブリティッシュ・コロンビア海洋博物館　🗺 P.149-B2
Maritime Museum of British Columbia　★★★

　3万5000点以上の資料を収蔵し、海賊や捕鯨、毛皮交易に関す
る道具など、ビクトリアと海との歴史がわかる幅広い展示を行
う。イギリスからビクトリアまで航行したという丸木船も保管
されている。

🔱 ロイヤル・ブリティッシュ・コロンビア博物館　🗺 P.149-C2
Royal British Columbia Museum　★★★

数々のトーテムポールが並ぶ

　州議事堂の隣に立つ博物館。館
内は3つのフロアに分かれている。
1階には受付やミュージアムショ
ップ、カフェなどがあり、展示は
2階と3階。2階のテーマは、ブリ
ティッシュ・コロンビア州の自然。
氷河期から現在までの気候の変化
やビクトリア周辺の森と海の立体模型などを展示している。3階
は、ブリティッシュ・コロンビア州のインディアンに関する展
示。生活様式や部族の違いなどを、模型などを用いて説明して
いる。毎年春～秋にかけて行われる特別展示も人気。館内には
アイマックス劇場 IMAX Theatre
もある。また、屋外にはトーテム
ポールが立ち並ぶサンダーバード
公園Thunderbird Parkや、1852年
に建てられたヘルムケン・ハウス
Helmcken Houseがある。

インディアンの家屋を再現したマンゴ・マーティン・ハウス

ダウンタウン周辺

🔱 ビーコン・ヒル公園　🗺 P.149-C2～D2
Beacon Hill Park　★★☆

　海に面した広大な公園。街中に花があふれるビクトリアのな
かでも、特に美しい場所として知られており、緩やかな丘にな
った園内にはトーテムポールやローズ・ガーデン、100年の歴史
をもつクリケットコート、ロバ、子ヤギなどの小動物とじかに
触れ合えるビーコン・ヒル子供農場Beacon Hill Children's Farm
や展望台などがある。公園名の由来は、かつてビクトリア南の
海峡内を航行する水夫たちに向けた信号（ビーコンBeacon）と
して、丘の一番高い所にマストを設置した
ことに由来する。丘の最高所は展望台にな
っており、そこから徒歩5分ほどの所には世
界で最も高いトーテムポールが立つ。公園
の南西、ダグラス通りとダラス通りDallas
Rd.の交差点には、トランス・カナダ・ハイ
ウエイの始点「マイル・ゼロMile Zero」の
標識がある。

世界一高いトーテムポール。
その高さは約39m

エミリー・カーの生家
Emily Carr House
MAP P.149-D1

　画家であり作家でもあったエミリー・カー Emily Carr (→P.88) の生家。イギリスから移住してきたエミリーの両親によって1863年に建てられた。イギリス調の優雅な邸宅（インテリア類はビクトリア朝時代の上

当時の姿を再現したリビングルーム

流階級のものが多い）からは、彼女の豊かな想像力を育んだであろう裕福な幼少時代が想像できる。庭のボードには、彼女がどんなにここを好きだったか、その思いが綴られている。邸内1階には客間やダイニングなどがエミリーが住んでいた当時のままに再現されている。ギャラリーやギフトショップのほか、エミリーの生涯を紹介するビデオを上映している部屋もある。

アンティーク街
Antique Row
MAP P.148-A2

　ビクトリアは、カナダ有数の骨董の街。特にフォート通りのブランシャード通りBlanshard St.からクック通りCook St.に挟まれた3ブロックはアンティーク街として知られている。ここ数年、店舗数は減ってきているが、それでもイギリスの陶磁器や銀食器などを取り揃える店があり、掘り出し物が多く集まる。

アンティーク家具も豊富

クレイダーロック城
Craigdarroch Castle
MAP P.148-A2

　スコットランド移民のロバート・ダンスミュア Robert Dunsmuir が1887〜89年にかけて建てた豪奢な邸宅。バンクーバー島中部のカンバランドに石炭の大鉱脈を掘り当て莫

城と形容するのにふさわしい外観

大な富を手にした彼は、妻ジョーンズのためにこの屋敷を建てるのだが、本人は完成を待つことなく急逝し、完成後は残された妻と子供たちが住んだ。邸内には19世紀のステンドグラスやシャンデリア、アンティークの家具が飾られている。

エミリー・カーの生家
🏠 207 Government St.
☎ (250)383-5843
🌐 www.carrhouse.ca
🕐 5〜9月
　火10:00〜15:00
　水〜金13:00〜16:00
　土・日10:00〜16:00
🚫 5〜9月の月、10〜4月
💰 大人$8、シニア・学生$7、
　子供$5

CHECK!
馬車ツアー
　ビクトリアの街中を馬車に乗って巡るツアー。ツアー会社は3社ほどあり、州議事堂の脇にあるメンジース通りMenzies St.から出発する。Victoria Carriage Toursの Beacon Hill Park$230はビーコン・ヒル公園や高級住宅街を回り、お姫様気分が味わえる。
Victoria Carriage Tours
☎ (250)383-2207
📠 (1-877)663-2207
🌐 www.victoriacarriage.com

読者投稿
アンティークショップ
　アンティーク街でアンティークショップ巡りをしました。あまり軒数は多くなかったですが、先住民族の工芸品やイギリス製のアンティークが並び、いかにもビクトリアらしいラインナップで見ているだけでも楽しかったです。
Vanity Fair Antique & Collectibles Mall
MAP P.148-A2
🏠 1044 Fort St.
☎ (250)380-7274
🌐 vanityfairantiques.ca
🕐 月〜土10:00〜17:00
　日12:00〜16:00
🚫 無休
（宮崎県　ひろみ '20）【'23】

クレイダーロック城
🏠 1050 Joan Crescent
☎ (250)592-5323
🌐 www.thecastle.ca
🕐 水〜日10:00〜16:00
🚫 月・火
💰 大人$20.6、シニア$19.6、学生$14.8、子供$10
🚌 市バス#11、#14、#15でフォート通りとファーンウッド通りFernwoodの交差点下車、徒歩4分。

ビクトリア美術館
- 1040 Moss St.
- TEL (250)384-4171
- URL aggv.ca
- 火・水・金・土
  10:00〜17:00
  木13:00〜21:00
  日12:00〜17:00
- 休月
- 料大人$13、シニア・学生
  $11、子供$2.5

ガバメント・ハウス
- 1401 Rockland Ave.
- TEL (250)387-2080
- URL www.ltgov.bc.ca
- 入場自由
ガーデンツアー
- TEL (250)370-5154
- URL fghgs.ca
- 4〜10月
  土10:00、11:30
  要予約。参加者が4人以上
  で催行。
- 料$10
- クレイダーロック城から南
  へ徒歩5分。

火事で焼失し、現在の建物は
20世紀半ばに再建された

ポイント・エリス・ハウス
- 2616 Pleasant St.
- TEL (250)380-6506
- URL www.pointellicehouse.com
- 土・日12:00〜16:00
- 休月〜金
- 料寄付程度($5)
- インナー・ハーバーからビ
  クトリア・ハーバー・フェリ
  ーの水上タクシーに乗船、
  約15分。

CHECK!
中国系移民の歴史を学ぶ
　19世紀のゴールドラッシュ
を皮切りに、BC州にも中国人
労働者のコミュニティが誕生。
ファン・タン・アレーに面した
博物館では、彼らの生活や街
の歴史を知ることができる。
チャイニーズ・カナディアン博
物館
MAP P.149-A2
- 10 Fan Tan Alley
- TEL (250)382-9883
- URL www.chinesecanadian
  museum.ca
- 火〜日11:00〜17:00
- 休月　料入館無料

❀ ビクトリア美術館　MAP P.148-A2
Art Gallery of Greater Victoria

　ダウンタウンの東、高級住宅街にある美術館。1889年に建造
された邸宅を利用しており、規模は小さいながら、カナダやヨ
ーロッパ、日本などアジアから集められた絵画や彫刻1万7000点
余りを収蔵・展示している。ビクトリア出身のカナダを代表す
る画家、エミリー・カーのコレクションもある。

❀ ガバメント・ハウス　MAP P.148-A2
Government House

　イギリス副総督（エリザベス2世女王の代理）の公邸。邸内
へ入ることはできないが、公邸を囲む美しい庭園のみ無料で一
般公開されている。イギリス庭園をはじめ、シャクナゲ園、バ
ラ園、アイリス園などバラエティに富み美しい。

❀ ポイント・エリス・ハウス　MAP P.148-A1
Point Ellice House

当時の生活がそのまま残る

　ダウンタウンの北にあ
るビクトリア様式の邸
宅。1867年にビクトリア
の長官として着任したピ
ーター・オライリーPeter
O'Reillyにより建てられ
た。現在は博物館として
一般に公開されており、
19世紀の豪華なインテリ
アなどを見ることができる。庭園も見事なので、晴れた日には
散歩を楽しもう。

❀ チャイナタウン　MAP P.149-A2
Chinatown

　ガバメント通りを北上しフィスガード通りFisgard St.を西に
入るとすぐ「同済門」が現れる。このあたりがビクトリアのチ
ャイナタウンだ。鉄道敷設と石炭発掘のために来島した中国人
によって開かれたこのエリアには、スーパーや雑貨店、レスト
ランが並ぶ。古くから店を構えるレストラン「Don Mee
（→P.173）」や小径ファン・タン・アレーFan Tan Alleyには、

往時の面影が残って
おり、今なお不思議
なエキゾチズムに出
合える。1870年代に
はサンフランシスコ
以北で最大といわれ
たが、現在はその面
影はなく、こぢんま
りとしている。

フィスガード通りにある同済門

ACTIVITY アクティビティ

オルカウオッチング ORCA WATCHING

カナダ本土とバンクーバー島を隔てるジョージア海峡Strait of Georgia は、世界でも有数のオルカ（シャチ）の生息地。オルカがビクトリアの沖に姿を見せるのは春から秋にかけてで、この時期には多くのツアー会社がウオッチングツアーを催行している。ツアー会社を選ぶ際に注意したいのが、船の種類。ツアーで使用されるボートは、ゾディアックと呼ばれるゴムボートと、屋根付きの高速ボートの大きくふたつに分けられる。高速ボートは揺れも少なく、スピードも速いため遠くまで行くことができる。ゾディアックは屋根がないためかなり寒いが、オルカのすぐ近くまで寄ることができるのが利点だ。同じボートやゾディアックでもトイレが付いていたり、防寒具の無料貸し出しがあったりとさまざまなので、よく検討してからツアー会社を決めよう。

ツアーの途中には、アザラシやトドのコロニーが見られる

ツアー会社のひとつファイブスター・ホエール・ウオッチングFive Star Whale Watchingでは、カタマラン型の高速ボートを使う。ヨットと同じ形状なので、高速ボートのわりに小回りが利くのが特徴だ。船内にはトイレがあるほか、ホットコーヒーのサービスや防水スーツのレンタルもある。防水スーツを着ていても、屋外はかなり冷えるので、中にフリースや薄手のセーターを着たほうがいい。

オルカは群れをなして現れることが多い

オルカウオッチング
Five Star Whale Watching
MAP P.149-B2
TEL (250)388-7223
URL 5starwhales.com
値 4～10月
毎日10:00、14:00
所要約3時間。
料 大人$119、子供$79

フィッシング FISHING

カナダに来たら一度は挑戦してみたいのが、キングサーモン釣り。ジョージア海峡には、キングサーモンやマスが数多く生息しており、クルージングによるフィッシングが盛んな場所でもある。点在する緑豊かな小島と内陸深く切れ込むフィヨルドが造り出す美しい景観に囲まれたこの海峡は、もし釣れなくても十分に心を満たしてくれるはず。クルージングは4時間から1日ツアー、船内で宿泊するツアーなどいくつかのコースに分かれている場合が多く、コースによってメニューもさまざまにあるので、まずは相談してみよう。

フィッシング
Reel Excitement Fishing Charters
TEL (250)642-3410
URL www.salmonexcite ment.com
値 4時間ツアー$280～
6時間ツアー$400～
8時間ツアー$525～
（時期、人数により変動あり）
ツアー料金のほか、フィッシングライセンス（1日$12）が必要。

157

ビクトリアの最旬★注目エリア

オーク・ベイ
Oak Bay

イギリス・チューダー様式の邸宅が並ぶ

オーク・ベイは、ダウンタウンの東約3kmにあるハイソなエリア。
おしゃれなショップを訪ね歩いて、
雑貨やガーデニンググッズをゲットしよう！

MAP P.147-B

🚌市バス#2がオーク・ベイ通りを通っ
てオーク・ベイまで行く。

Foul Bay Rd. ファウル・ベイ通り

フランス雑貨がずらり！
おしゃれなセレクトショップ

French Vanilla
Home & Garden
フレンチ・バニラ・ホーム＆ガーデン

　フランスで仕入れた石鹸や香水、食器や寝具を販売。デンマークの人気インテリアカタログ『Jeanne d' Arc Living Magazine』の掲載商品も代理販売。花の香りのミスト$19.95〜や、クッション$24〜なども揃う。

🏠1848 Oak Bay Ave.　☎(250)592-0422
🌐 www.frenchvanillahome.com
🕐火・水・金・土11:00〜16:00　休月・木・日　💳A M V

1 アンティーク雑貨や一点ものが多い 2 フランス製のオーガニック石鹸も人気

Fell St.

Richmond Ave. リッチモンド通り

Chamberlain St.

White Heather Tea Room
(→ P.168)

ハイセンスでエレガントな
インテリアショップ

Bespoke Design
ベスポーク・デザイン

　食器やクッション、オーナメントなど上品でデザイン性に優れた家具や雑貨を販売する。アメリカやヨーロッパから仕入れており、カナダブランドやローカルのプロダクトも積極的にサポートしている。

🏠1820 Oak Bay Ave.
☎(250)298-1105
🌐 bespokedesign.ca
🕐月〜土11:00〜17:00　休日　💳M V

1 インテリアを中心にキャンドルやフレグランスも販売 2 参考にしたいおしゃれなディスプレイに注目 3 英国ロイヤル・ドルトンのマグカップ$79

Faith Grant's

90年以上続く老舗
アンティークショップで宝探し

フェイス・グランツ

　1929年に創立した老舗店。地元の人が自宅に眠るお宝を売りにきたり、行き場のなくなったアンティークがここに集まってくるそう。18〜19世紀頃の世界中のものを扱う。

🏠1968 Oak Bay Ave.
☎(250)383-0121
🌐www.faithgrantantiques.com
🕐月〜土9:30〜16:30
休日　🅒 M V

①上品かつレトロなティーセット$750。1950年代のもの ②陶器のシガレットボックス$175 ③絵画や大型家具など幅広く取り扱う

Ottavio Italian Bakery & Deli

カジュアルな雰囲気のデリで
気軽に味わうイタリアン

オッタヴィオ・イタリアン・
ベーカリー&デリ

　クロワッサン$4.75などの自家製パンや200種以上のチーズ、パスタなどを販売する老舗のイタリアンデリ。店内奥のカフェスペースでは、パニーニ$10.75〜やパスタ$14.75などの軽食が味わえる。ジェラート$4.25〜も人気。

🏠2272 Oak Bay Ave.
☎(250)592-4080
🌐www.ottaviovictoria.com
🕐火〜土8:00〜18:00
休日・月　💲$15〜
🅒 A M V

①日替わりのパスタ$15.95はサラダも付いてボリューム満点 ②夏季に人気のテラス席もある ③チーズやハムなど専門知識に長けたスタッフがいる

Oak Bay Ave.
オーク・ベイ通り

Hampshire Rd.

Monterey Ave.

Oliver St.

Lazy Suzan's

ビンテージの掘り出し物から
地元アーティストの1点物まで!

レイジー・スーザン

　2022年4月にダウンタウンから移転。1950〜80年代のおもちゃや食器、テキスタイルを中心に扱い、店内奥の工房で編み物などのアート教室も開催する(予約不要、1時間$25〜)。

🏠2039 Oak Bay Ave.
☎(250)412-2115
🕐火〜土10:00〜18:00
休日・月　🅒 A M V

①見ているだけで楽しいキッチン雑貨や食器の数々 ②水を弾くオイルクロスのバッグが売れ筋 ③ロシア伝統のホフロマ塗りの小物入れ$38

Hide + Seek

カナダ産コーヒーと
本格的な焼き菓子が自慢!

ハイド・プラス・シーク

　夫婦で営むおしゃれなカフェ。カナダ産を中心としたコーヒー豆を仕入れている。元パン職人だった奥さんが焼く絶品マフィンやタルトは必食。日曜限定のワッフルも地元っ子に大人気!

🏠2207 Oak Bay Ave.
☎(778)265-0642
🌐www.hideandseekcoffee.ca
🕐月〜金9:00〜15:00
　土・日10:00〜14:00
休無休
💲$5〜
🅒 M V

①コーヒーとバナナチョコレートマフィン ②レコードの優しい音色が響く店内

ブッチャート・ガーデン
美しい花で彩られた4大庭園を巡る

春には花々のつぼみがいっせいに開き、さわやかな香りに包まれるブッチャート・ガーデン。
ぜひ訪れたい、
4つの代表庭園を巡りましょう。

星の池の中央にはカエルの噴水が

ブッチャート・ガーデンってこんなトコ

㊙の街ビクトリア」を象徴する、面積22万㎡のイングリッシュ・ガーデン。ジョニー・ブッチャート氏が夫人とともに、石灰石採掘場の跡地に花を植えたのが始まり。庭園は大きく、サンクン・ガーデン、ローズ・ガーデン、日本庭園、イタリアン・ガーデン、地中海の庭に分かれる。

おすすめ観光タイム 1時間30分〜

庭園は1時間30分あれば十分に巡れる。散策をして疲れたら園内のカフェに入るのもいい。

ブッチャート・ガーデン The Butchart Gardens
MAP P.147-A ★★★
📍800 Benvenuto Ave. 📞(250)652-4422
📠(1-866)652-4422 🌐www.butchartgardens.com
🕐【3月、10月】毎日9:00〜16:00
【4・5月、9月中旬〜末】毎日9:00〜17:00
【6月〜9月中旬】日・月9:00〜17:00、火〜土9:00〜22:00
【11月、1・2月】毎日9:00〜15:30
【12月】毎日15:00〜21:00
🈳無休 💰大人$24.75〜38(時期により変動あり)
🚌ダグラス通りから市バス#75(#30、#31が途中のRoyal Oak Exchangeで#75になる便もある)で所要約1時間。便によってはブッチャート・ガーデンのゲートに停まらないので乗車時に確認を(土・日は減便あり)。スワーツ・ベイのフェリーターミナルからは市バス#81で所要約50分。

トーテムポール
高さ9.1mのトーテムポールが2本並ぶ。庭園100周年を記念して建てられた。

ロス噴水
庭園60周年記念に、ブッチャート夫妻の孫イアン・ロス氏が建設。水は高さ21mまで上がる。

見晴らし台から見下ろしたサンクン・ガーデン

＼Check／

夏の夜は花と花火が楽しめる
夏は土曜日限定で、音楽とともに始まる打ち上げ花火や仕掛け花火のショーを開催。
🈺7月上旬〜9月上旬　土20:45〜22:15に開始
(時期により変動あり)

イノシシの像
鼻を触ると幸福が訪れるという。イタリアのフィレンツェにオリジナルがある。

看板
ガーデンの出発点には、季節ごとの花で飾られたボードが。前で記念写真を撮る人も多い。

【地図内ラベル】
ブッチャート入江
チョウザメの噴水 Sturgeon Fontain
ダイニング・ルーム・レストラン Dining Room Restaurant
ローズ・メリーゴーラウンド Rose Carousel
星の池 Star Pond
ブルー・ポピー Blue Poppy
沼の庭 Bog Garden
見晴らし台
コーヒーショップ
ガーデン入口
ギフトショップ
地中海の庭へ Mediterranean Garden
車入口
① ② ③ ④

← 観光ルート
ℹ️ インフォメーション
🅿️ 駐車場
🚻 トイレ
📶 無料 Wi-Fi

1 サンクン・ガーデン
Sunken Garden

　ガーデン最大のハイライト。見晴し台から花々を眺めることができ、カラフルなパレットのように整然と並ぶ様子が美しい。石灰石の採掘場であったこの場所を夫人が「沈んだ庭」と呼んだことから名がついた。

2 ローズ・ガーデン
Rose Garden

　7月から8月末までは色鮮やかなバラが咲き乱れ、甘い香りが漂う。バラのアーチや願いの井戸などがあり、ロマンティックな雰囲気だ。唯一ローズ・ガーデンのバラにだけ、品種名のプレートが立てられている。

3 日本庭園
Japanese Garden

　ブッチャート入江を望む場所に造られた、落ち着いた雰囲気の日本庭園。日本人庭師、岸田伊三郎氏の協力で設計されており、赤い鳥居や灯籠が見られる。モミジが多く植えられているので、秋の紅葉の美しさでも有名。

4 イタリアン・ガーデン
Italian Garden

　かつてテニスコートがあった場所に造られた、こぢんまりとしたガーデン。隣には、ブッチャート氏が観賞用カモのためにデザインさせた、星の池が。池には蓮の花が浮かび、周りに色とりどりの花が見られる。

ブッチャート・ガーデンフラワーカレンダー

1月	2月	3月	4月	5月	6月	7月	8月	9月	10月	11月	12月

水仙、チューリップ、桜
コスモス、ダリア、サルビア
アラビス、パンジー
アヤメ
マリーゴールド、アネモネ、ベゴニア
シャクナゲ、藤
スイートピー、牡丹
ルピナス、ブルー・ポピー、シャクヤク、ハンカチの木

チューリップ
パンジー
ブルー・ポピー
バラ
ダリア

ダンカンへの行き方

BCトランジット社
　ビクトリアから市バス#44で約1時間30分。1日3便。5〜10月にはトフィーノ・バスも1日1便前後運行。時刻表・運賃はウェブサイトを要確認（→P.142）。

❓ 観光案内所

Cowichan Regional Visitor Centre
🏠2896 Drinkwater Rd.
☎(250)746-4636
FAX(1-888)303-3337
URLduncancc.bc.ca
開月〜金9:00〜17:00
　土・日10:00〜16:00
　（時期により変動あり）
休無休

カウチン渓谷博物館
☎(250)746-6612
URLwww.cowichanvalley museum.bc.ca
開毎日13:00〜16:00
休無休
料寄付程度

ブリティッシュ・コロンビア森林発見センター
☎(250)715-1113
URLbcforestdiscoverycentre. com
開4月中旬〜9月下旬
　木〜月10:00〜16:30
休4月中旬〜9月下旬の火・水、9月下旬〜4月中旬
料大人$16〜18
交ダンカンからトランス・カナダ・ハイウエイを車で15分ほど北上、右側。

シュメイナスへの行き方

長距離バス
　5〜10月のみ、ビクトリアからトフィーノ・バスが1日1便前後運行。所要約1時間25分。時刻表・運賃はウェブサイトを要確認（→P.142）。

❓ 観光案内所

Chemainus Visitor Centre
🏠102-9799Waterwheel Crescent
☎(250)737-3370
URLwww.chemainus.bc.ca
開毎日10:00〜16:00
休無休

エクスカーション

🍁 ダンカン
Duncan
MAP P.145-B4 ★★☆

　ビクトリアの北西60km余りの所にあるダンカンは、インディアンに興味のある人にとって見逃せない場所。町のすぐそばには、カウチンセーター（→P.115）で知られるカウチン族の居住地がある。町のいたるところに彼らの製作したトーテムポールが立っており、総数は80本を超える。観光案内所では、それらのトーテムポールを見学しながら散策することができるウオーキングガイドマップを配布しているので、ぜひ入手しよう。

　町の中心は、鉄道駅を中心とした半径100m四方。トランス・カナダ・ハイウエイ沿いに大型のショッピングモールがあり、ビクトリアからのバスが発着するバスディーポや観光案内所もショッピングモールの一角にある。

　見どころとしては、鉄道駅の構内にあるカウチン渓谷博物館 The Cowichan Valley Museumがある。19世紀頃の開拓者たち

の生活の様子について学ぶことができ、商業や農業、鉄道駅の建設に関する展示がディスプレイされている。また郊外には、この地方の森林開発の歴史を学ぶことができるブリティッシュ・コロンビア森林発見センター B.C. Forest Discovery Centre がある。

🍁 シュメイナス
Chemainus
MAP P.145-B4 ★★☆

　ダンカンの隣町シュメイナスは、たったひとつの産業であった製材所の閉鎖を機に、壁画で町おこしに成功した「壁画の町」。今では年間40万人もの観光客が訪れるほどの人気を誇る。穏やかな町の雰囲気と壁画に導かれ、アンティークショップやブティックをのぞきながら、のどかな散歩を楽しみたい。観光案内所で地図をもらったら、坂の上から壁画見学。その後、観光案内所前の広場からゲートをくぐって坂の下にある旧市街へと進もう。メープル通りMaple St.を北に歩けば夏にはアザラシが泳ぐ海に出る。一周しても1時間もかからないほどのこぢんまりとした町だが、レストランはウィロウ通りWillow St.沿いに何軒かある。

セレブ気分を堪能できる高級ブリティッシュホテル

British Hotel

イギリス文化が色濃く残る、ビクトリアならではのエレガントなホテル。アンティークの家具に囲まれて、優雅なひとときを過ごすのはいかが？

[インナー・ハーバー周辺] 🛁 [TV] 💨 🍸 🔒 💻

英国王室御用達のビクトリア最高級ホテル
The Fairmont Empress Hotel

フェアモント・エンプレス [MAP] P.149-B2

1908年創業の最高級ホテルで、英国王室がビクトリアを訪れる際の常宿。部屋に配されているアンティークな調度品やファブリックは趣たっぷり。1階ロビーにあるティールームでは英国式の本格アフタヌーンティー(→P.168)も楽しめる。ロビー前にはガーデンもある。

[住]721 Government St.
[TEL](250)384-8111
[FREE](1-866)540-4429
日本の予約先[無料]0120-951096
[URL]www.fairmont.com/empress-victoria
[料][HIGH]5〜9月ⓈⒹ$549〜
[LOW]10〜4月ⓈⒹ$305〜
[CC]A M V
[室]464室
[館内設備]レストラン(2軒)、バー(1軒)、スパ、プール

1 フェアモント・ルームはクラシックな雰囲気 2 レストラン「Q At The Empress」では前菜、メイン、デザートが選べるプリフィクス・コースがある 3 5〜9月は屋外レストラン「The Veranda」がオープン 4 屋内プールもある

[ダウンタウン東部] 🛁 [TV] 💨 🍸 🔒 💻

まるで絵本の世界のような重厚感あるチューダー調ホテル
Abigail's Hotel

アビゲイルズ [MAP] P.148-A2

1930年代に建てられたチューダー様式の建物を改装したホテル。入口付近のガーデンは、春から夏にかけて色とりどりの花で埋め尽くされる。客室にはアンティークな家具が配され、ロマンティック。毎日メニューが変わる3コースの朝食や夕方の軽食が料金に含まれている。

[住]906 McClure St.
[TEL](250)388-5363
[FREE](1-800)561-6565
[URL]www.abigailshotel.com
[料][HIGH]5月〜9月下旬ⓈⒹ$259〜
[LOW]9月下旬〜4月ⓈⒹ$199〜
朝食付き
[CC]A M V
[室]23室
[館内設備]スパ
※13歳以下の子供は宿泊不可

1 4階建てで、エレベーターはない 2 ロビー横には宿泊客向けの図書館も 3 朝食では自家製パンや日替わりのメインディッシュが楽しめる 4 ベッドの天蓋とシャンデリアが配されたサファイア・ルーム

🛁 バスタブ 🛁 一部客室
[TV] テレビ [TV] 一部客室
💨 ドライヤー 💨 貸し出し
🍸 ミニバーおよび冷蔵庫 🍸 一部客室
🔒 セーフティボックス 🔒 フロントにあり
💻 Wi-Fi(無料) 💻 Wi-Fi(有料)

HOTEL

ビクトリアのホテル

ブリティッシュ・コロンビア州きっての観光の街であるビクトリアには、プールやバルコニー、ガーデンなどが付いているリゾートタイプのホテルが充実している。ダウンタウン中心部のインナー・ハーバーを囲むように高級ホテルが並んでいる。高級ホテルのほとんどはスパやマッサージを併設しており、レベルもカナダ国内では屈指の高さという評判。

エコノミーなホテルを探しているなら、バスディーポの南を走るベルヴィル通りBelleville St.とその3本北を走るブロウトン通りBroughton St.の間や、デパート「Hudson's Bay」の北側、州議事堂西側のケベック通りQuebec St.沿いへ。このあたりにはビジネスタイプのホテルやモーテルが多い。B&Bも市内各所に点在している。オーナーのセンスが光る、アンティーク調の優雅なものから、手頃な価格で泊まれるところまでバリエーションも豊富なので、好みのB&Bを見つけよう。

高級ホテル

Hotel Grand Pacific

グランド・パシフィック　[MAP] P.149-C1

州議事堂のそばにある高級ホテル。設計に中国の風水を取り入れており、環境との調和を考えた造りになっている。プール、フィットネスセンター、スパ、サウナ、ジャクージ完備。客室は全室バルコニー付き。オルカウオッチングツアーなども催行。

インナー・ハーバー周辺

[住]463 Belleville St.
[TEL](250)386-0450
[FREE](1-800)663-7550
[URL]www.hotelgrandpacific.com
[料][HIGH]6～9月ⓈⒹ$244～
[LOW]10～5月ⓈⒹ$146～
Tax別
[CC]A J M V
[室]304室

Inn at Laurel Point

イン・アット・ローレル・ポイント　[MAP] P.149-B1

インナー・ハーバー沿いに立つ高級ホテル。客室は全室バルコニー付きで、ほぼすべての部屋からインナー・ハーバーが見渡せる。レストラン、屋内プール、フィットネスセンターといった設備も整っている。敷地内に日本庭園もある。

インナー・ハーバー周辺

[住]680 Montreal St.
[TEL](250)386-8721
[FREE](1-800)663-7667
[URL]www.laurelpoint.com
[料][HIGH]5月～10月上旬ⓈⒹ$305～
[LOW]10月上旬～4月ⓈⒹ$230～
Tax別
[CC]A M V
[室]200室

The Magnolia Hotel & Spa

マグノリア・ホテル&スパ　[MAP] P.149-B2

行き届いたサービスをモットーとしている、AAAの4ダイヤモンドに認定されている高級ホテル。室内はゆったりと広く、白を基調としたなかに茶の家具が配され、優雅な雰囲気。レストランのほか、ロビー横にスパを併設している。

インナー・ハーバー周辺

[住]623 Courtney St.
[TEL](250)381-0999
[FREE](1-877)624-6654
[URL]www.magnoliahotel.com
[料][HIGH]5～9月ⓈⒹ$290～
[LOW]10～4月ⓈⒹ$215～
Tax別　朝食付き
[CC]A M V
[室]64室

Victoria Marriott Inner Harbour

ビクトリア・マリオット・インナー・ハーバー　[MAP] P.149-B2・C

インナー・ハーバーから徒歩5分ほどの所にある、大型の高級ホテル。ダブルベッドが備え付けられた客室はゆとりのあるサイズで、最新の設備が整えられている。レストランやバー、プール、フィットネスセンター、サウナ、ジャクージあり。

インナー・ハーバー周辺

[住]728 Humboldt St.
[TEL](250)480-3800
日本の予約先[FREE]0120-142890
[URL]www.marriottvictoria.com
[料][HIGH]5～9月ⓈⒹ$357～
[LOW]10～4月ⓈⒹ$274～　Tax別
[CC]A M V
[室]236室

バスタブ　テレビ　ドライヤー　ミニバーおよび冷蔵庫　セーフティボックス　Wi-Fi(無料)
一部客室　一部客室　貸し出し　一部客室　フロントにあり　Wi-Fi(有料)

高級ホテル

Swans Suite Hotel

スワンズ・スイート　[MAP] P.149-A1

1913年に建てられた倉庫を改装したホテル。3羽並んだ白鳥の看板が目印。4タイプある客室すべてにキッチンが付いている。ホテル内には「Swans Brewery Pub」（→P.167）や、ワイン&ビールショップ、レストランもある。全室禁煙。

ダウンタウン北部

[住]506 Pandora Ave.
[TEL](250)361-3310
[URL]www.swanshotel.com
[料][HIGH]6月下旬～9月ⓈⒹ$195～
[LOW]10月～6月下旬ⓈⒹ$145～
Tax別
[CC]A M V
[室]30室

Delta Victoria Ocean Pointe Resort

デルタ・ビクトリア・オーシャン・ポイント・リゾート　[MAP] P.149-A1

インナー・ハーバーの対岸にある高級ホテル。客室は広々しており、窓のサイズが大きくとられているので眺望も抜群だ。開放感のある屋内プールやスパ、サウナなどを完備。ホテル周辺には散策路が整備されている。

ダウンタウン周辺

[住]100 Harbour Rd.
[TEL](250)360-2999
日本の予約先[無料]0120-142890
[URL]www.marriott.co.jp
[料][HIGH]6～9月ⓈⒹ$336～
[LOW]10～5月ⓈⒹ$316～　Tax別
[CC]A J M V
[室]240室
[交]インナー・ハーバーからビクトリア・ハーバー・フェリーのハーバー・ツアーに乗船、約5分。

中級ホテル

Huntingdon Manor

ハンチントン・マナー　[MAP] P.149-B1

緑に囲まれた場所に立ち、白を基調とした外観が印象的。ロビーや客室のインテリアもイギリスのアンティーク調に統一されており優雅な雰囲気。向かいにある「Pendray Inn & Tea House」（→P.169）ではアフタヌーンティーが楽しめる。

インナー・ハーバー周辺

[住]330 Quebec St.
[TEL](250)381-3456
[FREE](1-800)663-7557
[URL]huntingdonmanor.com
[料][HIGH]6月～9月中旬ⓈⒹ$163～
[LOW]9月中旬～5月ⓈⒹ$159～
Tax別
[CC]A M V
[室]113室

Strathcona Hotel

ストラスコーナ　[MAP] P.149-B2

クラシカルな外観が印象的なホテル。併設して若者に人気のパブ「The Sticky Wicket」や、さまざまなイベントが催されるクラブがありナイトライフにも活躍する。部屋はシンプルだが、クラブやパブが入っているため、週末は少しうるさい。

インナー・ハーバー周辺

[住]919 Douglas St.
[TEL](250)383-7137
[FREE](1-800)663-7476
[URL]www.strathconahotel.com
[料][HIGH]6月中旬～9月ⓈⒹ$223～
[LOW]10月～6月中旬ⓈⒹ$133～
Tax別　朝食付き
[CC]A M V
[室]69室

Chateau Victoria Hotel & Suites

シャトー・ビクトリア・ホテル&スイート　[MAP] P.149-B2

値段のわりに施設が充実しており、割安感がある。18階にあるレストランはビクトリア唯一の展望レストランで、ダウンタウンを一望しながらの食事が楽しめる。ホテルの前からブッチャート・ガーデンへ行く市バスが出る。

インナー・ハーバー周辺

[住]740 Burdett Ave.
[TEL](250)382-4221
[FREE](1-800)663-5891
[URL]www.chateauvictoria.com
[料][HIGH]5～9月ⓈⒹ$229～
[LOW]10～4月ⓈⒹ$163～
Tax別
[CC]A M V
[室]177室

Best Western Carlton Plaza

ベストウエスタン・カールトン・プラザ　[MAP] P.149-A2

ダウンタウンの中心にある中級ホテル。客室の内装はシンプルだが、十分な広さ。スイートルームはオーブンが使えるキッチンを完備している。館内にレストラン（朝・昼のみ）、ビジネスセンター、ツアーデスク、フィットネスセンターがある。

インナー・ハーバー周辺

[住]642 Johnson St.
[TEL](250)388-5513
[FREE](1-800)663-7241
[URL]www.bestwesterncarltonplazahotel.com
[料][HIGH]5～10月ⓈⒹ$185～
[LOW]11～4月ⓈⒹ$109～
Tax別
[CC]A J M V
[室]103室

エコノミーホテル

Days Inn by WyndhamVictoria on the Harbour
デイズ・イン・バイ・ウィンダム・ビクトリア・オン・ザ・ハーバー [MAP] P.149-B1

中心部から好アクセスのインナー・ハーバーの目の前に建つホテル。シンプルで清潔な客室はすべてコーヒーメーカー付き。中にはオーシャンビューが見られる部屋もある。ほか、ホットタブやプール、レストランやバーなどの設備も充実。

インナー・ハーバー周辺
[住]427 Belleville St.
[TEL](250)386-3451
[FREE](1-800)665-3024
[URL]www.daysinnvictoria.com
[料]ⓈⒹ$121～
Tax別
[CC]A D J M V
[室]71室

Quality Inn Downtown Inner Harbour
クオリティ・イン・ダウンタウン・インナー・ハーバー [MAP] P.149-B2

インナー・ハーバーから2ブロックほどの中心部にあり、バスディーポも目と鼻の先。規模は大きくないが屋内プールやフィットネスセンター、ふたつのダイニングを併設し、英国式のパブ「Smith' s Pub」には地元客も集う。

インナー・ハーバー周辺
[住]850 Blanshard St.
[TEL](250)385-6787
[FREE](1-800)661-4115
[URL]www.victoriaqualityinn.com
[料]ⓈⒹ$107～ Tax別
[CC]A D J M V
[室]63室

B&B

Marketa's B&B
マルケタズ B&B [MAP] P.148-A1

築110年を超すビクトリア様式の邸宅を改装し、クラシカルな気分に浸れるB&B。自家製ソースが食欲をそそるエッグベネディクト、モントリオール風ベーグルなど朝食に定評があり、庭で摘んだばかりのハーブや果物も食卓を彩る。

インナー・ハーバー周辺
[住]239 Superior St.
[TEL](250)384-9844
[URL]www.marketas.com
[料][HIGH]バス付きⓈⒹ$262～ バス共同ⓈⒹ$189～
[LOW]バス付きⓈⒹ$192～ バス共同ⓈⒹ$155～ Tax別 朝食付き
[CC]M V
[室]7室

The Carriage House
キャリッジ・ハウス [MAP] P.149-D1

閑静な住宅街に佇むビクトリア調の建物が印象的。英語教師のダンさんと日本人の直子さん夫婦がホスト。バス付きの部屋は2室で、天井に窓が取られておりロマンティック。インナー・ハーバーからは徒歩7分ほど。

ダウンタウン南部
[住]596 Toronto St.
[TEL](250)882-9860
[FREE](1-877)384-0711
[URL]www.carriagehousebandb.ca
[料]バス付きⓈⒹ$95～130
コテージ$160～180
Tax別 朝食付き
[CC]A M V
[室]2室、コテージ1室

ユースホステル

Turtle Hostel
タートル・ホステル [MAP] P.148-A2

2階建ての民家を改装し、亀をモチーフにした緑と黄色の個性的な外観が目印。館内はやや古びているが、スタッフはフレンドリーで観光の相談にも快く応じてくれる。中心部までは徒歩10分ほど。コスパ重視で泊まりたい人にうってつけ。

ダウンタウン東部
[住]1608 Quadra St.
[TEL](250)381-3210
[URL]www.turtlehostel.ca
[料]ドミトリー$28.5～ ⓈⒹ$50～ Tax別
[CC]不可
[室]10室、20ベッド

Ocean Island Backpackers Inn
オーシャン・アイランド・バックパッカーズ・イン [MAP] P.149-A2

1日3回、清掃を行っており、安全で清潔。夏季には旅行者で混み合う。個室は部屋のタイプによって料金が異なり、プライベートルームや4人で泊まれるファミリールームもある。1階にバーがあるため夜はやや騒がしい。

ダウンタウン東部
[住]791 Pandora Ave.
[TEL](250)385-1789
[FREE](1-888)888-4180
[URL]www.oceanisland.com
[料]ドミトリー$40～ ⓈⒹ$90～ Tax込み
[CC]A M V
[室]90室、200ベッド

ビクトリア名物
イギリススタイルの地ビールで乾杯！

地ビールの醸造が盛んなビクトリアは、ブリューパブが豊富。
この地で味わいたいのがエールビール。英国文化が根強く残っているため、
ラガーよりこちらのほうが主流なのだ。

ダウンタウン西部

オーシャンビューが望める
カナダ最古のブリューパブ
Spinnakers Brewpub

スピナカーズ・ブリューパブ　　MAP P.148-A1

　1884年にオープンした、老舗のブリューパブ。約20種の地ビールやビールカクテルなど、さまざまな種類が味わえる。ビールのおともにぴったりな料理は、サーモンやムール貝など近海でとれた魚介が中心。テラス席から望む港の景色と共に、至福のひとときを満喫しよう。

🏠308 Catherine St.
☎(250)386-2739
📠(1-877)838-2739
🌐www.spinnakers.com
🕐毎日9:00～23:00
🚫無休
💴$15～
💳A M V
🚌市バス#15でエスキモルト通りEsquimaltとキャサリン通りCatherineの交差点下車。徒歩3分。

1 ビールテイスティング$8～。ペールエールなど全4種のビールが楽しめる　**2** ガーリックが効いた、アサリの白ワイン蒸し$24　**3** ヨットが描かれた看板が目印　**4** 窓からオーシャンビューが望める

ダウンタウン北部

醸造所をもつ老舗パブで
できたてビールを満喫
Swans Brewery Pub

スワンズ・ブリュワリー・パブ　　MAP P.149-A1

　Swans Suite Hotel（→P.165）にある、約100年の歴史を誇るパブ。併設した醸造所で作るできたての地ビールは格別！　全7種のクラフトビールを始め、バンクーバーなどほかの地域の地ビールや季節限定ものなど、豊富な品揃えが自慢。フィッシュ＆チップス$22～などの軽食もある。

🏠506 Pandora Ave.
☎(250)940-7513
🌐swanshotel.com
🕐火・水11:00～22:30　木11:30～23:00
　金・土11:30～翌1:00　日11:30～22:00
🚫月
💴$20～
💳A M V

1 ビール$7.5～。女性でも飲みやすいラズベリー入りのものもある　**2** カリカリに揚げたカラマリ（イカフライ）$15.5はビールにぴったり！　**3** サーバーからつがれたビールは最高！　**4** 歴史的な建造物を利用している

英国貴族の気分を味わう
うっとりアフタヌーンティー

英国文化の残るビクトリアでは、アフタヌーンティーをぜひ楽しんで。
どのティールームに行くか迷ったときは、シチュエーションで選ぶのが正解です。

[1] 3段の皿に盛られたキュウリやサーモンのサンドイッチ、スコーン、タルトなど。季節のフルーツも付く [2] テーブルウェアはイギリス王室御用達のロイヤルドルトン製 [3] ジーンズや短パン、サンダルでの入店は不可なので注意しよう

[1] ふたり分の3段トレイ。スコーンを使ったサンドイッチが自慢で、紅茶はバニラの香りが漂うMad Hatterが人気 [2] ポップでかわいらしい色合いに統一された店内 [3] 外観はシンプル

インナー・ハーバー周辺

伝統的アフタヌーンティーなら
歴史的な一流ホテルで
The Fairmont Empress Hotel

フェアモント・エンプレス　　　　　**MAP** P.149-B2

　1908年のホテル創業以来、エリザベス2世女王をはじめ数々の著名人も味わった由緒正しきアフタヌーンティーを楽しめる。雅やかなロビーで供されるスコーンやケーキなどはすべて一流シェフの手作り。料金はひとり$89〜（時期により変動あり）。要予約。

🏠 721 Government St.
☎ (250)389-2727
🌐 www.fairmont.com/empress-victoria
🕐 月〜水11:00〜15:00
　　木〜日11:00〜17:30
休 無休
CC A J M V

郊外（オーク・ベイ）

ショッピング中に寄りたい
オーク・ベイの名物ティールーム
White Heather Tea Room

ホワイト・ヘザー・ティールーム　　**MAP** P.158

　オーク・ベイ通りにある瀟洒なティールーム。アフタヌーンティーのメニューは小サイズのひとり分The Wee Tea $42と看板メニューのThe Big Muckle Tea $60の2種類。スコーンもお菓子も自家製。オリジナルブレンドの紅茶は数種類から選べるのもうれしい。

🏠 1885 Oak Bay Ave.
☎ (250)595-8020
🌐 www.whiteheather-tearoom.com
🕐 木〜土11:30〜15:00
　　（アフタヌーンティーは11:30〜、入店は13:45まで）
休 日〜水　CC M V
🚌 市バス#2で11分、オーク・ベイ通りとチェンバーレイン通りChamberlain St.との交差点下車、徒歩1分。

アフタヌーンティーの起源

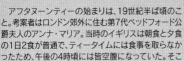

アフタヌーンティーの始まりは、19世紀半ば頃のこと。考案者はロンドン郊外に住む第7代ベッドフォード公爵夫人のアンナ・マリア。当時のイギリスは朝食と夕食の1日2食が普通で、ティータイムには食事を取らなかったため、午後の4時頃には皆空腹になっていた。そこでマリアは、午後のティータイムに、紅茶と一緒にサンドイッチやスコーンを食べ、ゲストにも同じように振る舞った。これがアフタヌーンティーの起源といわれている。評判を呼んだアフタヌーンティーはやがて英国貴族の間に広まり、優雅な社交の場として発展していった。

1 美しい庭園が望める窓際の席。季節ごとに変わるスイーツやサンドイッチを頂く 2 上品な木製のアンティーク家具で飾られた内装 3 観光地から少し離れた静かな場所に立つ、歴史的な建物

1 アフタヌーンティーの料金はひとり$45.5。季節替わりのフルーツのトライフルなどがわいらしいスイーツを味わえるテラス席もある 2 目の前に広がるガーデンをひとり占めできる贅沢なテラス席もある 3 レストランはローズ・ガーデンに隣接している

インナー・ハーバー周辺

歴史的建物の美しい庭で
開放的なティータイムを

Pendray Inn & Tea House

ペンドレイ・イン・アンド・ティー・ハウス　**MAP P.149-B1**

1800年代後半に造られた、ビクトリア様式の建物を利用したホテル。豪華でありながら落ち着いた内装や家具が飾られたホテル内のカフェレストランでは、アフタヌーンティー$62～が人気。TWGなどを始め、10種類以上の中から好きな紅茶を選べる。ビーガンアフタヌーンティーのセットもある$66。来店前には予約していこう。

🏠 309 Belleville St.　☎ (250)388-3892
🌐 www.pendrayinnandteahouse.com
🕐【モーニング】毎日7:00～10:00
【アフタヌーンティー】月～木11:00～14:00
金～日11:00～16:00
🚫 無休　💳 A M V

郊外

ガーデン内のティールームで
花を見ながらティータイム

The Dining Room Restaurant

ダイニング・ルーム　**MAP P.147-A**

ブッチャート・ガーデン（→P.160）内のレストラン。季節の植物に囲まれてアフタヌーンティーが楽しめる。紅茶は9種類のブレンドから選べ、自家製のスコーンやジャムも美味。シーズンオフでも混み合うので、事前に電話か園内のインフォメーションで予約しよう。ジャムや紅茶は売店で購入することも可能。

🏠 800 Benvenuto Ave.
☎ (250)652-8222　📠 (1-866)652-4422
🌐 www.butchartgardens.com
🕐【アフタヌーンティー】毎日11:00～15:00
（時期により変動あり）
🚫 無休　💳 M V

ビクトリアのレストラン

インナー・ハーバーの周辺、ガバメント通りやワーフ通りWharf St.を中心にカジュアルなレストランが並んでいる。港沿いには観光客向けのレストランが多く、ロケーションがいい代わりにやや割高な店もある。地元の人が行く店は、ダグラス通りの東側に集中している。バンクーバー島でおいしいものといえばやはりシーフード。サーモンにオイスター、ロブスターと新鮮な食材が揃っているので、ぜひ一度は味わってみよう。そのほかにもステーキやイタリア料理、日本料理とレストランの選択肢も幅広い。ダウンタウンの北には小さいながらもチャイナタウンが広がり、本格的な中華料理を提供するレストランが並ぶ。バンクーバーよりも比較的治安がいいので、夜遅くまで営業している店も多い。地ビールを味わえるパブも人気。イギリス文化の伝統が色濃く残るビクトリアでは、アフタヌーンティーはぜひとも楽しみたいもののひとつだ（→P.168）。

10 Acres Commons
10 エーカーズ・コモンズ　　MAP P.149-B2

歴史ある建物を改装した高級感溢れるレストラン。シーフードをはじめ、野菜や肉も地元産にこだわり、繊細で彩り豊かな料理に仕上げる。素材の味を生かしたサーモン料理や新鮮な生ガキ、ワインも100種類以上揃える。

インナー・ハーバー周辺
🏠620 Humboldt St.
☎(250)220-8008
URL10acreskitchen.ca
🕐月〜日12:00〜24:00
　日12:00〜23:00
🚫無休
💰$40〜
💳A M V

Ferris' Oyster Bar & Grill
フェリス・オイスター・バー＆グリル　　MAP P.149-A2

1階はカジュアルなレストランで、バンクーバー島近海で取れるカキを使った多彩な料理が楽しめる。カクテルソースやポン酢で味わう生ガキは1個$3.5。日本風のカキフライやカキの薫製もある。2階は洗練されたオイスター・バー。

インナー・ハーバー周辺
🏠536 Yates St.
☎(250)360-1824
URLwww.ferrisoysterbar.com
🕐毎日11:30〜23:00
　オイスター・バー
　日・水・木17:00〜21:00
　金・土17:00〜22:00
　（時期により変動あり）
🚫オイスター・バー月・火
💰$10〜　💳A J M V

Barb's Fish & Chips
バーブス・フィッシュ＆チップス　　MAP P.148-A1

フィッシャーマンズ・ワーフ（波止場）にあるオープンエアのシーフード専門店。看板メニューのフィッシュ&チップスは$14.99〜。コールスローサラダ付き。シーフードバーガーはタラ$14.9、サーモン$15.99、オイスター$15.99。

ダウンタウン西部
🏠1 Dallas Rd.
☎(250)384-6515
URLwww.barbsfishandchips.com
🕐3月中旬〜11月　毎日11:00〜20:00
🚫12月〜3月中旬
💰$5〜
💳A M V
🚢インナー・ハーバーからビクトリア・ハーバー・フェリーのハーバー・ツアーに乗船、約10分。

Red Fish Blue Fish
レッド・フィッシュ・ブルー・フィッシュ　　MAP P.149-B1

コンテナ車を利用した屋外レストラン。インナー・ハーバーの桟橋上にある。近郊で取れた魚を軽食で味わうことができ、フィッシュ&チップスは$15〜。オヒョウ、タラ、サーモンから選べる。チャウダー$6もおすすめ。11〜2月は休業。

インナー・ハーバー周辺
🏠1006 Wharf St.
☎(250)298-6877
URLwww.redfish-bluefish.com
🕐3〜10月
　毎日11:00〜20:00
　（時期により変動あり）
🚫11〜2月
💰$13〜　💳M V

シーフード

Pagliacci's

パグリアッチーズ

MAP P.149-B2

　地元の人から観光客まで、さまざまな人でにぎわう人気のイタリア料理店。1979年オープンの老舗で、広々とした店内には昔の映画のポスターや俳優の写真が飾られており、メニューにもすべて映画のタイトルや俳優の名前が付けられている。人気のヘミングウェイ・ショート・ストーリー$20〜は、3種類のチーズと濃厚なクリームソースがかかったトルテリーニ。一緒に出てくる自家製のパンは、外はカリッと、中はもっちもちでおいしい。

人気の1品、ヘミングウェイ・ショート・ストーリー

日〜木曜の20:00からは店内でライブがある

インナー・ハーバー周辺

- 1011 Broad St.
- (250)386-1662
- www.pagliaccis.ca
- 月〜木11:30〜22:00
  金・土11:30〜23:00
  日10:00〜22:00
- 無休
- ランチ$15〜、ディナー$30〜
- A M V

Il Terrazzo

イル・テラッツォ

MAP P.149-A2

　過去に数回、ビクトリアのベスト・イタリアンの店に選ばれている。店内はいくつもの部屋に分かれている。メニューも豊富で、パスタは$24〜。窯焼きのピザ$19〜、メインは$33〜。ランチはリングイネ・マルコポーロ$25もおすすめ。

インナー・ハーバー周辺

- 537 Johnson St.
- (250)361-0028
- www.ilterrazzo.com
- 毎日16:00〜21:15
- 無休
- ランチ$15〜、ディナー$30〜
- A M V

Cafe Brio

カフェ・ブリオ

MAP P.148-A2

　ザガット誌ほか、さまざまなグルメ雑誌で高い評価を受けている店。シーフード、肉、野菜など地元産の新鮮な素材を使った料理は、フレンチテイストを取り入れたイタリアン。前菜は$15〜、メイン$27〜。ワインも約300種類揃う。

ダウンタウン東部

- 944 Fort St.
- (250)383-0009
- (1-866)270-5461
- www.cafebrio.com
- 水〜土17:00〜21:00
  （時期により変動あり）
- 日〜火
- $30〜
- A M V

Zambri's

ザンブリーズ

MAP P.149-A2

　ビクトリアのベスト・レストランに幾度も選ばれているイタリア料理の有名店。選りすぐりのワインリストに定評があり、ハウスワインも8種類。ミートソースやアーリオ・オーリオなどのパスタ$23〜やピザ$18〜などが味わえる。

ダウンタウン東部

- 820 Yates St.
- (250)360-1171
- www.zambris.ca
- 火〜木17:00〜21:00
  金・土17:00〜22:00
- 日・月
- ディナー$20〜
- A M V

Flying Otter Grill

フライング・オッター・グリル

MAP P.149-B1

　インナー・ハーバーに面し、桟橋上のテラスから水上飛行機や水上タクシーが往来するビクトリアらしい湾景を望める。メニューはパエリア$29など魚介類を中心に、濃厚ソースのプティン$16も。ロマンティックな夕暮れ時は特に混み合う。

インナー・ハーバー周辺

- 950 Wharf St.
- (250)414-4220
- flyingotter.ca
- 水・木・日11:00〜20:00
  金・土11:00〜21:00
- 月・火
- $10〜
- M V

イタリア料理

カナダ料理

Little Jumbo's
リトル・ジャンボーズ

MAP P.149-B1

インナー・ハーバー周辺
- 506 Fort St.
- TEL (1-778)433-5535
- URL littlejumbo.ca
- 営 日～木17:00～22:00 金・土17:00～23:00
- 休 無休
- 予 $30～
- CA A M V

ブリティッシュ・コロンビアの食材を使ったフレンチテイストの創作料理が楽しめる。ワインもBC産のものを中心に多彩な品揃え。季節によって変わるメニューはメインが$30～38。バーとしても人気があり、オリジナルカクテルが評判。

Green Cuisine
グリーン・キュイジーン

MAP P.149-A2

ダウンタウン北部
- 560 Johnson St.
- TEL (250)385-1809
- URL www.greencuisine.com
- 営 毎日10:00～19:00
- 休 無休
- 予 $10～
- C M V

肉類や乳製品は完全不使用。野菜も極力無農薬にこだわったベジタリアン料理の店。アジア風のレシピも取り入れた料理は量り売りで、ビュッフェ式のセルフサービスになっている。豆腐を使ったデザートやオーガニックコーヒー$2もある。

Ithaka Greek Restaurant
イタカ・グリーク

MAP P.149-B2

インナー・ハーバー周辺
- 716 Burdett Ave.
- TEL (250)384-6474
- URL www.ithakagreek.ca
- 営 火～土16:00～21:00
- 休 日・月
- 予 $25～
- C M V

インナー・ハーバーに近く、青と白を基調とした外観が目を引く。親子3世代で受け継ぐギリシャの家庭料理を提供し、チキンやラム肉入りのご当地ファストフード・ギロピタ$21も種類豊富。毎日17:00までハッピーアワーを実施する。

Nautical Nellies
ノーティカル・ネリーズ

MAP P.149-B1

インナー・ハーバー周辺
- 1001 Wharf St.
- TEL (250)380-2260
- URL nauticalnelliesrestaurant.com
- 営 毎日11:30～21:00
- 休 無休
- 予 $30～
- C M V

数々の受賞歴を誇り、地元で評判のステーキ&シーフード料理店。名物のステーキ$34.95～には28日以上熟成させたアンガス牛を使用。生け簀があり、ダンジネスクラブなどの魚介類は鮮度抜群。おすすめはロブスターロール$26.95。

La Roux Patisserie
ラ・ルー・パティスリー

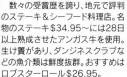

MAP P.149-A1・2

ダウンタウン北部
- 519 Fisgard St.
- TEL (778)265-7689
- URL www.laroux.ca
- 営 木～月9:00～17:00
- 休 火・水
- 予 $6～
- CA A M V

メルヘンチックな内装が印象的。クロワッサンやマカロン、ケーキなどパリで修行したシェフが作るフランス菓子を豊富にラインアップ。人気はタルト$6.75～やクリームブリュレ$6.75。グルテンフリーのスイーツもある。テイクアウトも可能。

Crust Bakery
クラスト・ベーカリー

MAP P.149-B2

ダウンタウン東部
- 730 Fort St.
- TEL (250)978-2253
- URL www.crustbakery.ca
- 営 毎日8:00～16:30
- 休 無休
- 予 $4～
- C M V

地元で好評のベーカリー。店内のショーケースには、季節ものや地元産のフレッシュな材料を使用した、ライチデニッシュなどのパンがずらり。スイーツの種類も豊富で、特に自家製のカードを使ったマンゴーカードタルトが人気。

インターナショナル

ギリシャ料理

ステーキ

カフェ

Jam Cafe
ジャム・カフェ MAP P.149-A2

家庭的な料理が人気のカフェ。パンケーキ、フレンチトースト、エッグベネディクトなどメニューはどれもボリューム満点。ハッシュドポテト、ビスケット、ハム、チーズなどをミックスした具に目玉焼きをのせたCharlie Bowl$20が名物。

ダウンタウン北部
🏠 542 Herald St.
☎ (778)440-4489
URL jamcafes.com
🕐 月～金8:00～14:00
　土・日8:00～15:00
🚫 無休
💰 $15～
💳 A M V

Hey Happy
ヘイ・ハッピー MAP P.149-A2

マーケット・スクエア(→P.175)の一画にあり、買い物途中の休憩にぴったり。スープとトーストなどの朝食$8.5～からランチの軽食$13.5～まで揃い使い勝手がよい。Wi-Fiを使えるほか、各テーブルに電源がありスマホの充電もできる。

ダウンタウン北部 🖥
🏠 122-560 Johnson St.
☎ (250)590-9680
URL heyhappycoffee.com
🕐 毎日8:00～17:00
🚫 無休
💰 $5～
💳 M V

The Blue Fox Cafe
ブルー・フォックス・カフェ MAP P.148-A2

行列必至の人気店。店内には、アートが飾られていておしゃれ。ボリューム満点の朝食メニューは、終日オーダー可能。おすすめは、オムレツにベーコン、ソーセージなどがセットのフォックス・グリル$19やフレンチトースト$14～など。

ダウンタウン東部
🏠 101-919 Fort St.
☎ (250)380-1683
URL www.thebluefoxcafe.com
🕐 月・火・木・金8:00～14:00
　土・日8:00～15:00
🚫 水
💰 $10～
💳 M V

The Japanese Village Restaurant
ジャパニーズ・ビレッジ MAP P.149-B2

老舗の日本料理店として親しまれ、ビクトリアでは数少ない鉄板焼きを提供する。チキンの照り焼きなど好みの鉄板焼きひと品に、スープかサラダ、ご飯、デザートが付いて$35～。焼き鳥や牛刺しなど居酒屋メニューも。

インナー・ハーバー周辺
🏠 734 Broughton St.
☎ (250)382-5165
URL www.japanesevillage.bc.ca
🕐 火～木・日15:00～20:30
　金・土15:00～21:00
🚫 月
💰 ランチ$13～、ディナー$23～
💳 M V

Don Mee
ドン・ミー MAP P.149-A2

特製焼きそば$16.99、チャーハン$14.99～から、ロブスターやカニをお好みの調理法で食べるシーフード料理(時価)まで、幅広いメニューがある。ランチ(～16:00)の飲茶は60種類ほど。麻婆豆腐をはじめとする四川料理が充実。

ダウンタウン北部
🏠 538 Fisgard St.
☎ (250)383-1032
URL www.donmee.com
🕐 月～金11:00～21:00
　土・日10:00～21:00
🚫 無休
💰 $15～　💳 A J M V

The Noodle Box
ヌードル・ボックス MAP P.149-B2

タイや日本、中国などアジアのヌードルやフライドライスを、テイクアウトのボックスに入れて出すスタイルが若者に受けている。具はチキン、豆腐などから、辛さは5段階から選べる。スパイシーピーナッツヌードルボックス$11.95。

インナー・ハーバー周辺 🖥
🏠 818 Douglas St.
☎ (250)384-1314
URL noodlebox.ca
🕐 毎日11:00～21:00
🚫 無休
💰 $10～
💳 M V

Food or Shopping
どっちのマーケットがお好み？

市内を代表するふたつのマーケットへ。テイクアウトフードが充実したパブリック・マーケット、ショップ巡りが楽しいマーケット・スクエアと、どちらも個性がキラリ。
あなたはどちらのマーケットに行く？

→マーケット内のほとんどがローカル店

↑建てられた当時はビクトリアのランドマークだった

ダウンタウン北部

アットホームな雰囲気のマーケット
Victoria Public Market
ビクトリア・パブリック・マーケット　　MAP P.149-A2

　1921年にオープンしたデパートだった建物を利用したマーケット。現在はこぢんまりとしたひとつのフロアに、11の個人店が入る。マーケット内には誰でも利用できるイートインスペースがあり、観光の休憩に便利。イベントやライブ演奏も行われている。

🏠6-1701 Douglas St. ☎(778)433-2787
URL victoriapublicmarket.com 🕐店舗により異なる
🈂店舗により異なる 🇨店舗により異なる

店舗数…11店舗
ジャンル…テイクアウトフード、スーパー、雑貨、カフェ

Food
お腹を満たすならこっち！
ハンバーガーやパンなど
手軽にほおばれる
フードがずらり。

→セサミベーグル$2とプレッツェル$4.25という、親子2代でパン屋をいうフーカスさん

ラテアートはおまかせあれ♪

もっちり系
焼きたてのベーグルを頬張ろう
The Bikery
バイカリー

　2021年にビクトリア初のコーシャ認定ベーカリーとして開店。名物のベーグルはプレーンやシナモンなど全5種。マフィンやデニッシュもある。イートインは不可。

☎(778)430-2453
URL mywaybikery.ca
🕐月～木・土 10:00～17:00
金9:00～17:00
🈂日 💰$5～ 🇨M V

ほっこり系
イートインもテイクアウトも！
Shatterbox Coffee
シャッターボックス・コーヒー

　ラ・マルゾッコ社のエスプレッソマシーンを導入し、洗練された北イタリアのコーヒー文化を発信。しゃれたパッケージのコーヒー豆やリユースカップはギフトにぴったり。

☎(778)432-2121
URL shatterbox.ca
🕐月～金7:30～18:30 🈂土・日
💰$5～ 🇨M V

1マフィン$3.25とコルタード$4.05 2ダグラス通り側の入口からすぐのモダンな店内

ガッツリ系
具だくさんの
手作りパイ
Victoria Pie Co.
ビクトリア・パイ・カンパニー

　地元の旬な食材を使ったパイが人気の店。野菜がゴロゴロ入ったパイやデザートパイなど全9種類が揃う。香ばしい匂いが漂うオープンキッチンで毎日手作りしている。

1ボリューミーなチキンポットパイ$12
2パイがずらりと並ぶ

☎(778)433-3411
URL www.victoriapieco.com
🕐月～土8:30～17:00
🈂日 💰$6～ 🇨A M V

→中庭には休憩スペースがある

↑趣のあるレンガ造りの建物

MAP P.149-A2

インナー・ハーバー周辺

ハイセンスなショップが集結
Market Square
マーケット・スクエア

　ゴールドラッシュの時代にホテルや酒場が集まり栄えていたエリア。その後の再開発により、ショッピングモールとして現在の姿に生まれ変わった。レンガ造りの建物には、おしゃれなショップやレストランなどの店が入り、観光客や地元の人でにぎわっている。

🏠560 Johnson St. TEL (250)386-2441
URL www.marketsquare.ca 営店舗により異なる
休店舗により異なる C店舗により異なる

店舗数…37店舗
ジャンル…ファッション、雑貨、アクセサリー、家具、レストラン

ビンテージ

掘り出し物が見つかるかも!?
Vintage After Death
ビンテージ・アフター・デス

　古着を中心に、インテリア雑貨からジュエリーまでカナダ各地から集められたアイテムが勢揃い。全商品のタグにスタッフのコメントが添えられており、クスリと笑えるものも。

TEL (778) 433-1333
URL www.vintageafter
death.com
営毎日11:00〜18:00
休無休 C M V

←パンドラ通り側にも入口がある

新作も随時入荷しているよ！

↑ユニークな1点物ばかり 2花柄ポシェット$14とクジャクの刺繍バッグ$28 3サイズが合えばお買い得なウエスタンブーツ$120

Shopping
こちらはショップのラインナップが豊富。個性あふれる店で買い物を楽しもう！

雑貨

キュートなグッズが集まる雑貨店
Paboom バブーム

　カナダを中心に世界中から集めた雑貨を扱うライフスタイルショップ。店内は、バラエティに富んだ商品で埋め尽くされ、動物がデザインされたカラフルでポップなグッズが多い。

TEL (250)380-0020
URL paboom.com
営日〜水11:00〜17:00
木〜土10:00〜18:00
休無休 C M V

広々とした店のあちこちに商品が並ぶ

↑1かわいいクマの鍋つかみ 2カナダの作家が作ったピンバッチ 3トロピカルな魚が描かれた皿

ファッション

都会的なファッションが魅力
Still Life スティル・ライフ

　カナダ各地やアメリカから取り寄せたファッションを揃えるセレクトショップ。トレンドをおさえたシンプルで洗練されたアイテムが並び、地元のおしゃれっ子も足繁く通う。

TEL (250)386-5658
URL stilllifeboutique.com
営月〜木10:30〜17:00
金・土10:30〜18:00
日12:00〜16:00
休無休 C A M V

↑靴や財布などの小物もある

↑1枚でさらりと着られるワンピース$158 2触り心地のいいコットンバッグ$205 3セール品にも注目

ビクトリア生まれの2大老舗ショップ

ビクトリアが誇る、ふたつの老舗店へGO！ チョコレートと紅茶の専門店は、ともに
100年以上も続いている。老舗の味をおみやげに持ち帰ろう。

Born in 1885
~History~

マサチューセッツ州から移住してきたチャールズ・ロジャーズ氏がアメリカのチョコレートを販売したのが始まり。その後、オリジナルチョコレートを作り大ヒット。カナダで最初のショコラティエとして成功を収めた。

↑→シャチの絵が描かれた28個入りのギフトボックス

↓ビクトリアクリームのフレーバーは10種類以上

←先住民族がテーマのアート缶

インナー・ハーバー周辺

長年の味を守り続けるチョコレート

Rogers' Chocolates

ロジャーズ・チョコレート　　MAP P.149-B2

　130年以上も続くチョコレート専門店。メープルやバニラなどのフレーバーが揃うビクトリアクリームは、創業当時からのベストセラー。カナダの自然や動物が描かれた缶入りのギフトボックスもあり、おみやげにぴったり！

🏠913 Government St.
☎(250)881-8771
URL www.rogerschocolates.com
🕐月～土10:00～22:00
日11:00～18:00
（時期により変動あり）
休無休 CA J M V

↑店内は重厚感あふれる内装

←ほんのり甘さが広がるアイスワインの茶葉

→オリジナルブレンドのアフタヌーンティー

Murchie's
・SINCE 1894・

←紅茶パック置きの小皿

↑メープルなど人気のフレーバーセット $14.5

Born in 1894
~History~

移住してきたスコットランド人のジョン・マーチー氏が創業。スコットランドにいた頃、ビクトリア女王の紅茶を運んでいた経験から知識を学び、独自にブレンドした最高級の紅茶を販売。国内に9つの支店を持つまでに成長した。

インナー・ハーバー周辺

カナダを代表する紅茶専門店

Murchie's マーチーズ　　MAP P.149-B2

　130種類の紅茶と25種類のコーヒーを揃える、カナダ屈指のティーブランド。人気のフレーバーはセイロンやダージリン、中国茶をブレンドしたMurchie's Afternoon Tea Blend。カフェも併設しており、アフタヌーンティーも楽しめる。

🏠1110 Government St.
☎(250)383-3112
URL www.murchies.com
🕐毎日9:00～18:00
休無休 CA J M V

←店内では試飲も行っている

ビクトリアのショッピング

ビクトリアは、ダウンタウンのガバメント通りを中心に、カナダを代表するみやげ物からヨーロッパのブランドまで何でも揃うショッピング天国。陶磁器や紅茶など、イギリスゆかりの商品が多く揃うほか、メープルシロップやインディアングッズなども豊富。フォート通りのアンティーク街ではヨーロッパやアメリカの掘り出し物のアンティーク雑貨も手に入る。

Artina's
アルティナス
ジュエリー

MAP P.149-B2

カナダ人アーティストによるハンドメイド・ジュエリーの専門店。インディアンモチーフやアンモライトを使ったジュエリーが人気。ギャラリーのような店構えは高級感があるが、ペンダントやリングなどは手頃な価格帯のものも多い。

インナー・ハーバー周辺
🏠1002 Government St.
☎(250)386-7000
URLartinas.com
🕐月・火10:00～20:00
水～土10:00～22:00
日11:00～21:00
（時期により変動あり）
🈲無休
💳A M V

Sasquatch Trading
サスカッチ・トレーディング
先住民族グッズ

バンクーバー島に住むカウチン族の雑貨を販売する店。動物や豊かな自然をモチーフにしたハンドメイドの商品がずらりと並ぶ。天然レザーを使用したインディアン・モカシンや、ていねいに手作りされたカウチンセーターはおみやげに人気。

インナー・ハーバー周辺
🏠1233 Government St.
☎(250)386-9033
URLwww.cowichantrading.com
🕐5月～10月中旬
月～土9:00～21:00
日10:00～18:00
10月中旬～4月
月～土10:00～18:00
日10:00～17:00
🈲無休 💳A J M V

Silk Road
シルク・ロード
アロマグッズ&お茶

MAP P.149-A2

アロマグッズを集めたショップと、お茶の専門店の2フロアからなる。アロマソープやスキンケア用品のほか、エッセンシャルオイルも豊富。お茶は中国茶や紅茶、日本茶と幅広い品揃え。試飲をしてから選べるのもうれしい。

ダウンタウン北部
🏠1624 Government St.
☎(250)382-0006
URLwww.silkroadteastore.com
🕐水～土10:00～17:30
日11:00～15:30
（時期により変動あり）
🈲月・火
💳A M V

Free Spirit Botanicals
フリー・スピリット・ボタニカル
コスメ

MAP P.149-A2

オーガニックコスメの専門店。保存料を使用せず、ナチュラル素材を使って手作りしたボディケア用品を扱う。おすすめは、オリーブオイルを配合したハンドメイドソープや花から育ててエキスを抽出したローションなど。

インナー・ハーバー周辺
🏠549 Johnson St.
☎(250)382-1003
URLwww.freespiritbotanicals.com
🕐月～土11:00～18:00
（時期により変動あり）
🈲日
💳M V

Oh Gelato
オー・ジェラート
ジェラート

MAP P.149-B2

ガバメント通りにあるイタリアンジェラートの店。夏になると行列していることも珍しくない。生のフルーツなどを使って作るオリジナルのジェラートは多いときで全66種類あり、コーンとワッフルから選べる。サイズはシングルとダブルがある。

インナー・ハーバー周辺
🏠1013 Government St.
☎(250)381-1448
🕐夏季　毎日9:00～23:00
冬季　毎日10:00～18:00
（時期により変動あり）
🈲無休
💳A M V

Nanaimo

ナナイモ

ナナイモはビクトリアの北約114kmに位置するバンクーバー島第2の都市。古くは炭坑の町として広く知られ、現在は観光、林業、漁業が中心の港町だ。北のキャンベル・リバーや

漁船や水上飛行機が停泊するナナイモ湾

ポート・ハーディ、西のパシフィック・リム国立公園、トフィーノへの交通の拠点でもある。

MAP P.145-B4
人口 9万9863
面積 250
ナナイモ情報のサイト
URL www.tourismnanaimo.com

ナナイモへの行き方

飛行機

バンクーバーからエア・カナダが1日3便、ウエスト・ジェット航空が1日2便、ヘリジェットが1日3〜6便運航、所要約20分。空港からはナナイモ・エアポーターNanaimo Airporter（$31）で市内へ。また、バンクーバーの発着所（**MAP** P.45-A3）からナナイモ港まで、水上飛行機のハーバー・エア・シープレーンが1日7〜9便、所要約20分、大人片道$114〜。

長距離バス

ビクトリアからアイランド・リンク・バスIsland Link Busが1日1〜5便運行。所要約2時間、大人片道$37〜。5〜10月はトフィーノ・バスTofino Busも週3便前後運行。時刻表・運賃はウェブサイトを要確認（→P.142）。

フェリー

バンクーバーからB.C.フェリーが運航。ホースシュー・ベイHorseshoe Bay発とトゥワッサンTsawwassen発のふたつの航路がある。ホースシュー・ベイ発の便はダウンタウン北のデパーチャー・ベイDeparture Bay着。1日6〜8便、所要約1時間40分。トゥワッサン発はダウンタウン南のデューク・ポイントDuke Point着。1日4〜8便、所要約2時間。どちらも$18.95。各港からダウンタウンまではタクシーまたはナナイモ・エアポーター（要予約）で、$31〜。

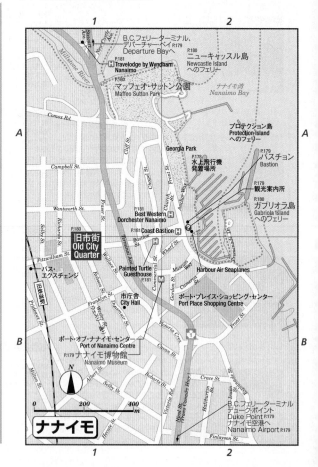

ナナイモの歩き方

　ダウンタウンと呼べるエリアは1時間もあれば歩いて回れる。リゾート地なので海辺の眺めのいい場所にホテルやレストランが立ち、歴史的建築物や整備された公園もある。ナナ

旧市街にはカラフルな外観の建物が並ぶ

イモの歴史をたどる散歩コースもあり、説明の付いたガイド標識が設置されているので、これに沿って歩くといいだろう。まずはバスチョンあたりから港沿いの散策路をたどり、ショッピングエリアである旧市街まで歩いてみよう。

おもな見どころ

バスチョン
Bastion
MAP P.178-A2

　港の風景のアクセントになっている特徴ある八角形のこの建物は、ハドソン・ベイ社が交易の品の倉庫として、また万一の際の砦として1853年に建てたもの。同様の建物はカナダ中にあったといわれるが、オリジナルが現存するのはここのみ。現在は内部が小さな郷土史博物館になっており、夏季の正午には設置された大砲が空砲を撃つ。

ナナイモのシンボル、バスチョン

ナナイモ博物館
Nanaimo Museum
MAP P.178-B1・2

　町の中心部にある近代的な建物、ポート・オブ・ナナイモ・センターPort of Nanaimo Centreの1階にある。石炭によって発展したナナイモらしく石炭採掘場に関する展示を行うほか、特別展も年に数回開催している。

ナナイモ空港
MAP P.178-B2外
TEL (250)924-2157
URL www.nanaimoairport.com

ナナイモ・エアポーター
TEL (778)441-2133
URL www.nanaimoairporter.com

ハーバー・エア・シープレーン
MAP P.178-A2
TEL (250)714-0900
FREE (1-800)665-0212
URL www.harbourair.com

デパーチャー・ベイ
MAP P.178-A1外
住 680 Trans Canada Hwy.

デューク・ポイント
MAP P.178-B2外
住 400 Duke Point Hwy.

? 観光案内所

Nanaimo Visitor Centre
MAP P.178-A2
住 2450 Northfield Rd.
TEL (250)751-1556
URL www.tourismnanaimo.com
開 月～金10:00～16:30
休 土・日

バスチョン
住 95 Front St.
URL www.nanaimomuseum.ca
開 7月～9月上旬
　毎日10:00～16:00
休 9月上旬～5月中旬
料 寄付程度

ナナイモ博物館
住 100 Museum Way
TEL (250)753-1821
URL www.nanaimomuseum.ca
開 5月中旬～9月上旬
　毎日10:00～17:00
　9月上旬～5月中旬
　火～土10:00～17:00
休 9月上旬～5月中旬の日・月
料 大人$2、シニア・学生
　$1.75、子供$0.75

ブリティッシュ・コロンビア州

ナナイモ

British Columbia

マッフェオ・サットン公園
🏠 100 Comox Rd.

ニューキャッスル島
☎ (250)802-0255
🌐 www.newcastleisland.ca
✉ マッフェオ・サットン公園の岬から5月〜10月中旬の10:00〜16:30(6月〜9月上旬は9:00〜19:30)間、30分に1便フェリーが出ている。所要約15分、大人往復$12。フェリー発着所の桟橋を上った所に島の案内所がある。

ガブリオラ島
🌐 www.tourismnanaimo.com
✉ ポート・プレイス・ショッピング・センターPort Place Shopping Centreの前からB.C.フェリーが1日20便以上運航、所要約20分。大人往復$10.55。フェリー乗り場から急坂を上って徒歩20分のところに観光案内所がある。

🍁 旧市街
Old City Quarter
🗺 P.178-A1・B1

茶色の石畳を敷き詰め、昔の町並みを再現した旧市街には、さまざまなカフェやショップが並んでいる。ウェスリー通りWesley St.周辺がショッピングエリアで、海図を売っているマリンショップなどがあったりするのがいかにもナナイモらしい。人通りが少なくなる夕暮れ以降は静かで風情がある。

カフェやショップが軒を連ねる

🍁 マッフェオ・サットン公園
Maffeo Sutton Park
🗺 P.178-A1・2

のどかなマッフェオ・サットン公園

ニューキャッスル島行きのフェリーターミナル周辺に広がる公園。スケボーパークや巨大チェス盤などがあり、多くの市民がくつろいでいる。公園中央にある池スウィアラナ・ラグーンSwy-a-Lana Lagoonはカナダで唯一、人工的に波を起こせる池だとか。

🍁 ニューキャッスル島
Newcastle Island
🗺 P.178-A2外

島全体が州立海洋公園に指定され、野生のシカやアライグマなどが生息する自然の宝庫。林道や海辺沿いのトレイルもある。海岸沿いの景色は美しく、夏は海水浴もできる。

🍁 ガブリオラ島
Gabriola Island
🗺 P.178-A2外

海岸線の美しさで知られる南北約16kmの島。芸術家たちに愛される島で、約4200人の住人の多くが作家や画家だという。島にはふたつの州立公園があり、ビーチもあるので夏場はピクニックや海水浴客でにぎわう。運がよければアザラシやアシカ、シャチの姿が見られることも。島内には奇岩やインディアンが残した岩の彫刻もある。ダイビングやサイクリング、ハイキングなどのアクティビティも楽しめる。

緑に囲まれたビーチ

HOTEL

ナナイモのホテル

Coast Bastion Hotel

コースト・バスチョン [MAP] P.178-A2

[住]11 Bastion St.
[TEL](250)753-6601
[FREE](1-800)716-6199 [URL]www.coasthotels.com
[料]ⓈⒹ$152～ Tax別
[CC]A M V [室]179室

港に面して立つ高級大型ホテル。レストラン、バー、フィットネスセンターなどの設備も整っている。ジャクージ付きのスイートルームもある。ダウンタウンの中心部にあり、観光に便利。

Travelodge by Wyndham Nanaimo

トラベロッジ・バイ・ウィンダム・ナナイモ [MAP] P.178-A1

[住]96 Terminal Ave. N.
[TEL](250)-754-6355
[URL]www.wyndhamhotels.com/travelodge
[料]ⓈⒹ$115～ Tax別 朝食付き
[CC]A M V [室]76室

豪華な朝食付きのホテル。清潔感のある客室にはアメニティが充実しており、全室バルコニー付き。風光明媚なモレル・ネイチャー自然保護区から近く、トレッキングなどが楽しめる。

Best Western Dorchester Nanaimo Hotel

ベストウエスタン・ドーチェスター・ナナイモ [MAP] P.178-A2

[住]70 Church St.
[TEL](250)754-6835
[FREE](1-800)661-2449
[URL]www.dorchesternanaimo.com
[料]ⓈⒹ$139～ Tax別
[CC]A M V [室]70室

ダウンタウン中心部にある。客室はシンプルな造りだが、港が近く窓からの眺めがいい。レストランとバー、フィットネスセンターを併設。全室禁煙。

Painted Turtle Guesthouse

ペインテッド・タートル・ゲストハウス [MAP] P.178-B1

[住]121 Bastion St.
[TEL](250)753-4432
[FREE](1-866)309-4432 [URL]www.paintedturtle.ca
[料][HIGH]夏季 ドミトリー$48～、ⓈⒹ$99～
[LOW]冬季 ドミトリー$45～、ⓈⒹ$86～ Tax別
[CC]M V [室]24室

観光案内所やショッピングセンターに近く便利。キッチン、ランドリーなど設備も充実。ユース会員割引もある。コーヒーや紅茶の無料サービスあり。

Column ナナイモ名物？! アクティビティとイベント

バンジージャンプ

ナナイモの南郊外に高さ140フィート(約42m)、世界初のバンジージャンプ専用の橋がある。1990年のオープン以来、ナナイモの名物となっている。橋のたもとのチケット売り場で申し込むときに、「死んでも文句は言わない」という証明書にサインをし、いざ橋の上へ(12歳以上、体重43kg以上にかぎる)。タオルと大きな輪ゴムのようなものを足首に巻きつけ、あとは「3-2-1バンジー」のかけ声でダイビング。ひとりではちょっと……という人はタンデム・ジャンプもできるので相談してみよう。ナナイモ市内からのシャトルバスがあるので、利用する場合はバンジージャンプを主催しているWild Play Element Parks へ。

ナナイモ・バスタブレース

毎年夏に催されるマリン・フェスティバルの最終日を飾るビッグイベント、「バスタブ・レース世界大会World Championship Bathtub Race」。各国から参加した100艇以上のさまざまな形のバスタブ(湯船)が制限内のモーターを付けて速さを競う。バスタブとはいえ、一見スピードボートのような外観。ナナイモ港からスタートし、ジョージア海峡の島々を回ってデパーチャー・ベイに戻るコース。フェスティバルは7月下旬に開催予定。

バンジージャンプ
Wild Play Element Parks
[FREE](1-855)595-2251
[URL]www.wildplay.com/nanaimo
[営]5～9月 月～金10:00～20:00 土・日 9:00～20:00
10～4月 木～月10:00～18:00
[休]10～4月の火・水
[料]1回$139.99、2回目$64.99 [CC]A M V

ナナイモ・バスタブレース
[TEL](250)753-7223 [URL]www.bathtubbing.com

バスタブ／一部客室　テレビ／一部客室　ドライヤー／貸し出し　ミニバーおよび冷蔵庫／一部客室　セーフティボックス／フロントにあり　Wi-Fi(無料)／Wi-Fi(有料)

Central of Vancouver Island

バンクーバー島中部

ブリティッシュ・コロンビア州

バンクーバー島中部は、大自然を体感しながらのアクティブな旅が楽しいエリア。ポート・アルバーニやキャンベル・リバーでサーモンフィッシングに挑戦したり、内陸のカシードラル・グローブやストラスコーナ州立公園でハイキングやキャンプをするのもおすすめだ。

バンクーバー島中部の歩き方

ビクトリアから5〜10月の期間限定で運行されるトフィーノ・バスTofino Busは、ナナイモでふた手に分かれる。ひとつは西へ向かい、ポート・アルバーニを経由してトフィーノまで行く。もうひとつは系列のバンクーバー・アイランド・コネクターVancouver Island Connectorが北上し、コートニーを経由してキャンベル・リバーへ。アイランド・リンク・バスIsland Link Busもビクトリアからナナイモを経由してキャンベル・リバーまでを結ぶ。どちらのバスも、ナナイモでいったんバスを乗り換えることになるが、それぞれ便数が限られているため、やはりレンタカーを利用するのが便利だ。

アルバーニ波止場の時計塔

ポート・アルバーニ
MAP P.145-B3
人口 1万8529
面積 250
URL www.portalberni.ca

ポート・アルバーニへの行き方

長距離バス
ナナイモからアイランド・リンク・バスが1日1〜2便運行。所要約1時間15分、大人片道$35.99〜。5〜10月はトフィーノ・バスも週3便前後運行。時刻表・運賃はウェブサイトを要確認（→P.142）。

❓ 観光案内所

Alberni Valley Chamber of
Commerce/Visitor Centre
住 2533 Port Alberni Hwy.
MAP P.182
TEL (250)724-6535
URL www.albernichamber.ca
圏 月〜金10:00〜16:00
休 土・日
ポート・アルバーニ・ハイウエイPort Alberni Hwy.(#4A)とアルバーニ・ハイウエイAlberni Hwy.(ハイウエイ#4)の分岐点そば。アルバーニ波止場までは約8km。

ポート・アルバーニ
Port Alberni

ポート・アルバーニは、西海岸から数十kmも入り込んだアルバーニ入江Alberni Inletの最奥部に位置する町。周辺の海域は、海水と真水が入り混じる豊かな漁場だ。キャンベル・リバーと並ぶサーモンフィッシングの好釣場として知られ、毎年9月上旬にはサーモン・フェスティバル・ダービー Salmon Festival Derbyも開かれる。

漁業とともに、町

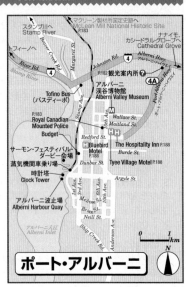

ポート・アルバーニ

を支えてきた産業は林業である。近年斜陽化傾向にあるが、周囲に広がる針葉樹の森と人々の暮らしとの結びつきは深く、その歴史はマクリーン製材所国定史跡で紹介されている。

地元の人でにぎわうマーケット

　町の中心は、時計塔Clock Towerが立つアルバーニ波止場Alberni Harbour Quay周辺。噴水の広場を囲むようにカフェが軒を連ね、ブロークン諸島やユクルーレット（→P.189）行きのフェリーが発着するアーガイル桟橋Argyle Pierもこの近く。毎週土曜にはファーマーズマーケット（圖9:00～12:00頃）も開かれる。町は広いので車があると便利だ。

❶ユースフル・インフォメーション

警察
Royal Canadian Mounted Police
MAP P.182
🏠4444 Morton St.
TEL (250)723-2424
病院
West Coast General Hospital
🏠3949 Port Alberni Hwy.
TEL (250)731-1370
おもなレンタカー会社
Budget
TEL (250)724-4511

おもな見どころ

🍁 カシードラル・グローブ
Cathedral Grove
MAP P.145-B3

高さ75m、直径3mのジャイアント・ダグラスファー

カシードラル・グローブ
🚗ポート・アルバーニの中心から約15km。レンタカーかタクシーを利用。

　ナナイモ方面からハイウエイ#4に入り、30kmほど進むと、一瞬、太陽の光が遮られ、周囲が影に包まれる。ハイウエイ沿いにありながら、その区間だけがうっそうと木々に覆われ、外界から遮断されたかのように静謐な空間が広がっている。この森こそ、日本語で「聖堂の森」と訳されるカシードラル・グローブだ。森の中にはよく整備されたいくつかのトレイルがある。なかでもビッグ・ツリー・トレイルBig Tree Trailは、約10分で回れるお手軽コース。木道をたどって歩き始めると、すぐに深い森の中に入る。地面には巨大なシダが茂り、巨大な木々の枝からはレースのような緑の苔が垂れ下がっている。そして5分ほど歩いた場所に立つのが、樹齢約1000年の巨木、ジャイアント・ダグラスファーだ。見上げてもその先端は見えないほど。大地に根付くどっしりとした太い幹に、天高くそそり立つ姿は圧巻だ。

🍁 マクリーン製材所国定史跡
McLean Mill National Historic Site
MAP P.182外

マクリーン製材所国定史跡
🏠5633 Smith Rd.
TEL (250)723-1376
URL www.mcleanmill.ca
圖夏季9:00～日没
圀無休
圓大人$5

　1965年に閉鎖されるまでのおよそ40年間にわたり、この地方の林業の中心であったマクリーン製材所を復元したテーマパーク。園内は広く、工場や人々が暮らした家など30以上の建物が保存されており、1日たっぷり楽しめる。当時の様子を描いたミュージカルも上演される。アルバーニ波止場付近から蒸気機関車Alberni Pacific Railwayに乗っていこう（2023年1月現在、運休中。再開は未定）。

サイドバー

コーモックス・バレー
MAP P.145-A3
人口 6万3282(コートニー)
面積 250
URL experiencecomoxvall
ey.ca

コーモックス・バレーへの行き方

飛行機
バンクーバーからコーモックス・バレー空港へパシフィック・コースタル航空が1日1〜2便、エア・カナダは1日2〜3便、ウエスト・ジェット航空が1日2便、ハーバー・エア・シープレーンは1日2便運航、所要約50分(冬季は運休)。空港はコーモックス中心部から北へ約5kmの所。

長距離バス
ナナイモからコートニーまで、アイランド・リンク・バスが1日1〜2便運行。所要約1時間30分、大人片道$36.99。

コーモックス・バレー空港
MAP P.184
TEL (250)890-0829
URL www.comoxairport.com

❓観光案内所

Vancouver Island Visitor Centre
MAP P.184
住 101-3607 Small Rd.
無料 (1-855)400-2882
URL experiencecomoxvalley.ca
開 火〜土9:30〜16:30
休 日・月

BCトランジット社
URL www.bctransit.com/comox-valley
料 シングルチケット 大人$2

♦ユースフル・インフォメーション

警察
Royal Canadian Mounted Police
MAP P.184
住 800 Ryan Rd.
TEL (250)338-1321
病院
North Island Hospital
MAP P.184
住 101 Lerwick Rd.
TEL (250)331-5900
おもなレンタカー会社
Budget
TEL (250)338-7717

コーモックス・バレー
Comox Valley

コーモックス・バレーとは、コートニーCourtenayを中心に、その東にあるコーモックスComoxと、南にあるカンバランドCumberlandという3つの小さな町からなるエリアを指す。町はいずれもコーモックス湾Comox Harbourに面しており、港沿いは眺めがいい。特にコーモックスの南先端にあるグース岬Goose Spitからの眺望は美しい。

コーモックスは、氷河を抱いた山並みを見晴らす公園や岬がある風光明媚な港町。またカンバランドは日系移民が夢を紡いだかつての炭坑の町で、日系人の歴史を知ることができる貴重な場所のひとつだ。さらにコートニーの西約25kmの所には、夏はハイキング、冬はスキーが楽しめるワシントン山スキーリゾートMount Washington Alpine Resortが広がる。コーモックス・バレーは、バラエティに富んだ旅が楽しめるエリアとして注目を集めている。観光案内所はハイウエイ#19のExit117を下り、カンバーランド通りCumberland Rd.からスモール通りSmall Rd.に入った所にあり、ここでコーモックスやコートニーについての情報も入手可能だ。

観光の起点となるコートニーには、文化遺産となったVIA鉄道の旧鉄道駅やバスディーポがあり、ホテルやB&Bも各種揃っている。レストランやショップなどが並ぶメインストリートは5th St.。コートニーのショッピングモール、ドリフトウッド・モールDriftwood Mallから

はBCトランジット社が運行するコーモックスやカンバランド行きの市バスがあるが、便数が限られるので、タクシーやレンタカーの利用も検討しよう。

美しい山が望めるグース岬

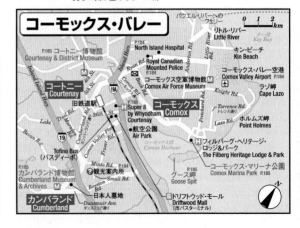

おもな見どころ

コートニー

コートニー博物館
Courtenay & District Museum

MAP P.184

コーモックス・バレーに残された人類の痕跡をたどると、4000年以上も遡れるという。この博物館には、その奥深い歴史を裏づけるコレクションが展示されている。1階には1988年にパントリッジ川沿いで発見されたエラスモサウルスや、アンモナイトなどの化石がある。2階には、この地に暮らしていたインディアンのセイリッシュ族の仮面や木彫りのカヌーが並ぶ。

コーモックス

コーモックス・マリーナ公園
Comox Marina Park

MAP P.184

コートニーから車で約15分。コーモックス通りComox Rd.を5kmほど進んだ町の中心にある。海上に浮かぶ木造の遊歩道から西の方角に目を移すと、ワシントン山Mount Washingtonやコーモックス氷河Comox Glacierを望むことができる。

グース岬
Goose Spit

MAP P.184

コーモックス・マリーナ公園の東にある岬で、海に突き出した部分がガチョウのくちばしのように見えることが名の由来。ワシントン山やコーモックス氷河の絶景を遠望する。

カンバランド

カンバランド博物館
Cumberland Museum & Archives

MAP P.184

コートニーの南約5kmに位置するカンバランドは、1888年にロバート・ダンスミュアRobert Dunsmuirが石炭を掘り当てたのを機に、炭坑の町として栄えた。ヨーロッパ、中国、韓国、そして日本などから夢を抱いた人々が続々とやってきて、20世紀前半の最盛期には町の人口は約3万人にも及んだという。

当時の町の様子や、人々の暮らしぶりを貴重な資料とともに紹介したのがこの博物館。数々のモノクロ写真のなかには、日本人家族の姿も見られとても興味深い。1966年に炭坑が閉鎖されると同時に人々は町を去り、現在はひっそりとした田舎の集落といった印象。町の入口に残る日本人墓地が、わずかに当時を物語っている。

炭坑の町だった往時の資料が残るカンバランド博物館

コートニー博物館
🏠 207 Fourth St.
📞 (250)334-0686
🌐 www.courtenay
　museum.ca
🕐 5月下旬～9月上旬
　月～土10:00～17:00
　日12:00～16:00
　9月上旬～5月下旬
　火～土10:00～16:00
🚫 9月上旬～5月下旬の日・月
💰 無料

町の歴史が学べる

コーモックス・マリーナ公園
🚌 コートニーのドリフトウッド・モールから市バス#4でコーモックス通りComox Rd.とノルディン通りNordin St.の交差点下車、徒歩5分。

夏季にはさまざまなイベントが開かれ、家族連れでにぎわう

グース岬
🚌 コートニーのドリフトウッド・モールから市バス#4でトレンス通りTorrence Rd.とアルバトロス通りAlbatross Ave.の交差点下車、そこから1.5kmほど歩く。

カンバランド博物館
🏠 2680 Dunsmuir Ave.
📞 (250)336-2445
🌐 www.cumberland
　museum.ca
🕐 夏季
　月～土10:00～17:00
　日12:00～17:00
　冬季
　火～土11:00～16:30
🚫 冬季の日・月
💰 大人$6、シニア・学生$5
🚌 コートニーのドリフトウッド・モールから市バス#2でダンスミュア通りDunsmuir Ave.と1st St.の交差点下車、徒歩すぐ。

キャンベル・リバー
Campbell River

「世界のサーモンキャピタル」と呼ばれる、カナダ随一のサーモンフィッシングの中心地。海流の影響により豊かな餌場があるこの海域には、5月下旬～10月の間サーモンが群れをなしてやってくる。

町外れの公園内にある

町の中心は、クアドラ島行きフェリー乗り場の西側一帯。タイイー・プラザ Tyee Plazaというショッピングモールがあり、周辺に観光案内所やホテルなどが集中している。その南にあるディスカバリー桟橋Discovery Pierは、気軽に釣りを楽しめる場所。桟橋の売店（5～10月オープン）や町なかのスポーツ用品店などで、フィッシングライセンス（非居住外国人1日$20）の販売や釣り具のレンタルを行っている。

桟橋の南には、町の歴史を紹介したキャンベル・リバー博物館Museum at Campbell Riverがある。博物館の向かいに立つ鳥居は、友好都市である北海道石狩市から贈られたもの。

少し足を延ばして、フェリーでわずか10分のクアドラ島や、町の南西にあるストラスコーナ州立公園へも立ち寄ろう。

おもな見どころ

♠ キャンベル・リバー博物館　　MAP P.186
The Museum at Campbell River

ディスカバリー桟橋の近く、ジョージア海峡に面した海辺に立つ博物館。キャンベル・リバーの歴史を写真や映像、実物模型などによって紹介している。屋外展示にも力を入れており、日本人から寄贈された漁船Soyokazeのほかに、80種類ほどの固有植物も管理されている。館内のギフトショップでは、伝統技法によって作られた籠やアクセサリー、木製彫刻が並ぶ。

❀ クアドラ島
Quadra Island
MAP P.145-A3/P.186
★★★

ディスカバリー海峡によってバンクーバー島から分断された、南北34kmのリゾートアイランド。ここではボートをチャーターしてのフィッシングや、東岸にあるレベッカ・

海に面してテーブルが設置されている

スピット・マリン州立公園Rebecca Spit Marine Provincial Parkでカヌーなどのアクティビティを楽しもう。ホテルが多いのは、フェリーが到着するクアシアスキー入江Quathiaski Cove周辺。島には公共交通機関はないので、タクシーかキャンベル・リバーからレンタカーで車ごと渡るのがベスト。自転車を貸し出しているホテルもある。

❀ ストラスコーナ州立公園
Strathcona Provincial Park
MAP P.145-A2〜B3
★★★

バンクーバー島の中央部に広がる約25万ヘクタールの広大な州立公園。2000m級の峰々が連なる園内には湖や渓流が点在し、ハイキングやカヌー、ロッククライミングなどさまざまなアウトドアスポーツが楽しめる。公園の入口にあるリゾートホテル、Strathcona Park Lodgeでは、アクティビティと宿泊を合わせたプランも用意している。

公園へは車でキャンベル・リバーからハイウエイ#28を経由し約40km。あるいはコートニーからワシントン山スキーリゾート経由で公園の東側から入ることもできる。この地域は夏でもスキーリフトを使って気軽に日帰りハイキングが楽しめる。

クアドラ島
🚢B.C.フェリーB.C.Ferriesが、タイイー・プラザ前より6:35〜22:30頃まではほぼ1時間に1便運航。所要約10分。片道$9.65。

❓ クアドラ島の観光案内所
Quadra Island Tourist Information Centre
MAP P.186
TEL(250)285-3451
URL www.quadraisland.ca
5〜9月のみ。フェリー乗り場のCoastal Community Credit Unionそばにオープンする。

クアドラ島カヌーツアーの会社
Quadra Island Kayaks
TEL(250)285-3400
FREE(1-877)475-8687
URL www.quadraisland kayaks.com
🎫1日ツアー$96〜(ランチ付き)

レベッカ・スピット・マリン州立公園
MAP P.186
🚗フェリー乗り場から車でヘリオット・ベイ通りHeriot Bay Rd.経由で約4km。

ストラスコーナ州立公園のホテル
Strathcona Park Lodge
ストラスコーナ・パーク・ロッジ
🏠41040 Gold River Hwy., Campbell River
TEL(250)286-3122
URL www.strathconaparklodge.com

Column スノーケリングでサーモンと一緒に泳ごう！

ウエットスーツに身を包み、回遊する天然のサーモンと並んでスノーケリングができる大人気のツアー。これぞキャンベル・リバーならではのアドベンチャーだ。ツアーはサケの遡上とともにスタートし、川で泳ぐことになる。サケは種類により遡上する時期が異なるので、7月中旬はピンクサーモン、8月以降はキングサーモンと、時期によって見られる種類も変わる。スノーケリングの道具一式が料金に含まれており、専門のガイドも付いて

いるため、スノーケリング初心者でも安心して楽しむことができる。要予約。

Destiny River Adventures
🏠1995 Island Hwy., Campbell River
TEL(250)287-4800
FREE(1-877)923-7238
URL www.destinyriver.com
Snorkel with the Salmon
📅7月下旬〜10月上旬
9:00、13:00、17:00の1日3回、所要約3時間
🎫大人$135、学生$125

HOTEL

バンクーバー島中部のホテル

ポート・アルバーニ

The Hospitality Inn
ホスピタリティ・イン [MAP] P.182

[住]3835 Redford St.
[TEL](250)723-8111
[料][HIGH]夏季ⓈⒹ$120～
[LOW]冬季ⓈⒹ$99～　Tax別
[CC]A M V
[室]50室

ダウンタウンに位置し、英国スタイルの外観が目を引く高級ホテル。落ち着いた色合いに統一されたベッドカバーや壁紙が高級感をさらにアップさせている。フィットネスセンター、プール、ジャクージを完備。客室はゆったりと広めで、コーヒーメーカーも備えている。

Tyee Village Motel
タイイー・ビレッジ・モーテル [MAP] P.182

[住]4151 Redford St.
[TEL](250)723-8133
[FREE](1-800)663-6676
[URL]www.tyeemotel.com
[料][HIGH]5～9月Ⓢ$70～ Ⓓ$80～
[LOW]10～4月Ⓢ$65～ Ⓓ$75～
Tax別
[CC]A M V
[室]52室
[交]市バス#1が近くまで行く。

ショッピングモールやレストランなどに近く、何かと便利なロケーションのモーテルタイプのホテル。半数以上の部屋がキッチン付きのスイートタイプで、キッチンを使用する場合は上記料金に$10加算される。併設された屋外プールは無料で利用できる。全館禁煙。

Bluebird Motel
ブルーバード・モーテル [MAP] P.182

[住]3755 3rd Ave.
[TEL](250)723-1153
[FREE](1-888)591-3888
[URL]bluebirdalberni.ca
[料][HIGH]5～10月ⓈⒹ$79～
[LOW]11～4月ⓈⒹ$69～　Tax別
[CC]A M V
[室]23室

バスディーポから徒歩10分の距離にある、大通りに面したモーテル。近くにはレストランもある。客室はシンプルだが清潔に保たれており、長期滞在に便利な簡易キッチン付きの部屋もある。フロントは24時間営業で、ルームサービスも利用可能。

コーモックス・バレー

Super 8 by Wyndham Courtenay
スーパー・8・バイ・ウインダム・コートニー [MAP] P.184

[住]1885 Cliffe St., Courtenay
[TEL](250)334-2451
[FREE](1-800)454-3509
[URL]wyndhamhotels.com
[料][HIGH]5～8月ⓈⒹ$180～
[LOW]9～4月ⓈⒹ$129～　Tax別　朝食込み
[CC]A M V　[室]66室

コーモックス・バレー空港から約10km。ドリフトウッド・モールの近くにある大型チェーン。周辺にレストランも多くあり便利。すべての客室に冷蔵庫を完備。屋外プールやランドリーなどもある。

キャンベル・リバー

Tsa-Kwa-Luten Lodge
トゥサ・クウア・ルータン・ロッジ [MAP] P.186

[住]1 Lighthouse Rd.
[TEL](250)830-2299
[FREE](1-800)665-7745　[URL]www.capemudgeresort.bc.ca
[営]4月上旬～10月中旬
[料][HIGH]7～9月ⓈⒹ$179～
[LOW]4月上旬～6月、10月頭～10月中旬
ⓈⒹ$149～　Tax別
[CC]A D M V　[室]36室　[交]港からタクシーで約10分。

クアドラ島の先住民が経営する豪華なリゾートホテル。見事な装飾品に飾られた客室は、ロッジタイプのほか、ロフト、コテージなどさまざま。

The High Point Resort
ハイ・ポイント・リゾート [MAP] P.186

[住]725 Quathiaski Cove Rd.
Quadra Island
[TEL](250)285-2201　[FREE](1-800)622-5311
[URL]www.thehighpoint.ca
[料][HIGH]7～9月ⓈⒹ$213～　[LOW]10～6月ⓈⒹ$139～
Tax別　[CC]M V　[室]24室

フェリー乗り場の前にあるリゾートホテル。コンロと食器類、トースター、コーヒーメーカーが全室に備えられている。港を見渡せる屋外プール付き。

Coast Discovery Inn
コースト・ディスカバリー・イン [MAP] P.186

[住]975 Shoppers Row
[TEL](250)287-7155
[FREE](1-800)716-6199　[URL]www.coasthotels.com
[料][HIGH]6～9月ⓈⒹ$169～　[LOW]10～5月ⓈⒹ$125～　Tax別
朝食付き
[CC]A M V　[室]88室

ショッピングモールが目の前にあり、買い物にも便利。スパやフィットネスセンターも併設されている。海側の客室からはジョージア海峡を望める。

バスタブ／一部客室　[TV]テレビ／一部客室　ドライヤー／貸し出し　ミニバーおよび冷蔵庫／一部客室　セーフティボックス／フロントにあり　Wi-Fi(無料)／Wi-Fi(有料)

West of Vancouver Island
バンクーバー島西部

ブリティッシュ・コロンビア州

温帯雨林に覆われたバンクーバー島の西部。全長125kmの海岸線とその周辺はカナダ初の海洋公園であるパシフィック・リム国立公園保護区に指定され、豊かな動植物が観察できる絶好のエリア。公園内はもちろん、その周辺にもさまざまなアクティビティが揃っている。

西海岸の町、トフィーノでは美しい夕焼けが見られる

ユクルーレット
MAP P.145-B3
人口 2066
面積 250
URL ucluelet.ca

ユクルーレットへの行き方

飛行機
　最寄りの空港はトフィーノ空港。空港からユクルーレットまでは、トフィーノ・バスのシャトルバスが途中、空港にも停車するのでそれを利用（要予約）、大人片道$20。タクシーなら$55程度。バンクーバーからトフィーノへは（→P.192）。

長距離バス
　トフィーノからはアイランド・リンク・バスが週3〜6便運行。所要約50分、大人片道$19.99〜。トフィーノ・バスは5〜10月の間のみ週3便前後運行。時刻表・運賃はウェブサイトを要確認（→P.142）。このほか、パシフィック・リム・ナビゲーターズPacific Rim Navigatorsなど数社のオンデマンドのシャトルバスもあるが、乗車人数が少ないと料金は割高になる。

アイランド・リンク・バス
URL www.islandlinkbus.com

トフィーノ・バス
無料 (1-866) 986-3466
URL tofinobus.ca

パシフィック・リム・ナビゲーターズ
TEL (250) 266-1521
URL pacificrimnavigators.com
トフィーノから
料 片道$180

バンクーバー島西部の歩き方

　バンクーバー島の西部のおもな都市はユクルーレットとトフィーノ。ふたつの町を起点として、パシフィック・リム国立公園に行ったり、ホエールウオッチングに参加したりするのが、この地方の楽しみ方といえる。移動手段はトフィーノとユクルーレット間を結ぶアイランド・リンク・バスIsland Link Bus、5〜10月のみ運行するトフィーノ・バスTofino Busがあるがどちらも便数が少ない。レンタカーならトフィーノから40kmほどだ。

ユクルーレット
Ucluelet

　インディアンの言葉で「安全な港」を意味するユクルーレットは、パシフィック・リム国立公園Pacific Rim National Parkへの足がかりとして欠かせない港町だ。スーパーや教会の並ぶ町の中心部は、どこかひなびていて落ち着ける雰囲気だ。

　細長い町を貫くメインストリートのペニンシュラ通りPeninsula Rd.とメイン通りMain St.の交差するあたりが中心部で、ホテルやレストラン、バスディーポなどが集まっている。B&Bはユクルーレット港Ucluelet Harbour側の住宅地に点在している。時間がゆっくりと流れるこの町では、太平洋側の海沿いに造られた「ビッグ・ビーチ・トレイルBig Beach Trail」（600m、所要15分）、「ヒー・チン・キス・トレイルHe-Tin-Kis Trail」（2km、所要20分）、「ワイルド・パシフィック・トレイルWild Pacific Trail」（2.7km、所要45分）の3つのトレイルを歩

ブリティッシュ・コロンビア州

バンクーバー島中部／バンクーバー島西部 ◆

British Columbia

189

観光案内所

Pacific Rim Visitor Centre
🗺 **P.191**
🏠 2791 Pacific Rim Hwy.
☎ (250)726-4600
🌐 www.discoverucluelet.
  com
🕐 毎日10:00〜17:30
🚫 無休

ⓘ ユースフル・
インフォメーション

警察
Royal Canadian
Mounted Police
🗺 **P.190-1**
🏠 1712 Cedar Rd.
☎ (250)726-7773

病院
Ucluelet Medical Clinic
🗺 **P.190-1**
🏠 1566 Peninsula Rd.
☎ (250)726-4443

おもなタクシー会社
Ucluelet Taxi
☎ (250)726-4415

いてみたい。He-Tin-Kis Trailはレインフォレスト（温帯雨林）を抜けて海岸線に出るコース。公園からさらに南に行ったアンフィトライト岬Amphitrite Pointにある沿岸警備隊の灯台から続くルートも海の景色がすばらしい。

エクスカーション

パシフィック・リム国立公園

間近でカルフォルニア・シーライオンが見られることも

　カナダで最初の海洋国立公園。バンクーバー島の西海岸、トフィーノからポート・レンフリューPort Renfrewまで約125kmにわたり、人間の存在を感じさせない野生の大自然が広がっている。ひと気のない海岸線に太平洋の荒波が押し寄せる雄大な風景は、日本人の「島」という概念を根底から覆す。

　パシフィック・リム国立公園は3つの地域に分かれている。16kmの海岸線が続くロング・ビーチ、100以上の小さな島から成り立っているブロークン諸島、75kmに及ぶウエスト・コースト・トレイルだ。ほとんどの人が目指すロング・ビーチは公園内のため宿泊施設はキャンプ場しかなく、ホテルはその外側のトフィーノに点在している。

ユクルーレット

❧ ロング・ビーチ
Long Beach
MAP P.191

　国立公園内で誰もが気軽に行けるのが、ロング・ビーチだ。夏は大勢のサーファーたちでにぎわう。ハイキングトレイルも整備されており、気軽にハイキングが楽しめる。まずは公園観察センターを兼ねているKwistic Visitor Centreに立ち寄り、無料のガイドマップやハイキング情報、潮汐ガイドなどを入手しよう（2023年1月現在、工事のため休館中）。

自然に囲まれたロング・ビーチ

❧ ブロークン諸島
Broken Group Islands
MAP P.191

岩肌むき出しの荒々しい島々が連なる

　ユクルーレットの東にある多島海で、約100の小島が密集している。そのすべてが無人島だ。突き出した大きな岩には、アザラシやセイウチ、水鳥が集まっている。海原にたくさんの島がある美しい風景は、ユクルーレット発のホエールウオッチング・ツアーや、セスナのツアーでも見ることができる。島では、夏季のみキャンプも可能。（要予約）

❧ ウエスト・コースト・トレイル
West Coast Trail
MAP P.191

　ポート・レンリューからバンフィールドBamfieldの手前まで75kmに及ぶこのトレイルの魅力は、人里を離れた静けさ、そして神秘の湖を抱いたすばらしい原生林と未開の海岸線、そこにすむさまざまな野生動物だ。何しろ、トレイルには舗装道路はおろか、民家すらない。踏破するには、無人島で10日くらいは生きていける装備と経験が必要だ。日帰りハイキングをはじめ、各種ガイドツアーがある。

パシフィック・リム国立公園
MAP P.145-B3/P.191
TEL (250)726-3500
URL www.pc.gc.ca/en/pn-np/bc/pacificrim
開 通年（ウエスト・コースト・トレイルは5〜9月）
圏 大人$10
　ウエスト・コースト・トレイルやブロークン諸島に入るにはさまざまな条件と準備が必要なので事前に問い合わせを。
交 5〜10月の間のみトフィーノ・バスがトフィーノとユクルーレット間を結び、途中、ロング・ビーチにも停車する。トフィーノから約15分、ユクルーレットからは約20分。時刻表・運賃はウェブサイトを要確認（→P.142）。

ブロークン諸島へのツアー
ハロー・ネイチャー・アドベンチャー・ツアーズ
Hello Nature Adventure Tours
MAP P.190-1
住 200 Hemlock St., Ucluelet
TEL (250)726-2035
FREE (1-844)706-2751
URL hellonature.ca
圏 1日カヤック$375

ウエスト・コースト・トレイル
開 5〜9月
トレイル・ハイク予約
FREE (1-877)737-3783
URL reservation.pc.gc.ca
圏 予約金$25.75
　公園使用料$160
CC A M V
　6月中旬〜9月中旬のピークシーズンには人数制限があるので早めの予約が望ましい。国立公園のウェブサイトからも予約可能。

ストラスコーナ州立公園
Strathcona Provincial Park
Great Central Lake
ジョージア海峡
Strait of Georgia
Qualicum Beach
Parksville
クーームス
Coombs
VIA鉄道
ホット・スプリングス・コーブ
Hot Springs Cove
ポート・アルバーニ
Port Alberni
Gabriola I.
ナナイモ
Nanaimo
トフィーノ
Tofino
Kildonan
Ladysmith
トゥワッサン
Tsawwassen
P.191
ロング・ビーチ
Long Beach
Kwistis Visitor Centre
観光案内所 P.190
シュメイナス
Chemainus
Galiano I.
ユクルーレット
Ucluelet
フェリー
バンフィールド
Bamfield
Cowichan Lake
ダンカン
Duncan
Lake Cowichan
Salt Spring I.
Pender I.
ブロークン諸島
Broken Group Islands
P.191
P.191
ウエスト・コースト・トレイル
West Coast Trail
シドニー
Sydney
0　20　40 km
N
ポート・レンフリュー
Port Renfrew
ビクトリア
Victoria

パシフィック・リム国立公園

トフィーノ
MAP P.145-B2
人口 2516
面積 250
URL www.tourismtofino.
com
twitter.com/tourism_
tofino
www.facebook.com/
tourismtofino

トフィーノへの行き方

飛行機
バンクーバーからパシフィック・コースタル航空が1日1～2便運航、所要約45分。出発はバンクーバー空港のサウス・ターミナルから。空港からはタクシーを利用。水上飛行機のハーバー・エア・シープレーンの便もある。

長距離バス
ナナイモからアイランド・リンク・バスIsland Link Busが週3～6便運行。所要約3時間40分、大人片道＄64.99～。ビクトリアからは5～10月のみトフィーノ・バスTofino Busが週3便前後運行。時刻表・運賃はウェブサイトを要確認（→P.142）。

トフィーノ
Tofino

世界中から旅行者が集うトフィーノは、観光地となった今も俗化されることのない静かな町。夏になると波を求めてやってくるサーファーや、カヤックを楽しむ人、レインフォレスト（温帯雨林）などの豊かな自然に触れにきたナチュラリストなどが集まる。マリンスポーツにしろホエールウオッチングにしろ、参加して楽しむのがこの町の過ごし方だ。

トフィーノはレストランやスーパー、アクティビティのツアー会社や各種ツアーが出発する桟橋などがすべて岬の

自然に囲まれた、ブリティッシュ・コロンビア州きってのマリンリゾート

先のほうに固まっており、ダウンタウンは歩いて回れる範囲。1時間も散歩をすれば町の全体像がつかめるだろう。イーグル・

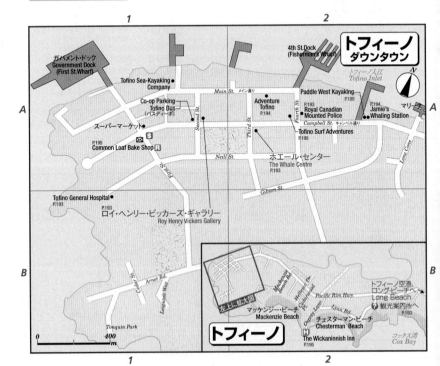

トフィーノ
ダウンタウン

ガバメント・ドック
Government Dock
(First St.Wharf)

4th St.Dock
(Fisherman's Wharf)

トフィーノ入江
Tofino Inlet

Tofino Sea-Kayaking
Company

Main St. メイン通り

Paddle West Kayaking
P.195

Co-op Parking
Tofino Bus
（バスディーポ）

Adventure
Tofino
P.194

P.193
Royal Canadian
Mounted Police

P.194
Jamie's
Whaling Station

マリ

スーパーマーケット

Campbell St. キャンベル通り

Tofino Surf Adventures
P.195

P.195
Common Loaf Bake Shop

Neill St.

ホエール・センター
The Whale Centre
P.193

Gibson St.

Tofino General Hospital
P.193

ロイ・ヘンリー・ビッカーズ・ギャラリー
Roy Henry Vickers Gallery

A

B

左上に拡大図

トフィーノ空港、
ロング・ビーチへ
Long Beach
観光案内所へ P.193

マッケンジー・ビーチ
Mackenzie Beach

Pacific Rim Hwy.

チェスターマン・ビーチ
Chesterman Beach

The Wickaninnish Inn
P.195

Tonquin Park

0　400　m

コックス湾
Cox Bay

トフィーノ

エアリー・ギャラリーやホエール・センターなどの見どころもこのあたりに集中している。しかし町から一歩出ると次のマッケンジー・ビーチMackenzie Beachまで徒歩で1時間以上かかる。車がな

ホエールウオッチングを扱うガイド会社が多い

い人はダウンタウンとコックス・ベイCox Bayを結ぶ夏季限定の無料シャトルを上手に利用しよう。近海の島へと渡り豊穣な自然を満喫することも可能。ホエールウオッチングやハイキングなど、アクティビティを楽しみたい。

おもな見どころ

♣ ロイ・ヘンリー・ビッカーズ・ギャラリー　MAP P.192-A1
Roy Henry Vickers Gallery ★★★

建物自体が作品になっている、イーグル・エアリー・ギャラリー

　著名なインディアンの作家、ロイ・ヘンリー・ビッカーズRoy Henry Vickers（1946年〜）のプライベート・ギャラリー。西海岸の伝統的なネイティブ建築を模して造られた外観がユニーク。館内に展示されたトーテムポールや版画作品など

からは、漁師の父と学校教師の母に育てられた作者の、伝統文化と現代の都市文化のはざまに生きる繊細な心境が伝わってくるようだ。ポストカードや版画作品集などを扱うギャラリーショップもある。

♣ ホエール・センター　MAP P.192-A2
The Whale Centre ★★★

　ホエールウオッチングに絶好の場所であるトフィーノのホエール・センター。館内にはクジラの骨やひげをはじめクジラの生態に関する資料が展示されている。ここは捕鯨の全面禁止を支持してはいるが、政治的な団体ではないので、気軽に訪れてみよう。

ホエール・センターでクジラについて学ぼう

ホエールウオッチングのツアー会社
（→P.194）

？ 観光案内所

Tourism Tofino
MAP P.192-B2外
🏠1426 Pacific Rim Hwy.
☎(250)800-7380
FREE(1-888)720-3414
URL www.tourismtofino.com
開7・8月
　毎日8:30〜18:00
　9〜6月
　毎日9:30〜17:00
休無休

ⓘ ユースフル・インフォメーション

警察
Royal Canadian
Mounted Police
MAP P.192-A2
🏠400 Campbell St.
☎(250)725-3242
病院
Tofino General Hospital
MAP P.192-B1
🏠261 Neill St.
☎(250)725-4010
おもなレンタカー会社
Budget
☎(250)725-2060

ロイ・ヘンリー・ビッカーズ・ギャラリー
🏠350 Campbell St.
☎(250)725-3235
URL www.royhenryvickers.com
開毎日10:00〜17:00
　（時期により変動あり）
休無休
料無料

独特の色使いで表現された風景作品が並ぶ

ホエール・センター
🏠411 Campbell St.
☎(250)725-2132
URL www.tofinowhalecentre.com
開毎日8:00〜20:00
　（時期により変動あり）
休無休
料無料
　展示のほか、ホエールウオッチングツアーも催行している（料大人＄149）。

トフィーノでホエールウオッチング

周囲を豊かな大自然に囲まれているトフィーノは、自然を愛するナチュラリストの集まる町として知られている。狭い範囲のダウンタウンには、シーカヤックやサーフィンのショップ、深い森に分け入るハイキングやネイチャーツアーを扱うガイド会社などが多数あり、さまざまなアクティビティが楽しめるアウトドア天国だ。そんなトフィーノで一番人気のアクティビティといえば、ホエールウオッチング。キャンベル通りCampbell St.やメイン通りMain St.を歩くと、数mおきにあるガイド会社の看板にはたいてい「Whale Watching」の文字が躍っている。

ホエールウオッチングは屋根付きの小型船のクルーザーか、ゾディアックZodiacと呼ばれるゴムボートで行うのが普通。それぞれ一長一短があり、小型船は屋根（トイレが付いているものもある）が付いているため多少なりとも風や波しぶきを防げるが、ゾディアックのほうはそうはいかない。小型船のほうが安定感があるので、乗客は服のまま乗り込むが、ゾディアックの場合はライフジャケットを着ることになる。ただ、ゾディアックのほうが小回りが利くため、クジラの動きを予測し接近していくのには圧倒的に有利なのだ。周囲の景色も楽しみながらのんびりと行きたいなら小型船。クジラのそばまで行って、その迫力を感じたいなら、ゾディアックを選ぶといい。

なお、いずれの船を選んだ場合も、上着は必ず持っていくこと。出発した港が晴天だったとしても、海に出たらその天気が続く保証はないし、第一晴れていてもけっこう寒い。

船の選択を終えたら、港を出発し海へと出よう。同乗しているガイドがクジラやこの地域の生き物の生態についておもしろおかしく解説してくれるのを聞きながら、バンクーバー島の海岸線を通過する。最初はアザラシのコロニー（営巣地）に立ち寄り、そのあとはいよいよクジラの生息域に到達する。船上から目を凝らすと、数十m先のそこかしこでクジ

小さなゴムボートのゾディアック

グレーホエールのほかオルカ（シャチ）が現れることも

ラの激しい噴気で吹き上げられた海水が霧状になってあたりを漂っているのがわかる。これこそ、クジラがすぐそばにいるという証拠だ。

トフィーノでよく見られるクジラは、体が灰色であることからその名がついたグレーホエールGrey Whale。北太平洋に分布するこのクジラは、成長すると体長12m、体重30トン近くになる。クジラを発見すると、ボートは巨体の群れと併走しながら徐々に距離を詰めていき、クジラの噴出口がある頭部が見えるところまで接近する。潮を噴き上げて1、2秒後に尾ビレが波間から姿を現したかと思うと、海面を叩きつけた海原に消える……。

この壮大な情景と、自分の中にわき起こる不思議な感情によって、初めてクジラを見る人のなかには思わず涙する人もいるとか。「クジラ見物」と物見遊山を決め込んで参加しても、いつの間にか自然と真摯に向き合ってしまうところが、このツアーの奥深いところであり、トフィーノという町の大きな魅力のひとつでもある。

Jamie's Whaling Station
MAP P.192-A2 🏠606 Campbell St.
☎(250)725-3919 📠(1-800)667-9913
🌐www.jamies.com
ホエール・ウオッチング
ゾディアック 🗓3月上旬〜11月上旬
💰大人$149、シニア・学生$139、子供$109
クルーザー 🗓3月上旬〜11月上旬
💰大人$149、シニア・学生$139、子供$109
Adventure Tofino
MAP P.192-A2 🏠421 Main St.
☎(250)725-2895
🌐www.adventuretofino.com
ホエール・ウオッチング
ゾディアック 🗓4〜10月
💰大人$149、シニア・学生$139、子供$129

ホテル & レストラン

ユクルーレット

A Snug Harbour Inn

スナグ・ハーバー・イン　MAP P.190-2

住460 Marine Dr.
TEL(250)726-2686
FREE(1-888)936-5222
URL www.awesomeview.com
料SD$429〜　Tax別　朝食付き
CC A M V
室6室

太平洋を見下ろ
す岸の上に立つ。
高級感が漂う客室
は個性的なコンセ
プトで構成され、4
室がオーシャンビ
ュー。ハイキングト
レイルにも近く散
策も楽しい。

ユクルーレット

Pacific Rim Motel

パシフィック・リム・モーテル　MAP P.190-1

住1755 Peninsula Rd.
TEL(250)726-7728
FREE(1-800)810-0031
URL www.pacificrimmotel.com
料SD$110〜　Tax別
CC A M V
室30室

バスディーポか
らすぐの場所にあ
る4階建てモーテ
ル。客室からは港
を望める。モーテ
ル内にレストラン
はないがすぐ近く
にあるので、食事
に困ることはない。

トフィーノ

The Wickaninnish Inn

ウィカニニッシュ・イン　MAP P.192-B2

住500 Osprey Lane
TEL(250)725-3100
URL www.wickinn.com
料SD$540〜2000　Tax別
　予約は2泊〜
CC A M V
室75室

ロング・ビーチ
の北西に広がるチ
ェスターマン・ビー
チChesterman
Beachに面して立
つ高級リゾート。全
室オーシャンビュ
ー。レストラン「The
Pointe」が人気。

トフィーノ

Common Loaf Bake Shop

コモン・ローフ・ベイク・ショップ　MAP P.192-A1

住180 First St.
TEL(250)725-3915
営火〜土8:00〜16:00
休日・月
予$5〜
CC不可

トフィーノのダウ
ンタウンにあるベ
ーカリー兼レスト
ラン。カウンターに
並ぶ焼きたてのパ
ンを目当てに人が
集まり、朝方はかな
り混み合う。ボリュ
ーム満点のパニーニ$12もおすすめ。

Column　バンクーバー島で楽しむアクティビティ

　トフィーノとユクルーレットでは、さまざま
なアクティビティに挑戦できる。定番は、シー
カヤック。レンタルやガイド付きのツアー、キ
ャンプツアーまで楽しめる。また、トフィーノ
はカナダNo.1のサーフスポット。初心者から
経験者まで満足のレッスンが揃う。リラック
ス派に人気なの
が、トフィーノ北
に広がる岩礁に
ある天然温泉、
ホット・スプリ
ングス・コーブ
Hot Springs

港から30分ほど散策してホット・
スプリングス・コーブへ

Cove。船で島に向かい、森の中を歩いて温泉
に行く。

　ほか、ベアウオッチングやユクルーレット
の郊外のジップラインまであるので、観光案
内所やツアー会社で聞いてみよう。

ホット・スプリングス・コーブ（1日ツアー）
Jamie's Whaling Station(→P.194)
催通年　料$220
シーカヤックツアー
Paddle West Cayaking
MAP P.192-A2　URL www.paddlewestkayaking.com
サーフレッスン
Tofino Surf Adventures
MAP P.192-A2　URL tofinosurfadventures.ca

🛁バスタブ　📺テレビ　💨ドライヤー　🍷ミニバーおよび冷蔵庫　🗄セーフティボックス　📶Wi-Fi（無料）
🛁一部のみ　📺一部のみ　💨貸し出し　🍷一部のみ　🗄フロントにあり　📶Wi-Fi（有料）

バンクーバー島北部

ブリティッシュ・コロンビア州

バンクーバー島北部
エドモントン
カルガリー
バンクーバー

テレグラフ・コーブ
MAP P.145-A2
人口 250
URL www.telegraphcove
resort.com

❓ 観光案内所

Telegraph Cove Resorts
FREE (1-800)200-4665
URL www.telegraphcove
resort.com

❶ ユースフル・インフォメーション

警察
Royal Canadian
Mounted Police
TEL (250)956-4441
病院
Port McNeill Hospital
住 2750 Kingcome Place
TEL (250)956-4461

アラート・ベイ
MAP P.145-A2
人口 250
URL www.alertbay.ca

アラート・ベイへの行き方

長距離バス
　2023年1月現在、長距離バスの定期便はない。キャンベル・リバーからポート・マクニールまでオンデマンドのシャトルバスを利用可能。所要約2時間、片道$100。
フェリー
ポート・マクニールからアラート・ベイまではB.C.フェリーで約45分、1日5～6便往復しており、大人片道$11.35～。

❓ 観光案内所

Alert Bay Visitor Info
Centre
住 118 Fir St.
TEL (250)974-5024
URL www.alertbay.ca

　バンクーバー島の最北端にある町ポート・ハーディは、プリンス・ルパート（→ P.209）との間を結ぶ B.C. フェリーの発着地。この航路はインサイド・パッセージと呼ばれ、フィヨルドの内海を約 16 時間かけて進む、風光明媚なルートとして名高い。またオルカ（シャチ）の研究地として有名なジョンストン海峡に面しており、テレグラフ・コーブやアラート・ベイはオルカウオッチングの起点にもなっている。

オルカウオッチングの船

テレグラフ・コーブ
Telegraph Cove

船上からテレグラフ・コーブを望む

　キャンベル・リバーから西へ約150kmの地点でハイウエイ#19を右に曲がり、海岸線を約40km進む。その終点にある小さな集落がテレグラフ・コーブだ。5月下旬～10月上旬頃はオルカウオッチングツアー目当ての客で活気づくが、定住者がいないためシーズン以外の時期はまったくの無人となる。入江沿いに海上の木杭の上に建てられた水上家屋が並ぶ。宿泊用キャビンやキャンプ場、観光案内所なども入江の近くに集まっている。バスなどはないので、町まではレンタカーで。

アラート・ベイ
Alert Bay

　アラート・ベイは、かつてインディアンが墓地として使っていたというコーモラント島Comorant Islandにある村。島へはキャンベル・リバーから北へ35kmの港町ポート・マクニールPort McNeillからフェリーで約35分。港から南へ10分ほど歩くと、インディアンの墓標であるトーテムポールが並ぶ景色を望むことができる。現在はオルカウオッチングやフィッシングの拠点として知られる。世界一高い52.7mのトーテムポールThe World's Tallest Totem Poleは徒歩圏内にあり、おもな見どころも先住民族に関するものが多い。

海沿いに立ち並ぶトーテムポール

ポート・ハーディ

Port Hardy

　ポート・ハーディは、多くの旅行者にとってプリンス・ルパートとの間を結ぶB.C.フェリーの発着地にすぎない。時間があれば、観光案内所の北の海岸線に続く公園を散歩したり、バンクーバー島北部における先住民の

海に面した一帯は公園になっている

歴史や町の起源に関する展示が見られるポート・ハーディ博物館Port Hardy Museumに行ってみよう。インサイド・パッセージInside Passageと呼ばれるポート・ハーディ～プリンス・ルパート（→P.209）を結ぶB.C.フェリーのクイーン・オブ・ノース号M.V.Northern Expeditionは、6月中旬～9月中旬の間運航している。6月下旬～7月と9月は奇数日、8月は偶数日にポート・ハーディ発7:30、プリンス・ルパート着23:50。冬季は週1～2便。フェリーが発着するベア・コーブ・フェリー・ターミナルBear Cove Ferry Terminalは湾を挟んだ対岸にあり、町の中心まで約10km。フェリーの発着に合わせノース・アイランド・トランスポーテーション社North Island Transportationのシャトルバスが運行している。

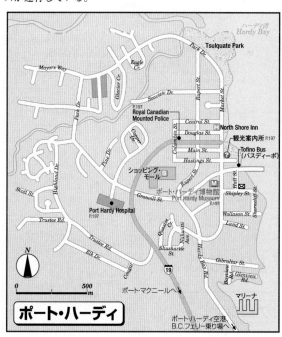
ポート・ハーディ

ポート・ハーディ
MAP P.145-A1
人口 3902
面積 250
URL www.visitporthardy.com

ポート・ハーディへの行き方

飛行機
　バンクーバーからパシフィック・コースタル航空などが1日1～2便運航、所要約1時間10分。空港は町の南約10km、タクシーで10分、$25程度。

ノース・アイランド・トランスポーテーション社
TEL (250)949-6300
料 $7.5～

B.C.フェリー（→P.419）
プリンス・ルパートまで
料 大人$111.8～194.75

❓ 観光案内所

Port Hardy Visitor Centre
MAP P.197
TEL (250)949-7622
URL www.visitporthardy.com
開 5～9月
　毎日9:00～17:00
　10～4月
　月～金9:00～16:00
休 10～4月の土・日

❸ ユースフル・インフォメーション

警察
Royal Canadian Mounted Police
MAP P.197
住 7355 Columbia St.
TEL (250)949-6335
病院
Port Hardy Hospital
MAP P.197
住 9120 Granville St.
TEL (250)902-6011
おもなレンタカー会社
Budget
TEL (250)949-6442
おもなタクシー会社
Waivin Taxi
TEL (250)230-8294

ポート・ハーディ博物館
MAP P.197
TEL (250)949-8143
URL www.porthardymuseum.com

Kelowna

ケロウナ

ブリティッシュ・コロンビア州

インディアンのセイリッシュ族の言葉で"グリズリー"を意味するケロウナは、オカナガン地方最大の町で、南北に長いオカナガン湖のちょうど真ん中あたりに位置している。オカナガン湖はこのあたりで幅がかなり狭くなるので、湖越しに対岸のなだらかな丘陵もよく見える。カナダ有数のサマーリゾートで、湖沿いに広がるビーチは湖水浴を楽しむ人でにぎわう。リタイアした人々が集まる町でもあり、住民もどこかのんびりしているように見える。

市民の憩いの場、シティ公園。湖も望める

MAP P.38-D2
人口 22万2162
標高 250
ケロウナ情報のサイト
URL www.tourismkelowna.com
twitter.com/Tourism_
Kelowna
www.facebook.com/
TourismKelowna

ケロウナへの行き方

飛行機
バンクーバーからエア・カナダが1日6〜8便、ウエスト・ジェット航空が1日7便運航、所要約1時間。空港からダウンタウンへはケロウナ・エアポート・シャトルKelowna Airport Shuttleを利用でき、$25〜(要予約)。

長距離バス
バンクーバーからイーバスEbusが1日2便運行、所要約5時間40分、大人片道$85.74。カムループスからは1日2便、所要約2時間50分、大人片道$44.1。バスはケロウナ国際空港にて発着。

ケロウナ国際空港
MAP P.198-A2外
TEL (250)807-4300
URL ylw.kelowna.ca

ケロウナ・エアポート・シャトル
TEL (250)863-4213

イーバス
FREE (1-877)769-3287
URL www.myebus.ca

ケロウナの歩き方

　ダウンタウンは**オカナガン湖Okanagan Lake**に突き出したシティ公園周辺の半径2、3ブロックほど。公園に面する通りや湖沿いには、レストランやカフェ、ツアー会社、ショップが並ぶ。民家や大きなショッピングセンターは郊外にある。かなり広い町なので、車がないと全体像がつかみにくい。市バスはBCトランジット社BC Transitが運行しているが路線・便数はあまり多くないため、やはりレンタカーでの移動が便利と言えるだろう。

おもな見どころ

🍁 シティ公園
City Park
MAP P.198-A1
★★★

　オカナガン湖に架かった珍しい浮き橋のたもとにあるこの公園は、黄金色に輝く水面に対岸の丘陵の影が映る美しい場所だ。

夏のカナダの遅い夕暮れを楽しんで、散策する人通りが絶えない。公園の北の端にはオカナガン湖にすむという伝説の怪獣「オゴポゴOgopogo」の像がある。北の端にはマリーナがあり、モーターボートなどのレンタルをしている。

オゴポゴの像は子供たちに大人気

🍁 オカナガン・ヘリテージ博物館
Okanagan Heritage Museum
MAP P.198-A2
★★☆

　インディアンや毛皮猟師、鉄道建設に携わった中国系移民の歴史など、小さいがよくまとまった展示がされている。ケロウナは愛知県春日井市と姉妹都市であり、博物館の隣には日本庭園の春日井庭園Kasugai Gardensがある。

当時使われていたものが見られる

🍁 オカナガン・ワイン＆果樹博物館
Okanagan Wine & Orchard Museum
MAP P.198-A2
★☆☆

　オカナガン地方は温暖な気候を利用して1890年代から大々的な果樹産業に取り組み、国内はもちろん米国北部の各州に輸出して成功を収めた。この博物館は、その果樹産業をテーマにしている。ビンテージワインや瓶を飾ったワイン博物館も併設している。

ワイン造りで使用する道具が展示されている

---

❶ ユースフル・インフォメーション

警察
Royal Canadian
Mounted Police
🏠 1190 Richter St.
☎ (250)762-3300

病院
Kelowna General
Hospital
MAP P.198-B2
🏠 2268 Pandosy St.
☎ (250)862-4000

おもなレンタカー会社
Avis
☎ (250)491-9500

おもなタクシー会社
Kelowna Cabs
☎ (250)762-2222

❓ 観光案内所

Kelowna Visitor Center
MAP P.198-A1
🏠 238 Queensway
☎ (250)861-1515
📞 (1-800)663-4345
🌐 www.tourismkelowna.com
🕐 夏季　毎日8:30〜20:30
　　冬季　毎日8:30〜17:30
🚫 無休

BCトランジット社
☎ (250)860-8121
🌐 www.bctransit.com/
　　kelowna
💰 シングルチケット大人$2.5

シティ公園
🏠 1600 Abbott St.

CHECK!
シティ公園は、若者たちが夜遅くまで騒いでいることもある。日没後に歩くときは注意。

オカナガン・ヘリテージ博物館
🏠 470 Queensway Ave.
☎ (250)763-2417
🌐 www.kelownamuseums.ca
🕐 月・木〜土
　　10:00〜17:00
　　日11:00〜17:00
🚫 火・水
💰 寄付程度

オカナガン・ワイン＆果樹博物館
🏠 1304 Ellis St.
☎ (778)478-0325
🌐 www.kelownamuseums.ca
※2023年1月現在、休館中。

エクスカーション

ペンティクトン

[MAP] P.38-D2

Penticton

湖沿いはビーチになっている

ペンティクトンは、ケロウナの南約50kmにある、オカナガン湖とスカハ湖Skaha Lakeに挟まれたリゾート地。“ピーチ・キャピタル”の愛称で呼ばれ、桃やブドウなど果物の名産地として知られている。ケロウナと並ぶオカナガン・ワインルート（→P.202）観光の拠点でもある。オカナガン湖から南に1kmほど離れた所に観光案内所があり、併設されているワイン・インフォメーション・センターWine Information Centreでは、ワイナリー巡りの情報が手に入る。

町の中心は、メイン通りMain St.とマーチン通りMartin St.。観光客の集まるリゾートエリアは、東西に公園やビーチが続くオカナガン湖畔一帯。特にリゾートらしい雰囲気が漂うのは、湖畔沿いに延びるレイクショア通りLakeshore Dr.の西半分。博物館にもなっている外輪船シカムース号S.S.Sicamousが停泊しているあたりから東へ約500mの間に、ホテルやレストランなどが軒を連ねている。夏の風物詩でもあるオカナガン川の浮き輪下りは、ぜひトライしたいアトラクションだ。

ヴァーノン

[MAP] P.38-D2

Vernon

ケロウナの北約50kmに位置するヴァーノンは、オカナガン地方の3都市（ケロウナ、ペンティクトン、ヴァーノン）のなかで、最も静かな雰囲気の町。中心部は町のほぼ中央を南北に縦貫するハイウエイ#97（32nd St.）と、それに直交する30th Ave.、32nd Ave.のあたり。ホテル、博物館などもこのあたりにまとまっている。ヴァーノン博物館Greater Vernon Museum & Archivesには、この付近に居住するインディアンのセイリッシュ族の暮らしの資料や開拓時代の写真が展示されている。町の南にはポルソン公園Polson Parkがある。周辺にはバードウオッチングのスポットがたくさんあるが、町なかの公園でもキングフィッシャー（カワセミ）をはじめ、さまざまな野鳥が見られる。

郊外には1867年にコーネリウス・オキーフという人が開拓した史跡牧場、オキーフ牧場Historic O' Keefe Ranchがある。ここには1889年にカナダ内陸部で最初に建てられたセント・アン教会がある。開拓民が日々の蓄えのなかから寄付金を出し合って造ったものだ。

ペンティクトンへの行き方

BCトランジット社がケロウナ～ペンティクトン間を結ぶルート#70を運行。所要約1時間10分。

観光案内所

Penticton & Wine Country Visitor Centre
[TEL](250)276-2170
[URL]www.visitpenticton.com

浮き輪での川下り

Coyote Cruises
[TEL](250)486-5755
[URL]www.coyotecruises.com
[催]8月上旬～9月中旬
毎日10:00～19:00
[料]$19.5

ペンティクトンのホテル

Slumber Lodge
スランバー・ロッジ
[住]274 Lakeshore Dr.
[TEL](250)492-4008
[料]ⓈⒹ$85～ Tax別
[CC]M V [室]45室

ヴァーノンへの行き方

ケロウナからBCトランジット社のルート#90で約2時間。

観光案内所

Vernon Tourism
[TEL](250)542-1415
[URL]www.tourismvernon.com

ヴァーノン博物館

[TEL](250)542-3142
[URL]www.vernonmuseum.ca
[開]水13:00～16:00
木15:00～19:00
金10:00～14:00
土10:00～13:00
[休]日～火 [料]寄付程度

オキーフ牧場

[TEL](250)542-7868
[URL]www.okeeferanch.ca
[開]5～8月
水～日10:00～16:00
9・10月
土・日10:00～16:00
[休]5～8月の月・火、11～4月
[料]大人$10
[交]ヴァーノンの北約12km。スワン湖を通り過ぎた所で左折しハイウエイ#97に入る。

ヴァーノンのホテル

Riviera Plaza
リヴィエラ・プラザ
[TEL](250)542-3321
[URL]rivieraplaza.com
[料]ⓈⒹ$69～

本書の発行後も
現地最新情報を
Webで更新します！

「地球の歩き方」編集室では、
ガイドブック発行後も最新情報を追跡中。

出入国のルール変更や主要店舗の閉店など、
個人旅行者向けの重要事項を中心に
以下の特設サイトで公開しています。
書籍とあわせてご活用ください。

★海外再出発！ガイドブック更新＆最新情報サイト

URL https://www.arukikata.co.jp/travel-support/

HOTEL

ケロウナのホテル

Delta Hotels by Marriott Grand Okanagana Resort

デルタ・グランド・オカナガン・リゾート [MAP] P.198-A1

[住]1310 Water St.
[TEL](250)763-4500
日本の予約先[FREE]0120-142890
[URL]www.marriott.co.jp
[料][HIGH]4～10月ⓈⒹ$317～
[LOW]11～3月ⓈⒹ$232～ Tax別
[CC]A D J M V [室]324室

湖に面して立つ最高級ホテル。ホテルに隣接してマリーナがあり、リゾート気分を盛り上げてくれる。プールやスパなど設備も充実している。

Comfort Suites Kelowna

コンフォート・スイート・ケロウナ [MAP] P.198-A2外

[住]2656 Hwy. 97
[TEL](250)861-1110
[URL]www.comfortsuiteskelowna.com
[料][HIGH]7・8月ⓈⒹ$208～
[LOW]9～6月ⓈⒹ$121～ Tax別 朝食付き
[CC]A M V [室]83室

ハイウエイ#97沿い、バスディーポから徒歩20分くらいの位置に立つ。館内には屋内プール、ジャクージ、フィットネスセンターなどがある。全館禁煙。ワッフルが味わえる朝食にも定評がある。

Hotel ZED Kelowna

ゼッド・ケロウナ [MAP] P.198-A1

[住]1627 Abbott St.
[TEL](250)763-7771
[FREE](1-855)763-7771 [URL]hotelzed.com
[料][HIGH]5～9月ⓈⒹ$175～
[LOW]10～4月ⓈⒹ$89～ Tax別 [CC]A M V [室]54室

2016年にオープン。60'～70' 年代がテーマの客室は、外観と同様カラフルな色合いでまとめられている。プールやサウナのほか、自転車も無料で利用可能。

Kelowna International Hostel

ケロウナ・インターナショナル・ホステル [MAP] P.198-B2

[住]2343 Pandosy St.
[TEL](250)763-6024
[料]ドミトリー$30～ ⓈⒹ$80～ Tax込み 朝食付き
[CC]M V
[室]10室、34ベッド
[交]市バス#1で南に向かい、総合病院の前で下車、徒歩2分。

ダウンタウンから徒歩30分くらいの場所にあるユースホステル。スタッフ全員陽気でフレンドリーなので、楽しい滞在になりそう。コインランドリーあり。

ケロウナのレストラン

RauDZ

ラーズ [MAP] P.198-A1

[住]1560 Water St. [TEL](250)868-8805
[URL]www.raudz.com
[営]火～土17:30～22:00 [休]日・月 [予]$50～ [CC]M V

「Fresh・Local・Comfortable」の3テーマをコンセプトに、地元食材をふんだんに使用。旬の食材を使用するため、メニューは季節により変更あり。

Antico Pizza Napoletana

アンティコ・ピッツァ・ナポリターナ [MAP] P.198-A1

[住]347 Bernard Ave. [TEL](250)717-3741
[URL]anticapizza.ca
[営]火～金16:00～22:00 土・日11:30～22:00 [休]月
[予]$25～ [CC]M V

窯で焼いた本格的なナポリピザを提供する。マルゲリータ$15～など全12種のピザのほか、サラダ$8～やデザート$7.5～などのサイドメニューやワインも揃う。

Bean Scene Downtown

ビーン・シーン・ダウンタウン [MAP] P.198-A1

[住]371 Bernard Ave. [TEL](250)763-1814
[URL]www.beanscene.ca
[営]月～金7:00～17:00 土・日8:00～16:00
[休]無休 [予]$5～ [CC]M V

自家焙煎コーヒーが自慢のアットホームなカフェ。スタイリッシュな店内でラテなどのドリンクメニューのほか、手作りのマフィンなどのスイーツや軽食が味わえる。

Bohemian Café & Catering

ボヘミアン・カフェ&ケータリング [MAP] P.198-A2

[住]524 Bernard Ave. [TEL](250)862-3517
[URL]www.bohemiancater.com
[営]水～金7:30～14:30 土8:30～14:30 日8:30～14:00
[休]月・火 [予]$15～ [CC]A M V

中心部にあるおしゃれなカフェ。観光の合間のランチや軽食に最適。ホットサンド$19～やエッグ・ベネディクト$21.5～が人気。

バスタブ／一部客室　[TV]テレビ／[TV]一部客室　ドライヤー／貸し出し　ミニバーおよび冷蔵庫／一部客室　セーフティボックス／フロントにあり　Wi-Fi(無料)／Wi-Fi(有料)

オカナガン・ワインルート
Okanagan Wine Route

オカナガン湖を見下ろす丘に、連綿と連なるブドウ畑。
オカナガン地方は、東のナイアガラと並ぶ、カナダ西部随一のワインの生産地。
寒暖の差が激しく日照時間の長いオカナガン地方はブドウの栽培に最適といわれ、
オカナガン地方の中心都市であるケロウナの周辺には、
個性豊かなワイナリーが40以上も点在している。

↑スタッフと会話をしながらテイスティングをしてみよう

↑ワイナリーに併設されたレストランでの食事もおすすめ

ワイナリーの巡り方

　ワイナリーを楽しむなら、ケロウナやペンティクトンからのツアーに参加するのがいちばん。3〜4カ所のワイナリーを巡るツアーが一般的で、各ワイナリー自慢のワインを味わえるようにセッティングしてくれる。

　ワイナリーではテイスティングが楽しめ、ワイン造りの工程が見学できる場合も。ワインの飲み方のレクチャーを受けながら、じっくりとお気に入りの1本を見つけよう。町のショップではなかなかお目にかかれないワインが購入できることもある。

世界的に有名なサマーヒル・ピラミッド

ワイナリーツアー

　どのツアー会社も5〜10月はほぼ毎日ツアーを行っているが、11〜4月は不定期なので要確認。

ケロウナからのツアー

オカナガン・ワイン・カントリー・ツアーズ
Okanagan Wine Country Tours
TEL (250)868-9463
FREE (1-866)689-9463
URL www.okwinetours.com
The Daytripper
營 4〜10月
料 $225（ランチ代は別途）
　9:30にケロウナを出発し、南オカナガンにある5つのワイナリーを巡る。途中、見晴らしのいいスポットでランチ休憩付き。所要約8時間、4人以上で催行。

ケロウナ・コンシェルジュ
Kelowna Concierge
TEL (250)863-4213
URL kelownaconcierge.ca
Private South Okanagan Wine Tour
營 通年
料 $362（ランチ代は別途）
　オリバーまで南下し、Tinhorn Creek、Black Hillsなど4つのワイナリーで試飲を楽しむ。所要約8時間30分。半日ツアーや西オカナガンを巡るツアーもある。

ワイン・フェスティバル

　毎年季節ごとに開かれる。期間中、各ワイナリーやケロウナ、ペンティクトンのホテルでは、ランチとワイン、音楽とワイン、ディナーとワインなどワインと組み合わせたイベントが催される。最大のイベントは、あらゆるワインが一堂に会す大試飲会だ。

ワイン・フェスティバル Okanagan Wine Festivals
TEL (250)864-4139
URL www.thewinefestivals.com
營 春6/2〜11（'23）　秋10/27〜11/5（'23）　冬1/22〜28（'23）
大試飲会 Best of Variental Awards & Tasting
營 10月上旬

オカナガン・ワインルート

N

ケロウナ
Kelowna
ローリングテール
Rollingdale Winery
ウエストバンク
Westbank
97C
Little Straw
ミッション・ヒル
Mission Hill Family Estate
Hainle Vineyards Estate Winery
Gray Monk Estate Winery
Calona Wines
サマーヒル・ピラミッド
Summerhill Pyramid Winery
St. Hubertus
Quails' Gate Estate Winery
シダー・クリーク
Cedar Creek
オカナガン湖
Okanagan Lake
ピーチランド
Peachland
97
サマーランド
Summerland Estate Winery
ソーンヘブン
Thornhaven Estates Winery
Dirty Landry Vineyard
シルク・スカーフ
Silk Scarf Winery
Lake Breeze Vineyards
ペンティクトン
Penticton
オカナガン・フォールズ
Okanagan Falls
3A
Hawthorne Mountain
Clos du Soleil
カレミオス
Keremeos
Crowsnest Vineyards
コーストン
Cawston
Intersection Estate
Rust Wine Co
3
Sumac Ridge
サマーランド
Summerland
Paradise Ranch
ナラマタ
Naramata
Kettle Valley
Nichol Vineyards
Lang Vineyards
Hillside Cellars
Poplar Grove
Pentage
Pointed Rock Estate
Wild Goose
Stag's Hollow
Blue Mountain
Jackson-Triggs
Fairview
Tinhorn Creek
Quinta Ferreia Estate
Hester Creek
Gehringer Brothers
Silver Sage
97
Black Hills
Marverick
Nk' Mip
Burrowing Owl
オソイヨーズ
Osoyoos
3
オリバー
Oliver
Skaha Lake
▼ =ワイナリー
● =地区名

202

ピラミッドで生まれる芳醇ワイン
Summerhill Pyramid Winery
サマーヒル・ピラミッド

　ピラミッド型の貯蔵庫が特徴的なワイナリー。除草剤、殺虫剤、化学肥料を使わずに育てたブドウから、ワインを作る。オーガニック食材にこだわるレストランも併設している。

🏠 4870 Chute Lake Rd., Kelowna
☎ (250)764-8000
FREE (1-800)667-3538
URL www.summerhill.bc.ca
🕐 毎日11:00〜18:00
　（時期により変動あり）
休 無休

❶巨大なスパークリングワインのオブジェが目印 ❷好みを伝えれば、ぴったりのワインを出してくれる

オカナガン最大規模のワイナリー
Mission Hill Family Estate
ミッション・ヒル

　一番人気は、アプリコットやパイナップル、レモンのような甘みが広がるフルーティな味わいのアイスワイン。賞も数多く受賞している。丘の上に立っていて、眺望も楽しめる。

🏠 1730 Mission Hill Rd., West Kelowna
☎ (250)768-6400
URL www.missionhillwinery.com
🕐 7〜9月
　毎日10:00〜19:00
　10〜6月
　月〜金12:00〜17:00
　土・日11:00〜17:00
　（時期により変動あり）
休 無休

❶湖を見渡せる丘の上に立つ。塔が目印。❷オリジナルワインはもちろん、グラスや食器も販売している

家族経営でアットホームな雰囲気
Silk Scarf Winery
シルク・スカーフ

　こぢんまりとしたワイナリー。コショウのような香ばしさのシラーワインに定評がある。栽培が難しく希少価値の高い、ヴィオニエのワインもあり、フローラルな香りが楽しめる。

🏠 4917 Gartrell Rd., Summerland
☎ (250)494-7455
URL silkscarf.com
🕐 4・10月 土・日10:00〜17:30
　5〜9月 毎日10:00〜17:30
休 4・10月の月〜金、11〜3月

❶2014年のオール・カナディアン・ワイン・チャンピオンシップで優勝したワインもある ❷複数のワインの飲み比べができる

アイスワイン好きの常連客が集う
Summerland Estate Winery
サマーランド

　七夕からインスピレーションを受けたという、ベリー系の果実味が特徴の77 Pinot Noirが人気。オカナガン湖を見下ろす眺めの良い敷地内にはB&Bもある。

❶ブドウ畑で結婚式を挙げるカップルも ❷柑橘系の香りが特徴的なロゼワイン

🏠 21606 Bridgeman Rd., Summerland
☎ (250)494-9323
URL summerland-winery.ca
🕐 4月中旬〜10月中旬
　火〜日11:00〜19:00
休 4月中旬〜10月中旬の月、10月中旬〜4月中旬

💬 まだある　オカナガンのワイナリー 🍷

Thornhaven Estates Winery
ソーンヘブン

　城のような外観が特徴的。白ワインが人気で、オレンジマスカットを使った珍しいワインも。

🏠 6816 Andrew Ave., Summerland
☎ (250)494-7778
URL www.thornhaven.com
🕐 5〜10月
　毎日10:00〜17:00
休 11〜4月

Cedar Creek Estate Winery
シダー・クリーク

　庭園が美しく結婚式場としても人気。最高級品に認定したワインを「Platinum」の名称で販売。

🏠 5445 Lakeshore Rd., Kelowna
☎ (778)738-1020
URL www.cedarcreek.bc.ca
🕐 毎日11:00〜18:00
休 無休

Rollingdale Winery
ローリングデール

　アイスワインが充実。樽からスポイトで取ったワインを、その場で味わえるサービスが好評。

🏠 2306 Hayman Rd., West Kelowna
☎ (250)769-9224
URL www.rollingdale.ca
🕐 4〜10月 毎日10:00〜18:00
　11〜3月
　月〜金10:00〜17:00
　土・日12:00〜16:00
休 無休

Kamloops
カムループス

MAP P.38-D2
人口 9万7902
面積 250
カムループス情報のサイト
URL www.tourismkam
loops.com
Twitter twitter.com/tourism
kamloops
Facebook www.facebook.com/
tourismkamloops

カムループスへの行き方

飛行機
　バンクーバーとカルガリーからエア・カナダが1日3～4便、ウエスト・ジェット航空が1日1便運航。空港からダウンタウンまではエアポート・シャトルで$11～。

長距離バス
　バンクーバーからイーバスとライダー・エクスプレスが1日1～2便運行、所要4時間30分～5時間20分、大人片道$66.66～。

鉄道
　バンクーバーからVIA鉄道のカナディアン号が運行、バンクーバー発月・金曜。ロッキー・マウンテニア鉄道は4月中旬～10月中旬の間、週2便運行、途中カムループスで1泊。

ユースフル・インフォメーション

警察
Royal Canadian
Mounted Police
TEL (250)828-3000
病院
Royal Inland Hospital
住所 311 Columbia St.
TEL (250)374-5111
おもなレンタカー会社
Budget
TEL (250)374-7368
おもなタクシー会社
Yellow Cabs
TEL (250)374-3333

　バンクーバーの東約350km、インディアン、シュスワップ族の「合流点」という意味の言葉に由来するカムループスは、南北ふたつの

リバーサイド公園から山と川の共演を見る

トンプソン川 Thompson River の合流点にある。古くから交易や開拓の交通の要衝として栄え、夏の気温が高いことからカナダ人は「あそこは暑いよ」と口を揃える。シュスワップ族の冬の居留地だったこともあり、セクワプミック博物館やパウワウなど、インディアンの文化に興味がある人には見逃せない場所だ。また、カムループス・トラウトで知られるトラウトフィッシングの聖地としても有名。

カムループスの歩き方

　ダウンタウンはサウス・トンプソン川South Thompson Riverに沿った南側。メインストリートは、ホテルやレストランの並ぶビクトリア通りVictoria St.。ダウンタウンだけなら歩いて回れるが、周辺の見どころは車がないと回るのは厳しい。ダウンタウンの南にあるコロンビア通りColumbia St.を西へ道なりに進むと、町の外でトランス・カナダ・ハイウエイと接続する。バスディーポが町の中心にないことからもわかるように、車で移動することが当たり前の町なのだ。市バスも走っているが、本数は少ない。観光案内所はトランス・カナダ・ハイウエイ沿いにあり、ダウンタウンからは遠い。川の北部はシュスワップ族の居留地となっている。

トンプソン川ではカヌーを楽しむ人もいる

おもな見どころ

🍁 リバーサイド公園
Riverside Park

MAP P.205-B2 ☆☆☆

名前のとおりサウス・トン
プソン川に面した公園で、川
沿いのビーチがある。子供向
きの水遊びの場所もあるの
で、カナダでも有数のカム
ループスの暑さをしのぐのに水
着で出かけてみるのも一興。

川沿いの歩道は整備されている

🍁 カムループス博物館
Kamloops Museum & Archives

MAP P.205-B2 ☆★☆

カムループスの歴史を写真と資料でたどる民俗博物館。開拓時
代の町の暮らしぶりや、トンプソン川のフェリーとして使われて
いた外輪船などを展示。目玉は、フランス人とインディアンの混
血で、この地にキリスト教を広めるために力を尽くしたセント・
ポールSt. Paulの家。放置されていた建物を館内に移築し、内部
では毛皮商人の暮らしが再現されている。セント・ポールは町が
誇る偉人で、Mt. Paul、Paul Lake、St. Paul St.など、カムルー
プスの周辺の地名にその名が今も残っている。

カムループス空港
MAP P.205-A1外
☎(250)376-3613
URL www.kamloopsairport.com
イーバス
FREE(1-877)769-3287
URL myebus.ca
　発着場所はショッピングセン
ターのサハリ・モール
Sahali Mall（Map
P.130-A1）。ダウンタウンま
では市バス#7、9が利用でき
る。
ロッキー・マウンテニア鉄道駅
MAP P.205-B2
VIA鉄道駅
MAP P.205-A1外
　ダウンタウンの北約10km。
カムループス・ノース駅Kam-
loops Northと呼ばれる。

カムループス博物館
🏠207 Seymour St.
☎(250)828-3576
🕐火～土9:30～16:30
休日・月
料寄付程度(大人$3)

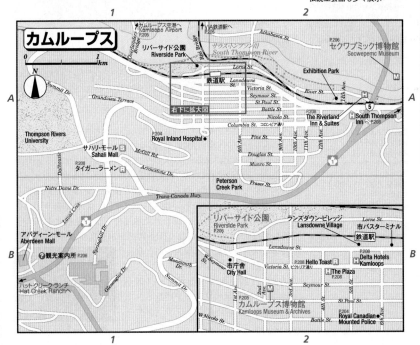

伝統工芸品も多く展示

❓ 観光案内所

Kamloops Visitor Centre
🗺 P.205-B1
🏠 1290 W. Trans Canada Hwy.
☎ (250)374-3377
🌐 www.tourismkamloops.com
🕐 夏季
　月・火8:30〜16:30
　水〜日8:00〜20:30
　冬季
　月〜土8:30〜16:30
🚫 冬季の日
ランズダウン・ビレッジ
Landsdowne Villageから市
バス#7で近くのアバディー
ン・モールAberdeen Mallま
で行ける。

セクワプミック博物館
🏠 200-300 Chief Alex
　Thomasway
☎ (250)828-9749
🚗 ハイウエイ#1を東へ向か
い、Jasper Exit 374で下
り、最初の信号を右折。
※2023年1月現在、休館中。

パウワウ
☎ (250)828-9782(案内)
🗓 7月下旬または8月上旬の
週末3日間
💰 1日$10、3日間$20
カナダやアメリカ中のシュ
スワップ族が集まるお祭り
で、先住民族たちの歌や踊
りが見られる。観光客向け
のイベントではないが入場
料を払えば自由に見ること
ができる。

ハット・クリーク・ランチ
🏠 Junction of Hwy. 97 & 99
☎ (250)457-9722
📠 (1-800)782-0922
🌐 www.historichatcreek.ca
🕐 5〜9月
　毎日9:00〜17:00
🚫 10〜4月
💰 大人$15、シニア$13.5、
子供$9
🚗 ハイウエイ#1を西へ進み、
キャッシュ・クリークから北
上し、ハイウエイ#97に入っ
てすぐ左側の道に入る。カ
ムループスから約1時間。

🍁 セクワプミック博物館
Secwepemc Museum
🗺 P.205-A2
★★★

　ダウンタウンからサウス・トンプソン川に架かる橋を渡った所にあるこの博物館は、もともとシュスワップ族のキリスト教化のために造られたミッションスクールだった。当時の子供たちは親元から離れた寄宿舎で窮屈な制服を着せられ、シュスワップ語を使うと体罰を受けるという悲しい子供時代を送った。それが現在では先住民の文化を守るための施設として利用されているのは時代の流れというものだろう。展示物はそれほど多くないが、木の皮を縫い合わせて作ったカヌーなど、当時のシュスワップ族の生活を十分にしのばせる。博物館の外には先住民族歴史公園Native Heritage Parkがあり、河岸に再現されたシュスワップ族の冬の半地下型住居（日本の竪穴式住居に似ている）などが復元されている。昔のシュスワップ族の暮らしを解説してくれるガイドツアー（要予約、有料）もある。一見出入口に見えるRed Willow（赤柳）の細枝のアーチで造られた横穴は、実は女性のためのいわば裏口で、表玄関は天井の真ん中の煙突、明かり取りの窓兼用の直径1mほどの穴だ。ここから丸太に切り込みを入れたハシゴで中に下りる。また、敷地内には夏に行われる一大イベント、パウワウPow-Wowの会場がある。

近くにバスは停まらないので注意しよう

エクスカーション

🍁 ハット・クリーク・ランチ
Hat Creek Ranch
🗺 P.38-D2
★★★

　カムループスの西約84kmにあるキャッシュ・クリークCache Creekの町の北にある。カムループスの周辺にはゲスト・ランチGuest Ranchと呼ばれる観光牧場がたくさんあるが、ハット・クリーク・ランチはこれらとは一線を画す「史跡」だ。開拓者を乗せた幌馬車が、あるいはスコップを担いだ金鉱掘りが旅をした街道沿いに1861年に開かれた牧場で、後に旅籠としての役割も果たすようになった。130ヘクタールに広がる本館、納屋、牧草地は当時のままに復元され、全体が博物館となっている。

　本館内部を案内するガイドツアー（無料）、駅馬車のツアーが用意されているほか、敷地内にはレストランやギフトショップも併設。

馬車や馬に乗ることもできる

ウェルズ・グレイ州立公園

Wells Gray Provincial Park

[MAP] P.38-C2

カムループスから北へ約129km行った場所にある、約54万ヘクタールにわたって広がる州立公園。その広大な敷地内には大小さまざまな滝や氷河湖が点在しており、ブラックベアやムースなど多くの野生動物も生息する。この手つかずの自然のなかで、ハイキング、フィッシング、カヌー、キャンプなどを楽しむことができる。

州立公園を代表する、ヘルマッケン滝

公園入口からクリアウオーター湖Clearwater Lakeまで南北に延びる唯一の舗装路を進み、まずは36kmほど行った所にあるグリーン山タワーGreen Mt. Towerへ。小高い丘の上に立つ展望台に登れば、トロフィー山Trophy Mt.やピラミッド山Pyramid Mt.などの頂とともに、州立公園全体を一望できる。

そのさらに先には、コマーシャル撮影にもよく使われるドーソン滝Dawson Fallsがある。落差こそ小さいが、幅90mの岩盤の上を滑り落ちる優美な姿は、一見の価値がある。

幅 90m のドーソン滝

再び車を走らせ、ドーソン滝から2kmほど北へ行くと、ウェルズ・グレイ州立公園のシンボルでもあるヘルマッケン滝Helmcken Fallsにいたる。落差約141m、ボウル状の滝壺に轟々と流れ落ちる様子は圧倒的で、その轟音に感動の言葉もかき消されるほど。滝壺から立ち上るしぶきは滝口よりさらに高く上がり、数km先からでも樹冠の上の白い霧として確認できる。

さらに車で約20分、公園の北奥にあるのが、ふたつの氷河湖、クリアウオーター湖とアズール湖Azure Lakeだ。この周辺は樹齢500年を超える原生林が広がるエリアで、キャンプサイトも多い。またクリアウオーター湖入口付近でカヌーをレンタルすることもできる。アウトドアツアーに関する問い合わせは、公園入口付近に点在する宿泊施設や観光案内所へ。

ゲストランチで乗馬にチャレンジできる

ウェルズ・グレイ州立公園

[交]カムループスから北へ約129km、カムループスとジャスパーを結ぶハイウエイ#5(Yellowhead Hwy.)のほぼ中間地点にある町、クリアウオーターClearwaterが公園の入口。宿泊施設がある場所まではさらに約40km。クリアウオーターまではトンプソン・バレー・チャーターズ社Thompson Valley Chartersのバスが1日1便運行しているが、その先の交通機関はないので、レンタカー利用が一般的。ホテルがクリアウオーターやカムループスからの送迎をしてくれる場合もある。

トンプソン・バレー・チャーターズ社
[TEL](250)377-7523
[FREE](1-866)570-7522
[URL]tvcbus.ca

ウェルズ・グレイ州立公園の観光案内所

Wells Gray Park Visitor Information Centre
[住]416 Eden Rd., Clearwater
[TEL](250)674-3334
[URL]www.wellsgray.ca
[開]6月～10月中旬
毎日9:00～16:00
(時期により変動あり)
[休]10月中旬～5月
クリアウオーターから公園へ向かう道の分岐よりやや東、ハイウエイ#5沿いにある。各種ツアーの予約も行う。公園の無料地図あり。

ウェルズ・グレイ州立公園のホテル

Wells Gray Guest Ranch
ウェルズ・グレイ・ゲストランチ
[住]5565 Clearwater Valley Rd., Clearwater
[TEL](250)674-2792
[URL]www.wellsgrayranch.com
[営]5～9月 [休]10～4月
[料]ⓈⒹ$100～
Tax別 [CC]M V

Helmcken Falls Lodge
ヘルマッケン・フォールズ・ロッジ
[住]6664 Clearwater Valley Rd., Clearwater
[TEL](250)674-3657
[URL]www.helmckenfalls.com
[営]5～9月 [休]10～4月
[料][HIGH]ⓈⒹ$263～
[LOW]ⓈⒹ$192～
Tax別
[CC]A D M V

HOTEL

カムループスのホテル

The Plaza Hotel

プラザ [MAP] P.205-B2

🛁 📺 💨 🍸 🔒 💻

[住]405 Victoria St.
[TEL](250)377-8075
[FREE](1-877)977-5292 [URL]www.theplazahotel.ca
[料][HIGH]5月中旬～10月中旬ⓈⒹ$139～
[LOW]10月中旬～5月中旬ⓈⒹ$89～ Tax別 朝食付き
[CC]A M V [室]67室

ダウンタウンに位置する、1928年にオープンした老舗ホテル。部屋はモダンな雰囲気だが、アンティークの家具が置かれた部屋もある。リカーストアも併設。

The Riverland Inn & Suites

リバーランド・イン&スイート [MAP] P.205-A2

🛁 📺 💨 🍸 🔒 💻

[住]1530 River St.
[TEL](250)374-1530
[FREE](1-800)663-1530 [URL]riverlandinn.com
[料][HIGH]6～9月ⓈⒹ$164.4～
[LOW]10～5月ⓈⒹ$79.4～ Tax別 朝食付き
[CC]A M V [室]58室

サウス・トンプソン川のほとりに立つモーテル。ダウンタウンからは徒歩約20分と遠いが、ゆったりと落ち着いた環境のなかで過ごすことができる。バルコニー付きやリバービューの客室が多く、部屋の広さや設備の面で十分に割安感がある。ホットタブとプールあり。

Delta Hotels Kamloops

デルタ・ホテルズ・カムループス [MAP] P.205-B2

🛁 📺 💨 🍸 🔒 💻

[住]540 Victoria St.
[TEL](250)372-2281
日本の予約先[無料]0120-142890
[URL]www.marriott.com
[料][HIGH]夏季ⓈⒹ$273～ [LOW]冬季ⓈⒹ$164～ Tax別
[CC]A M V [室]149室

ダウンタウンの中心にある大型の高級ホテル。ホテル内にはホットタブやプール、レストランやバー、フィットネスセンターなどの設備が揃う。

South Thompson Inn

サウス・トンプソン・イン [MAP] P.205-A2外

🛁 📺 💨 🍸 🔒 💻

[住]3438 Shuswap Rd.
[TEL](250)573-3777
[FREE](1-800)797-7713
[URL]www.souththompsonhotelkamloops.com
[料][HIGH]5月～10月中旬ⓈⒹ$175～
[LOW]10月中旬～4月ⓈⒹ$121～ Tax別
[CC]A M V [室]58室
[交]カムループスからトランス・カナダ・ハイウエイを東へ約15分進み、Exit 390で下りる。La Farge Rd.を進み、橋を渡ってShuswap Rd.を右折、3分ほど直進、右側。

放牧地が整然と広がるゲストランチ（観光牧場）。乗馬体験も行っている。4つ星の宿泊施設は近代的で快適。すべての部屋にバルコニーあり。

カムループスのレストラン

Hello Toast

ハロー・トースト [MAP] P.205-B2

[住]428 Victoria St. [TEL](250)372-9322
[URL]www.hellotoast.ca
[営]月～土7:30～14:30 日8:00～14:30
[休]無休
[予]$15～ [CC]A M V

サンドイッチやエッグ・ベネディクト、タコライスなどが味わえるおしゃれなカフェ。オーガニック食材の使用にこだわっている。モーニングメニューもある。

Tiger Ramen

タイガー・ラーメン [MAP] P.205-A1

[住]1210 Summit Dr. [TEL](778)471-6011
[営]火・水・土11:30～15:30
木・金11:30～15:30、16:30～20:00
（時期により変動。夏季休業あり）
[休]日・月 [予]$20 [CC]A M V

日本人経営のラーメン店。こだわりは卵不使用の自家製麺、メニューごとに配合を変える鶏白湯と野菜のダブルスープ。一番人気はタイガーラーメン$16.75。

🛁 バスタブ 📺 テレビ 💨 ドライヤー 🍸 ミニバーおよび冷蔵庫 🔒 セーフティボックス 💻 Wi-Fi（無料）
🛁 一部客室 📺 一部客室 💨 貸し出し 🍸 一部客室 🔒 フロントにあり 💻 Wi-Fi（有料）

Prince Rupert
プリンス・ルパート

ブリティッシュ・コロンビア州

太平洋に面したカナダ大陸部の西端にある町。バンクーバー島や対岸の秘境クイーン・シャーロット諸島へ、そしてすぐ目と鼻の先ほどの距離

海に沿って公園が続いている

にあるアラスカへのフェリーが発着する交通の要衝であり、まさに北極圏への玄関口ともいえる。バンクーバー以北の西海岸では最大の港で、年間降水量が多いことから「虹の町」と呼ばれている。

プリンス・ルパートの歩き方

　ノーザン・ブリティッシュ・コロンビア博物館やウィニスタ鉄道舎博物館などはダウンタウンの周辺にあるので歩いて回れる。町の文化や歴史に興味があれば、ノーザン・ブリティッシュ・コロンビア博物館主催のウオーキングガイドツアーに参加するのがおすすめ。

おもな見どころ

🍁 ノーザン・ブリティッシュ・コロンビア博物館　MAP P.210
Museum of Northern British Columbia ★★★

　先住民族の伝統工芸品や仮面、衣装などの数々が展示されている博物館。その一つひとつがバンクーバー島のものとは違う、大陸の文化を感じさせる。また、館内のガイドツアーや、インディアンについての話を聞きながら町を巡るウオーキングツアー、町なかに立つトーテムポールを解説するツアーなどさまざまな企画を行っている。併設のミュージアムショップでは、地元のアーティストが造った木彫りやシルバージュエリー、木の皮のバスケットなどを販売している。

インディアンの文化に触れられる博物館

MAP P.38-B1
人口 1万2300
面積 250
プリンス・ルパート情報のサイト
URL www.visitprincerupert.com
twitter.com/visitrupert
www.facebook.com/visitprincerupert

プリンス・ルパートへの行き方

飛行機
　バンクーバーからエア・カナダが1日1〜2便運航、所要約1時間50分。

鉄道
　VIA鉄道のジャスパー〜プリンス・ルパート線が水・金・日発の週3便運行。

フェリー
　バンクーバー島北端のポート・ハーディーからB.C.フェリーが6月中旬〜9月中旬の間の運航。詳しくは（→P.197）。

プリンス・ルパート空港
MAP P.210

鉄道駅
MAP P.210

ノーザン・ブリティシュ・コロンビア博物館
TEL (250)624-3207
URL www.museumofnorthernbc.com
開 6〜9月
　毎日9:00〜17:00
　10〜5月
　火〜土9:00〜17:00
休 10〜5月の日・月
料 大人$8、学生$3、子供$2

観光案内所

Prince Rupert Visitor
Information Centre
MAP P.210
🏠100-215 Cowbay Rd.
☎(250)624-5637
🕐5～9月
　毎日9:00～18:00
　10～4月
　火～土9:00～16:00
🚫10～4月の日・月

太平洋水没者祈念公園
🏠101 1st Ave. E.

ウィニスタ鉄道駅舎博物館
🏠177 Bill Murray Dr.
☎(250)624-3207
※2023年1月現在、休館中。

⚓太平洋水没者祈念公園　　　　　　　　**MAP** P.210
Pacific Mariners Memorial Park　　★★★

　ノーザン・ブリティッシュ・コロンビア博物館のすぐそばにある。海で亡くなった人をしのんで造られた海辺の公園で、そばには姉妹都市の三重県尾鷲市の供養塔もある。これは実際に日本近海で遭難した日本人が、長い歳月の後この近海で発見されたことから建立されたもの。

🍁ウィニスタ鉄道駅舎博物館　　　　　　**MAP** P.210
Kwinista Railway Station Museum　　★★★

　鉄道駅のすぐそばに立つ小さな白い建物。グランド・トランク太平洋鉄道のかつての駅舎を移築し、博物館として利用。館内には当時の鉄道関係の資料が展示されているほか、移築の様子を映したビデオを見ることができる。

当時の鉄道関係の資料を展示

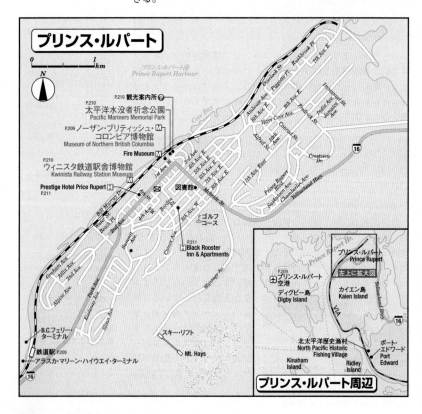

エクスカーション

ハイダ・グアイ
Haida Gwaii
[MAP] P.38-B1～C1
★★★

島にはハイダ族の軌跡が見てとれる遺溝が残る

プリンス・ルパート沖に浮かぶ、約150もの島々からなる群島。かつてはクイーン・シャーロット諸島と呼ばれていたが、2010年からこの名称に。島の先住民族であるハイダ族Haidaは、19世紀に北西海岸のインディアンの伝統文化であるトーテムポールを芸術の域まで昇華させた後、衰退の一途をたどった。彼らの残したトーテムポールの立つスカン・グアイSGang Gwaay（アンソニー島Anthony Island）が、現在ユネスコの世界文化遺産に登録されている。

ハイダ・グアイの中心は、北のグラハム島Graham Islandと南のモーズビー島Moresby Islandで、最大の町はグラハム島のクイーン・シャーロット・シティQueen Charlotte City。モーズビー島の南半分はグアイ・ハーナス国立公園保護区Gwaii Haanas National Park Reserveになっており、古いトーテムポールやハイダ族の集落が残存している。島内はツアーで回る。ツアーはボートやカヌーにより行われ、スカン・グアイへは3泊4日のボートツアーが多い。

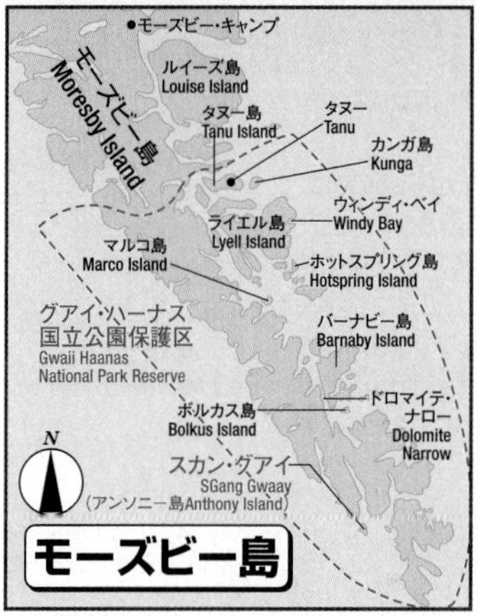

クイーン・シャーロット諸島への行き方

飛行機

バンクーバーからエア・カナダが1日1便運航、所要約1時間45分。空港はグラハム島のサンドスピットSandspitにある。空港からクイーン・シャーロット・シティへはタクシーを利用。

フェリー

プリンス・ルパートからグラハム島のスキディゲットSkidegateまでB.C.フェリーが週3便運航、所要約6時間30分。料金は$35.75～（時期により変動あり）。フェリーのターミナルからクイーン・シャーロット・シティへはタクシーを利用する。

ハイダ・グアイの観光案内所

Daajing Giids Visitor Information Centre
[住]3220 Wharf St.
[TEL](250)559-8316
[URL]daajinggiidsvisitorcentre.com
[開]4・10月～12月下旬
月・火・金9:00～13:00
土11:00～15:00
5～9月
毎日9:00～19:00
[休]4・10月～12月下旬の水・木・日、12月下旬～3月

おもなツアー会社

Moresby Explorers
モレスビー・エクスプローラー
[TEL](250)637-2215
[FREE](1-800)806-7633
[URL]www.moresbyexplorers.com

スカン・グアイ行き4日間ボートツアー
[催]5月～9月中旬　[料]$2300

HOTEL
プリンス・ルパートのホテル

Prestige Hotel Prince Rupert
プレステージ・ホテル・プリンス・ルパート　[MAP] P.210

[住]118 6th St.
[TEL](250)624-6711
[FREE](1-877)737-8443
[URL]www.prestigehotelsandresorts.com
[料]ⓈⒹ$185～　Tax別　朝食付き
[CC]A D M V　[室]88室

カナダホテル協会のエコ評価プログラムで3つのグリーンキーを獲得したホテル。全室エアコン完備。空港からのシャトルバスの運行や、朝刊、ホットチョコレートなどのサービスもある。

Black Rooster Inn & Apartments
ブラック・ルースター・イン＆アパートメント　[MAP] P.210

[住]501 6th Ave.W.
[FREE](1-866)371-5337
[URL]www.blackrooster.ca
[料]ⓈⒹ$135～　Tax別
[CC]M V
[室]18室

ダウンタウンから徒歩5分ほど。1～4ベッドを備えた客室があり、広々としたキッチン付き。卓球やゲームができる娯楽室やラウンジ、BBQ設備にコインランドリーなど長期滞在に便利な設備も揃う。

バスタブ　テレビ　ドライヤー　ミニバーおよび冷蔵庫　セーフティボックス　Wi-Fi(無料)
一部客室　一部客室　貸し出し　一部客室　フロントにあり　Wi-Fi(有料)

フォート・ジョージ公園をはじめ町には緑が多い

プリンス・ジョージPrince Georgeは、ブリティッシュ・コロンビア州の北部、カリブー・カントリー最大の都市。古くから交通の要衝として発展し、北はアラスカ、ユーコン準州から、南はバンクーバー、西はプリンス・ルパート、さらには太平洋、東は大平原地帯から大西洋へ。まさに、東西南北の交通がここで一堂に会するのである。

プリンス・ジョージの歩き方

ダウンタウンは北のネチャコ川Nechako River、東のフレイザー川Fraser Riverに囲まれた一帯。コンノート・ヒル公園Connaught Hill Parkの北側がその中心となっており、観光案内所やホテルが並んでいる。最大の見どころはダウンタウン南東部にあるフォート・ジョージ公園Fort George Park。この公園は、1807年にノース・ウエスト社のサイモン・フレイザーがインディアンとの交易所を開いた場所。公園内には町の基盤となったフォート・ジョージの当時の姿を伝えるエクスプロレーション・プレイスThe Exploration Placeがあり、館内には探検家アレクサンダー・マッケンジーの到着から、グランド・トランク太平洋鉄道開通、最近の森林開発にいたる、プリンス・ジョージに関するあらゆる歴史が解説されている。また、ヘビやトカゲなど30種類以上の野生動物の、はく製による説明展示も興味深い。日本語によるツアーガイドブックなどもあるので、訪れてみよう。

プリンス・ジョージ
MAP P.38-C2
URL www.tourismpg.com

プリンス・ジョージへの行き方
飛行機
バンクーバーからエア・カナダAir Canada (AC)とウエスト・ジェット航空West Jet(WS)がそれぞれ1日4~5便運航。所要約1時間20分。
鉄道
VIA鉄道のジャスパー~プリンス・ルパート線がジャスパーからプリンス・ジョージを通ってプリンス・ルパートまで運行。水・金・日曜の12:45にジャスパー発、プリンス・ジョージ着は19:08、翌日の8:00にプリンス・ジョージを出発して、20:25にプリンス・ルパートに到着する。プリンス・ルパートからは水・金・日曜の8:00発、20:29にプリンス・ジョージに到着する。

❼プリンス・ジョージの観光案内所
Tourism Prince George
住 101-1300 1st Ave.
TEL (250)562-3700
FREE (1-800)668-7646
URL www.tourismpg.com

エクスプロレーション・プレイス
TEL (250)562-1612
FREE (1-866)562-1612
URL www.theexplorationplace.com
開 木9:00~20:00
　金~月9:00~17:00
休 火・水
料 大人$18、シニア・学生$15、子供$12

森林開発史の展示で町の歴史に触れよう

カナディアン・ロッキー

バンフ国立公園のモレイン湖とテン・ピークスの山々

213

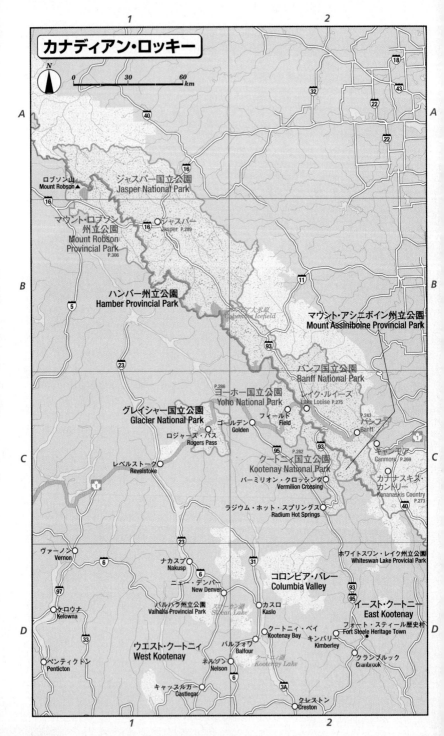

カナディアン・ロッキー

ジャスパー国立公園
Jasper National Park

ロブソン山▲
Mount Robson

マウント・ロブソン
州立公園
Mount Robson
Provincial Park P.306

ジャスパー
Jasper P.289

ハンバー州立公園
Hamber Provincial Park

コロンビア大氷原
Columbia Icefield

マウント・アシニボイン州立公園
Mount Assiniboine Provincial Park

バンフ国立公園
Banff National Park

ヨーホー国立公園 P.286
Yoho National Park

レイク・ルイーズ
Lake Louise P.275

グレイシャー国立公園
Glacier National Park

フィールド
Field

P.243
バンフ
Banff

ゴールデン
Golden

ロジャーズ・パス
Rogers Pass

クートニィ国立公園 P.282
Kootenay National Park

キャンモア
Canmore P.269

レベルストーク
Revelstoke

バーミリオン・クロッシング
Vermilion Crossing

カナナスキス・
カントリー
Kenanaskis Country
P.273

ラジウム・ホット・スプリングス
Radium Hot Springs

ヴァーノン
Vernon

ホワイトスワン・レイク州立公園
Whiteswan Lake Provicial Park

ナカスプ
Nakusp

コロンビア・バレー
Columbia Valley

ニュー・デンバー
New Denver

ケロウナ
Kelowna

バルハラ州立公園
Valhalla Provincial Park

スローカン湖
Slocan Lake

カスロ
Kaslo

イースト・クートニー
East Kootenay

クートニィ・ベイ
Kootenay Bay

フォート・スティール歴史村
Fort Steele Heritage Town

バルフォア
Balfour

キンバリ
Kimberley

ペンティクトン
Penticton

ウエスト・クートニィ
West Kootenay

ネルソン
Nelson

クートニィ湖
Kootenay Lake

クランブルック
Cranbrook

キャッスルガ
Castlegar

クレストン
Creston

カナディアン・ロッキー
総合案内

北米大陸をほぼ縦断するロッキー山脈は、
北へ行くほど険しさを増し、
そして美しくなるといわれている。
3000m級の岩山が連なる山脈には
広大な氷河が陽光を浴びてキラキラと輝き、
深緑色の針葉樹の森には、
エメラルド色の湖が宝石のように散りばめられている。

ロッキーでもひときわ美しいとされる
モレイン湖

カナディアン・ロッキーってこんなトコ

カ ナディアン・ロッキーとして世界遺産に登録されているのは、バンフ、ジャスパー、ヨーホー、クートニィの4つの国立公園と、マウント・ロブソン、マウント・アシニボイン、ハンバーという3つの州立公園を合わせた計7つの自然公園。総面積は2万3406km²で、バンフとジャスパーはアルバータ州、ほかはブリティッシュ・コロンビア州となっており、時差も1時間ある。

国立公園情報のサイト
URL parks.canada.ca
国立公園の管理局、パークス・カナダParks Canadaのサイト。国立公園に関するあらゆる情報を発信している。

アルバータ・ロッキーズ

アルバータ州側には、バンフ、ジャスパーという2大国立公園があり、ロッキー観光のハイライトが詰まっている。3000m級の山々と数多くの湖、無数の川など、スケールの大きさと美しさで訪れる者を圧倒する。

B.C.ロッキーズ

ヨーホー、クートニィのふたつの国立公園に加え、マウント・ロブソン、ハンバー、マウント・アシニボインという3つの州立公園がある。バンフ国立公園やジャスパー国立公園に比べると観光客も少なく、穴場的な存在。

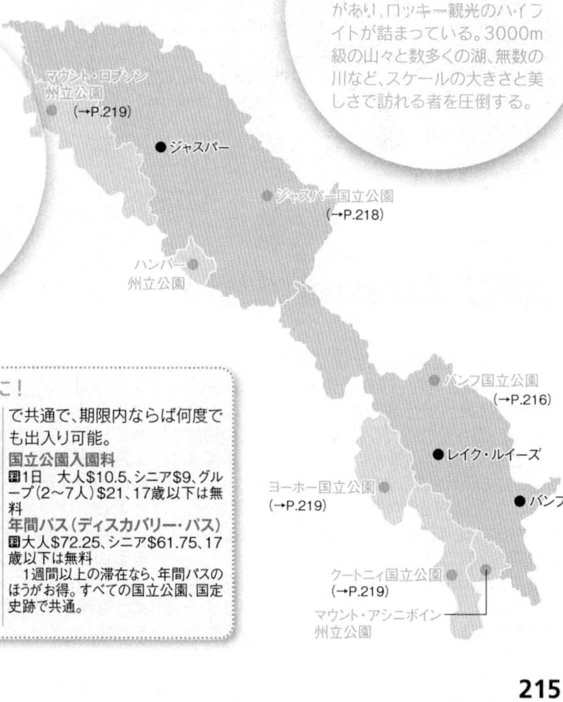

マウント・ロブソン
州立公園
(→P.219)

● ジャスパー

ジャスパー国立公園
(→P.218)

ハンバー
州立公園

バンフ国立公園
(→P.216)

● レイク・ルイーズ

ヨーホー国立公園
(→P.219)

● バンフ

クートニィ国立公園
(→P.219)

マウント・アシニボイン
州立公園

Caution!

入園料を忘れずに！

各国立公園は、入園料が必要。日本からのツアーで入る場合、入園料もツアー料金に含まれている場合がほとんどなので心配ないが、個人で訪れる場合は必ず入園許可証を購入しよう。車の場合は、公園入口のゲートで購入できる。バスで来た人は、観光案内所で購入する。年間パスはすべての国立公園で共通で、期限内ならば何度でも出入り可能。

国立公園入園料
■1日 大人$10.5、シニア$9、グループ(2～7人)$21、17歳以下は無料
年間パス(ディスカバリー・パス)
■大人$72.25、シニア$61.75、17歳以下は無料
1週間以上の滞在なら、年間パスのほうがお得。すべての国立公園、国定史跡で共通。

カナディアン・ロッキーの自然公園

世界遺産に登録されている7つの自然公園のうち、
観光のメインとなるのは以下に紹介する5つの自然公園だ。
各公園の概要と見どころをチェックしよう。

ロッキーの代名詞として知られる
カナダ初の国立公園

バンフ国立公園 Banff National Park

バンフ国立公園は、カナダで最初に国立公園
に指定された、国立公園発祥の地。1883
年、大陸横断鉄道の建設中に3人の工夫が偶然
発見した温泉をめぐって、開発権、所有権の問題
が起こり、その収拾策として1885年、まず温泉
周辺の26km²をバンフ温泉保護区と定めたの
がその始まり。1887年に国立公園に指定され、
1930年には周辺の山域も加えられ、現在のバ
ンフ国立公園が誕生した。

国立公園の範囲は、北はジャスパー国立公園
との境にあるサンワプタ峠から、南のパリサー
峠まで全長約240km。中心部をトランス・カナ

ダ・ハイウエイと、ジャスパーまで延びるアイス
フィールド・パークウエイ（氷河ハイウエイ）が貫
いている。レイク・ルイーズの先、アイスフィー
ルド・パークウエイに入るあたりから道は徐々
に高度を上げ、雄壮な滝や氷河を望む3000m
級の山々が連なるダイナミックな風景のなかへ
と入る。

拠点となるバンフは、世界中から観光客が集
まる山岳リゾート。周囲にはキャッスル山やル
イーズ湖、モレイン湖、ペイトー湖など息をのむ
ような風景が連続する、ロッキー観光のハイラ
イトだ。

面積 6641km²
URL parks.canada.ca/pn-np/ab/banff

1 氷河からの溶水をたたえる氷河湖が連続する。写真はルイーズ湖 2 自然のなかで楽しむアクティビティもたくさん！ 3 バンフの町のすぐそばに、標高2949mのランドル山がそびえる 4 アイスフィールド・パークウエイにある氷河湖、ペイトー湖 5 色とりどりの花が大地を彩る 6 園内には多くの動物たちが生息する

人気のコロンビア大氷原を擁する
ロッキー最大の国立公園
ジャスパー国立公園
Jasper National Park

■カナディアン・ロッキー最大の見どころのひとつ、コロンビア大氷原。バンフやジャスパーから日帰りツアーが多く出ている ■天使が翼を広げたような姿からその名がついたエンジェル氷河 ■ジャスパーの町の郊外にあるピラミッド湖の色は、目が覚めるほど鮮やかなブルー ■クマと遭遇しても、けっして近づかないように

　カナディアン・ロッキーの自然公園では最大の面積を誇るジャスパー国立公園。国立公園への指定を受けたのは1907年。北部には未開のまま残されたエリアも多く、野生動物と接する機会も多い。

　公園の南半分をほぼ南北に貫くアイスフィールド・パークウエイには、コロンビア大氷原の氷河群が並び、壮大な眺めを見せてくれる。氷河の奥には、日本山岳会によって1925年に登頂された標高3622mのアルバータ山がある。

　アイスフィールド・パークウエイと並行して流れるサンワプタ川と、ハイウエイ♯16(イエローヘッド・ハイウエイ)に沿って流れるマヤッタ川は、ジャスパーの町近郊でアサバスカ川へと合流し、園内を縦断している。

　中心となるジャスパーの町は、バンフに比べるとまだまだ俗化されておらず、ナチュラリストが集まる静かな高原リゾートとなっている。

おもな見どころ

コロンビア大氷原(→P.241)
マリーン湖(→P.296)
イデス・キャベル山とエンジェル氷河(→P.297)
ウィスラーズ山(→P.294)
など

公園内の町

ジャスパー(→P.289)

面積 約1万1000km²
URL parks.canada.
ca/pn-np/ab/
jasper

急峻な山々が屹立する
ダイナミックな景観
ヨーホー国立公園
Yoho National Park

バンフ国立公園の西側と、クートニィ国立公園の北側に境を接するヨーホー国立公園は、面積1313km²と小粒ながら3000m級の高峰が28座も並ぶ奥深さをもっている。公園のほぼ中央をトランス・カナダ・ハイウエイが横切り、レイク・ルイーズから30分の距離に公園内唯一の町フィールドがある。町といっても、観光案内所と数軒のホテル、民家があるだけ。観光客のほとんどは、バンフやレイク・ルイーズから日帰りで訪れる。

おもな見どころ

エメラルド湖(→P.288)
タカカウ滝(→P.287)
バージェス・シェイル(→P.288)　など

面積 1313km²
URL parks.canada.ca/
pn-np/bc/yoho

①その名のとおり、エメラルド色の水をたたえるエメラルド湖 ②400mもの落差があるタカカウ滝

緩やかな山稜に囲まれた
のどかな風景が続く
クートニィ国立公園
Kootenay National Park

バンフ国立公園の西に広がるクートニィ国立公園は、キャッスル・ジャンクションからハイウエイ#93を左折して、#95とぶつかるラジウム温泉まで約100kmにわたって続いている。園内はレンタカーでないと回るのは困難。

おもな見どころ

マーブル渓谷
(→P.282)
ペイント・ポット
(→P.282)
ラジウム温泉
(→P.283)
など

緩やかな山を見ながら
ドライブを楽しもう

面積 1406km²
URL parks.canada.ca/
pn-np/bc/kootenay

ロッキーの最高峰
ロブソン山がある
マウント・ロブソン州立公園
Mount Robson Provincial Park

ジャスパー国立公園の西側に存在している。カナディアン・ロッキーの最高峰、標高3954mのロブソン山を取り巻く山域。公園の南を流れるフレイザー川は、8月にチヌーク・サーモンの遡上が見られる場所としても有名。

おもな見どころ

ロブソン山(→P.307)　など

面積 2249km²
URL bcparks.ca/
mount-robson-park

ロッキーの最高峰を
見にいこう

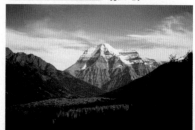

カナディアン・ロッキーの歩き方

**広大なカナディアン・ロッキーを観光するには、
レンタカーやツアーバスなど、車での移動になる。**

カナディアン・ロッキーの観光の拠点となるのは、バンフ国立公園にあるバンフ（→P.243）とジャスパー国立公園のジャスパー（→P.289）の町。どちらもリゾートとして名高いが、町の規模はバンフのほうが大きく、ホテルの収容人数も多い。最も一般的な観光プランは、バンフに宿泊しながら、乗合のツアーバスでバンフの周辺の見どころやレイク・ルイーズ、アイスフィールド・パークウエイへと足を延ばす方法。なお、バンフにはキャンモア（→P.269）という近隣の町がある。宿泊料金はキャンモアのほうが安いが、レストランやショップはバンフのほうが断然多く夜もにぎやかだ。

また、バンフとキャンモア間にボウ・バレー・リージョナル・トランジット・サービス・コミッションの公営ローム・バスのルート3が走るようになり、所要約30分と便利になった（→P.247、269）。なお、ツアー会社の多くは、キャンモアからのピックアップサービスがある。レイク・ルイーズ宿泊の場合も同様だ。

ブリュースター・トラベル・カナダを最大手として、観光やアクティビティの会社など含めると多数ある。日本人の経営するツアー会社も多く、各社ともバンフやジャスパー周辺のツアーから、ほかの国立公園に行くツアーなどさまざまなメニューがある。パシュート・バンフ・ジャスパー・コレクション（→P.222）は最大手だけあってバスも大きく料金も比較的安いが、小回りが利かないのと英語ガイドだけというのが難点。小さなツアー会社はたいてい10人乗り前後のミニバンを利用するため小回りが利き、立ち寄る見どころも細かい。

カナディアン・ロッキー観光の強い味方が、乗合のツアーバス。日本語ガイドツアーを催行しているツアー会社もあるので、ぜひ利用してみよう。ツアー会社については（→P.227）。

レンタカーを利用すれば、ツアーよりもさらに自由度の高い旅をすることが可能。ただし、車はバンフやジャスパーだと台数も少なく混雑のため借りられないことも。玄関口となるカルガリーやエドモントンで借りてしまうほうがいい。

予約は必須。また、近頃は自然保護の観点などからレンタカーを含む一般車両の乗り入れを規制する傾向があり、すでに一部の観光地では駐車困難な状況も発生している（→P.277）。いずれにせよ、事前の情報収集は万全に。

なおロッキーでは、ガソリンスタンドの数が少ない。次のガソリンスタンドまで100km以上もあるということもざら。長距離を運転する場合は、給油はこまめにしたほうがいい。

ロッキーの観光シーズンは夏。冬に凍った湖が完全に溶ける6月末くらいから8月までが"夏"で、1日の最高気温が30℃以上になることもある。ただし夏といっても、天候が悪ければ雪やあられがちらつくことも珍しくなく、8月の末には空気も冷たくなってくる。すばらしい黄葉が見られる秋は、ロッキーの第2の観光シーズンでもあるが、真冬並みに冷え込む日もある。この時期に旅行する人は、厚手のジャケットなど防寒具が不可欠だ。雪が降るのは10月中旬頃からで、11月には一面の冬景色となりスキーシーズンになる。

山岳気候のカナディアン・ロッキーでは、1日の気温の変化が大きいのが特徴だ。夏など日中は25℃近くまで上がるが、夜中には6〜7℃まで下がる。天候も変わりやすいので、常に重ね着できる服装が望ましい。防水性のウインドブレーカーを用意すると便利。またロッキーは標高が高いので、日射病の予防も必須。日中でも高い峠や展望ポイントなどは常に風があり、かなり冷える。バンフやジャスパーの町なかでは暑くても、観光やアクティビティに出かけるときは必ず上着を持っていくこと。またハイキングを楽しみたいなら、夏でもマウンテンパーカーやナイロン素材のパンツ、帽子などの装備を忘れずに。

 カナディアン・ロッキー滞在中の注意事項

国立公園にはいくつかの禁止事項がある。そのなかでも特に注意すべきことは以下のとおり。

■ 国立公園内でのゴミ捨ては禁止。

■ 植物や石の採集や木々を傷つけるなどの自然を破壊する行為は一切禁止。

■ 動物へ餌をやらないこと。なお、ドライブ中に動物に出合っても、絶対に車の外に出ないこと。シカなどの大型動物の場合は30m、クマは100m以上離れることと定められている。

カナディアン・ロッキーの交通

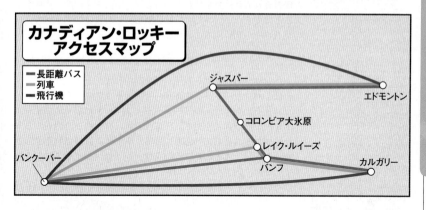

カナディアン・ロッキー アクセスマップ

■ 長距離バス
■ 列車
■ 飛行機

ジャスパー
エドモントン
コロンビア大氷原
レイク・ルイーズ
バンクーバー
バンフ
カルガリー

🍁 ロッキーへのアクセス

　カナディアン・ロッキーの中心となる町はバンフ（→P.243）とジャスパー（→P.289）。バンクーバーからバンフ、ジャスパーに行くには、バンフはカルガリー、ジャスパーはエドモントンというアルバータ州の大都市まで飛行機で行き、そこからバスで向かうのが一般的だ。列車はVIA鉄道とロッキー・マウンテニア鉄道が利用できる。

ジャスパー駅に停車中のVIA鉄道

ロッキーへのおもなアクセス

❶ バンクーバー ➡ カルガリー		
✈ 1時間30分	エア・カナダ	1日10～14便
	ウエスト・ジェット航空	1日8～14便
❷ バンクーバー ➡ バンフ		
🚌 13時間15分	ライダー・エクスプレス	1日1便
🚆 最短1泊2日	ロッキー・マウンテニア鉄道	夏季のみ週2～3便
❸ バンクーバー ➡ エドモントン		
✈ 1時間30分	エア・カナダ	1日7～10便
	ウエスト・ジェット航空	1日3～8便
❹ バンクーバー ➡ ジャスパー		
🚆 19時間	VIA鉄道カナディアン号	週2便
🚆 最短1泊2日	ロッキー・マウンテニア鉄道	夏季のみ週2～3便
❺ カルガリー ➡ バンフ		
🚌 2時間40分	ライダー・エクスプレス	1日1便
🚌 2時間	バンフ・エアポーター	合わせて 1～2時間に1便
	ブリュースター・エクスプレス	
❻ エドモントン ➡ ジャスパー		
🚌 4時間45分	サン・ドッグ・ツアー	1日1便
🚌 4時間30分	トンプソン・バレー・チャーター	週2便
🚆 6時間30分	VIA鉄道カナディアン号	週2便

バンフ、キャンモア、どちらに宿泊するのがベスト？

カナディアン・ロッキーを観光するとき、どこに宿泊したらいいか。特に、バンフ国立公園にはバンフ、キャンモアというふたつの拠点があるため、迷う人もいるだろう。宿泊料金はキャンモアのほうが安いが、レストランやショップはバンフのほうが断然多い。

おすすめの宿泊地は、移動の方法によって異なる。現地での足が確保できているパッケージ旅行ならどちらでも心配はないが、車がない人は、キャンモアに宿泊する場合は注意が必要。キャンモアに宿泊するなら、バンフ〜キャンモア間を結ぶボウ・バレー・リージョナル・トランジット・サービス・コミッションのローム・バスRoamBus（→P.247）をうまく活用しよう。タクシーだと＄65程度かかるため、乗り遅れには気をつけること。また、ツアー会社のピックアップサービスなどを利用するという手もある。

ロッキー内のおもなバス会社
パシュート・バンフ・ジャスパー・コレクション
Pursuit Banff Jasper Collection
FREE (1-866)606-6700
URL www.banffjaspercollection.com
バンフ・エアポーター
Banff Airporter
TEL (403)762-3330
FREE (1-888)449-2901
URL banffairporter.com
サン・ドッグ・ツアー
Sun Dog Tours
FREE (1-780)852-4053
URL www.sundogtours.com

🍁 ロッキー内の交通

カナディアン・ロッキーに属するすべての国立公園は、飛行機の乗り入れが禁止されているので、園内を飛行機で移動することはできない。移動手段は長距離バスおよびツアーバス、レンタカーを利用することになる。

バンフ→レイク・ルイーズ→ジャスパーの長距離移動

バンフからレイク・ルイーズを経由してジャスパーへ行く場合は、バンフ〜レイク・ルイーズ間はトランス・カナダ・ハイウエイを、レイク・ルイーズ〜ジャスパー間はアイスフィールド・パークウエイを走る。特に後者は、ロッキーを代表するドライブコースとして知られている。ドライブ以外で移動するとなると、ほとんどのバスがバンフ〜レイク・ルイーズで停まってしまい、ジャスパーへは行かない。レイク・ルイーズ〜ジャスパー間を結ぶ定期路線バスはパシュート・バンフ・ジャスパー・コレクションのブリュースター・エクスプレスが1日1便運行している。なお、冬季はサン・ドッグ・ツアーによる運行となる。

ブリュースター・エクスプレスのバス

レイク・ルイーズ〜ジャスパー間をツアーで移動

レイク・ルイーズ〜ジャスパー間を行くバスは1日1便のみ。そこでおすすめなのが、アイスフィールド・パークウエイの見どころを回るツアーに入ってしまうこと。例えばブリュースター・トラベル・カナダのツアーなら、ペイトー湖やコロンビア大氷原などの見どころに寄りながらジャスパーまで移動できる。観光と移動が両方できるので非常に便利。パシュート・バンフ・ジャスパー・コレクション以外のツアー会社でも取り扱っているので、いろいろと相談してみるといい。

たとえジャスパーまで行くツアーバスではなくとも、コロンビア大氷原まで乗せてもらい、その後コロンビア大氷原から同じパシュート・バンフ・ジャスパー・コレクションのブリュースター・エクスプレスのバスに乗り換えてジャスパーまで移動するという手もある。この場合は、事前にバスの時刻をしっかりと確認しておくこと。

観光客が集中する7〜8月にはツアーがスケジュールどおりに進まないこともしばしばある。ゆとりのある計画を立てることを心がけ、観光を楽しもう。

カナディアン・ロッキーのハイライト、コロンビア大氷原

バンフ、ジャスパーからの移動

　バンフ、ジャスパーを起点に周辺へと移動するには、長距離バスが利用できる。おもなバス路線としては、南と北を結ぶかたちでパシュート・バンフ・ジャスパー・コレクションの路線バス、ブリュースター・エクスプレスが運行している（冬季はサン・ドッグ・ツアー）。また、カルガリー〜バンフを結ぶシャトルバス、バンフ・エアポーターを利用することも可能だ。しかしほとんどの場合、現地で観光するための交通手段としては使えない。観光をするなら、ツアーに入ることをおすすめする。また、ヨーホー国立公園やクートニィ国立公園のようにツアーやレンタカーでしか行けない場所もある。

バンフ〜キャンモア間は公営ローム・バスで移動

　隣り合う2つの町を行き来するなら、ローム・バスのルート3が便利（→P.247、269）。片道約30分で平日は6:00台から便があるため、キャンモアに泊まり翌朝のバンフ発ツアーに参加することも可能。また、ブリュースター・エクスプレスもバンフとキャンモアに停車するが便数が限られる。

バンフ〜郊外の見どころ＆レイク・ルイーズの移動

　バンフを起点に、ローム・バスが郊外の見どころを結んでいる（→P.247、275）。特に観光需要が高いのが、ルイーズ湖やモレイン湖を擁するレイク・ルイーズ行きのルート。ルイーズ湖へ行くルート8には直通の8Xと、ジョンストン渓谷など数ヵ所に停まりながら湖を訪れる夏季限定の8Sの2ルートがある。このほか、黄葉シーズンにはモレイン湖へ直通のルート10も登場するが、いずれも人気のためローム・バスのウェブサイトから予約が必要。

　近年、レイク・ルイーズ一帯は交通規制が進み、2023年夏よりモレイン湖へは一般車両の乗り入れ禁止が決定。このため、シーズン中は国立公園を管理するパークス・カナダとローム・バスが連携し、最寄りのレイク・ルイーズ・ビレッジから6kmほど離れたレイク・ルイーズ・スキー場の駐車場（**MAP** P.276-A）から湖を巡回するパークス・カナダ・シャトルParks Canada Shuttleを運行する。ルートはルイーズ湖行き（LL）、モレイン湖行き（ML）、そしてふたつの湖を結ぶレイク・コネクター（LC）の3つ。ローム・バスとこのシャトルを乗り継げば個人で行けないこともないが、チケットは予約制のうえ席数が限られ確実に入手できる保証はないため、ツアーの参加が手っ取り早い。なお、交通に関する情報は非常に流動的であるため事前の情報収集は不可欠だ。

ローム・バス
☎ (403)762-0606
🌐 roamtransit.com
🚌 バンフから
ルート3
月〜金5:50〜22:18
土・日6:00〜22:15
　（30〜60分ごとに出発）
💰 片道　大人 $6
※キャンモア発は（→P.246）
ルート8X
(Lake Louise Express)
毎日7:30〜22:00
ルート8S
(Lake Louise Scenic)
7〜8月頃
金〜日9:30、13:30、16:30
ルート10
(Moraine Lake Express)
9月中旬〜10月上旬
毎日6:30〜19:30
💰 片道　大人 $10

バンフ国立公園内の交通情報
🌐 parks.canada.ca/pn-np
/ab/banff/visit/parkbus
/louise
パークス・カナダ・シャトルの予約
🌐 reservation.pc.gc.ca
💰 往復　大人 $10
※レイク・コネクターLake Connector(LC)は、ルイーズ湖行きLake Louise Lakeshore(LL)かモレイン湖行きMoraine Lake(ML)のチケット保持者のみ乗車可能（予約不要）。

ロッキーを巡る モデルコース

限られた時間でとにかく見どころを回りたい人から、ゆっくりと滞在型の旅を計画している人まで、カナディアン・ロッキーにはいくつもの楽しみがある。3泊4日で回る、王道の観光コースを紹介。参考にして、自分なりの旅を組み立てよう。

Model Course DAY 01　初日は市内観光からスタート！

11:05　カルガリー国際空港到着
成田国際空港からの直行便を利用。空港からシャトルバスを利用し、約2時間でバンフへ。

13:30　バンフ到着。ホテルにチェックイン
バンフのホテルへ到着。チェックインを済ませ、荷物を置いたら町へ繰り出そう！

14:00　遅めのランチ
町なかのレストラン「Coyotes（→P.262）」で、名物のアルバータ牛を使ったランチを。

15:00　バンフ市内散策
町にある博物館を回ったり、周辺にあるトレイルを歩いたりと、思い思いに過ごそう。

19:00　カナダの地ビールパブでディナー
「Banff Ave. Brewing（→P.268）」は、ロッキーのきれいな水で仕込む地ビールが自慢のパブ。

❶夏には人でごったがえすバンフの町 ❷町散策の最中に大きなエルクに遭遇！ ❸夏には町のいたるところに色鮮やかな花々が咲く ❹バンフ周辺の動物のはく製などが展示されているバンフ公園博物館（→P.249） ❺ランチはアルバータ牛のオープンサンド ❻プティンやカラマリ、ミートボールパスタなどカナダのパブの定番メニューを味わおう

Model Course DAY 02　町を飛び出して、終日バス観光①

❶ツアーによってはルイーズ湖で途中停車する ❷ホットドッグなど、ツアーはほとんどがランチ付き ❸疲れた体を温泉で癒やそう。夜遅くまでやっているので、ディナー後に訪れても◎ ❹ツアーの最終目的地は、コロンビア大氷原 ❺日本語ガイドツアーは、小さなバンで行われる ❻ツアーの最中に小さな訪問者が！

9:00　ミニバンに乗って、ロッキー観光へ
日本語ガイドツアー会社（→P.227）の観光バスツアーに参加。ルイーズ湖やペイトー湖を見ながらアイスフィールド・パークウエイを北上し、雪上車ツアーを楽しむ（→P.241）。

19:00　バンフ到着。アッパー温泉へ
夏ならこの時間でもまだまだ明るい！ 郊外にあるアッパー温泉（→P.250）でリラックスタイムを過ごそう。

20:00　バンフ屈指の名店で本格ディナー
バンフ通りの高級レストラン「Maple Leaf（→P.263）」でアルバータ牛やサーモンなどカナダ食材のディナーを。

DAY 03 終日バス観光②

9:00 ガイドさんのピックアップでツアーへ出発！
日本語ガイドツアー会社のバス観光ツアーに参加。今日のルートは、モレイン湖＆ヨーホー国立公園ルート。

19:00 バンフ通りでショッピング三昧
ツアーから帰ってきたら、バンフ通りでショッピング。カナダならではのおみやげもたくさん見つかる。

20:00 最後の夜は巨大ステーキ♪
バンフ通りの北の端にあるステーキハウス「Melissa's Missteak (→P.262)」で大迫力のステーキを味わう。

＊こちらもオススメ

ハイキングツアー
より自然に親しみたいなら、ぜひハイキングを楽しもう。各ツアー会社ではハイキングツアーも催行している。

半日から1日までさまざまなコースがある

❶青い湖を取り囲むテン・ピークスの山々が特徴的なモレイン湖 ❷エメラルド湖では、カヌーも楽しめる ❸あらゆるジャンルの店が並ぶバンフ通り ❹国立公園オリジナルグッズや手作りソープが人気 ❺分厚いステーキは、驚くほど軟らかい

DAY 04 バンフ市内でアクティビティ！

7:00 カナダ式の朝ご飯でおはよう！
「Wild Flour (→P.263)」で、焼きたてサクサクのクロワッサンとコーヒーで朝食をいただく。

8:00 バンフ・ゴンドラでサルファー山の山頂へ
人気のバンフ・ゴンドラ (→P.251) は、朝一番で上るのが◎。バンフをぐるりと一望しよう。

11:00 森の中を馬で探検！
乗馬は、ロッキーの人気アクティビティ。森の中を歩き川を渡る、ワイルドな乗馬体験を楽しんで (→P.255)。

13:00 ラストランチは名物バーガー
「Tooloulou's (→P.263)」で人気のクラブ・ケーキを大胆にはさんだクラブ・シャック・バーガーを。大口を開けて、ほおばろう。

15:00 カルガリーへ移動
ランチを食べたら、ホテルへ戻りカルガリーへ。さよなら、ロッキー!!

> カルガリーから直行便で日本へ戻るなら、1泊して翌日の便で。バンクーバーなどへ移動するなら、この時間でも便がある。

❶バンフ・ゴンドラで標高2285mの展望台へ ❷カナダならではの乗馬体験を ❸乗馬はお城のような「フェアモント・バンフ・スプリングス (→P.257)」のそばから出発 ❹ゴミ箱に貼ってあった、クマと自然保護のステッカー ❺馬はよく調教されているので、初心者でも挑戦できる

＊こちらもオススメ ＊

ラフティング
よりスリルを求めるなら、ラフティングにチャレンジ！ バンフの郊外で行われるので、時間は最低でも半日はみよう。

急流を進むエキサイティングなウオータースポーツ

ジャスパーへ

バンフでの3泊4日コースにプラスして、
ジャスパーへと足を延ばそう。
合計6日あれば、ロッキーを満喫できるはず。

▶▶▶ バンフから
モデルコースの2日目にあるツアー終了後、バスを乗り換えそのままジャスパーへ行ったほうが効率的。移動の仕方は(→P.222)。その場合、モデルコースの2日目を4日目にずらし、4日目の夜にジャスパーに入ろう。

Model Course DAY 05　ジャスパーの2大見どころを回る

7:30　1日のはじまりは、ローカルカフェのモーニング♪
早朝から営業する「Bear's Paw Bakery (→P.305)」で朝ごはん。ランチ用のサンドイッチもついでにGET!

9:30　ジャスパー最大の見どころ、マリーン湖
ツアーやレンタカーでマリーン湖(→P.296)へ。ぜひボートに乗って、絶景のスピリット・アイランドへ行こう。ランチは湖のほとりでピクニック。

15:30　イデス・キャベル山で気軽にハイキング
お次はイデス・キャベル山(→P.297)へ。駐車場から山の麓までは、徒歩約30分。展望台からエンジェル氷河を眺めよう。

19:00　ジャスパーの町でディナー
ディナーはジャスパーの町なかで。アルバータ牛のステーキからファストフードまで、選択肢は多彩。

❶ローカルに人気のBear's Paw Bakery ❷スピリット・アイランドへは、ボートツアーに参加する ❸イデス・キャベル山の麓にある氷河湖とエンジェル氷河 ❹町のシンボル、ジャスパー・ベア ❺水色屋根のツアーボート

Model Course DAY 06　お昼までめいっぱい遊んで、エドモントンへ

9:00　ジャスパー・スカイトラムでウィスラーズ山へ
ゴンドラでウィスラーズ山(→P.294)へ登り、360度パノラマの風景を楽しむ。ハイキングなども楽しめる。

11:00　自転車でパトリシア湖、ピラミッド湖へ
ダウンタウンで自転車を借りて、パトリシア湖、ピラミッド湖(→P.294)へ。行きは急坂を1時間ほど上る。

13:00　エドモントンへ移動
ジャスパーからエドモントンのダウンタウンまでは、バスで約4時間30分。

エドモントン到着後、1泊して次の目的地へ。ジャスパーから空港への直通バスもあるが、1日1便しかなく不便。

❶スカイトラムから見える、大パノラマに感動 ❷ジャスパー・スカイトラムには朝食付きの料金もある ❸ダウンタウンから約4kmのパトリシア湖 ❹サイクリングを楽しもう!

Column　日本語ガイドツアーでロッキー観光

カナディアン・ロッキーを観光するのに、車は必須。しかし、車の運転に自信がないならガイドツアーを利用するといい。バンフやジャスパーにはパシュート・バンフ・ジャスパー・コレクションPursuit Banff Jasper Collectionを筆頭に、ツアー会社が多数ある。日本語ガイドツアーを催行しているツアー会社も多いので、ぜひ利用してみよう。

バンフ

エクスプローラーカナダホリデーズ
Explorer Canada Holidays
🏠100 Owl St., Banff
☎(403)762-3322　📠(1-866)762-0808
🌐explorercanadaholidays.com
✉info@explorercanadaholidays.com
💰・コロンビア大氷原観光ツアー$238+GST5%
　※雪上車観光は別料金(日本語ガイド同乗)
・ヨーホー国立公園とモレイン湖+渓谷散策ツアー$238+GST5%
・往復空港送迎+2日間観光パッケージ・スーパー・カナディアン・ロッキー$627+GST5%
　1997年創業以来、「安心・安全・信頼」をモットーにツアーを企画・催行。上記定番観光コースはもちろん、ハイキングや星空観望、洞窟探検、エコアスロンなどのオリジナルアクティビティツアーも充実。

カルガリーガイドサービス
Calgary Guide Service
🏠256 Ranchview Mews N.W., Calgary
☎(403)289-8271
🌐www.calgaryguideservice.com
💰・ロッキー1日観光(バンフ発着)
　$260+GST5%
　※昼食、コロンビア大氷原の雪上車観光料金込み(日本語ガイド同乗)
　創業1983年のガイド会社。高品質、低料金の混乗ツアーから「ひとつ上の旅」を演出するプライベートツアーまで、より楽しい旅を目指してさまざまなツアー形態に対応。

オンサイト・カナダ
Onsight Canada
☎(403)609-1104
🌐www.onsightcanada.com
✉yuji@onsightcanada.com
💰・プライベート ハイキングツアー $270～
・レイクオハラハイキングツアー $300～
・4泊5日 テント縦走バックパッキング $1500～
　カナダ山岳ガイド協会公認のハイキングガイド・山岳スキーガイドの秋山裕司さんが代表を務める、

山岳ガイド会社。ツアーはすべてプライベート制で、秋山さん自らがガイドを務める。最小催行人数は2名以上。

トロコツアーズ
Toloco Tours
☎(403)431-4771
🌐toloco.net　✉info@toloco.net
💰・コロンビア大氷原ツアー$238+GST5%
　※雪上車観光は別料金
・モレーン&ルイーズ湖とヨーホー国立公園ツアー$238+GST5%
・大型野生動物との出会いイブニングサファリツアー$58+GST5%
　スタッフは全員日本人で、きめ細かいサービスがモットー。完全少人数制、じっくりと見どころを紹介する「完全体験型ツアー」を掲げ、観光からハイキングなどのアクティビティまで網羅する。ツアー参加者は滞在中の盗難・病気といった緊急時に24時間のサポートを受けられる。

バンフトップツアーズ
Banff Top Tours
🏠212 Muskrat St., Banff
☎(403)431-4771
🌐banfftoptours.com
✉info@banfftoptours.com
💰・コロンビア大氷原ツアー$238+GST5%
　※雪上車観光は別料金
・ルイーズ、モレーン湖&ヨーホー国立公園$238+GST5%
・終日ハイキングツアー$238～+GST5%
・野生動物を探せ！イブニングサファリツアー$58+GST5%
　創業27年目を迎える個人旅行のエキスパート。大型バスを使用しない少人数制ツアーを特徴とし、アットホームで行き届いたサービスに定評がある。1日ツアーに参加の場合、昼食は団体客でひしめくレストランではなく自然のなかの穴場スポットでピクニックランチを楽しめる。完全カスタマイズの貸し切りツアーも行っており、ていねいに相談にのってもらえる。

野生
動物の
宝庫

カナディアン・ロッキー
動 物 図 鑑

湖面に山々を映し出す美しい湖や
針葉樹が茂る深い森。
夏には可憐な高山植物の花々が
あちこちに咲き乱れる……。
ここにはたくさんの野生動物が生息し、
私たちにその姿を現してくれる。
ロッキーでは、主役は動物たち。
静かに見守って観察しよう。

グリズリー（ハイイログマ）
Grizzly Bear

日 本ではヒグマと呼ばれる巨大なクマ。灰色
の毛並みをしていることからこの名がつい
た。特徴は肩が腰よりも高く、こぶのように盛り
上がっている、背に白いさし毛があるなど。冬眠
の期間は11月下旬から3〜5月まで。人を襲うこ
とはまれだが、突然の遭遇や子連れの場合は注意。

学名	Ursus Arctos Horribilis
体長	約250cm
体重	約360kg
食べ物	果実、木の葉、昆虫、小動物など
遭遇率	★

—250cm—

ブラックベア
Black Bear

ブ ラックベアと呼ばれているが、毛色は黒の
ほか、シナモン色から褐色までさまざま。体
長は150〜180cmとカナダに生息しているクマ
のなかでは小さい。広範囲を移動し、木登りが得
意。おとなしい性格だが、グリズリーと同様、子連
れの場合などは特に注意しよう。

学名	Euarctos Americanus
体長	150〜180cm
体重	120〜150kg
食べ物	木の根・実、果実、小動物など
遭遇率	★★★

—150〜180cm—

エルク
Elk

別 名ワピチWapitiと呼ばれ、シカ類のなかでも大きな体格をもつ。尻尾の長さは12〜20cm、雄の角は大きいもので180cmほどになり、1年ごとに生え替わる。通常、雄と雌は別々に行動するが、秋の交尾期には雄を中心としたハーレムを形成し、自らのテリトリーを示すためいななく。

学名	Cervus Canadensis
体長	200〜250cm
体重	200〜300kg
食べ物	草、木の枝・葉など
遭遇率	★★★★★

├──200〜250cm──┤

ムース(ヘラジカ)
Moose

和 名はヘラジカ。シカ類のなかで最も大きい。広がったヘラ状の角(雄のみ)が特徴で、左右の角のひらきが最大200cm近くになることもある。夏になると川や沼地で水・泥浴をしているが、これは寄生虫から体を守るための行動。ちなみにヨーロッパではムースをエルクと呼ぶので間違えないように。

学名	Alces Alces
体長	250〜300cm
体重	約825kg
食べ物	広葉樹の葉、水草など
遭遇率	★

├──250〜300cm──┤

ミュールジカとオジロジカ
Mule Deer & White-tailed Deer

ミ ュールジカは、別名ラバジカ(耳が大きいため)、または尾の先が黒いのでBlack-tailed Deerとも呼ばれる。オジロジカと外見が似ており、見分け方は尾の先っぽが黒いのがミュールジカで、白いのがオジロジカ。どちらも夏と冬には体毛が生え替わり、毛色も夏は赤褐色、冬は灰褐色と変化する。

ミュールジカ
学名	Odocoileus Hemionus
体長	150〜200cm
体重	約200kg
食べ物	草など
遭遇率	★★★★

オジロジカ
学名	Odocoileus Virginianus
体長	150〜200cm
体重	約150kg
食べ物	草など
遭遇率	★★★★

├──150〜200cm──┤

野生動物と遭遇できる確率を★で表しています。★の数が多いほど、遭遇できる確率が高い

ビッグホーン・シープ
Bighorn Sheep

（ウ）シ科に分類されるが、山岳地帯の岩山に生息するので、ヒツジの名がつけられている。太く渦を巻いた頑丈な角が特徴で、大きいものでは100cmにもなる。この大きな角は雄だけで雌や子には短い角が生える。体毛は灰褐色、臀部と腹部は白色。和名はオオツノヒツジ。

学名	Ovis Canadensis
体長	150〜170cm
体重	約130kg
食べ物	草など
遭遇率	★★★★★

├─150〜170cm─┤

マウンテン・ゴート
Mountain Goat

（ゴ）ート（ヤギ）という名だが、実はカモシカの仲間。和名ではシロイワヤギと呼び、白く長い毛で覆われている。夏は山岳の高所で暮らすため、出合える確率は低い。雄雌ともに黒い色をした角があり、大きいものでは30cmほどになる。学名の"Oreamnos"は"われらの山の妖精"を意味する。

学名	Oreamnos Americanus
体長	130〜160cm
体重	70〜140kg
食べ物	コケ類、草、低木の枝など
遭遇率	★★

├─130〜160cm─┤

ビーバー
Beaver

（国）立公園のシンボルマークにも使われている。生息地は川や沼などの水辺で、夜行性のため遭遇できるのは早朝か夕方のみ。大きく鋭い歯が特徴で、水辺の木をかじり、ダムや"ロッジ"と呼ばれる巣を作る。毛皮として重宝された時代もあり、一時は絶滅危惧種にもなったが、近年個体数は回復しつつある。

学名	Castor Canadensis
体長	75〜130cm
体重	約30kg
食べ物	木の新芽・枝など
遭遇率	★

├─75〜130cm─┤

コヨーテ
Coyote

(イ) ヌ科の動物。体長90〜100cm、体重9〜12kg、尻尾は30〜40cmほど。肉食性で小動物などを餌にするほか、死肉を食べることもある。性格はとても臆病。

ピカ
American Pika

(和) 名アメリカナキウサギ。体長は15cmほどで、岩場に生息している。姿が見えなくても、人が近づくと「ピィー」と鳴き出すので、鳴き声が聞こえたら探してみよう。

シラガマーモット
Hoary Marmot

(リ) ス科のマーモット属。学名はMarmota Caligata。通常のリスより体格が大きく、体長40〜60cm、体重は9〜10kgほど。「ピィー」とホイッスルのような鳴き声を出す。10〜4月頃までは冬眠する。

リス類

(シ) マリスChipmunkやジリスGround Squirrel、アカリスRed Squirrelなどロッキーに生息するリスは多種にわたる。カナダのリスは人をあまり怖がらないので、近寄ることができる。

ボブ・キャット
Bob Cat

(体) 長65〜100cm、体重6〜15kgのネコ科オオヤマネコ属の動物。夜行性で肉食。

アメリカテン
Marten

(体) 長60〜90cm、尻尾の長さは20cmほど。クズリと同じイタチ科の動物。

グレイジェイ
Grey Jay

(和) 名ではカナダカケスと呼ばれる、スズメ目カラス科の鳥。全長30cmで、人懐こい性格。

クズリ
Wolverine

(イ) タチ科の動物。警戒心が強く、凶暴な性格。木の実のほか小動物なども食べる雑食性。

ハクトウワシ
Bald Eagle

(体) 長75〜100cm、翼を広げると200cmにもなる大型のワシ。アメリカの国鳥でもある。

カナダグース
Canada Goose

(町) なかでもよく見かける、体長60〜120cmのカモ科の鳥。和名カナダガン、シジュウカラガン。

野生動物の観察ルール

CHECK!

★ 生態系を崩してしまう恐れがあるので、むやみに餌を与えない（国立公園内では禁止の行為）。

★ 常に野生動物という意識をもち、むやみに触ったりしない。

★ クマは100m以上、そのほかの大型動物は30m以上離れる（国立公園内で義務づけられている）。

★ ドライブ中に遭遇しても車から降りずに観察すること。

バンクーバーからカナディアン・ロッキーへ
VIA鉄道
カナディアン号の旅

Via Rail
The Canadian

バンクーバーとトロントを結ぶVIA鉄道のカナディアン号は、
4466kmを走破する大陸横断鉄道。
延べ日数4泊5日のうち、バンクーバーからジャスパーへ行く
1泊2日の路線は、カナディアン・ロッキーを越える
風光明媚な路線として名高い。

山と森の絶景のなかを走るカナディアン号©VIA鉄道

出発はバンクーバー

旅 の出発地は、カナダ西部の海岸線にある
バンクーバー。15:00にバンクーバーの
パシフィック・セントラル・ステーションを出発
した列車は、郊外を流れるフレイザー川を越え
はるか東のトロントへ向けて進路を取る。寝台
車は個室寝台と開放型の上下寝台からなり、各
車両にトイレとシャワーが備わる。クラシカル
な食堂車や展望席が付いた2種類のラウンジが
あり、ゲストが快適に過ごせる車両編成になっ
ている。乗車後、車内でしばらくゆっくりしたら、
夕食の時間。食堂車に行って優雅なディナーを
いただこう。

風景を楽しみながら優雅に夕食を取ろう

翌朝はロッキーの絶景を堪能!

バ ンクーバーを出発した列車は、険しいコー
スト山脈を越え、翌朝早朝にカムループ
スに到着する。まずはロッキーの山並みを眺
めながら朝食を取ろう。屹立する岩山を望み、
青い川や湖を両側に眺めながら進むルートは、
カナディアン号のハイライト。360度どこを見
ても絵になる風景は、展望席が付いた「スカイ
ラインカーSkyline Car」や一部のクラス専用ラ
ウンジ「パークカーPark Car」、夏季限定の「パ
ノラマカー Panorama Car」で楽しみたい。車
内ではアナウンスも行われ、景色をよく見られ
るようにと、ところどころで列車はスピードを
落としてくれる。落差91mのピラミッド滝
Pyramid Fallsや標高3954mのロブソン山、ムー
ス湖Moose Lakeなど絶景ポイントはめじろ
押し。標高1131mのイエローヘッド・パス
Yellowhead Passを越えると、やがて列車はジャ
スパー国立公園の町、ジャスパーに到着する。
列車はその後カナダの大平原を越えて東進し、
トロントまで旅を続ける。

1.カナディアン・ロッキーの最高峰、ロブソン山を望む 2 1960年代に製造された車両 3 パークカー、スカイライ ンカーにあるガラス張りの展望席 4 わからないことがあったら乗務員に尋ねよう 5 寝台車のふたり用個室寝台

✳ VIA鉄道 カナディアン号 *VIA Rail The Canadian* ✳

運行区間／距離
バンクーバー～トロント／4466km

掲載区間／距離
バン／クーバー～ジャスパー／866km

所要時間
バンクーバー～トロント4泊5日
バンクーバー～ジャスパー1泊2日

カナディアン号時刻表（東行き）

バンクーバー		発 15:00	月・金
カムルーブス	着 00:17	発 00:52	火・土
ジャスパー	着 11:00	発 12:30	火・土
エドモントン	着 18:50	発 19:50	火・土
サスカトゥーン	着 05:57	発 06:57	水・日
ウィニペグ	着 22:00	発 23:30	水・日
トロント	着 14:29		火・金

※西行き（トロント→バンクーバー）は時間が異なる

シーズン ピークは、カナディアン・ロッキーの雪が溶ける6 月頃から9月頃まで。特に7・8月にはかなり混み合うため、 早めの予約を心がけよう。予約の流れは（→P.401）を参照。

座席 エコノミークラス、寝台車プラスクラスやプレステ ィージ寝台車クラスがあり、寝台車プラスクラスやプレステ ィージ寝台車クラスには食事（バンクーバー→ジャスパー間 は朝・昼食）が付く。寝台車にはひとり用個室寝台、ふたり用 個室寝台のほか、上下寝台がある。

233

Bow Valley & Icefield Parkway

カナディアン・ロッキー縦断の旅へ

ボウ・バレー・パークウエイと
アイスフィールド・パークウエイ

バンフ～レイク・ルイーズ間のボウ・バレー・パークウエイとレイク・ルイーズからジャスパーへ続くアイスフィールド・パークウエイは、美しい湖や氷河が連続する、カナディアン・ロッキーのハイライト。約300kmのルートを行く、爽快ドライブを楽しもう！

アクセスと回り方

　道はバンフ国立公園のバンフとジャスパー国立公園のジャスパーを結んでいるので、このふたつが町の拠点となる。途中には見どころやビューポイント、ピクニックエリアなどがあるので、レンタカーでゆっくりと回るのがいちばん。バンフ、レイク・ルイーズ、ジャスパーからツアーもある。

ボウ・バレー・パークウエイ

　バンフからレイク・ルイーズまでは、トランス・カナダ・ハイウエイと旧道#1Aが並行する。この旧道が全長約50kmのボウ・バレー・パークウエイ。最初に通るのが、ジョンストン渓谷。さらに行くと、右側に城のような形をしたキャッスル山が見えてくる。ムース・メドウMoose Meadowsを過ぎると、クートニィ国立公園に向かうハイウエイ#93が分かれるキャッスル・ジャンクションだ。ここからトランス・カナダ・ハイウエイに入り30kmほど進めば、レイク・ルイーズに到着する。

アイスフィールド・パークウエイ

　レイク・ルイーズとジャスパーを結ぶハイウエイ#93は、通称「アイスフィールド・パークウエイ」と呼ばれ、ボウ湖やペイトー湖、コロンビア大氷原など見どころが連続する。いずれもハイウエイ沿いに駐車場があるので、車を降りて見学したい。すすり泣く壁を越えると、大きくカーブしながら急な坂道を上るビッグ・ベンドBig Bendに差しかかる。カーブを曲がりきった所がアイスフィールド・パークウエイの最高所であるサンワプタ峠で、ここからジャスパー国立公園へ入る。間もなくコロンビア大氷原が左側に見えてくる。アサバスカ滝を過ぎると、道はハイウエイ#93と#93Aに分かれるが、やがて合流するとジャスパーだ。

道路の上の橋は、動物のための通り道だ

基本DATA
拠点となる町：
バンフ、ジャスパー
ボウ・バレー・パークウエイとアイスフィールド・パークウエイ情報のサイト
URL parks.canada.ca
(Parks Canada)

ドライブチャート 🚗

バンフ
↓ハイウエイ#1A経由35km
キャッスル山
↓ハイウエイ#1A経由31km
レイク・ルイーズ
↓ハイウエイ#93経由41km
ボウ湖
↓ハイウエイ#93経由6km
ペイトー湖
↓ハイウエイ#93経由80km
サンワプタ峠
↓ハイウエイ#93経由15km
コロンビア大氷原
↓ハイウエイ#93経由72km
アサバスカ滝
↓ハイウエイ#93経由32km
ジャスパー

（おもな見どころの一部を抜粋）

ボウ・バレー・パークウエイ

🍁 ジョンストン渓谷
Johnston Canyon

MAP P.237

ジョンストン渓谷
🚌バンフのトランジットハブからローム・バスのルート9で約35分。10月中旬～5月下旬は週末のみの運行（要予約）。

豪快なしぶきを上げるロウワー滝

ジョンストン・クリークJohnston Creekが大地を削り取ってできた深い渓谷で、雄大なカナディアン・ロッキーにあって、繊細で変化に富んだ、ある意味では日本的な風景を造り出している。駐車場から約1.2kmのロウワー滝Lower Falls、さらに1.3km上流のアッパー滝Upper Fallsのふたつの滝が見どころ。途中、深い所では30mあるという渓谷の絶壁をぬうように進む遊歩道からの景色が美しい。

🍁 キャッスル山
Castle Mountain

MAP P.237

ジョンストン渓谷を過ぎて右側に見える、ロッキーを代表する山。茶色がかった岩肌で、まるで西洋の城のような姿をしている。天空に悠然と頂を突き上げるその姿は、荒々しさのなかにもどことなく気品を感じさせる。麓からは約7.4kmのハイキングコースがあり、間近で見上げるアングルも迫力。また、このあたりは昔、銀が採れるといわれ、シルバー・シティSilver Cityを形成していたが、今はその面影もなく、草原が広がっている。

奥にあるのがキャッスル山

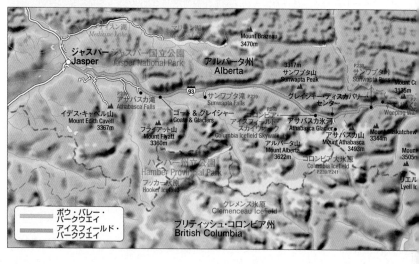

アイスフィールド・パークウエイ

クロウフット氷河
Crowfoot Glacier
MAP P.237

　鮮やかなターコイズブルーの氷河湖、ヘクター湖Hector Lake を左側に見ながら北へ進むと、やがて巨大な鳥の足のような氷河が岩肌に見えてくる。クロウフット氷河は、その名のとおり、かつては山の斜面にカラスの足を思わせる3本の氷河が延びていた。しかし、今では下の1本が消滅してしまったため、2本の指になってしまった。

現在は2本の指になってしまった
クロウフット氷河

ボウ湖
Bow Lake
MAP P.237

　ボウ湖はボウ氷河が溶けて流れ出した水によりできた氷河湖。湖畔のすぐそばをパークウエイが走り、軽食が取れるロッジもあるので多くの観光客が立ち寄る。広々とした湖面の向こうに、氷河をまとった険しい岩山を望むことができる。赤い屋根のロッジが立つ湖畔は絶好のピクニックエリアだ。

湖畔は散歩にぴったり

▶ 現地発のツアー

パシュート・バンフ・ジャスパー・コレクション
Pursuit Banff Jasper Collection
FREE (1-866)606-6700
URL www.banffjaspercollection.com

Columbia Icefield Discovery

　バンフからトランス・カナダ・ハイウエイ、アイスフィールド・パークウエイを通ってコロンビア大氷原へ行くツアー。途中、ペイトー湖、クロウフット氷河、ボウ湖に立ち寄る。催行は4月中旬〜10月中旬。
バンフ発着
（所要約10時間25分）
図片道
　大人$315、子供$205（雪上車ツアー、コロンビア・アイスフィールド・スカイウオークの料金込み）
　バンフのほか、キャンモア、レイクルイーズ、カルガリー、ジャスパーから発着。出発と到着の町を変えることも可能。
　ほか、バンフ〜ジャスパーへ抜ける Icefield Parkway Discovery もある。こちらはルイーズ湖にも立ち寄る。バンフ（→ P.243）やジャスパー（→ P.289）にある各旅行会社にも同様のツアーがある。

日本語ガイドツアー
（→P.227）

🍁 ボウ峠
Bow Pass
MAP P.237 ✦✦✦

　ボウ湖のすぐ先にある峠は、アイスフィールド・パークウエイの最高地点（2088m）。バンフやジャスパーなどよりあきらかに気温が低く、曇ったときなど夏でも肌寒いほどだ。ペイトー湖を見下ろす展望台へは、下の駐車場に車を停め5分ほど坂道を歩く。この道沿いは高山植物の宝庫となっている。観光バスは上の駐車場に着くため坂を歩かずに済む。

🍁 ペイトー湖
Peyto Lake
MAP P.237 ✦✦✦

　湖水の色が、季節や時間帯によって微妙に変化することで知られる。ボウ峠の展望台から見下ろすかたちになるので、湖畔から眺めることが多いほかの湖とはひと味違った、雄大な眺望を楽しむことができる。周囲の山肌が影を落とす時間、特に湖面に対岸の山々がひときわ美しく映える早朝がベスト。展望台は約2年の改修工事期間を経て2021年にリニューアル。駐車場の拡大や遊歩道の再整備、通年利用できるトイレなどが設置され、より身近な存在になった。

驚くほど青い水をたたえるペイトー湖を展望台から眺める

🍁 ミスタヤ渓谷
Mistaya Canyon
MAP P.237 ✦✦✦

　ペイトー湖を過ぎると、ノース・サスカチュワン川North Saskatchewan Riverに向かって長い下り坂に入る。その途中、左側にミスタヤ渓谷の駐車場がある。渓谷までは歩いてすぐ。ジャスパーのマリーン渓谷などに比べると規模は小さいが、ドライブの疲れを癒やすのにピッタリの美しい渓谷だ。

激流が深い渓谷を造り出す

🍁 "すすり泣く壁"とサンワプタ峠
Weeping Wall & Sunwapta Pass
MAP P.236

　垂直に切り立った大岩壁から雪解け水が幾筋にも分かれて流れ落ちるために「すすり泣く」と表現されている。ここを過ぎてサンワプタ峠にさしかかる手前は、「Big Bend（大曲がり）」と呼ばれる大きなカーブになっている。蛇行しながら上り詰めた所がサンワプタ峠だ。ここからジャスパー国立公園に入る。

季節により流れる水量は変わる

見逃さないように注意

🍁 コロンビア大氷原
Columbia Icefield
MAP P.236

　アイスフィールド・パークウエイのハイライト、コロンビア大氷原は総面積325km²に及ぶ巨大な氷河だ。道路から見えるのは、この大氷原から流れ出すいくつもの氷河のひとつ、アサバスカ氷河Athabasca Glacierの末端にすぎない。しかし、そばまで行ってみればその巨大さに驚くだろう。車をすぐ下の駐車場に停めれば、歩いて10分程度で氷河の末端まで行ける。しかし氷河の上をむやみに歩くのは、クレバス転落などの恐れもあり危険だ。シーズン中（4月中旬～10月中旬）は、バスと雪上車（スノーコーチ）を乗り継いで氷河の上に立つことができる（→P.241）。夏でも防寒具を用意したほうがいい。崖のエッジに備え付けられた遊歩道コロンビア・アイスフィールド・スカイウォーク（→P.240）もあり、人気を呼んでいる。

雪上車に乗って氷河の上に移動しよう

CHECK!
コロンビア大氷原のヘリツアー

　ロッキーズ・ヘリ・カナダRockies Heli Canadaが、ヘリコプターに乗って上空から広大な大氷原を一望するツアーを催行している。湖や山の尾根に着陸して散策するオプショナルツアーもある。クロッシングの分岐道を右に進み、約43km。クライン・リバー・ヘリポートCline River Heliport発着。
ロッキーズ・ヘリ・カナダ
TEL (403)721-2100
FREE (1-888)844-3514
URL www.rockiesheli.com
料 コロンビア大氷原フライト
1人$699（所要約55分）

CHECK!
アサバスカ川の展望スポット

　アサバスカ川を見下ろすビュースポット、ゴート＆グレイシャーGoats & Glaciers。周囲は砂場となっており、春先と秋頃になるとマウンテン・ゴートがミネラルを含んだこの砂を食べにやってくる。

🍁 サンワプタ滝とアサバスカ滝
Sunwapta Falls & Athabasca Falls
MAP P.236

　コロンビア大氷原からアイスフィールド・パークウエイに沿って流れるサンワプタ川Sunwapta Riverが突然方向を変え、南から来たアサバスカ川Athabasca Riverに合流する地点にサンワプタ滝がある。それによってさらに水量を増したアサバスカ川は、そこから30kmほど先でもアサバスカ滝となって流れ落ちる。いずれも川が長い時間をかけてくり抜いた硬い岩盤の間の狭い水路を走るため、特に雪解け水を集める初夏にはまさに怒濤の迫力。

穏やかに流れてきた川が沈黙を破って流れ落ちる

「アイスフィールド・パークウエイの **2大アトラクション**でロッキーの大自然を満喫

スリル満点のスカイウオークと、定番の雪上車ツアー。どちらもコロンビア大氷原のビジターセンターであるグレイシャー・ディスカバリー・センターからスタートする。バンフからの日本語ガイドツアー(→P.227)で訪れるのがおすすめだ。

コロンビア・アイスフィールド・スカイウオークってこんなとこ

崖から飛び出した展望台から絶景を望むアトラクション。全長約500mのボードウオーク「ディスカバリー・トレイル」と横35m、高さ280m上空に張り出した空中歩道「ディスカバリー・ヴィスタ」からなる。ガラス張りになった空中歩道の目の前に広がる景色は、圧巻のひと言だ。

おすすめ観光タイム 45分〜

音声ガイドに従って見学してもそれほど時間はかからない。帰りのシャトルバスが混み合うので、時間に余裕をもって見学しよう。

コロンビア・アイスフィールド・スカイウオーク
Columbia Icefield Skywalk
MAP P.236 ★★★
FREE (1-866)506-0515
URL www.banffjaspercollection.com
圖5月上旬〜10月上旬
　毎日10:00〜18:00(天候により変動あり)
休10月上旬〜5月上旬
料大人$35、子供22.75

崖の上からせり出した空中歩道「ディスカバリー・ヴィスタ」

楽しみ方

\ Start /

1 グレイシャー・ディスカバリー・センター

グレイシャー・ディスカバリー・センターでチケットを購入したらシャトルバスに乗ってスカイウオークへ。

1 シーズン中は観光客でにぎわう 2 2階にはレストランもある

バスで **10分**

2 ボードウオーク

ボードウオークの各ポイントにはロッキーの自然に関する展示物が用意されている。アプリで日本語の音声ガイドを聞きながら見学しよう。

1 通路は一方通行になっている 2 野生動物に関する展示物もある

3 空中歩道

高さ280mの空中歩道を歩きロッキーの山々をバックに記念撮影。高い所が苦手な人には、手前にエスケープゾーンも用意されている。

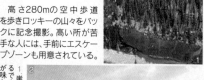

1 崖の下は渓谷になっている 2 まるで空中に浮いているような感覚が味わえる

\ Check /

日本語音声ガイド
日本語を含む7ヵ国語対応の音声ガイドアプリをダウンロード。イヤホンは持参しよう。

コロンビア大氷原ってこんなとこ

（総）面積325k㎡の巨大な氷原が続く、カナディアン・ロッキー観光のハイライト。特殊な雪上車（スノーコーチ）で氷河の上まで移動して、実際に自分の足で歩く。往復約5km、所要約1時間30分のツアーで、コロンビア大氷原の一端であるアサバスカ氷河を訪れる。

おすすめ観光タイム 1時間30分〜

スケジュールはツアー内容の一部に組み込まれている。現地発のツアーや日本語ガイドツアー（→P.227）に参加しよう。個人で訪れる場合は予約推奨。

コロンビア大氷原 Columbia Icefield
MAP P.236 ★★★
雪上車ツアー（アイスフィールド・アドベンチャー）
FREE (1-866)506-0515
圖 5月上旬〜10月上旬 毎日10:00〜17:00（天候により変動あり）
休 10月上旬〜5月上旬
圈 大人 $89、子供 $57.85（スカイウオークとのセット）

2 雪上車

バスを降りたら、特殊車両の雪上車（スノーコーチ）に乗り換え、いざ氷上へ！ 車内に流れるのは英語ガイドのみだが、窓からの景色も絶景。

1 56人乗りの大型車両で真っ白な氷河の上を進む 2一面真っ白な氷河の上を進む

とても冷えるので防寒着を忘れずに！

雪上車でたどり着くアサバスカ氷河

＼Check／

アイスウオーク

経験豊富なガイドと一緒に、氷河の先端部分を歩くことができるアクティビティ。クレバス落下などの事故の危険性もあるので、十分注意して参加しよう。
URL www.icewalks.com

楽しみ方

＼Start／

1 グレイシャー・ディスカバリー・センター

スカイウオーク同様、出発はグレイシャー・ディスカバリー・センターから。コロンビア大氷原行きのバスの乗り場と出発時刻を確認しよう。ツアー中はトイレがないので、必ずここですませること。

1 雪上車との乗り換え地点まで移動する 2 夏季にはチケットブースに行列ができる

1 カラーコーンより奥は危険なので絶対に行かないように 2 大氷原から流れ出した氷河で形成 3 氷河の溶水に触れる

3 アサバスカ氷河

氷の厚さが最大で300mにもなるアサバスカ氷河に到着。ここで約15分間の自由時間。氷河の上を歩いたり記念撮影を。

　カナディアン・ロッキー観光のハイライトとして知られるのが、コロンビア大氷原。雪上車（スノーコーチ）に乗って氷河の上まで移動し、実際に自分の足で歩くことができる。しかし、歩けるのはアサバスカ氷河という、コロンビア大氷原の一部にすぎないということはあまり知られていない。

6つの氷河を形成する大氷原

　コロンビア大氷原からは、大きく分けて6つの氷河が流れ出している。アイスフィールド・パークウエイから見ることができる、「スタットフィールド氷河」「ドーム氷河」「コロンビア氷河」「キャッスルガード氷河」「サスカチュワン氷河」そして「アサバスカ氷河」。正確には、それらの中心にある巨大な氷原がコロンビア大氷原。しかし実際は、流れ出している6つの氷河を含む広い範囲がコロンビア大氷原と呼ばれている。これは、手を想像してみるとわかりやすい。手のひらが大きな氷原。指が流れ出している氷河に相当し、親指がアサバスカ氷河、人差し指がスタットフィールド氷河といった具合だ。　コロンビア大氷原全体は325km²あり、北極圏外では北半球最大の大きさ。アサバスカ氷河は、6つのなかで3番目に大きなもので、長さ6.5km、幅1km以上、厚さ30〜365mとされている。今から50年ほど前には現在の車道まで到達していたが、温暖化のため年平均1.6mの速度で後退しつつあるという。

大氷原の先端に広がるアサバスカ氷河

流れ出す3つの大河

　コロンビア大氷原から流れ出す水は、マッケンジー川、コロンビア川、ノース・サスカチュワン川の3つになり、マッケンジー川は北極海に、コロンビア川は太平洋に、そしてノース・サスカチュワン川はハドソン湾を通って大西洋へ注ぎ込んでいる。大氷原はまさに分水嶺にもなっているわけだ。これほどの氷原は世界にはもうひとつ、シベリアにあるのみで、自分の足で立てるのはコロンビア大氷原が世界唯一だ。

大氷原の発見

　1827年8月、植物学者のデビッド・ダグラスがアサバスカ峠から周囲を見渡し、ひときわ高い山を発見した。山の高度は5000m級と発表され、カナディアン・ロッキーには4000m級の山すらないと信じてきた多くの登山家を驚かせた。その後多くの人がこの山を探しにカナディアン・ロッキーを訪れたが、5000m級の山が発見されることはなく、いつしか「幻の山」と呼ばれるようになった。1898年、イギリスから来た3人の登山家ジョン・ノーマン・コーリーとハーマン・ウーリー、ヒュー・スタッドフィールドは、この幻の山を見つけようと、付近で一番高い山へ登り、頂上から見渡すことを考えた。8月19日、3人はアサバスカ山の登頂に成功した。そしてそこで見つけたのが、足元に青く輝く大氷原が横たわっている姿だったのである。結局、幻の山はデビッド・ダグラスの測量ミスということになったが、そんな偶然から発見されたのがこの大氷原なのだ。

氷河の知識

氷河の成り立ち

　氷河期に、大量の雪が降り続き、30mもの高さに積もり続けると、下層部の雪は圧縮されて氷となる。これが繰り返されることによってできたのが大氷原だ。氷河期以降、氷原の大部分は溶けたが、気温が低く降雪量が溶ける量を上回る一部の地域では、現在でも生成を続けている。
　一般的に高地にとどまっている氷河のことを氷原といい、高地から低地へと流れ出しているものを氷河といって区別している。例えば、アサバスカ氷河の先端は年約15mずつ移動して

いるという。ただし、地球の温暖化が進んでいるとされる現在は、この進行よりも後退（溶けること）が勝っている。また、コロンビア大氷原のある一帯の山々を見ると、えぐり取られたような形をしているのがわかる。これは氷河期に巨大な氷河が進行して、削り取っていった跡。そして、その削り取られた土砂のことをモレインという。アイスフィールド・パークウエイのすぐそばに盛られている何かに押されているような形をした土の塊は、このモレインが堆積したものだ。

バンフ

カナディアン・ロッキー

バンフ国立公園にある、カナディアン・ロッキー観光の拠点となる町が、バンフだ。町なかにはボウ川が穏やかに蛇行しながら流れ、緑の森や峻嶺な山々が町を取り囲む。風景すべてが絵はがきのように美しい、世界中から旅行者が訪れる山岳リゾートだ。

町の歴史は、1883年に大陸横断鉄道を開設中だった3人の鉄道工夫たちが温泉ケイブ＆ベイスンを発見し、小さな湯治場を造ったことに始ま

カスケード・ガーデンから見る
バンフ通り

る。1885年に温泉一帯26km² が保護区に指定され、1887年にはカナダ初、世界でもアメリカのイエローストーン、オーストラリアのロイヤルに次ぐ3番目の国立公園の指定を受け、バンフの町は国立公園観光の拠点となるリゾートタウンとして開発されることになった。国立公園監察官ジョージ・A・スチュワートは、町の区画を考える際、リゾートエリアはボウ川の南側に、庶民が暮らすダウンタウンはボウ川の北側にと区分した。こうして1888年、バンフを代表するリゾートホテル、フェアモント・バンフ・スプリングスがボウ川の南にオープンした。川の北側のダウンタウンには次々とログハウス風のホテル、レストラン、ショップがオープンし、現在の小粋な町並みを形成することとなった。

バンフの通りの名前は、ほとんどが動物の名前になっている。ムース通り、エルク通り、ラビット通りなど。町を歩けば、動物たちが道からひょっこり顔を出すこともある。そんな、自然や動物たちと密接な関係にある町なのだ。

MAP P.214-C2
人口 8305
面積 403
バンフ情報のサイト
URL parks.canada.ca/
pn-np/ab/Banff
URL www.banfflakelouise.
com
twitter.com/
banfflakelouise
www.facebook.com/
banfflakelouise

バンフのイベント
バンフ・センター・マウンテン・フィルム・アンド・ブック・フェスティバル
Banff Centre Mountain Film and Book Festivals
TEL (403)762-6100
URL www.banffcentre.ca
10/28〜11/5('23)
　世界中の山に関する書籍を紹介するブックフェスティバルとアウトドアのドキュメンタリー映画祭。ワールドツアーを行っており、日本でも開催される予定。

ボウ川に架かる橋からの眺め

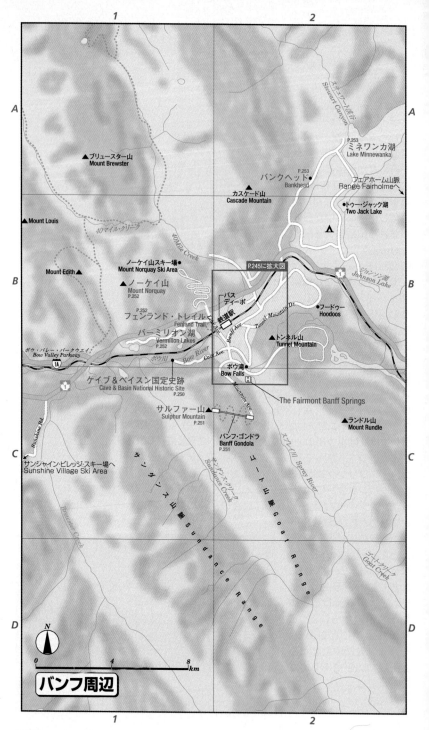

バンフ周辺

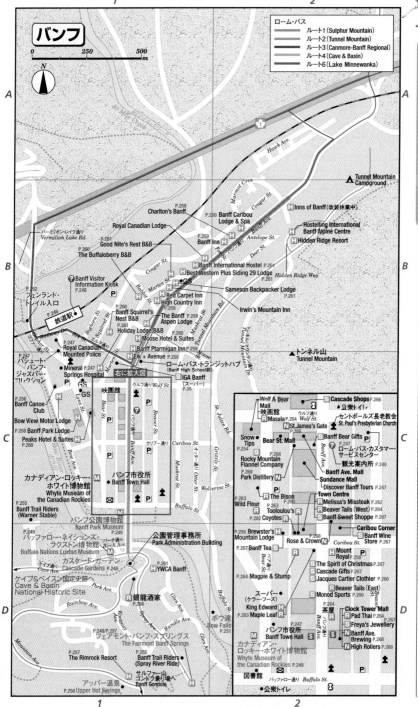

バンフ

バンフ・エアポーター
☎(403)762-3330
FREE(1-888)449-2901
URLbanfffairporter.com
カルガリーから
🚌片道
　大人$77.99、
　子供$38.49
　往復
　大人$155.98、
　子供$77.99
　指定のホテルまで連れていってもらえる。

パシュート・バンフ・ジャスパー・コレクション（ブリュースター・エクスプレス）
FREE(1-866)606-6700
URLwww.banffjasper
　collection.com
カルガリーから
🚌片道
　大人$79、子供$52
ジャスパーから
🚌片道
　大人$120、子供$60

ライダー・エクスプレス
FREE(1-833)583-3636
URLriderexpress.ca
バンクーバーから
🚌片道$161.9
カルガリーから
🚌片道$72

ボウ・バレー・リージョナル・トランジット・サービス・コミッション（→P.247）
ルート3 キャンモアから
🚌月～金6:21～22:46
　土・日6:28～22:43
　（30～60分ごとに出発）
🚌片道　大人$6、
　シニア・子供$3

サン・ドッグ・ツアー
（→P.292欄外）

ロッキー・マウンテニア鉄道
（→P.419）

鉄道駅
MAP P.245-B1

すべての鉄道が停まる鉄道駅

🍁 飛行機

　バンフの町は特別保護地域であるバンフ国立公園内に位置しているため、飛行機の乗り入れは一切禁止されている。したがって、バンフへはバスか鉄道でのアクセスとなる。

🍁 長距離バス

　バンクーバーなど国内各主要都市からカルガリーまで飛行機で行き、そこからバスに乗り換えるのが最も一般的。カルガリー国際空港からはバンフ・エアポーターBanff Airporterのミニバンや、パシュート・バンフ・ジャスパー・コレクションPursuit

指定のホテルまで連れていってくれる
バンフ・エアポーター

Banff Jasper Collectionのブリュースター・エクスプレスBrewster Expressというバスが出ている。特にバンフ・エアポーターは10:00～22:30まで1～2時間に1便と本数も多く、カルガリー国際空港到着後すぐにバンフに向かうことができる。バンフまで所要約2時間。2社とも空港内到着フロアにカウンターがあるので、そこで申し込む。観光シーズンは早めの予約必須。
　ジャスパーからはブリュースター・エクスプレスが結んでいる。毎日1便運行（冬季はサン・ドッグ・ツアーSun Dog Tourの運行）。5～10月は13:45発、バンフ到着は19:00、11～4月は8:30発、バンフ到着は12:45。どちらもレイク・ルイーズを経由し、バンフのあとはキャンモア（夏季のみ）、カルガリー国際空港、カルガリーのダウンタウンまで行く。キャンモアからはボウ・バレー・リージョナル・トランジット・サービス・コミッションのローム・バスのルート3（Camore-Banff Regional）が運行。
　バンクーバーからはカルガリーへ行くライダー・エクスプレスRider Expressのバスが途中バンフに立ち寄る。運行は1日1便で、バンクーバーのバスディーポを8:15に出発、バンフには21:30に着く。カルガリー発の場合は8:30発、バンフ到着は10:10（時期、曜日により変動あり）。

🍁 鉄道

　バンクーバーからロッキー・マウンテニア鉄道Rocky Mountaineer Railwaysのファースト・パッセージ・トゥ・ザ・ウエストFirst Passage to the Westが4月16日～10月12日の週2～3便運行している（2023年）。バンクーバーを出発し、カムループスで1泊して（宿泊代込み）、翌日に出発、バンフには夜に到着する。

鉄道駅から市内へ

バンフの鉄道駅はダウンタウンの北西部に位置する。駅前のエルク通りElk St.を真っすぐ5分ほど歩けば、メインストリートのバンフ通りBanff Ave.に出られる。駅舎内にはキオスクがある。

市内交通

ボウ・バレー・リージョナル・トランジット・サービス・コミッションBow Valley Regional Transit Services Commissionが環境に配慮したハイブリッドのバス、ローム・バスRoamBusを運行。バンフの町中を走るローカル路線はバンフ通りを通りThe Rimrock Resort Hotel、アッパー温泉、サルファー山までを結ぶルート1（Sulphur Mountain）、トンネル・マウンテン・キャンプ場Tunnel Mountain Campgroundから町中を通り、フェアモント・バンフ・スプリングスまで行くルート2（Tunnel Mountain）、ケイブ＆ベイスン国定史跡まで行くルート4（Cave & Basin）、ミネワンカ湖へ行くルート6（Lake Minnewanka）。ルート1、2は通年、ルート4、6は夏季のみ。

郊外へはバンフとキャンモアを結ぶルート3（Canmore-Banff Regional）（→P.246）に加え、レイク・ルイーズ行きのルート8（Lake Louise-Banff Regional）、ボウ・バレー・パークウェイのジョンストン渓谷行きのルート9（Johnston Canyon）が運行。ルート8は、夏季にはトランスカナダ・ハイウエイを行く直通ルートの8X（Express）と、ハイウエイ#1Aを通りジョンストン渓谷を含む途中数ヵ所に停車するルート8S（Scenic）のふたつのルートがある。このほか、黄葉シーズンにはモレイン湖への直通のルート10（Moraine Lake Express）も登場する。

チケットはトランジットハブの自動券売機またはドライバーから購入する。1日有効のデイパスはバンフ市役所Banff Town Hall（MAP P.245-D2）や観光案内所に併設するボウ・バレー・リージョナル・トランジット・サービス・コミッションのカスタマー・サービスセンターなどでも購入できる。

ユースフル・インフォメーション

警察
Royal Canadian Mounted Police
MAP P.245-B1
335 Lynx St.
(403)763-6600

病院
Mineral Springs Hospital
MAP P.245-C1
305 Lynx St.
(403)762-2222

おもなレンタカー会社
Avis
(403)762-3222
Cascade Plaza（→P.266）内。
Hertz
(403)762-2027
フェアモント・バンフ・スプリングス（→P.257）内。

おもなタクシー会社
Taxi Taxi
(403)762-0000

ローム・バス
カスタマー・サービスセンター
MAP P.245-C2
224 Banff St.
(403)762-0606
roamtransit.com
ルート1
　毎日6:19～23:32
ルート2
　毎日6:15～23:04
ルート4
　5月中旬～10月上旬
　毎日9:00～18:30
ルート6
　5月中旬～10月上旬
　毎日8:00～18:30
シングルチケット
　大人$2、シニア・子供$1
デイパス
　1日有効 大人$5
　3日有効 大人$12
　31日有効 大人$30
ルート8X
　毎日7:30～22:00
ルート8S
　7～8月頃
　金～日9:30、13:30、16:30
ルート10
　9月中旬～10月上旬
　毎日6:30～19:30
片道 大人各$10
ルート9
　5月中旬～10月上旬
　毎日8:30～15:30
　10月中旬～5月下旬
　土・日8:30～15:30
片道 大人$5

バスの停車場所
すべてのバスはBanff High School前のトランジットハブ（MAP P.245-C1）に発着。ローカル路線とルート3はルート上にあるバス停から乗車可能。そのほかのルートはトランジットハブと鉄道駅から発着。

おもなツアー会社
パシュート・バンフ・ジャスパー・コレクション
Pursuit Banff Jasper Collection
MAP P.245-B1
(1-866)606-6700
www.banffjasper collection.com
バンフ最大手の旅行会社。
ディスカバー・バンフ・ツアー
Discover Banff Tours
MAP P.245-C2
215 Banff Ave., Sundance Mall
(403)760-5007
(1-877)565-9372
www.banfftours.com
ツアー料金が手頃で人気。

日本語ガイドツアー（→P.227）

カナディアン・ロッキー

バンフ◆行き方／市内交通

Canadian Rocky

247

ロッジ風の観光案内所

❓ 観光案内所

Banff Information Centre
MAP P.245-C2
📍 224 Banff Ave.
📞 (403)762-1550
📅 5月中旬～9月上旬
　毎日8:00～20:00
　9月上旬～5月中旬
　毎日9:00～17:00
🚫 無休
　同じ建物にローム・バス・カスタマー・サービスセンター（→P.247）、公園管理事務所、観光局のカウンターがある。トレッキング情報などは窓口右側の緑色のジャケットを着た公園管理事務所スタッフに、ホテルやイベントなどの観光情報は左側のスタッフに尋ねる（左右入れ替えあり）。最新の野生動物の状況などの情報もある。国立公園入園料やフィッシングライセンスも購入できる。また、建物内にはParks Canada Shopというショップがあり、カナディアン・ロッキーの地図や書籍も販売している。

どの窓口も混み合うので時間に余裕をもって並ぼう

Banff Visitor Information Kiosk
MAP P.245-B1
📍 327 Railway Ave.
📅 5月中旬～9月上旬
　毎日8:00～20:00
　9月上旬～5月中旬
　毎日9:00～17:00
　バンフの鉄道駅にも観光案内所のスタッフが常駐している。

カスケード・ガーデン
🚶 ダウンタウンから徒歩約10分。ローム・バスのルート1と2でもアクセス可能。

バンフの歩き方

　ボウ川Bow River寄りの2～3ブロックがレストラン、みやげ物店などが集中するダウンタウンで、メインストリートはバンフ通り。通りの背景にそびえる山は、バンフを代表する**カスケード山Cascade Mountain**だ。夏季には

バンフ大通りとカスケード山。町のすぐそばに山が迫るのが、バンフの特徴だ

一部が歩行者天国になり、バンフ通り沿いに小規模なショッピングモールが数ヵ所点在。快適なショッピングが楽しめる。観光案内所もバンフ通り沿いにある。ボウ川を渡る橋の周辺に、ロッキーとバンフにゆかりのある博物館がいくつかある。川の南側には、バンフ国立公園発祥の温泉、**ケイブ＆ベイスン国定史跡**や**サルファー山**などの自然が広がっている。ダウンタウンの北は、道路の西側にモーテル、東側に住宅が並ぶモーテル街。モーテル街からダウンタウンの中心までは徒歩10～20分程度だ。見どころは広範囲に広がっており、ツアーやレンタカーで回るのがいい。もし、時間に余裕のある人なら、自転車や徒歩でハイキングがてら行くのもいいだろう。ダウンタウンを一歩外に出ると、湖や山、野生動物たちの大自然の世界が広がっている。サイクリングやハイキングが楽しめるトレイルや、湖畔のピクニックサイトなどアウトドアの選択肢もいろいろある。

おもな見どころ

🍁 カスケード・ガーデン
Cascade Gardens
MAP P.245-D1
★★☆

　ボウ川を挟みバンフ通りの南端には、カスケード・ガーデンがあり、夏には色とりどりの花が咲き乱れる。敷地内に立つ1935年建造のれんが造りでゴシック様式の建物は、公園管理事務所Park Administration Buildingのオフィスだ。事務所の入口正面からカスケード・ガーデン越しに見るバンフ通りは、パンフレットにも登場する有名な風景で、写真撮影に最適なスポット。

6月下旬ともなると色鮮やかな花が咲く

🍁 バッファロー・ネイションズ・ラクストン博物館 MAP P.245-D1
Buffalo Nations Luxton Museum ★★☆

　ダウンタウンからバンフ通りを南下してボウ川を渡り、バーチ通りBirch Ave.を右折するとある丸太造りの建物。1952年、ノーマン・ラクストンNorman Luxtonによって創立された。北米全域のインディアンの生活の様子や狩りの模様を再現したジオラマや、実物大のテント（ティーピー）などの展示がある。インディアンの歴史に興味がある人はぜひ立ち寄ってみよう。

北米のインディアンの歴史がわかる

🍁 バンフ公園博物館 MAP P.245-C1
Banff Park Museum

　バンフ通りの南端、ボウ川に架かる橋のたもとにある。この博物館は、カナダ西部では最古の木造建築で、1903年に建てられた。館内にはロッキーの動物や鳥などのはく製がところ狭しと並んでいる。ビッグホーンシープや巨大なグリズリーのはく製もあって迫力満点だ。図書室もあり、野生動物に関する本や雑誌を閲覧することができる。

🍁 カナディアン・ロッキー・ホワイト博物館 MAP P.245-D2
Whyte Museum of the Canadian Rockies ★★☆

　斬新な建物が目を引く。館内は美術館と博物館に分かれ、美術館ではロッキーや世界各地の美術品を常時展示している。博物館にはバンフ生まれの画家ピーター・ホワイトPeter Whyteと妻キャサリンCatharine Whyteが収集したロッキーの資料や工芸品が展示され、バンフの観光の歴史や文化を知ることができる。20世紀初頭に建造されたホワイト夫妻の旧居も残され、ツアーで訪問が可能。ほかにもさまざまなツアーを催行しているので尋ねてみよう。

当時を再現したロッジ

🍁 フェアモント・バンフ・スプリングス MAP P.245-D1
The Fairmont Banff Springs Hotel ★★☆

　ボウ川とスプレイ川Spray Riverが枝分かれする緑深い森の中にたたずむ、ヨーロッパの古城を思わせる豪華なホテル。リゾートタウン、バンフを象徴するホテルとして1888年に創建され、カナダ太平洋鉄道Canadian Pacific Railway（CP鉄道）の賓客たちに永年愛されてきた。改築に改築を重ね、内部は迷路のように入り組んでいる。フェアモント・ホテル系列となった今もカナダを代表するホテル。ダウンタウンからバッファロー通りBuffalo St.を東に進んだ先に展望台があり、森の中にたたずむホテルの全容が望める。

CHECK!

美しい冬のロッキー
　夏とは違う姿をみせる、ロッキーの冬もおすすめ。雪化粧した山がブルーの氷河をまとう景色は、まるで絵画のように幻想的だ。夏よりも観光客が少なく静かなので、ロッキー本来の姿を感じることができる。冬でもツアー会社は営業しているため、十分観光を楽しめる。

バッファロー・ネイションズ・ラクストン博物館
🏠 1 Birch Ave.
☎ (403)762-2388
URL www.buffalonations museum.com
🕐 5〜9月
　毎日10:00〜18:00
　10〜4月
　毎日11:00〜17:00
休 無休
料 大人$9、シニア$8、子供$4

バンフ公園博物館
🏠 91 Banff Ave.
☎ (403)762-1558
URL parks.canada.ca/ lhn-nhs/ab/Banff
🕐 5月中旬〜10月中旬
　木〜日9:30〜17:00
　10月中旬〜5月中旬
　土・日11:00〜17:00
休 火・水、10月中旬〜5月中旬の月〜金
料 大人$4.25、シニア$3.75

ロッキーの動物のはく製が並ぶ

カナディアン・ロッキー・ホワイト博物館
🏠 111 Bear St.
☎ (403)762-2291
URL www.whyte.org
🕐 木〜月10:00〜17:00
休 火・水
料 大人$10、シニア$9、学生$5

フェアモント・バンフ・スプリングス
（→P.257）
🚌 ダウンタウンとフェアモント・バンフ・スプリングスは歩けない距離ではないがかなり遠い。ローム・バスのルート2を利用しよう。

ケイブ＆ベイスン国定史跡

311 Cave Ave.
(403)762-1566
parks.canada.ca/lhn-
nhs/ab/caveandbasin
5月中旬～10月中旬
毎日9:30～17:00
10月中旬～5月中旬
水～日11:00～17:00
10月中旬～5月中旬の月・
火
大人$8.5、シニア$7
ダウンタウンから徒歩約15
分。ボウ川に架かる橋を渡
り、ケイブ通りCave Ave.を
右折して直進。5月中旬～
10月上旬ならローム・バス
のルート4でも行ける。

マメ知識

ケイブ＆ベイスンの屋外温
泉は、世界でもここだけという
貴重なカタツムリ（Banff
Springs Snail）の生息地。温
泉の中に手や足を入れること
は法律で禁止されている。

カナダの絶滅危惧生物のサイト
www.sararegistry.gc.ca

ケイブ＆ベイスン国定史跡
Cave & Basin National Historic Site

MAP P.244-B1

バンフ国立公園発祥の地

　1883年、カナダ太平洋鉄道（CP鉄道）の敷設のためロッキーに来ていた3人の工夫たちが、偶然に発見した温泉。これにより1885年、カナダ最初の国立公園、バンフ・ホット・スプリングス・リザーブが設立され、現在37あるカナダの国立公園発祥の地となった。内部は1887年に建造された洞窟温泉と階上の展示コーナーExhibits、シアター・ルームなどに分かれており、小さな子供が遊べるキッズスペースやカフェも併設されている。まずは狭い通路をたどり、洞窟温泉へ行こう。階上の展示コーナーでは、ジオラマなどを使い、温泉の発見や鉄道の敷設、国立公園設立までの経緯がたどれるようになっている。階段を使い外へ出ると、1914年当時の温泉プールが再現されている（入浴不可）。内部の見学が済んだら、正面玄関左側の階段から山側へ上ってみよう。硫黄の臭いが漂う湿地帯が広がっており、木道をたどって散策できる。この湿地帯は野鳥や動物たちが集まってくる貴重な水場だという。館内では無料ガイドツアーも行われており、温泉発見の経緯や興味深い話を数多く聞くことができる。

アッパー温泉
(403)762-1515
(1-800)767-1611
www.hotsprings.ca
5月中旬～10月中旬
毎日9:00～23:00
10月中旬～5月中旬
毎日10:00～22:00
無休
大人$16.5、シニア・子供
$14.25
ロッカー$1.25、タオル
$2、水着$2
トランジットハブからロー
ム・バスのルート1で約10
分。

アッパー温泉
Upper Hot Springs

MAP P.245-D1

観光のあとのリフレッシュにぴったり

　1884年、当時カナダ太平洋鉄道の工夫長だったデービッド・キーフェDavid Keefeがサルファー山の一角に発見した温泉。その1年前に発見されたケイブ＆ベイスンとともに、翌年カナダ政府によって初めて国立公園として指定され、保護されることになった。ケイブ＆ベイスン国定史跡と違い、こちらは温泉プールとして整備されており、入浴することができる。

　温泉に含まれる硫黄Sulfurは、サルファー山の名前の由来でもある。湯温は約37～40℃とややぬるめ。遠くにカスケード山やノーケイ山を望みながらのんびりと温泉を楽しめる。温泉というよりもプールのようになっている。水着着用は必須。水着を忘れてしまったという人には、レンタルも用意されている。

温泉が湧き出ている

🍁 サルファー山
Sulphur Mountain

MAP P.244-C1 ★★★★

サルファー山に架かる
バンフ・ゴンドラBanff
Gondolaは、一度は上り
たいバンフを代表する見
どころ。サルファー山と
はバンフの町を囲んでい
るゴート山脈Goat
Rangeの一部で、山頂
（標高2285m）にある展
望台まではバンフ・ゴン
ドラが運行されている。

山に囲まれたバンフの地形がよくわかる

展望台からは360度の大
展望が広がる。見下ろす
とバンフの町並みがまさ
しく一望でき、町のすぐ
そばに山が迫っているバ
ンフの地形がよくわか

ゴンドラで山頂まで登ろう

る。町の右に見える低い
山は、鉄道開通の際にトンネルを掘る計画があったことからそ
の名がついたトンネル山Tunnel Mountain（計画は途中で頓挫
した）。バンフの町を南北から挟み込むようにそびえるのが、ト
ンネル山の左にあるカスケード山と、同じく右にあるランドル
山Mount Rundle。どちらも標高約3000mで、バンフのシンボル
として親しまれている。町なかを曲がりくねって流れるボウ川
や、その川べりの森の中に立つフェアモント・バンフ・スプリ
ングスも確認できる。町の彼方に青い水をたたえる湖は、ミネ
ワンカ湖だ。

　山頂のそばにはもうひとつのピークがある。それは、1903年
当時の気象観測所が再現されているサンソン・ピークSanson's
Peak。山頂からサンソン・ピークまでは遊歩道を使って行くこ
ともできる。途中にはリスやビッグホーンシープの姿を見かけ
ることも。また、2016年にリニューアルした山頂駅には、朝食
からディナーまで利用できるレストランや絶景を眺めながら休
憩できるカフェ、ギフトショップなどの施設が充実している。
なお、頂上は夏でもかなり冷えるため、マウンテンパーカーな
どの上着が必須。

🍁 ボウ滝
Bow Falls

MAP P.245-D2 ★★★★

　マリリン・モンロー主演の映画『帰らざる河』のロケ地とな
った場所。滝というよりは、静かに流れてきたボウ川がここで
急に渦を巻き堰をつくるように流れ落ちているという感じだ。
フェアモント・バンフ・スプリングスのすぐ下にあり、周辺に
は気持ちのよい散策路も整っている。

サルファー山
頂上はかなり寒いので、上
着を忘れずに。
🚌トランジットハブからローム・バスのルート1で約12
分。

バンフ・ゴンドラ
MAP P.244-C2
📞(1-866)756-1904
🌐www.banffjasper
collection.com/
attractions/banff-
gondola
🕐1月中旬～3月中旬、10月
中旬～12月中旬
月・火10:00～16:30
水～日10:00～20:30
3月中旬～4月上旬
月・火10:00～16:30
水～日10:00～21:30
4月上旬～5月上旬
毎日9:00～21:30
5月上旬～6月下旬、9月上
旬～10月中旬
毎日8:00～21:30
6月下旬～9月上旬
毎日8:00～22:30
12月中旬～1月上旬
毎日10:00～20:30
🚫1月上旬～中旬
💰大人$64、子供$41.6
　6～8月の11:00～15:00
頃までは非常に混雑するので、
事前にウェブサイトで購入す
るのがおすすめ。事前に購入
すると、大人$58～、子供
$37.7～と割安になる。レスト
ランのビュッフェが付くパッケ
ージもあり、大人$97.56～、
子供$55.98～。

ボウ滝
🚌ダウンタウンからローム・
バスのルート1または2に乗
り、カスケード・ガーデン前
の停留所で下車。徒歩約15
分。

フェアモント・バンフ・スプリ
ングスの近くにある

Canadian Rocky

251

フェンランド・トレイル
⊠鉄道駅のそばにトレイル入口の標識（MAP P.245-B1）がある。

CHECK!
夏は虫除けスプレーの用意を！
夏のロッキーは蚊が大量に発生する。ホテルや車の窓を開けっ放しにしておくと、蚊がどんどん入ってくるので、虫除けスプレーを持参しておこう。現地でも手に入るが、肌の弱い人は日本で買っておいたほうが安心。

バーミリオン湖
⊠ダウンタウンから徒歩約15分。ゴファー通りGopher St.を北上し、トランス・カナダ・ハイウエイのすぐ手前、バーミリオン・レイク通りVermilion Lake Rd.を左折する。

ノーケイ山
⊠ダウンタウンから車で約15分。

ボウ川の向こうに標高2522mのノーケイ山を望む

フェンランド・トレイル
Fenland Trail
MAP P.244-B1/P.245-B1

40マイル・クリーク40 Mile Creek沿いの湿原の林内に巡らされた約2kmのトレイルで、ゆっくり歩いても40分ほどで一周できる。ビーバーやエルクなど野生動物に合える確率が高い。バーミリオン湖へ行く途中、鉄道駅の近くにトレイル入口がある。

トレイル入口。早朝に行くのがおすすめ

バーミリオン湖
Vermilion Lakes
MAP P.244-B1

バンフの背後にそびえるランドル山を湖面に映し出す湖。湖は3つに分かれていて、ファースト、セカンド、サードとそれぞれ番号が付けられている。朝焼け空を鮮やかに湖面に映し出し、朱色に染まることから、バーミリオン（朱色）の名がついた。湖岸のアスペンが色づく秋は特に美しい。年々水位が下がり続けていて、現在の水深は50cm前後しかない。ダウンタウンから徒歩で気軽に歩ける範囲の見どころはこことボウ滝くらい。北岸には舗装道路が整備さ

湖に漂着した枯れ木も美しい

れているので、サイクリングで訪れる人も多い。付近は水鳥の宝庫で、バンフのバードウオッチングのベストポイントになっている。朝食前に出かけてみるのがおすすめだ。

ノーケイ山
Mount Norquay
MAP P.244-B1

バンフの北西に位置し、カスケード山と40マイル・クリークを挟んでそびえているのがノーケイ山だ。冬はスキー場としてにぎわい、特に地元の人に人気。リフトで山頂に登ると、南と東の方向にバンフの町が一望できる。町の右側には緑濃い針葉樹林の中にバーミリオン湖がキラキラ光る。サルファー山とは正反対の方向からバンフとその周辺の自然を見下ろすことになる。冬季にはダウンタウンからスキー客のための無料シャトルバスが出ている。

🍁 バンクヘッド
Bankhead

MAP P.244-A2
★★★

20世紀初頭、炭鉱町としてバンフをしのぐにぎわいを見せたのが、ミネワンカ湖への途中にあるバンクヘッドの町。といっても今ではかろうじて残った建物に当時がしのばれるだけのゴーストタウンとなっている。古いものが好き、という人が夢の跡を追いかけながら散策するのにぴったり。

炭鉱で使われていた列車

バンクヘッド
🚗ダウンタウンから車で7分。

🍁 ミネワンカ湖
Lake Minnewanka

MAP P.244-A2
★★★

険しい山を見ながらのんびりクルーズやフィッシングなどを楽しもう

バンフ近郊で唯一モーターボートの利用が許された人造湖。湖畔にはボートハウスがあり、ここの名物はマス釣りのボートのチャーター。ボートハウスからはクルーズ船も出ている。開放的なミネワンカ湖岸沿いの道を進んだ奥には、ひっそりとしたトゥー・ジャック湖Two Jack Lakeがある。ランドル山の眺めが美しく、ピクニックをするのに最適な場所だ。フィッシング情報は（→P.255）。

ミネワンカ湖
🚗ダウンタウンから車で10分。5月中旬～10月上旬はローム・バスのルート6でもアクセスできる。
ボートクルーズ
☎(1-866)474-4766
🌐www.banffjaspercollection.com/attractions/banff-lake-cruise
🕐5月中旬～6月下旬、9月上旬～10月上旬
　毎日10:00～18:00
　6月下旬～9月上旬
　毎日9:00～19:00
　10月上旬～10月中旬
　毎日10:00～17:00
　30分～1時間ごとに出航。
💲大人$59～、子供$38.5～
　所要約1時間。料金は変動制。チケットはウェブサイトで。

Column 冬のバンフの楽しみ方

幻想的な景色が広がるアイスウオーク

カナディアン・ロッキーのベストシーズンといえばもちろん夏である。しかし、湖が凍りつき、森や山々が雪に包まれる冬こそが最も美しい時期だという人も多い。1年中運行しているサルファー山のゴンドラに乗って頂上からあたりを見渡せば、冷たく澄みきった空気が稜線を際立たせ、緑と白のコントラストが美しい。バンフの冬の楽しみといえば、まずはスキー。バンフにふたつ、レイク・ルイーズにひとつと計3つあるスキー場へのシャトルバスがダウンタウンから出ている。また、町のスキーショップやホテルのフロントなどでスケート靴やスノーシューを借りて湖へ出かけるのもいいし、クロスカントリースキーに興じるのもいい。夏には行くことのできない、凍ったジョンストン渓谷や川の上を歩くアイスウオークツアーも人気だ。

おもな旅行会社
ディスカバー・バンフ・ツアー（→P.247）
ジョンストン渓谷アイスウオーク
💲大人$89～、子供$56～（時期により変動あり）
　所要約4時間
※全5.4km。出発は8:30と13:30。

ACTIVITY アクティビティ

レンタサイクル
Snow Tips
MAP P.245-C2
■225 Bear St.
TEL (403)762-8177
URL www.snowtips-bac
trax.com
■夏季
毎日7:00～21:00
冬季
毎日8:00～20:00
（時期により変動あり）
■1時間$10～16、
1日$35～60
（ヘルメット、鍵、地図付き）

サイクリング　　CYCLING

ヘルメットの着用を忘れずに

　雄大なカナディアン・ロッキーは歩いていてもなかなか景色が変わらない。バンフの町を出て周辺部を回るのにはサイクリングが便利だ。自転車なら変化を楽しみながら自然のなかに入っていける。車種はマウンテンバイクが主流。国立公園内ではマウンテンバイクで走行可能なトレイルが決まっているので注意すること。

　カナディアン・ロッキーでは、サイクリングツアーも盛ん。世界的にも人気が高いのは、バンフ、ゴールデン、ラジウム温泉の3地点を3日で回る通称「ゴールデン・トライアングル」。コースは観光案内所やレンタサイクルのショップで相談しよう。

おもなサイクリングコース
①バーミリオン・レイク・ドライブ
Vermilion Lakes Drive
距離　7.4km（片道）　標高差　ほとんどなし
難易度　Easy
バンフの町を抜け、フェンランド・トレイルを通ってバーミリオン湖の脇の道を進む。進行方向の左側にバーミリオン湖とランドル山が望める。
②ミネワンカ湖Lake Minnewanka
距離　30km（片道）　標高差　75m
難易度　Difficult
湖の入口は狭くなっているが、奥のほうは広い。トレイルにも石がたくさん転がっているので、バランスを保つのが難しいが、テクニックを磨くにはいいところ。距離が長いので時間を見計らって引き返してきたほうがいい。湖の向こうに連なるフェアホーム山脈Range

Fairholmeを眺めることができる。ダウンタウンからミネワンカ湖へ向かうレイク・ミネワンカ・ロードLake Minnewanka Road（距離24km）も人気。行きは上り坂が多いので少しきつい。
③ランドル・リバーサイドRundle Riverside
距離　14km（片道）　標高差　180m
難易度　Moderate
フェアモント・バンフ・スプリングスのゴルフコースから出発し、バンフ国立公園の境界線まで約8km。それを越えてさらに進むと、1988年にカルガリーで行われた冬季オリンピックのノルディック会場だったキャンモア・ノルディック・センターに出て約6km。ノルディックのコース1周56kmがそのままマウンテンバイクのコースとして残されている。自転車を持ったままキャンモアに車で入り、ノルディックのコースを回るのも人気。

ランニングイベント
バンフ・マラソン
URL www.banffmarathon.
com
■6/18（' 23）
10km、ハーフ、フルの3つから選択可能。10kmコースはバンフの町なかを走るため平坦で初心者も参加しやすい。ハーフとフルの参加者には完走記念メダルが授与される。

ランニング　　RUNNING

　特別な装備がいらず、誰もが気軽に楽しめるアクティビティとして人気のランニング。3000m級の山々などカナディアン・ロッキーの大自然を舞台にしたランニング体験は、忘れられない思い出になることだろう。

　バンフで開催されるランニングイベントとしては、毎年6月のバンフ・マラソンBanff Marathonが有名。2014年に始まり、北米で唯一、国立公園内に全コースを設けている。ハーフとフルマラソンはバンフの町の入口からスタート。ボウ川沿いをバーミリオン湖方面へ北上し、ベストシーズンのカナディアン・ロッキーを走り抜ける。途中、野生動物たちとの出合いもあり、心地よい爽快感を感じられるはずだ。

乗馬　　HORSEBACK RIDING

　カナダでは自然のなかを馬で散歩するのが一般的なアクティビティだ。1～3時間程度の手軽なものから、キャンプしながら数日かけて行くものまでさまざま。観光用に使われている馬はよく訓練されているので、初心者でもまたがるだけでなんとか格好がつく。バンフの出発場所は2ヵ所。フェアモント・バンフ・スプリングス発のコースはスプレイ川やサルファー山方面へ、ダウンタウンからボウ川を渡った西にあるWarner Stableからはボウ川沿いやサンダンス・クリークSundance Creekへ行く。

コースによっては川渡りも体験できる

フィッシング　　FISHING

山を横目にボウ川でのフィッシング

　バンフ周辺での釣りといえば、ミネワンカ湖のマス釣りが有名。この湖はバンフ国立公園で唯一モーターボートが許されており、船上からトローリングやルアーフィッシングが楽しめる。ボートは湖畔のボートハウスでチャーター可能。免許のない人はガイドツアーを申し込む。マスは大物になると40ポンド（15kg以上）にもなるという。このほか、ボウ川（ルアー、フライ）でブラウントラウトなどが釣れる。ルアーやフライなど、場所によって制限があるので注意しよう。なお、釣りにはフィッシングライセンス（入漁証）が必要なので事前にツアーや観光案内所を通じて用意しておくこと。ベストシーズンは7～8月。ミネワンカ湖は5月中旬～9月上旬以外は禁漁となる。

ゴルフ　　GOLF

　1989年に9ホールが加わって全27ホールになったフェアモント・バンフ・スプリングスのゴルフコースは、景観のすばらしいゴルフコースとして世界のベスト10に入ったこともあるという本格的なもの。料金は季節により変動する。インドアのパターゴルフや練習場もある。

乗馬
Banff Trail Riders
TEL (403)762-4551
FREE (1-800)661-8352
URL horseback.com
営乗馬は5～10月頃まで
フェアモント・バンフ・スプリングス発
MAP P.245-D1
Spray River Ride（1時間）
催毎日10:00～17:00の毎時ちょうど
料$94
Warner Stable発
MAP P.245-C1
Bow River Ride（1時間）
催毎日9:00～17:00の毎時ちょうど
料$86
Ride with BBQ Cookout（3時間）
催毎日16:00、17:00発
料$189～199
　BBQのランチまたはディナーがセットになったコース

フィッシング
Banff Fishing Unlimited
TEL (403)762-4936
FREE (1-866)678-2486
URL www.banff-fishing.com
ミネワンカ湖ツアー
（4時間30分）
催5月中旬～9月上旬
料大人$823（参加人数により変動あり）
パシュート・バンフ・ジャスパー・コレクション
FREE (1-866)606-6700
URL www.banffjasper
　collection.com/banff-
　lake-cruise
ミネワンカ湖
ガイドフィッシング
催5月中旬～9月上旬
　毎日8:00、13:00、17:30
料乗り合いツアー
　大人$190～
　プライベートツアー
　半日$579
フィッシングライセンス
Fishing Permit
料国立公園$10.25（1日）、
　$35.75（1年）

ゴルフ
The Fairmont Banff Springs Golf
TEL (403)762-6801
URL www.fairmontgolf.com/
　banff-springs
営5～10月
料Stanley Thompson
　（18ホール）$199～249
　Tunnel Mountain
　（9ホール）$84～105
　（カート、練習場込み）
　予約はフェアモント・バンフ・スプリングスのフロントで行う。

255

カヌー

Banff Canoe Club

MAP P.245-C1

🏠 Corner of Bow Ave., Wolf St.

TEL (403)762-5005

URL banffcanoeclub.com

🕐 6月中旬～8月下旬
毎日9:00～21:00
8月下旬～9月上旬
毎日8:30～20:30
9月上旬～中旬
毎日9:30～19:30
9月中旬～10月上旬
毎日10:00～18:30

🚫 10月上旬～6月中旬

💰 カヌー、カヤック
1時間$55、以降1時間ごとに$30
SUP 1時間$30

ラフティング

Canadian Rockies Rafting

TEL (403)678-6535

FREE (1-877)226-7625

URL rafting.ca

💰 ボウ川1時間30分コース$40～64
カナナスキス川3時間コース$72～110
ホースシュー渓谷3時間コース$105～116
（すべてバンフ、キャンモアからの無料送迎付き）

Rocky Mountain Raft Tours

TEL (403)762-3632

URL www.banffrafttours.com

💰 フードゥーツアー（ボウ川）
1時間コース$70
（バンフからの送迎付き）

Chinook Rafting

TEL (403)763-2007

FREE (1-866)330-7238

URL chinookrafting.com

💰 カナナスキス川4時間コース$120
（バンフからの送迎はプラス$15）

カヌー/カヤック　CANOEING/KAYAKING

カヌーには3人まで乗れる

ダウンタウンから徒歩5分のボウ川からバーミリオン湖まで行くコースが人気。針葉樹に囲まれた40マイル・クリークを抜けて広がるバーミリオン湖では、雄大な自然を感じられる。ボウ川は、川といっても流れが穏やかで水深も浅い。初めての人も安心して体験ができるコース構成で、スタンド・アップ・パドルボード（SUP）にも挑戦できる。シーズンはだいたい例年5～10月頃。

ラフティング　RIVER RAFTING

水しぶきをあびながら川下りを楽しもう

ゴムボート（Raft＝いかだ）に乗っての川下りがラフティングだ。バンフの場合、ボウ滝の下からトンネル山のフードゥーまでの1時間コースと、そのままトンネル山とランドル山の間を下っていき、最後に少し森の中を歩く3時間のコースがある。どちらもバンフ発で、バンフ市内なら送迎してもらえる。緩やかな流れで、ラフティングというよりはクルーズのようなので誰でも参加できる。水着の用意などは不要だ。カメラ持参も可。

もっとスリルを！　という人はバンフから足を延ばし、ヨーホー国立公園にあるキッキング・ホース川、もしくはカナナスキス・カントリーを流れるカナナスキス川へ。特にキッキング・ホース川はホワイトウオーターと呼ばれる急流下りの聖地的存在。こちらは全身ずぶぬれコースだ。また、ボウ川下流のホースシュー渓谷Horseshoe Canyonを行くコースもあり、こちらもかなりの急流で人気を呼んでいる。ウエットスーツ、ライフジャケットなどは無料で借りられるが、ぬれてもいいスニーカー、着替え、水着、タオルなどは自分で用意する必要がある。特に着替えやシャワーなどの設備を用意していないツアーが多いので、水着は先に着ていくほうがいいだろう。シーズンはだいたい5～9月。

Resort Hotel

山の中、森の中の 極上リゾートホテル

**緑豊かなバンフにある、高級ホテルでのんびり過ごしたい。
優雅な気分、大自然との一体感を一緒に味わうならここ！**

静かな森にたたずむ バンフのシンボル的高級ホテル
The Fairmont Banff Springs Hotel

フェアモント・バンフ・スプリングス [MAP] P.245-D1

建物はヨーロッパの古城を思わせる。創業はバンフが国立公園に指定された3年後の1888年。石造りの重厚なロビーや廊下にはアンティーク調の家具が配され、気品に満ちあふれた優雅な雰囲気。館内にはジャクージやサウナ、温泉プールを備えたスパ施設がある。

🛁📺💨🍸🔑💻

[住]405 Spray Ave.
[TEL](403)762-2211
[FREE](1-833)762-6866
日本の予約先[無料]0120-951096
[URL]www.fairmont.jp/banff-springs
[料][HIGH]6～9月ⓈⒹ$739～
[LOW]10～5月ⓈⒹ$589～　Tax別
[CC]A D J M V
[室]739室
[館内設備]レストラン(6軒)、バー(3軒)、スパ、プール

[1]優雅な造りの客室 [2]ダウンタウンの喧騒から離れた森の中にある [3]レストラン「1888 Chop House」ではフィレステーキ$70～がおすすめ [4]ロビーはクラシックな雰囲気

ランドル山の眺望を楽しみながら ゆったりステイはいかが
The Rimrock Resort Hotel

リムロック・リゾート [MAP] P.245-D1

ダウンタウンからボウ川を渡った南側、サルファー山の中腹に、山の斜面を利用して立つ。ロビーホールのラウンジは全面ガラス張りで、正面にランドル山が望める。館内には5ダイヤモンドのインターナショナルレストラン「Eden」やスパ施設、プールなどもある。

🛁📺💨🍸🔑💻

[住]300 Mountain Ave.
[TEL](403)762-3356
[FREE](1-888)746-7625
[URL]www.rimrockresort.com
[料][HIGH]6～9月ⓈⒹ$444～
[LOW]10～5月ⓈⒹ$292～
Tax別
[CC]A J M V
[室]333室
[館内設備]レストラン(2軒)、バー(2軒)、スパ、プール

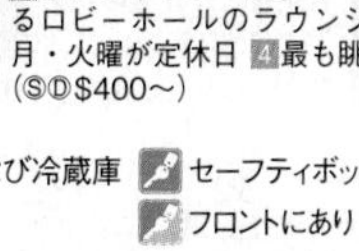
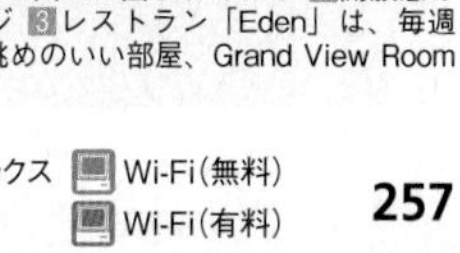

[1]カナディアン・ロッキーの山々に囲まれている [2]開放感あるロビーホールのラウンジ [3]レストラン「Eden」は、毎週月・火曜が定休日 [4]最も眺めのいい部屋、Grand View Room (ⓈⒹ$400～)

🛁バスタブ 📺テレビ 💨ドライヤー 🍸ミニバーおよび冷蔵庫 🔑セーフティボックス 💻Wi-Fi(無料)
🛁一部客室 📺一部客室 💨貸し出し 🍸一部客室 🔑フロントにあり 💻Wi-Fi(有料)

HOTEL

バンフのホテル

　ダウンタウンの宿泊施設は中心部の数軒のホテルと北側のモーテル街が中心。ボウ川の南には大型の最高級ホテル、フェアモント・バンフ・スプリングス（→P.257）とThe Rimrock Resort Hotel（→P.257）がある。リゾートだけに町の大きさのわりには収容力は大きいが、夏の観光シーズンに予約なしで宿を見つけるのは不可能。2〜3ヵ月前からの予約をおすすめする。ちなみに、高級ホテルでもエアコンを完備するのはまれだ。

　観光客が集中する夏と、ローシーズンの冬（クリスマスから正月を除く）で料金が2倍ほども違うのがバンフのホテル。夏季は最低$100は覚悟する必要があり、B&Bやユースホステル、YWCAでも早めに押さえる必要がある。なお、朝食付きでアットホームな雰囲気を味わえるのが魅力のB&Bだが、ここ数年は減少傾向にある。安めの宿を探すなら、Aribnb（→P.408）を上手に活用するといいだろう。

高級ホテル

Brewster's Mountain Lodge

ブリュースターズ・マウンテン・ロッジ　[MAP] P.245-D2

　バンフ通りから1ブロック西にあり、買い物、食事に非常に便利な宿。ジャクージを備えたロフト・スイートやハネムーンにぴったりなブリュースターズ・スイートなど部屋のタイプは6種類あるが、どの部屋もふんだんに木を使用し、ウエスタン調の内装でまとめられている。サウナ、フィットネスセンターなどの施設も充実。スキーやスパ、ゴルフなどのパッケージプランもある。

ログハウス風のかわいらしい外観

クイーンサイズのベッドが置かれたスタンダード・ルーム

🛁 📺 💨 🍸 🔒 💻

[住]208 Caribou St.
[TEL](403)762-2900
[URL]www.brewstermountainlodge.com
[料][HIGH]6〜9月ⓈⒹ$385〜
[LOW]10〜5月ⓈⒹ$165〜
Tax別　朝食付き
[CC]A J M V
[室]77室

Banff Park Lodge

バンフ・パーク・ロッジ　[MAP] P.245-C1

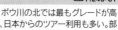

　ボウ川の北では最もグレードが高く、日本からのツアー利用も多い。部屋は広く、客室数が多いので予約も比較的取りやすい。ふたつのレストランやラウンジ、屋内プール、サウナ、ジャクージなど館内設備が充実。スキーや朝食付きなど各種割引料金あり。

🛁 📺 💨 🍸 🔒 💻

[住]201 Lynx St.
[TEL](403)762-4433
[FREE](1-800)661-9266
[URL]www.banffparklodge.com
[料][HIGH]6〜9月ⓈⒹ$399〜
[LOW]10〜5月ⓈⒹ$153〜
Tax別
[CC]A D M V
[室]211室

Mount Royal Hotel

マウント・ロイヤル　[MAP] P.245-D2

　ダウンタウンの中心部、バンフ通りとカリブー通りCaribou St.の交差点にあり、便利なロケーション。ホテル内にはカナダ料理を提供する「Brazen」がある。2018年に改装済みの客室はモダンな雰囲気。屋上のラウンジは眺めがいい。

🛁 📺 💨 🍸 🔒 💻

[住]138 Banff Ave.
[TEL](403)762-3331
[FREE](1-877)862-2623
[URL]www.banffjaspercollection.com/hotels/mount-royal-hotel
[料][HIGH]夏季ⓈⒹ$429〜
[LOW]冬季ⓈⒹ$200〜
Tax別
[CC]A J M V
[室]133室

🛁バスタブ　📺テレビ　💨ドライヤー　🍸ミニバーおよび冷蔵庫　🔒セーフティボックス　💻Wi-Fi(無料)
🛁一部客室　📺一部客室　💨貸し出し　🍸一部客室　🔒フロントにあり　💻Wi-Fi(有料)

Elk + Avenue Hotel

エルク+アベニュー   MAP P.245-C1

ローム・バス停留所の目の前。バンフ通りのなかで最もダウンタウン寄りにあり、便利な立地。日本人観光客の利用が多く、部屋を白とグレーを基調とした内装。ギフトショップやレストラン、ツアーデスク、サウナやジャクージなどがある。

住333 Banff Ave.
TEL(403)762-5666
FREE(1-877)442-2623
URL www.banffjaspercollection.com/hotels/elk-and-avenue
料HG6~9月SD$359~
 LOW10~5月SD$139~
 Tax別
CC A M V
室162室

Banff Ptarmigan Inn

バンフ・ターミガン・イン   MAP P.245-B1

ダウンタウンの中心近くの赤い屋根が目印の山小屋風建物。地中海レストラン「Meat Ball」はパティオもあり人気。フィットネスセンター、サウナ、ジャクージあり。アメニティはロッキー・マウンテン・ソープ・カンパニー(→P.272)のものを使用。

住337 Banff Ave.
TEL(403)762-2207
FREE(1-800)661-8310
URL banffptarmiganinn.com
料HG6月下旬~10月中旬SD$319~
 LOW10月中旬~6月下旬SD$129~
 Tax別 朝食付き
CC A M V
室134室

The Banff Aspen Lodge

バンフ・アスペン・ロッジ   MAP P.245-B1

バルコニー付きの部屋が多く、ゆったり。デラックスは2タイプあり、ベッドルームとリビングに分かれた部屋がおすすめ。館内にはサウナ、ジャクージがあるほか、屋外には宿泊者専用のふたつのホットタブがあり優雅な気分に浸ることができる。

住401 Banff Ave.
TEL(403)762-4401
FREE(1-877)866-8857
URL banffaspenlodge.com
料HG6月~10月上旬SD$389~
 LOW10月上旬~5月SD$169~
 Tax別 朝食付き
CC A M V
室88室

High Country Inn

ハイ・カントリー・イン   MAP P.245-B1

快適な部屋は最高級ホテル並み。バルコニー付きの部屋やファミリー・スイート、ハネムーン・スイートなどタイプもさまざま。バンフでは珍しくエアコンも完備。屋内プール、サウナあり。館内のイタリアンとスイス料理レストラン「Ticino」も人気。

住419 Banff Ave.
TEL(403)762-2236
FREE(1-800)293-5142
URL www.banffhighcountryinn.com
料HG6~9月SD$380~
 LOW10~5月SD$129~
 Tax別
CC A M V
室70室

Banff Inn

バンフ・イン   MAP P.245-B2

ロビーには黒木のインテリアが置かれ、高級感がある。広々とした客室はシンプルで快適。バンフでは珍しくエアコンを完備。ロフト・スイートや、ジャクージと暖炉の付いたスイートもある。サウナ、ジャクージあり。ダウンタウンまで徒歩8分ほど。

住501 Banff Ave.
TEL(403)762-8844
FREE(1-800)667-1464
URL www.banffinn.com
料HG6~9月SD$380~
 LOW10~5月SD$260~
 Tax別
CC A J M V
室99室

Charlton's Banff

チャールトンズ・バンフ   MAP P.245-B2

モーテル街のほぼ中心にあるクラシックなホテル。屋内プール、サウナ、ジャクージあり。4人まで宿泊可能なスイートもある。暖炉付きの客室から大きな窓に広がる風景を楽しみたい。夏季は自転車の無料貸し出しサービスを実施。

住513 Banff Ave.
TEL(403)762-4485
FREE(1-800)661-1225
URL www.charltonsbanff.com
料HG夏季SD$499~
 LOW冬季SD$179~
 Tax別
CC A M V
室65室

高級ホテル

カナディアン・ロッキー
バンフ ◆ ホテル
Canadian Rocky

高級ホテル

Banff Caribou Lodge & Spa

バンフ・カリブー・ロッジ&スパ [MAP] P.245-B2

バンフ通りのモーテル街では最も高級感があり、リッチな気分でリゾートライフを満喫できる。ログハウス調のホテルで、部屋はウッディで落ち着ける内装。スイートルームにはジャクージが付いた部屋がある。館内にサウナ付きのフィットネスセンターや広々としたジャクージ、スパ施設の「Red Earth Spa」（ホットストーンマッサージ60分$165など）、ステーキハウス「The KEG」も入っており、便利。

全客室にはコーヒーメーカーが備わる

ツアー利用の多い大型ホテル

[住]521 Banff Ave.
[TEL](403)762-5887
[FREE](1-800)563-8764
[URL]banffcariboulodge.com
[料][HIGH]6月下旬～9月下旬ⓈⒹ$449～
[LOW]9月下旬～6月下旬ⓈⒹ$129～
Tax別
[CC]A D M V　[室]190室

Peaks Hotel & Suites

ピークス・ホテル&スイーツ [MAP] P.245-C1

Banff Park Lodge（→P.258）の向かいに2020年に開業し、同ホテルのプールやサウナなどを利用可能。4階建ての館内はモダンな雰囲気で、山のリゾート気分を謳歌できるバルコニー付きやメゾネットタイプのスイートルームがある。

[住]218 Lynx St.
[TEL](403)762-4471
[FREE](1-800)661-1021
[URL]www.peaksbanff.com
[料]ⓈⒹ$569～　Tax別
[CC]A M V
[室]71室

Moose Hotel & Suites

ムース・ホテル&スイーツ [MAP] P.245-B1

Banff Ptarmigan Inn（→P.259）の姉妹ホテル。2016年の開業と比較的新しく、全室にエアコンを完備。カップル施術や雪見風呂を楽しめるスパ&屋外プール「Meadow」は宿泊者以外も利用可能。1階にイタリアンレストランを併設する。

[住]345 Banff Ave.
[TEL](403)760-0021
[FREE](1-866)379-0021
[URL]moosehotelandsuites.com
[料][HIGH]5月中旬～10月中旬ⓈⒹ$749～
[LOW]10月中旬～5月中旬ⓈⒹ$329～
Tax別
[CC]A M V
[室]174室、離れ1棟

B&B

Banff Squirrel's Nest B&B

バンフ・スクワレルズ・ネスト B&B [MAP] P.245-B1

街から徒歩3分のB&B。ロッキーで豊富なガイド経験をもつ池田夫妻が気軽に観光の相談に応じてくれる。全室2ベッドで専用バスベッド付き。キッチン、リビングを利用でき、無料の飲み物もある。家族やグループでの貸切宿泊に最適。

[住]332 Squirrel St.
[TEL](403)763-0048
[URL]bbbanff.com
[料]夏季1泊$500～（貸切）
冬季1泊$300～（貸切）
Tax別　朝食応相談
[CC]不可
[室]4室

The Buffaloberry B&B

バッファローベリー B&B [MAP] P.245-B1

静かな住宅街にあるログハウスの高級B&B。客室は3室にクイーンサイズベッド、1室にキングサイズベッドひとつが置かれ、広々して快適。ラウンジには大きな暖炉がありリラックスできる。チェックインは16:00～18:00の間に。

[住]417 Marten St.
[TEL](403)762-3750
[URL]buffaloberry.com
[営]5～10月
[料]ⓈⒹ$560～
Tax別　朝食付き
[CC]M V
[室]4室

B&B

Good Nite's Rest B&B

グッド・ナイツ・レストB&B　[MAP] P.245-B1

ダウンタウンから10分の閑静な住宅街にある。全室クイーンサイズのベッドが2つと、電子レンジやコーヒーメーカーが備わる。エントランスはプライベートなので家で過ごす感覚でステイできる。手作りの朝食はマフィンやフルーツサラダなど。

[住]437 Marten St.
[TEL](403)762-2984
[URL]www.banffbedandbreakfast.net
[料][HIGH]夏季ⓈⒹ$399～
[LOW]冬季ⓈⒹ$119～
Tax別　朝食付き
[CC]M V　[室]3室

Holiday Lodge B&B

ホリディ・ロッジB&B　[MAP] P.245-C1

鉄道駅から近く、スーパーのIGA Banffが斜め前という好立地。客室は母屋の2階にある。ダイニングルームや共同ラウンジはクラシカルな雰囲気。離れに立つ2棟のキャビンはTVとキッチン付き。2泊以上で予約可能。

[住]311 Marten St.
[TEL](403)762-3648
[料][HIGH]夏季ⓈⒹ$130～、キャビン$250～
[LOW]冬季ⓈⒹ$89～、キャビン$125～
Tax別　朝食付き
[CC]M V
[室]2室、キャビン2棟

中級ホテル

Best Western Plus Siding 29 Lodge

ベスト・ウエスタン・プラス・サイディング29ロッジ　[MAP] P.245-B1

大通りから1本入った閑静なエリアにある。ホテルの前にガソリンスタンドがあり、駐車場も広いためレンタカーでの利用に便利。客室には冷蔵庫や電子レンジ、コーヒーメーカーを備え、ペット同伴可能な部屋も。コンチネンタルの朝食付き。

[住]453 Marten St.
[TEL]403)762-5575
[FREE](1-800)780-7234
[URL]www.bestwestern.com
[料][HIGH]5月中旬～10月中旬ⓈⒹ$308～
[LOW]10月中旬～5月中旬ⓈⒹ$122～
Tax別　朝食付き
[CC]A D J M V
[室]57室

エコノミーホテル

YWCA Banff Hotel

ワイ・ダブリュ・シー・エー・バンフ　[MAP] P.245-D1

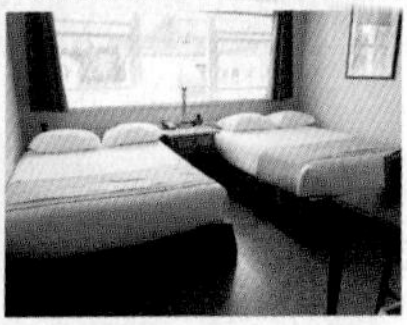

ボウ川沿いにあり、カスケード・ガーデンに面した静かなロケーション。YWCAだが男性やファミリーも宿泊でき、客室はいずれもシンプルな造り。レセプションは24時間対応で、アクティビティの相談にも応じてくれる。駐車場は先着順。

[住]102 Spray Ave.
[TEL](403)762-3560
[FREE](1-800)813-4138
[URL]ywcabanff.ca
[料]ⓈⒹ$140～　Tax別
[CC]A M V
[室]45室

ユースホステル

Banff International Hostel

バンフ・インターナショナル・ホステル　[MAP] P.245-B1

4～8人用のドミトリーとプライベートルームがあり、セキュリティに配慮したカードキーを導入。各部屋にロッカーがあるので南京錠を持参しよう。中心部からやや離れているが、敷地内にリカーショップがあるほかコンビニも徒歩圏内。

[住]449 Banff Ave.
[TEL](403)985-7744
[FREE](1-855)546-7835
[URL]www.banffinternationalhostel.com
[料][HIGH]5月～10月中旬　ドミトリー$72～109
ⓈⒹ$350～
[LOW]10月中旬～4月　ドミトリー$32～80
ⓈⒹ$160～　Tax別　朝食付き
[CC]A M V
[室]23室、148ベッド

Samesun Backpacker Lodge

セイムサン・バックパッカー・ロッジ　[MAP] P.245-B1

世界中の若者でにぎわうドミトリースタイルの宿。ダウンタウンから徒歩8分。館内にはランドリーやキッチン、ラウンジルーム、ATM、自販機などもあって便利。レセプションは24時間オープン。併設のバーのハッピーアワーは16:00～18:00。

[住]443 Banff Ave.
[TEL](403)762-4499
[FREE](1-877)972-6378
[URL]www.samesun.com
[料][HIGH]6～9月 ドミトリー$100～150
[LOW]10～5月 ドミトリー$40～60
Tax別　朝食付き
[CC]M V　[室]40室、96ベッド

バンフに来たら食べなきゃ損
アルバータ牛を味わう

アルバータ州、バンフの名物といえば、何といってもアルバータ牛。
軟らかくジューシーなビーフにかぶりつこう！

朝食からディナーまで
自家製にこだわりあり

Coyotes

コヨーテス　**MAP** P.245-D2

　アメリカ南部料理に地中海テイストを加えた、創作料理のレストラン。アルバータ牛を使ったバーベキューフランクステーキ$36.95をはじめ、ディナーのメインは$25～65。パンもソースも自家製にこだわり、ジュースは生の果実から搾っている。朝食も人気で、メープルシロップがたっぷりとかかった、トラディショナル・フレンチトースト$15.95は定番メニューだ。

🏠 206 Caribou St.
☎ (403)762-3963
URL coyotesbanff.com
🕐 毎日8:00～11:00/
　11:30～16:00/17:00～22:00
休 無休
💰 ランチ$20～、ディナー$30～
CA A M V

1 バーベキューフランクステーキは、赤ワインとよく合う 2 リンゴとゴートチーズのフラットブレッド$18.5 ～ 3 クリームチーズを挟んだフレンチトースト$17.5も 4 晴れた日にはテラス席へ 5 フレンドリーなスタッフ

最高品質AAAのステーキは
老舗レストランでいただこう

Melissa's Missteak

メリッサ・ミスステーク　**MAP** P.245-D2

　1978年のオープン以来、地元の人に愛されつづけるステーキハウス。グリル料理を中心に、バラエティ豊かなメニューが味わえる。ディナーの人気はAAAのアルバータ牛のフィレステーキ$52.5やリブアイ$57.5、BC州産のサーモンフィレ$40など。朝食ならカニとアスパラガスのオムレツ$21をぜひ。木～日曜の夜にはバンド演奏も行われる。

🏠 201 Banff Ave.
☎ (403) 762-5550
URL www.melissasmissteak.com
🕐 毎日8:00～翌2:00
休 無休
💰 ランチ$15～、ディナー$35～
CA M V

1 低温でローストしたプライムリブ$41.5～はジューシー 2 グレイビーソースも美味なローストビーフ・サンドイッチ$20.25 3 バーカウンターやライブステージも 4 2020年にタウンセンター2階に移転した 5 バンフ通り側に入口がある

バンフのレストラン

バンフには世界各国の料理がありレベルも高いが、観光地なので値段も若干高めになっている。ほとんどのレストランがボウ川北のダウンタウンに集中しており、町歩きしながら店を選べる。バンフにはこれといった名物料理はないが、アルバータ州なのでステーキを出す店が多く、そのレベルも非常に高い。もしまだアルバータ牛を食べていないなら、ぜひ味わってみよう。またほとんどのホテルにレストランが併設されているため、疲れてホテルから出たくない人でも大丈夫だ。特にフェアモント・バンフ・スプリングスとThe Rimrock Resort Hotel（→P.257）のレストランは世界的にも有名。安く簡単に済ませたいなら、Cascade Shops（→P.266）地下のフードコートがおすすめ。サンドイッチからイタリアン、中華、日本食と充実している。キッチン付きの部屋も多いので、スーパーで食料品を買い込んで、自分で料理するという手もある。

カナディアン・ロッキー

バンフ◆レストラン

Maple Leaf
メープル・リーフ   MAP P.245-D2

カナダ産の洗練された食材を集めたレストラン。肉ならAAAのアルバータ牛、魚ならサーモンやオヒョウなど味は折り紙つき。600種類以上の最高品質のカナダワインをはじめ、ワインのセレクションも豊富。2階はフォーマル、1階はカジュアル。

📍137 Banff Ave.
☎(403)760-7680
🌐www.banffmapleleaf.com
🕐毎日10:30～15:00/17:00～21:30
休無休
💲ランチ$20～、ディナー$40～
💳A M V

The Bison
バイソン   MAP P.245-C2

アルバータ牛やサーモンなど、カナダの食材にこだわった料理を提供している。店名でもあるバイソンのステーキ$89、バイソンバーガー$39が人気。季節変わりのメニューが多く、各種ワインとも好相性。5種の生ビールは$9～。

📍211 Bear St.
☎(403)762-5550
🌐www.thebison.ca
🕐毎日17:00～21:00
休無休
💲ディナー$50～
💳A M V

Tooloulou's
トゥールールーズ   MAP P.245-D2

ケイジャンとカナダのフュージョン料理が堪能できる、客足が絶えない人気店。香辛料が効いたジャンバラヤ$26.95やガンボ$28.95などが揃う。イチオシはカニの身をたっぷり使った、日本のコロッケに似たクラブ・ケーキ$9.95(1個)。

📍204 Caribou St.
☎(403)762-2633
🌐www.tooloulous.ca
🕐毎日7:30～21:30
休無休
💲ランチ$25～、ディナー$40～
💳M V

Wild Flour
ワイルド・フラワー   MAP P.245-C2

ベア通りにある人気のベーカリーカフェ。バゲット、クロワッサン、ペイストリーなど種類豊富なパンは、オーガニックの小麦粉や天然酵母を使い、店内の石窯で焼いている。日替わりサンドイッチ$10。季節変わりのケーキ類もある。

📍211 Bear St., The Bison Courtyard
☎(403)760-5074
🌐wildflourbakery.ca
🕐毎日7:00～16:00
休無休
💲$12～
💳A M V

Canadian Rocky

カナダ料理

カフェ

263

Masala

マサラ

インド料理

MAP P.245-C2

ベア通りBear St.にあるインド料理店。チキンや豆、ベジタブルなど4種類の日替わりカレーとサラダ、ナンが食べ放題のランチビュッフェ（毎日12:00〜14:30）$18が好評。ビーフやラム肉を使った一品料理$16〜20も人気。

229 Bear St.
TEL (403)760-6612
URL www.masalabanff.com
営日〜木12:00〜14:30/17:00〜22:00
金・土12:00〜14:30/17:00〜23:00
休無休
予ランチ$20〜、ディナー$35〜
CC A M V

銀龍酒家

Silver Dragon

中華料理

MAP P.245-D1

バンフで30年以上続く老舗で、広東＆四川料理を中心に約130品という豊富な品数を誇る。おすすめは花山椒が効いた麻婆豆腐$22、北京ダック$48（2人前）など。日本人スタッフが常勤するほか、日本語メニューもある。

109 Spray Ave.
TEL (403)762-3939
URL silverdragonbanff.ca
営毎日11:30〜21:30
休無休
予$20〜
CC A D J M V

Magpie & Stump

マグパイ＆スタンプ

メキシコ料理

MAP P.245-D2

一軒家のメキシコ料理の店。メニューはタコス$6.5〜や、ローストチキン付きのエンチラーダ$25など。辛さ控えめのキッズメニューやテイクアウトも種類豊富。月〜金曜15:00〜17:00にハッピーアワーを設け、テキーラは60種以上。

203 Caribou St.
TEL (403)762-4067
URL www.magpieandstump.ca
営毎日11:30〜24:00
休無休
予$20〜
CC A M V

茶屋

Chaya

日本料理

MAP P.245-D2

いつでも日本人スタッフが出迎えてくれ、気軽に入れる定食屋の雰囲気。ラーメン$14〜やカツカレー$16〜など定番の日本の味が揃う。おすすめは、スープからオリジナルで作る担々麺$15〜。メニューはすべてテイクアウト可能。

118 Banff Ave.
TEL (403)760-0882
営7〜9月
毎日11:30〜15:00/16:00〜21:00
10〜6月
毎日11:30〜20:30
休無休
予$13〜
CC M V

Pad Thai Restaurant

パッタイ

タイ料理

MAP P.245-D2

カジュアルなタイ料理のレストラン。レッドカレーやグリーンカレー各$16.95など、料理は辛さ控えめ。タイ風焼きそばのパッタイ$14.95、スプリングロール（春巻き）$6.5やチキンサテー（焼き鳥）$14も人気。テイクアウト可。

110 Banff Ave.
TEL (403)762-4911
営木〜月12:00〜20:00
休火
予$20〜
CC M V

Beaver Tails

ビーバー・テイルズ

ファストフード

MAP P.245-D2

オタワ発祥のチェーン店で常に行列が絶えない。名物のペストリーはクラシック$6.5やアバランチ$8.5など全12種。グレイビーソースをかけたプティン$9もおやつに最適。同じバンフ通り沿い、徒歩2分の場所にも支店がある。

201 Banff Ave.
TEL (403)985-1977
URL beavertails.com
営月〜金12:00〜21:00
土・日11:00〜22:00
休無休
予$5〜
CC M V

国立公園（パークス・カナダ）の オリジナルグッズをゲットしよう

バンフ国立公園の観光案内所（→P.248欄外）で、かわいいおみやげをチェック。気になる 商品はパークス・カナダのショッピングサイトでも購入可能。🔗parkscanadashop.ca

Tシャツ
$19.95
国立公園のシンボル マークでもあるビーバー をプリントしたご当地み やげの定番。ペアルッ クを楽しんでみては

ドライバッグ
$69.95
アウトドアでも目立つ蛍光色で防 水仕様。ロールトップタイプなので 中身を落とす心配なし

ぬいぐるみ
$11.95〜
カナダ国立公園のマ スコットキャラ、パーカ のぬいぐるみ。サイズ を選べる

キャップ
$24.95
スポーツにぴったりのキャッ プ。カナダの自然や動物が 愛らしく描かれている

ピンズ
各$7.95
国立公園を訪れた記念に。 大きさも値段も手頃なので、 ちょっとしたおみやげにぴっ たり

プラスチック製の水筒
$12.95
軽量で大容量。飲み口も大きく 使いやすいプラスチックボトル。ピ ンクとブルーの2色が揃う

マグカップ
$14.95
ビビットなカラーがかわいい。 大きめのサイズで、たっぷり 入るマグカップ。赤と黒の2 色展開

265

バンフのショッピング

バンフのショップは、ほとんどがバンフ通りに集中している。通りの両側に小さなショップが連なっており、ウインドーショッピングをしながらそぞろ歩くのも楽しい。ほとんどのみやげ物屋には日本語を話せるスタッフが常駐しているので、会話の心配も不要だ。アウトドア用品を扱う店も多いので、ハイキングやキャンプ用品を調達することもできる。高級ブランドのブティックなら、Cascade Shopsやフェアモント・バンフ・スプリングス（→P.257）へ行こう。フェアモント・バンフ・スプリングスには、ほかにも数え切れないほどのショップが入っている。ただし、バンフでしか買えない物はほとんどなく、値段もカルガリーやバンクーバーなどと比べるとやや高め。バンフ最大のスーパーは、Cascade Shopsの裏手にあるIGA Banff。さまざまな食料品が売られているので、のぞいてみるといい。メープルシロップは、おみやげ店よりも安く買えるので、おすすめだ。

ショッピングモール

Cascade Shops
カスケード・ショップス　　**MAP P.245-C2**

バンフ通りとウルフ通りの角に立つショッピングセンター。モール内にはCanada Gooseや地元作家の雑貨が揃う「Branches Market Place」などが入居。地下にはフードコートや銀行、両替所、ドラッグストア、コインランドリーがある。

🏠 317 Banff Ave.
☎ (403)762-8484
URL www.cascadeshops.com
🕐 夏季
毎日10:00～21:30
冬季
月～木10:00～20:00
金・土10:00～21:00
日10:00～18:00
🚫 店舗により異なる

ファッション

Jacques Cartier Clothier
ジャック・カルティエ・クロージア　　**MAP P.245-D2**

イヌイットの人々が集めた極北にすむジャコウウシ(Muskox)の軟毛を加工し仕立てたセーターや帽子などを販売。ジャコウウシのセーターは$1000～2500と高価だが、驚くほど軽くて暖かい。手袋$150～220やマフラー$110～550もある。

🏠 131A Banff Ave.
☎ (403)762-5445
URL www.qiviuk.com
🕐 5月～10月中旬
毎日10:00～21:00
10月中旬～4月
毎日10:00～20:00
🚫 無休
💳 A J M V

Rocky Mountain Flannel Company
ロッキー・マウンテン・フランネル・カンパニー　　**MAP P.245-C2**

1989年に創業し、フェアモント・バンフ・スプリングス（→P.257）にも支店がある。ファッションやインテリアからペット用品まで、幅広くフランネル生地製品を販売。シーツやブランケット、ナイトウェアも肌触りのいいシリーズで揃えられる。

🏠 205 Bear St.
☎ (403)762-8788
URL www.rockymountainflannel.com
🕐 毎日11:00～21:00
🚫 無休
💳 A J M V

アウトドア

Monod Sports
モノド・スポーツ　　**MAP P.245-D2**

カナダのブランド、アークテリクスから、ノースフェイス、パタゴニアなど有名アウトドアブランドのアイテムが並ぶ。マウンテンパーカーからフリース、ウインドブレーカーと充実した品揃え。急激に寒くなったときは、ここで防寒具を調達しよう。

🏠 129 Banff Ave.
☎ (403)762-4571
📠 (1-866)956-6663
URL www.monodsports.com
🕐 夏季
毎日10:00～20:00
冬季
毎日10:00～19:00
🚫 無休
💳 A M V

Cascade Gifts
カスケード・ギフト   MAP P.245-D2

カナダ在住歴30年以上の日本人オーナーが日本人目線で厳選した良質な商品が揃い、定番からセンスの光るアイテムまでずらり。日本語が通じるほか、日本円や米ドルでの支払いも可能。観光案内所の向かいに姉妹店「Banff Bear Gifts」あり。

131 Banff Ave.
(403) 762-0741
毎日10:00～21:30
無休
M V

Freya's Jewellery
フレイヤズ・ジュエリー   MAP P.245-D2

日本人スタッフも勤務する両替所兼ギフトショップ。手頃な値段のみやげが多く、ご当地ベア好きにはRCMP（王立カナダ騎馬警察）モチーフのテディベアなども喜ばれる。隣接するアンモライトの化石を加工した宝石店にも立ち寄りたい。

108 Banff Ave.
(403) 762-4652
毎日11:00～19:00（時期により変動あり）
無休
A M V

The Spirit of Christmas
スピリット・オブ・クリスマス   MAP P.245-D2

1年通して、クリスマスグッズを中心に販売する雑貨店。店内にはグリーティングカード$4.75～やスノーグローブ$39.99～、本物のメープルリーフを加工して作ったクリスマスオーナメント$29.99などが、ところ狭しと置かれている。

133 Banff Ave.
(403) 762-2501
www.spiritofchristmas.ca
6～8月
　毎日10:00～21:00
9～5月
　日～木10:00～19:00
　金・土10:00～21:00
無休
M V

Banff Tea
バンフ・ティー   MAP P.245-D2

バンフ生まれのティーショップ。店内を埋め尽くす茶葉は200種以上。世界中から仕入れており、オリジナルでブレンドしている。ブラックベア50g$8など、ロッキーに関する商品やティー用品もある。淹れたてのテイクアウトは1杯$4。

208 Caribou St.
(403) 762-8322
banffteaco.com
7～8月　毎日10:00～21:00
9～6月　毎日10:00～19:00
無休
M V

Banff Wine Store
バンフ・ワイン・ストア   MAP P.245-D2

カリブー・コーナー Caribou Cornerの地下。世界中のワイン800種以上を販売。オカナガンやナイアガラで造られたカナダワインは種類も豊富。アイスワイン（1本$41～）も充実。50mlの小さなアイスワイン$9.5～はおみやげに最適。

302 Caribou St.
(403) 762-3465
www.banffwinestore.com
毎日10:00～21:00
無休
M V

Banff Sweet Shoppe
バンフ・スイート・ショップ   MAP P.245-D2

カラフルなキャンディやガム、チョコレートなどのお菓子がぎっしりで、見ているだけでワクワクしてくる。ペッツのコーナーには、300種類を超えるペッツケース各$4.99が並ぶ。ファッジ（メープルシロップを煮詰めた甘いお菓子）も販売。

201 Banff Ave.
(403) 762-3213
日～木9:00～22:00
　金・土9:00～23:00
無休
A M V

バンフのナイトスポット

　世界的なリゾート地であるバンフの町は、特に夏の間は深夜まで地元客、観光客でにぎわっている。治安もいいので、女性や年輩の方でも安心してナイトライフを楽しむことができるだろう。ダウンタウンには大人の雰囲気のブリティッシュ・バーやパブ、若者の集まるクラブなどさまざまなジャンルの店がある。

Banff Ave. Brewing
バンフ・アベニュー・ブリューイング　　　**MAP P.245-D2**

　2010年設立。Clock Tower Mallの1、2階にパブがあり、地元客にも親しまれる。自家醸造したビールが7種類以上楽しめる。6種類のビールが味わえるサンプラー$19.95が人気。フードメニューはバーガーやチキンウィングなど、どれもビールに合う。

> 🏠 110 Banff Ave.
> ☎ (403)762-1003
> URL www.banffavebrewingco.ca
> ⏰ 日～木11:00～24:00
> 　金・土11:30～翌2:00
> 休 無休
> 予 $25～
> カード A M V

St. James's Gate
セント・ジェームス・ゲート　　　**MAP P.245-C2**

　バンフで人気のアイリッシュパブで、夜はかなり混み合う。ビールは20種類以上揃い、アイルランド料理など食事も充実。クリスマスや復活祭の間は毎晩、そのほかの時期は木曜にアイリッシュ音楽、金・土曜はライブバンドの演奏あり。

> 🏠 207 Wolf St.
> ☎ (403)762-9355
> URL www.stjamesgatebanff.com
> ⏰ 日～木11:00～翌1:00
> 　金・土11:30～翌2:00
> 休 無休
> 予 $15～
> カード A M V

Park Distillery
パーク・ディステレリー　　　**MAP P.245-C2**

　バンフNo.1と名高い人気店。ロッキーの天然水を使用したオリジナルウォッカ$7.5～を全4種揃え、お酒に合うフードメニューはバイソンバーガー$36、プライムリブ$36～など。ウォッカやオリジナル商品を販売するショップも併設している。

> 🏠 219 Banff Ave.
> ☎ (403)762-5114
> URL www.parkdistillery.com
> ⏰ 毎日11:00～22:00（時期により変動あり）
> 休 無休
> 予 $10～
> カード A M V

High Rollers
ハイ・ローラーズ　　　**MAP P.245-D2**

　ボーリング場を併設するビアホール。1レーン1時間のプレイ料金は日～金曜が$49、土曜が$55でレンタルシューズが$5.99。週末は深夜まで混み合うので予約がおすすめ。48銘柄のビールが揃い、生地から手作りのピザが自慢。

> 🏠 110 Banff Ave.,Lower Level
> ☎ (403)762-2695
> URL highrollersbanff.com
> ⏰ 日～金16:00～翌2:00
> 　土12:00～翌2:00
> 休 無休
> 予 $10～
> カード M V

Rose & Crown
ローズ＆クラウン　　　**MAP P.245-C2**

　地元の若者が集うビリヤード台や落ち着いて飲みたい人向けのテーブル席エリアのほか、見晴らしのよい屋上テラスも。生ビール$8～10、ロッキーの天然水仕込みのジン$12などの酒類が充実し料理も本格的。毎晩22:00からライブを開催。

> 🏠 202 Banff Ave.
> ☎ (403)762-2121
> URL roseandcrown.ca
> ⏰ 毎日11:00～翌2:00
> 休 無休
> 予 $15～
> カード A M V

Canmore
キャンモア
カナディアン・ロッキー

バンフ国立公園から東へ約25km。国立公園の外側にある小さな町は、ロッキーの拠点として開発が進められている。一大観光地のバンフよりも安く宿泊でき、ヘリツアーやハイキングなどアクティビティも楽しめる。

キャンモアのダウンタウン。奥に町のシンボルであるスリー・シスターズ山も見える

MAP P.214-C2
人口 1万5990
面積 403
キャンモア情報のサイト
URL www.explorecanmore.ca

キャンモアの歩き方

ダウンタウンはボウ川Bow Riverとポリスマンズ・クリークPoliceman's Creekに挟まれた8th St.（メイン通りMain St.）界隈。レストランやショップが集まり、小さいながらもにぎわい夏季には歩行者天国になる。在住の芸術家が多く、ギャラリーも目立つ。夏季の毎週木曜には7th Ave.でマーケットが開かれる。町の周囲にはトレイルがあり、ハイキングも楽しい。郊外へ出る場合はローム・バスのルート5（Canmore Local）を活用しよう。一部、ダウンタウンを経由してクーガー・クリーク方面へ行く5Cと、スリー・シスターズ山の麓へ行くルート5Tに分かれ乗車は無料。

キャンモアへの行き方

長距離バス

カルガリー国際空港からバンフまたはレイク・ルイーズ行きのバシュート・バンフ・ジャスパー・コレクションのブリュースター・エクスプレス（→P.246）が途中、キャンモアにも停まる。Coast Canmore Hotel & Conference Centreが発着場所。1日8便運行のうち3便はカルガリーのダウンタウンが始発。片道大人$79。同じくバンフ・エアポーターがカルガリー国際空港から1日10便運行、所要約1時間20分。運賃は片道大人$74.99。このほか、郊外のショッピングモールからライダー・エクスプレスが1日1便運行、片道$57.14。

公営バス

バンフからはローム・バス（→P.247）のルート3（Canmore-Banff Regional）が便利。平日はバンフ発5:50〜22:18、土・日曜は6:00〜22:15で1時間に1〜2便運行。所要約30分、片道$6のチケットは運転手から購入できる。バンフからタクシーだと$65程度。

ローム・バス
国 ルート5C
（Cougar Creek）
月〜金6:18〜22:44
土・日8:33〜20:42
ルート5T
（Three Sisters）
月〜金6:18〜22:11
土・日8:29〜20:08
園 無料

キャンモア

ローム・バス ━━ ルート3
━━ ルート5
(5C/5T)

17th St.
Pinewood Cres.
15th St.
Crazyweed Kitchen P.272
バンフ 観光案内所へ P.270
Holiday Inn Canmore P.271
Ramada Canmore P.272
Spring Creek Court
ハイキングトレイル出発点
キャンモア博物館＆地学センター
Canmore Museum & Geoscience Centre
Canmore Museum Shop
Canmore General Hospital P.270
The Lady Macdonald Country Inn P.35
Safeway（スーパー）
The Georgetown Inn P.271
ローム・バス停留所
Rocky Mountain Soap Company P.272
Rocky Mountain Flatbread P.271
消防署
B&B Monarch P.271
Rocky Mountain Bagle Co. P.272
Paintbox Lodge P.271
Drake Inn P.271
Café Books P.272
Sugar Pine P.272
The Grizzly Paw P.272
リカーストア
Canmore Downtown Hostel P.271
8th St.（メイン通り）Main St.
Riverview Pl.
9th St.
時計台
7th St.
北西騎馬警察博物館
NWMP Museum
Stonewaters
6th St.
7th Ave.
ヘリポートへ
センテニアル公園 P.270
5th St.
Coast Canmore Hotel & Conference Centre P.270
バスディーポ
キャンモア・ノルディック・センター、グラッシー湖へ P.270
The Canmore Nordic Centre, Grassi Lakes
4th St.
ボウ川 Bow River
0 250 m
N
A
B

おもな見どころ

♣ キャンモア博物館＆地学センター **MAP** P.269-B1
Canmore Museum & Geoscience Centre

キャンモアの歴史を説明した展示

市民センターの中に設けられた博物館。19世紀末頃から炭坑と鉄道の町として発展したキャンモアの歴史や、カナディアン・ロッキーの地勢に関する資料を展示している。炭坑採掘会社の1916～18年の従業員名簿は、石炭に夢を見て町に移り住んだ開拓期の人々の年齢構成などがわかり興味深い。氷河と地形の成り立ちに関する展示も観光の参考になる。

♣ キャンモア・ノルディック・センター **MAP** P.269-B1外
The Canmore Nordic Centre

1988年カルガリー冬季オリンピックのノルディック競技会場となった場所で、現在は一般に開放されている。ピクニックエリアやハイキングトレイルが整備され、な

センター内でトレイルの情報などを入手できる

かでも「フェアモント・バンフ・スプリングス」（→P.257）まで続く約20kmの「キャンモア・バンフ・トレイルCanmore Banff Trail（Rundle Riverside Trail）」が人気。マウンテンバイクや冬にはクロスカントリースキーで行くこともできるので、アウトドア派に最適だ。ダウンタウンから徒歩約40分。

Column グラッシー湖をハイキングしよう

ダウンタウンの南西にあるグラッシー湖Grassi Lakesは、気軽に楽しめるハイキングスポット。湖はエメラルドグリーンで、透き通った色が美しいと人気が高い。

ダウンタウンのメインストリート、8th St.をキャンモア・ノルディック・センター方向へ進み、スミス・ドリアン・スプレイ・トレイルSmith Dorrien Spray Trailを約8.5km行くと、トレイルの出発点へ着く。トレイルまで徒歩では約2時間かかるため、タクシーやレンタカーを利用するのがおすすめ。トレイルには初心者コースと上級者コースがあり、初心者コースであれば道幅も広く迷わない。上級者コースは、途中崖の上を通るので注意しよう。2023年1月現在、工事のため閉鎖中。

地元の人にも人気のトレイル

MAP P.269-B1外
往復4km、所要約2時間。

HOTEL

キャンモアのホテル

Holiday Inn Canmore

ホリデイ・イン・キャンモア [MAP] P.269-A2

[住]1 Silver Tip Trail
[TEL](403)609-4422
日本の予約先[無料]0120-455655
[URL]www.ihg.com/holidayinn
[料][HIGH]6月〜9月下旬ⓈⒹ$400〜
[LOW]9月下旬〜5月ⓈⒹ$99〜　Tax別
[CC]A M V　[室]99室

パリサー・トレイル Palliser Trail沿いに立つ。スリー・シスターズ山を一望できる屋外のホットタブなど施設が充実。レストラン「Great Sign」も人気。

Paintbox Lodge

ペイントボックス・ロッジ [MAP] P.269-B1

[住]629-10th St.
[TEL](403)609-0482
[FREE](1-888)678-6100　[URL]paintboxlodge.com
[料][HIGH]5月中旬〜10月中旬ⓈⒹ$300〜
[LOW]10月中旬〜5月中旬ⓈⒹ$168〜　朝食付き
ロッジ(貸し切り)
[HIGH]$1875〜　[LOW]$1053〜(18名まで宿泊可能)　Tax別
[CC]M V　[室]5室

規模は小さいがおしゃれなロッジ。丸太を使ったかわいらしい内装でバスルームは広々。手作り朝食はパンも自家製だ。貸し切りでのロッジの予約も可能。

Coast Canmore Hotel & Conference Centre

コースト・キャンモア・ホテル&コンファレンス・センター [MAP] P.269-B2

[住]511 Bow Valley Trail
[TEL](403)678-3625
[FREE](1-800)716-6199　[URL]www.coasthotels.com
[料][HIGH]6〜9月ⓈⒹ$268〜
[LOW]10〜5月ⓈⒹ$134〜　Tax別
[CC]A M V　[室]224室

ボウ・バレー・トレイル Bow Valley Trail沿いに立つ大型ホテル。エントランス前に長距離バスが発着する。プール、フィットネスセンター、ジャクージあり。

The Georgetown Inn

ジョージタウン・イン [MAP] P.269-B2

[住]1101 Bow Valley Trail
[TEL](403)678-3439
[URL]www.georgetowninn.ca
[料][HIGH]6月下旬〜9月上旬ⓈⒹ$150〜
[LOW]9月上旬〜6月下旬ⓈⒹ$109〜　Tax別
[CC]A M V　[室]21室

イギリスのチューダー調の優雅なホテル。各部屋ごとに異なるインテリアでまとめられており、どれもアンティーク風。パブ「Miner's Lamp Pub」を併設。

The Lady Macdonald Country Inn

レディ・マクドナルド・カントリー・イン [MAP] P.269-A2〜B2

[住]1201 Bow Valley Trail
[TEL](403)678-3665
[FREE](1-800)567-3919　[URL]www.ladymacdonald.com
[料][HIGH]6〜9月ⓈⒹ$345〜460
[LOW]10〜5月ⓈⒹ$320〜360　Tax別　朝食付き
[CC]A M V　[室]13室

かわいらしい外観。部屋にはスリー・シスターズやカスケードなど地元名所の名前がつけられ、家具やファブリックにも凝っており洗練されている。

Drake Inn

ドレイク・イン [MAP] P.269-B2

[住]909 Railway Ave.
[TEL](403)678-5131
[URL]www.drakeinn.com
[料][HIGH]6月下旬〜9月上旬ⓈⒹ$234〜394
[LOW]9月上旬〜6月下旬ⓈⒹ$74〜244　Tax別
[CC]A M V　[室]23室

中心街の東を流れるポリスマンズ・クリークのほとりに立つ中級ホテル。川に面した部屋はバルコニーからの眺めがいい。全室コーヒーメーカー付き。

B&B Monarch

B&B モナーク [MAP] P.269-B2外

[住]317 Canyon Close
[TEL](403)678-0500
[FREE](1-877)678-2666　[URL]www.monarchbandb.com
[料][HIGH]Ⓓ$285〜、貸し切り$380〜
[LOW]割引あり　Tax別　朝食付き
[CC]M V　[室]3室

日本人が経営する、静かな住宅街にあるB&B。3部屋の客室とキッチン、リビングすべてがゲスト専用フロアにある。朝食は希望で和食、洋食が選べる。BBQが楽しめるテラスもある。

Canmore Downtown Hostel

キャンモア・ダウンタウン・ホステル [MAP] P.269-B2

[住]201-302 Old Canmore Rd.
[TEL](403)675-1000
[URL]canmoredowntownhostel.ca
[料][HIGH]夏季ドミトリー$55〜 ⓈⒹ$225〜
[LOW]冬季ドミトリー$50〜 ⓈⒹ$100〜　Tax別　リネン込み
Tax別　朝食付き
[CC]M V　[室]72ベッド

ショッピングタウンの一画にあり全室マウンテンビュー。女性専用のドミトリーもあり、館内はモダンなロッジのよう。バス停から徒歩すぐ。

バスタブ　テレビ　ドライヤー　ミニバーおよび冷蔵庫　セーフティボックス　Wi-Fi(無料)
一部客室　一部客室　貸し出し　一部客室　フロントにあり　Wi-Fi(有料)

Crazyweed Kitchen

クレイジーウィード・キッチン **MAP P.269-A1**

🏠1600 Railway Ave.
☎(403)609-2530
🌐crazyweed.ca
🕐水〜日16:30〜22:00
休月・火 🍽ディナー$45〜 🆑M V

サーモンのソテー$40やグリルしたラム肉入りのタイ風マッサマンカレー$47などが人気のレストラン。180種類以上のワインが揃う。週末は予約を推奨。

The Grizzly Paw

グリズリー・ポー **MAP P.269-B1**

🏠622-8th St.
☎(403)678-9983
🌐www.thegrizzlypaw.com
🕐日〜木11:00〜22:00　金・土11:00〜23:00
休無休 🍽$20〜 🆑M V

エールやラガー、ピルスナーなど7種類のビールが揃った地ビールレストラン。ビールと一緒に味わいたい食事メニューはチキンウイング$18やバイソンのハンバーガー$24など。

Rocky Mountain Flatbread

ロッキー・マウンテン・フラットブレッド **MAP P.269-B1**

🏠838-10th St.　☎(403)609-5508
🌐www.rockymountainflatbread.ca
🕐毎日11:30〜21:00
休$15〜 🆑A M V

サステナブルをテーマに、オーガニックな地元食材をふんだんに使用。バーチ材をくべた薪窯で焼き上げる薄い生地のピザ$19〜が揃い、人気はアップルチキンピザ$23〜など。バンクーバーに支店がある。

Rocky Mountain Bagel Co.

ロッキー・マウンテン・ベーグル・カンパニー **MAP P.269-B1**

🏠102-830-8th St.　☎(403)678-9978
🌐thebagel.ca/menu.php
🕐毎日8:00〜16:00（時期により変動あり）
休無休 🍽$10〜 🆑M V

ごま、ケシの実、メープルなど10種類のベーグルは焼き立て。玉子やハム、チーズといった具を挟んだベーグルサンドは$8.75〜。2カ月ごとに豆が変わるコーヒーはオーガニックにこだわっている。

Rocky Mountain Soap Company

ロッキー・マウンテン・ソープ・カンパニー **MAP P.269-B1**

🏠820 8th St.　☎(403)678-9873
🌐www.rockymountainsoap.com
🕐夏季 毎日9:00〜21:00　冬季 毎日9:30〜20:00
休無休 🆑A M V

カナダ西部に12店舗を展開する、100%天然素材から作ったボディケア製品の店。地元ホテルのアメニティとしても採用されており、25種以上揃う手作りの石鹸100g$7.95〜はレモングラスの香りが人気。

Café Books

カフェ・ブックス **MAP P.269-B1**

🏠100-826 8th St.
☎(403)678-0908　🌐www.cafebooks.ca
🕐毎日10:00〜18:00　休無休 🆑M V

メイン通りにある本屋。広々とした店内は大好きの店員によって選び抜かれた良書のほか、アクセサリーやマグカップ、ステーショナリーなどの雑貨がセンスよく並べられている。

Sugar Pine

シュガー・パイン **MAP P.269-B1**

🏠737-10th St.　☎(403)678-9603
🌐www.thesugarpine.com
🕐月〜土10:00〜18:00　日12:00〜18:00
休無休 🆑M V

1994年創業の家族で営む手芸用品店。2階には自然や動物モチーフのカナディアン・キルト作品がずらり。既製品のほか、クッションカバーやタペストリーを手作りできるキット$24.99〜もありパッチワーク初心者にもおすすめ。

Stonewaters

ストーンウオーターズ **MAP P.269-B1**

🏠638 8th St.　☎(403)609-4477
🌐stonewaters.com
🕐毎日10:00〜21:00（時期により異なる）
休無休 🆑A M V

家具からバッグ、ポストカード、食器までを幅広く取り扱う。動物や自然をモチーフにしたカナダらしいおみやげが購入できる。

Kananaskis Country
カナナスキス・カントリー
カナディアン・ロッキー

カルガリー・オリンピックの競技会場や先進国首脳会議（G8）の会場として注目を浴びたカナナスキスは、ロッキー山脈の東側に寄り添うように南北に延びる広大な山岳エリアだ。

川がコースを横切るなど、自然の地形を生かしたカナナスキス・カントリー・ゴルフ・コース

激しく褶曲した灰色の岩山がカナディアン・ロッキーのなかでも特異な景観を見せている。観光の中心であるカナナスキス・ビレッジは高級ホテルやピクニックエリアを備え、周囲にはスキー場やゴルフ場までコンパクトにまとまった山岳リゾート。ひとたびビレッジを離れれば、グリズリーの出没する山域も間近だ。

カナナスキス・カントリーの歩き方

カナナスキスは、四季を通じて人自然のなかでアウトドアライフを満喫できるリゾート地。その起点になるのが、カナナスキス・ビレッジKananaskis Villageだ。冬ならナキスカ・スキー場Nakiska Ski Areaでスキーを楽しみ、夏ならゴルフやテニスのほか、ビレッジ麓のリボン・クリークRibbon Creekからリボン湖Ribbon Lakeまで往復約5時間のトレッキングを楽しんだり、キッド山Mount Kiddに登り、見晴らし台から雄大な景色を眺めたい。カナナスキス川Kananaskis Riverではスリル満点のラフティングが楽しめる。ツアーはバンフ、キャンモア、またはビレッジ発が催行されている。各アクティビティ

MAP P.214-C2
人口 156
面積 403

カナナスキス・カントリー情報のサイト
URL www.albertaparks.ca/
parks/kananaskis/
kananaskis-country
twitter twitter.com/Albertaparks
facebook www.facebook.com/
KCPublicSafety

カナナスキス・カントリーへの行き方

長距離バス
カルガリー国際空港からレイク・ルイーズ行きのバシュート・バンフ・ジャスパー・コレクションのブリュースター・エクスプレス（→P.246）が1日3便運行。所要約1時間25分。ハイウエイ#40沿いにあるホテルStoney Nakoda Resortで下車後、カナナスキス・ビレッジまではKananaskis Mountain Lodge, Autograph Collection（→P.274）が運行するシャトルに乗り換える。同ホテルの宿泊者以外は有料。

ℹ **ユースフル・インフォメーション**

警察
Royal Canadian
Mounted Police
MAP P.273
TEL (403)881-2828

❓ **観光案内所**

Kananaskis Visitor
Information Centre
MAP P.273
TEL (403)678-0760
URL www.albertaparks.ca
開 毎日9:00～16:30
（時期により変動あり）
休 無休

乗馬
Boundary Ranch
[MAP] P.273
[TEL] (403)591-7171
[FREE] (1-877)591-7177
[URL] www.boundaryranch.com
[催] 5～10月
[料] 1時間コース$79～
宿泊はできない。
Cowley's Rafter Six Ranch
[MAP] P.273
[TEL] (403)673-3622
[URL] www.raftersix.com
[催] 5～10月
[料] 1時間コース$89
カントリー調の建物。キャンプ場もある。

の予約、情報収集もビレッジ内で可能。釣りをしたい人は、さらに南のピーター・ローヒード州立公園にあるカナナスキス湖Kananaskis Lakeや、そこからキャンモア方面へ北上した所にあるスプレイ湖Spray Lakeまで足を延ばすといい。

乗馬も人気のアクティビティだ

ビレッジ周辺にはゲストランチと呼ばれる観光牧場も点在しているので、本格的な乗馬も楽しめる。カウボーイファミリーと触れ合えば、ウエスタン気分に浸れること請け合いだ。なかにはキャンプ場を併設している施設もある。なお、バンフやキャンモアからの公共交通手段がないため、移動には車がないと非常に不便。

おもな見どころ

ピーター・ローヒード州立公園
[URL] www.albertaparks.ca/parks/kananaskis/peter-lougheed-pp

ピーター・ローヒード州立公園
Peter Lougheed Provincial Park
[MAP] P.273

カナナスキス・カントリーの南に位置する総面積501km²のアルバータ州最大の州立公園。中心となるカナナスキス湖にはカナナスキス・ビレッジからハイウエイ#40を南に約33km。キャンプグラウンドやロッジを拠点に、夏はハイキングやサイクリング、フィッシングを、冬はクロスカントリースキーを楽しめる。特におすすめなのが、ハイキング。湖の周辺には初心者向きのハイキングコースを含め、たくさんのトレイルがあるのでチャレンジしたい。トレイルやアクティビティなどの情報は、公園内の観光案内所Peter Lougheed Park Discovery & Information Centre（[TEL] (403) 678-0760 [MAP] P.273）で入手しよう。

HOTEL
カナナスキス・カントリーのホテル

Kananaskis Mountain Lodge, Autograph Collection
カナナスキス・マウンテン・ロッジ、オートグラフ・コレクション [MAP] P.273

[住] 1 Centennial Dr., Kananaskis Village
[TEL] (403)591-7711 [FREE] (1-888)591-6240
日本の予約先[FREE] 0120-142890
[URL] www.marriott.co.jp
[料] [HIGH] 夏季ⓈⒹ$420～ [LOW] 冬季ⓈⒹ$322～ Tax別
[CC] A D J M V [室] 247室

部屋にはミニバーやバスローブなどが揃い、ゆっくり贅沢にくつろげる。レストラン、ホットタブ、プールなど設備やサービスは万全。ゴルフ場やスキー場へのシャトルバスも運行している。

HI Kananaskis Wilderness Hostel
HI カナナスキス・ウィルダネス・ホステル [MAP] P.273

[住] 1 Ribbon Creek Rd.
[TEL] (403)591-7333
[FREE] (1-866)762-4122 [URL] www.hihostels.ca
[営] 5～9月と12月中旬～3月、4月の木～火と10～12月中旬の火～日
[休] 4月の水と10～12月中旬の月
[料] ドミトリー$30.96～(会員)、$34.4～(非会員)、ⓈⒹ$76.79～(会員)、ⓈⒹ$85.32～(非会員) Tax別
[CC] M V [室] 30ベッド [交] ハイウエイ#40から分かれてカナナスキス・ビレッジ方面に向かい、リボン・クリークのサインに従って右に入る。

ナキスカ・スキー場とカナナスキス・ビレッジの中間にある。ドミトリーは男女別の14人部屋で、個室は3名まで宿泊可能。設備は今ひとつだが、大自然を謳歌できる。

バスタブ / 一部客室　テレビ / 一部客室　ドライヤー / 貸し出し　ミニバーおよび冷蔵庫 / 一部客室　セーフティボックス / フロントにあり　Wi-Fi(無料) / Wi-Fi(有料)

Lake Louise
レイク・ルイーズ
カナディアン・ロッキー

ビクトリア女王の娘ルイーズ王女にちなんで名づけられたこの湖を、かつてインディアンのストーニー族は「小さな魚のすむ湖」と呼んでいた。不思議な

白濁した水の色が美しいルイーズ湖

青緑色の湖水をたたえた宝石のような氷河湖と、そこに映るビクトリア氷河はまるで一枚の絵のような美しさ。

MAP P.214-C2

人口 403

レイク・ルイーズ情報のサイト
URL parks.canada.ca/
pn-np/ab/Banff
URL www.banfflakelouise.
com
twitter twitter.com/
banfflakelouise
f www.facebook.com/
banfflakelouise

レイク・ルイーズへの行き方

バンフ国立公園内にあるので、飛行機でのアクセスはできない。ロッキー・マウンテン鉄道がとまるのみ。

🍁 長距離バス

カルガリーからはライダー・エクスプレスRider Expressが1日1便運行、所要約2時間15分。パシュート・バンフ・ジャスパー・コレクションPursuit Banff Jasper Collectionのブリュースター・エクスプレスBrewster Expressはカルガリー国際空港から1日4便、ダウンタウンからも4便運行し所要約3時間30分

バンクーバーからはライダー・エクスプレスが1日1便運行、所要12時間30分。ジャスパーからはブリュースター・エクスプレスが5～10月のみ1日1便運行、所要3時間30分。ライダー・エクスプレスは「Mountain Restaurant（→P.279）」の近くに停車する。

バンフからはローム・バスのルート8X、8Sが運行している。8Xは途中レイク・ルイーズ・ビレッジ北にのみ停車する直行バスで夏季が1時間に1～2便、冬季は1日7便の運行、所要約1時間。一方、8Sはボウ・バレー・パークウエイ沿いのジョンストン渓谷などに停車。夏季の金～日曜のみ1日3便運行され、所要約1時間15分。このほか、紅葉シーズンのみモレイン湖直通のルート10もお目見え。いずれもローム・バスのウェブサイトから早めの予約が必要。

ライダー・エクスプレス
FREE (1-833)583-3636
URL riderexpress.ca
カルガリーから
料 片道 $76.19
バンフから
料 片道 $38.09
バンクーバーから
料 片道 $161.9

パシュート・バンフ・ジャスパー・コレクション（ブリュースター・エクスプレス）
FREE (1-866)606-6700
URL www.banffjasper
collection.com
カルガリーから
料 片道 $118
バンフから
料 片道 $40
ジャスパーから
料 片道 $106

ローム・バス
URL roamtransit.com
運 バンフから
ルート8X
(Lake Louise Express)
毎日7:30～22:00
ルート8S
(Lake Louise Scenic)
7～8月頃
金～日9:30、13:30、16:30
ルート10
(Moraine Lake Express)
9月中旬～10月上旬
毎日6:30～19:30
料 片道 大人$10、シニア・学生$5

ℹ ユースフル・インフォメーション

警察	病院	おもなレンタカー会社
Royal Canadian Mounted Police	Lake Louise Medical Clinic	Hertz
MAP P.276-C	**MAP P.276-C**	**MAP P.276-A**
TEL (403)522-3811	**TEL** (403)522-2184	**TEL** (403)522-2470

バスディーボ
MAP P.276-C

鉄道駅
MAP P.276-C

❓観光案内所

Lake Louise Visitor
Centre
MAP P.276-C
TEL (403)762-8421
URL www.banfflakelouise.
com
開 6〜9月
　毎日8:30〜19:00
　10〜5月
　毎日9:00〜17:00
休 無休

⚑ レイク・ルイーズへのツアー

　バンフに宿泊しながらレイク・ルイーズを巡るなら、ツアーに参加するのがおすすめ。レイク・ルイーズのみを巡るツアーはほとんど催行されておらず、ヨーホー国立公園（→P.286）やボウ・バレー・パークウエイやアイスフィールド・パークウエイ（→P.235）の観光と合わせての1日ツアーが多い。ツアー会社によって立ち寄る見どころや時間が異なるので、よく吟味しておくこと。最大手のパシュート・バンフ・ジャスパー・コレクションのほか、日本語ガイドツアーなども多数ある（→P.227）。

レイク・ルイーズの歩き方

　トランス・カナダ・ハイウエイ沿いにあるレイク・ルイーズ・ジャンクションには、観光案内所とショッピングモールがある。ルイーズ湖はさらに山の中に4kmほど入った所にある。湖畔にはホテル以外は何もないので、必要なものはビレッジ内で調達しておくのがいい。

　2021年以降、このエリアでは交通規制が導入され、レンタカーでの観光が困難になりつつある。国立公園を管理するパークス・カナダParks Canadaではバンフに車を置き、ローム・バスでの訪問を推奨。また、夏季にはビレッジから6kmほど進んだレイク・ルイーズ・スキー場の駐車場（**MAP** P.276-A）と湖を結ぶシャトルバスを運行しこれをカバーしている（→P.247、276）。ただし、人気があり予約が取りづらいため現地ツアーに参加するほうが無難だ。

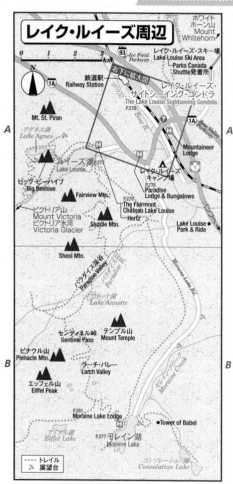

おもな見どころ

ルイーズ湖
Lake Louise
MAP P.276-A　★★★

　両側に迫る深い針葉樹の緑に覆われた山稜と、神秘的な緑色の湖水の向こうに立ちふさがる巨大な氷河。ルイーズ湖の神秘的な眺望を前にすると、カナディアン・ロッキーの魅力は一目瞭然だ。湖の長さは約2.4km。水深は深い所で90m。水の色が不思議なエメラルドグリーンなのは、氷河が地表から削り取った細かい泥が湖に溶けているからだ。正面に見える山は3464mのビクトリア山Mount Victoria。そこから崩れ落ちるようにしているのがビクトリア氷河Victoria Glacierだ。湖畔には静かなハイキングコースが用意され、湖を半周することができる。周辺にも多くのハイキングコースがあり、無料のガイドツアーも催されている。

湖沿いのハイキングトレイル。ベンチでひと休み

詳しくは、観光案内所に問い合わせのこと。また、カヌーを借りて湖に漕ぎ出すこともできる（営5月下旬〜10月中旬、料1時間$145）。

モレイン湖
Moraine Lake
MAP P.276-B　★★★

　ジャンクションからルイーズ湖へ登っていく山道を、少し手前で左に折れ、十数km進むと前方に厳しくそびえ立つ岩峰群が見えてくる。これがモレイン湖を囲むテン・ピークスTen Peaksと呼ばれる山々だ。青空と白い雪、緑の湖のコントラストはカナダの旧20ドル札の図案に採用されていた。湖には散策道が設けられており、坂道を上って崖の上から湖を一望できる。また、湖畔にはカヌーハウスもあり、カヌーで遊ぶこともできる（営6月中旬〜9月中旬、料1時間$130）。湖尻には岩の堆積が自然の堤防となっており、これがモレイン（氷河によって運ばれた堆積物の意味）という名前の由来となっている。しかし実際には南岸の岩壁が崩れ氷河で運ばれたものなので、正確にいえばモレインではない。光線の関係から、午前中が最も美しいといわれる。また、夏には観光客であふれるので、その意味でも早い時間に着くのがよい。

ブルーの湖水とそびえるテン・ピークスの山々が美しい

ルイーズ湖とモレイン湖を巡回するシャトルバス

　湖畔の駐車場（有料）は満車の状態が日常化しており、空車待ちができないほど混雑する。このため、バンフからはローム・バスの利用が推奨されているが、レンタカーを利用する場合はレイク・ルイーズ・スキー場Lake Louise Ski Areaの駐車場に車を停めて、パークス・カナダ・シャトルParks Canada Shuttleを利用することになる。

　ルートは駐車場とルイーズ湖を結ぶLake Louise Lakeshore(LL)、モレイン湖を結ぶMoraine Lake(ML)のふたつがあり、20〜30分おきに出発。どちらもパークス・カナダのウェブサイトから予約が必要で、一部の座席は乗車48時間前から販売される。ルイーズ湖とモレイン湖を結ぶLake Connector(LC)は上記のチケット保持者のみ乗車でき、運賃はチケット代に含まれる（先着順乗車）。

パークス・カナダ・シャトルの予約

URLreservation.pc.gc.ca
Lake Louise Lakeshore (LL)
営5月中旬〜10月中旬
　毎日8:00〜18:00
料往復　大人$8
Moraine Lake(ML)
営6月上旬〜6月中旬
　毎日8:00〜18:00
　6月中旬〜10月中旬
　毎日6:30〜20:00
料往復　大人$8

モレイン湖

交レイク・ルイーズ・ビレッジから車で15分。ただし、2023年夏季より一般車両の乗り入れが禁止される予定。また、10月中旬〜6月頃までは冬季閉鎖のためアクセスできない。

湖畔にある砂紋の残る砂浜の化石は、かつてここが海であったことを物語っている

レイク・ルイーズ・サイトシーイング・ゴンドラ
[TEL](403)522-1311
[FREE](1-877)956-8473
[URL]www.skilouise gondola.com
[運]5月中旬～6月中旬
毎日9:00～16:00
6月中旬～7月
毎日8:00～17:30
8月～9月上旬
毎日8:00～18:00
9月上旬～10月上旬
毎日8:00～17:00
11月～5月初旬
毎日10:00～15:30
[料]大人$60、子供$13
[交]レイク・ルイーズ・ジャンクションから車で5分。主要ホテルとサムソン・モールから無料送迎バスあり。
[休]5月初旬～中旬、10月上旬～末

レイク・ルイーズ・サイトシーイング・ゴンドラ [MAP] P.276-A

The Lake Louise Sightseeing Gondola ☆☆☆

標高2669mのホワイトホーン山Mount Whitehornに登るゴンドラ。冬はロッキー随一のスキー場、レイク・ルイーズ・スキー場としてにぎわうが、夏もゴンドラとチェアリフトが運行されている。長さ3200m、標高差500mを約14分かけて登るゴンドラの終着駅からは、ルイーズ湖とビクトリア氷河を一望のもとに見渡すことができる。ガイドが付くウオーキングツアーも行われている。

ゴンドラかチェアリフトを選べる

HOTEL

レイク・ルイーズのホテル

The Fairmont Château Lake Louise

フェアモント・シャトー・レイク・ルイーズ [MAP] P.276-A

[住]111 Lake Louise Dr.
[TEL](403)522-3511
[FREE](1-866)540-4413
日本の予約先[FREE]0120-951096
[URL]www.fairmont.com/lake-louise
[料][HIGH]5～10月ⓈⒹ$1209～
[LOW]11～4月ⓈⒹ$405～
Tax別
[CC]A D J M V [室]552室

エメラルド色に輝くルイーズ湖の湖畔にたたずむ。ホテルからはカナディアン・ロッキーの大自然と、神秘的なルイーズ湖の景観が楽しめる。客室はやや狭いが、明るい雰囲気。

Paradise Lodge & Bungalows

パラダイス・ロッジ&バンガロー [MAP] P.276-A

[住]105 Lake Louise Dr.
[TEL](403)522-3595
[URL]www.paradiselodge.com
[営]5月中旬～10月上旬
[料][HIGH]6月中旬～10月上旬ⓈⒹ$370～
[LOW]5月中旬～6月中旬ⓈⒹ$280～ Tax別
[CC]A M V
[室]45室

ジャンクションからルイーズ湖に行く途中にある。周りに何もないので車がないと不便。バンガローとロッジの2タイプあり、キッチン付きの部屋も多い。レストランはない。

The Post Hotel & Spa

ポスト・ホテル&スパ [MAP] P.276-C

[住]200 Pipestone Rd.
[TEL](403)522-3989
[FREE](1-800)661-1586
[URL]posthotel.com
[営]11月下旬～10月中旬
[料][HIGH]6月下旬～9月上旬ⓈⒹ$475～
[LOW]9月上旬～10月中旬、11月下旬～6月下旬
ⓈⒹ$390～ Tax別
[CC]A M V
[室]94室

別荘感覚の山小屋風最高級ホテル。カナディアン・パイン使用のログハウスは天井が高く、客室のタイプもさまざまある。暖炉が付いた部屋も多くゆったりとくつろげる。

Lake Louise Inn

レイク・ルイーズ・イン [MAP] P.276-C

[住]210 Village Rd.
[TEL](403)522-3791
[FREE](1-800)661-9237
[URL]www.lakelouiseinn.com
[料][HIGH]6月上旬～9月中旬ⓈⒹ$317～
[LOW]9月中旬～6月上旬ⓈⒹ$153～ Tax別
[CC]A D J M V
[室]247室

比較的リーズナブルなホテル。5棟の建物に12のタイプの客室があり、ペット同伴可能な部屋も用意。ベッドふたつのツインルームがほとんどで、キッチン付きの部屋もある。屋内プールにラウンジ、レストラン3軒が備わる。

バスタブ / 一部客室　テレビ / 一部客室　ドライヤー / 貸し出し　ミニバーおよび冷蔵庫 / 一部客室　セーフティボックス / フロントにあり　Wi-Fi(無料) / Wi-Fi(有料)

Mountaineer Lodge

マウンテニア・ロッジ [MAP] P.276-C

[住]101 Village Rd.
[TEL](403)522-3844
[FREE](1-855)556-8473 [URL]mountaineerlodge.com
[料][HIGH]6～9月ⓈⒹ$405～
[LOW]10～5月ⓈⒹ$143～ Tax別 朝食付き
[CC]A M V [室]80室

広々とした敷地内にロッジとモーテルが2棟あり、スチームルームやジャクージなどの設備も充実している。客室のサイズはさまざまで、車椅子で入れる部屋もある。

HI Lake Louise Alpine Centre

HI レイクルイーズ・アルパイン・センター [MAP] P.276-C

[住]203 Village Rd.
[TEL](403)522-2201
[FREE](1-866)762-4122 [URL]www.hihostels.ca
[料][HIGH]6～9月 ドミトリー$55.8～(会員)$62～(非会員)、ⓈⒹ$178～(会員)、ⓈⒹ$198～(非会員)
[LOW]10～5月ドミトリー$40～(会員)$44～(非会員)、ⓈⒹ$118～(会員)、ⓈⒹ$131～(非会員) Tax込
[CC]M V [室]189ベッド

「The Post Hotel & Spa(→P.278)」裏側の山小屋風のユースホステル。人気があり、7～8月は特に混み合うのでかなり前から予約しよう。

レイク・ルイーズのレストラン

Lake Louise Railway Station

レイク・ルイーズ・レイルウェイ・ステーション [MAP] P.276-C

[住]200 Sentinel Rd.
[TEL](403)522-2600 [URL]www.lakelouisestation.com
[営]5月中旬～10月中旬 毎日11:30～16:00/17:00～21:00
12月～5月中旬 水～日12:00～16:00/17:00～20:30
[休]10月中旬～11月、12月～5月中旬の月・火
[予]$30～ [CC]M V

20世紀初頭の駅舎を改装したログハウスを使ったレストラン。ログハウスの隣には本物の列車がとまっている。特別なイベントのみ利用可能。

Mountain Restaurant

マウンテン [MAP] P.276-C

[住]200 Village Rd. [TEL](403)522-3573
[営]夏季 毎日11:00～21:00
冬季 木～火12:00～20:00(時期により変動あり)
[休]冬季の水
[予]$25～ [CC]A J M V

サムソン・モールの向かい、ガソリンスタンドに隣接したファミリーレストラン。ハンバーガー$21.75～、ステーキ$38.25などのほか、アジアンテイストのメニューもある。

Column ルイーズ湖とThe Fairmont Château Lake Louise

針葉樹に囲まれたエメラルドグリーンの湖面と、湖に映し出されるビクトリア氷河とビクトリア山。大自然の絶景が融合した眺めは「カナディアン・ロッキーの宝石」といわれ、壮麗な姿を見せてくれる。

かつてこの湖は、先住民のストーニー族によって「小さな魚のすむ湖」と呼ばれていた。1882年、カナダ太平洋鉄道の側線調査の測量隊として雇われていたトム・ウィルソンTom Wilsonが、先住民族以外としては初めて発見した。宝石のような美しさをもつこの湖に感銘を受けたウィルソンは「エメラルド湖」と名づける。それから2年後、ビクトリア女王の娘で、美しさと気品にあふれるルイーズ・キャロライン・アルバータ王女の名にちなみ、改めてルイーズ湖と名づけられた。

湖畔にたたずむのは創業100年以上の伝統あるホテル「The Fairmont Château Lake Louise」(→P.278)だ。カナダ太平洋鉄道は国立公園としてすでに発展していたバンフを目指し、1890年から宿泊施設の建設に着手した。丸太小屋から始まり、火災で焼失するというアクシデントを乗り越えて、木造建築ながらビクトリア様式のホテルがオープンしたのは1900年のことだ。その後、水力発電所が造られ、リゾート地として着々と発展を遂げてきた。

ルイーズ湖の湖畔に立つ最高級ホテル

そして現在、The Fairmont Château Lake Louiseは客室総数552室を誇る、歴史と格式のある大リゾートホテルとなり、レイク・ルイーズはカナディアン・ロッキーのハイライトのひとつに数えられている。

ロッキーの自然に囲まれた湖畔のロッジホテル

Lodge Hotel

美しい湖のほとりに立つ、個性あふれるロッジホテル。静けさに包まれながら、ゆっくり流れる時を楽しもう。

ジャスパー国立公園

雄大な山並みを望む ロッキー随一の高級ロッジ
The Fairmont Jasper Park Lodge

フェアモント・ジャスパー・パーク・ロッジ [MAP] P.290-C1

ボベール湖の湖畔にたたずむ、ジャスパーを代表する最高級リゾート。280ヘクタールの広大な敷地内にはコテージとロッジタイプの部屋が点在しており、時折野生動物も顔をのぞかせる。客室の設備はもちろん、ゴルフや乗馬、プール、スパ、サウナなどの施設も充実。

[住]1 Old Lodge Rd.
[TEL](780)852-3301
[FREE](1-866)540-4454
日本の予約先[無料]0120-951096
[URL]www.fairmont.com/jasper
[料][HIGH]5月下旬～10月上旬
ⓈⒹ$630～
[LOW]10月上旬～5月下旬
ⓈⒹ$329～　Tax別
[CC]A D J M V
[室]442室

[1]ボベール湖の美しい景色が楽しめる [2]地元の食材を用いたカナダ料理が自慢 [3]キングサイズのベッドを備えた客室もある [4]屋外プールやフィットネス施設を完備

ヨーホー国立公園

エメラルド湖の湖畔で 自然に囲まれたのんびりステイ
Emerald Lake Lodge

エメラルド・レイク・ロッジ [MAP] P.287-1

全室にバルコニーと暖炉が付いた、高級感あふれるロッジ。エメラルド湖が見えるのは、キングサイズのベッドが置かれたLake Viewと、キャビンタイプのスイートルーム、Point Cabinなど。ホットタブやクラブハウス、サウナ、フィットネスセンターといった設備を完備。

[住]1 Emerald Lake Rd.
[TEL](250)343-6321
(403)410-7417(予約)
[URL]www.crmr.com/emerald
[料][HIGH]6～9月ⓈⒹ$469～
[LOW]10～5月ⓈⒹ$189～　Tax別
[CC]A M V　[室]108室

[1]湖畔に座ってゆっくりしたい [2]あたたかな雰囲気のPoint Cabin [3]レストランにはフレッシュな食材を使ったメニューが揃う [4]エメラルド湖を眺めながら食事が楽しめる

バスタブ　テレビ　ドライヤー　ミニバーおよび冷蔵庫　セーフティボックス　Wi-Fi(無料)
一部客室　一部客室　貸し出し　一部客室　フロントにあり　Wi-Fi(有料)

[バンフ国立公園] 🛁 📺 💨 🍸 💆 💻

ボウ湖のそばに立つ
赤い屋根の木製ロッジ
The Lodge at Bow Lake

ロッジ・アット・ボウ・レイク [MAP] P.237

1900年代にガイドとして活躍したジミー・シンプソンが建てたロッジで、旧名はシンプソンズ・ナムタイジャ・ロッジSimpson's Num-Ti-Jah Lodge。山を連想するオブジェが置かれた客室は落ち着いた雰囲気。日常を忘れてロッキーの自然を満喫できる。

[住]Icefields Pkwy Lake Louise [TEL](403)522-2167
[URL]lodgeatbowlake.com [営]5月下旬～10月上旬
[料][HIGH]6月中旬～9月下旬ⓈⒹ$402～
[LOW]5月下旬～6月中旬、9月下旬～10月上旬ⓈⒹ$310～
Tax別 [CC]A M V [室]16室

[1]ロッキーを題材にした絵画が飾られている [2]豊かな緑に映える赤い屋根が美しい [3]レストランでは季節ごとのメニューが味わえる

[バンフ国立公園] 🛁 📺 💨 🍸 💆 💻

木のぬくもりに包まれた
ログハウスでラグジュアリーな時間を
Moraine Lake Lodge

モレイン・レイク・ロッジ [MAP] P.276-B

モレイン湖の湖畔に立ち、全室に湖が見えるバルコニー付き。宿泊客はモレイン湖のカヌーが無料。また、木～月曜の朝にガイド付きハイキング(無料)を開催するなど、ロッキーの魅力が存分に楽しめるサービスが充実。

[住]1 Moraine Lake Rd. [TEL](403)522-3733
[FREE](1-077)522-2777
[URL]morainelake.com [営]6～9月
[料][HIGH]6月中旬～9月下旬ⓈⒹ$995～
[LOW]6月頭～中旬、9月下旬～末ⓈⒹ$925～
Tax別 朝食付き [CC]A M V [室]33室

[1]大きな窓からは湖が見下ろせる [2]モレイン湖を向いて立つ [3]モレイン湖の周りには多数のトレイルがある

[ジャスパー国立公園] 🛁 📺 💨 🍸 💆 💻

ピラミッド山に抱かれたリゾートで
充実のアクティビティを
Pyramid Lake Resort

ピラミッド・レイク・リゾート [MAP] P.290-C1

ダウンタウンから車で約10分のピラミッド湖の湖畔にある。暖炉を備えた客室は広々としており、湖とピラミッド山の景色が楽しめる。簡易キッチン付きの部屋や6人まで宿泊可能なExective Loftもある。

[住]6km North on Pyramid Lake Rd.
[TEL](780)852-4900 [FREE](1-800)541-9779
[URL]www.banffjaspercollection.com/hotels
[料][HIGH]4月下旬～10月上旬ⓈⒹ$259～
[LOW]10月上旬～4月下旬ⓈⒹ$159～ Tax別
[CC]A M V [室]62室

[1]ホテル周辺には各種アクティビティが充実 [2]広々としたベッドでくつろげる [3]美しい山と湖を眺めながら食事が楽しめる

Kootenay National Park
クートニィ国立公園
カナディアン・ロッキー

MAP P.214-C2
面積 250
面積 1406km²
料金 大人$10.5、シニア$9
**クートニィ国立公園情報の
サイト**
URL parks.canada.ca/
pn-np/bc/kootenay

**クートニィ国立公園への
行き方**
　レンタカー利用が一般
的。バンフからはトランス・
カナダ・ハイウエイを北へ
向かい、レイク・ルイーズの
手前、キャッスル・ジャンク
ションを左折、ハイウエイ
#93を約100km。

　ロッキー山脈の西側に当たるこの地域は、高峰の連なる東側とはひと味違った緩やかな山稜と深い森林が広がっている。団体旅行者は訪れることがない地域なので、バンフ、

緩やかな山々に囲まれている

ジャスパー、ヨーホー国立公園に比べて派手さはないが、そのぶん静かな時間を過ごすことができる。

クートニィ国立公園の歩き方

　バンフとレイク・ルイーズの中間、キャッスル・ジャンクションからロッキーを東西に越えるハイウエイ#93の一帯に広がるのがクートニィ国立公園だ。公園内に町はないが、ハイウエイ#93を進んだ西の出口すぐの所にラジウム・ホットスプリングスRadium Hot Springsという町がある。ハイウエイ沿いにホテルが並んでいる程度の小さな町だ。

おもな見どころ

🍁 マーブル渓谷
Marble Canyon
MAP P.283

橋の上から激しい流れが見える

　氷河から流れ出る川は、氷河が岩盤から削り取った多くの固形物を含んでいて浸食力が強い。ロッキーではあちこちでそんな水の力が造り出した滝や渓谷などの造化の妙を見ることができる。大陸分水嶺の西約7kmにあるマーブル渓谷はその典型だ。長さ600mほどの渓谷に架けられた木橋からのぞき込む水面は数十m下だが、左右の岩壁は狭い所では飛び越えられそうな距離。水の「切れ味」を見せつけられる思いだ。谷底から吹き上げる冷気と水煙は周辺の植生を変えるほどの激しさ。

🍁 ペイント・ポット
Paint Pots
MAP P.283

　マーブル渓谷から約2.5km西に鉱泉が湧き出し、ペイント・ポットと呼ばれる天然のプールを造り出している。かつては氷河湖の底の沈澱物だった粘土が、鉄分を多く含んだ温泉水によ

って赤や黄色に染められ、地獄谷のような風景を見せる。うっかりプールに踏み込んで土が靴に付くと取れないので注意。

ラジウム温泉

[MAP] P.283

Radium Hot Springs

ハイウエイ#95と#93の合流地点付近がラジウム・ホットスプリングスの町。ここはクートニィ国立公園の西の入口に当たり、ハイウエイ#93を東へ進むとすぐに国立公園ゲートと観光案内所が見えてくる。ゲートを入った所にあるのがカナダ最大の温泉プール、ラジウム温泉だ。1841年に発見されて以来、その薬効を求めて多くの人が温泉を訪れるようになり、1922年からはクートニィ国立公園の施設となった。源泉は微量のラドンを含み、温度は44℃。ほかに飛び込み台や滑り台付きの27～29℃の冷水プールもある。

人気の温泉施設だ

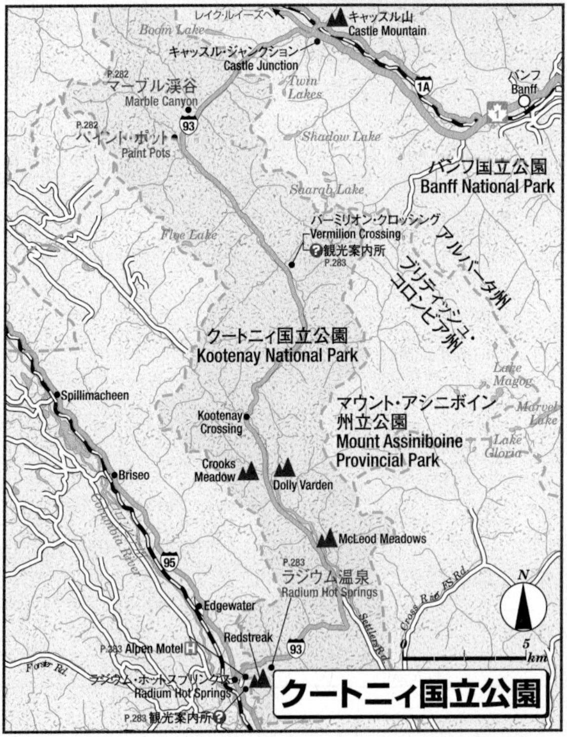

観光案内所

観光案内所は、ラジウム・ホットスプリングスの町とハイウエイ#93沿いのバーミリオン・クロッシングVermilion Crossingにある。

Kootenay National Park Visitor Centre
(ラジウム・ホットスプリングス)
[MAP] P.283
[TEL] (250)347-9505
[FREE] (1-888)773-8888(通年)
[URL] parks.canada.ca/pn-np/bc/kootenay
[開] 5月～10月中旬
毎日9:00～17:00
[休] 10月中旬～4月

Kootnay Park Lodge Visitor Centre
(バーミリオン・クロッシング)
[MAP] P.283
[開] 5月中旬～9月中旬
毎日10:00～17:00
[休] 9月中旬～5月中旬

ラジウム温泉
[住] P.O.BOX 40 Radium Hot Springs
[TEL] (250)347-9485
[FREE] (1-800)767-1611
[URL] www.hotsprings.ca/radium
[開] 5月中旬～10月上旬
毎日9:00～23:00
10月上旬～5月中旬
月～金13:00～21:00
土・日10:30～21:00
[休] 無休
[料] 大人$16.5、
デイパス大人$25.5
水着$2、タオル$2、
ロッカー$1.25

クートニィ国立公園のホテル
Alpen Motel
アルペン・モーテル
[MAP] P.283
[住] 5022 Hwy. 93
[TEL] (250)347-9823
[FREE] (1-888)788-3891
[URL] www.alpenmotel.com
[料][HIGH] 6月～9月下旬
ⓈⒹ$119～139
[LOW] 9月下旬～5月
ⓈⒹ$79～94
[CC] M V [室] 14室
[交] ハイウェイ#95と#93の交差点から#93をラジウム温泉方面に向かい徒歩5分。エアコン完備で全室禁煙のモーテル。

　ロッキー山脈の西側に広がる山岳地帯・クートニィ・ロッキーズKootenay Rockiesは、知る人ぞ知る温泉天国。エリアは北のノース・クートニィNorth Kootenayと、南北に延びるクートニィ湖Kootenay Lakeを境に、西のウエスト・クートニィWest Kootenay、東のイースト・ク

ートニィEast Kootenayの大きく3つに分けられる。温泉のほか自然公園も多く、アウトドアスポーツも盛ん。
　公共の交通機関はまずないと思ったほうがよいので、バンフなどからレンタカー利用で訪れることになる。

ノース・クートニィ

　ノース・クートニィは、自然公園が集中する、カナダ人に人気のマウンテン・リゾートエリア。ヨーホー国立公園から続くトランス・カナダ・ハイウエイ沿いにあるゴールデンGoldenとレベルストークRevelstokeというふたつの町が中心。ゴールデンのそばには、冬になるとスキー場としてにぎわうキッキング・ホース・マウンテンリゾートKicking Horse Mountain

秋には美しい紅葉が楽しめるレベルストークの町

Resortがある。リフトは夏も運行しており、ハイキングやマウンテンバイクが楽しめる。

　19世紀に炭坑の町として発展したレベルストークは、マウント・レベルストーク国立公園Mt. Revelstoke National Parkの玄関口となっている。また、ふたつの町の間にある氷河地帯は、グレイシャー国立公園Glacier National Park。豪雪と難所で知られるロジャース・パスRogers Pass（峠）を基点に、シーズン中はハイキングが楽しめる。

野趣あふれるルシアー温泉

> **フェアモント・ホットスプリングス・リゾート**
> **MAP P.284-2**
> **TEL**(250)345-6070　**FREE**(1-800)663-4979
> **URL** www.fairmonthotsprings.com

ウエスタン調の家が続くレベルストークの町並み

> **キッキング・ホース・マウンテンリゾート**
> **MAP P.284-1**
> **FREE**(1-800)258-7669
> **URL** www.kickinghorseresort.com
> **マウント・レベルストーク国立公園**　**MAP P.284-1**
> **URL** parks.canada.ca/pn-np/bc/revelstoke
> **グレイシャー国立公園**　**MAP P.284-1**
> **URL** parks.canada.ca/pn-np/bc/glacier

イースト・クートニィ

　クートニィ国立公園からハイウエイ＃93を南下したあたり、南北に細長いクートニィ湖の東側。有名なのは、クートニィ・ロッキーズ最大の温泉リゾート、フェアモント・ホットスプリングス・リゾートFairmont Hot Springs Resort。広大な敷地にスキー場やゴルフ場まで揃う大型リゾートで、温泉は一般客用と宿泊客用があり、滝壺温泉やひとり用露天風呂、足湯などなどバラエティに富む。

　ハイウエイ＃95を南下し、林道へ入って20分ほど車で走るとたどり着くルシアー温泉Lussier Hot Springsもある。ルシアー川Lussier River沿いに湧く天然温泉で、フェアモントとはうってかわった野趣あふれる雰囲気を楽しめる温泉だ。

　南には、フィッシングからハイキング、ゴルフ、スキーなどが楽しめるファーニーFernieがある。

ウエスト・クートニィ

　クートニィ湖の西側エリア。クートニィ湖とアロウ湖Arrow Lakeというふたつの湖に沿って温泉が点在している。

　ハルシオン温泉Halcyon Hot Springsは、アロウ湖を見渡す展望露天プールが人気で、宿泊施設も併設している。山々に囲まれたナカスプ温泉Nakusp Hot Springsは、規模こそ小さいものの、クートニィ・ロッキーズでは唯一という硫黄泉で、お湯の肌触りもなめらか。クートニィ湖畔にあるアインスワース・ホットスプリングス・リゾートAinsworth Hot Springs Resortは、洞窟温泉が人気のリゾート。

　またこの地方には、ビクトリア調の町並みが残る美しい町があることでも知られる。アインスワース・ホットスプリングス・リゾートの北にあるカズローKasloや南にあるネルソンNelsonはその典型。温泉リゾートに宿泊しながら、こうした町に足を延ばすのもおすすめだ。

ユニークな形の温泉プール。ハルシオン温泉にて

> **ハルシオン温泉**　**MAP P.284-1**
> **TEL**(250)265-3554　**FREE**(1-888)689-4699
> **URL** halcyon-hotsprings.com
> **ナカスプ温泉**　**MAP P.284-1**
> **TEL**(250)265-4528　**FREE**(1-866)999-4528
> **URL** www.nakusphotsprings.com
> **アインスワース・ホットスプリングス・リゾート**
> **MAP P.284-1**　**FREE**(1-800)668-1171
> **URL** www.ainsworthhotsprings.com

ヨーホー国立公園

カナディアン・ロッキー

ヨーホー国立公園
●エドモントン
●カルガリー
バンクーバー

MAP P.214-C2
圖 250
圖 1313km²
圏 大人$10.5、シニア$9
ヨーホー国立公園情報のサイト
URL parks.canada.ca/pn-np/bc/yoho

ヨーホー国立公園への行き方

レンタカー利用が一般的。バンフから拠点となるフィールドの町まで、トランス・カナダ・ハイウエイを東へ約80km進む。バンフ発の日本語ツアー（→P.227）もおすすめ。

パシュート・バンフ・ジャスパー・コレクション
ⅢⅢ (1-866)360-8839
URL www.banffjaspercollection.com
Mountain Lakes & Waterfalls
圏 大人$203、子供$132

❓ 観光案内所

Yoho Visitor Centre
MAP P.287-1
TEL (250)343-6783
圃 5月、6月中旬、9月下旬～10月上旬
毎日9:00～17:00
6月中旬～9月下旬
毎日10:00～19:00
圏 10月上旬～4月
図 トランス・カナダ・ハイウエイからフィールドの標識に従って曲がり、キッキング・ホース川を渡る手前。キッキング・ホース川沿いの青い三角屋根の建物。川の対岸にフィールドの町がある。宿やトレッキングの情報や地図が手に入る。世界的にも貴重なバージェス・シェイル（三葉虫など）や、グリズリーなど動物のはく製の展示もある。

ヨーホーの語源は先住民の「驚異・畏怖」を表す言葉。切り立った岩山やスケールの大きな滝を見て、そんなふうに感じたのかもしれない。本当の自然の意味を知っているハイカーやクライマーがこの地をこよなく愛するのも、今なお残るそんな野生の神々しさにひかれてのことだろう。

カヌーを楽しむ人も多いエメラルド湖

ヨーホー国立公園の歩き方

ヨーホー国立公園は、レイク・ルイーズから西へ延びる、トランス・カナダ・ハイウエイ沿いに広がる。見どころのほとんどは、トランス・カナダ・ハイウエイから脇道を入った所にあり、車がなければ観光は不可能。ツアーバスもあるが、できればレンタカーでゆっくり回りたい。公園内で町と呼べるのは、人口わずか200人ほどのフィールドFieldだけ。

ヨーホー国立公園へのツアー

バンフとレイク・ルイーズ発のツアーがほとんどで、ジャスパー発のものはほぼないといっていい。パシュート・バンフ・ジャスパー・コレクションPursuit Banff Jasper Collectionのほか、各社ある。

パシュート・バンフ・ジャスパー・コレクション Pursuit Banff Jasper Collection

バンフからのツアー、Mountain Lakes & Waterfallsでは、ヨーホー国立公園のタカカウ滝、エメラルド湖、ルイーズ湖、モレイン湖などを回る。5月～10月中旬の毎日催行。所要約7時間30分。

おもな見どころ

キッキング・ホース峠　**MAP** P.287-2
Kicking Horse Pass

アルバータ州とブリティッシュ・コロンビア州の境にある大陸分水嶺。車で走っていれば気づかずに通り過ぎてしまいそうだが、ハイウエイ#1A沿いに「Great Divided」と書かれた標識があるので、注意して見よう。

🍁 スパイラル・トンネル
Spiral Tunnels

MAP P.287-1 ☆☆☆

　キッキング・ホース峠からフィールド方面へ少し行った場所にあるトンネルで、列車が急峻な峠を上れるように8の字を描いてトンネルが掘られている。展望台もあるが、列車が走っていないかぎり何がおもしろいのかピンとこない。逆に、運よく列車の通過に立ち合えれば、展望台では皆身を乗り出して飽きずに眺めている。展望台は5月中旬～10月中旬までのオープン。

🍁 タカカウ滝
Takakkaw Falls

MAP P.287-1 ☆☆☆

　スパイラル・トンネルの西（フィールドの東5km）でトランス・カナダ・ハイウエイから分かれ、ヨーホー川Yoho River沿いにヨーホー・バレー通りYoho Valley Rd.をたどると終点にある。岩棚から400m近い落差でかなりの水量が落ち込んでいる様子は豪快そのもの。トレイルの途中にキッキング・ホース川Kicking Horse Riverとヨーホー川の合流点があり、ふたつの水の色が混じり合う様子が見られる。

ハイウエイ沿いにある展望台

タカカウ滝

　トランス・カナダ・ハイウエイからタカカウ滝への道路は、6月中旬～10月中旬（積雪状態による）のみ通行可能。

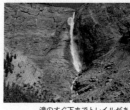

滝のすぐ下までトレイルがある

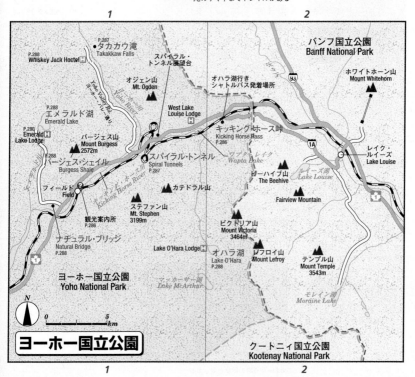

　タカカウ滝
　Takakkaw Falls

P.287

P.288
Whiskey Jack Hostel

スパイラル・トンネル展望台

バンフ国立公園
Banff National Park

ホワイトホーン山
Mount Whitehorn

オジェン山
Mt. Ogden

オハラ湖行き
シャトルバス発着場所

West Lake
Louise Lodge

P.288
エメラルド湖
Emerald Lake

キッキング・ホース峠
Kicking Horse Pass
P.286

P.290
Emerald
Lake Lodge

バージェス山
Mount Burgess
2572m

ワプタ・レイク
Wapta Lake

レイク・
ルイーズ
Lake Louise

P.288
バージェス・シェイル
Burgess Shale

スパイラル・トンネル
Spiral Tunnels
P.287

ルイーズ湖
Lake Louise

フィールド
Field
P.286

ビーハイブ山
The Beehive

カテドラル山

観光案内所
P.286

ステファン山
Mt. Stephen
3199m

Fairview Mountain

ナチュラル・ブリッジ
Natural Bridge
P.288

Lake O'Hara Lodge

ビクトリア山
Mount Victoria
3464m

レフロイ山
Mount Lefroy

テンプル山
Mount Temple
3543m

ヨーホー国立公園
Yoho National Park

オハラ湖
Lake O'Hara
P.288

マッカーサー湖
Lake McArthur

モレイン湖
Moraine Lake

N

0　　　　5
km

ヨーホー国立公園

クートニィ国立公園
Kootenay National Park

1　　　　　　　　2

サイドバー（左列）

**バージェス・シェイル
ガイドツアー**
FREE(1-877)737-3783
URLparks.canada.ca/
　pn-np/bc/yoho/activ/
　burgess
Walcott Quarryコース(往復
22km、所要約11時間)
圏7月中旬～9月中旬の金～
　火　7:00～18:00
圏大人$110.59、学生
　$75.2
Mount Stephenコース(往復
8km、所要約7時間30分)
圏6月中旬～9月上旬の金～
　日　7:00～14:30
圏大人$84.8、学生$57.6

オハラ湖
Lake O'Hara Reservation
Line(キャンプ場・シャトルバ
スの予約)
FREE(1-877)737-3783
キャンプ場
圏6月中旬～10月上旬
圏大人$10.5
　予約料$11.5
シャトルバス
圏大人往復$17.14
　予約料$13.5

橋の切れ目から激流が見える

エメラルド湖カヌーレンタル
圏1時間$90

ヨーホー国立公園のホテル
Whiskey Jack Hostel
ウイスキー・ジャック・ホステル
MAP P.287-1
住Yoho Valley Rd.
TEL(778)328-2220
FREE(1-866)762-4122
URLwww.hihostels.ca
圏6月下旬～9月
圏ドミトリー$35.44～(会
　員)、$38.98～(非会員)
　Tax込み
CCM V　圏27ベッド
　タカカウ滝から約1km、山
に囲まれたユースホステル。

本文（右列）

🍁 バージェス・シェイル
Burgess Shale　　MAP P.287-1　★★★

　フィールドの正面にあるバージェス山Mount Burgessの山中にバージェス・シェイルと呼ばれる、カンブリア紀の化石が多く発見された場所があり、ユネスコの世界遺産特別地域に登録されていた（現在は国立公園自体が登録されている）。許可なく個人で立ち入ることは禁じられているが、ハイキングなどのガイドツアーに参加すれば見学可。

🍁 オハラ湖
Lake O'Hara　　MAP P.287-2　★★★

　数あるロッキーのハイキングエリアのなかでも自然保護の意味で別格扱いを受けているのがオハラ湖周辺だ。位置的にはレイク・ルイーズから正面に見えるビクトリア山Mount Victoriaやレフロイ山Mount Lefroyの裏側に当たる。トランス・カナダ・ハイウエイから分かれてここに向かう約13kmの道路は一般車の通行が禁じられている。Lake O'Hara Lodgeとキャンプ場に宿泊する人が優先のシャトルバスを利用するか徒歩か、ということになる。アクセスが難しいぶんだけ雰囲気は最高。地元でもたいへん人気がある。環境保護の観点から、訪問には抽選による事前予約が必要。

🍁 ナチュラル・ブリッジ
Natural Bridge　　MAP P.287-1　★★★

　フィールドにある観光案内所の西で分岐路に入り、エメラルド湖に向かう途中にある。川床のライムストーンを削り続けたキッキング・ホース川が長年にわたって造り上げた自然のアーチだ。実際には「橋」の中央は切れているが、大人ならまたげそうなくらいの狭さ。その下を渦巻く奔流が流れていく様子はなかなかの見ものだ。

🍁 エメラルド湖
Emerald Lake　　MAP P.287-1　★★★

　その名のとおり、エメラルド・グリーンの湖水をたたえた湖だ。湖畔にはEmerald Lake Lodge（→P.280）がたたずみ、ルイーズ湖やモレイン湖と似た雰囲気なのだが、よりのどかな雰囲気が漂っている。長い木の橋を渡った先のメインロッジは、この湖を造ったモレインの上に立っていて、その奥にある別棟の前が展望台になっている。湖畔をぐるりと一周したり、カヌーを楽しんだりと気ままな過ごし方ができる。周囲にはすばらしいトレイルがたくさんあるので、ゆっくり散策してみたい。フィールドから車で約10分。

カヌーや湖畔の散歩が楽しめる

Jasper
ジャスパー
カナディアン・ロッキー

貨物列車が弧を描くようにジャスパーの町を越えてゆく

アサバスカ川とマヤッタ川の合流地点に発展した町、ジャスパー。町はカナディアン・ロッキーにある国立公園のなかで最大の面積をもつジャスパー国立公園内に位置している。

町の始まりはバンフと同様、鉄道の開通に端を発している。バンフを経由して大陸横断を成功させたカナダ太平洋鉄道（CP鉄道）に負けじと、1907年にそのライバル会社であり、後にカナダ国鉄（CN鉄道）に吸収されるグランド・トランス太平洋鉄道が、第2の大陸横断鉄道の開通をもくろみ、バンクーバーからこの地へ線路を敷き、ジャスパーのリゾート化を計画した。

ジャスパーの象徴であるリゾートホテル、フェアモント・ジャスパー・パーク・ロッジが建設されたのもこの頃である。お城のように豪勢なフェアモント・バンフ・スプリングスとは違い、広大な敷地内には木造のログキャビンが建ち並び、エルクなどの動物たちもよく姿を見せる。さまざまなアウトドアアクティビティの拠点ともなっているこのホテルこそが、バンフとは違うジャスパーのスタイルというものを表現しているかのようだ。

ダウンタウンには、ヘリテージハウスやログキャビンを利用した、かわいい観光案内所や銀行、消防署、図書館、教会といった建物が並んでいる。町の郊外へ足を延ばせば、水を打ったような静寂に包まれた湖がエメラルド色の水をひっそりとたたえている。また、ハイキングや乗馬などのアウトドアアクティビティも豊富に揃う。自然と遊び、自然と一体となり、自然に癒やされる。それこそが世界中の旅行者やナチュラリストたちをひきつける、ジャスパーの魅力なのである。

MAP P.214-B1
人口 4738
面積 780
ジャスパー情報のサイト
URL parks.canada.ca/pn-np/ab/jasper
twitter.com/JasperNP
www.facebook.com/JasperNP
URL www.jasper.travel
twitter.com/TourismJasper
www.facebook.com/JasperCanadianRockies

ジャスパーのイベント
ジャスパー・イン・ジャニュアリー
Jasper in January
URL www.jasperinjanuary.com
催 1/12〜28('24)
ジャスパー最大のイベント。アルペンスキーやワインのテイスティングなど盛りだくさん。

町のマスコットのジャスパー・ベア像

鉄道駅そばに立つトーテムポール

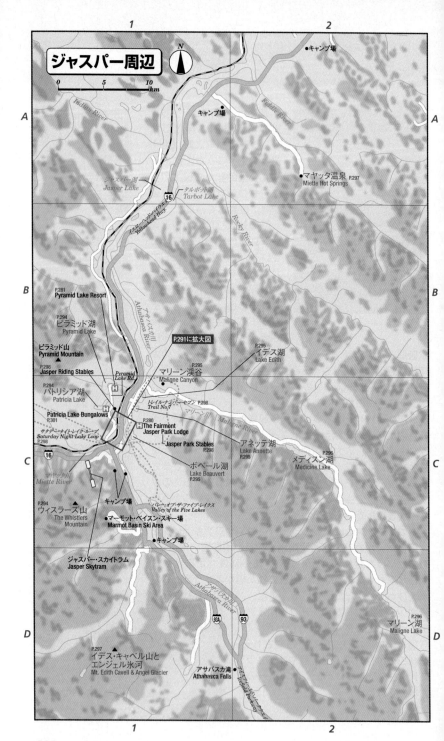

ジャスパー周辺

N

0 5 10
km

キャンプ場

キャンプ場

Indian River

マイエッタ温泉 P.297
Miette Hot Springs

A

ジャスパー湖
Jasper Lake

タルボット湖
Tarbot Lake

16

イエローヘッド・ハイウエイ
Yellowhead Hwy.

Rocky River

Egette River

B

P.281
Pyramid Lake Resort

ピラミッド湖 P.294
Pyramid Lake

ピラミッド山
Pyramid Mountain
P.298
Jasper Riding Stables

パトリシア湖 P.294
Patricia Lake

Patricia Lake Bungalows
P.301

サタデー・ナイト・レイク・ループ
Saturday Night Lake Loop
P.298

Athabasca River

P.291に拡大図

マリーン渓谷 P.295
Maligne Canyon

イデス湖 P.295
Lake Edith

Pyramid
Lake Rd.

トレイル・ナンバー・セブン P.298
Trail No.7

The Fairmont P.280
Jasper Park Lodge

Jasper Park Stables P.298

Maligne River

マリーン川

アネッテ湖 P.295
Lake Annette

メディスン湖 P.296
Medicine Lake

C

16

Miette River

キャンプ場

ボベール湖
Lake Beauvert
P.295

ウィスラーズ山 P.294
The Whistlers
Mountain

マーモット・ベイスン・スキー場
Marmot Basin Ski Area

バレー・オブ・ザ・ファイブ・レイクス
Valley of the Five Lakes

キャンプ場

ジャスパー・スカイトラム
Jasper Skytram

Athabasca River

93A   93

マリーン湖 P.296
Maligne Lake

D

イデス・キャベル山と P.297
エンジェル氷河
Mt. Edith Cavell & Angel Glacier

アサバスカ滝
Athabasca Falls

アイスフィールド・パークウエイ

290

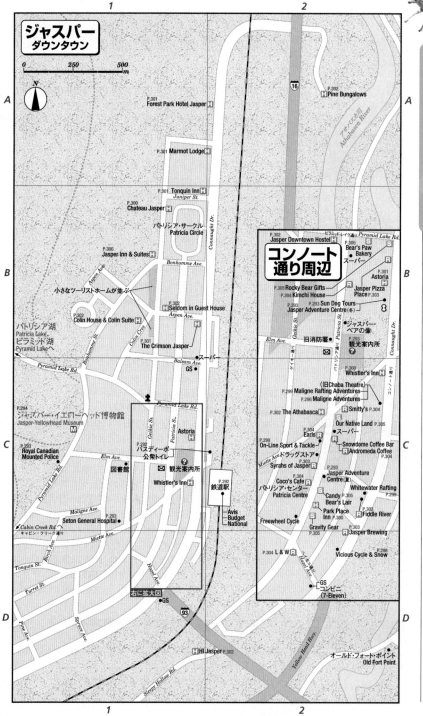

ジャスパー
ダウンタウン

0 250 500m

N

サン・ドッグ・ツアー
FREE(1-780)852-4053
URL www.sundogtours.com
エドモントン国際空港から
国片道　大人$99、子供$59
バンフから
国片道　大人$79、子供$39

エドモントン国際空港発
15:15、ジャスパー着は20:00

トンプソン・バレー・チャーター
TEL(250)377-7523
FREE(1-866)570-7522
URL tvcbus.ca
エドモントンから
国片道　大人$94

パシュート・バンフ・ジャスパー・コレクション（ブリュースター・エクスプレス）
FREE(1-866)606-6700
URL www.banffjaspercollection.com
バンフから
国片道　$132
カルガリーから
国片道　$183

VIA鉄道（→P.419）

駅舎内にツアーデスクやレンタカー会社もある

ロッキー・マウンテニア鉄道
（→P.419）

鉄道駅
MAP P.291-C2
国607 Connaught Dr.

鉄道駅のそばには昔の蒸気機関車が展示されている

バスディーポ
MAP P.291-C2

ジャスパーへの行き方

🍁 飛行機

　ジャスパーは国立公園内に位置しており、飛行機の発着が禁止されている。バンクーバーからは最も近いエドモントンかカルガリーまで飛行機で飛び、バスでアクセスするのが一般的。

🍁 長距離バス

　エドモントン国際空港からサン・ドッグ・ツアーSun Dog Tourが1日1便運行、所要約4時間45分。トンプソン・バレー・チャーターTompson Valley Charterがエドモントンのダウンタウンから火・金曜の週2便運行、所要約4時間30分。バンフからはパシュート・バンフ・ジャスパー・コレクションPursuit Banff Jasper Collectionのブリュースター・エクスプレスBrewster Expressが5～10月の毎日1便運行（15:45発）、所要約4時間45分。バスはカルガリー始発で、途中レイク・ルイーズやコロンビア大氷原のアイスフィールド・センターを経由する。11～4月はサン・ドッグ・ツアーが同じルートを1日1便運行している。所要約4時間15分で、途中レイク・ルイーズにのみ停車。

🍁 鉄道

　バンクーバーからVIA鉄道のトロント～バンクーバー線（カナディアン号The Canadian）と、ロッキー・マウンテニア鉄道Rocky Mountaineer Railwaysのジャーニー・スルー・ザ・クラウド号Journey through the Cloudsが運行。カナディアン号は月・金の15:00発、ジャスパーへは翌日の11:00に到着する。ロッキー・マウンテニア鉄道は4月17日～10月12日（2023年）の週2便運行、バンクーバーを朝出発し、途中カムループスに1泊して翌日夜に到着する。ロッキー・マウンテニア鉄道はバンクーバーとジャスパーを結ぶレインフォレスト・トゥ・ゴールド・ラッシュRainforest to Gold Rushもある。4月28日～10月6日の週1便運行（2023年）。ノース・バンクーバー駅を出発し、途中ウィスラーとクェネルQuesnelに泊まる2泊3日の旅。エドモントンからはVIA鉄道のカナディアン号が結んでおり、水・土曜の0:01発、6:30着。プリンス・ルパートからはVIA鉄道のジャスパー～プリンス・ルパート線が水・金・日曜の8:00発、プリンス・ジョージに20:29着、翌日8:00発、ジャスパー到着は17:00。

バスディーポ／鉄道駅から市内へ

　鉄道駅はダウンタウンのコンノート通りConnaught Dr.沿いにある。駅の隣のバスディーポにはトンプソン・バレー・チャーターとブリュースター・エクスプレスが発着。また、サン・ドッグ・ツアーとブリュースター・エクスプレスは主要ホテルを経由する。

現地発のツアー

バンフほどではないが、いくつかの旅行会社がある。旅行会社によってツアー内容もさまざまなので、まずは電話したりパンフレットをもらったりして内容を確認しよう。パンフレットはホテルのロビーや鉄道駅、観光案内所で手に入る。

ジャスパーの歩き方

昔の消防署はアートギャラリーとして利用されている

ダウンタウンの中心は**コンノート通り**と**パトリシア通り**Patricia St.。なかでもヘイゼル通りHazel Ave.とシダー通りCedar Ave.に挟まれた一帯は鉄道駅にバスディーポ、レストランやホテル、旅行会社などがひしめき合う最もにぎやかなエリア。ダウンタウンだけなら徒歩で30分あれば回れるだろう。山小屋風のかわいい町並みをぜひそぞろ歩いてみよう。ダウンタウンの中心を外れ、西に行けば、住宅街の間に点在する郵便局や図書館など歴史的な建物を見ることができる。**ジャスパー・イエ**

ローヘッド博物館は町の西の外れに位置している。また、北にはロッジ風のホテルが並び、南には住宅街が広がっている。見どころはほとんどが郊外に位置している。近いものならハイキングやサイクリングが

てら行くこともできるが、**マリーン湖やウィスラーズ山、イデス・キャベル山**など代表的な見どころへはレンタカーかツアーに参加するのが一般的だ。

町を一望できるゴンドラはジャスパー観光の定番

ユースフル・インフォメーション

警察
Royal Canadian Mounted Police
MAP P.291-C1
🏠600 Bonhomme St.
☎(780)852-4848

病院
Seton General Hospital
MAP P.291-C1
🏠518 Robson St.
☎(780)852-3344

おもなレンタカー会社
いずれも鉄道駅の構内にある。
MAP P.291-C2
Avis ☎(780)852-3970
Budhet ☎(780)852-3222
National ☎(780)852-1117

おもなタクシー会社
Mountain Express Tax & Limo
☎(780)852-4555

おもなツアー会社
ジャスパー・アドベンチャー・センター
Jasper Adventure Centre
MAP P.291-C2（夏季）
🏠611 Patricia St.
☎(780)852-5595
MAP P.291-B2（冬季）
🏠414 Connaught Dr.
☎(780)852-4056
🌐www.jasperadventure
centre.com
サン・ドッグ・ツアー
Sun Dog Tours
MAP P.291-B2
🏠414 Connaught Dr.
📞(1-888)786-3641
🌐www.sundogtours.com
ジャスパー・アドベンチャー・センターのオフィスは冬の間、サン・ドッグ・ツアーと同じオフィスになる。
パシュート・バンフ・ジャスパー・コレクション
（→P.292欄外）
Legend of Jasper
🗓6月上旬～10月中旬
💵大人$43、子供$29
　オープントップバスでパトリシア湖やピラミッド湖など郊外の自然名所を巡る。毎日9:00～16:00の1日4回出発、所要約1時間30分。

SNS映えしそうなビンテージ風のバス

❓観光案内所

Jasper National Park
Information Centre
MAP P.291-B2～C2
🏠500 Connaught Dr.
☎(780)852-6176
🌐www.pc.gc.ca/en/
pn-np/ab/jasper
🐦twitter.com/JasperNP
📘www.facebook.com/
JasperNP
🗓5月中旬～10月上旬
　毎日9:00～19:00
　10月上旬～5月中旬
　毎日9:00～17:00
🚫無休
　パンフレットや地図がもらえるので、ハイキングやフィッシングをする前に立ち寄ろう。建物内にFriends of Jasper National Parkがあり、国立公園に関する書籍や地図、写真集を販売する。

おもな見どころ

ジャスパー・イエローヘッド博物館　MAP P.291-C1
Jasper-Yellowhead Museum

ジャスパー・イエローヘッド博物館
- 400 Bonhomme St.
- TEL (780)852-3013
- URL www.jaspermuseum.org
- 5月中旬～10月中旬
  毎日10:00～17:00
  10月中旬～5月中旬
  木～日10:00～17:00
- 10月中旬～5月中旬の月～水
- 寄付程度（大人$8程度）

毛皮交易と関わりの深い町の歴史を紹介している。日本人にとって興味深いのは、1925年アルバータ山に初登頂を果たした槇有恒率いる日本山岳会隊にまつわる展示物だ。彼らが山頂に残してきたアイスピックは、柄の部分をアメリカ隊

日本にもゆかりの深い博物館だ

が、石突き部分を長野高校OB隊が後年発見。それらが半世紀の時を越えて合体され、館内に展示されている。

ウィスラーズ山
- 町からゴンドラの乗り場まで約7km。上り坂なので徒歩や自転車で行くのは厳しい。ダウンタウンからタクシーで約$15。

ウィスラーズ山　MAP P.290-C1
The Whistlers Mountain

アサバスカ川沿いに発展したジャスパーの町を見渡せる

ジャスパー・スカイトラム
- TEL (780)852-3093
- FREE (1-866)850-8726
- URL www.jasperskytram.com
- 3月下旬～5月中旬、
  9月上旬～10月下旬
  毎日10:00～17:00
  5月中旬～6月下旬
  毎日9:00～20:00
  6月下旬～9月上旬
  毎日8:00～21:00
- 10月下旬～3月下旬
- 大人$57.3、ユース$30.35
  ゴンドラは15分間隔。所要約7分。
  個人での予約はウェブサイトからのみ可能。予約なしで行くなら、シーズン中はかなり混雑するので早朝に出かけよう。早朝以外だと1時間ほど待たされることもある。
  シャトルバス
  サン・ドッグ・ツアー（→P.293欄外）が、夏季のみジャスパー・アドベンチャー・センター（→P.293欄外）や主要ホテルからシャトルバスを運行している。要予約。
- 大人$64、子供$32
  （ゴンドラの料金込み）

ジャスパーの町の南西にある標高2464mの山。山頂付近までは30人乗りのゴンドラ、ジャスパー・スカイトラムJasper Skytramで登れる。展望台からは周囲に美しい氷河湖が点在するジャスパーの町が一望できるほか、北にアサバスカ渓谷Athabasca Valley、西にイエローヘッド峠Yellowhead Passのすばらしい景色が望める。山の名は、口笛のような鳴き声を発することからその名がついたというウィスリング・マーモットWhistling Marmotに由来する。「ウィスリング・マーモットが多く生息する山」ということでウィスラーズ山と名づけられた。山頂付近では、運がよければ、口笛のような鳴き声を聞くことができるだろう。

展望台から約1kmのトレイルを登るとさらに壮大な眺めが広がり、天気のいい日にはイエローヘッド峠の向こうに最高峰のロブソン山を、西にはコロンビア大氷原を見ることもできる。

山頂にある方位盤を見ればいかに多くの名峰に囲まれているかがわかる

パトリシア湖とピラミッド湖　MAP P.290-C1
Patricia Lake & Pyramid Lake

ダウンタウンからパトリシア湖まで4km、ピラミッド湖までは6kmの距離。湖面にはピラミッド山Pyramid Mountainが美しく映り込んでいる。湖ではフィッシングや乗馬、カヌーなど各種アクティビティが楽しめる。ピラミッド湖にはビーチもある。

町で自転車をレンタルして、気軽に出かけてみたい。ただし、行きはきつい坂道が続くので覚悟しよう。また、ダウンタウンから湖へ行く道の途中からトレイルもあるので、ランチボックスを持って、のんびりとハイキングするのも楽しい。

ダウンタウンからも近いのでサイクリングに最適

カヌー情報（→P.299）

CHECK!
気軽なハイキングコース
　鉄道の路線を超えて15分ぐらい歩いた所にある、オールド・フォート・ポイントOld Fort Point。アサバス川に架かる橋を渡ると、右手にトレイルのスタート地点がある。頂上までは緩やかな坂道を登って30分ほど。アサバス川とジャスパーの街並みが一望できる絶好のスポットだ。

🍁 ボベール湖とアネッテ湖、イデス湖　MAP P.290-C1
Lake Beauvert, Lake Annette & Lake Edith

　いずれの湖もダウンタウンから5～7kmの距離。3つの湖を結んでトレイルが走っており、ダウンタウンから気軽に行けるハイキングやサイクリングコースとしても人気だ。The Fairmont Jaspar Park Lodge（→P.280）が隣接するボベール湖では夏季はゴルフ、乗馬、サイクリング、ボート、冬季はクロスカントリースキーやスケートなどのアクティビティを楽しめる。車だと北からぐるっと回ってThe Fairmont Jasper Park Lodgeのほうからアクセスするのがいい。

さまざまなアクティビティを楽しめるボベール湖

🍁 マリーン渓谷　MAP P.290-C1
Maligne Canyon

　マリーン川Maligne Riverの急流にえぐり取られた石灰岩が、カナディアン・ロッキー最大規模の荒々しい渓谷を形成している。轟音を響かせながら流れる急流に沿って遊歩道が設置され、そこに6つの橋が架けられている。橋の上からは最大50mまで落ち込む迫力満点の谷とそこに落ちる滝を見ることができる。1番目の橋に落差約25mの滝があり、2番目の橋がある所は渓谷最大の深度。谷底までは約50mあり、のぞき込むと吸い込まれてしまいそう。駐車場から2番目の橋までは徒歩約15分。冬季には凍った渓谷の底を歩くアイスウオークツアーやクロスカントリースキーなどが楽しめる。

水しぶきを上げて落ち込む急流

アイスウオーク
　冬、一面氷に覆われた渓谷は、何とも美しく幻想的な世界。そそり立つ渓谷に流れ落ちる滝がそのまま凍りつき、自然の芸術作品を造り出している。マリーン渓谷のアイスウオークは、ホテルへの送迎と防寒ブーツレンタル付きのツアーが多数催行されている。凍結しているといっても氷の下には川が流れており危険。個人で行くのはやめよう。
バシュート・バンフ・ジャスパー・コレクション
（→P.292欄外）
圏$79.99
ジャスパー・アドベンチャー・センター（→P.293欄外）
圏$69
サン・ドッグ・ツアー
（→P.293欄外）
圏$69

295

⊠ダウンタウンから車で約25分。

🍁 メディスン湖
Medicine Lake
MAP P.290-C2
⭐⭐☆

春から夏にかけて、深い藍色の湖水をたたえているこの湖は、夏以降しか見られないもうひとつの姿をもっている。秋頃から徐々に水位を下げ、冬には底が見えて湖は完全に干上がってしまうのだ。これは、湖底の石灰岩でできた地盤の下にアサバスカ川Athabasca Riverへ続く流れがあって、湖水がマリーン渓谷のほうに流れ出してしまうからだ。そして春には雪と氷河が溶け始め、湖は再び姿を現す。この様子を見たインディアンたちは、湖の水位が上下するのは、湖の神の仕業であると信じ、この湖に「魔法」という名前をつけたといわれている。湖の周囲はビッグホーン・シープやマーモットなどがよく現れる場所でもある。

氷河の溶水をたたえる夏のメディスン湖

マリーン湖の旅行会社
マリーン・アドベンチャーズ
Maligne Adventures
MAP P.291-C2
🏠610 Patricia St.
☎(780)852-3331
FREE(1-844)808-7177
URLmaligneadventures.com
🎫チケットオフィス
　毎日8:00～18:00
　（時期により変動あり）
🈶無休
　マリーン湖へのツアーやカヌーなどのアクティビティのほか、シャトルバスも扱う旅行会社。チケットオフィスは2022年に閉館した映画館Chaba Theatreの建物内にある。

🍁 マリーン湖
Maligne Lake
MAP P.290-D2
⭐☆☆

最大幅22km、広さ2066ヘクタール、最大水深は約97mを誇るカナディアン・ロッキー最大の氷河湖。湖の周辺にはエルクやビッグホーン・シープ、コヨーテなどの野生動物もよく見かけられる。ここへ来たらぜひボートクルーズに乗ってみよう。ボートは小さな桟橋から出発。氷河を抱いた山々を両側に眺め、深度や光によってさまざまな色に変化する湖面を切り裂くように進み、展望台へたどり着く。展望台の正面にあるのが、スピリット・アイランドSpirit Islandと呼ばれる小島。エメラルド色のなめらかな湖面に浮かぶ小さな島と、背後にうっそうと生い茂る針葉樹。そしてまるでこの美しい風景を守るように湖を囲む雄大な山々。カナディアン・ロッキーを代表する風景のひとつであり、これを見ずしてジャスパーは語れないといえるほど。また湖周辺では、フィッシングやカヌーなどのアクティビティ

マリーン・バレー・ワイルドライフ&ウォーターフォールズ・ツアー・ウィズ・クルーズ
Maligne Valley Wildlife & Waterfalls Tour with Cruise
　ダウンタウンを出発し、マリーン湖のほかマリーン渓谷やメディスン湖を見学するツアー。所要5時間30分。
🗓6月上旬～10月上旬
　毎日9:30
💰大人$149、子供$89（ボートクルーズ料金込み）
シャトルバス
ダウンタウンのオフィス発
🗓6月上旬～9月
　毎日9:00
💰片道　大人$39、子供$19.5
ボートクルーズ
バシュート・バンフ・ジャスパー・コレクション
FREE(1-866)606-6700
URLwww.banffjaspercollection.com
マリーン・レイク・クルーズ・クラシック
Maligne Lake Cruise Classic
🗓6月上旬～10月上旬
　毎日9:00～16:30
　（時期により変動あり）
　1～2時間ごとに出発。
💰大人$72、子供$46.8
　所要約1時間30分。夏季は大変混雑するため、必ず予約するようにしよう。

も楽しめて、1日たっぷりと遊べる。湖へは、ツアーやレンタカーのほか、シャトルバスでも行ける。

湖畔には木造のボートハウスがある

🍁 マヤッタ温泉
Miette Hot Springs
MAP P.290-A2
★★★

ジャスパー唯一の温泉施設

　ジャスパーからハイウエイ#16（イエローヘッド・ハイウエイ Yellowhead Hwy.）を北に約1時間。この温泉はカナディアン・ロッキーにいくつかある温泉のなかでも源泉の温度が約54℃と最も高い。あたりには硫黄の臭いが漂い、湯治宿風のロッジが山の出湯の風情を醸し出している。浴槽はプールタイプのものが3つ。ふたつが温水でひとつは冷水。入浴は水着着用のこと。水着やタオルはレンタルもある。かつてこの場所にはホテルと温泉をモノレールで結ぶという豪華なシャトー・マヤッタというリゾートの建設が計画されていたが、鉄道の路線変更などで頓挫し、現在では温泉とバンガローだけが営業している。

🍁 イデス・キャベル山とエンジェル氷河
Mt.Edith Cavell & Angel Glacier
MAP P.290-D1
★★★

　ダウンタウンから南の方角に見える台形の山がイデス・キャベル山だ。黒い岩壁に万年雪を斜めにまとい、インディアンたちにホワイト・ゴーストと呼ばれた美しい姿は周囲の山々とは一線を画し、ジャスパー近郊で最も印象的な山として知られている。山の名前の由来は第1次世界大戦中、連合軍の捕虜を解放した看護師の名で、彼女に敬意を表してつけられたという。

　山の近くまで車で行くことができ、駐車場から出発しているトレイル「パス・オブ・ザ・グレイシャー Pass of the Glacier」で麓にある氷河湖を見下ろす展望台まで行くことができる。間近に見える断崖絶壁に挟まれるようにしてあるのがエンジェル氷河だ。羽根を広げた天使のように見えることからその名がついた。途中の道を左に折れ坂道を上ると「キャベル・メドウ・トレイル」（→P.324）へと続く。

岩壁にへばりついているエンジェル氷河

　断崖絶壁と氷河、崩落した氷塊の浮いた氷河湖が目の前に広がり、青白く光る氷河の断層までもはっきりと見ることができる。帰りは展望台から元来た道を戻る。氷河湖の上部から冷蔵庫ほどの巨岩が落ちてくることもあるので、湖に近づかないようにしたい。

危険なため湖には近づかないこと

マヤッタ温泉
☎ (780)866-3939
URL www.hotsprings.ca/miette
圖 5月上旬～6月中旬、9月上旬～10月中旬
　毎日10:30～21:00
　6月中旬～9月上旬
　毎日9:00～23:00
圖 10月中旬～5月上旬
圓 大人$16.5、シニア・ユース$14.25
交 ジャスパーからハイウエイ#16（イエローヘッド・ハイウエイ）を約44km北上、右折後さらに10kmほど進む。

イデス・キャベル山とエンジェル氷河
交 ジャスパーからハイウエイ#93（アイスフィールド・パークウエイ）をバンフ方面へ。途中右に折れて旧道（ハイウエイ#93A）に入り、さらに右側の山道を上る片道45分程度のドライブになる。山道は冬季通行止め。

ACTIVITY アクティビティ

サイクリング　CYCLING

　公共交通機関のないジャスパーでは、移動手段としても自転車は便利だ。トレイルまで入ることもできるが、自転車禁止の場所も多いので注意すること。ダウンタウンの周辺では、パトリシア湖を経てピラミッド湖まで行くコースや The Fairmont Jasper Park Lodge 周辺の湖を回るコースの人気が高い。もう少し足を延ばしたい人には下記のコースがおすすめ。レンタサイクルの店では、コースの相談に応じてくれ、地図も入手できる。また、各種サイクリングツアーもあるのでまずは相談してみよう。

レンタサイクル
Vicious Cycle & Snow
MAP P.291-D2
🏠 630 Connaught Dr.
☎ (780)852-1111
URL viciouscycleandsnow.ca
🕐 夏季 日～木9:00～18:00
　　金・土9:00～19:00
　　冬季 水～日10:00～18:00
🚫 冬季の月・火
💴 ファットバイク
　1時間$20～、1日$50～

おもなコース

①トレイル・ナンバー・セブン　Trail No.7
MAP P.290-C1　距離 一周15km　標高差 140m
　ダウンタウンのすぐ南にある、オールド・フォート・ポイントから出発し、The Fairmont Jasper Park Lodge のゴルフコースを抜けていく。マリーン渓谷に出るが、1番目の橋から5番目の橋までは自転車で入ることができないので、自転車を置いて歩いて見学し、戻ってくる。その後、一般道路を走りトレイル・ナンバー・セブンに戻る。帰りはアサバスカ川に沿ってトレイルがある。

②サタデー・ナイト・レイク・ループ
Saturday Night Lake Loop
MAP P.290-C1　距離 9.4km(片道)　標高差 300m
　スタート地点はダウンタウンの南西、キャビン・クリーク通りCabin Creek Rd.。ここからサタデーナイト湖 Saturday Night Lakeまで穏やかな坂。視界もどんどん開けてきて、周囲の景色が美しい。サタデーナイト湖からさらに奥のハイ湖High Lakeを回り、カレドニア湖 Caledonia Lake、マジョリー湖Marjorie Lakeを通って戻ることもでき、その場合は27.4kmの距離となる。

乗馬　HORSEBACK RIDING

乗馬
Jasper Riding Stables
MAP P.290-C1
☎ (780)852-7433
URL jasperstables.com
Pyramid Lake Stables
🕐 5月～10月中旬
　毎日9:00～16:00
🚫 10月中旬～4月
💴 1時間コース$79、
　2時間コース$130
Jasper Park Stables
MAP P.290-C1
☎ (780)852-7433
🕐 5月中旬～9月上旬
　毎日9:00～16:00
🚫 9月上旬～5月中旬
💴 1時間コース$79、
　2時間コース$130

　ダウンタウンからピラミッド湖に行く途中にある Pyramid Lake Stables の2時間コースがおすすめ。前半は尾根からジャスパー、アサバスカ川を見下ろし、後半はピラミッド湖越しにピラミッド山の眺望を楽しめる。The Fairmont Jasper Park Lodge 内の Jasper Park Stables は、風光明媚なアサバスカ川やアネッテ湖周辺を回るコースなど、起伏の少ない初心者向きのコースを用意。

よく調教されているので、安心だ

フィッシング　FISHING

　ジャスパー周辺ではマリーン湖やアサバスカ川のマス釣り、タルボット湖 Talbot Lake のカワカマス釣りの3ヵ所が人気。ルアーとフライフィッシングが中心。川や湖によって禁漁の期間やフライフィッシングのみなどの制限を設けている場所もあるので注意すること。なお、釣りにはフィッシングライセンスが必要。ハイシーズンは5～7月。制限に関しての資料や入漁証は観光案

フライフィッシングに挑戦してみよう

内所で手に入る。

　ジャスパーの釣具店でボートや釣具のレンタルができるほか、ツアーガイドの手配もできる。ツアーガイドを利用するときはライセンスが込みかどうかを確認すること。マリーン湖は電気モーター付きのボートによるトローリングが盛んで、遊覧を兼ねて家族連れで楽しめる。ピラミッド湖やパトリシア湖ではレンタルボート屋で釣具も借りられる。

カヌー　　CANOEING

ロッキーで最も人気のアクティビティのひとつ

　カナディアン・ロッキーのシンボルのひとつ、カヌーにも挑戦してみよう。ダウンタウンから近いパトリシア湖やピラミッド湖、ボベール湖が手軽にできていい。パトリシア湖やピラミッド湖ではカヌーのほかに足でペダルを漕いで進むボートやヨットもある。人気があるのはやはりマリーン湖。ただ、スピリット・アイランドや氷河が見える地点まではかなりの距離があるので難しいだろう。

　船は湖畔でレンタルできる。カヌーは船体が軽く、楽に進む。ひとりの場合、片側の舷側でのみ漕ぐので真っすぐ進むのは難しいが、初心者でも意外に簡単にコントロールできる。救命胴衣などの装着が義務づけられており、カナダでは自然のなかで自分の命を守るのは自分だということを十分理解して遊ぼう。

ラフティング　　RIVER RAFTING

　ジャスパーは町の比較的近くに上級者向けから初心者向けまでラフティングにぴったりの川が揃っている。

　急流を下るスリルを味わいたい人はサンワプタ川 Sunwapta River で行われるホワイトウオーター Whitewater と呼ばれるコースがおすすめ。雪解け水で水量の増す夏の前半しかできないが、経験者でも肝を冷やすと評判だ。

　体力に自信のない人や初心者にはアサバスカ川で行われるツアーがいいだろう。こちらなら流れも緩やかで、子供でも安心して参加できる。

　急流コースはぬれるので着替えやぬれてもいい靴、タオルが必要。更衣室とシャワーは用意されている。

　このほかにもひとり乗り、あるいはふたり乗りのカヤック Inflatable Kayaking などもある。こちらならゴム製なので安定性が高く、転覆の心配はまずない。ただ、川下りといっても漕ぐ所も多いので腕力は必要。カヌーなどの経験者はこちらのほうが楽しめる。

フィッシング
On-Line Sport & Tackle
MAP P.291-C2
住600 Patricia St.
TEL(780)852-3630
FREE(1-888)652-3630
URLfishonlinejasper.com
営毎日9:00～18:00
料半日ツアー
　1人$249(2人以上で参加の場合。1人のみ参加は$498)
　1日ツアー
　1人$369(2人以上で参加の場合。1人のみ参加は$738)
　ガイドツアーのほかレンタルにも応じる。キャンプ用品や自転車、スキーなどアウトドア用品がすべて揃う。

フィッシングライセンス
料$12.75(1日)、$44.25(1年)

マリーン湖のレンタルカヌー
料半日$60～、1日$90～

ピラミッド湖のレンタルカヌー
料1時間$80～

パトリシア湖のレンタルカヌー
料半日$60～、1日$90～

ラフティング
Maligne Rafting Adventures
MAP P.291-C2
TEL(780)852-3331
FREE(1-844)808-7177
URLwww.raftjasper.com
料アサバスカ川
　3時間30分コース$105
　サンワプタ川
　4時間コース$115
Whitewater Rafting
MAP P.291-C2
TEL(780)852-7238
URLwww.whitewaterraftingjasper.com
料アサバスカ川
　3時間コース$104
　サンワプタ川
　3時間30分コース$114

HOTEL

ジャスパーのホテル

　国立公園内にあり、新たな建物を建てることは法律により禁止されているため観光客の多さのわりに客室数は少ない。夏季に訪れる場合は2〜3ヵ月前からの予約が必須。中〜大型ホテルはパシュート・バンフ・ジャスパー・コレクション（→P.292）の系列が多い。

　ダウンタウンの宿泊施設はコンノート通りを北へ進んだあたりに比較的大きなホテルが並んでいる。また、パトリシア通りやゲイキー通りGeikie St.とピラミッド・レイク通りの交差している付近、ダウンタウン北のパトリシア・サークルPatricia Circle界隈にはツーリストホーム（ジャスパーではレストランの営業保護のためにB&Bで朝食を出すのを禁止しているため、こう呼ばれている）が点在。ここ数年は閉業も増えているが、下記のサイトにツーリストホームの情報が出ているのでチェックしよう。Airbnb（→P.408）で予約する宿もある。
URL stayinjasper.com（Jasper Home Accommodation Association）

高級ホテル

Whistler's Inn
ウィスラーズ・イン　　　MAP P.291-C2

　鉄道駅とバスディーポの目の前という好立地。1976年創業のジャスパーでは老舗のホテルのひとつ。部屋は清潔で広さも申し分なく、スパやサウナなど設備も整っている。地下に動物のはく製を集めた小さな博物館があるほか、パブを併設する。

住 105 Miette Ave.
TEL (780)852-3361
FREE (1-800)282-9919
URL www.whistlersinn.com
料 HGH 6〜9月S D$249〜
LOW 10〜5月S D$159〜　Tax別
CARD A M V
室 64室

Chateau Jasper
シャトー・ジャスパー　　　MAP P.291-B1

　ダウンタウンの北のゲイキー通り沿いにある、3階建ての大型ホテル。客室以外の設備も充実しており、レストラン、ホットタブ、屋内プールを利用できる。パシュート系列でスキーやハイキングなどのアクティビティの相談にも応じてくれる。

住 96 Geikie St.
TEL (780)852-5644
FREE (1-800)468-8068
URL www.banffjaspercollection.com/hotels/
　chateau-jasper
料 HGH 6〜9月S D$307〜
LOW 10〜5月$159〜
CARD A M V
室 119室

Jasper Inn & Suites
ジャスパー・イン＆スイート　　　MAP P.291-B1

　山小屋のようなロッジタイプのホテル。客室はモダンな印象でエアコンを完備し、キッチン付きの部屋はコンロと電子レンジが付くほか、ペット宿泊可能な部屋などさまざまなタイプがある。屋内プール、サウナ、ジャクージあり。

住 98 Geikie St.
TEL (780)852-4461
FREE (1-800)661-1933
URL www.jasperinn.com
料 HGH 6〜10月S D$309〜
LOW 11〜5月S D$179〜
　Tax別
CARD A M V
室 143室

Park Place Inn
パーク・プレイス・イン　　　MAP P.291-C2

　パトリシア通り沿いにあるブティックホテル。部屋数が少ないだけに質の高いサービスが受けられると評判。客室はそれぞれデザインが異なるヘリテージスタイル。どの部屋もクラシックな家具が配され、落ち着いたカラーで統一されている。

住 623 Patricia St.
TEL (780)852-9770
FREE (1-866)852-9770
URL www.parkplaceinn.com
料 HGH 6〜9月S D$249〜
LOW 10〜5月S D$140〜
　Tax別
CARD A M V
室 14室

　バスタブ　　TV テレビ　　　ドライヤー　　ミニバーおよび冷蔵庫　　セーフティボックス　　Wi-Fi（無料）
　一部客室　　TV 一部客室　　貸し出し　　一部客室　　フロントにあり　　Wi-Fi（有料）

高級ホテル

Forest Park Hotel Jasper
フォレスト・パーク・ホテル・ジャスパー [MAP] P.291-A2

ダウンタウンの北にある、れんが造りの外観が目を引く大型ホテル。黒光りした木で造られたロビーやダイニングルームには大きな暖炉があり重厚感にあふれている。インドアプールやジャクージ、サウナのほか、スパもある。

[住]76 Connaught Dr.
[TEL](780)852-5111
[FREE](1-888)832-5560
[URL]www.banffjaspercollection.com/hotels/forest-park-hotel
[料][HIGH]6月中旬～9月ⓈⒹ$319～
[LOW]10月～6月中旬ⓈⒹ$149～　Tax別
[CC]A M V
[室]240室

中級ホテル

Astoria Hotel
アストリア [MAP] P.291-B2

三角屋根の連なるロッジ風外観のホテル。規模は小さいが、パステル調の壁や花柄のファブリックなど、かわいらしい雰囲気で女性に人気が高い。ホテル内のレストラン「Papa George's Restaurant」「De'd Dog Bar and Grill」も評判。

[住]404 Connaught Dr.
[TEL](780)852-3351
[FREE](1-800)661-7343
[URL]www.astoriahotel.com
[料][HIGH]6月上旬～10月上旬ⓈⒹ$260～
[LOW]10月上旬～6月上旬ⓈⒹ$150～
Tax別
[CC]A M V
[室]35室

Marmot Lodge
マーモット・ロッジ [MAP] P.291-A1・2

コンノート通り沿いにあるロッジタイプのホテル。ダウンタウンの中心からは少し外れ、静かな環境。料金が比較的手頃なうえ部屋は広く清潔。キッチン付きやペット同伴可の部屋もある。屋内プール、サウナ、コインランドリーなどの設備も充実。

[住]86 Connaught Dr.
[TEL](780)852-4471
[FREE](1-888)852-7737
[URL]www.banffjaspercollection.com/hotels/marmot-lodge
[料][HIGH]6～9月ⓈⒹ$277～
[LOW]10～5月ⓈⒹ$147～　Tax別
[CC]A M V
[室]107室

The Crimson Jasper
クリムゾン・ジャスパー [MAP] P.291-B1

モーテルタイプのホテル。繁華街から少し離れているため、静かな環境にある。客室は広くて清潔。全99室中、バルコニー付きの部屋が8割ほど。2022年オープンのレストラン「Terra」やバー、ジャクージやフィットネスセンターを併設する。

[住]200 Connaught Dr.
[TEL](780)852-3394
[FREE](1-888)414-3559
[URL]www.banffjaspercollection.com/hotels/the-crimson
[料][HIGH]6～9月ⓈⒹ$317～
[LOW]10～5月ⓈⒹ$186～　Tax別
[CC]A M V
[室]99室

Tonquin Inn
トンキン・イン [MAP] P.291-B1

部屋のすぐ前が駐車場になっているモーテルタイプのホテル。ダウンタウンの北の端にある。インドアプールやサウナ、ジャクージ、アウトドアのホットタブも完備。ホテル内にレストラン「Whisky Jack Grill」を併設している。

[住]100 Juniper St.
[TEL](780)852-4987
[FREE](1-800)661-1315
[URL]decorehotels.com/tonquininn
[料][HIGH]6～9月ⓈⒹ$295～
[LOW]10～5月ⓈⒹ$170～
Tax別
[CC]A M V
[室]137室

Patricia Lake Bungalows
パトリシア・レイク・バンガローズ [MAP] P.290-C1

パトリシア湖の湖畔にたたずむホテル。モーテルタイプのスタンダードルームのほか、コテージやログキャビンタイプ、キッチン付きなどさまざまなタイプの部屋から選ぶことができる。パトリシア湖でのボートのレンタルは1時間$35。

[住]1 Pyramid lake Rd.
[TEL](780)852-3560
[FREE](1-888)499-6848
[URL]www.patricialakebungalows.com
[営]5月上旬～10月上旬
[料][HIGH]6月中旬～9月下旬ⓈⒹ$215～595
[LOW]5月上旬～6月中旬、9月下旬～10月上旬
ⓈⒹ$185～510　Tax別
[CC]M V
[室]50室

エコノミーホテル

The Athabasca Hotel
アサバスカ

MAP P.291-C2

ダウンタウンの中心部、パトリシア通り沿いにある。客室のインテリアや設備は多少古くささを感じさせるが、立地のよさと比較的手頃な料金で人気。1階にはパブがあり、生バンドのライブも行っているので、部屋によってはうるさいことがある。

[住]510 Patricia St.
[TEL](780)852-3386
[FREE](1-877)542-8422
[URL]www.athabascahotel.com
[料][HIGH]5月下旬～10月中旬
バス付きⓈⒹ$259～、バス共同ⓈⒹ$159～
[LOW]10月中旬～5月下旬
バス付きⓈⒹ$129～、バス共同ⓈⒹ$99～
Tax別 [CC]A M V [室]61室

Pine Bungalows
パイン・バンガローズ

MAP P.291-A2

ダウンタウンから北へ約2km、アサバスカ川のすぐ横に位置している。コテージとホテルタイプ、ふたつのタイプがある。全75室のうち約半数はキッチン付き、暖炉を備えている部屋もある。室内は広くて、木のぬくもりが感じられる。

[住]No. 2 Cottonwood Creek Rd.
[TEL](780)852-3491
[URL]www.pinebungalows.com
[営]5月上旬～10月上旬
[料][HIGH]6月中旬～9月下旬ⓈⒹ$273～(キャビンは2泊以上～)
[LOW]5月上旬～6月中旬、9月下旬～10月上旬
ⓈⒹ$221～ Tax別
[CC]M V [室]75室

ツーリストホーム

Seldom in Guest House
セルドム・イン・ゲスト・ハウス

MAP P.291-B1

親日家のダルトさん＆シェリルさん夫妻がオーナー。2000年に営業を始め、年配客の宿泊も多いという。全室マウンテンビューでこぢんまりとした客室は居心地がいい。国立公園で働いていたためアクティビティ事情に詳しいのも心強い。

[住]123 Geikie St.
[TEL](780)852-5187
[URL]stayinjasper.com/accommodations/seldom-in-guest-house
[料][HIGH]夏季ⓈⒹ$150～160
[LOW]冬季$95～125 Tax別
[CC]不可
[室]3室

Colin House & Colin Suite
コリン・ハウス＆コリン・スイート

MAP P.291-B1

その名の通り、4人まで宿泊可能なフルアパートメントとスイートルームがあり、小さな中庭でBBQを楽しむことも。15年以上営業し、オーナーのサンドラさんは気さくな人柄で話しやすい。連絡・予約はAribnb(→P.408)にて。

[住]214 Colin Cres.
[TEL](780)852-8242
[URL]stayinjasper.com/accommodations/colin-house-approved-accommodation
[料][HIGH]夏季ⓈⒹ$189～590
[LOW]冬季$149～479
Tax別
[CC]不可
[室]2室

ユースホステル

Jasper Downtown Hostel
ジャスパー・ダウンタウン・ホステル

MAP P.291-B2

ダウンタウンの中心部にありどこへ行くにも便利な好立地。個室は最大4人まで宿泊でき、テレビの貸し出しにも対応。ドミトリーには女性専用ルームもあり簡素だが快適。共有スペースにロッカー(無料)があるので鍵を持参すると安心。

[住]400 Patricia St.
[TEL](780)852-2000
[URL]jasperdowntownhostel.ca
[料][HIGH]夏季 ドミトリー$65～ⓈⒹ$200～
[LOW]冬季 ドミトリー$35～ⓈⒹ$100～
Tax別
[CC]M V
[室]20室、68ベッド

HI Jasper
HI・ジャスパー

MAP P.291-D1

2019年開業の大型のユースホステル。中心からは外れるが、鉄道駅から徒歩10分と好アクセスで、エレベーターにもカードキーが使えて安心。ロビーや食堂では定期的にイベントが行われている。「受付」は24時間営業で、親切なスタッフも評判だ。

[住]708 Sleepy Hollow
[TEL](587)870-2395
[FREE](1-866)762-4122
[URL]www.hihostels.ca
[料]ドミトリー$33.2～(会員)、$36.9～(非会員)
ⓈⒹ$106～(会員)、ⓈⒹ$118～(非会員)
Tax別
[CC]M V [室]45室、157ベッド

ジャスパーのレストラン

　ジャスパーの町にはギリシア系の移民が多く住んでおり、ギリシア料理を出すレストランは一般的だ。ほかに、カナダ料理やイタリア料理、中華料理など料理の種類はいろいろあるが、レストランの数自体は非常に少ない。どこもカジュアルな雰囲気なので、本格的なディナーを楽しみたい人はカナダ料理から日本料理まで揃っているThe Fairmont Jasper Park Lodge（→P.280）に行くといい。そのほか、Tonquin Inn（→P.301）やAstoria Hotel（→P.301）などホテル内にあるダイニングルームも人気が高い。もちろん宿泊客以外でも気軽に利用できる。

　また、ダウンタウンで探すなら、コンノート通りとパトリシア通り沿いにほとんどのレストランが並んでいるので、歩きながら探してみよう。どのレストランも夜遅くまで営業しているので、観光のあとでも安心だ。

Fiddle River
フィドル・リバー　　　MAP P.291-C2

カナダ料理

コンノート通り沿いの2階にあり、見晴らしのいいテラス席が人気。BC州の新鮮な魚介のほか、エルクやバイソン、イノシシにアルバータ牛といった肉料理も多彩な顔ぶれ。おすすめは濃厚で重厚感のあるジビエのミートローフ$32など。

🏠620 Connaught Dr.
☎(780)852-3032
URL www.fiddleriverrestaurant.com
🕐5月～10月中旬　毎日17:00～22:00
　10月中旬～4月　毎日17:00～21:00
　（時期により変動あり）
🈳無休
💰$40～
💳A M V

Jasper Brewing
ジャスパー・ブリューイング　　　MAP P.291-D2

氷河の溶水を使った地ビールを堪能できる。エールタイプのRock hopper IPAやピルスナータイプのCrisp Pilsなど約9種類あり$6～。6種飲み比べができるセットは$19。AAAアルバータ牛のハンバーガー$18など料理も豊富。

🏠624 Connaught Dr.
☎(780)852-4111
URL www.jasperbrewingco.ca
🕐毎日11:00～翌2:00
🈳無休
💰$15～
💳A M V

Jasper Pizza Place
ジャスパー・ピザ・プレイス　　　MAP P.291-B2

イタリア料理

ジャスパーで唯一、薄い生地のピザが食べられる。ピザは普通のオーブンと薪窯（夏季は終日、冬季は15:00以降のみオーダー可）で焼いたものの2種類。ピザはMサイズ$16.95～、Lサイズ$20.95。薪窯のピザはMサイズのみで、$23.95～。

🏠402 Connaught Dr.
☎(780)852-3225
🕐6～10月　毎日11:00～23:00
　11～5月　月～木15:00～22:00
　金～日12:00～22:00
🈳無休
💰$20～
💳A M V

Syrahs of Jasper
シラーズ・オブ・ジャスパー　　　MAP P.291-C2

インターナショナル

ジャスパーで本格的な西洋料理が食べたい人はここへ。最高級ホテルのダイニングで10年以上も腕をふるったシェフの手がける料理は、フレンチの技巧を生かしたフュージョン料理。メインは$30～。ワインのセレクションも秀逸だ。予約推奨。

🏠606 Patricia St.
☎(780)852-4559
URL syrahsofjasper.com
🕐毎日17:00～21:00
🈳無休
💰$50～
💳A M V

📶インターネット接続あり（無料）

L & W Restaurant

ギリシア料理

エル＆ダブリュー　　　　　　　　　**MAP** P.291-D2

ギリシア料理を中心に、ハンバーガーやステーキ、パスタ、シーフードなど多彩なメニューが揃う。ガラス張りのテラスがあり、晴れた日の昼間なら陽光を浴びながら気持ちよく食事できる。値段も手頃なので地元の人や観光客で混み合っている。

🏠Hazel Ave. & Patricia St.
📞(780)852-4114
🕐毎日11:00～23:00
休無休
💰$15～
💳A M V

Kimchi House

韓国料理

キムチ・ハウス　　　　　　　　　**MAP** P.291-B2

韓国出身の女性店主モニカさんが営むコリアンレストラン。キムチも含め、すべて手作りにこだわった本場の韓国料理が楽しめる。ボリューム満点のプルコギは$21.95。寒い日には身体があったまるスンドゥブチゲ$16.95がおすすめ。

🏠407 Patricia St.
📞(780)852-5022
🌐kimchihousejasper.com
🕐毎日12:00～21:00
休無休
💰$25～
💳M V

Smitty's

スミッティーズ　　　　　　　　　**MAP** P.291-C2

ハンバーガー、オムレツ、ステーキと品揃え豊富なファミリーレストラン。エッグベネディクト$16.99などの朝食が創業以来人気。ディナーは子牛肉のカツレツ$16.99がおすすめ。キッズやシニア向けのメニューも用意されている。

🏠109 Miette Ave.
📞(780)852-3111
🌐www.smittys.ca
🕐夏季 毎日7:00～20:00
　冬季 毎日7:00～17:00
休無休
💰$15～
💳A M V

Earls

ファミリーレストラン

アールズ　　　　　　　　　**MAP** P.291-C2

カナダ各地に展開し、アルバータ州だけでも25店舗を構える人気チェーン。家族とシェアしていただくカジュアルな大皿料理が揃い、寿司ロールやタコスなど多国籍メニューも。酒類も充実し、14:00～17:00はハッピーアワーを実施。

🏠600 Patricia St..
📞(780)852-2393
🌐earls.ca/locations/jasper
🕐毎日11:00～24:00
休無休
💰$25～
💳A M V

Andromeda Coffee

アンドロメダ・コーヒー　　　　　　　　　**MAP** P.291-C2

地元の有名ロースターから仕入れた豆を使い、シアトル製のエスプレッソマシンで淹れるコーヒー$3.85やハニー・ラテ$5.85が評判。1階のコインランドリー内にある姉妹店Snowdome Coffee Barはテイクアウトにも便利。

🏠607 Patricia St.
📞(780)852-3852
🌐snowdome.coffee
🕐毎日7:00～19:45LO
休無休
💰$5～
💳A M V

Coco's Cafe

カフェ

ココズ・カフェ　　　　　　　　　**MAP** P.291-C2

早朝から営業し、ローカルな雰囲気たっぷりのおしゃれなカフェ。グルテンフリーやオーガニック食材を使ったヘルシーな料理を提供。ベジベーグル$15.95やライ麦のルーベンサンド$16.95などの軽食メニューのほか、マフィン$3.95も揃う。

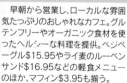

🏠608-B Patricia St.
📞(780)852-4550
🌐cocoscafe.ca
🕐夏季 毎日6:00～18:00
　冬季 毎日6:00～16:00
休無休
💰$15～
💳M V

ジャスパーのショッピング

みやげ物店はコンノート通りとパトリシア通りに並んでいる。カナディアン・ロッキーならではのおみやげを探しているのなら、エルクやムースの角で作ったクラフト製品や、ロッキーの美しい風景の写真や絵のポストカードなどを。ジャスパーのマスコット、ジャスパーベアのキャラクターグッズもおすすめ。

アウトドア

Gravity Gear
グラビティ・ギア　　　　　　　　　**MAP P.291-C2**

カナダのアウトドアブランド、アークテリクスARC'TERYXやアイスブレーカーIcebreakerのウエアやハイキング用品が揃うアウトドアショップ。ハイキングのガイド本も充実。冬はスキーやアイスクライミング用品のレンタルも行なっている。

📍625B Patricia St.
☎(780)852-3155
FREE(1-888)852-3155
URL www.gravitygearjasper.com
🕐6〜8月
　　毎日10:00〜21:00
　9〜5月
　　毎日10:00〜18:00
休無休　CC A J M V

おみやげ

Our Native Land
アワー・ネイティブ・ランド　　　　**MAP P.291-C2**

オーナーが厳選し、商品の8割がインディアンやイヌイットなどの先住民関連。伝統的な模様が刻み込まれたハンドメイドのジュエリーやクラフト製品を扱う。ターコイズをあしらったペンダント$65〜やコンビリング$160〜などが人気。

📍601 Patricia St.
☎(780)852-5592
URL www.ournativeland.com
🕐5〜9月　毎日9:00〜22:30
　10〜4月　毎日10:00〜18:00
休無休
CC A M V

Rocky Bear Gifts
ロッキー・ベア・ギフト　　　　　　**MAP P.291-B2**

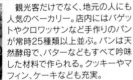

ローカルメイドの商品を中心に取り扱うギフトショップ。ジャスパーのマスコットであるジャスパーベアのぬいぐるみ$20.98やシカのオーナメント$18.98〜など、手作り感あふれる動物グッズの品揃えが充実し見ているだけでも楽しい。

📍400-B Connaught Dr.
☎(780)852-3250
🕐毎日8:00〜17:00
　（時期により変動あり）
休無休
CC A M V

パン

Bear's Paw Bakery
ベアーズ・ポー・ベーカリー　　　　**MAP P.291-B2**

観光客だけでなく、地元の人にも人気のベーカリー。店内にはバゲットやクロワッサンなど手作りのパンが常時25種類以上並ぶ。パンは天然酵母で、バターなどもすべて吟味した材料で作られる。クッキーやマフィン、ケーキなども充実。

📍4 Pyramid Rd.
☎(780)852-3233
URL www.bearspawbakery.com
🕐毎日6:00〜18:00
休無休
CC M V

チョコレート

Candy Bear's Lair
キャンディ・ベアーズ・レア　　　　**MAP P.291-C2**

日本人経営で手作りのファッジやチョコレートを販売。人気のクマのツメをモチーフにしたキャラメル&チョコのBear Paws 100g $4.75。10種のフレーバーが揃うキャラメルポップコーンやアイスクリーム、フローズンヨーグルトなどもある。

📍611 Patricia St.
☎(780)852-2145
URL www.candybear.ca
🕐6〜8月　毎日10:00〜23:00
　9〜5月　月〜金11:00〜21:00
　　　　　土10:00〜21:30
　　　　　日10:00〜21:00
　（時期により変動あり）
休無休
CC M V

Mount Robson Provincial Park
マウント・ロブソン州立公園

カナディアン・ロッキー

MAP P.214-A1～B1
人口 250
面積 2249km²
マウント・ロブソン州立公園情報のサイト
URL bcparks.ca/mount-robson-park

観光案内所から仰ぎ見るロブソン山

ジャスパーからハイウエイ#16を西へ20kmほど行くと、ブリティッシュ・コロンビア州に入る。それがマウント・ロブソン州立公園の入口。カナディアン・ロッキーの最高峰、ロブソン山があることで有名だが、観光客の数は少ないため、より自然を感じることができる場所だ。

マウント・ロブソン州立公園の歩き方

マウント・ロブソン州立公園観光の拠点となるのは、ハイウエイ#16沿いにある観光案内所。グレイハウンドのバスもここに停まる。観光案内所はロブソン山を望むビューポイントになっており、カフェを併設している。水や簡単な食料も手に入るが、できるならジャスパーから持ってきたほうがいい。園内にはほかにレストランはない。

キニー湖へ向かうトレイル入口

マウント・ロブソン州立公園はブリティッシュ・コロンビア州で、ジャスパーとはタイムゾーンが異なる。時差があるので、公園に着いたら忘れずに時計の針を1時間戻そう。

マウント・ロブソン州立公園への行き方

レンタカー利用が一般的。ジャスパーからトランス・カナダ・ハイウエイを西へ進み、約26km。拠点となる町はないので、通常の観光ならジャスパーの旅行会社が催行する日帰りツアーに参加するのがおすすめ。

❓ 観光案内所

Mt. Robson Provincial Park
MAP P.306
TEL (250)566-4038
URL bcparks.ca/mount-robson-park
圓 5月中旬～6月中旬、9月上旬～末
毎日8:00～17:00
6月中旬～9月上旬
毎日8:00～19:00
10月～11月下旬
毎日9:00～16:00
休 11月下旬～5月中旬

バーグ・レイク・トレイル
Berg Lake Trail
Whitehorn Mountain
Berg Lake
Lynx mountain
ロブソン山
Mount Robson P.307
Cinnamon Peak
Kinney Lake
マウント・ロブソン州立公園
Mount Robson Provincial Park
P.306 ❓観光案内所
H Mount Robson Lodge P.307
ジャスパーへ

0 3.25 6.5
km
N

**マウント・ロブソン
州立公園**

おもな見どころ

ロブソン山
Mount Robson

MAP P.306

ホワイトホーン山を映し出すキニー湖

　バンクーバーなど西海岸からジャスパーに向かう旅行者は、その少し手前にそびえるピラミッド状の独立峰に目を奪われるはずだ。これがカナディアン・ロッキーの最高峰、3954mのロブソン山だ。その幾重にも積み重なった地層に縞状に雪が積もった様子から、インディアンは"Yuh-hai-has-hun＝らせん状の道の付いた山"と呼んでいたという。観光案内所前が山を仰ぎ見るベストスポットだ。

　州立公園内には変化に富んだいくつものトレイルがあり、ハイキング初心者から上級者までレベルに応じて山歩きを楽しむことができる。麓の観光案内所でトレイルマップが手に入り簡単なレクチャーも受けられるので、自分好みのトレイルに挑戦してみよう。特に名が知られているのは、バーグ湖Berg Lakeまでの「バーグ・レイク・トレイルBerg Lake Trail」。観光案内所脇からさらに車道を2kmほど北に進んだ駐車場から始まっており、バーグ湖まで片道23km。日帰りでは行けないので、テントを持ってキャンプしながら行く本格的な準備が必要。キャンプをするなら観光案内所で料金を払って許可を得なくてはな

らない。もっと手軽に楽しむなら、トレイルの途中約4kmにあるキニー湖Kinney Lakeまでのコースがおすすめ。キニー湖は、ホワイトホーン山Whitehorn Mountainを映す美しい湖。キニー湖までなら往復約3時間くらい。トレイルはアップダウンも少ないので経験の少ない人でも安心だ。基本的に往復路は同じ一本道をたどることになる。

カナディアン・ロッキーの最高峰、標高3954mのロブソン山

公園内のキャンプ料金
圏$10〜28
　キャンプのシーズンは5月中旬〜9月頃。事前に申し込み、キャンプ料金を観光案内所で支払う。
　人気のあるバーグ湖のキャンプ場は、オンラインで予約可能。
URL discovercamping.ca

ヘリツアー
Heli Tour
　国立公園内は一般の航空機の飛行が禁止されているが、マウント・ロブソンは州立公園なので飛行が可能。そのためカナディアン・ロッキーの稜線をひとつ飛びするヘリハイクがバンフ、ジャスパー国立公園の周囲で行われている。マウント・ロブソン州立公園の場合、人気の高いバーグ湖へのトレッキングは往復で同じコースを通るので、片道はヘリを利用するツアーがかなり一般的になっている。ほかに、ロブソン山を間近に見るものなどいくつかのコースがある。
Robson Helimagic
TEL (250)566-4700
FREE (1-877)454-4700
URL www.robsonhelimagic.com

ロブソン山周辺を飛ぶヘリツアー
圏1人$265〜

マウント・ロブソン州立公園のホテル
Mount Robson Lodge
マウント・ロブソン・ロッジ
MAP P.306
住16895 Fransworth Rd
TEL (250)566-4821
URL mountrobsonlodge.com
圏5月中旬〜10月中旬
圏Ⓢ◐$129〜　Tax別
CC M V
室18室
交ロブソン山の観光案内所からハイウエイ#16を西に5km行った左側。
　バンガロータイプのホテル。ほとんどの客室にキッチンが付いている。予約は3泊〜。

針葉樹に覆われたカナディアン・ロッキーの山々。その谷間や斜面のいたるところに咲く美しい花々。植物分布を標高によって区分すると、標高1000〜1900m以下の山地帯（モンタンゾーン）、標高1350〜2300m以下の亜高山帯（サブアルパインゾーン）、標高2000〜2300m以上の高山帯（アルパインゾーン）の3つに分けられる。

山地帯の樹木としては、ロッジポール・パイン、ホワイト・スプルース（トウヒの一種）、ダグラスファー（モミの一種）などの針葉樹と、秋に美しい黄葉を見せるタンブリング・アスペン（ハコヤナギ属の植物、ポプラの一種）、バルサム・ポプラなどが代表的だ。

亜高山帯ではサブアルパイン・ファー、イングルマン・スプルース、サブアルパイン・ラーチ（カラマツの一種）が多く、サブアルパイン・ラーチはロッキーのなかで唯一黄葉し、かつ落葉する針葉樹として知られている。

高山帯とは森林限界（高地で森林が生育しうる限界線）を超えた地帯を指し、したがって背の低い高山植物しか生えず、岩や砂礫地などが広がっている。

バラエティに富んだ山地帯の花々

カナディアン・ロッキーの花のシーズンは5月頃から始まる。山中ではまだ残雪が見られるが、標高1350m付近の山地帯では、プレイリー・クロッカスの花が咲き出し、日陰にはビーナス・スリッパー（カリプソウ）の姿を見ることができる。女神の上履きと名づけられたこの花はラン科の花で、ホテイランの仲間。花の時期は標高によって違うが、6月が最盛期。同じくラン科の花でアツモリソウの仲間イエロー・レディ・スリッパーも美しい。このほか初夏の山地帯では、ツル状のブルー・クレマチス、ツバメオモトの仲間で大ぶりの白い花を付けるクイーンズカップや、アルバー

ビーナス・スリッパー

夕州の州花ワイルドローズも目立つ存在。

少し遅れて森林帯の林床では、ゴゼンタチバナの仲間バンチベリー（またはドーフ・ドッグ・ウッド）や、リンネソウの仲間ツインフラワーが見られるようになる。バンチベリーは秋には赤い実をたくさん付ける。日当たりのいい斜面ではシューティング・スターやマメ科の花ショウィー・ロコウィードやノーザン・スイートベッチなどが一面を覆い、盛夏へと向かう。

イエロー・レディ・スリッパー

亜高山帯のフラワーガーデン

6月も半ばになると少し標高の高い山中で、カタクリの仲間の黄色いグレイシャー・リリー、ウエスタン・アネモネや、ホワイト・グローブ・フラワーの白い花が雪解け場所に一斉に咲き始める。また、花が咲いたあとは、ウエスタン・アネモネのように、綿毛を付けて遠くまでタネが飛ぶよう自然の工夫を身に付けているものもある。このほか雪解けの湿った場所では、スプリング・ビューティ、マーシュ・マリゴールドなど、また少し季節が遅れてシオガマの仲間ルーズワートやエレファントヘッドもよく見られる花だ。

真夏の亜高山帯の花畑はさまざまな色で満ち、とてもにぎやか（7月下旬〜8月初旬が最盛期）。なかでもとりわけ目立つのが、インディアン・ペイント

ウエスタン・アネモネ

インディアン・ペイントブラシ

ファイヤーウィード

ブラシ。ロッキーの花でまず覚えてほしい花だ。これは山地帯から亜高山帯まで幅広く分布しているが、標高が上がれば上がるほど背丈が低くなり、さまざまな色のインディアン・ペイントブラシを見ることができる。標高の低い所ではおおむねオレンジ色で、高い所では赤、ピンク、黄色、白と色とりどり。

次に鮮やかなのが黄色のアーニカ。これは日本のウサギギクの仲間。紫の花なら、ヒメシャジンの仲間のコモン・ヘアーベル、アズマギクの仲間のトール・パープル・フリーベンなど。ヘアーベルのヘアーとはウサギのことで、ウサギの鈴というかわいらしい名前をもつ。白い花なら香りのいいワイルド・ヘリオトロープ（別名バレリアム）、ミヤマシシウドの仲間のカウ・パースナップなど。これらの花々が混ざり合い色鮮やかな花園を見せてくれる。

過酷な気象条件下に咲く高山帯の花々

高山に生える花は、風の影響を受けにくいよう背丈が低くなったり、逆に太陽光を極力受けられるように地面にはいつくばるように広がったりしている。

夏の終わり、山地帯で群生するヤナギランの仲間ファイヤーウィードは、高山帯ではマウンテン・ファイヤーウィードと呼ばれ、背丈は低いがあでやかな赤紫の花を付ける。キンポウゲ科の黄色のバターカップも高所ではアルパイン・バターカップと呼ばれ、湿り気のある高山帯の草地で群生が見られる。グリーンの苔状のベッドにピンク色の小さな花を密生させるのはモス・キャンピオンだ。この花の生長は遅く、直径10cmになるのに約200年かかるともいわれる。チョウノスケソウの仲間ホワイト・マウンテン・エーベン（ドライアッドともいう）、イソヒゲの仲間のホワイト・マウンテン・ヘザーも高山帯の代表的な花だ。

ロッキーでも、訪れる時期や場所によって見られる花はだいぶ異なる。現地の書店や国立公園のインフォメーションセンターで植物図鑑などを購入し、見られた花をチェックするのも楽しい。

そして最後にひと言。花や植物は写真に撮るだけに……。もちろん国立公園内では植物の採取は一切禁止されている。あくまで個人のモラルの問題だが、"日本の観光客が増えたらロッキーの花が減った"などと言われないためにも。

写真・文／永野晴子

亜高山帯に咲き乱れる花

モス・キャンピオン

自分の足で歩いて、大自然を満喫しよう

カナディアン・ロッキーの
ハイキング

カナディアン・ロッキーの
ハイキングルートは、
その多くが自然の姿のままになっており、
野生動物との遭遇の機会も多い。
ここでのハイキングはまさに、
自然の奥深さを体感できる
絶好のチャンスだ。
とはいえ自然が相手なので、
事前の準備をしっかりとして、
安全で楽しいハイキングを心がけよう。

1 トレイルは自然のまま残されているので、足元に注意して歩こう 2 途中で野生動物に遭遇することもしばしば 3 夏には花が咲き乱れる

⚠ カナディアン・ロッキーのハイキングのルール

植物採取や持ち出しは一切禁止

　国立公園や州立公園では、自然のものを外に持ち出すことは一切禁止されている。記念にしたいとひろってきた小石や松ぼっくりでさえ、例外ではないので注意。

動物への餌やりは厳禁

　野生動物の多い国立公園内では、人よりも動物が優先となる。シャッターチャンスだからといって、写真を撮るために動物に近づくことは危険であるばかりか、動物にストレスを与えることになる。人懐こいリスや小鳥に餌を与えることも禁止事項だ。

　ハイウエイでよく見かけるエルク（大鹿）、シカ、野生の羊などはやさしい眼をしているが、あくまでも車の中から観察するようにしたい。

ハイキングのシーズン

年ごとに雪解けの状況が違うが、5月半ばを過ぎると標高1500m付近や南側の斜面では、雪が消え、新緑が輝き出し、ハイキングの季節が訪れる。しかし、まだ歩けるコースは限られている。

本格的なシーズンは6月中旬から。雪解けとともに咲き出すウエスタン・アネモネやグレイシャー・リリーもこの頃からが見頃で、7月上旬、雪解けが遅ければ7月後半まで花を咲かせる。7月上旬になると標高2000m付近まで快適に歩けるようになる。7月中旬ともなると、森林限界線より上部でもホワイト・マウンテン・エーベンやモス・キャンピオンなどの高山植物が開花する。メドウに広がる花畑には、インディアン・ペイントブランシ、アーニカ、トール・パープル・フリーベンなどが咲き乱れ、8月中旬までが見頃となる。

8月下旬になると、1500m付近の亜高山帯では朝晩氷点下となり、9月に入ると雨が雪に変わる可能性が高くなる。防寒の用意がいっそう重要になってくる。

9月半ばになると、高山帯のカラマツが黄色に変わり、9月下旬から10月上旬にかけてはアスペンやポプラの黄葉が見事だ。日の入りがめっきりと早くなり、寒波の訪れとともにハイキングの季節も終わる。

黄色いカタクリの
グレイシャー・リリー

情報収集とコース選定

観光案内所には、天気予報、トレイル情報、クマの出没情報などが掲示されている。窓口ではハイキングコースの相談にも応じてくれる。さらに地図やガイドブックを購入することもできる。

初心者であれば、往復10kmくらいのトレイルが最適だろう。コース選定に自信がなければ、ハイキングツアーに参加するのも一案。グループで歩く際も、事前にハイキングのガイドブックなどを読んでコースを把握しておくと、ずっと印象深いハイキングになるはずだ。

レイク・ルイーズの観光案内所

地図の入手

本書のルートガイドに簡単な地図も掲載しているが、現地で必ず詳しい地図を購入してほしい。地図が入手できるのはバンフ、レイク・ルイーズ、ジャスパーの各観光案内所や、バンフの書店など。

日本で出版されているハイキング・ガイドブックには、『カナディアン ロッキーのハイキング・ガイド』（発行：クラックス・パブリッシング／2500円+税）などがある。

ハイキングマップは必ず入手しよう

ロッキーのシーズンカレンダー

5月	6月	7月	8月	9月
前半はまだ歩けるコースは限られ、南斜面のコースを選びたい。半ばになると高山植物が咲き始める。まだまだ寒いので、マウンテンパーカーの下にフリースを着るなど防寒対策は万全に。	雪や氷もほとんど溶け、中旬になると本格的なシーズン到来。雪解けとともに多くの高山植物が花を付ける。朝・晩を中心に寒さはまだ厳しいので、防寒対策は万全にしよう。	標高2000m強の高山帯でも雪が溶け、ほぼすべてのトレイルがオープンし、花もピーク。晴れた日なら半袖でも大丈夫だが、天気が崩れたり標高の高い所に行くときは上着を忘れずに。	中旬まではまだまだ暖かいが、下旬になると高山地帯では朝に霜が降りることも。花も中旬以降は少なくなる。日中でも冷え込む日があるので、上着は必須。	気温が急激に下がり、雨が雪に変わることも。防寒対策をしっかりと。急に温度が上がるインディアン・サマーもこの時期。中旬からはカラマツやアスペンが色づき、黄葉のシーズン。
*この時期の花 プレイリー・クロッカス ビーナス・スリッパー	*この時期の花 ビーナス・スリッパー イエロー・レディ・スリッパー ウエスタン・アネモネ グレイシャー・リリー	*この時期の花 ホワイト・マウンテン・エーベン モス・キャンピオン ファイヤーウィード アルパイン・バターカップ インディアン・ペイントブランシ アーニカ トール・パープル・フリーベン	*この時期の花 インディアン・ペイントブランシ アーニカ トール・パープル・フリーベン ファイヤーウィード	この時期にはまだ花は少し残っている場合もあるが、シーズンの花はない。10月に入ると雪が降り始め、シーズンは終了。

町でハイキングのウオーミングアップ

初めてロッキー山脈をハイキングするなら、起点となる町で最低1日は過ごすようにしたい。トレイルの情報収集に時間を費やし、町のセルフ・ガイド・トレイル（遊歩道）などを歩いてみよう。そうすることで、ハイキングの予行演習にもなるし、カナディアンスタイルのハイキングの様子もわかってくる。

個人で歩くか？ ツアーに参加するか？

国立公園のトレイル（登山道）はよく整備されているコースが多く、日本で山の経験のある人であれば、個人でも十分に楽しめるはずだ。ただ、ロッキーのトレイルは日本に比べて登山者が少ない場所も多いので、個人で歩くなら、ハイカーの多いコースのほうが安心だ。本書で紹介しているコースのなかでいうなら、トンネル・マウンテン、サンシャイン・メドウ、ラーチ・バレー、レイク・アグネス、キャベル・メドウのコースなどだ。ツアーに参加すれば、トレイルヘッドTrail Head（登山口）までの交通機関の確保を心配したり、トレイルヘッド自体を探すこともないので、自然を味わうことに集中できる。ガイドは、動植物、地質、国立公園の歴史などあらゆる知識を勉強しているので、その説明を受けられることも魅力のひとつだ。ツアーの場合は、10人前後で歩くわけなの

で、それではやっぱり人数が多過ぎると思われる人もいるだろう。そんなときには、お金は多めにかかるが個人でガイドを頼むこともできる。

ツアーなら山についての説明も聞ける

> **CHECK!** ガイドにはチップの心遣いを！
>
> ガイドと歩くハイキングで心がけたいのがチップ。楽しく1日を過ごせたら、感謝を込めて、グラテュイティと呼ばれるチップを渡すのがエチケット。参加者の数にもよるが、参加費用の10％ぐらいが目安。

ハイキングツアーについて

◆日本発のハイキングツアーを利用

入山時のグループツアーの人数は、1グループにつきガイドを除いて12人まで、と公園管理局が定めている。旅行会社の方針や対応などをよく聞いて、ツアーを選ぶ際の判断基準にしよう。また旅行費用、観光やフリータイムの有無なども検討材料となるが、自然のなかでどのように過ごせるのかも選ぶポイントになる。自分にぴったりのツアーが見つからなければ、担当者と相談して、カスタムパッケージをつくってもらうこともできる。

◆現地でハイキングツアーに参加

バンフ、キャンモア、ジャスパーなどでは、ハイキングを専門に扱うツアー会社も増えてきた。選ぶ基準は日本からのツアーと同様。現地ツアーでは、参加条件としてウェイバーWaiver（事故時権利放棄契約書）にサインを要求される場合がある。内容を確認してからサインしよう。最近は、日本語訳を用意している会社もある。見方を変えれば、ウェイバーにサインを要求しない会社は問題ありともいえる。

ACMG（カナダ山岳ガイド連盟）に所属するハイキングガイドは、プロフェッショナルなガイド術に定評がある。現地の観光案内所やホテルなどに置いてあるパンフレットには各ガイド会社の詳細が載っているので参考にしよう。

日本人経営のツアー会社（→P.227）では、プライベート形式でハイキングのガイドツアーを催行しているので、お願いしてみるのがいい。オンサイト・カナダのようにハイキングに特化した会社もある。

◆リゾートホテル主催のハイキングツアー

カナディアン・ロッキーを代表するホテル、The Fairmont Château Lake Louiseや、The Fairmont Jaspar Park Lodgeでは、宿泊客を優先して、ガイドと歩くツアーが用意されている。経験豊富なガイドと歩けるのが魅力だ。

多くのツアーを催行しているThe Fairmont Château Lake Louise

服装

1日の温度差が20度近くにもなり、真夏であっても雨が雪に変わることが珍しくないカナディアン・ロッキーでは、万全の装備でハイキングに臨みたい。高山や氷河の近くでは冷たい風が吹くことも多く、日本の秋山ぐらいの服装を想定するとよい。真夏の晴天時ならば、半袖、半ズボンでも歩けるが、天候が崩れたときに備えて、雨具や防寒着の用意は忘れずに。

靴は防水性があり、靴底が厚く滑りにくい、履き慣れたトレッキングシューズを用意しよう。スニーカーでも歩けないことはないが、残雪があるときはぬれてしまうし、滑りやすいので苦労するだろう。

◆ハイキング時の服装

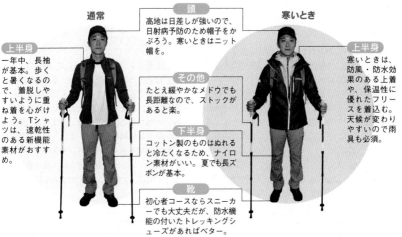

通常　　　　寒いとき

頭
高地は日差しが強いので、日射病予防のため帽子をかぶろう。寒いときはニット帽を。

上半身
一年中、長袖が基本。歩くと暑くなるので、着脱しやすいように重ね着を心がけよう。Tシャツは、速乾性のある新機能素材がおすすめ。

その他
たとえ緩やかなメドウでも長距離なので、ストックがあると楽。

下半身
コットン製のものはぬれると冷たくなるため、ナイロン素材がいい。夏でも長ズボンが基本。

靴
初心者コースならスニーカーでも大丈夫だが、防水機能の付いたトレッキングシューズがあればベター。

上半身
寒いときは、防風・防水効果のある上着や、保温性に優れたフリースを着込む。天候が変わりやすいので雨具も必須。

◆持ち物チェックリスト

チェック欄			重要度	現地調達の容易さ	
☐	衣類	防寒具（フリースやインナーダウンなど）	○	◎	真夏にはほとんど必要ないが、非常用に。初夏や秋には必携。手袋も重宝。
☐		つば付きの帽子	◎	◎	日差しは強いので、特に真夏は絶対かぶったほうがいい。
☐		ニット帽	△	△	6月～7月上旬や9月には、気温が下がるときがあるので、あると助かる。
☐	小物類	サングラス	◎	◎	雪の上を歩くときは必携。紫外線も非常に強い。
☐		日焼け止めクリーム	◎	◎	SPF30以上のものを用意したい。ドラッグストアで売っている。
☐		リップクリーム	◎	◎	山はかなり乾燥している。ドラッグストアで普通に売っている。
☐		雨具	◎	◎	防寒着にもなるので必携。防水性に優れた素材のものを選びたい。
☐		方位磁石	◎	○	ひとつは持っておきたい。アウトドアショップなどで販売している。
☐		マッチやライター	○	◎	非常時のためにぜひ。スーパー、ドラッグストア、ガソリンスタンドなどで買える。
☐		ナイフ	○	△	小型のナイフはアウトドアショップで買える。
☐		ベアスプレー	○	○	クマよけ専用のスプレー。
☐		ヘッドランプ	◎	○	真夏は日が長いので不要だが、秋には日の暮れが早いので、必携。
☐	食品類	飲み物	◎	◎	川の水はそのままでは飲めないので、飲み水を持参しよう。
☐		行動食、非常食	◎	◎	小腹がすいたときや、万が一の場合にも。ビスケットやチョコレートが普通。
☐		ランチ	△	◎	行程が短いコースなら持っていかなくてもいい場合もある。
☐	本類	地図	◎	◎	現地の観光案内所などで詳しい地図が買えるので、調達したい。
☐		ハイキングガイド	◎	○	英語版ならたくさん売られている。日本から持参するのもいい。
☐	薬品類	絆創膏	○	◎	ドラッグストア、スーパーなどで売られている。
☐		消毒液	△	○	水をかけて消毒したほうがいい。ひどい場合は、クリニックに行こう。
☐		防虫スプレー	○	◎	虫の発生状況による。秋には不要。スプレー式、クリームなどさまざま。

ルールに従って 大自然を歩く

　カナディアン・ロッキーの登山道は "トレイル Trail" と呼ばれ、山麓または中腹から歩き出し、亜高山帯または高山帯にある湖や草原の "メドウ Meadow"、氷河下部まで行くコースが多い。山頂部は岩場になっており、日本アルプスのように稜線上を縦走するルートはほとんどないといっていい。

　国立公園内に数あるトレイルはよく整備されているが、バンフやレイク・ルイーズ周辺の人気コースを除けば、ハイカーの姿は少なく、秋や初夏はとりわけ静か。自然の色濃い場所だけに、野生動物の出現率も高く、それがひとつの魅力であると同時に、クマとの遭遇に備える対策なども必要となってくる。クマの出没情報は、観光案内所でチェックしよう。

　大自然といえども、それは無限ではない。ハイカーが増えれば徐々に自然にダメージが生じる。かけがえのない環境を守るためにも、国立公園または州立公園の規則に従ってほしい。なお、国立・州立公園では入園料を支払うことが義務づけられている（→P.215）。

景色を楽しみながらゆっくりと進もう

自然のなかでのエチケット

　世界各国のハイカーと出会うカナディアン・ロッキーのトレイルでは、他人がやっているからと、自然のバランスを崩すような行動は取らないこと。またハイカーのなかには、静かに歩きたい人もいれば、写真を撮られたくない人もいるということを頭に入れておこう。

ハイキングコースへのアクセス

　ハイキングに行く際に問題となるのが、交通手段の確保だ。路線バスは町を結んで走っているだけで、本数も少なく、ハイキングには利用しにくい。そのため、トレイルヘッドまではレンタカーやタクシーでアクセスするのが一般的だ。最近は、ハイキング専門のツアーなども現地発や日本発で多数催行されている。ツアーを利用するのもひとつの方法だ。

看板について

　国立公園のトレイルヘッドには、地図付きの案内板が設置されている所が多い。案内板は英語とフランス語で表示されている。人気のあるコースの分岐には、簡単なものだけではあるが、行き先や距離などが書かれた看板がある。あまり人の歩かないコースでは看板も少ない。また、日本で見られるような岩場を歩くときのペンキ矢印マークのようなものは、ほとんど見かけない。踏み跡程度しかない道では、ケルンCairnが積まれていることもある。

トイレ事情

　トレイルヘッドにピクニックエリアがあればトイレが設置されているが、トレイルヘッドだけの場合は、トイレがないこともある。ルイーズ湖やモレイン湖のような観光地がトレイルヘッドの場合は、公衆トイレもある。途中にキャンプ場があれば、そこのトイレを利用してもOKだ。ホテル以外のトイレは、たいてい水洗ではない。ただし、トイレットペーパーはだいたいの場所に付いている。ハイキング中にトイレが見つからない場合は、木陰などで用を足す。使用した紙は、ビニール袋などを用意しておき、それに入れ、必ず持ち帰ること。

生水を使う際は煮沸する

　山の水には人間に害を与えるバクテリアが含まれていることもある。動物の胃にすむジオジダランブリオというバクテリアで、人間の体内に入ると、ビーバー・フィーバーBeaver Feverと呼ばれる下痢や発熱などを引き起こすこともある。生水は5分ほど煮沸すれば大丈夫。携帯できる濾過器も有効だ。MRS社製の "ミニワーク" は小型で特におすすめ。

クマに注意！

　クマの出没しているトレイルは、入山が禁止され、トレイルヘッドにベア・ウオーニングBear Warningの看板が出ている。これを無視してハイキングした場合、見つかれば罰金刑となることもある。それどころか、命にも関わってくる。

　トレイルでクマに合うのはまれだが、常に注意は必要だ。特に、グミ科の赤い実を付けたバッファロー・ベリーが多い場所や、小川の近く、雪崩跡などは注意しよう。また、動物の死骸や大きな動物の糞を見つけたら、すみやかにその場から離れること。ベアベルBear Bellや笛などを使用してもクマと出合うことはある。クマ撃退の秘密兵器のようにアウトドアショップで売られているクマ撃退スプレーも、クマから4〜5mの至近距離からでないと効果がない。

　先が見えない曲がり角の前では大声を出し、ばったり会わないようにしたい。もし近距離で遭遇してしまった場合は、慌てずに静かに後ずさり、絶対に走らないこと。グループの場合は、全員が集まって大きな存在に見えるようにする。ただし残念だが、完全にクマから身を守る方法はないと思ったほうがよい。

迷ってしまった場合は

　公園のトレイルは比較的よく整備されており、現在使用されていないトレイルと交差する所には、大きな石や倒木を並べ、廃道にハイカーが入り込まないようにしてある。しかし、トレイルヘッドや見晴らしの利く所では、ときどき地図や方位磁石を取り出し、自分の位置を確認することが迷わないコツだ。

　それでも道に迷ったら、決して慌てず、リラックスして、地図と周りをよく観察する。わからなければ、来た道を慎重に引き返そう。盛夏のカナディアン・ロッキーは、日照時間が長く、22:00頃まで明るい。

トレイルには距離や方角が示されている看板があるので、それを参考に歩こう

知っておきたい ハイキング用語解説

「Meadow」メドウ
草原状になった広々した場所。

「Trail」トレイル
登山道。登山口はトレイルヘッドTrail Head。

「Pass」パス
峠。日本では鞍部ともいわれる場所。

「Slope」スロープ
斜面。緩やかな斜面はジェントルGentle・スロープ、急斜面はスティープSteep・スロープ。

「Rigde」リッジ
山の稜線、尾根のこと。

「Cairn」ケルン
道しるべとして詰まれた石積み。

「Scramble」スクランブル
岩場を手や足を使って登る箇所があったり、岩や砂でゴロゴロ、ザラザラして非常に滑りやすい箇所があったりする、ハイキングのなかでも上級者向きのコースのこと。

「Avalanche」アバランチ
雪崩。雪崩でできた草地や斜面をアバランチ・スロープと呼ぶ。

「Glacier」グレイシャー
氷河。氷原はアイスフィールドIce field。

「Warden」ワーデン
国立公園を管理する管理官のこと。州立公園ではレインジャーRangerと呼んでいる。

「Backpacker」バックパッカー
テント泊で山野を歩く人。

「Backpacking」バックパッキング
テント泊をしながら山野を歩くトレッキング。

「Backcountry」バックカントリー
未開拓地。

「Tree line」ツリーライン
森林限界線。

「Alpine Zone」アルパインゾーン
高山帯。標高2000m（北面側）〜2300m（南面側）以上。森林限界線以上のエリアで、風が強く、気温が低く、木の生えない厳しい環境。植物は、大地に広がるように生えたり、さまざまな工夫をして生きている。

「Subalpine Zone」サブアルパインゾーン
亜高山帯。標高1350m（北面側）〜2300m（南面側）。森林限界線より低く、雨や雪の量がモンタンゾーンより多く、まだらに生える木や、その間にメドウと呼ばれる草原が広がる。

「Montane Zone」モンタンゾーン
山地帯。標高1000m（北面側）〜1900m（南面側）。植物分布帯のなかでも、谷間の底辺部分に当たるエリア。深い森林や潅木が多い。

ハイキング
コースガイド

カナディアン・ロッキーには星の数ほどのコースがある。以下のものはそのほんの一部で、町から比較的近くてアクセスがよく、気軽に歩ける所を中心にセレクト。これを参考にして、ハイキングに出かけてみよう。

コースガイドの見方

本書のP.316〜324で紹介したコースは、比較的容易に歩けるルートを取り上げてある。各コースには難易度の目安が設けてあるので、歩く際の参考にしてほしい。

● 難易度 ●

★　歩行時間3時間以下。指導標（コース表示など）が多く設置され、初心者でも歩ける。

★★　歩行時間3〜6時間。指導標があまりない。地図が読めること。中級者向き。

★★★　歩行時間7時間以上。夏の北アルプス縦走程度の経験者向き。滑落注意部分あり。

バンフ周辺 ● 半日コース

バンフやボウ川を眺める散策コース

トンネル・マウンテン

TUNNEL MOUNTAIN

難易度	★
歩行距離	往復4.8km
所要時間	登り1時間、下り45分
標高差	240m

登山口へのアクセス　車でバンフ通りBanff Ave.からウルフ通りWolf St.を東進、グリズリー通りGrizzly St.を右折。すぐに左に分かれるセント・ジュリアン通りSt. Julien Rd.を約500m。左側の駐車場がトレイルヘッド。徒歩だと約20分。

1882年、大陸横断鉄道の建設に際し、この山にトンネルを掘るという計画が持ち上がり、実際にトンネルは通らなかったものの、トンネル山Tunnel Mountainの名前だけが残った。この山に登るトレイルが、トンネル・マウンテン・トレイル。バンフの町なかから歩けるので、旅行者にもわかりやすく、本格的なハイキングの足慣らしにちょうどいいコースだ。

トレイルヘッドに入ると、5分ほどでトンネル・マウンテン通りTunnel Mountain Rd.の車道を横切る。よく整備されたトレイルは、何度か折り返して、徐々に高度を上げていく。犬を連れたハイカーやランニングを楽しむ人が多く、技術的に難しい所はない。20分ほどで西側にバンフの町やボウ川Bow Riverの眺めが開け、川沿いの森の中にフェアモント・バンフ・スプリングスが望める。時

間がないときは、ここで引き返してもいい。

さらに頂上までは、緩やかに登ること約20分。頂上に続く尾根上に出ると、切れ落ちた東側にはフェンスが設置され、足元にボウ川やゴルフ場が見下ろせる。くれぐれもフェンスを乗り越えたりしないように。さらに10分ほど歩けば、頂上に着する。頂上からバンフの町が一望でき、バーミリオン湖のそばを走る鉄道が模型のように見える。帰りは来た道を戻ればいいので、簡単だ。

バンフの町を見下ろすトンネル山の山頂

コースタイム　トレイルヘッド（2.4km、1時間）→頂上（2.4km、45分）→トレイルヘッド

同じ登山口から登る花咲き乱れる
ふたつのエリア

サンシャイン・メドウと
ヒーリー・パス

SUNSHINE MEADOWS & HEALY PASS

難易度
サンシャイン・メドウ ★★
ヒーリー・パス ★★★

歩行距離 サンシャイン・メドウは合計12km
ヒーリー・パスは往復18.4km

所要時間 サンシャイン・メドウは
合計4時間45分
ヒーリー・パスは往復7時間

標高差 サンシャイン・メドウ240m
ヒーリー・パス705m

登山口へのアクセス 両方ともバンフ郊外
のサンシャイン・ビレッジ・スキー場のゴンドラ乗
り場が出発地点。ここまでは、バンフ市街から
車を利用（バンフから無料のシャトルバスあり）。
駐車場からサンシャイン・メドウのトレイルヘッド
までは、ゴンドラに乗る。運行はシーズン中（6
月下旬〜9月上旬）のみ。
URL www.banffsunshinemeadows.com
ゴンドラ 毎日8:00〜18:00
料往復$59
※ゴンドラの運行時間、料金は2022年のも
の。2023年版は2023年3月現在未定。シ
ャトルバスと合わせて、上記ウェブサイトで最
新情報を確認すること。

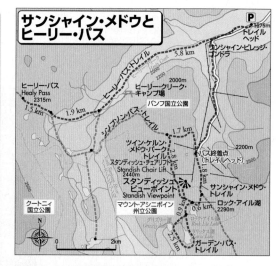

サンシャイン・メドウと
ヒーリー・パス

スタンディッシュ・ビュー
ポイントからの眺め

サンシャイン・メドウとヒーリー・パ
スは、花のすばらしさにかけては甲乙つけがたい
コースだ。体力がない人は前者、たっぷり歩いた
充実感を味わいたい人は後者がおすすめ。

まずはサンシャイン・メドウのコース。山の上
まではシャトルバスが運行されている。バスの終
点には数棟のロッジがあり、その前から南に続く
サンシャイン・メドウ・トレイルを歩く。コース
は途中いくつかに分かれる。ロック・アイル湖
Rock Isle Lakeの先から南にラリックス湖Larix
Lake、グリズリー湖Grizzly Lakeと回るのがガー
デン・パス・トレイルGarden Path Trail。このト
レイルを歩いたあと、元気なら好展望のスタンデ
ィッシュ・ビューポイントStandish Viewpoint（標
高2440m）に登ってみたい。さらに北上し、ツ
イン・ケルン・メドウ・パーク・トレイルTwin
Cairns Meadows Park Trailを通ってセンターに
戻れば全長約12kmのハイキングコースとなる。ま

た、バスの終点
から延びている
スタンディッシ
ュ・チェアリフ
トを使い、南側
の稜線からステンディッシュ・ビューポイントに
登ることもできる。

次はヒーリー・パスのコース。トレイルヘッド
はゴンドラ乗り場の建物の裏側にある。ヒーリー・
クリークHealy Creekを渡って林道を行く。10分
ほどの所にある指導標に従い、ヒーリー・パスへ
続く山道に入る。展望のない川沿いの平坦な道だ。
1時間ほどしてがっしりとした橋を渡り、道は対
岸に移る。何度か雪崩跡の草原を横切ると、ヒー
リー・クリーク・キャンプ場の先でシンプソン・
パス・トレイルSimpson Pass Trailと分岐。傾斜
のきつくなった道を進み、ヒーリー・クリークに
架かる橋を渡ると、シンプソン・パス・トレイル
が再び合流。ヒーリー・パスへは北西に進む。こ
のあたりから花の咲き乱れるメドウ（草原）が続
く。パスまでは約1時間。パスからは西方の眺め
がすばらしい。帰りは来た道を戻る。

コースタイム サンシャイン・メドウ ネイチャーセンター（2.4km、45分）→
ロック・アイル湖〈ガーデン・パス・トレイル1周3.4km、1時間30分〉（1.1km、30分）→
スタンディッシュ・ビューポイント（5.1km、2時間）→ネイチャーセンター
ヒーリー・パス トレイルヘッド（5.5km、2時間）→ヒーリー・クリーク・キャンプ場（3.7km、2時間）→
ヒーリー・パス（3.7km、1時間30分）→ヒーリー・クリーク・キャンプ場（5.5km、1時間30分）→トレイルヘッド

※初夏には残雪状況を観光案内所で確認しよう。

バンフ周辺 ● 1日コース

緑色の美しい湖を往復するハードコース

ボージョー・レイク

BOURGEAU LAKE

難易度	★★

歩行距離 往復15km

所要時間 登り3時間15分、下り2時間15分

標高差 725m

登山口へのアクセス バンフからトランス・カナダ・ハイウエイをレイク・ルイーズ方面に約11km、左折した所にあるボージョー・レイクの駐車場がトレイルヘッド。トランス・カナダ・ハイウエイを横断するときは、車の往来に注意したい。

ボージョー湖Bourgeau Lakeは、バンフの町の西側にそびえる標高2930mのボージョー山Mount Bourgeauの中腹にある美しい湖だ。湖への往復は、樹林帯を歩く部分が長く、所要5～6時間の体力がいるコースとなっている。たどり着いた湖は、岩壁に囲まれ静かで、周辺は花にも恵まれている。

トレイルヘッドから動物除けのフェンスに付けられた扉を抜け、針葉樹のなかに続く道を登っていく。ソーバック・レンジSawback Rangeの山々を望める場所を過ぎると、徐々に高度を上げていく。やがてボージョー湖から流れ出たウルバリン・クリークWolverine Creekが小さな滝となって落ち込む場所に出たら、川を渡り対岸へ。この先、登り坂は傾斜を増し、大きなジグザグを切るように進む。

湖の手前になると傾斜は緩やかになり、メドウが広がる。メドウには、初夏グレイシャー・リリーが、盛夏にはインディアン・ペイントブラシなど色とりどりの花が群生する。なお雪解け時は、ぬかるんでいる場所も多いので注意。またトレイル以外の場所を歩いて、花畑を踏み荒らさないように気をつけよう。さらに歩けば、間もなくエメラルドグリーンの水をたたえたボージョー湖へ着く。湖の南東にはボージョー山の岩壁がそそり立つ。ひっそりとたたずむ静かな湖で、とっておきの時間を味わおう。湖からは西のハービー・パスHarvey Passへ踏み跡が続き、さらにボージョー山の山頂への登山ルートとなるが、長時間を要する経験者向きのコースなので、安易に進むことは

グリーンの神秘的な湖水のボージョー湖

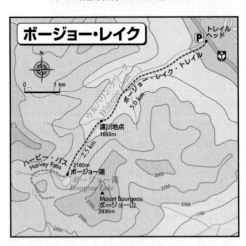

ボージョー・レイク

コースタイム トレイルヘッド（5.0km、2時間15分）→ウルバリン・クリークを渡る（2.5km、1時間）→ボージョー湖（2.5km、45分）→ウルバリン・クリークを渡る（5.0km、1時間30分）→トレイルヘッド

展望に恵まれた爽快感ある
なだらかな丘を歩く

ラーチ・バレー

LARCH VALLEY

難易度 ★★

歩行距離	往復11.4km
所要時間	登り3時間30分、下り2時間30分
標高差	720m

登山口へのアクセス モレイン湖への道のマイカー規制（→P.277欄外）のため、パークス・カナダのシャトルバスを利用する。9～10月のみローム・バスの#10でバンフから直接モレイン湖まで行ける。詳細は（→P.223）。

テンプル山Mount Temple、ピナクル山Pinnacle Mountian、エッフェル・ピークEiffel Peakの標高3000mを超える3つの頂に囲まれたラーチ・バレーLarch Valleyは、氷河を抱くテン・ピークスを南に眺め、メドウには花々が咲き競う山上の別天地だ。トレイルヘッドがモレイン湖にあるのでハイカーも多い。

「Moraine Lake Lodge」の前を行くと、すぐにトレイルヘッドの指導標があり、湖畔沿いの道と分かれて、山側へと登っていく。針葉樹林と苔の織りなす美しい林の中を大きなジグザグを切って登る。やがて樹間からモレイン湖の息をのむような神秘的な湖面が見下ろせる。

ひと息ついた分岐で、エッフェル湖Eiffel Lakeへと道が分かれるが、指導標に従いラーチ・バレーへは北西（右）に進む。ラーチとはカラマツのこと。このあたりから多くなり、9月中旬から下旬にかけて黄葉し、すばらしい風景が展開する。メドウに出ると小さな流れを渡り、針葉樹と草原の調和した庭園のような場所を進む。沢を見てラーチの林を抜けると、広々とした草花の生い茂るなだらかなメドウを行く道となる。

間もなくミネスティマ湖Minnestimma Lakesと呼ばれる小さな湖が現れる。湖の向こう側の鞍部がセンチネル・パスSentinel Passだ。峠へと続くジグザグ道が手に取るようにわかる。ここで引き返すハイカーも多いが、時間と体力に相談してパスまで登ってみよう。初夏には雪が残る斜面を横切り登る。滑らないよう注意したい。センチネル・パスの反対側の急斜面は、パラダイス・バレーParadise Valley へと下る道だ。

ラーチ・バレーの広がりを前景にした一段と高度感のあるテン・ピークスの眺めを楽しんだら、来た道を戻ろう。

※ラーチ・バレーのトレイルには、クマが出現することが多い。そのため、近年は夏から秋の期間、4人以上のグループに限り入山が許可されていた。人数が満たない場合は、ほかのパーティを待って、一緒に行くことになる。2020～21年についてはそのつど確認のこと。

盛夏、高山植物が美しいトレイル。前方の山は左がエッフェル・ピーク。右がピナクル山

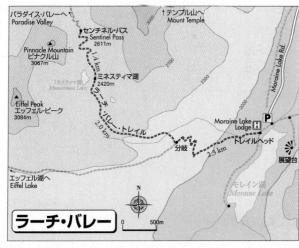

パラダイス・バレーへ
Paradise Valley

センチネル・パス
Sentinel Pass
2611m

↑テンプル山へ
Mount Temple

Pinnacle Mountain
ピナクル山
3067m

ミネスティマ湖
Minnestimma Lakes

ミネスティマ湖
2420m

1.4 km

Eiffel Peak
エッフェル・ピーク
3084m

ラーチ・バレー・トレイル

2.0 km

Moraine Lake
Lodge H

トレイルヘッド

2.3 km

分岐

Moraine Lake Rd

P

展望台

エッフェル湖へ
Eiffel Lake

モレイン湖
Moraine Lake

N

ラーチ・バレー

0   500m

コースタイム トレイルヘッド（2.3km、1時間30分）→エッフェル湖との分岐（2.0km、1時間）→
ミネスティマ湖（1.4km、1時間）→センチネル・パス（1.4km、45分）→ミネスティマ湖（2.0km、45分）→
エッフェル湖との分岐（2.3km、1時間）→トレイルヘッド

319

レイク・ルイーズ周辺 ●1日コース

整備されたトレイルを歩き、
美しい山上湖と絶景の展望地へ

レイク・アグネスと
ビッグ・ビーハイブ

LAKE AGNES & BIG BEEHIVE

難易度 ★★

歩行距離　合計10.5km

所要時間　登り3時間、下り2時間

標高差　535m

登山口へのアクセス　レイク・ルイーズ・ジャンクションからレイク・ルイーズ通りをルイーズ湖方向に向かって5.5km。The Fairmont Château Lake Louise の手前を駐車場のサインに従い左折、駐車場に車を停め、湖畔に出た所がトレイルヘッド。

　ルイーズ湖の湖畔から右側に見えるハチの巣のような格好の岩山がビッグ・ビーハイブBig Beehive。その下にたたずむ美しい湖がアグネス湖Lake Agnesだ。レイク・アグネス・トレイルは、カナディアン・ロッキーの数あるトレイルの

なかで最も人気が高い。

　The Fairmont Château Lake Louise前の湖畔沿いのレイク・ショア・トレイルLake Shore Trailとの分岐から山側へ、針葉樹林の中を緩やかに登っていく。ハイカーが多い幅の広いトレイルだ。大きく道が折り返す所で、ルイーズ湖のターコイズブルーの湖面が見下ろせる。木陰のひんやりとした道が続き、1時間ほどで小さなミラー湖Mirror Lakeに着く。緑がかった水をたたえ、その向こうにそそり立つ丸い頭の岩山がビッグ・ビーハイブだ。

　ここからアグネス湖へはふたつの道があるが多くのハイカーがたどる北側（右側）のトレイルを

行こう。回り込むようにして登ると北東（右）にリトル・ビーハイブLittle Beehiveへのトレイルがあ

その名のとおり、鏡のような湖面をもつミラー湖とビッグ・ビーハイブ

コースタイム

トレイルヘッド（2.6km、1時間10分）→ミラー湖（1.1km、45分）→アグネス湖（1.7km、1時間5分）→ビッグ・ビーハイブ（2.5km、1時間10分）→ミラー湖（2.6km、50分）→トレイルヘッド

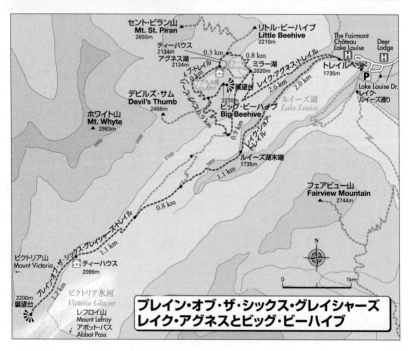

プレイン・オブ・ザ・シックス・グレイシャーズ
レイク・アグネスとビッグ・ビーハイブ

るので間違わないように。15分ほど進むと滝が現れ、その横に付けられた急な階段を上るとアグネス湖の湖畔に出る。湖畔のティーハウスでは、レモネードなどが注文できるが、水場はないので水筒を持参したい。少し離れた所にトイレがある。

湖畔北側の道を進み、湖を半周した所からビッグ・ビーハイブへの急な登りが始まる。ジグザグに折り返し急斜面を登る。30分ほどで峠に着く。ビッグ・ビーハイブへは東（左）に続くトレイルを行く。約15分で東屋のあるビッグ・ビーハイブ山頂に出る。下山は先ほどの峠に戻り、アグネス湖とは反対側に下りる。20分ほど下ると指導標のある分岐に出る。北東（左）のミラー湖への道を進み、ミラー湖に出たら、来た道をルイーズ湖に戻る。

ビッグ・ビーハイブの頂上から見下ろすルイーズ湖

レイク・ルイーズ周辺 ●1日コース

人気の氷河展望コース

プレイン・オブ・ザ・シックス・グレイシャーズ

PLAIN OF THE SIX GLACIERS

難易度 ★★
歩行距離 往復12.4km
所要時間 登り3時間15分、下り2時間35分
標高差 364m、展望台まで行くと515m
登山口へのアクセス レイク・アグネスとビッグ・ビーハイブのコース参照。

プレイン・オブ・ザ・シックス・グレイシャーズ（氷河）のトレイルは、レイク・アグネス同様、絶大な人気を誇るコースである。アッパー・ビクトリア氷河Upper Victoria Glacierなど6つの氷河を間近に見ることができ、その名のとおりすばらしい展望が待っている。

まずルイーズ湖の湖畔のレイク・ショア・トレイルをたどる。湖沿いの道が終わるあたりの岩場は、クライミングの人気スポット。湖の末端を過ぎると道は徐々に登り、樹林を抜け出し、背の高い草の間を登ると視界が開け、南側にレフロイ山Mount Lefroyが近づく。屏風のようにそそり立つアッパー・ビクトリア氷河に向かって進むこの道は遮るものもなく、じりじりと直射日光を受け、暑い。水場はないので水筒は必ず持参したい。2

度、アグネス湖やミラー湖方面へと向かう道に出合う。岩壁には幾筋もの流れが細い滝となってかかり、その岩壁の真下に付けられた細い道を注意して進む。広い谷間の底にはロウワー・ビクトリア氷河Lower Victoria Glacierが流れているが、モレインと呼ばれる堆積土砂で覆われているので、氷河のイメージはない。石がごろごろした道をジグザグを切りながら30分ほど登ると、ティーハウスのある草原に出る。

この先は足場がよくないので経験者向きだ。小川を渡って草原を進むと、モレインの上を歩くようになる。滑りやすいので注意したい。トレイルはレフロイ山とビクトリア山Mount Victoriaの間のギャップ、アボット・パスAbbot Passと氷河を望む展望台で終わる。雄大な眺めを楽しんだら、来た道を戻る。途中の分岐からアグネス湖へと回ってもいい。

ビューポイントからアボット・パス方面に続くビクトリア氷河を望む

コースタイム トレイルヘッド（2.0km、40分）→ルイーズ湖の末端（3.0km、1時間50分）→ティーハウス（1.2km、45分）→展望台（1.2km、35分）→ティーハウス（3km、1時間20分）→ルイーズ湖の末端（2.0km、40分）→トレイルヘッド

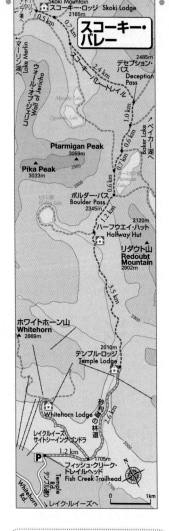

快適なカナダの山小屋に泊まる

スコーキー・バレー

SKOKI VALLEY

難易度	★★
歩行距離	往復22.4km
所要時間	往復9時間30分（歩行時間のみ）
標高差	800m

登山口へのアクセス 車でレイク・ルイーズの町からレイク・ルイーズ・スキー場方向に2km。フィッシュ・クリークのサインに従い右折、テンプル通りTemple Rd.を1.1km走り、フィッシュ・クリーク駐車場に駐車。テンプル・ロッジ行きのシャトルバスに乗り換える。スコーキー・ロッジ泊まりでない人はここから歩き出す。

　山小屋やキャンプ場を利用し、山中での宿泊を考えているトレッカーにおすすめなのが、スコーキー・バレーだ。レイク・ルイーズ・スキー場の北東に広がるエリアなので、車でのアクセスも便利で、旅行者にも利用しやすい。数々の湖が点在し、雷鳥（ターミガン）やマーモットが遊ぶおおらかなメドウが広がり、展望にも恵まれている。

　1931年に建てられたスコーキー・ロッジSkoki Lodgeは3食付きの山小屋。テント派には、スコーキー・ロッジ先のマーリン・メドウ・キャンプ場Merlin Meadows Campground（予約はウェブサイト〔URLreservation.pc.gc.ca〕からのオンラインのみ。有料）がある。日帰りならボルダー・パスBoulder Passにあるターミガン湖Ptarmigan Lakeあたりまで往復するのがおすすめ。

　シャトルバス（ロッジ利用者のみ）の着くテンプル・ロッジ Temple Lodge はスキー場の東端。トレイルに入り、緩やかな道をたどりハーフウエイ・ハット Halfway Hut（避難小屋）に着く。徐々に傾斜を増し、登りきると目の前にターミガン湖が広がる。北岸を歩き、ベイカー湖 Baker Lake への道と分かれると、デセプション・パス Deception Pass への登りに入る。パスから振り返るとリダウト山 Redoubt Mountain が印象的だ。パスからはスコーキー・バレーへの下りとなる。ウォール・オブ・ジェリコ Wall of Jericho と呼ばれる岩壁を西に望みながら、ウエスタン・アネモネなどが咲く道を下る。傾斜が緩やかになり、小さな沢を渡って進めば、ほどなくスコーキー・ロッジに到着。マーリン・メドウ・キャンプ場はさらに1km弱先。ロッジ前を川が流れ、背後をスコーキー山 Skoki Mountain に守られた心落ち着く環境にある。ロッジは食事もおいしく、快適な一夜を過ごせるはずだ。2、3泊して付近のマーリン湖 Lake Merlin やスコーキー山に登る計画もいいだろう。

スコーキー・ロッジ　問い合わせ先
スキー・レイク・ルイーズ
Ski Lake Louise
TEL (403)522-1347　FAX (1-888)997-5654
URL www.skoki.com
※スコーキー・ロッジ宿泊には予約が必要。ロッジは22人収容と小さいので、盛夏の予約は早めに。チェックインは朝9:00頃にレイク・ルイーズのサムソン・モール内にあるエクスペリエンス・レイク・ルイーズExperience Lake Louiseの受付で済ませること。チェックイン後、フィッシュ・クリーク駐車場まで移動。テンプル・ロッジまでのシャトルバスに乗り換える。帰路もテンプル・ロッジとフィッシュ・クリーク間にシャトルバスあり。

コースタイム

テンプル・ロッジ（3.5km、1時間30分）→ハーフウエイ・ハット（4.1km、2時間）→
デセプション・パス（3.6km、1時間30分）→スコーキー・ロッジ（3.6km、2時間）→
デセプション・パス（4.1km、1時間30分）→ハーフウエイ・ハット（3.5km、1時間）→テンプル・ロッジ

絶妙な色彩を誇る湖群を巡る
散策の道

バレー・オブ・ザ・ファイブ・レイクス

VALLEY OF THE FIVE LAKES

難易度	★
歩行距離	1周4.3km
所要時間	1周2時間
標高差	30m

登山口へのアクセス ジャスパーからアイスフィールド・パークウエイに入り9km、パークウエイ沿いにトレイルヘッドの駐車場がある。

バレー・オブ・ザ・ファイブ・レイクス

トレイルの名前のとおり、5つの湖を訪ねるハイキング。うねるような丘の林の中に点在する湖は、深い緑色、透明感のある緑色とさまざまな色を見せる。車で行けばジャスパーからも近く、標高差もない穏やかなコースなので、初心者、家族連れで楽しめる。

ジャスパー周辺のトレイルにはナンバーが付いており、ここファイブ・レイクスのトレイルナンバーは9aと9b。駐車場のサインに従い、9aのトレイルをたどる。ロッジポールパインの林の中を行くとワバソ・クリークWabaso Creekの湿地帯に付けられた木道を渡り、ワバソ湖Wabaso Lakeに行くナンバー9の分岐を見て、9bとの分岐に出る。東（右）に向かう9aの道を行くと、フィフス湖Fifth Lakeに出る。

ここから9aのトレイルは北西に方向を変え、フォース湖Fourth Lake、サード湖Third Lake、セカンド湖Second Lakeとたどる。次々と現れる美しい湖面にため息がもれる。手軽にこんな美しい風景

に出合えるとはさすがカナダと思えるトレイルだ。湖の向こうにはイデス・キャベル山やウィスラーズ山が望める。セカンドとファースト湖の間まで来ると9bのトレイルが南へ分かれ、この道をたどれば、歩き出した駐車場に短時間で戻れる。歩き足りない人はファースト湖First Lakeの北岸を回ってナンバー9のトレイルをたどり、駐車場に戻ることもできる。

ファースト湖をはじめ、淡く透き通った湖を巡る

コースタイム　トレイルヘッド（1.0km、30分）→9aと9bの分岐（0.7km、20分）→フィフス湖（0.8km、20分）→
セカンド湖とファースト湖の間（0.8km、20分）→9aと9bの分岐（1.0km、30分）→トレイルヘッド

ジャスパー周辺 ●半日コース

エンジェル氷河の眺めとお花畑を楽しむ

キャベル・メドウ

CAVELL MEADOWS

難易度	★★
歩行距離	合計9.6km
所要時間	登り1時間40分、下り1時間30分
標高差	370m

登山口へのアクセス ジャスパーからアイスフィールド・パークウエイをバンフ方面に7.5km行き、ハイウエイ#93Aに入る。5.5km走り右折、マウント・イデス・キャベル通りMount Edith Cavell Rd.を14.5km走る。車道終点がトレイルヘッドの駐車場になっている。

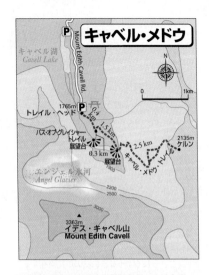

ジャスパーの南方に優美な姿でそそり立つのがイデス・キャベル山。その北壁に架かるエンジェル氷河Angel Glacierは、天使が羽を広げたような姿で観光客を魅了している。エンジェル氷河を正面に望むキャベル・メドウは、ツガザクラやイワヒゲの仲間のヒース（ヘザー）類、ウエスタン・アネモネなどの高山植物が豊富な山上の別天地だ。

トレイルヘッドは、真夏には駐車スペースがないほど混み合う人気の観光ポイント。イデス・キャベル山の説明板の前から、簡易舗装された道（パス・オブ・グレイシャー・トレイルPass of Glacier Trail）を600mほど進み、分岐から山側に折り返すように歩いてゆく。このあたりでは岩の間をすみかとするピカ（ナキウサギ）の鳴き声が響き、運がよければその姿を見かけることもある。徐々に登り、モレインの上部に出ると、眼前にエンジェル氷河が迫り、足元に氷河湖が見下ろせる。

ここからしばらくは展望の利かない針葉樹林の中を登っていく。やがてエンジェル氷河とイデス・キャベル山北壁の見晴らしが利くビューポイントに出る。このあたりはヒースをはじめ、色とりどりの花が咲き乱れるメドウになっている。トレイルは踏み跡がさまざまに分かれるが、明確なものに従って歩けばケルン（道標）に出て、大きく一周することができる。

駐車場の1km北にあるキャベル湖Cavell Lakeは、イデス・キャベル山を投影する美しい湖。駐車場もあるので、ぜひ立ち寄ってみたい。

トレイル途中のモレイン上部からエンジェル氷河を望む

コースタイム トレイルヘッド（0.4km、10分）→氷河湖との分岐（1.5km、1時間）→展望台（2.5km、30分）→ケルン（2.5km、30分）→展望台（1.9km、40分）→氷河湖（0.8km、20分）→トレイルヘッド

アルバータ州

Alberta

カルガリーのダウンタウンにある中央図書館

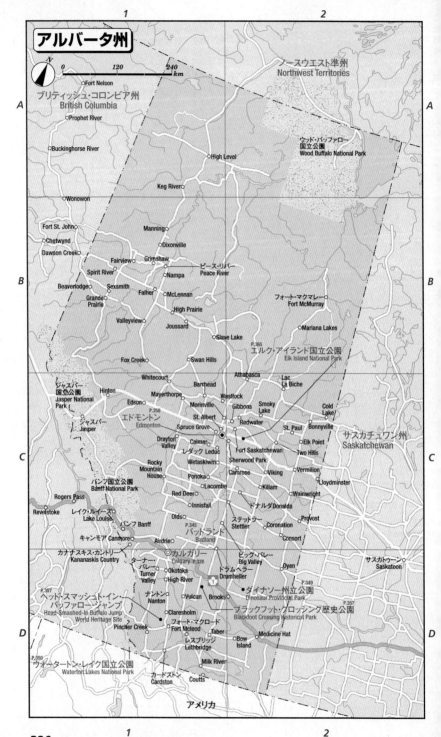

アルバータ州

N

0　　　120　　　240
km

ノースウエスト準州
Northwest Territories

ブリティッシュ・コロンビア州
British Columbia

Fort Nelson

Prophet River

Buckinghorse River

High Level

ウッド・バッファロー
国立公園
Wood Buffalo National Park

Keg River

Wonowon

Fort St. John

Manning

Chetwynd

Dixonville

Dawson Creek

Fairview

Grimshaw

ピース・リバー
Peace River

Spirit River

Nampa

Beaverlodge

Sexsmith

Falher

McLennan

フォート・マクマレー
Fort McMurray

Grande
Prairie

High Prairie

Valleyview

Joussard

Mariana Lakes

Slave Lake

P.365
エルク・アイランド国立公園
Elk Island National Park

Fox Creek

Swan Hills

Whitecourt

Barrhead

Athabasca

Lac
La Biche

ジャスパー
国立公園
Jasper National
Park

Hinton

Mayerthorpe

Westlock

Smoky
Lake

Edson

Morinville

Gibbons

Cold
Lake

P.358
エドモントン
Edmonton

St. Albert

Redwater

ジャスパー
Jasper

Spruce Grove

St. Paul

Bonnyville

サスカチュワン州
Saskatchewan

Drayton
Valley

Calmar

Fort Saskatchewan

Elk Point

Two Hills

レダック Leduc

Wetaskiwin

Sherwood Park

Rocky
Mountain
House

Viking

Vermilion

Ponoka

Camrose

Lloydminster

バンフ国立公園
Banff National Park

Lacombe

Killam

Wainwright

Rogers Pass

Red Deer

ドナルダ Donalda

Provost

Revelstoke

Innisfail

レイク・ルイーズ
Lake Louise

Olds

ステットラー
Stettler

Coronation

Consort

バンフ Banff

キャンモア Canmore

Airdrie

P.345
バッドランド
Badland

カナナスキス・カントリー
Kananaskis Country

カルガリー
Calgary P.328

ビッグ・バレー
Big Valley

Oyen

サスカトゥーン
Saskatoon

ターナー・
バレー
Turner
Valley

Okotoks

High River

ドラムヘラー
Drumheller

P.349

P.357
ヘッド・スマッシュト・イン・
バッファロー・ジャンプ
Head-Smashed-In Buffalo Jump
World Heritage Site

ナントン
Nanton

Vulcan

Brooks

ダイナソー州立公園
Dinosaur Provincial Park

P.357
ブラックフット・クロッシング歴史公園
Blackfoot Crossing Historical Park

Claresholm

フォート・マクロード
Fort Mcleod

Pincher Creek

Taber

Bow
Island

Medicine Hat

レスブリッジ
Lethbridge

P.350
ウォータートン・レイク国立公園
Watertort Lakes National Park

Milk River

Cardston

Coutts

アメリカ

アルバータ州

Alberta

　西にロッキー山脈がそびえ、中部から東側一帯には広大な大平原が広がるアルバータ州。かつてはカウボーイが駆け巡った地方だが、現在は石油の発掘により発展し、エドモントンやカルガリーは高層ビルが並ぶ近代都市となっている。カナディアン・ロッキーやオーロラ観賞で有名な極北への玄関口でもある。

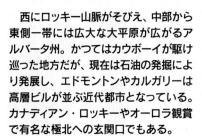

州都：エドモントン
面積：66万1848km²
人口：426万2635人（2021年国勢調査）
時差：山岳部標準時間
　　　日本との時差−16時間
　　　（サマータイム実施時−15時間）
州税：物品税なし、宿泊税4%
州旗：青地にアルバータ州の盾が配されている。盾には、十字にロッキーの山、大平原、小麦畑が描かれている。

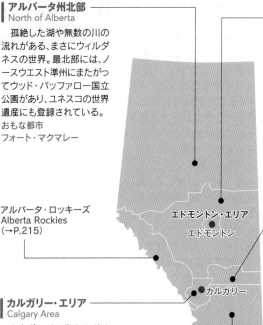

アルバータ州北部
North of Alberta

　孤絶した湖や無数の川の流れがある、まさにウィルダネスの世界。最北部には、ノースウエスト準州にまたがウッド・バッファロー国立公園があり、ユネスコの世界遺産にも登録されている。
おもな都市
フォート・マクマレー

アルバータ州中部（ハートランド）
Central of Alberta

　アルバータ州の中央部は、見渡すかぎり大平原が広がる大穀倉地帯。グレイン・エレベーター（穀物倉庫）の点在するのどかな風景だ。中心都市は、州都エドモントン。ジャスパーへのゲートウエイでもある。
おもな都市
エドモントン（→P.358）

アルバータ・ロッキーズ
Alberta Rockies
（→P.215）

エドモントン・エリア
エドモントン

バッドランド
Badland

　カルガリーの東約150kmにあるバッドランドは、川の流れと氷河により浸食された荒涼たる渓谷が広がる独特の地形。世界屈指の恐竜の化石の宝庫としても知られており、恐竜ファンには見逃せない地方だ（→P.345）。
おもな都市
ドラムヘラー

カルガリー

カルガリー・エリア
Calgary Area

　カウボーイの街カルガリーは、アルバータ州最大の都市。石油の発掘による好景気に沸き、今も街は拡大を続けている。カナダ最大の観光地、バンフへの玄関口で、日本からの直行便も就航している。
おもな都市
カルガリー（→P.328）

アルバータ州南部
South of Alberta

　アルバータ州の南部には平原インディアンがバッファローを追った大平原が広がる。アメリカとの国境付近には、ユネスコの世界自然遺産にも登録されているウォータートン・レイク国立公園がある。
おもな都市、自然公園
フォート・マクロード　ウォータートン・レイク国立公園（→P.350）

Calgary
カルガリー
アルバータ州

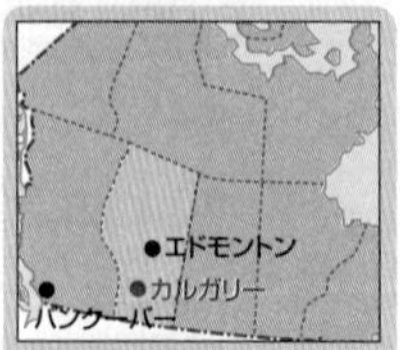

MAP P.326-D1
人口 130万6784
市外局番 403
カルガリー情報のサイト
URL www.visitcalgary.com
twitter.com/TourismCalgary
www.facebook.com/tourismcalgary

カルガリーのイベント
カルガリー・フォーク・ミュージック・フェスティバル
Calgary Folk Music Festival
TEL (403)233-0904
URL www.calgaryfolkfest.com
催 7/27～30('23)
　プリンス島公園で行われるフォークソングが中心のライブ。会場には各国の工芸品を集めたマーケットやビアガーデンも設置される。
グローバル・フェスト
Global Fest
TEL (403)569-9679
URL www.globalfest.ca
催 8/17～26('23)
　世界各国から集まった花火師が花火を打ち上げる、国際コンペティション。期間中はコンサートなども開催される。
カルガリー国際映画祭
Calgary International Film Festival
TEL (587)393-3730
URL www.calgaryfilm.com
催 9/21～10/1('23)
　「CIFF」の愛称で親しまれるカルガリー最大の映画祭。メジャーからインディーズまで、世界各国からセレクトされた150本以上の作品を市内の映画館で上映する。

　西にカナディアン・ロッキーを望み、東には広大な大平原という対照的なふたつの地形に挟まれた街、カルガリー。

　街の歴史は、1875年に北西騎馬警察がボウ川とエルボウ川の合流するこの地にフォート・カルガリーを築いたことに始まる。当時はまだ小さな集落にすぎなかったカルガリーは10年後の1885年、大陸横断鉄道の開通により大きく変わることになった。このときカナダ政府は、カルガリー周辺の広大な平原を開拓するため、入植者に無償で開墾地を提供するという政策を打ち出し、世界各地からカルガリーへ移民が押し寄せた。大平原を目指してやってきたのは農民、そして大勢のカウボーイたち。大平原に囲まれたカルガリーは牧畜には最適の地で、以来地域の中心都市として栄え、街には陽気なカウボーイが闊歩するようになった。

カルガリー・タワー周辺には多くのビルや店が集まっている

　その後1910年代に入ると、カルガリーはさらに飛躍的な発展を遂げることになる。“黒い黄金”と呼ばれた石油の発見である。1914年にターナー・バレー Turner Valleyの油田、続いて1947年にレダック Leducの油田が発見され、広大な牧場と畑から近代的な高層ビル群へと街の景観も変貌した。

　1988年に行われた冬季オリンピックにより国際的な知名度も高まり、広大な中部大平原の産業の中心として、そしてカナディアン・ロッキーへの玄関口として、現在もなお街は発展し続けている。

　今も人々の心にはカウボーイの精神が受け継がれ、毎年7月スタンピードの時期には、街中がウエスタンの雰囲気に包まれる。

街中にはパブリックアートが点在する

カルガリー

C-トレインルート
レッド・ライン Red Line
ブルー・ライン Blue Line

0　　　2.5　　　5 km

N

Nose Hill Park

McCall Lake Golf Course

Delta Hotels Calgary Airport P.340、
カルガリー国際空港へ P.330
Calgary International Airport

観光案内所 P.330

Tuscany へ

Brentwood

University

Confederation Park

カナダ・
オリンピック公園へ P.337
Canada Olympic Park

Foothills Medical Centre P.334

右下に拡大図

Tuxedo House B&B P.341

Fox Hollow Golf Course

HI Calgary City Centre P.341

Hilton Garden Inn Calgary Downtown P.340

C-トレイン

コンテンポラリー・カルガリー P.337
Contemporary Calgary

プリンス島公園
Prince's Island Park

P.332に拡大図

スタジオ・ベル国立音楽センター
Studio Bell National Music Centre P.336

フォート・カルガリー
Fort Calgary P.341

Hudsons Canada's Pub P.342

イースト・ビレッジ
East Village

Inglewood B&B P.341

Shaganappi Golf Course

Best Western Plus Suites Downtown P.341

カルガリー・タワー
Calgary Tower

カルガリー動物園 P.336
Calgary Zoo

Westbrook、
69th Street へ

11th Street Lodging B&B P.341

鉄道駅

Pearce Estate Park

Steeling Home P.343

アップタウン17　Uptown 17

Richmond Green Golf Course

Lululemon P.344

スタンピード
公園
Stampede Park P.343

ディーン・ハウス
Deane House

City Centre Riverpath B&B P.341

Stanley Park

Sifton Blvd.
エルボウリバー
Elbow River

CF Chinook P.344

ヘリテージ
公園歴史村 P.337
Heritage Park Historical Village

グレンモア貯水湖
Glenmore Reservoir

ヘリテージ通り Heritage Dr. S.W.

Somerset-Bridlewood へ

ケンジントン

The Beehive P.339

Pie Junkie P.339

C-Train

Sunnyside

Kensington Pub P.342

市バス#5乗り場

Ingear Store P.338

市バス#1乗り場

Kensington Rd. N.W.

Crave Cookies & Cupcakes P.339

Vine Styles P.338

Hotel Arts Kensington P.341

ボウ川
Bow River

329

エア・カナダ(→P.419)
ウエスト・ジェット航空
(→P.419)
カルガリー国際空港
MAP P.329-A2外
🏠 2000 Airport Rd. N.E.
📞 (403)735-1200
📠 (1-877)254-7427
🌐 www.yyc.com

❓ 観光案内所

Information Centre
📞 (403)735-1234
🕐 毎日7:00～24:00
🚫 無休
　カルガリー国際空港内、1階
到着フロアにある。観光案内
所が無人の場合は、テンガロ
ンハットをかぶった空港スタ
ッフに尋ねるとよい。

空港内には撮影スポットや遊び
場が点在する

🍁 飛行機

　カルガリーまで、日本からの直行便が通年で運航。詳細は「旅の準備、航空券の手配」(→P.392)を参照。バンクーバーからエア・カナダAir Canada (AC) やウエスト・ジェット航空West Jet (WS) などが運航。エア・カナダは1日10～14便、ウエスト・ジェット航空は8～14便。所要約1時間30分。ビクトリアからはエア・カナダが1日3便、ウエスト・ジェット航空が1日5便。所要約1時間30分。エドモントンからはエア・カナダが6～10便、ウエスト・ジェット航空が7～8便。所要約50分。

✈ カルガリー国際空港

　カルガリー国際空港Calgary International Airportはダウンタウンの北約10kmにある。日本からの直行便も発着する国際線ターミナルと国内線ターミナルに分かれており、通路を通れば外に出ることなく両ターミナル間を移動が可能。両ターミナルのちょうど中間あたりにバンフなどカナディアン・ロッキー行きのバス会社のカウンターが並んでいる。

カルガリー国際空港から直接行きたい
フライ＆ドライブ・
おすすめコース

**カルガリー国際空港の
レンタカーカウンター**

日本から到着したら、国内線の出発
フロア（2階）へ進む。出口4か7から
外に出て横断歩道を渡ると、レンタ
カー会社の並ぶオフィス棟に着く。

コース 1

大平原を切り裂いて
恐竜のロマンを感じる旅
カルガリー～バッドランド
（ドラムヘラー）

走行距離：片道約122km

カ ルガリーの東にあるバッドランドは、世界に
名だたる恐竜王国。荒涼とした風景を望む
展望台や化石を展示するロイヤル・ティレル博物
館など、各見どころは離れているのでレンタカー
利用が◎。空港からハイウエイ＃564を通り、ト
ランス・カナダ・ハイウエイ、＃9へ。ルートは単
純だが、途中舗
装されていな
い道もあるの
で注意。詳細は
（→P.345）。

▶道路のすぐそばに
崖が迫る

コース 2

ロッキーと大平原を見ながら
アメリカとの国境線まで南下
カルガリー～ヘッド・スマッシュト・イン・
バッファロー・ジャンプ～
ウォータートン・レイク国立公園

走行距離：片道約300km

カ ルガリーから南下し、アメリカと国境を接す
るウォータートン・レイク国立公園を目指
す。かつて平原インディアンが暮らしたエリアで
もあり、ルートの途中には遺跡や歴史ある古都な
ども点在している。3つのコースのなかでは、最
も走行距離が長い。途中の見どころ見学にあまり
時間をかけている
と、同日に国立公
園に到着するのが
難しくなる。

▶山と大平原の両方の
景色が楽しめる

コース 3

ロッキードライブなら、
カルガリー国際空港発着が便利
カルガリー～
キャンモア～バンフ

走行距離：片道約144km

カ ナディアン・ロッキーでドライブを楽
しむなら、バンフよりもカルガリー国
際空港でレンタカーを借りたほうがいい。
空港からはハイウエイ＃2、＃201とトラ
ンス・カナダ・ハイウエイを通るだけ。途
中分岐で南下し、カナナスキス・カントリ
ーを訪れるのもいい。バンフからは、アイ
スフィールド・パークウエイ（→P.237）な
ど王道ドライブコースを回ろう。

▶バンフへ行
く途中には国
立公園のゲー
トがある

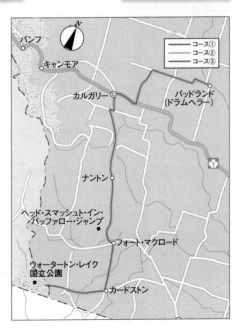

ライダー・エクスプレス
TEL (1-833)583-3636
URL riderexpress.ca
バンクーバーから
運 片道 大人$161.9
カムループスから
運 片道 大人$114.28
バンフから
運 片道 大人$57.14

イーバス
MAP P.332-B2
TEL (1-877)769-3287
URL myebus.ca
エドモントンから
運 片道 大人$55.71

レッド・アロー
MAP P.332-B2
住 205-9th Ave. S.E.
TEL (403)531-0350
FREE (1-800)232-1958
URL www.redarrow.ca
エドモントンから
運 大人 片道$74.57

空港に発着する市バス

おもなリムジン会社
Allied Limousine
TEL (403)299-9555
AM/PM Limo
TEL (403)475-5555
Ambassador Limousine
TEL (403)299-4910

🍁 長距離バス

　バンクーバーからはライダー・エクスプレスRider Expressが1日1便運行、所要約15時間。途中、カムループス、バンフ、キャンモアを経由する。バスは郊外にあるC-トレインのウエストブルック駅Westbrookに直結のバス停に停まる。エドモントンからはレッド・アローRed Arrowが1日4〜6便運行、所要3時間20分〜4時間5分。イーバスEbusが1日4便運行、所要約4時間。

空港から市内へ

🍁 市バス City Bus

　空港からダウンダウンへの直通バス#300を利用すると、終着はC-トレインのシティ・ホール駅City Hallで所要約50分。専用チケット$11.25。市バス#100を利用する場合はC-トレインのマクナイト-ウエストウインド駅McKnight-Westwindsまで移動し、乗り換えが必要。こちらだとシングルチケットの料金（$3.6）で済む。ダウンタウンまで所要約1時間15分。乗り場は国内線ターミナルがBay 7、国際線ターミナルがBay 32。切符は乗り場近くにある自動券売機にて購入する。

🍁 タクシー／リムジン Taxi/Limousines

　市内約30の主要ホテルでは無料のシャトルサービスを運行。出発時刻はホテルにより異なるため宿泊予約時に確認を。タクシーならダウンタウンまで所要約30分、運賃は$45〜50。また、数社のリムジンも乗り入れており、5人以上の場合は安上がり。乗り場はいずれも到着フロアの出口そばにある。

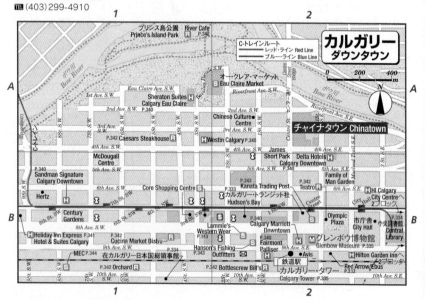

市内交通

カルガリー・トランジット社Calgary Transitが市バスとC-トレインを運行している。90分以内なら、市バスとC-トレイン間の乗り換えもできる。乗り継ぎに必要なトランスファーチケットは、市バスの場合、ドライバーからもらう。C-トレインの自動券売機で買ったチケットにはあらかじめ時刻が刻印してあり、トランスファーチケットも兼ねる。

市バス City Bus

市バスは本数が多く、市内のほとんどの地区を網羅している。前から乗り、後ろから降りるのが基本だが、すいていれば前から降りてもいい。降りたいときは窓の上にあるひもを引っ張るか降車ボタンを押してドライバーに知らせる。

C-トレイン C-Train

ダウンタウンと郊外を結ぶC-トレインは、トスカニー駅Tuscanyとサマーセット-ブライドルウッド駅Somerset-Bridlewoodを結ぶレッドラインRed Lineと、西郊外の69th Street駅と北東のサドルタウン駅Saddletowneを結

ダウンタウンでは道路の上を走る

ぶブルー・ラインBlue Lineの2路線がある。ダウンタウンの7th Ave.沿い、ダウンタウン・ウエスト／カービー駅Downtown West/Kerbyとシティ・ホール駅City Hall間は無料ゾーンなので切符を買わずに乗車できる。ダウンタウンから乗車する場合、進む方向によって駅の位置が違うので注意しよう。ちなみにC-トレインは右側通行。チケットは各駅にある自動券売機で購入。

カルガリー・トランジット社 案内所
MAP P.332-B2
125-7th Ave. S.E.
(403)262-1000
www.calgarytransit.com
月～金10:00～17:30
（電話案内は月～金6:00～21:00、土・日8:00～18:00）
土・日
市バス・C-トレインの料金
シングルチケット 大人$3.6、子供$2.45
デイパス 大人$11
回数券やデイパスは案内所のほか、デパート、セーフウェイSafewayなどのスーパーでも購入できる。

市バス・C-Trainの禁止事項
無賃乗車はもちろん違反。検札に見つかれば$250の罰金。飲食やイヤフォンを付けないコンパクトCDプレーヤーや携帯用ラジオの使用、車内をうろつくのも禁止で、罰金はそれぞれ$100。

現地発のツアー
カルガリー・ウオーク＆バス・ツアーズ
Calgary Walks & Bus Tours
(1-855)620-6520
calgarywbtours.com
5月中旬～9月上旬の13:30発（所要約3時間）
大人$59
Xploring Calgary Bus Tourではヘリテージ公園歴史村、カナダ・オリンピック公園、スタンピード公園などを巡る。

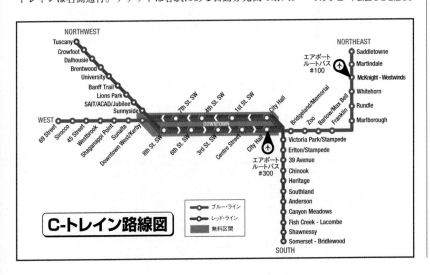

C-トレイン路線図

333

観光案内所

ダウンタウンに常設の観光案内所はないが、夏季のみカルガリー・タワー内にインフォメーション・キオスクが設けられるほか、おもな観光ポイントを案内係が巡回する。スタッフが着た赤いシャツが目印。

インフォメーション・キオスク
圓5月中旬～9月
　毎日9:00～16:00
困10月～5月中旬

アップタウン17
交1st St. S.W.と6th Ave. S.W.の角のバス停から市バス#2または、1st St. S. W.と5th Ave.S.W.の角から#7で約15分。

テラス席のある飲食店も多い

ケンジントン（→P.338）
交C-トレインのサニーサイド駅Sunnyside下車、徒歩約1分。

カルガリーの歩き方

街の中心部にある緑豊かなプリンス島公園

カルガリーのダウンタウンはボウ川Bow Riverと鉄道の線路に囲まれたあたりで、東西3km程度の範囲なので十分に歩いて回れる。ショップやレストランはダウンタウンにももちろんあるが、地元の人に人気のある店はダウンタウンの南、17th. Ave.沿いの**アップタウン17 Uptown 17**や北西のボウ川沿いに広がる**ケンジントンKensington**に多い。見どころは比較的郊外に多く、C-トレインや市バスを乗り継いで行くことになる。1日ですべてを回るのは難しい。

ダウンタウン

ダウンタウンの中心は**カルガリー・タワー**の周辺。北に2ブロック行った8th Ave.の1st St. S.W.から4th St. S.W.までの4ブロックは**ステファン・アベニュー・ウオークStephen Ave. Walk**と呼ばれ、ダウンタウンの目抜き通りとなっており、いつも人々でにぎわっている。道の両側には古い建物を改装したレストランやショップ、デパートが並んでいる。通りにはカルガリーで見逃せない見どころである**グレンボウ博物館**もある。

ダウンタウンの北の端にはショッピングモール、**オー・クレア・マーケットEau Claire Market**があり、各国料理のレストランや生鮮食料品を販売しているほか、映画館などの娯楽施設がある。ここからさらに北へと歩くとボウ川の中州に当たる**プリンス島公園Prince's Island Park**に出る。

ダウンタウンの東側は、2nd Ave.～4th Ave.の間、センター通りCentre St.より東側にかけて**チャイナタウンChinatown**が広がっている。さらに東にある**スタジオ・ベル国立音楽センター**が立つ9th Ave. S.E.～6th Ave. S.E.あたりの**East Village**イースト・ビレッジは、カルガリー最古のエリア。近年、歴史的建造物を利用したおしゃれなレストランやショップが次々とオープンし注目を集めている。

おもな見どころ

🍁 カルガリー・タワー
Calgary Tower
MAP P.332-B2
★★★

1967年に建設されたカルガリーのシンボルともいえる高さ190.8mの塔。1階でチケットを買ったら、エレベーターで展望デッキへ。晴れた日には西に雄大なカナディアン・ロッキーの山々が、東には大平原が輪のように広がっているのが望める。足元には高層ビルの建ち並ぶダウンタウンがあり、大平原へ向かって鉄道の路線が一直線に延びている。また、9th Ave. S.W.側の床は一部ガラスになっており、地上160mの高さから真下をのぞくこともできる。

夜はライトアップする

展望デッキの下はスカイ360レストランSKY 360 Restaurantという展望レストランになっている。昼から夜まで営業しているので、遠くカナディアン・ロッキーを眺めながらカフェタイムを過ごしたり、ロッキー山脈に沈む夕日を見ながらディナーを取ったりするのもいい。なお、レストラン利用者は展望台への入場料金が無料になる。

カルガリー・タワーからダウンタウンを見下ろす

タワー内にはギフトショップもある

カルガリー・タワー
🏠101-9th Ave. S.W.
☎(403)266-7171
URLwww.calgarytower.com
📅6～8月
　毎日10:00～22:00
　9～5月
　月～金11:00～21:00
　土・日10:00～21:00
休無休
料大人\$21、シニア\$19、
　子供\$10
スカイ360レストラン
☎(403)860-2988
URLwww.sky360.ca
📅月・火17:00～23:00
　水～金11:30～14:30/
　　　17:00～23:00
　土・日10:00～14:00/
　　　17:00～23:00
休無休

🍁 グレンボウ博物館
Glenbow Museum
MAP P.332-B2
★★★

カルガリー・タワーのすぐそばにある博物館。2階がアジア美術のアートギャラリーと兵士の武器などを展示したギャラリー、特別展示室、3階が民族学、4階がテーマ別コレクションの展示になっている。3階の民族学セクションは半分が毛皮商人から現代までのヨーロッパ系カナダ人の西部開拓の歴史、残りの半分が先住民族に関する展示。ブリティッシュ・コロンビア州の博物館がカナダ西部のインディアン中心なのに比べて、イヌイットからアルバータ州の平原インディアン、さらにはアメリカのインディアンまで、北

グレンボウ博物館
🏠130-9th Ave. S.E.
☎(403)268-4100
URLwww.glenbow.org
📅水～金11:00～19:00
　土・日10:00～18:00
休月・火
料無料

先住民に関する展示が充実

Sidebar (left column)

スタジオ・ベル国立音楽センター
🏠850-4th St. S.E.
📞(403)543-5115
FREE(1-800)213-9750
URLstudiobell.ca
🕐木～日10:00～17:00
休月～水
💰寄付程度（$15以上）

ユニークな外観が一際目立つ

フォート・カルガリー
🏠750-9th Ave. S.E.
📞(403)290-1875
URLwww.fortcalgary.com
🕐水～日10:00～17:00
休月・火
💰大人$10

ディーン・ハウス
🏠806-9th Ave. S.E.
📞(403)264-0595
🕐水～金12:00～22:00
　土・日10:00～22:00
休月
🚃C-トレインのシティ・ホール駅より徒歩15分。ダウンタウンから市バス#1、#302で所要約15分。ディーン・ハウスは9th Ave.の橋を渡った所にある。インタープリティブ・センターから徒歩5分。

カルガリー動物園
🏠1300 Zoo Rd. N.E.
📞(403)232-9300
FREE(1-800)588-9993
URLwww.calgaryzoo.com
🕐毎日9:00～18:00
休無休
💰大人$34.95、シニア$32.95、子供$24.95
🚃C-トレインのズー駅Zooから地下道を通ってすぐ。

カナダの動物も多く見られる

Main content (right column)

米の先住民族全体を幅広く扱っている。また東西南北で分別されているので、民族の違いがよくわかる。また、先住民族だけでなく、西部開拓史におけるメティス（先住民と英仏人の混血）の果たした役割も見えてくる。館内は一部を除いて撮影可。

🍁 スタジオ・ベル国立音楽センター　　MAP P.329-B2
Studio Bell National Music Centre

　近年、開発が進んでいるイースト・ビレッジに2016年にオープンした音楽について学べる施設。5階建ての館内はフロアごとにテーマが分かれている。カナダの音楽の歴史や有名ミュージシャンに関する展示フロアに、ドラムやギターなどの楽器演奏、ボーカルブース体験なども楽しめる。注目したいのは、1階にあるローリングストーンズが実際に使用した移動式のレコーディングスタジオ。ほか、ステージホールも併設しており、そこでミュージシャンによるライブも行われている。

🍁 フォート・カルガリー　　MAP P.329-B2
Fort Calgary

　ダウンタウンの東、ボウ川とエルボウ川Elbow Riverの合流地点にあるカルガリー発祥の地。ここは1875年に北西騎馬警察North West Mounted Police（NWMP）がカルガリー砦を築いた歴史的な場所。現在は芝生が広が

インタープリティブ・センターでカルガリーの歴史を学んでみよう

るきれいな公園になっており、当時を再現した砦が立っている。
　公園の隅にあるインタープリティブ・センター（案内所）Interpretive Centreでは、北西騎馬警察をはじめ当時を再現した展示や、ビデオ上映も行っている。案内所を出て9th Ave. S.E.を東に歩くと、かつて砦の監督官の住居だった建物を利用したレストラン、ディーン・ハウスDeane Houseがある。

🍁 カルガリー動物園　　MAP P.329-B2
Calgary Zoo

　ダウンタウンの東側にある、275種類、1000頭以上の動物を飼育している動物園。園内はボウ川を挟んで、ふたつのセクションに分かれている。北口を入った所は、ブラック・ベアなどカナダの野生動物がいるカナディアン・ワイルドCanadian Wildのセクション。隣接して実物大の恐竜の模型があるプレヒストリック公園Prehistoric Parkがある。ボウ川に架かる橋を渡ったセント・ジョージ島St. George's Islandは、アフリカ、ユーラシア、オーストラリアなどの動物のセクションだ。園内では年間を通してさまざまな体験イベントを行っている。

❀ コンテンポラリー・カルガリー
Contemporary Calgary
MAP P.329-B1
★★★

　市内3つの芸術団体が参加し、カルガリーにおける近現代アートの発信地として2020年にオープン。国内外の先駆的なアーティストによる絵画、写真、彫刻作品などを幅広く展示し、オノ・ヨーコ展をはじめ見ごたえのある特別企画展を催す。

❀ ヘリテージ公園歴史村
Heritage Park Historical Village
MAP P.329-D1
★★★

　広さ27ヘクタールの広大な敷地には、1914年以前の建物が並び、開拓時代の面影を見ることができる。建物は全部で100棟以上、そのすべてが実際に使用されていたものというから驚きだ。蒸気を上げて機関車が走り、

園内を走る蒸気機関車に乗ろう

昔ながらの馬車が行き交う。スタッフは開拓当時の服装に身を包んで歩いており、まるでタイムスリップしたかのような感覚におちいってしまう。

　蒸気機関車に乗って一周してみれば、園内がいくつかのエリアに分かれていることがわかる。ウェインライト・ホテルWainright Hotelのあるエリアは、駄菓子屋、遊園地などもあり、休日には家族連れでおおいににぎわう。晴れた日にはグレンモア貯水湖Glenmore Reservoirに浮かぶ蒸気船 "SS Moyie号" に乗り、カナディアン・ロッキーの雄大な姿を眺めながらクルージングを楽しもう。歴史村のゲート外にもヴィンテージ車などを展示するガソリン・アレイ博物館Gasoline Alley Museumやカフェがあり、こちらは通年見学できる。

❀ カナダ・オリンピック公園
Canada Olympic Park
MAP P.329-B1外
★★★

　1988年冬季オリンピックの会場跡に設けられた運動公園。フィンランドのニッカネンが三冠に輝いたスキージャンプ、ジャマイカのチームが初参加して注目を集めたボブスレーのほか、ノルディック複合、フリースタイルスキーなどの競技がここで行われた。現在はアスリートのトレーニング施設として利用れるとともに、さまざまなアクティビティを体験できるカルガリー市民のレクリエーションの場となっている。夏季はジャンプ台の上からワイヤーに吊るされた滑車で滑り下りるジップラインやボブスレー、マウンテンバイク、冬季はスキー、スノーボード、スケート、アイスホッケーなどが楽しめる。

練習施設 Markin MacPhail Centre は見学自由

コンテンポラリー・カルガリー
🏠701-11th St. S.W.
☎(403)770-1350
🌐www.contemporary
calgary.com
🕐水～土12:00～19:00
日12:00～17:00
休月・火
料大人\$12、子供無料
🚆C-トレインのダウンタウン
ウエスト／カービーDown-
town West/Kerbyから徒
歩1分。

ボウ川沿いの近代的な建物

ヘリテージ公園
🏠1900 Heritage Dr. S.W.
☎(403)268-8500
🌐www.heritagepark.ca
🕐5月中旬～9月上旬
毎日10:00～17:00
9月中旬～5月中旬
料大人\$29.95、シニア
\$22.95、子供\$14.95
🚆C-トレインのヘリテージ駅
Heritageから市バス#502
のヘリテージ公園シャトル
に乗る。または市バス#20
でヘリテージ通りHeritage
Dr.とチャーチル通り
Churchill Dr.の交差点下
車、徒歩4分。
ヘリテージ公園シャトル
🕐毎日10:13～17:00頃
ガソリン・アレイ博物館
🕐毎日10:00～17:00
無休
料大人\$11、シニア\$8.85、
学生\$7、子供\$5.7

カナダ・オリンピック公園
☎(403)247-5452
🌐winsport.ca
🕐ビジターセンター/Frank
King Day Lodge
毎日10:00～19:00頃
(時間は変動するのでウェブ
サイトで確認を)
無休
料ジップライン \$75
ボブスレー \$75
マウンテンバイクのリフト
\$28.35～
🚆C-トレインのブレントウッド
Brentwoodから市バス
#408で所要約25分。パー
ク内はカナダ・スポーツの殿
堂の前とビジターセンター
の近くの2ヵ所に停まる。

カルガリーの最旬★注目エリア
ケンジントン
Kensington

カルガリーの郊外にある、おしゃれなショッピングエリ
ア、ケンジントン。小さな雑貨店やお菓子店、カフェが集
まっている。 **MAP** P.329-D2

C-トレインのサニーサイド駅から歩いて
1分ほどの所に位置する

11st St. N.W.

10th A St. N.W.

選び抜かれた
世界中のワインが集結
Vine Styles
バイン・スタイルズ **MAP P.329-D2**

　カナダのほか約20ヵ国から集めたワイン
ンを中心にクラフトビール、リキュールを
販売。規模の小さな醸造所のお酒を取り
扱うことにこだわりをもち、個性派
ぞろいの商品が勢揃い。店の奥に
はテイスティングルームも併設。
🏠1127b Kensington Rd. N.W.
☎(403)474-8367　🌐vinestyles.ca
🕐火～土10:00～20:00
　日・月11:00～18:00
🈂無休　💳M V

土曜の午後に
無料試飲サービス
やってます☆

①商品はビターやスイートなど味の違いご
とに陳列 ②ナイアガラ・ペニンシュラで
作られたアイスワイン$44.26

Kensington Rd. N.W.
ケンジントンロード・ノース・ウエスト

カジュアルで素朴なアイテムが揃う
Ingear Store
インガー・ストア **MAP P.329-D2**

　カナダ出身のアーティストが手が
けたバッグ、ジュエリー、家具、トラ
ベルグッズを中心に扱うセレクトショ
ップ。カードや小物など、ギフトに
ぴったりの商品もチェックしたい。
🏠#100 206 10a St. N.W.
☎(403)283-9387
🌐www.ingearstore.com
🕐月～土11:00～17:00
　日12:00～16:00
🈂無休
💳A M V

エドモントンや
トロントなど、カナダ中で
買い付けをしています!

①地元のアーティストが作った革製バッグは
$189～ ②キュートな商品がずらり ③手づくり
のアクセサリーも種類豊富

Memorial Dr. N.W.

手作りハニーソープで
お肌すべすべ！
The Beehive
ビー・ハイブ　　　　　　　　MAP P.329-D2

　黄色い建物が目印のソープ専門店。国内最大の生産地であるアルバータ州のハチミツを使った手作り石鹸やキャンドル、コスメなどを販売する。

🏠311-10th St. N.W.
☎(403)270-2622
🌐thebeehiveonline.com
🕐月～土10:00～17:00　日11:00～17:00
休無休　CC A D M V

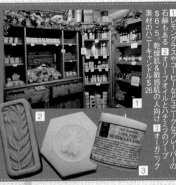

1 レモングラスやコーヒーなどユニークなフレーバーの石鹸もある 2 オリーブオイルとハチミツのソープ$6・5、乾燥肌＆敏感肌の人向け 3 オーガニック素材のハニーキャンドル$26

体もよろこぶ焼きたてパイ
Pie Junkie
パイ・ジャンキー　　　　　　MAP P.329-D2

　無添加、手作りにこだわる焼き立てパイの店。人気はタフィーの層の上にホイップクリームとバナナをのせたスイーツパイ$7.5。アルバータ産ビーフやポークなどを使った食事用パイは$10～。

🏠1081 2nd Avenue NW
☎(403)287-8544
🌐piejunkie.ca
🕐毎日10:00～19:00
休無休
CC M V

1 フルーツなどをのせたスイーツパイは各$7.5のみ。おすすめを聞いてみよう 2 テイクアウトの3 天気がよければテラス席も

手作り×キュートなカップケーキを
Crave Cookies & Cupcakes
クレイブ・クッキー&カップケーキ　MAP P.329-D2

　カルガリーに4店舗展開している、カップケーキとクッキーの専門店。店内で作られるカップケーキ$5は約15種類。季節ごとのフレーバーもある。

🏠1107 Kensington Rd. N.W
☎(403)270-2728
🌐www.cravecupcakes.ca
🕐火～金10:00～18:00
　土10:00～17:00
休日・月　CC M V

1 地元の女性客に人気 2 カラフルでかわいらしいケーキ 3 ピーナッツバタークリームがのったNutty Over Chocolate$4.5

2nd Ave. N.W.

10th St. N.W.

HOTEL

カルガリーのホテル

Delta Hotels Calgary Airport

デルタ・ホテル・カルガリー・エアポート [MAP] P.329-A2外

[住]2001 Airport Rd.N.E.
[TEL](403)291-2600
[FREE](1-800)661-4115
日本の予約先[無料]0120-142890
[URL]www.marriott.com
[料]ⓈⒹ$308～ Tax別
[CC]A D J M V [室]296室

空港の到着ターミナル11番出口からすぐ。乗り継ぎや深夜・早朝便の利用時に便利。24時間利用可能なフィットネス、屋内プール、レストランを併設する。

The Fairmont Palliser

フェアモント・パリサー [MAP] P.332-B2

[住]133-9th Ave. S.W.
[TEL](403)262-1234
[FREE](1-800)257-7544
[URL]www.fairmont.com/palliser
[料]ⓈⒹ$327～ Tax別
[CC]A J M V
[室]407室

もとカナダ太平洋鉄道系列の最高級ホテル。シャンデリアと大理石の壁に囲まれたロビーや、アンティークな家具が配された客室は優雅な雰囲気。

Calgary Marriott Downtown Hotel

カルガリー・マリオット・ダウンタウン [MAP] P.332-B2

[住]110-9th Ave. S.E.
[TEL](403)266-7331
[FREE](1-800)896-6878
日本の予約先[無料]0120-142890
[URL]www.marriott.co.jp
[料]ⓈⒹ$283～ Tax別
[CC]A M V [室]388室

カルガリー・タワーの目の前にある高級ホテル。屋内プールやフィットネスセンターが備わり、1階にはスターバックスコーヒーが入っている。

The Westin Calgary

ウェスティン・カルガリー [MAP] P.332-A1

[住]320-4th Ave. S.W.
[TEL](403)266-1611
日本の予約先[無料]0120-142890
[URL]www.westincalgary.com
[料]ⓈⒹ$291～ Tax別
[CC]A D M V [室]525室

ダウンタウンの中心にそびえ立つ大型ホテル。全室のベッドは、安眠を追求して独自開発した「ヘブンリーベッド」を使用している。全館禁煙。

Sandman Signature Calgary Downtown

サンドマン・シグネチャー・カルガリー・ダウンタウン [MAP] P.332-B1

[住]888-7th Ave. S.W.
[TEL](403)237-8626
[URL]sandmanhotels.com/signature-calgary-downtown
[料]ⓈⒹ$124～ Tax別
[CC]A M V
[室]300室

ダウンタウンの西にあり、中心街から少し離れているため周辺は静か。レストランやバー、フィットネスセンター、プール、ミーティングルームなどがある。

Sheraton Suites Calgary Eau Claire

シェラトン・スイート・カルガリー・オー・クレア [MAP] P.332-A1

[住]255 Barclay Parade S.W.
[TEL](403)266-7200
日本の予約先[無料]0120-142890
[URL]www.sheratonsuites.com
[料]ⓈⒹ$332～ Tax別
[CC]A D J M V
[室]323室

ガラス張りのロビーは明るく、モダンな印象。プールやフィットネスセンター、パブ、アルバータビーフが食べられるレストラン「Flower & Wolf」がある。

Hilton Garden Inn Calgary Downtown

ヒルトン・ガーデン・イン・カルガリー・ダウンタウン [MAP] P.329-B2

[住]711-4th St. S.E.
[TEL](587)352-2020
[URL]hiltongardeninn3.hilton.com
[料]夏季ⓈⒹ$164～
冬季ⓈⒹ$154～ Tax別
[CC]A M V
[室]198室

イースト・ビレッジにできた新しいホテル。レストランや24時間営業の売店、プールなどの設備が充実。屋上テラスからはロッキー・マウンテンが見渡せる。

Delta Hotels Calgary Downtown

デルタ・ホテルズ・カルガリー・ダウンタウン [MAP] P.332-B2

[住]209-4th Ave. S.E.
[TEL](403)266-1980
[FREE](1-800)665-8571
日本の予約先[無料]0120-142890
[URL]www.marriott.co.jp
[料]ⓈⒹ$270～ Tax別 [CC]A J M V [室]395室

中心部から徒歩約15分のオフィス街にある25階建ての高層ホテル。街並みを一望できる部屋もある。併設の「Shoe & Canoe Public House」は人気店。

バスタブ / 一部客室　テレビ / 一部客室　ドライヤー / 貸し出し　ミニバーおよび冷蔵庫 / 一部客室　セーフティボックス / フロントにあり　Wi-Fi(無料) / Wi-Fi(有料)

Best Western Plus Suites Downtown

ベスト・ウエスタン・プラス・スイート・ダウンタウン [MAP] P.329-B1

[住]1330-8th St. S.W.
[TEL](403)228-6900
[URL]www.bestwesternsuitescalgary.com
[料]ⓈⒹ$126～　Tax別　朝食付き
[CC]A M V　[室]124室
[交]市バス#13で8th St. S.W.と14th Ave. S.W.の交差点下車、徒歩2分。

ダウンタウンの南にある。サウナ、フィットネスセンター、ビジネスルームなど設備も充実。全室に電子レンジやアイロンを備え、長期滞在にも便利。

Holiday Inn Express Hotel & Suites Calgary

ホリデイ・イン・エクスプレス・ホテル&スイート・カルガリー [MAP] P.332-B1

[住]1020-8th Ave. S.W.
[TEL](403)269-8262
[URL]www.ihg.com
[料]ⓈⒹ$160～　Tax別　朝食付き
[CC]A D M V　[室]57室
[交]C-トレインのダウンタウン・ウエスト/ケルビー駅Downtown West/Kerbyか8th St. SW駅から徒歩3分。

バスディーポから近い、エコノミーホテル。ダウンタウンからは少し遠いが、C-トレインの駅が近く、それほど不便さは感じない。フィットネスセンターを併設。

Tuxedo House B&B

タキシード・ハウス B&B [MAP] P.329-A2

[住]121-21th Ave. N.E.
[TEL](403)277-5298
[料]ⓈⒹ$90～110　Tax込み　朝食付き
[CC]不可　[室]3室
[交]市バス#3でセンター通りと22th Ave. N.E.の交差点下車、徒歩4分。

カルガリー国際空港からタクシーで約20分、ダウンタウンからは15分ほどの立地。ホストのグレンさんはフレンドリー。客室は上品な雰囲気だ。連絡・予約はAribnb(→P.408)にて。

City Centre Riverpath B&B

シティ・センター・リバーパス B&B [MAP] P.329-B2

[住]1011 Maggie St.
[TEL](403)228-6167
[料]ⓈⒹ$80～　Tax別　朝食付き
[CC]A M V
[室]3室
[交]市バス#24でマクドナルド通りMacDonald Ave.とマギー通りMaggie St.の交差点下車、徒歩2分。

エルボウ川のトレイル沿いの高台にあるB&B。客室はツインベッドルーム、クイーンベッドのバス付きなどが揃う。キッチンの利用は無料。連絡・予約はAribnb(→P.408)にて。

Inglewood B&B

イングルウッド B&B [MAP] P.329-B2

[住]1006-8th Ave. S.E.
[TEL](403)262-6570
[URL]www.inglewoodbedandbreakfast.com
[料]Ⓢ$130～ Ⓓ$150～
Tax別　朝食付き
[CC]M V　[室]3室
[交]市バス#1で9th Ave.S.E.と9th St.S.E.の交差点下車、徒歩2分。

ボウ川のトレイル沿いにある、水色のかわいらしいビクトリア風の建物。朝食はエッグベネディクト、ベーグル、シリアルの3種類から選べる。

11th Street Lodging B&B

イレブン・ストリート・ロッジング B&B [MAP] P.329-B1

[住]1307-11th St. S.W.
[TEL](403)209-1800
[料]ⓈⒹ$61～　Tax別　朝食付き
[CC]M V　[室]4室

全4部屋のこぢんまりとしたB&B。2階に3室、1階にはプライベートルームとダイニング、パソコンやテレビが置かれた共同スペースがある。全室禁煙。連絡・予約はAribnb(→P.408)にて。

HI Calgary City Centre

HIカルガリー・シティ・センター [MAP] P.329-B2

[住]520-7th Ave. S.E.
[TEL](403)269-8239
[FREE](1-866)762-4122
[URL]www.hihostels.ca
[料]ドミトリー$34.2～(会員)、$38～(非会員)、ⓈⒹ$99～(会員)、ⓈⒹ$109～(非会員)
Tax込み　朝食付き
[CC]M V　[室]20室、90ベッド

ダウンタウンの東、シティ・ホール駅から徒歩5分ほどの場所にある。共有スペースにはキッチンやTVが備わっている。夏季には庭でBBQもできる。

Hotel Arts Kensington

ホテル・アーツ・ケンジントン [MAP] P.329-D2

[住]1126 Memorial Dr. N.W.
[TEL](403)228-4442
[FREE](1-877)313-3733
[URL]www.hotelartskensington.com
[料]ⓈⒹ$182～　Tax別
[CC]A M V　[室]19室
[交]C-トレインのサニーサイド駅から徒歩10分。

ケンジントンにあるホテル。カナダセレクトで4つ星を獲得しており、全19室と小さな宿だが、客室は広くてモダンな雰囲気。カナダ料理のレストラン「Oxbow」も併設。

カルガリーのレストラン

Caesars Steakhouse

シーザーズ・ステーキハウス　　**MAP P.332-A1**

🏠512-4 Ave. S.W.
☎(403)264-1222
🌐www.caesarssteakhouse.com
🕐月〜金11:30〜21:00
　土17:00〜21:00
休日　予$50〜　🆑A M V

カルガリーNo.1ステーキハウスと言われる名店。AAAアルバータ牛を28日間熟成させたドライエイジド・ビーフは、柔らかくでジューシー。リブアイ$45〜やフィレミニョン$44〜が人気。

Bottlescrew Bill's

ボトルスクリュー・ビルズ　　**MAP P.332-B2**

🏠140-10th Ave. S.W.
☎(403)263-7900
🌐bottlescrewbill.com
🕐毎日11:30〜翌2:00
休無休　予$20〜　🆑A M V

レストランとパブスペースに分かれていて、どちらでも世界35ヵ国以上、300種類のビールが飲める。料理はカナダ名物のプティンやハンバーガー、ステーキなど。

River Cafe

リバー・カフェ　　**MAP P.332-A1**

🏠25 Prince's Island Park
☎(403)261-7670
🌐www.river-cafe.com
🕐月〜金11:00〜22:00　土・日10:00〜22:00　休無休
予ランチ$20〜、ディナー$40〜
🆑A M V

プリンス島公園にあるカフェ。メニューは季節替わりで、オーガニック食材を中心とした料理が揃う。オーガニックビーフのステーキは$54。

Teatro

テアトロ　　**MAP P.332-B2**

🏠200-8th Ave. S.E.
☎(403)290-1012
🌐www.teatro.ca
🕐月〜金11:30〜22:00
　土・日17:00〜22:00　休無休
予ランチ$18〜、ディナー$50〜　🆑A D M V

古い重厚な建物を改装した高級感あふれるイタリア料理のレストラン。パスタ$13〜65がおいしいと評判だ。週末ともなれば満席となるので予約しよう。

Cucina Market Bistro

クッチーナ・マーケット・ビストロ　　**MAP P.332-B1**

🏠515-8th Ave. S.W.　☎(587)353-6565
🌐eatcucina.com
🕐月7:00〜18:00　火〜金7:00〜20:30　土17:00〜20:30
　（時期により変動あり）
休日　予$30〜　🆑A M V

ムードあふれるスタイリッシュな内装が印象的。朝は自家製グラノーラ$15などの朝食メニューが揃い、デリとして利用できるのもうれしい。ディナーはステーキ$27〜やパスタ、リゾット$25〜などが味わえる。

Orchard Restaurant

オーチャード　　**MAP P.332-B1**

🏠620-10th Ave. S.W.
☎(403)243-2392
🌐orchardyyc.com
🕐毎日11:00〜22:00
休無休　予$35〜　🆑A M V

伝統的な地中海料理をアジア風にアレンジした料理は、韓国人シェフによるもの。近海産の魚介やアルバータ牛も味わえる。ラグジュアリーな雰囲気が漂い、ディナーは予約推奨。

Kensington Pub

ケンジントン・パブ　　**MAP P.329-D2**

🏠207-10A St. N.W.　☎(403)270-4505
🌐www.kensingtonpub.com
🕐日〜木11:00〜24:00　金・土11:00〜翌1:00
休無休　予$20〜　🆑A M V

1993年にオープンした老舗パブ。店内は木目調で統一されたぬくもりある空間が広がる。カナダのさまざまな地ビール$6.5〜が楽しめるとあって、店内はいつも多くの地元客でにぎわっている。フードメニューも充実。

Hudsons Canada's Pub

ハドソンズ・カナダ・パブ　　**MAP P.329-B1**

🏠1201 5th St. S.W.
☎(403)457-1119
🌐hudsonscanadaspub.com
🕐月・金・土11:00〜翌2:00　火・日11:00〜23:00
　水・木11:00〜24:00
休無休　予$20〜　🆑A M V

庶民的なスポーツパブ。16種類以上のビール$6.9〜を片手にローカルな気分に浸れる。フィッシュ＆チップス$18.75やステーキ$27〜などお酒に合う食事メニューもずらり。

カルガリーのショッピング

Lammle's Western Wear
ラムールズ・ウエスタン・ウエア **MAP P.332-B2**

🏠211-8th Ave. S.W.
☎(403)266-5226
🌐www.lammles.com/locations.php
🕐月〜水9:30〜18:00　木・金10:00〜19:00　土10:00〜
18:00　日11:00〜15:00　（時期により変動あり）
🚫無休　💳A M V

　カナダでも有数の規模を
誇るウエスタン専門店。有
名ブランドのウエスタンブ
ーツやカウボーイハット、洋
服などが並び幅広いセレク
ションを揃える。

Steeling Home
スティーリング・ホーム **MAP P.329-C1**

🏠1010-17th Ave. S.W.
☎(403)245-0777　🌐www.steelinghome.ca
🕐水〜土10:00〜18:30　日〜火10:00〜18:00
🚫無休　💳A M V

　アップタウン17にある
ギフトショップ。Tシャツや
オーナメントなど、動物や自
然をモチーフにしたローカ
ルグッズが豊富にラインナ
ップ。

Kanata Trading Post
カナタ・トレーディング・ポスト **MAP P.332-B2**

🏠116-8th Ave. S.E.
☎(403)285-7397
🌐kanatatradingpost.getpayd.com
🕐月〜土9:00〜19:00　日11:00〜18:00
🚫無休　💳A D M V

　メープルシロップ$6.99
〜やクッキー$6.49〜な
ど、カナダ定番みやげのま
とめ買いならここ。ネイテ
ィブアートの置物から洋服
まで幅広く取り扱う。

Hanson's Fishing Outfitters
ハンソンズ・フィッシング・アウトフィッターズ **MAP P.332-B2**

🏠813-1st St. S.W.
☎(403)269-9371
🌐www.hansonsoutfitters.com
🕐月〜土9:30〜17:30
🚫日　💳A D J M V

　フィッシングや登山用品
を中心に扱うアウトドアショ
ップ。店はそこまで広くない
が、ウールリッチのシャツや
鞄など本格的なアメリカブ
ランドも充実している。

Column　カルガリー・スタンピード

　もともと大平原の牧畜の中心であったカル
ガリーは、イキのいいカウボーイたちがたむ
ろする町だった。現在は石油の街となってし
まったが、カウボーイ気質はカルガリーの人々
に脈々と受け継がれており、毎年7月上旬の
10日間にはカウボーイたちのイベント、カル
ガリー・スタンピードCalgary Stampedeが
開催される。期間中は、街中が陽気なお祭り
騒ぎに興じる。

　市民はテンガロンハット（ホワイトハット）
にウエスタンブーツというカウボーイのいで

たちで街を歩き、陽気なパレードや路上ダン
ス、そしてフラップジャック・ブレックファス
ト（ホットケーキ中心のカウボーイ風朝食）に
舌鼓を打つ。陽気で開けっぴろげ、マッチョで
泥臭い、カナダ人のもうひとつの顔を見られ
るだろう。

　スタンピードのメインイベントは、ロデオ大
会とチャックワゴンレース。遠くニュー・メキ
シコやテキサスからも、カウボーイたちが参
加。期間中、街はものすごく混み、ホテルの料
金も上がるのでかなり前から手配しよう。

カルガリー・スタンピード
案内
☎(403)261-0101
🌐www.calgarystampede.com
🕐7/7〜16('23)
チケット
💰ロデオ大会$66〜321、
　イブニングショー$84〜142
スタンピード公園
MAP P.329-C2
　スタンピードのメイン会場。

チャックワゴンレースに興奮

カナダブランドを狙うならカルガリーで買うべし！

物品購入時に税金がかからない（たばこやガソリンなどは除く）カルガリーは、ショッピングに最適な街！お目当てのカナダブランドはここでゲットしよう。

なんでカルガリーなの？

アルバータ州は物品に対する税金を課していない。なかでもカルガリーはカナダブランドのショップが充実しており、買い物にぴったり。

（例）**$100**の洋服を買ったら……

ブリティッシュ・コロンビア州
+物品税7%
+ GST5%
Total $112

アルバータ州
+物品税0%
+GST5%
Total $105

MEC　アウトドア用品

1971年に創業したアウトドアブランドで、正式名称はMountain Equipment Co-op。利用客はメンバー会員$5になるのが必須。

↑コンパクトサイズのデイパック $39.95

↑ウオータープルーフのジャケット $219.95

→大通りに面した店舗

色の種類が豊富なウオーターボトル $20.95

会員制のアウトドアショップ
メック MAP P.332-B1

アウトドア用品を揃えるならここ。2階建ての店内には有名ブランドのほか自社のオリジナル商品を販売する。

住830-10th Ave. S.W.　TEL (403)269-2420
URL www.mec.ca　営月〜金10:00〜21:00
土10:00〜19:00　日10:00〜18:00　休無休　CC M V

Lululemon　ファッション

1998年にバンクーバーで誕生。スポーティーなヨガウエアを中心に人気を博し、現在は世界に400店舗以上を展開。カナダ五輪チームの公式ユニフォームに選ばれている。

↑ビタミンカラーの水筒各 $44

↑ストレッチが効いたスポーツブラ $68

→ランニングのお供に最適なキャップ $42

ヨガウエアといえばこちら！
ルルレモン MAP P.329-C2

空港などカルガリー市内に4店舗があるが、路面店はここだけ。カナダ五輪チームの公式アイテムなど限定商品も多く、メンズとレディースともに多彩な品揃え。

住2308A-4th St. S.W.　TEL (587)418-3629
URL shop.lululemon.com　営月〜土10:00〜19:00
日11:00〜18:00　休無休　CC A M V

カナダブランドが大集合
CFチヌークへ行こう！

C-トレインのチヌーク駅Chinookそばにあるモール「CFチヌーク」はカナダブランドの宝庫。効率よくショッピングを楽しもう。

CF Chinook
CFチヌーク　MAP P.329-D2

住6445 Macleod Tr.
TEL (403)259-2022
URL shops.cadillacfairview.com
営月〜土10:00〜21:00　日10:00〜18:00
休無休　CC店舗により異なる

1階
Canada Goose
カナダグース

1957年にトロントで創業したアウトドアファッションブランドの代表格。ダウンジャケットが売れ筋。

1階
Arc'teryx
アークテリクス

東京に直営店を持つアークテリクスも実はカナダ生まれ。アウターをはじめ幅広いアイテムが揃う。

1階
Aldo
アルド

モントリオール発のフットウェアブランド。おしゃれな靴やバッグ、アクセサリーを手頃な値段で販売し、女性に人気。

1階
October's Very Own
オクトーバーズ・ベリー・オウン

トロント出身のラッパーDrakeが率いるストリートファッションブランド。フクロウのロゴが印象的。

2階
Roots
ルーツ

ビーバーのロゴでおなじみ。国内に自社工場があり、可能なかぎりメイド・イン・カナダを追求する。

Badland

世界に名だたる恐竜王国へ！

バッドランド

大平原のなかに、突如として赤茶けた地層をむき出しにするエリア、バッドランド。化石の生成に絶好の気象条件が整っていたこの場所では、今もなお恐竜や古代生物の化石の発掘作業が行われている。

アクセスと回り方

　バッドランドの中心地、ドラムヘラーDrumhellerの見どころはすべてカルガリーからのハイウエイ沿いにあるため、歩いて回るのはほぼ不可能。カルガリーからレンタカーで訪れよう。

　おもな見どころはハイウエイ#837と#838、#575を結んだダイナソー・トレイルDinosaur Trail沿いに多い。このルートにはロイヤル・ティレル古生物博物館やバッドランドのビュースポット、ホースシーフ谷などがある。#10のフードゥー・トレイルHoodoos Trailは、ドラムヘラーから途中、つり橋で有名なローズデールの町を通りイースト・コーリーEast Couleeまでを結ぶルート。フードゥーやアトラス炭坑歴史地区などの見どころが点在している。

　レンタカー利用者以外は、カルガリー発着の日帰りツアーを利用すると便利。ツアーはミニバンを使用して行く少人数制のものがほとんど。

カルガリー発のツアー

▲ ハマーヘッド・シーニック・ツアーズ Hammerhead Scenic Tours

　早朝にカルガリー市内を出発して、バッドランドのおもな見どころを見学するデイツアーを催行している。出発は5月中旬〜8月は7:00、9月〜5月中旬は8:00。所要9〜10時間。

　ロイヤル・ティレル古生物博物館やホースシーフ谷、フードゥーなどバッドランド周辺の見どころを回り、最後にラスト・チャンス・サルーンで休憩を取るツアーDrumheller Badlands Tour。カルガリーの主要ホテルからの送迎付き。

基本DATA
拠点となる街：カルガリー
バッドランド情報のサイト
MAP P.326-C1
URL www.canadianbad
lands.com

ドライブチャート 🚗

カルガリー
↓トランス・カナダ・ハイウエイ、#9経由138km
ドラムヘラー
↓ハイウエイ#56、#838経由6km
ロイヤル・ティレル古生物博物館
↓ハイウエイ#838経由5km
ホースシーフ谷
↓ハイウエイ#838、#575、#10経由39.5km
ローズデール
↓ハイウエイ#10X経由9.5km
ウェイン
↓ハイウエイ#10X、#10経由14.5km
フードゥー
↓ハイウエイ#10経由6km
アトラス炭坑歴史地区

ハマーヘッド・シーニック・
ツアーズ
TEL (403)590-6930
URL www.calgarytourcomp
any.com
Drumheller Badland Tour
料 $155

Drumheller Visitor Information Centre
MAP P.346-1
🏠 60-1st Ave. W.
📞 (403)823-1331
📠 (1-866)823-8100
🌐 traveldrumheller.com
🕐 夏季
　毎日9:00〜21:00
　冬季
　月〜金8:30〜16:30
🚫 冬季の土・日

ロイヤル・ティレル古生物博物館
📞 (403)823-7707
🌐 www.tyrrellmuseum.com
🕐 5月中旬〜8月
　毎日9:00〜21:00
　9月〜5月中旬
　火〜日10:00〜17:00
🚫 9月〜5月中旬の月
💰 大人 $21、シニア $14、
　ユース $10

おもな見どころ

ダイナソー・トレイル

🍁 ロイヤル・ティレル古生物博物館　　**MAP** P.346-1
Royal Tyrrell Museum of Palaeontology ★★★

迫力満点の恐竜にびっくり

　1884年、ヤング・J・B・ティレルYoung J. B. Tyrrellがバッドランド周辺でアルバータサウルスの頭部の化石を発見した。その後も恐竜だけでなくさまざまな古生物の化石が発掘され、約16万点を超すコレクションがここに収蔵、展示されている。館内にはアルバータサウルスをはじめティラノサウルスT-Rexやステゴサウルス、トライセラトプスなどの骨格標本がズラリと並ぶ。恐竜の生息した太古の自然の再現や生物の進化の過程の展示なども見逃せない。古生代から生き延びたシダ類などを集めた温室や、本物の化石に触

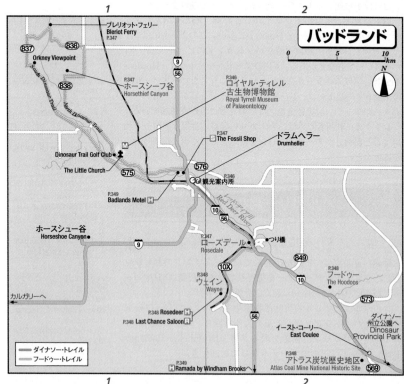

れたり、ガラス越しに化石の復元作業場を見たりと、いろいろな角度から興味を満たしてくれる。専用のアプリをダウンロードすると日本語の音声ガイドが聞ける（イヤホン$5で購入可）。見学には2〜3時間くらいみておこ

化石発掘が体験できるツアー

う。また、化石発掘見学ツアーDinositeや、ハイキングツアーSeven Wonders of the Badlandsのほか、化石のレプリカ作り体験Fossil Castingなどの体験イベントも開催している。子供はもちろん、大人も存分に楽しめる博物館だ。

🍁 ホースシーフ谷
Horsethief Canyon
MAP P.346-1 ☆☆☆

高所にあるビューポイントからバッドランドを眺めると、地形がよくわかる

ドラムヘラーの北西約16kmほどにあり、川の浸食によって形造られたバッドランドの地形を見渡す絶好のビューポイント。昔、盗賊が盗んだ馬を隠すのに利用したためこの名がつけられたといわれている。上空からの景色が楽しめるヘリコプターツアーもここから出発する。景色を堪能したら、ダイナソー・トレイルを北に行きレッド・ディア川Red Deer Riverを車ごと対岸へ渡るブレリオット・フェリーBleriot Ferryに乗ろう。

🍁 ローズデール
Rosedale
MAP P.346-2 ☆☆☆

ドラムヘラーの南東約8.5kmに位置している。その昔炭坑で栄えた場所として知られているが、現在は道路沿いに小さな町が残るのみ。町から少し離れた所にある、細くて長いつり橋が有名。眼下に流れる茶色いレッド・ディア川の勢いと風が吹くたび揺れるつり橋はスリル満点。つり橋の向こうは見晴らしのいい小さな丘になっている。

丘からレッド・ディア川とつり橋の姿が望める

ツアー&体験イベント
Dinosite
🕐5月中旬〜6月下旬
　土・日11:00、14:00
　6月下旬〜8月
　毎日10:30、12:30、
　14:30、16:30
　9月
　毎日11:00
💲$12
　所要約1時間30分。非常に人気が高いので事前に予約しておこう。
Seven Wonders of the Badlands
🕐5月下旬〜6月下旬
　土・日11:30、13:30
　6月下旬〜8月
　毎日11:30、15:30
　9月
　毎日13:30
💲$8
　所要約1時間。ガイドの説明を聞きながら博物館周辺を散策する。

ヘリコプターツアー
Mountain View Helicopters
☎(403)286-7186
🌐www.mvheli.com
Horsethief Tour
🕐5月下旬〜9月上旬
💲大人$165、子供$150

ブレリオット・フェリー
MAP P.346-1
☎(403)823-1788
　(403)710-9422
🕐5月中旬〜9月上旬
　毎日8:00〜23:00頃
　9月上旬〜10月
　毎日8:00〜19:00頃
　（時期により変動あり）
💲無料

ローズデール
🚗カルガリーのダウンタウンから車で約1時間40分。

CHECK!
化石のギフトショップ
　ハイウェイ#56沿いにある化石専門店。天然石や恐竜の化石などを販売している。
The Fossil Shop
MAP P.346-1
🏠61 Bridge St.
☎(403)823-6774
🌐thefossilshop.com
🕐毎日12:00〜18:00
休無休
カA M V

ウェイン
Wayne

[MAP] P.346-2

ハイウエイ#10をローズデールで右に折れ、線路に沿って曲がりくねって進むハイウエイ#10Xを約9km、途中11もの橋を渡った所にある小さな村。かつての名門ホテルである、ローズディア・ホテルRosedeer Hotelに、当時の内装を生かしたラスト・チャンス・サルーンLast Chance Saloonというバーがあり、休憩にぴったり。ローズディア・ホテルに宿泊することもできる。

外観も内装もウエスタン調に統一されたラスト・チャンス・サルーン

ラスト・チャンス・サルーン
[MAP] P.346-2
[住]555 Jewel St.
[TEL](403)823-9189
[URL]visitlastchancesaloon.com
[営]4～10月
毎日11:00～22:00
(時期により変動あり)
[休]11～3月

古きよき時代の面影を残す店内

ローズディア・ホテル
[MAP] P.346-2
住所、電話、営業時間はラスト・チャンス・サルーンと同じ。
[料]ⓈⒹ$70～80 Tax別
[CC]M V

フードゥー
The Hoodoos

[MAP] P.346-2

地層を見ると、浸食による創造物だということがわかる

大地から突き出た巨大なキノコ状の、奇怪な形をした砂岩の柱。氷河とレッド・ディア川の永年にわたる浸食により造り出されたもので、バッドランドのシンボルともいえる。この地方のインディアンの伝説によると、柱は石化した巨人だと信じられており、フードゥーという名もその巨人の名前から取られたといわれている。ハイウエイのすぐそばに集まっており、高さは最大のもので4～5m。

フードゥー
[住]Coulee Way, Drumheller

CHECK!
フードゥーに乗るのは厳禁！
登れそうな高さのフードゥーもあるが、上に乗るのは禁止されているので注意しよう。

すぐそばまで近寄るだけにしよう

アトラス炭坑歴史地区
Atlas Coal Mine National Histric Site

[MAP] P.346-2

ドラムヘラーの南東約17km。イースト・コーリーという町にある歴史史跡。カナダで最後まで操業していた石炭選別場の跡が博物館になっている。かつて栄えた炭坑の町並みや炭坑の機械を保存、再現している。当時の服装を身に付けたスタッフによる、往時の様子を伝えるガイドツアーや炭坑内部に入るトンネルツアーも随時開催しているのでぜひ参加してみよう。

かつての炭坑町の雰囲気をのぞいてみよう

アトラス炭坑歴史地区
[住]P.O.Box 521, East Coulee
[TEL](403)822-2220
[URL]www.atlascoalmine.ab.ca
[開]5月～6月下旬、8月下旬～10月中旬
毎日9:45～17:00
6月下旬～8月下旬
毎日9:45～18:30
10月中旬～12月上旬
月～金9:45～16:00
[休]10月中旬～12月上旬の土・日、12月上旬～4月
[料]大人$13.5、シニア・学生$10.5
ガイドツアー$14.5～

Column バッドランドからさらに足を延ばして ダイナソー州立公園へ

バッドランドから南へ約150kmの所にあるダイナソー州立公園Dinosaur Provincial Parkは、過去300体以上の恐竜の化石が発掘された場所で、ユネスコの世界遺産に登録されている。ビジターセンターにはロイヤル・ティレル古生物博物館(→P.346)の発掘基地・フィールドステーションがあり、現在も発掘が進められている。建物内に化石の展示があるほか、恐竜の生きていた時代を再現した映画も上映されている。

ダイナソー州立公園内でチャレンジしてみたいのが、ハイキングやバスでのガイドツアー。ハイキングツアーは、セントロザウルス・ボーンベッド・ハイクCentrosaurus Bonebed Hike(所要約3時間)やフォシル・サファリFossil Safari(所要約2時間)などいくつかある。エクスプローラーズ・バスツアーExplorer's Bustour(所要約2時間)は、バスに乗って園内を巡るツアー。

今回参加したのは、セントロザウルス・ボーンベッド・ハイクのツアー。出発は午前中で、ビジターセンターからバスに乗ってトレイルヘッドまで行く。バスは地層の断面がむき出しになった谷間を抜け、砂利道の奥へ進む。バスを降りたらガイドを先頭に目的地のセントロザウルス・ボーンベッドを目指して進む。途中ガイドが、恐竜がすんでいた時代の話や、恐竜の化石がどのようにできたのか、なぜこの地域に恐竜の化石が多く発掘されるのかなどを説明してくれる。また重要な恐竜の化石が発見された所にはコリー・マークQuarry Markという印が打たれており、発見したチーム名や日付が書かれている。

1時間ちょっとで、セントロザウルス・ボーンベッドに到着。まず発掘された状態のまま保存されているケースの中の標本の説明を聞く。そのあとは、みんな自由に歩き回って化石を探してみる。ここには驚くほどたくさんの化石が存在しており、石と混じって恐竜の背骨や足骨の一部と思われるような大きな化石も見つけられる。発掘現場の丘に上がれば、バッドランドの独特の風景が広がり、すばらしい眺めも楽しめる。ハイキング自体は、片道約2kmと距離も短くアップダウンもないので簡単だが、砂地は滑りやすいので、靴底のしっかりしたウオーキングシューズを履いていこう。また周辺は砂漠のような場所で、真夏には気温が40℃になることも。帽子は必携で、水も1リットル以上持っていたほうがいい。ツアーはビジターセンターで申し込むことができ当日でも大丈夫だが、7〜8月は混雑のため要予約。スケジュールはホームページでチェックできる。オンライン予約も可。

詳しい説明を聞けるガイドツアーがおすすめ

ダイナソー州立公園
[MAP] **P.326-D2** [TEL](403)378-4342
[TEL](403)378-4344(ツアー予約)
[URL]www.albertaparks.ca/parks/south/dinosaur-pp
[開]5〜8月　月〜木9:00〜17:00
　　　　　金〜日9:00〜19:00
　9・10月　月〜金9:00〜16:00
　　　　　土・日10:00〜16:00
[休]11〜4月
[料]無料、ビジターセンターの展示室は大人$2
セントロザウルス・ボーンベッド・ハイク
[催]5月上旬〜9月中旬の月〜金
[料]大人$30、子供$18
[交]バスなどによるアクセス方法はなく、車でのアクセスのみ。バッドランドの中心であるドラムヘラーの町からハイウエイ#56を通ってトランス・カナダ・ハイウエイに行き着いたら左折、そのまま直進してブルックスBrooksに着いたらハイウエイ#837を北に向かい、ハイウエイ#544で右折する。パトリシアPatriciaからハイウエイ#130を走る。その後は看板に従う。

ドラムヘラーのホテル
Badlands Motel　バッドランド・モーテル
[MAP] **P.346-1**
[住]801 North Dinosaur Trail
[URL]badlandsmotel.hotelsalberta.com
[料]ⓈⒹ$85〜　Tax別

ブルックスのホテル
Ramada by Windham Brooks
ラマダ・バイ・ウィンダム・ブルックス
[MAP] **P.346-2外** [住]1319 2nd St.West, Brooks
[TEL](403)362-6440 [URL]www.wyndhamhotels.com [料]ⓈⒹ$135〜　Tax別

ウォータートン・レイク国立公園

Waterton Lakes National Park

アルバータ州

MAP P.326-D1
標高 403
面積 525km²
料金 大人$10.5、シニア$9
ウォータートン・レイク国立公園情報のサイト
URL www.mywaterton.ca
URL www.pc.gc.ca/en/pn-np/ab/waterton

園内には絵のような風景が広がっている

　ウォータートン・レイク国立公園は、アメリカのグレイシャー国立公園と向かい合い、国境を越えた交流が行われている。両国の平和と友好の証として、ふたつの国立公園は世界初となる国際平和公園を形成し、1995年、ユネスコの世界遺産に登録された。

　この地に車で入ると、不思議な感覚に襲われる。眼前にロッキーの山を望み、後ろには果てしなく続く大平原。「山々が大平原に出合う場所」と呼ばれるゆえんだ。

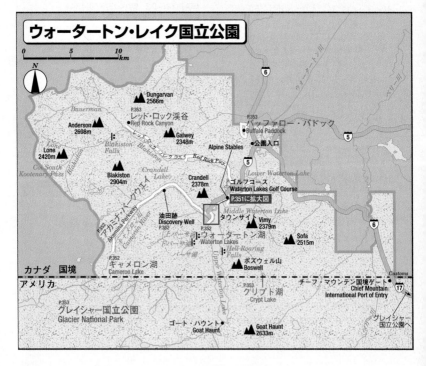

ウォータートン・レイク国立公園への行き方

　長距離バスなどの移動手段はなく、車を利用して行くことになる。カルガリーからだと、ハイウエイ#2を南下し、フォート・マクロードFort Macleodからハイウエイ#3（クロウズネスト・ハイウエイCrowsnest Hwy.）、その後ハイウエイ#6を利用するか、もしくはハイウエイ#2をそのまま南下してカードストンCardstonからハイウエイ#5で行くのが普通。近くなれば看板が出てくるのでそれに従おう。

ウォータートン・レイク国立公園の歩き方

ホテルやレストラン、ショップの並ぶウォータートン通り Waterton Ave.

　公園名でもあるウォータートン湖は、アッパーUpper Waterton Lake、ミドルMiddle Waterton Lake、ロウワーLower Waterton Lakeの3つに分かれている。宿泊施設やレストランなどは、すべてアッパー・ウォータートン湖の湖畔にあるタウンサイトWaterton Townsiteに集中している。国立公園を訪れる観光客のためだけにあるという感じの小さな町だ。

　カナディアン・ロッキーのバンフやジャスパーのように、観光バスやツアーなどはほとんどないので見どころへの移動は必ず車になる。タウンサイトの周辺を散策するだけなら、レンタサイクルがおすすめ。タウンサイトにあるパッツPat'sでは、自転車やスクーターなどを貸し出している。南側にはキャンプサイトと遊歩道が整備されている。木々の間から湖を望む気持ちのいいコースだ。西には規模は小さいが、水が斜めに流れ落ちるキャメロン滝Cameron Fallsがあるのでぜひ寄ってみよう。国立公園内にはトレイルも数多くあり、ハイキングをするのもいい。その他、乗馬やゴルフWaterton Lakes Golf Course（TEL(403)859-2114 圏5〜10月）も楽しめる。

町なかを動物が横切ることもしばしば

観光案内所

Waterton Visitor Centre
MAP P.351
住404 Cameron Falls Dr.
TEL (403)859-5133
開5月上旬〜6月下旬、
　9月上旬〜10月上旬
　毎日9:00〜17:00
　6月下旬〜9月上旬
　毎日8:00〜19:00
休10月上旬〜5月上旬

レンタサイクル

パッツ
MAP P.351
TEL (403)859-2266
URL patswaterton.com
圏4〜6月、9月〜10月上旬
　毎日8:00〜20:00
　7・8月
　毎日8:00〜23:00
休10月上旬〜3月
料レンタサイクル
　1時間$20〜、1日$60〜

乗馬

Alpine Stables
TEL (403)859-2462
URL www.alpinestables.com
圏5・6・9月
　毎日10:00〜16:00
　7・8月
　毎日9:00〜17:00
休10〜4月
料1時間$55〜

ウォータートン
タウンサイト

N　0　　　200
　　　　　　m

P.354 Crandell Mountain Lodge
P.354 Bear Mountain Motel
P.354 Waterton Glacier Suites
アカミナ・パークウエイ
Akamina Parkway
キャメロン滝
Cameron Falls
Waterton
Lakes Lodge Resort
Vimy's Lounge & Grill
P.354

Prince of Wales
エメラルド湾
Emerald Bay
クルーズ船 P.352
Shoreline Cruise
乗り場
Tamarack Outdoor
Outfitters
展望台
P.351
Pat's
P.354 Bayshore Inn
Resort & Spa
Pearl's Cafe
P.354
観光案内所

湖岸一帯は松林の遊歩道になっている。

アッパー・ウォータートン湖
Upper Waterton Lake

ウォータートン湖
クルーズ
MAP P.351
🏠 101 Waterton Ave.
☎ (403)859-2362
🌐 www.watertoncruise.com
📅 5月、9月下旬〜10月中旬
　毎日10:00、14:00
　6月頭〜下旬、
　8月下旬〜9月下旬
　毎日10:00、14:00、
　16:00
　6月下旬〜8月下旬
　毎日10:00、14:00、
　16:00、18:00
🚫 10月中旬〜4月
💰 大人$60、子供$30
　所要約1時間15分。6月下旬〜8月下旬の18:00は夕日を見ながらのクルーズとなり、ロマンティックだ。

湖の深さ
　ウォータートン湖は最深部で148mあり、カナディアン・ロッキーで一番深い湖。長さは11kmあり、周囲の80余りの湖と合わせて約6億㎥の水をため込む「水の世界」である。

アカミナ・パークウエイ
油田跡
MAP P.350

キャメロン湖
カヌー、ボートレンタル
☎ (403)627-6443
🌐 cameronlakeboatrentals.com
📅 6・9月
　毎日9:00〜17:00
　7・8月
　毎日8:00〜18:30
🚫 10〜5月
💰 1時間$35〜

フィッシング
　ライセンスが必要となる。湖畔のボートハウスで購入可。
💰 釣り竿のレンタル$12

🍁 ウォータートン湖
MAP P.350
Waterton Lakes
★★☆

青く澄んだ水をたたえるウォータートン湖

　アッパー、ミドル、ロウワーという3つに分かれており、アッパー・ウォータートン湖の湖畔に立つPrince of Wales Hotel（→P.354）と湖、山を入れた風景は絶景として知られる。ハイウエイ#5の左側にある丘から見下ろすのがおすすめ。また、ウォータトン・レイク国立公園観光の目玉ともいえるのが、湖を巡るクルーズ船Waterton Shoreline Cruise。タウンサイトから国境を越えてアメリカ側に位置するグレイシャー国立公園のゴート・ハウントGoat Hauntまで行き、30分間停まる（5月と9月下旬〜10月上旬は上陸しない。2022年はアメリカ側の事情により一切の上陸はなかった）。ゴート・ハウントで下船してトレッキングを楽しむことも可能。ただしその場合は、その旨をチケット購入時に伝え、帰りの船のチケットを購入しておくこと。

🍁 アカミナ・パークウエイとキャメロン湖
MAP P.350
Akamina Parkway & Cameron Lake
★★☆

　タウンサイトのすぐ外から始まる全長16kmのアカミナ・パークウエイ沿いには、西部カナダで最初に発見された油田跡Discovery Wellがある。行き止まりのキャメロン湖は、ロッキーの典型的な亜高山湖で、付近の自然について解説する簡単な施設がある。このあたりは豪雪地帯として知られ、冬には数mの積雪があるといい、そのため植生もロッキーのほかの地域とは違う。湖ではカヌーやボート

アルバータ州で最初に見つかった油田の跡

などのレンタルやフィッシングもできる。駐車場から見て湖の反対側には日当たりのよい斜面が広がっているが、ここはグリズリーがよく出没する場所で、湖岸には観察用の望遠鏡が据え付けられている。

湖畔ではハイキングのほかボートレンタルもできる

レッド・ロック渓谷
Red Rock Canyon

MAP P.350

★ ★ ★

タウンサイトと公園入口の中間あたりから北に入るレッド・ロック・パークウエイRed Rock Parkwayを16kmほど進んだ先にある。赤い岩壁でできた渓流で、規模は小さいが周囲の緑と対照的な色が興味深い。周囲には初心者向けのコースから難易度の高いハイキングまで、約10のトレイルが整備されている。

バッファロー・パドック
Buffalo Paddock

MAP P.350

★ ★ ★

国立公園入口のすぐそばの丘陵地帯が放牧地になっており、多くのバッファローが群をなして暮らしている。大きなバッファローを間近で見られるチャンスだ。

エクスカーション

グレイシャー国立公園
Glacier National Park

MAP P.350

★ ★ ★

ウォータートン・レイク国立公園と国境を挟んでつながるアメリカの国立公園。ウォータートンと合わせて国際平和公園となっており、ユネスコの世界遺産にも登録されている。見どころは、セントメリー湖St. Mary Lakeやマクドナルド湖Lake McDonaldなど。公園の東の入口セント・メリーSaint Maryから西のアプガーApgarを結ぶ太陽へ続く道Going-to-the-Sun Roadに見どころが多く点在している。

レッド・ロック渓谷
🚗 タウンサイトからハイウエイ#5を北東に進み、レッド・ロック・パークウエイを左折、16kmほど進むと到着。

グレイシャー国立公園
🔗 www.nps.gov/glac/index.htm
※2023年1月現在、大規模工事のため公園内の一部の道路やトレイルが閉鎖中。
入園料
💵 US$20
車の場合は1週間US$35
🚗 ハイウエイ#5を進み、ハイウエイ#6を右折。チーフ・マウンテン国境ゲートChief Mountain International Port of Entryを越えて州道#17 State 17を進み、国道#89 US-89を右折するとセント・メリーに到着。町の近くにある国立公園ゲートで入園料を支払う。

チーフ・マウンテン国境ゲート
※2023年1月現在、閉鎖中。

Column　神秘の湖、クリプト湖へのトレイル

タウンサイトの南東にある、クリプト湖Crypt Lake。この湖は絶壁に守られ、神秘の湖といわれてきた。公園では、この神秘の湖を目指すハイキングが人気を集めている。

朝8:30〜9:00にタウンサイトの桟橋からクリプト・レイク・シャトルに乗り、15分程度で対岸のクリプト湖トレイルの出発点、Crypt Landingに到着。最初はかなり下草の繁った薄暗い道を行く。歩き始めてすぐに右側にヘル・ロアリング滝Hell Roaring Fallsへの道が分かれる。1時間ほど単調な登りが続き、やがて右側に滝が見えると、やっと平坦な林に入る。前方で滝の音が聞こえるあたりで急に岩場の厳しい登りとなる。

滝を越えると日当たりのいい斜面に出る。初夏なら、白、黄色、水色、赤に染め分けられた一面の花畑が広がっている。九十九折りの道を上ると、突然視界が開け、右側の谷に浅い沼沢地（Crypt Pool）が見える。

谷の反対側には今まで正面に見えていたボズウェル山Boswellの岩壁が迫る。クリプト湖はその絶壁の向こうにあるはずだが、道は吸い込まれるように絶壁に消えて途切れている。絶壁には自然のトンネルができていて、それを伝って絶壁の反対側に出る。湖到着まで所要3時間弱。

クリプト湖トレイル
MAP P.350
往復約17.2km、約6時間（昼食時間含まず）。9:00の船に乗り、湖で昼食、16:00の便に間に合うように下山するのがいいだろう。
クリプト・レイク・シャトル
📅 6月〜10月上旬
ウォータートン発9:00（6月下旬〜9月上旬は8:30と9:00の1日2便）
Crypt Landing発17:00、17:30（6月下旬〜9月上旬は15:30と17:30の1日2便）
💰 $31

HOTEL

ウォータートン・レイク国立公園のホテル

Prince of Wales Hotel
プリンス・オブ・ウェールズ　[MAP] P.351

[住]Alberta 5 Waterton Park
[TEL](403)859-2231
[FREE](1-844)868-7474
[URL]www.glacierparkcolleciton.com/lodging/prince-of-wales-hotel
[営]5月下旬～9月下旬
[料]ⓈⒹ$259～　Tax別
[CC]A M V　[室]86室

湖畔に立つ優雅な姿は、ウォータートン・レイク国立公園のシンボル。ロッジ風の建物は中が吹き抜けになっており、周りに放射状に客室が配置されている。プールなどの設備はないが、客室からの眺めはすばらしい。夏季12:00～16:00には英国式のアフタヌーンティー(大人$36、子供$18)を行っている。

Waterton Lakes Lodge Resort
ウォータートン・レイク・ロッジ・リゾート　[MAP] P.351

[住]101 Clematis Ave.
[TEL](403)859-2150
[FREE](1-888)985-6343　[URL]www.watertonlakeslodge.com
[料][HIGH]6月中旬～9月中旬ⓈⒹ$234～
[LOW]9月中旬～6月中旬ⓈⒹ$129～　Tax別
[CC]A M V　[室]80室

9の山小屋風の建物からなるホテル。ひとつの建物に6～12室が入っている。プールやジム、サウナ、ジャクージと設備も充実。冬季にはスキー用品のレンタルあり。

Waterton Glacier Suites
ウォータートン・グレイシャー・スイート　[MAP] P.351

[住]107 Windflower Ave.
[TEL](403)859-2004
[FREE](1-866)621-3330　[URL]www.watertonsuites.com
[料][HIGH]6月下旬～9月中旬ⓈⒹ$299～
[LOW]9月中旬～6月下旬ⓈⒹ$139～　Tax別
[CC]A M V　[室]26室

全室スイートタイプの高級ホテル。広々とした部屋にジャクージを完備。ほとんどの部屋にバルコニーが付いており、景色を満喫できる。

Bayshore Inn Resort & Spa
ベイショア・イン・リゾート＆スパ　[MAP] P.351

[住]111 Waterton Ave.
[TEL](403)859-2211
[FREE](1-888)527-9555　[URL]www.bayshoreinn.com
[営]5月上旬～10月上旬
[料][HIGH]6月下旬～9月中旬ⓈⒹ$359～
[LOW]5月上旬～6月下旬、9月中旬～10月上旬ⓈⒹ$174～
Tax別　[CC]A M V　[室]70室

クルーズ船乗り場の近くにあるモーテル風のホテル。すぐそばにレストランやおみやげ屋が集まっているのでとても便利。広々とした客室もロビーもきれい。スパ施設もあり、アロマセラピーやマッサージを受けることもできる。

Bear Mountain Motel
ベア・マウンテン・モーテル　[MAP] P.351

[住]208 Mount View Rd.
[TEL](403)859-2366
[URL]bearmountainmotel.com
[営]5月中旬～9月
[料]ⓈⒹ$125～185　Tax別
[CC]A M V　[室]36室

タウンサイト入口付近にある家族経営のモーテル。外観は決してきれいとはいえないが、部屋は清潔で、ゆったりとした造り。多くの部屋にキッチンとエアコンが付いており、長期滞在も可能。

Crandell Mountain Lodge
クランデル・マウンテン・ロッジ　[MAP] P.351

[住]102 Mountview Rd.
[TEL](403)859-2288
[FREE](1-866)859-2288
[URL]www.crandellmountainlodge.com
[料]ⓈⒹ$109～　Tax別
[CC]A M V　[室]17室

タウンサイトの入口にある木造のホテル。1940年に創業しタウンサイトにあるホテルでは2番目に古いが、内部はきれいに改装されている。フレンドリーなスタッフの対応もよく、快適に過ごせる。

ウォータートン・レイク国立公園のレストラン

Vimy's Lounge & Grill
ヴィミーズ・ラウンジ&グリル　[MAP] P.351

[住]101 Clematis Ave.
[TEL](403)859-2150　[FREE](1-888)985-6343
[URL]vimys.com
[営]毎日7:00～22:00
(時期により変動あり)
[休]無休
[予]ランチ$25～、ディナー$35～　[CC]A M V

ウォータートン・レイク・ロッジ・リゾート内にあるレストラン。ステーキサンドイッチやアルバータ牛のハンバーガーなどメニューが豊富。朝食には特製エッグベネディクトがおすすめ。

Pearl's Cafe
パールズ・カフェ　[MAP] P.351

[住]305 Windflower Ave.
[TEL](403)859-2660
[URL]www.pearlscafe.ca
[営]5～9月　毎日7:00～14:00　[休]10～4月
[予]$16～　[CC]M V

ラップスやサンドイッチなどの軽食が揃うカフェ。朝早くから営業しているので、朝食に利用している人も多い。アップルパイやクリームチーズとブルーベリーのフレンチトーストなど朝食限定のメニューも。メニューはほとんどが$16前後。

バスタブ　テレビ　ドライヤー　ミニバーおよび冷蔵庫　セーフティボックス　Wi-Fi(無料)
一部客室　一部客室　貸し出し　一部客室　フロントにあり　Wi-Fi(有料)

Column　カナダの先住民族たち

　はるか約2万年以上前からカナダなどアメリカ大陸全体に住んでいた先住民族。かつて陸続きだったベーリング海峡を渡ってやってきたアジア系の人々は、大陸の各地域に住み着き、その土地に合わせた独自の文化を発展させた。

アジアから来た先住民族たち

　カナダの先住民には、普通インディアンと呼ばれる人々、メティスと呼ばれる人々、そしてイヌイットと呼ばれる人々がいる。イヌイットはかつてエスキモーと呼ばれていた。インディアンとイヌイットはカナダのみならず、アメリカにも同じ先住民グループがある。初期のフランス人開拓者とインディアンとの混血であるメティスは、カナダにしか存在しないユニークなグループだ。アメリカ大陸の先住民たちは定着した地域により異なるものの、約2万年から1万年前にかけて、東北アジアから移住してきた。初期に到着した人々は遅れて到着した人々に押し出されるようにして南へ移動定着したため、アジア系としての身体的特徴は目立たなくなっていったが、移住後期に北米の北部で定着した人々は顕著にアジア系の身体的特徴を残している。

各地域の先住民と文化・芸術

　今日のカナダの先住民たちは、イヌイットが北極圏地域に、南にインディアンが定住している。メティスは、インディアンと同じ領域にいる。これらの先住民は、部族などによりさらに細かく分類される。イヌイットは広大な北極圏に住んでいるが、部族同士の生活様式（漁労、狩猟）や文化には共通点が多い。しかしインディアンは定着した土地に適応して多様な生活様式や文化を発展させ、地域ごとに大きく5つ

2010年バンクーバー冬季オリンピックのマスコットにもなっているイヌクシュクは、イヌイットの道標だった

狩猟民族の平原インディアンは、獲物を求めて移動するためティーピーと呼ばれる移動式のテントで生活していた

に分けられる。北極圏のすぐ内側の亜北極圏地域Subarctic（おもに狩猟）、その南で大西洋岸から五大湖の北を占めるウッドランド地域Woodland（狩猟、農業）、アルバータ州〜マニトバ州一帯の平原地域Plains（狩猟）、ロッキー山脈西の高原地域Plateau（狩猟）、そして太平洋岸の北西沿岸地域Northwest Coast（漁業）がその5つである。

　考古学的研究によると、アメリカ大陸の先住民社会は、決して文化的未開地域ではなく、従来考えられていたよりはるかに高度なレベルにあったのではないかと考えられている。15世紀末にヨーロッパとの接触が始まったが、それによりもたらされた伝染病により人口が激減し、社会崩壊が起こった。その結果、18世紀に白人の植者が本格的に進出したときには、ほとんどの先住民社会はかつての栄光の時代の名残さえ留めていなかったといわれている。

　カナダの先住民のうち、顕著な芸術活動をもっていたのは、太平洋岸の北西沿岸インディアンである。彼らはトーテムポールに代表される芸術様式を確立させ、日常生活の用具を飾ってきた。またウッドランドのインディアンは、独自の宗教的・精神的な世界を描いた。さらに北極圏のイヌイットたちは日本の版画から得た技術を基礎に、彼らの生活をプリントで表現しているほか、ソープストーン、海獣の骨、牙などを素材に、日常生活や動物などを彫刻で表現している。こうした先住民芸術は、世界中のアーティストたちにインスピレーションを与え、絶賛されている。

（文／細井忠俊）

3つのキーワードでわかる
平原インディアンの伝統と暮らし

中部カナダの大平原に住むインディアンは
「平原インディアン」と呼ばれ、
バンクーバーなど太平洋沿岸に住む先住民とは
異なる生活を送ってきた。
狩猟により生活をしていた彼らの文化は、
以下の3つのキーワードに凝縮されている。

Keyword 1 ダンス＆民族衣装 Dance & Traditional Attire

先住民族にとって、ダンスは芸能や娯楽ではなく、神へ捧げる神聖な祈りであった。ダンスを行う際に身に付けたカラフルな衣装は、動物や植物をモチーフとした模様が施されている。自然と一体化することで、猟がうまくいくことを願ったのだ。ダンスのなかでも最も重要なものは太陽に捧げるサンダンスで、部族により踊りや祈り方が異なっていた。ブラックフット・クロッシング歴史公園では、このサンダンスの方法に関する詳しい解説がある。

1 ヘッド・スマッシュト・イン・バッファロー・ジャンプで夏季のみ行われるイベント、Drumming & Dancing on the Plaza　2 Drumming & Dancing on the Plazaでは、さまざまな民族衣装が見られる

Keyword 2 Buffalo
バッファロー

平　原インディアンの狩りの対象となったのはバッファローで、食料としてはもちろん、革は衣服、骨は針とさまざまな用途に使われた。狩猟方法は、大平原に忽然とある崖の上にバッファローの群れを誘導し、崖ギリギリまで近づいたら驚かせて下へ落とす追い込み猟だった。ヘッド・スマッシュト・イン・バッファロー・ジャンプはバッファローの狩り場のひとつで、5000年以上前から使われた。規模の大きさや保存状態のよさから、世界遺産に登録されている。

1 ヘッド・スマッシュト・イン・バッファロー・ジャンプ。崖の周辺はトレイルになっている　2 インタープリティブ・センターには、かつての狩りの様子が再現されている　3 崖の下から見つかった無数のバッファローの頭骨

Keyword 3 Tipi
ティーピー

狩　猟を生活の基盤としていた平原インディアンたちは、常にバッファローの群れを追いかけての移住生活を行っていた。彼らが住居としていたのは、ティーピーと呼ばれるテントだった。ティーピーは、まず細い木の枝で骨組みを作り、その上からバッファローの皮革で作った布地をかぶせる。4〜5人ほどが入れるものから、10人以上が生活できるものまで、大きさはさまざま。内部で火をたいてもいいように、上部には煙を外に逃がすための穴が設けられていた。

1 ブラックフット・クロッシング歴史公園にあるティーピー　2 周囲を大平原に囲まれたブラックフット・クロッシング歴史公園

ヘッド・スマッシュト・イン・バッファロー・ジャンプ
Head-Smashed-In Buffalo Jump World Heritage Site

MAP P.326-D1

TEL (403)553-2731
URL headsmashedin.ca
開 5月下旬〜10月上旬　毎日10:00〜17:00
　　10月上旬〜5月下旬　水〜日10:00〜17:00
休 10月上旬〜5月下旬の月・火
料 大人$15、シニア$13、学生$10

Drumming & Dancing on the Plaza

開 7月〜8月下旬
　　（2022年は中止）
交 カルガリーからハイウエイ♯2を南へ約160km。ハイウエイ♯785を右折し約10km。看板が出てくるので、それに従う。カルガリーからのツアーもある。

崖と一体になったインタープリティブ・センター

ブラックフット・クロッシング歴史公園
Blackfoot Crossing Historical Park

MAP P.326-D1

TEL (403)734-5171
URL www.blackfootcrossing.ca
開 5月〜9月上旬　火〜日9:00〜17:00
　　9月上旬〜4月　月〜金9:00〜17:00
休 5月〜9月上旬の月、9月上旬〜4月の土・日
料 大人$15、シニア$15、ユース$14
交 車でのアクセスのみ。カルガリーからトランス・カナダ・ハイウエイで東へ約100km。ハイウエイ♯842を右折し、約7km。

敷地内には、平原インディアンの文化について解説する博物館もある

Edmonton
エドモントン
アルバータ州

MAP P.326-C1
人口 141万818
面積 780
エドモントン情報のサイト
URL exploreedmonton.com
twitter.com/ exploreedmonton
www.facebook.com/ EdmontonTourism
URL www.edmontondown town.com

エドモントンのイベント
エドモントン・インターナショナル・ストリート・パフォーマーズ・フェスティバル
Edmonton International Street Performers Festival
TEL (780)425-5162
URL edmontonstreetfest.com
開 7/7〜16 ('23)
　世界中の大道芸人がさまざまなパフォーマンスを披露。

ヘリテージ・フェスティバル・エドモントン
Heritage Festival Edmonton
TEL (780)488-3378
URL heritagefest.ca
開 8/5〜7 ('23)
　世界各国の民族舞踊や伝統工芸品、料理などを紹介。

エドモントン・フォーク・ミュージック・フェスティバル
Edmonton Folk Music Festival
TEL (780)429-1999
URL www.edmontonfolk fest.org
開 8/10〜13 ('23)
　1980年から続く野外フェスティバル。多くのアーティストが集まり、コンサートを開催する。

エドモントン中心部のチャーチル広場

エドモントンは、アルバータ州の州都であり、カルガリーと同様カナディアン・ロッキーへのゲートウエイとなる街だ。

　18世紀末、カナダの毛皮貿易を独占していたふた

ノース・サスカチュワン川の両岸に拓けた街

つの会社、ハドソン・ベイ社とノースウエスト社が、カナダ西部への交易拡大を狙ってこの地に中継センターを築いた。ここからエドモントンの歴史が始まる。

　1821年にノースウエスト社を吸収すると、ハドソン・ベイ社はロッキーを越えてさらに西へ交易ルートを広げ始めた。エドモントンは、西部開拓の基地として、重要なポイントになっていった。1896〜99年にかけて、わずか400人だったこの街の人口は一気に、3000人に膨れ上がった。ユーコン準州にあるクロンダイク渓谷で金が発見されたからである。これが世に言う"ゴールドラッシュ"。その後もさまざまな鉱物資源の発見により、エドモントンは、"北へのゲートウエイ"として発展していった。

　1905年、カナダ自治権獲得の波に乗ってアルバータ州が制定され、エドモントンはその州都となった。1947年には、市郊外のレダックで油田が発見され、埋蔵量は3億バレルと推測された。現在、アルバータ州全体で、カナダの原油・天然ガスの80%を産出し、東部の街やアメリカの工業都市ともパイプラインで結ばれている。

　ダウンタウンには高層ビルが並ぶが、市民ひとり当たりの公園面積がカナダいちという緑豊かな環境にある。街の自慢は世界最大級のショッピングセンター「ウエスト・エドモントン・モール」。また、短い夏をお祭りで楽しむ「フェスティバル・シティ」でもある。

個性的なビルが多く、新旧の建築巡りも楽しい

エドモントンへの行き方

🍁 飛行機

アルバータ州の州都であるエドモントンにはカナダ国内の主要各都市からのフライトが到着する。バンクーバーからはエア・カナダAir Canada（AC）が1日7～10便、ウエスト・ジェット航空West Jet（WS）は1日3～8便運航している。所要約1時間30分。また、カルガリーからはエア・カナダが1日6～7便、ウエスト・ジェット航空が1日7～11便運航。所要時間約50分。

🍁 長距離バス

カルガリーからはレッド・アローRed Arrowが1日4～6便、イーバスEbusが1日4便運行、所要約4時間。コールド・ショットCold Shotも1日1～2便運行しており、所要3時間30分～5時間20分。レッド・アローとイーバスは同じ場所（レッド・アローのオフィス）、コールド・ショットも自社オフィス前に発着。

バンクーバーなどブリティッシュ・コロンビア州からの便は2023年1月現在ない。

レッド・アロー
MAP P.362-B1
🏢10014-104th St. N.W.
☎(1-800)232-1958
🌐www.redarrow.ca
カルガリーから
🎫片道
　大人$55.71

イーバス
MAP P.362-B1
🏢10014-104th St. N.W.
☎(1-877)769-3287
🌐myebus.ca
カルガリーから
🎫片道 大人$55.71～

コールド・ショット
MAP P.359-A2
🏢11204-119th St. N.W.
☎(587)557-7719
🌐coldshot.ca
カルガリーから
🎫片道 大人$39.99～

アルバータ州内を結ぶレッド・アロー

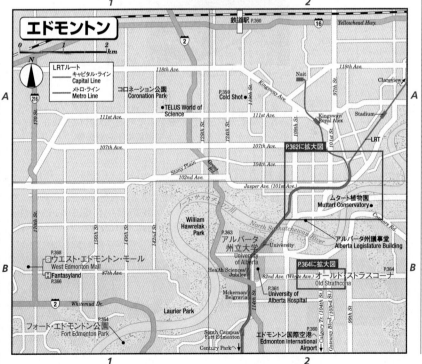

VIA鉄道（→P.419）

🍁 鉄道

　VIA鉄道のバンクーバー〜トロント線（カナディアン号The Canadian）が通っている。バンクーバー発が月・金曜の15:00、途中ジャスパーに翌日の11:00着、12:30発、エドモントン到着は18:50。トロントからは水・日曜の9:45発、エドモントン到着は翌々日、火・金曜の20:50。

▌空港から市内へ

　エドモントン国際空港Edmonton International Airportはダウンタウンの南29kmに位置し、国際線と国内線のすべての飛行機が発着する。タクシーの場合はダウンタウンまで所要30〜40分、$60程度。

エドモントンの玄関口、エドモントン国際空港

🍁 空港バス　EIA Express #747 / Sky Shuttle

30〜60分間隔で走る空港直通バス＃747

　エドモントン国際空港からEdmonton Transit System（ETS）社運営のEIA エクスプレス#747 EIA Express #747のバスがLRTのセンチュリー・パーク駅Century Parkまで運行。そこからLRTに乗り換えればダウンタウンへ行ける。

　またミニバスのスカイシャトルSky Shuttleがダウンタウンにある主要ホテルと空港間を結んでいる（2023年1月現在、運休中）。電話かインターネットで事前に予約が必要。

▌鉄道駅から市内へ

　鉄道駅はダウンタウンの北にある市内空港のそばにある。ダウンタウンまでは、市バスなら鉄道駅から徒歩15分ほどの121st St.とKingswayの交差点から#903に乗れば、ダウンタウンの97th St.と103rd Ave.のバス停まで行くことができる。LRTのチャーチル駅までは徒歩約4分。タクシーなら$25程度。

カナディアン号の発着時のみ開く鉄道駅

エドモントン国際空港
MAP P.359-B2外
🏠 1000 Airport Rd.
☎ (780)890-8900
FREE (1-800)268-7134
URL flyeia.com
　ダウンタウンの北の市内空港City Centre Airportは2013年11月に閉鎖し、南のエドモントン国際空港Edmonton International Airportのみになった。

タクシーは到着ターミナルの8・9番出口そばから乗車

EIA エクスプレス#747
エドモントン・トランジット・システム社（→P.361欄外）
空港→センチュリー・パーク駅
🕐 毎日4:32〜24:42
センチュリー・パーク駅→空港
🕐 毎日4:10〜24:10
🎫 片道 大人$5
　1時間に1〜2便運行。所要約25分。センチュリー・パーク駅からダウンタウンを結ぶLRTは1時間に4〜6便運行。所要約20分。

スカイシャトル
☎ (780)465-8515
URL edmontonskyshuttle.com
🎫 片道$18

鉄道駅
MAP P.359-A2
🏠 12360-121st St. N.W.

駅構内に売店はないので飲食物は事前に購入すること

市内交通

エドモントン・トランジット・システム社Edmonton Transit System（ETS）がLRTと呼ばれる地下鉄と市バスを運行している。90分以内ならLRTと市バス間の乗り継ぎができる。バスは乗るときにドライバーからトランスファーチケットをもらう必要がある。

🍁 市バス City Bus

バス路線は非常に発達しており、本数も多く便利だ。シングルチケットはドライバーから購入できる。降りるときは、窓の上にあるひもを引っ張るか降車ボタンを押す。

🍁 LRT LRT

ダウンタウン南部のセンチュリー・パーク駅Century Parkと北東のクレアビュー駅Clareviewを結ぶキャピタル・ラインCapital Lineと、南部のヘルス・サイエンス／ジュビリー駅Health Science/Jubileeと北西にあるネイト駅Naitを結ぶメトロ・ラインMetro Lineの2路線がある。2023年1月現在、新路線を建設中。

エドモントンの歩き方

ダウンタウンの中心部は歩いて回れるほどの広さ。メインストリートはダウンタウンを東西に貫くジャスパー通りJasper Ave.（101st Ave.）。その1本北の102nd Aveと、それらと交わる101st St、102nd St.で囲まれたあたりがショッピング＆ビジネス街だ。中心部には地下でつながった遊歩道ペドウエイPedwayが発達している。チャーチル広場Churchill Squareの東側にはチャイナタウンChinatownもあるが、周辺の治安には要注意。また、ノース・サスカチュワン川North Saskatchewan River沿いにはトレイルがあり、The Fairmont Hotel Macdonald（→P.365）の近くにあるエレベーター（🕑毎日7:00～21:00）または展望台の階段を下って行くことができる。

エドモントン・トランジット・システム社
📞(780)442-5311
🌐takeETS.com
市バス・LRTの料金
💰シングルチケット$3.5
　デイパス$10.25
　10回券　大人$27.75、
　　シニア・子供$19.75
　チケットは駅にある自動券売機やバスのドライバーから購入できる。回数券やデイパスはETSの案内所やコンビニなどで購入できる。

2両編成の軽鉄道であるLRTは郊外では地上、ダウンタウンでは地下を走る

❓ 観光案内所

Edmonton Tourism
🗺 P.362-A2
🏠9990 Jasper Ave. N.W.
　World Trade Centre
📞(780)401-7696
🌐exploreedmonton.com
🕑月～金9:00～17:00
　（時期により変動あり）
🚫土・日
　通常は無人で、情報端末があるのみ。近くに電話があり、受話器を取ればスタッフと話すことができる。

CHECK!

ペドウエイ
　ダウンタウンに張り巡らされた地下通路。LRTの駅を中心に広がっている。

おもな見どころ

アルバータ州議事堂
住10800-97th Ave.
TEL(780)427-2826
URLwww.assembly.ab.ca
開5月中旬～9月上旬
　水～日11:00～15:00
　9月上旬～5月中旬
　土12:00～15:00
休5月中旬～9月上旬の月・火
　9月上旬～5月中旬の日～
　金
料無料
ガイドツアー
開5月中旬～9月上旬
　毎日11:00～14:00
料無料
　1時間ごとに出発。所要約
45分。申し込みは、インター
プリティブ・センターのギフト
ショップで。ベドウェイからそ
のまま行ける。
交LRTのグランディン/ガバメ
ント・センター駅Grandin/
Government Centreから
徒歩5分。駅からベドウェイ
が直結している。

✦ アルバータ州議事堂
Alberta Legislature Building
MAP P.362-B1

州議場の一般傍聴席は 215 席。天井には 600 個以上の電球が設置されている

　ダウンタウンの南、ノース・サスカチュワン川の手前にある。この場所は、かつてフォート・エドモントンがあった、エドモントン発祥の地だ。

　1912年に完成した"建築の傑作"は、5階建てのボザール様式の建物の中央に高さ55mのドームがそびえ、ドーム下の吹き抜けになった円形大広間には、ケベック州から運ばれた2000トンもの大理石を使用。4階の州議場は議会開催中の午後に公開されている。5階には図書館のほか、円形大広間にある噴水の水が、音響作用で立っている場所の真上から落ちてくるように聞こえるマジック・スポットがある。議事堂内は、無料ガイドツアーで見学可能。向かいには、アルバータ州の歴史や文化について学べる州議事堂の観光案内所 Legislative Assembly of Alberta Visitor Centreがある。

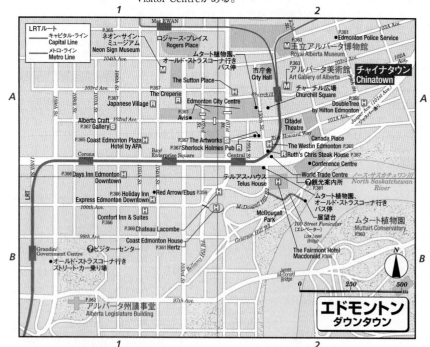

エドモントン ダウンタウン

LRTルート
━━ キャピタル・ライン Capital Line
━━ メトロ・ライン Metro Line

❖ アルバータ美術館
Art Gallery of Alberta(AGA)

MAP P.362-A2

チャーチル広場からすぐの所にある。エドモントンをはじめアルバータ州内各地から集めた現代美術作品などを6000点以上所蔵。150人収容できるシアターやアトリウムのほか、レストランやカフェも併設する。

ユニークな建物自体がアートになっている

❖ ムタート植物園
Muttart Conservatory

MAP P.362-B2

4つのガラス張りのピラミッド型の建物。ピラミッドは、"Arid（乾燥地帯）""Tropical（熱帯）""Temperate（温帯）""Feature（季節の花などの企画展示）"とそれぞれのテーマに沿った植物を展示する温室になっている。

❖ 王立アルバータ博物館
Royal Alberta Museum

MAP P.362-A2

生物学や地球科学、民族学など多岐にわたる分野のコレクション200万点以上を有し、カナダ西部で屈指の規模を誇る博物館。1階の人類史をテーマにした展示室では、先住民の暮らしに始まり、ヨーロッパ文化と出会い、毛皮交易や石油産業の興隆などを経て今日に至るまでのアルバータ州の歴史を紹介。2階の自然史をテーマとした展示室では、自然景観を再現したジオラマや動物のはく製などを用い、アルバータ州の生態系について氷河期にまでさかのぼって解説している。

2018年にリニューアルオープンした

❖ アルバータ州立大学
University of Alberta

MAP P.359-B2

1908年に創立され、現在100ヵ国以上から集まった学生約4万人が学んでいる。ノース・サスカチュワン川を越えLRTのユニバーシティ駅Universityから外に出ると、そこはすでにキャンパスの内部。目の前は市バスのトランジットセンターとショッピングモールHUB Mallの建物だ。HUBの西側には、SUB（Student's Union Building）があり、1階が大学生協になっている。

また大学構内にあるラザフォード・ハウスRutherford Houseは、アルバータ州の初代首相でアルバータ大学の創立者でもあるA. C. ラザフォードの家。1911年に建てられ、1940年まで家族とともに住んでいた。ビクトリア朝の優雅な面影を当時のまま保存した博物館になっている。建物内のレストランでは、ランチやアフタヌーンティーも楽しめる。

アルバータ美術館
🏠2 Sir Winston Church Square
☎(780)422-6223
URL www.youraga.ca
圖水・金～日11:00～17:00
木11:00～19:00
休月・火
圏大人$14、シニア・学生$10（木曜の17:00～は無料）

ムタート植物園
🏠9626-96A St.
☎(780)442-5311
URL www.edmonton.ca/attractions_events/muttart-conservatory.aspx
圖水・木10:00～21:00
金～火10:00～17:00（水曜の17:00～は大人のみ入場可）
休無休
圏大人$14.95、シニア$12.95、子供$7.75

屋外ガーデンカフェもある

王立アルバータ博物館
🏠9810-103A Ave. N.W.
☎(825)468-6000
URL www.royalalbertamuseum.ca
圖水～日10:00～16:00
休月・火
圏大人$21、シニア$14、学生$10

アルバータ州立大学
☎(780)492-3111
URL www.ualberta.ca
🚇LRTのユニバーシティ駅下車、徒歩すぐ。

ラザフォード・ハウス
🏠11153 Saskatchewan Dr.
☎(780)427-3995
圖5月中旬～9月上旬水～日10:00～17:00（要予約）
休5月中旬～9月上旬の月・火、9月上旬～5月中旬
圏大人$7、シニア$6、学生$5

オールド・ストラスコーナ

オールド・ストラスコーナ

⊠100th St.のチャーチル広場前やテルアスハウス前のバス停から、市バス#8で約10分。99th St.を南へ下って82nd Ave.を右折するので、82nd Ave.（Whyte Ave.）の好きな場所で降りよう。

ファーマーズマーケット
🏠10310-83rd Ave.N.W.
☎(780)439-1844
🔗osfm.ca
🕐土8:00～15:00
休日～金

れんが造りのファーマーズマーケット会場

ストリート・カー
☎(780)437-7721
🔗www.edmonton-radial-railway.ab.ca
🕐5月中旬～9月上旬
　金・日・月11:00～15:50
　土9:00～15:50
　40分ごとに出発。（時期により変動あり）
💴往復$7
乗り場はジャスパー通りの南、109th St.と110th St.の間。

Gateway Blvd通り沿いにあるアンティーク・モールも楽しい

フォート・エドモントン公園
🏠7000 143rd St., N.W.
☎(780)496-7381
🔗www.fortedmontonpark.ca
🕐5月中旬～9月上旬
　水～日10:00～17:00
　9月上旬～10月上旬
　土・日10:00～17:00
　10月上旬～12月中旬
　土・日12:00～16:00
休5月中旬～9月上旬の月・火、9月上旬～12月上旬の月～金、12月中旬～5月中旬
⊠LRTのサウス・キャンパス／フォート・エドモントン駅 South Campus/Fort Edmontnからタクシーで約7分。

🍁 オールド・ストラスコーナ　🗺P.359-B2/P.364
Old Strathcona　★★★

ノース・サスカチュワン川を挟んでダウンタウンの南にある歴史保存地区。もとカナダ太平洋鉄道の駅跡を中心として、れんが造りの古めかしい建物が連なる。現在は若者が集まるショッピング＆レ

古い町並みを歩くだけでも楽しい

ストラン街となっており、82nd Ave.（ホワイト通りWhyte Ave.）を中心に、103rd～105th St.を北に入ったあたりが最もにぎやか。103rd St.と83rd Ave.の交差した所で土曜日に開かれるファーマーズ・マーケットFarmer's Marketは、だだっ広い倉庫が会場。近所の農家が取れたての野菜などを売っている市場を歩いて、地元の人たちの生活をのぞいてみよう。

また、LRTのグランディン/ガバメント・センター駅付近からオールド・ストラスコーナまで、昔のカナダ太平洋鉄道の線路を利用した小さなストリート・カーも走っている。

オールド・ストラスコーナ

🍁 フォート・エドモントン公園　🗺P.359-B1
Fort Edmonton Park　★★★

1846年にハドソン・ベイ社が現在の州議事堂が立つ場所に建設したフォート・エドモントンと、植民地時代から第1次世界大戦後の1920年代までの4つの時代ごとの町並みを復元した歴史村。奥にある砦に囲まれた小さな居住区（フォート・エドモントン）は、今のアルバータ州からサスカチュワン州一帯の毛皮交易の中心地だった19世紀半ばの姿を再現したもの。砦内には、毛皮仲買人の住居や教会、宿舎、それに毛皮がつり下げられた交易所などがある。園内には昔の市電や蒸気機関車も走り、当

時のジャスパー通りにはパン屋やホテル、学校などが並び、ノスタルジックな雰囲気。

エドモントン発祥の地を復元してある

エクスカーション

★ エルク・アイランド国立公園
Elk Island National Park
★★★

カナダ最古の野生動物保護地区の国立公園。420頭以上の平原バイソン、400頭以上のウッド・バイソン、600頭のエルク、300頭のムース、1000匹のビーバー、200匹のコヨーテのほか、ブルーヘロンやナキハクチョウなど

巨大なバイソンは圧巻だ

250種以上の野鳥が生息している。ハイウエイを公園入口に向かう途中右側に見えるのは、ウッド・バイソン。園内の道路沿いには、平原バイソンやホワイトテール・ディアがひょっこり顔を出すこともある。入口から約16.3km走ったアストティン湖Astotin Lakeにはビーバーの生息地がある。林の中に大きい黒っぽいものが見えたら、それはムースの可能性大。動物たちを脅かさないように、車を停めて静かに探してみよう。野生動物の多くは夜行性なので、夕方から訪れるほうが出合うチャンスに恵まれる。

エルク・アイランド国立公園
TEL (780)922-5790
URL www.pc.gc.ca/pn-np/ab/elkisland
開 一部を除いて通年
料 大人$8.5、シニア$7.25
交 ダウンタウンからハイウエイ#16(イエローヘッド・ハイウエイYellowhead Hwy.)を北東へ約50km。園内を回るには、レンタカーを借りるか、ガイドツアーを利用する。ビジターセンターは、#16から約800mの所にある。

CHECK!

カナダ初のネオンサイン博物館
かつて市内で使われていた約20のネオンサインを復元。一般公開されている。
ネオン・サイン・ミュージアム
MAP P.362-A1
住 104th St. N.W.
開 年中無休 料 無料

夜に訪れたい野外博物館

HOTEL
エドモントンのホテル

The Fairmont Hotel Macdonald
フェアモント・ホテル・マクドナルド　MAP P.362-B2
住 10065-100th St.
TEL (780)424-5181
FAX (1-866)540-4468
URL www.fairmont.com/macdonald-edmonton
料 S D $239〜　Tax別　CA A D J M V　室 198室

1915年建造の、城のような外観の最高級ホテル。ロビー、客室ともアンティークな家具が配され豪華。プールやフィットネスセンター、サウナあり。

The Westin Edmonton
ウェスティン・エドモントン　MAP P.362-A2
住 10135-100th St.
TEL (780)426-3636
日本の予約先 FREE 0120-142890
URL thewestinedmonton.com
料 S D $179〜　Tax別　CA A D J M V　室 416室

ダウンタウンの中心にある。客室はやわらかいベージュ系でまとまり、モダンで上品なデザイン。プールやフィットネスセンター、サウナと設備も充実。

DoubleTree by Hilton Edmonton
ダブルツリー・バイ・ヒルトン・エドモントン　MAP P.362-A2
住 9576 Jasper Ave.
TEL (587)525-1234
URL www.hilton.com
料 S D $122〜　Tax別　朝食付き
CA A M V
室 255室

チャーチル駅から徒歩10分のガラス張りの外観が目印。リバービューの客室が多く、眺望が自慢のラウンジも。屋内プール、フィットネスセンターを併設。

The Coast Edmonton Plaza Hotel by APA
コースト・エドモントン・プラザ・ホテル・バイ・アパ　MAP P.362-A1
住 10155-105th St.
TEL (780)423-4811
FREE (1-800)716-6199　URL www.coasthotels.com
料 S D $149〜　Tax別
CA A D J M V　室 299室

ダウンタウンの西側に位置し、プールやフィットネスセンターなどを完備。全室に室内用スリッパやウォシュレットトイレを完備。

Varscona
バルスコーナ　[MAP] P.364

[住]8208-106th St.
[TEL](780)434-6111
[FREE](1-866)465-8150
[URL]www.varscona.com
[料]ⓈⒹ$159～　Tax別　朝食付き
[CC]A M V
[室]89室

オールド・ストラスコーナにある高級ホテル。暖炉のあるロビーは優雅な雰囲気にあふれる。白を基調とした客室は明るく、さわやかな気分にさせてくれる。

Metterra Hotel on Whyte
メッテラ・ホテル・オン・ホワイト　[MAP] P.364

[住]10454-82nd Ave.
[TEL](780)465-8150
[FREE](1-866)465-8150
[URL]www.metterra.com
[料]ⓈⒹ$164～　Tax別　朝食付き
[CC]A M V
[室]98室

オールド・ストラスコーナに立地。館内はモダンなインテリアで統一。室内はゆったりとした造りで快適に過ごせる。無料ワインテイスティングやチーズもある。

Chateau Lacombe Hotel
シャトー・ラコム　[MAP] P.362-B1・2

[住]10111 Bellamy Hill Rd.
[TEL](780)428-6611
[FREE](1-800)661-8801
[URL]www.chateaulacombe.com
[料]ⓈⒹ$129～　Tax別
[CC]A D J M V
[室]307室

ダウンタウンの南側にある高層ホテル。最上階には360度フロアが回転する展望レストランLa Rondeがあり、エドモントン市内の景色が一望できる。

Holiday Inn Express Edmonton Downtown
ホリデイ・イン・エクスプレス・エドモントン・ダウンタウン　[MAP] P.362-B1

[住]10010-104th St.
[TEL](780)423-2450
日本の予約先[FREE]0120-455655
[URL]www.ihg.com/holidayinnexpress/hotels/us/en/edmonton/yeged/hoteldetail
[料]ⓈⒹ$164～
Tax別　朝食付き
[CC]A M V
[室]140室

ダウンタウンの南側、レッド・アローのオフィスのすぐ近くにある。全室電子レンジ付きの客室はどれも広々しており、一部はジャクージが付いている。

Fantasyland Hotel
ファンタジーランド　[MAP] P.359-B1

[住]17700-87th Ave.
[TEL](780)444-5538
[FREE](1-800)737-3783
[URL]flh.ca
[料]ⓈⒹ$168～　Tax別
[CC]A M V
[室]351室

ウエスト・エドモントン・モール内にある。客室ごとに「ハリウッド」や「ウエスタン」などテーマが設けられ、ユニークな仕掛けが施されている。

Comfort Inn & Suites
コンフォート・イン&スイート　[MAP] P.362-B1

[住]10425-100th Ave.
[TEL](780)423-5611
[FREE](1-888)384-6835
[URL]www.comfortinnedmonton.com
[料]ⓈⒹ$94～
Tax別　朝食付き
[CC]A M V
[室]108室

リーズナブルで満足できるホテルがここ。室内は広々としており、こぎれいで高級ホテルにもひけをとらない。リーズナブルな中華料理店を併設。

Days Inn Edmonton Downtown
デイズ・イン・エドモントン・ダウンタウン　[MAP] P.362-A1

[住]10041-106th St.
[TEL](780)423-1925
[FREE](1-800)267-2191
[URL]daysinn-downtownedmonton.com
[料]ⓈⒹ$101.68～　Tax別
[CC]A M V
[室]76室

ダウンタウンの中心にあり、周辺に大型スーパーや飲食店が充実しており好立地。リーズナブルながらも客室は広々。全室にバスタブ、コーヒーメーカーを完備している。

HI Edmonton
HIエドモントン　[MAP] P.364

[住]10647-81st Ave.
[TEL](780)988-6836
[FREE](1-866)762-4122
[URL]www.hihostels.ca
[料]ドミトリー$35.65～(会員)、$39.6～(非会員)
ⓈⒹ$78～(会員)、ⓈⒹ$86.65～(非会員)
Tax込み
[CC]M V　[室]24室、114ベッド

オールド・ストラスコーナの静かな住宅街にある。ランドリーなどの充実した設備のほか、ビリヤードやBBQが楽しめる。自転車の貸し出しあり。

エドモントンのレストラン

The Creperie

クレープリー MAP P.362-A1

⌂10220-103rd St. ☎(780)420-6656
URL thecreperie.ca
🕐月16:30〜21:30
　火〜木11:00〜14:00/16:30〜21:30
　金11:00〜14:00/16:30〜22:00
　土16:30〜22:00
休月 💰ランチ$15.95〜、ディナー$24.95〜 💳A M V

　ろうそくの明かりがゆらめく店内は薄暗く、中世ヨーロッパのようなロマンティックな雰囲気。フランス風のクレープ料理がメインで、チキンやシーフードなどが揃う。

Ruth's Chris Steak House

ルース・クリス・ステーキ・ハウス MAP P.362-A2

⌂9990 Jasper Ave. ☎(780)990-0123
URL ruthschrissteakhouse.ca/edmonton
🕐水〜日17:00〜23:30
休月・火 💰ディナー$65〜 💳A M V

　1965年にアメリカのニューオリンズで誕生した高級ステーキ店。シックにまとめられた店内で、プレミアムなステーキを味わえる。

The Sherlock Holmes Pub

シャーロック・ホームズ・パブ MAP P.362-A2

⌂10012-101A Ave. ☎(780)426-7784
URL sherlockshospitality.com
🕐日〜木11:00〜24:00　金・土11:00〜翌2:00
休無休 💰$20〜 💳A M V

　ダウンタウンの中心にあるブリティッシュスタイルのバー。客層はビジネスマンが中心で、落ち着いた雰囲気。食事メニューも豊富にあり、フィッシュ&チップスなどが人気。

Julio's Barrio

フリオス・バリオ MAP P.364

⌂10450-82nd Ave. ☎(780)431-0774
URL juliosbarrio.com
🕐月〜木12:00〜23:00　金・土11:30〜24:00
　日11:30〜23:00
休無休 💰$20〜 💳A M V

　若者に人気のカジュアルなメキシコ料理のレストラン。タコス$17.75〜やケサディージャ$22など、メニューはどれもボリュームたっぷり。

Japanese Village

ジャパニーズ・ヴィレッジ MAP P.362-A1

⌂10238-104th St. ☎(780)422-6083
URL www.jvedmonton.ca
🕐水〜日16:30〜20:00
休月・火 💰$30〜 💳M V

　市内に3店舗を構える日本料理店。天ぷら$11や枝豆$6.5のほか、シェフが目の前で焼き上げるニューヨーク・ステーキ$45やリブアイ・ステーキ$64も人気。

PIP

ピーアイビー MAP P.364

⌂10335-83th Ave. N.W.
☎(780)760-4747
URL www.pipyeg.com
休無休
💰$15〜
💳M V

　ファーマーズ・マーケットから徒歩2分と近く、フレンチトースト$17やエッグベネディクト$18などおしゃれなブランチメニューが充実。グルテンフリーやビーガンにも対応可能。

エドモントンのショッピング

The Artworks

アートワークス MAP P.362-A2

⌂10150-100st. Suite 100 ☎(780)420-6311
URL theartworks.ca
🕐月〜水・土10:00〜18:00　木・金10:00〜19:00
休日 💳M V

　アクセサリー、文具、バッグなど、カナダのデザイナーが手がけた雑貨を販売。グリーティングカードの多くは地元アーティストによるデザイン。

Alberta Craft Gallery

アルバータ・クラフト・ギャラリー MAP P.362-A1

⌂10186-106th St. ☎(780)488-5900
URL www.albertacraft.ab.ca
🕐火〜土10:00〜17:00
休日・月

　アルバータ州のアーティスト約150名が参加しているギャラリー兼ショップ。陶器やガラス、ジュエリーなど、商品はすべてカナダ製。

ウエスト・エドモントン・モールの ココがスゴイ！

世界最大級のモールは、エドモントン大注目のショッピングスポット。買い物だけでなくエンターテイメントも充実したモールを、思う存分楽しもう！

モールは2階建て

圧倒されるほど大規模なモール
West Edmonton Mall ウエスト・エドモントン・モール　MAP P.359-B1

　エドモントンの郊外にある巨大なショッピングモール。広々としたモール内を歩くと、いくつものショップやレストランがどこまでも続く。エンタメスポットやホテル（→ P.366）まであり、ショッピングモールの域を超越している。

　🏠 8882-170th St. N.W.
　☎ (780) 444-5321　URL www.wem.ca
　🕐 毎日10:00〜21:00
　休 無休　店舗により異なる
　🚃 LRTのセントラル駅から市バス#2に乗り、終点West Edmonton Mall下車、徒歩すぐ。所要約45分。

モールの大きさがスゴイ！

約50万㎡の面積に、店舗やエンタメスポットが入るその大きさにびっくり！ ヨーロッパやオリエンタル風の建物が並ぶエリアもある。

↑ヨーロッパの雰囲気が漂うエリア

回るときのコツ

①お目当ては事前にチェック
モール内はかなり広い。行きたいところを事前に決めて、効率よく回ろう。

②迷ったら検索
店が見つからない時は、フロアに設置されたナビ端末機で検索。店の場所を確認しよう。

③モール入口の番号を覚えておく
いくつも入口があるので迷わないように場所を覚えておこう。ドアの上あたりに番号がある。

エンタメ①
遊園地
Galaxyland
観覧車やジェットコースターなど、27のアトラクションが楽しめる。

エンタメ②
プール
World Waterpark
世界最大級の屋内プール。ウオータースライダーや波のプールがある。

エンタメ③
水族館
Marine Life
100種類の海の動物が飼育されている。毎日アシカのショーが行われている。

エンターテイメントのラインナップがスゴイ！

テーマパーク並みの本格的なエンタメスポットがあるのも魅力。プールに遊園地、水族館など楽しいエンタメ施設がたくさん！

ショップ＆レストランの豊富さがスゴイ！

ここだけで欲しいものが全部ゲットできるほど、店舗のセレクションが豊富。800以上のショップに100以上のレストランが軒を連ねる。

ファッション

2階
Arc'teryx
カナダ生まれのアウトドアブランド。

1階
Lululemon
人気のヨガ＆スポーツウエア専門店。

1階
Aritzia
オシャレなブランドをセレクトした洋服が並ぶ。

レストラン

1階
Hudsons Canada's Pub
カナダ料理とビールが堪能できるカジュアルパブ。

2階
Tim Hortons
国民から愛されるドーナツショップ。

雑貨

2階
MAC
日本でも人気が高い、カナダのコスメショップ。

1階
Bed Bath & Beyond
寝具、バス用品、キッチン雑貨などの品揃えが豊富。

1階
Saje Natura Wellness
国内で絶大な人気を誇るナチュラルアロマの専門店。

フード

2階
T&T Supermarket
リーズナブルなアジア食品が揃うスーパー。

1階
Rocky Mountain Chocolate Factory
カナディアン・ロッキー発のチョコレート専門店。

極北

Arctic Canada

極北

　極北と呼ばれる地方にあるのは、ユーコン、ノースウエスト、ヌナブトという3つの準州。面積の半分以上が北極圏に位置する厳寒の地。西には雄大な山脈がそびえ、中部一帯に広がるのは、草木もまばらなツンドラの大地。冬には深い雪に覆われ、気温はマイナス30〜50℃にもなる極限の地だ。

ユーコン準州
州都：**ホワイトホース**
面積：48万2443km²
人口：4万232人（2021年国勢調査）
時差：太平洋標準時間　日本との時差−17時間
　　　（サマータイム実施時−16時間）
州税：なし
州旗：緑、白、青の3色で、真ん中にユーコン準州の紋章を配置。

ヌナブト準州
州都：イカルイット　面積：209万3190km²
人口：3万6858人（2021年国勢調査）
時差：中部標準時間　日本との時差−15時間
　　　（サマータイム実施時−14時間）
　　　東部標準時間　日本との時差−14時間
　　　（サマータイム実施時−13時間）
　　　※一部では山岳部標準時間、太西洋標準時間を採用
州税：なし
州旗：白と黄色の2色に、赤いイヌクシュクと北極星を配置。

ノースウエスト準州
州都：イエローナイフ
面積：134万6106km²
人口：4万1070人（2021年国勢調査）
時差：山岳部標準時間
　　　日本との時差−16時間
　　　（サマータイム実施時−15時間）
州税：なし
州旗：青は水、白は氷を表す2色旗で、真ん中に準州の紋章を配置。

1　　　　　　　　　**2**

アラスカ
Ivvavik National Park
Aulavik National Park
バンクス島
Banks Island
Vuntut National Park
ボーフォート海
Beaufort Sea
フェアバンクス
Fairbanks
ツクトヤクーツク
Tuktoyaktuk
イヌービク
Inuvik
Eagle Plains
Arctic Red River
A
ドーソン・シティ
Dawson City
Tuktut Nogait National Park
Beaver Creek
タキーニ温泉
Takihini Hot Spring
ユーコン準州
Yukon
Mackenzie River
Great Bear Lake
P.375
クルアニ国立公園
Kluane National Park
カーマックス
Carmacks
Haines Junction
P.372
Ross River
ノースウエスト準州
Northwest Territories
ホワイトホース
Whitehorse
Jake's Corner
Wrigley
フレイザー
Fraser
スカグウェイ
Skagway
ナハニ国立公園
Nahanni National Park
B
Watson Lake
Edzo　Rae
イエローナイフ
Yellowknife P.377
Fort Liard
グレート・スレイブ湖
Great Slave Lake
ヘイ・リバー
Hay River
ブリティッシュ・コロンビア州
エンタープライズ
Enterprise
Salt River
ウッド・バッファロー国立公園
Wood Buffalo National Park

1　　　　　　　　　**2**

ユーコン準州
Yukon

　西をアラスカの国境と接するユーコン準州は、かつてゴールドラッシュの時代に発展した。ユーコン川のカヌーや大地を染める秋の紅葉、冬のオーロラ観賞など1年を通して楽しめるアウトドア天国だ。
おもな都市　ホワイトホース（→P.372）

ヌナブト準州
Nunavut

　1999年にノースウエスト準州から分離した、カナダで最も新しい準州。ハドソン湾北側から北極海の島々にかけた広大な地域で、先住民族のイヌイットが多く住んでいる。
おもな都市　イカルイット（→P.382）

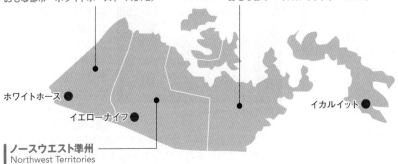

ホワイトホース

イエローナイフ

イカルイット

ノースウエスト準州
Northwest Territories

　ノースウエスト準州は、日本の約3倍の面積にわずか4万1000ほどの人口しかいない。オーロラ・オーバルの真下にある州都イエローナイフは、冬になると多くの日本人がやってくる、オーロラ観賞の中心地。
おもな都市　イエローナイフ（→P.377）

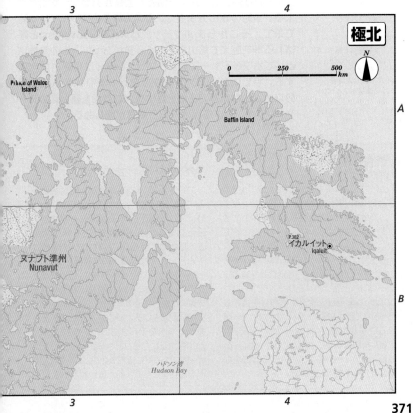

極北

3

4

A

B

Prince of Wales Island

Baffin Island

ヌナブト準州
Nunavut

P.382
イカルイット
Iqaluit

ハドソン湾
Hudson Bay

0　　250　　500
km

N

Whitehorse
ホワイトホース
ユーコン準州

MAP **P.370-B1**
人口 2万8201
面積 867
**ホワイトホース情報の
サイト**
URL www.travelyukon.com
URL www.yukoninfo.com
URL yukonjapan.jp(日本語)

ホワイトホースのイベント
ユーコン・クエスト
Yukon Quest
TEL (867)668-4711
URL www.yukonquest.com
催 2/4('23)
　世界一過酷な犬ぞりレース
として知られ、マイナス50℃
にもなる寒さのなか、アラス
カ州内で3つの山を越え、約
1600kmを10～14日間かけ
て犬ぞりで進む。
ホワイトホースでの両替
　日本から直接ホワイトホー
スに到着した場合、空港に両
替所はないので日本で両替し
て持っていくようにしよう。

秋の紅葉の美しさも格別

　アラスカと国境を接するユーコン準州は総面積48万3450 km^2。タイガ（亜寒帯森林）とツンドラ地帯からなる広大な大地だ。平坦なノースウエスト準州と違い山脈が走り、ユネスコの世界遺産に登録されているクルアニ国立公園には、カナダの最高峰でアラスカのデナリ（マッキンリー山6190m）に次ぎ、北米第2位の高さを誇る標高5959mのローガン山 Mount Logan がそびえる。

　ユーコンに人が集まってきたのは、1896年にドーソン・シティの近郊クロンダイク渓谷で金鉱が見つかったことによる。当時の鉱山労働者はアラスカのスカグウェイまで船で来て、そこからチルクート・パス Chilkoot Pass と呼ばれる峠を越えて鉱山まで行く必要があった。その集散地としてホワイトホースやドーソン・シティは飛躍的に発展する。今ではユーコン準州の約2万8000人の人口の半分以上が住む州都である。夏は雄大な自然を舞台にカヌーやトレッキング、冬はオーロラ観賞が楽しめる。

Column　クロンダイク・ゴールドラッシュ

　ユーコンにゴールドラッシュが起こったのは、1896年。ドーソン・シティのクロンダイク川で金が発見されたのだ。するとプロスペクターたちはすぐさまバンクーバーやシアトル、サンフランシスコの港に殺到し、船でアラスカへ渡り、ホワイト・パス White Pass やチルクート・パス Chilkoot Pass の峠を越えてユーコンへと至った。その後ユーコン川を800kmも北上しドーソン・シティを目指した。その人数は1897～98年のわずか2年間で10万人にも達したが、ドーソン・シティに到着したのは半数にもおよばなかった。冬の峠越えやカヌーや船での川下りなど、過酷な条件が行く手を阻んだのだ。

　1899年にアラスカに金脈が発見されると、プロスペクターたちの多くはそちらへ流れ、クロンダイク・ゴールドラッシュは終焉を迎える。2年という短期間だったものの、発見された金の量は390トンにもなり、北米のゴールドラッシュでは最大の発掘量だった。

　ゴールドラッシュの終焉後も、銀や銅など鉱山の採掘は続いた。1900年にアラスカまで続く鉄道が開通すると、ホワイトホースは一躍発展を遂げる。ユーコン川には積み荷を乗せた蒸気船が行き交い、最盛期には1日100艘以上になることもあったという。ホワイトホースの町には、SSクロンダイク号という当時活躍した蒸気船が置かれている。

ホワイトホースへの行き方

🍁 飛行機

バンクーバーからエア・カナダAir Canada（AC）が1日1～2便運航、エア・ノースAir North（4N）が1日3便運航、所要約2時間20分。空港は町の背後の標高700mの高台にあり、町へは回り込むように下っていく。約5km、タクシーで約10分、$20ほど。市バスもあるが1時間に1本ほどと本数は少ない。

🍁 長距離バス

以前はバンクーバーからの直通バスがあったが、2018年10月31日のグレイハウンドのカナダ西部路線廃止によりなくなってしまった。2023年1月現在、ブリティッシュ・コロンビア州などからのバスはない。

ホワイトホースの歩き方

町はユーコン川Yukon Riverとアラスカ・ハイウエイAlaska Highwayに挟まれた地域に広がっている。中心は旧ホワイト・パス鉄道の列車駅から真っすぐ延びる**メイン通りMain St.**と、それに交差する**セカンド通り2nd Ave.**から**フォース通り4th Ave.**にかけての一帯で、距離にして500m四方ほど。エリア内にはショップやレストラン、アクティビティのショップが集まっているほか、観光案内所もあり、観光での用事はほとんどこのエリアで済ますことができる。ホテルも比較的近くにあり、移動は基本的に徒歩で足りる。町なかは明かりも多いので、小さなオーロラだと見えないことも。オーロラ観賞をメインにするのであれば、郊外のホテルに宿泊するかオーロラツアーに参加しよう。ファミリーレストランや大型ショッピングセンターは中心部から1kmほど離れた所に集まっている。

冬の市街の様子

エア・カナダ（→P.419）
エア・ノース
☎(1-800)661-0407
🌐www.flyairnorth.com

❓ 観光案内所

Whitehorse Visitor Information Centre
🗺 **P.374-C2**
🏠100 Hanson St.
☎(867)667-3084
🌐www.travelyukon.com
🌐www.yukonjapan.jp（日本語）
🕐5～9月
　毎日8:00～20:00
　10～4月
　月～金8:30～17:00
　土10:00～14:00
🚫10～4月の日

CHECK!

ミレニアム・トレイル
　ダウンタウンからユーコン川沿いに南下すると、一周約5kmの遊歩道、ミレニアム・トレイルMillennium Trailがある。途中SSクロンダイク号（→P.374）の前を通り、川沿いの景色を眺めながら歩くことができる。

ℹ️ ユースフル・インフォメーション

警察
Royal Canadian Mounted Police 🗺 **P.374-B2**
🏠4100 4th Ave. ☎(867)667-5551

病院
Whitehorse General Hospital
🏠5 Hospital Rd. ☎(867)393-8700

おもなレンタカー会社
Budget ☎(867)667-6200

おもなタクシー会社
Victory Taxi ☎(867)667-6789
Grizzley Bear Taxi ☎(867)667-4888

極北

ホワイトホース ◆ 行き方／歩き方

Arctic Canada

373

SSクロンダイク号

TEL (867)667-4511（夏季）
URL www.pc.gc.ca/en/
lhn-nhs/yt/ssklondike
圏 5月中旬～9月上旬
毎日9:30～17:00
体 9月上旬～5月中旬
囲 大人$4.25、シニア$3.75

ホワイトホースのカヌー

ユーコンを目指す人の多くはカヌーが目的。カヌーのシーズンは7～9月。ホワイトホースからドーソン・シティまでの700kmを2週間前後で下るコースはカヌーイストの憧れだ。半日、1日コースもある。
Kanoe People
MAP P.374-B2
TEL (867)668-4899
URL www.kanoepeople.com
ドーソン・シティまでのカヌー一式のレンタルが$450（16日間）。途中のカーマックスCarmacksまで$290。4時間の半日ツアー（ガイドなし）1人$75。店長のScott McDougall氏は『ユーコン漂流』で知られる作家の野田知佑氏と親しく、店内には彼のサインもある。冬季はオーロラツアーも催行する。日本語での問い合わせ、日本語のガイドツアーは（→P.32）。

まだある！ ホワイトホースの見どころ
ビール工場見学

地ビール会社、ユーコン・ブリューイングでは、工場見学ツアーを催行。最後にはテイスティングも、ショップを併設。
ユーコン・ブリューイング
Yukon Brewing
MAP P.374-A1外
TEL (867)668-4183
URL yukonbeer.com
圏 月～水11:00～18:00
木～土10:00～20:00
日12:00～19:00
体 無休
工場見学ツアー
圏 木～土13:00
囲 $10

温泉&野生動物保護区ツアー

郊外にあるタキーニ温泉と野生動物保護区を訪れるツアー。レンタカーがあれば個人でも行けるが、ツアーが便利。
Black Bear Wilderness Adventures
TEL (867)633-3993
URL www.wildernessyukon.com
囲 所要約3時間
囲 $170（1～7人）

おもな見どころ

✿ SSクロンダイク号
SS Klondike
MAP P.374-C2

ユーコン川に面した公園に置かれた大型の外輪船。地域の発展にはこれらの外輪船が大きく貢献した。初代クロンダイク号は1929年に建造されるもユーコン川に沈没。展示船は1937年に再建され当時のまま保存。内部は博物館になっている。

公園の中に置かれている

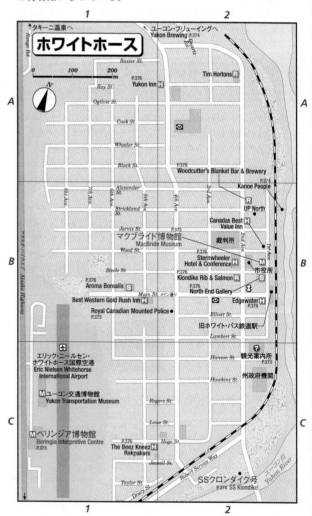

🍁 マクブライド博物館
MacBride Museum

MAP P.374-B2

19世紀後半のゴールドラッシュの時代の資料や先住民の手工芸品、ユーコンの自然や地質についての展示がある。

🍁 ベリンジア博物館
Beringia Interpretive Centre

MAP P.374-C1

今から5万年前の氷河期に、多くの生物がベーリング海峡を渡ってやってきた事実を物語る博物館。あまり知られていないが、ユーコン準州は大型哺乳類の化石の宝庫で、今なお多数発掘されている。それらを基に作ったマンモスやナマケモノの骨格標本は迫力がある。また地質についての資料、ジオラマ、先住民族の狩猟生活の様子などから、当時を知ることができる。

大型哺乳類や先住民族の歴史を学べる

🍁 クルアニ国立公園
Kluane National Park

MAP P.370-A1〜B1

カナダ最高峰でマッキンリーに次ぐ北米第2位のローガン山（5959m）をはじめとする高峰と氷河、氷原に覆われた国立公園。ユネスコの世界自然遺産にも登録されている。アラスカ・ハイウエイが走っており、路線バスの途中下車も可能だが、スケールの大きな公園内を歩くにはそれなりの装備や事前のプランが必要。ホワイトホース市内の旅行会社のツアーに参加するのがいい。山麓はカナダ最大のクマの生息域でもある。

マクブライド博物館
TEL (867)667-2709
URL www.macbridemuseum.com
圏5月中旬〜8月
　木〜火9:30〜17:00
　水9:30〜21:00
　9月〜5月中旬
　火〜土9:30〜17:00
休9月〜5月中旬の日・月
圏大人$12、シニア・学生$11、子供無料

ベリンジア博物館
TEL (867)667-8855
URL www.beringia.com
圏5月上旬〜9月
　毎日9:00〜18:00
　10月〜5月上旬
　日・月12:00〜17:00
休10月〜5月上旬の火〜土
圏大人$6、シニア$5、学生$4

❓ **クルアニ国立公園の観光案内所**
Kluane Visitor Reception Centre
住280 Alaska Hwy.
TEL (867)634-7207
URL www.pc.gc.ca/en/pn-np/yt/kluane

Tachäl Dhäl (Sheep Mountain) Visitor Reception
交ホワイトホースからベースとなるヘインズ・ジャンクションまで約160km。ジャンクションHaines Junctionから北東へ車で1時間ほど行った所。

Column カナダとアラスカを結ぶ列車の旅
ホワイト・パス＆ユーコン・ルート

ユーコンのクロンダイクで金鉱が見つかりゴールドラッシュが興った頃、鉱山で働く人々は内陸部まで海が入り込んだアラスカのスカグウェイSkagwayからチルクート・パスChilkoot Passを通って、約70kmの道のりをやってきた。しかし金塊を運ぶためにも鉄道は不可欠で1889年に着工。1900年、不可能といわれた渓谷に、スカグウェイからホワイト・パスを越えてホワイトホースにいたる1本の鉄道が敷かれた。

ツアーのホワイト・パス＆ユーコン・ルートWhite Pass & Yukon Routeにはいくつかのルートがあるが、ホワイトホースからカークロスCarcrossまでバスで行き（所要約1時間15分）、そこから列車に乗ってスカグウェイを目指す（所要約5時間15分）ルートが一般的。山と雪渓、スリリングな鉄橋、ゴールドラッシュ時代の名残、そして標高873mのホワイト・パス頂上で国境をまたぐ、飽きることのない列車の旅だ。ホワイトホースから日帰りと1泊2日のツアーがある。

ホワイト・パス＆ユーコン・ルート
FREE (1-800)343-7373　URL www.wpyr.com
圏5/30〜9/16('23)　圏片道US$190
※国境を越えるのでパスポートが必要。乗車はツアー会社に申し込むか、直接予約をする。

HOTEL

ホワイトホースのホテル

Sternwheeler Hotel & Conference

スタンウィーラー・ホテル&カンファレンス [MAP] P.374-B2

[住]201 Wood St.
[TEL](867)393-9700
[URL]www.sternwheelerhotel.ca
[料][HIGH]5～9月ⓈⒹ$289～309
[LOW]10～4月ⓈⒹ$204～239　Tax別
[CC]A M V　[室]181室

ダウンタウンの中心にある大型ホテル。客室は高級感があり、ゆったりとした造りになっている。全室にコーヒーメーカーやアイロンも付いている。レストランを併設。

Yukon Inn

ユーコン・イン [MAP] P.374-A2

[住]4220 4th Ave.
[TEL](867)667-2527
[FREE](1-800)661-0454
[URL]yukoninn.com
[料]ⓈⒹ$150～176　Tax別　[CC]A M V　[室]90室

町の外れにある大型のモーテル。繁華街へは遠いが、周囲にはスーパーやホームセンター、チェーンのレストランがある。客室は広々しており、レストランも併設している。

Edgewater Hotel

エッジウォーター [MAP] P.374-B2

[住]101 Main St.
[TEL](867)667-2572
[URL]www.edgewaterhotelwhitehorse.com
[料]ⓈⒹ$239～　Tax別
[CC]A M V　[室]33室

旧ホワイト・パス鉄道駅の向かいにあり、ゴールドラッシュの時代から名前と装いを変えながらもホテルとして営業。現在の建物は2017年に改装され、広々としたスタンダードルームやキッチン付きのスイートルームなど機能的な空間が広がる。ユーコン川を望む客室もあり観光に便利なロケーション。

The Beez Kneez Bakpakers

ビーズ・ニーズ・バックパッカーズ [MAP] P.374-C1

[住]408 Hoge St.
[TEL](867)456-2333
[URL]www.bzkneez.com
[料]ドミトリー$40～　ⓈⒹ$100～　Tax込み
[CC]M V
[室]5室、10ベッド

ホワイトホース唯一のホステル。ドミトリーは男女混同だが清潔。共同スペースが2ヵ所あり、キッチンが付いている。屋外にはバーベキューのできるデッキもある。オーナーも親切で、世界中の若者が集まるアットホームな雰囲気が魅力。

ホワイトホースのレストラン

Klondike Rib & Salmon

クロンダイク・リブ&サーモン [MAP] P.374-B2

[住]2116 2nd Ave.　[TEL](867)667-7554
[URL]www.klondikerib.com
[営]5月中旬～9月下旬　毎日11:00～15:30/16:00～21:00
[休]9月下旬～5月中旬
[予]$20～　[CC]不可

極北の食材を使ったメニューを味わえる。ランチの人気は、エルクやバイソンなどの肉を使ったクロンダイク・バーガー$20。アークティック・チャーやサーモンのグリルは$28～。料理はどれもボリューム満点！

Woodcutter's Blanket Bar & Brewery

ウッドカッターズ・ブランケット・バー&ブリュワリー [MAP] P.374-B2

[住]2151 2nd Ave.
[TEL](867)334-5843
[URL]woodcuttersblanket.com
[営]火～土 11:30～24:00　日15:00～23:00
[休]月　[予]$15～　[CC]M V

ゴールドラッシュ時代に建てられた歴史的な建物を改装し、こぢんまりとした醸造所を併設。10種以上の地ビールとともに、地元の食材を使ったタコスやグリーンカレーなどフュージョン料理を楽しめる。

ホワイトホースのショッピング

Aroma Borealís

アロマ・ボレアリス [MAP] P.374-B1

[住]504B Main St.　[TEL](867)667-4372
[URL]www.aromaborealis.com
[営]月～土10:00～18:00　[休]日　[CC]A M V

ハーブを使用したオリジナルのアロマ製品、ハーブティーを扱う。人気はアークティック・ローズを使ったクリーム$22.95～やファイアーウィードのハーブティー$8.95など。

North End Gallery

ノース・エンド・ギャラリー [MAP] P.374-B2

[住]118-1116 Front St.　[TEL](867)393-3590
[URL]www.yukonart.ca
[営]月～土10:00～18:00
[休]日　[CC]M V

ユーコンに暮らす先住民族のクラフトや、ユーコン出身のアーティストの作品、砂金のジュエリーなどを販売するギャラリーのようなショップ。

バスタブ　テレビ　ドライヤー　ミニバーおよび冷蔵庫　セーフティボックス　Wi-Fi(無料)
一部客室　一部客室　貸し出し　一部客室　フロントにあり　Wi-Fi(有料)

ノースウエスト準州は、カナダの極北地方に位置しており、北緯60度以北の134万6106km² もの広大な面積を擁する、川と湖の大地。グレート・スレイブ湖からボーフォート

オールドタウンにあるパイロット・モニュメントは町を見下ろす展望スポット

海へと、マッケンジー川が約4250kmにわたって大地を縦断し、河口付近でマッケンジーデルタを形成している。準州全体の人口はわずか4万1000人程度で、これは32km² にひとり、つまり東京ドーム約600個分にひとりしかいない計算となる。無人の、永久凍土の大地が果てしなく続く、想像を絶する地域である。

州都イエローナイフはノースウエスト準州の南、グレート・スレイブ湖の湖畔に位置し、人口の半数近くがここに暮らしている。先住民であるイヌイットをはじめ、ネイティブカナディアンのいくつかの部族、そして鉱山を求めてやってきたヨーロッパ人などが混じり合い、独特のカルチャーを作り出している。ここには11の公用語があり、看板などにもそれらの言語が並んでいる。

イエローナイフの歴史は1930年代に周辺に金鉱が見つかったことに始まる。次第に町が造られてゆき、1950年代に地方自治体として機能し始める。鉱山のもたらす富で栄えてきたが、近年さらにダイヤモンド鉱山が発見され、多数の関係者がイエローナイフを拠点に活動するようになり、街はますます大きくなる兆しだ。

そのイエローナイフを世界的に有名にしているのがオーロラだ。北緯62度27分、オーロラ・オーバルの下に位置し、平原で晴天率が高いことから、オーロラの出現率が高く、観賞には絶好の場所。一方、夏は雄大な緑と水の大地を舞台に、カヌーやフィッシング、トレッキングが楽しめる。

犬ぞりなどさまざまなアクティビティを楽しもう

MAP P.370-B2
人口 2万340
面積 867
イエローナイフ情報のサイト
URL extraordinaryyk.com
f www.facebook.com/ExtraordinaryYK
URL www.yellowknife.ca

イエローナイフのイベント
スノーキング・ウィンター・フェスティバル
Snowking's Winter Festival
URL snowking.ca
開 3/1～26(' 23)
　1995年から続く冬の祭典。イエローナイフ湾の上に巨大な雪の城が登場し、氷の彫刻や雪を使ったアクティビティを楽しむことも。バンド演奏や映画祭などのイベントも盛りだくさんで、終日にぎわいを見せる。

看板にはさまざまな言語が並ぶ

ダウンタウンにあるショッピングモール「YK Centre Mall」の気温の電光掲示板

エア・カナダ（→P.419）

ウエスト・ジェット航空
（→P.419）

カナディアン・ノース
FREE (1-800)267-1247
URL www.canadiannorth.com

イエローナイフ空港
MAP P.379-B1
住 1 Yellowknife Hwy.
TEL (867)767-9091
URL www.dot.gov.nt.ca/
Airports/Yellowknife

? 観光案内所

Northern Frontier Visitors
Association
MAP P.379-A1
住 5014-50 St., Centre
Square Mall
TEL (867)920-8687
URL extraordinaryyk.com
開 毎日10:00～18:00
休 無休

2022年に移転しギャラリーも
兼ねている

イエローナイフへの行き方

🍁 飛行機

　拠点となるのは、バンクーバーとアルバータ州のカルガリー、エドモントン。日本からバンクーバーへの直行便を利用すると乗り継ぎで同日の夜に到着できる。バンクーバーからAir Canada（AC）が1日1～2便運航。所要約2時間30分。カルガリーからはエア・カナダとウエスト・ジェット航空West Jet（WJ）が1日1～3便運航、所要約2時間30分。エドモントンからはエア・カナダが1日1便、カナディアン・ノースCanadian North（5T）が1日1～2便、ウエスト・ジェット航空が週1～3便運航、所要約1時間50分。

空港から市内へ

　イエローナイフ空港から市内まで約6km。タクシーもしくは、宿泊施設およびツアー会社のピックアップを利用する。タクシーだと市内まで約$20。

こぢんまりした空港

イエローナイフの歩き方

　イエローナイフの町は、空港に最も近い新興住宅地の**ニュータウン**、グレート・スレイブ湖Great Slave Lakeに面した**ダウンタウン**、湖に突き出した半島に築かれた**オールドタウン**の、大きく分けて3つのエリアからなる。中心となるダウンタウンには碁盤の目のように道が敷かれ、高層ビル

雪に覆われたダウンタウン

ⓘ ユースフル・インフォメーション

警察
Royal Canadian Mounted
Police MAP P.379-A1
住 5010-49th Ave.
TEL (867)669-1111
病院
Stanton Territorial Health
Authority MAP P.379-B1
TEL (867)669-4111

おもなレンタカー会社
Hertz
TEL (867)766-3838
Budget
TEL (867)920-9209
National
TEL (867)920-2970
　すべてイエローナイフ空港にある。

おもなタクシー会社
Aurora Taxi
TEL (867)873-5050
City Cab
FREE (1-867)873-4444

が建ち並ぶ。永久凍土の地域にあって、ダウンタウンは岩盤の上に造られているため、高層ビルの建築が可能なのだ。一方、永久凍土の上に築かれたオールドタウンは、夏の気温や家屋から排出される熱で地盤が上下してしまうため、家を水平に保つため地面と家の間に空間が設けてある。ダウンタウンの交通の便も悪く、上下水道も完備されていない旧市街だが、都市の騒音を逃れて美しい景色のなかで静かに暮らすにはもってこいの場所でもあり、裕福な人々の高級住宅も目に留まる。

　ダウンタウンの中心は**フランクリン通りFranklin Ave.**。通り沿いにショッピングモール、ショップ、レストランが並んでいて、ほとんどの用はわずか1kmほどの範囲で済む。

CHECK!

　ダウンタウンからオールドタウンへは車で10分ほど。タクシーを利用か、公共のバス（\$3）を利用する。ルートCのバスが40分おきに運行、日曜は運休。

CHECK!

イエローナイフの酒屋
Liquor Store
リカーストア
MAP **P.379-A2**
TEL (867)920-4977
　ダウンタウンにあるイエローナイフの酒屋。値段は高い。

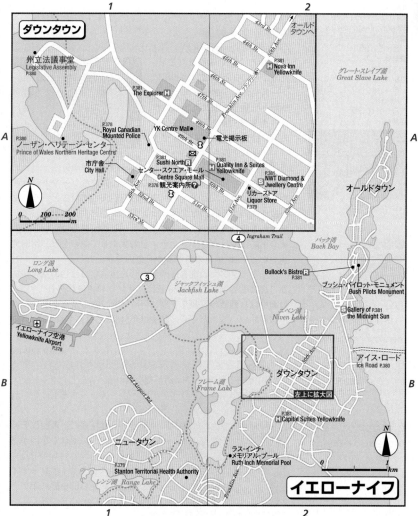

ダウンタウン

州立法議事堂
Legislative Assembly P.380
The Explorer P.381
Royal Canadian Mounted Police P.378
YK Centre Mall
電光掲示板
ノーザン・ヘリテージ・センター P.380
Prince of Wales Northern Heritage Centre
市庁舎 City Hall
Sushi North
センター・スクエア・モール
Centre Square Mall P.378
観光案内所
Quality Inn & Suites Yellowknife P.381
NWT Diamond & Jwellery Centre
リカーストア Liquor Store P.379
Nova Inn Yellowknife P.381
オールドタウンへ
グレート・スレイブ湖 Great Slave Lake
オールドタウン

0 100 200 m

イエローナイフ

Ingraham Trail
バック湾 Back Bay
ロング湖 Long Lake
ジャックフィッシュ湖 Jackfish Lake
Bullock's Bistro P.381
ブッシュ・パイロット・モニュメント Bush Pilots Monument
ニーベン湖 Niven Lake
Gallery of the Midnight Sun P.381
イエローナイフ空港 Yellowknife Airport P.378
アイス・ロード Ice Road P.380
ダウンタウン
左上に拡大図
フレーム湖 Frame Lake
Old Airport Rd.
ニュータウン
Capital Suites Yellowknife P.381
ラス・インチ・メモリアル・プール Ruth Inch Memorial Pool
Stanton Territorial Health Authority P.379
レンジ湖 Range Lake

0 1 km

379

📞(867)767-9347
🔗www.pwnhc.ca。
🕐火～日10:00～17:00
休月
料無料(寄付程度)

イヌイットなど先住民族に関す
る展示もある

州立法議事堂
📞(867)767-9130
📠(1-800)661-0784
🔗www.ntassembly.ca
🕐月～金7:00～18:00
　　土・日10:00～18:00
休無休
ガイドツアー
時6～8月
　　月～金10:30、13:30
　　9～5月
　　月～金10:30
料無料

議会の始まる前に取り出される
職杖

📝マメ知識━━━━━━
ウインター・ロード
Winter Road
　イエローナイフから北は、
大小の湖が散らばる湖水地
帯。冬になると一面、氷の大地
と化す。その1月下旬～3月に
かけて造られるのがウインタ
ー・ロードだ。ノースウエスト
準州にはダイヤモンドや金銀
の鉱山が多数あり、夏の間は
飛行機を使って物資や人を運
送している。しかし、コストが
かかるうえ、重機を運ぶことは
できない。そのため冬の間に
大型トラックがウインター・ロ
ードを通って、鉱山や集落に物
資を運搬しているのだ。その
数はわずか2ヵ月のうちに約
6400台というから驚きだ。

おもな見どころ

♣ ノーザン・ヘリテージ・センター 🅼P.379-A1
Prince of Wales Northern Heritage Centre ★★★

　ノースウエスト準州に関する、10万点以上もの資料を展示す
る博物館。カナダの北部で生きる動植物の展示コーナーでは、
はく製を多数用いてわかりやすく紹介。イヌイットをはじめ、
この地で暮らしてきた人々の暮らしぶりをジオラマや、彫刻な
どの民芸品などから知ることができる。また、陸の孤島である
デルタ地帯の発展に欠かせなかった航空機についてのコーナー
や歴史資料も豊富。7頭のムースを使って造ったというデネ族の
船が展示されている。

♣ 州立法議事堂 🅼P.379-A1
Legislative Assembly ★★★

　1993年に建てられた立法府。
見どころのひとつは、1999年に
ノースウエスト準州がヌナブト
準州と分離した際に、新しく作
られた職杖The Mace。杖の頭
の部分は1.3カラットのダイヤモ
ンド、それを囲むシルバーの雪
の結晶、その下には北の動物や

立派なクマの敷き皮。まれにクリーニン
グに出され不在の場合も

魚が彫られた大理石でできている。下に伸びるシャフトには準
州内の33のコミュニティそれぞれの石が入っているという。ま
た杖の先の大理石には、マッケンジー川がデルタを形成して北
極海へと流れ込む、水の流れのイメージ画が描かれている。職
杖の下にはやはりコミュニティを象徴する33個の金と、州内で
見つかった4億年前の石が置かれている。

　ホッキョクグマの敷き皮が置かれた議会室には19の議席があ
り、議長席の前の秘書の椅子はアザラシの皮で作られている。
会議中は11種類の言語を一度に同時通訳できるようなシステム
を採用しているのだそう。議会は年5回ほど開催される。

♣ アイス・ロード 🅼P.379-B2
Ice Road ★★★

　1月中旬～3月中旬のみ通行可能な氷の道。凍結したグレート・

スレイブ湖上に造られ
るスケートリンクのよ
うな道だ。入口にその
ときに通れる車両が表
示されているので見て
みよう。イエローナイ
フから6km離れたデタ
村Dettahまで続く。

氷の厚さの2乗×4倍で通れる車の重さを決めるという
アイス・ロード

HOTEL

イエローナイフのホテル

The Explorer Hotel
エクスプローラー [MAP] P.379-A1

[住]4825-49th Ave.
[FREE](1-867)873-3531
[URL]www.explorerhotel.ca
[料]Ⓢ$180～ Ⓓ$259～　Tax別　[CC]A M V　[室]259室

高台に立つ、イエローナイフ随一の高級ホテル。3階以上の部屋からはフレーム湖やオールドタウンまで望める。ロビーもモダンで上品なデザイン。

Quality Inn & Suites Yellowknife
クオリティ・イン&スイート イエローナイフ [MAP] P.379-A2

[住]5010-49th St.
[TEL](867)873-2601
[FREE](1-800)424-6423　[URL]www.choicehotels.ca
[料]ⓈⒹ$198～　Tax別　[CC]A M V　[室]120室

ショップやレストランが入ったセンター・スクエア・モールCentre Square Mallに併設。客室はシンプルでコーヒーメーカーを備えている。

Nova Inn Yellowknife
ノヴァ・イン・イエローナイフ [MAP] P.379-A2

[住]4401 Franklin Ave.
[FREE](1-877)839-1236
[URL]daysinnyellowknife.com
[料]ⓈⒹ$179～　Tax別　[CC]A D M V　[室]80室

サウナやフィットネスセンターなど館内設備が充実。客室のベッドはクイーンサイズでゆったり。中心部からはやや離れるが、メインストリート沿いで便利。

Capital Suites Yellowknife
キャピタル・スイート・イエローナイフ [MAP] P.379-B2

[住]100-5603 50th Ave.
[TEL](867)669-6400
[FREE](1-877)669-9444　[URL]www.capitalsuites.ca
[料]ⓈⒹ$169～　Tax別　[CC]A M V　[室]78室

客室は、シンプルでスタイリッシュなインテリア。ダウンタウンの外れに位置しているが、周囲にレストランやスーパーもあり、繁華街までも徒歩圏内。

イエローナイフのレストラン

Bullock's Bistro
ブルックス・ビストロ [MAP] P.379-B2

[住]3534 Weaver Dr.　[TEL](867)873-3474
[営]月～土12:00～21:00
[休]日　[予]ランチ$20～、ディナー$25～　[CC]A M V

1936年に建てられたログハウスを利用した店。パイク、アークティック・チャー（北極イワナ）といった北の魚をグリルやフライで味わえる。

Sushi North
スシ・ノース [MAP] P.379-A1

[住]200 4910 50th Ave.　[TEL](867)669-0001
[URL]www.sushinorth.ca
[営]月～金11:30～19:00　[休]土・日　[予]$8～　[CC]不可

日本人経営の和食店。北極イワナのにぎりなど北極圏の魚が味わえる。おすすめは、3種のにぎりが入ったオーロラセット$17。テリヤキ丼やうどん各$11もあり。

イエローナイフのショッピング

Gallery of the Midnight Sun
ギャラリー・オブ・ザ・ミッドナイト・サン [MAP] P.379-B2

[住]5005 Bryson Dr.　[TEL](867)873-8064
[営]月～土10:00～18:00　日12:00～17:00
[休]無休　[CC]A D M V

民芸品から定番おみやげまで豊富な品揃え。特に、イヌイットの石の彫刻ソープストーンは、小物から高価な物までギャラリー並みに揃う。

NWT Diamond & Jwellery Centre
NWT ダイヤモンド&ジュエリー・センター [MAP] P.379-A2

[住]5105-49th St.　[TEL](867)920-7108
[営]火～土10:00～17:30
[休]日・月　[CC]A J M V

ノースウエスト準州で採掘されたダイヤモンドを販売。種類豊富で、手頃な値段のアイテムも多い。ダイヤモンド採掘や鉱山について学べる展示スペースを併設。

バスタブ　テレビ　ドライヤー　ミニバーおよび冷蔵庫　セーフティボックス　Wi-Fi(無料)
一部客室　一部客室　貸し出し　一部客室　フロントにあり　Wi-Fi(有料)

Iqaluit
イカルイット
ヌナブト準州

氷山の浮かぶ海

MAP P.371-B4
人口 7429
面積 867
**イカルイット（ヌナブト準州）
情報のサイト**
URL www.iqaluit.ca
f www.facebook.com/
iqaluit.ca

カナディアン・ノース
FREE (1-800)267-1247
URL www.canadiannorth.com

? 観光案内所

Nunavut Tourism
住 220 Sinaa, Iqaluit
TEL (867)979-4636
URL travelnunavut.ca
EM info@destinationnuna
vut.ca

ノースウエスト準州の
ほぼ東半分を占めてい
た領域が、先住民であ
るイヌイット Inuit の土
地請求権交渉の結果、
1999 年 4 月 1 日から
新たにヌナブト準州（「ヌ
ナブト」は彼らの言語で
「私たちの土地」の意）となった。その州都がイカルイット。
ヌナブト準州は、ハドソン湾北側から北極海の島々にかけ
てカナダの国土の 5 分の 1（日本の約 5 倍）を占める広
大な厳寒地域で、人口はわずか 3 万 6000 人。うち約
85％を占めるイヌイットは、狩猟に基盤をおいた伝統的
な生活を今なお営んでいる。交通インフラが未整備であ
る、観光シーズンが短い、などの理由により日本人旅行
者が訪れるのはまれだが、観光の受け入れ体制が整ってく
れば、これから注目される地域といえる。

イカルイットへの行き方

✈ 飛行機

イエローナイフからランキン・インレットRankin Inletを経
由してイカルイットまで、カナディアン・ノースCanadian North
（5T）が火・木・金曜に運航。所要時間は約4時間30分。

イカルイットの歩き方

バフィン島の南にある州都イカルイットをはじめ、動植物の
宝庫ランキン・インレットRankin Inletやイヌイット芸術の町
ベーカー・レイクBaker Lake、北極圏線上のレパルス・ベイ
Repulse Bay、バフィン島東岸の風光明媚なクライド・リバー
Clyde River、氷山ツアーで名高いポンド・インレットPond
Inlet、極地探検の基地レゾリュートResolute、カナダ最北端の
グリス・フィヨルドGrise Fjordなど、このエリアには魅力的な
見どころが点在しており、いずれの町へも飛行機で行ける。厳
寒の地を訪れる旅は何かと困難な半面、ここでしか味わえない、
心に残る特別な体験ができる。

ジャスパー国立公園のウィスラーズ山の山頂からの眺め

旅の準備と技術

旅 の 情 報 収 集

日本での情報収集

カナダ観光局
🔗 jp-keepexploring.
canada.travel
🐦 twitter.com/
CanadaExplore
📘 www.facebook.com/
canadaexplore

カナダ大使館
E・H・ノーマン図書館
🏢 〒107-8503
東京都港区赤坂7-3-38
在日カナダ大使館内
☎ (03)5412-6200
📠 (03)5412-6287
📧 tokyo.lib-bib@
international.gc.ca
📅 月〜金
13:30〜17:30
休 土・日

🍁 カナダ観光局

　カナダに関するさまざまな観光情報を扱っている。インターネットでは日本語のホームページも開設している。最新のカナダ情報を入手できるツイッターやフェイスブックもある。

🍁 カナダ大使館E・H・ノーマン図書館

　一般の人も利用できる図書館。登録（無料）すれば、本などの貸し出しもしてもらえる。約50人が利用できる閲覧室があり、図書のほか、DVDやCDも充実。蔵書に関する問い合わせはeメール、またはファクスでも可能。なお、カナダ大使館に入館するには政府発行の写真付き身分証明書が必要なので、忘れずに用意しよう。

レストランや宿泊情報も満載のガイド冊子

CANADA WATT
🏢 119 W Pemder St.,
Vancouver
☎ (604)710-9795
🔗 www.canadawatt.com
　カナダへのワーキングホリデイ、留学を考えているなら、一度相談してみよう。

現地での情報収集

　カナダは各都市、町村に必ずといっていいほど観光案内所がある。大都市は空港や駅、街の中心部のほか、主要観光ポイントにも出張所かキオスクがあり資料を入手できるが、ダウンタウンから数km離れたハイウエイの途中にあることも多い。観光案内所では、まず地図とガイド冊子やパンフレット（最近は日本語版を置いているところもある）、あれば市バスなどのルートマップや時刻表ももらおう。アクティビティやB&Bなどのチラシもたくさん置いてある。冊子やチラシにはアクティビティやミュージアム、レストランなどが割引になるクーポンが付いていることもある。また、どこでも宿泊や観光の相談に気軽に応じてくれるし、宿予約用の無料電話を使うこともできる。たいていの資料は無料だが、バンクーバーのトランスリンク社の路線図やロッキーの詳細地図などは有料の場合もある。

バンクーバー国際空港内にある観光案内所

インターネットでの情報収集

　旅行者にとっても有力な情報源となっているのがインターネットだ。大都市の観光案内などは早くから開設されていたが、最近特に目立つのは日本語ページの増加。カナダには現地在住の日本人が多く、住んでいなければわからないような細かい、そして最新の情報を発信している。また、地方の小さな町が運営しているホームページやツイッター、フェイスブック、ブログなどは、日本では手に入りにくい情報の宝庫となっている。

おすすめのウェブサイト

カナダ総合情報

地球の歩き方ホームページ(日)
URL www.arukikata.co.jp
twitter.com/arukikata_book
www.facebook.com/arukikata
　カナダドルの最新のレートのほか、現地の天候もわかる。

在日カナダ大使館(日)
URL www.international.gc.ca/country-pays/
　japan-japon/index.aspx?lang=eng
twitter.com/CanadaNihon
www.facebook.com/CanadaNihon

カナダ観光局(日)
URL jp-keepexploring.canada.travel
twitter.com/canadaexplore
www.facebook.com/canadaexplore
　基本的な旅行情報が充実している。イベントやフェスティバルのカレンダーなど便利なページがいっぱい。

パークス・カナダ
URL parks.canada.ca
twitter.com/ParksCanada
www.facebook.com/ParksCanada
　国立公園、国定史跡、世界文化遺産などの情報。日本で情報が手に入れにくいマイナーな自然公園、史跡も紹介。

地域情報

●ブリティッシュ・コロンビア州
ブリティッシュ・コロンビア州観光局
URL www.hellobc.com
twitter.com/hellobc
www.facebook.com/HelloBC
●アルバータ州
アルバータ州観光公社
URL travelalberta.com
twitter.com/travelalberta
www.facebook.com/canadianrockies.jp
●ユーコン準州
ユーコン準州観光局(日)
URL www.yukonjapan.jp
●ノースウエスト準州
ノースウエスト準州観光局
URL spectacularnwt.com
twitter.com/spectacularnwt
www.facebook.com/spectacularnwt
バッドランド
twitter.com/CanadianBadland
www.facebook.com/CanBadlands

町情報

バンクーバー
Tourism Vancouver
URL www.destinationvancouver.com
twitter.com/myvancouver
www.facebook.com/insidevancouver
ビクトリア
Tourism Victoria
URL www.tourismvictoria.com
twitter.com/victoriavisitor
www.facebook.com/tourismvictoriafan
トフィーノ
Tourism Tofino
URL tourismtofino.com
twitter.com/tourism_tofino
www.facebook.com/tourismtofino

ケロウナ
Tourism Kelowna
URL www.tourismkelowna.com
twitter.com/Tourism_Kelowna
www.facebook.com/TourismKelowna
バンフ&レイク・ルイーズ
Banff Lake Louise
URL www.banfflakelouise.com
twitter.com/banfflakelouise
www.facebook.com/banfflakelouise
ジャスパー
Jasper Travel
URL www.jasper.travel
twitter.com/TourismJasper
www.facebook.com/JasperCanadianRockies
カルガリー
Visit Calgary
URL www.visitcalgary.com
twitter.com/TourismCalgary
www.facebook.com/tourismcalgary
エドモントン
Explore Edmonton
URL exploreedmonton.com
twitter.com/ExploreEdmonton
www.facebook.com/EdmontonTourism
Edmonton Downtown
URL www.edmontondowntown.com
twitter.com/edmontondtwn
www.facebook.com/edmontondtwn
イエローナイフ
Visit Yellowknife
URL extraordinaryyk.com
twitter.com/visityk
www.facebook.com/ExtraordinaryYK

交通情報

エア・カナダ
URL www.aircanada.com/jp/ja/aco/home.html(日)
URL www.aircanada.com/ca/en/aco/home.html(英)
twitter.com/aircanada
www.facebook.com/aircanada
　オンラインでスケジュールの確認と予約ができる。

VIA鉄道
URL wcs.ne.jp/via(日)
URL www.viarail.ca/en(英)
twitter.com/VIA_Rail
www.facebook.com/viarailcanada
　英語版には時刻表が掲載され、予約もできる。また、列車写真集などもある。

宿泊情報

BB Canada.com
URL m.bbcanada.com
twitter.com/bbcanada
www.facebook.com/bbcanada
　カナダ各地のB&Bを紹介。登録数は1万以上、禁煙、子供連れなどの条件で探すのに便利。

Hostelling International Canada
URL hihostels.ca/en
twitter.com/hicanadahostels
www.facebook.com/hicanadahostels
　カナダの公営ユースホステルのサイト。

※(日)は日本語サイト

旅のシーズン

カナダの最高峰
　カナダで最も高い山は、ロッキー山脈にはない。実はユーコン準州からアラスカに延びるセントエリアス山脈のローガン山（5959m）である。

旅のシーズン

　カナダでも春といえば開花の時期。3月頃から咲き始めた花は5～6月頃に見頃を迎え、ビクトリアなどのガーデンツアーがにぎわう。6～7月はカナディアン・ロッキーの氷雪がいっせいに溶け、9月までハイシーズンとなる。またバンクーバー島のホエールウオッチングなども、同じ時期がシーズンだ。11月初旬から4月にかけてはスキーやオーロラのシーズンとなる。

カナダ西部の気候

ブリティッシュ・コロンビア州

　バンクーバー島によって太平洋の湿った空気から守られたバンクーバーや、ビクトリアなどバンクーバー島の東海岸は、カナダで最も穏やかな気候に属している。冬も温暖で、雪が降ることはほとんどない。ただし、秋口から冬にかけては大雨になることが多い。トンプソン・オカナガン地方は年間を通して雨量が少なく、夏は暑くて乾燥している。

アルバータ州

　アルバータ州の東部からオンタリオ州までつながる大平原地方（プレーリーズ）は、春から夏にかけて降水量が増加し、夏は暑い。秋は乾燥して、冬の寒さも非常に厳しい。

カナディアン・ロッキー

　バンフやジャスパーなどの山岳部では、夏の暑いときでは30℃近くまで気温が上がり、冬はマイナス30℃まで下がる。1日のうちに何度も天候が変化し、寒暖差も激しい。

時差早見表（通常時）

日本標準時間（JST）	12:00	13:00	14:00	15:00	16:00	17:00	18:00	19:00	20:00	21:00
太平洋標準時間（PST）-17時間	19:00	20:00	21:00	22:00	23:00	24:00	1:00	2:00	3:00	4:00
山岳標準時間（MST）-16時間	20:00	21:00	22:00	23:00	24:00	1:00	2:00	3:00	4:00	5:00
中部標準時間（CST）-15時間	21:00	22:00	23:00	24:00	1:00	2:00	3:00	4:00	5:00	6:00
東部標準時間（EST）-14時間	22:00	23:00	24:00	1:00	2:00	3:00	4:00	5:00	6:00	7:00
大西洋標準時間（AST）-13時間	23:00	24:00	1:00	2:00	3:00	4:00	5:00	6:00	7:00	8:00
ニューファンドランド標準時間（NST）-12時間30分	23:30	24:30	1:30	2:30	3:30	4:30	5:30	6:30	7:30	8:30

時差早見表（サマータイム実施時　3月第2日曜～11月第1日曜）

日本標準時間（JST）	12:00	13:00	14:00	15:00	16:00	17:00	18:00	19:00	20:00	21:00
太平洋標準時間（PST）-16時間	20:00	21:00	22:00	23:00	24:00	1:00	2:00	3:00	4:00	5:00
山岳標準時間（MST）-15時間	21:00	22:00	23:00	24:00	1:00	2:00	3:00	4:00	5:00	6:00
中部標準時間（CST）-14時間	22:00 (21:00)	23:00 (22:00)	24:00 (23:00)	1:00 (24:00)	2:00 (1:00)	3:00 (2:00)	4:00 (3:00)	5:00 (4:00)	6:00 (5:00)	7:00 (6:00)
東部標準時間（EST）-13時間	23:00	24:00	1:00	2:00	3:00	4:00	5:00	6:00	7:00	8:00
大西洋標準時間（AST）-12時間	24:00	1:00	2:00	3:00	4:00	5:00	6:00	7:00	8:00	9:00
ニューファンドランド標準時間（NST）-11時間30分	24:30	1:30	2:30	3:30	4:30	5:30	6:30	7:30	8:30	9:30

※（　）内はサスカチュワン州の時間。

🍁 極北

　ホワイトホースのある太平洋側には、巨大な山脈が連なる。一方、イエローナイフの周辺は広大な平原地帯。夏には最高日照時間が20時間を超え、30℃近くまで気温が上がることもあるが、真冬の日照時間は6時間程度、マイナス40℃に達する日も。

ビクトリアをはじめ、5～6月頃各地のガーデンが見頃に

カナダ西部各地の月別平均最高・最低気温および降水量

		1月	2月	3月	4月	5月	6月	7月	8月	9月	10月	11月	12月
ブリティッシュ・コロンビア州	最高気温(℃)	6.9	8.2	10.3	13.2	16.7	19.6	22.2	22.2	18.9	13.5	9.2	6.3
	最低気温(℃)	1.4	1.6	3.4	5.6	8.8	11.7	13.7	13.8	10.8	7.0	3.5	0.8
バンクーバー	降水量(mm)	168.4	104.6	113.9	88.5	65.0	53.8	35.6	36.7	50.9	120.8	188.9	161.9
ビクトリア	最高気温(℃)	7.6	8.8	10.8	13.6	16.9	19.9	22.4	22.4	19.6	14.2	9.7	7.0
	最低気温(℃)	1.5	1.3	2.6	4.3	7.2	9.8	11.3	11.1	8.6	5.7	3.0	1.1
	降水量(mm)	143.2	89.3	78.4	47.9	37.5	30.6	17.9	23.8	31.1	88.1	152.6	142.5
ウィスラー	最高気温(℃)	0.6	3.2	7.2	11.8	16.4	19.9	23.6	24.0	19.8	11.2	3.5	-0.2
	最低気温(℃)	-4.9	-4.2	-2.3	0.3	3.8	7.2	9.2	8.9	5.6	2.0	-1.8	-5.4
	降水量(mm)	176.0	104.6	97.6	75.9	66.7	58.9	44.7	47.5	54.9	154.6	192.1	154.1
アルバータ州	最高気温(℃)	-0.9	0.7	4.4	11.2	16.3	19.8	23.2	22.8	17.8	11.7	3.4	-0.8
	最低気温(℃)	-13.2	-11.4	-7.5	-2.0	3.1	7.5	9.8	8.8	4.1	-1.4	-8.2	-12.7
カルガリー	降水量(mm)	9.4	9.4	17.8	25.2	56.8	94.0	65.5	57.0	45.1	15.3	13.1	10.2
エドモントン	最高気温(℃)	-6.3	-3.8	1.2	10.8	17.4	20.6	22.8	22.2	17.4	10.4	-0.1	-5.5
	最低気温(℃)	-17.7	-15.9	-10	-2.5	3.0	9.6	9.5	8.1	3.0	-2.9	-10.6	-16.5
	降水量(mm)	20.8	11.9	16.5	28.7	49.4	72.7	95.6	54.9	41.3	22.6	17.3	14.5
カナディアン・ロッキー	最高気温(℃)	-4.6	0.4	4.5	9.5	14.5	18.5	21.9	21.3	16.3	10.1	0.2	-5.1
	最低気温(℃)	-14.1	-11.6	-7.3	-2.5	1.7	5.4	7.4	6.9	2.7	-1.3	-8.4	-13.3
バンフ	降水量(mm)	27.5	21.9	23.4	32.4	59.6	61.7	54.2	60.1	42.1	29.4	26.8	33.2
ジャスパー	最高気温(℃)	-2.1	0.8	4.9	10.7	16.2	20.0	22.7	21.6	16.4	10.2	1.9	-2.0
	最低気温(℃)	-11.7	-10.1	-6.9	-2.4	1.9	5.8	7.8	6.8	3.2	-0.4	-6.7	-10.7
	降水量(mm)	22.6	16.8	29.7	33.9	65.6	90.0	88.9	91.5	68.6	40.8	30.5	19.8
ユーコン準州	最高気温(℃)	-11.0	-7.7	-0.7	6.6	13.5	19.1	20.6	18.5	12.1	4.2	-6.0	-8.5
	最低気温(℃)	-19.2	-17.5	-11.9	-4.8	0.0	5.6	8.0	6.7	2.1	-3.2	-12.9	-16.5
ホワイトホース	降水量(mm)	17.8	11.8	10.3	7.0	16.3	32.4	38.1	35.8	33.3	23.2	20.1	16.3
ノースウエスト準州	最高気温(℃)	-21.6	-18.1	-10.8	0.4	9.7	18.1	21.3	18.1	10.4	0.9	-10.0	-17.8
	最低気温(℃)	-29.5	-27.5	-22.7	-11.0	-0.4	8.5	12.6	10.2	4.0	-4.2	-17.5	-25.7
イエローナイフ	降水量(mm)	14.3	14.1	13.9	11.3	18.4	28.9	40.8	39.3	36.3	30.3	24.8	16.2
ヌナブト準州	最高気温(℃)	-22.5	-23.8	-18.8	-9.9	-0.9	6.8	11.6	10.3	4.7	-2.0	-8.9	-18.5
	最低気温(℃)	-30.6	-32.2	-28.6	-19.6	-7.8	0.3	3.7	3.3	-0.4	-7.7	-16.7	-26.9
イカルイット	降水量(mm)	21.1	15.0	21.8	28.2	26.9	35.0	59.4	65.7	55.0	36.7	29.1	18.2

出典：カナダ環境省 Environment Canada [URL]climate.weather.gc.ca

22:00	23:00	24:00	1:00	2:00	3:00	4:00	5:00	6:00	7:00	8:00	9:00	10:00	11:00
5:00	6:00	7:00	8:00	9:00	10:00	11:00	12:00	13:00	14:00	15:00	16:00	17:00	18:00
6:00	7:00	8:00	9:00	10:00	11:00	12:00	13:00	14:00	15:00	16:00	17:00	18:00	19:00
7:00	8:00	9:00	10:00	11:00	12:00	13:00	14:00	15:00	16:00	17:00	18:00	19:00	20:00
8:00	9:00	10:00	11:00	12:00	13:00	14:00	15:00	16:00	17:00	18:00	19:00	20:00	21:00
9:00	10:00	11:00	12:00	13:00	14:00	15:00	16:00	17:00	18:00	19:00	20:00	21:00	22:00
9:30	10:30	11:30	12:30	13:30	14:30	15:30	16:30	17:30	18:30	19:30	20:30	21:30	22:30

22:00	23:00	24:00	1:00	2:00	3:00	4:00	5:00	6:00	7:00	8:00	9:00	10:00	11:00
6:00	7:00	8:00	9:00	10:00	11:00	12:00	13:00	14:00	15:00	16:00	17:00	18:00	19:00
7:00	8:00	9:00	10:00	11:00	12:00	13:00	14:00	15:00	16:00	17:00	18:00	19:00	20:00
8:00 (7:00)	9:00 (8:00)	10:00 (9:00)	11:00 (10:00)	12:00 (11:00)	13:00 (12:00)	14:00 (13:00)	15:00 (14:00)	16:00 (15:00)	17:00 (16:00)	18:00 (17:00)	19:00 (18:00)	20:00 (19:00)	21:00 (20:00)
9:00	10:00	11:00	12:00	13:00	14:00	15:00	16:00	17:00	18:00	19:00	20:00	21:00	22:00
10:00	11:00	12:00	13:00	14:00	15:00	16:00	17:00	18:00	19:00	20:00	21:00	22:00	23:00
10:30	11:30	12:30	13:30	14:30	15:30	16:30	17:30	18:30	19:30	20:30	21:30	22:30	23:30

旅の予算とお金

カナダの割引制度

カナダではほとんどの場合、美術館や市バス、長距離バスなどにシニアや子供、学生割引がある。割引率は10〜50%くらい。シニアと子供に関しては係員にパスポートを見せれば足りるが、学生の場合、日本の学生証では通用しないので、ISICカード（国際学生証）を作っていくこと。作り方は（→P.391）参照のこと。

節約方法

カナダでは食料品が安く手に入るので、スーパーなどで買い物をして、ユースホステルなどで自炊するといい。また、テイクアウトやデリ、お総菜などを利用するのも手だ。交通費もデイパスやトランスファーをうまく使えば節約になる。

▌カナダの物価

カナダの物価は高い。日本と比べても宿泊や食事、交通費などほとんど変わらない。ただし、同じ値段でもホテルの部屋が広かったり、料理の量が多かったりとお得感はあるだろう。

🍁費用の目安

旅行費用で最も大きな比重を占めるのは往復の航空運賃だが、滞在中の支出の大小は、旅のスタイルや人数（ひとり旅かカップルか、子連れのファミリーか）によって大きく違ってくる。旅の予算を立てるときに考慮すべき要素を具体的に考えてみると、まず、不可欠なものとして宿泊と食事にかかる費用がある。それに、交通費、アクティビティなどの料金、そして税金とチップなどがある。各カテゴリーの目安を挙げるので、予算を組む際の参考にしてほしい。ただし、土地やシーズンによって、かなり差がある。

宿泊		食事		
最高級ホテル	$400〜(4万円〜)	朝食	ホテルのビュッフェ	$15〜(1500円〜)
高級ホテル	$200〜(2万円〜)		カフェ	$10〜(1000円〜)
中級ホテル	$120〜(1万2000円〜)	昼食	カフェ(1品+飲物)	$15(1500円)前後
エコノミーホテル	〜$120(〜1万2000円)		一般レストラン	$20(2000円)
B&B	$60〜120(6000〜1万2000円)		高級レストラン	$35(3500円)
ゲストハウス	$50〜90(5000〜9000円)	夕食	一般レストラン	$30(3000円)
ユースホステル	$25〜50(2500〜5000円)		高級レストラン	$60(6000円)
交通費		娯楽費、観光ツアー		
空港から市内へ	片道$10〜(1000円〜)	各種アクティビティ		
タクシー	初乗り約$3.5(350円) 1kmごとに 約$2.3加算(230円)	乗馬		$90〜(9000円〜)
		ホエールウオッチング		$120〜(1万2000円〜)
市バスなど	1回$3.1(310円)前後	市内観光(2〜3時間)		$60〜(6000円〜)
デイパスなど	$11(110円)前後	博物館・美術館		$20〜(2000円〜)
		コンサート、ミュージカル		$50〜(5000円〜)
		プロスポーツ観戦		$30〜(3000円〜)
通信費		その他		
封書・はがき	$2.71(271円)	ミネラルウオーター		500ml $2(200円)前後
テレホンカード	$15〜(1500円〜)	ビール		350ml $3(300円)前後
電話	公衆電話の場合 市内通話¢50(50円)	たばこ		$15(1500円)前後
		SDメモリーカード(16GB)		$15(1500円)前後
		乾電池(単3形、4本入り)		$8(800円)前後
		生理用品(36個入り)		$5(500円)前後

※1C$=100円で換算(2023年3月3日現在)。小数点以下切り捨て。

税金について

州税率について
カナダ西部各州の税率は各州の概要ページ参照。

カナダには連邦消費税（GST）5%と、各州によって課税対象や税率が異なる州税（PST）がある。また、一部の州ではGSTとPSTを組み合わせたハーモナイズド・セールス税（HST）を導入している。ユーコン、ノースウエスト、ヌナブトの極北2準州ではGSTのみ。また、カナダでは外税表記が一般的。会計時に税金がプラスされるので、物品購入や宿泊の際には注意しよう。なお、州税やハーモナイズド・セールス税の宿泊税とは別に、2〜4%または$2程度の市の宿泊税を加算する都市や町もある。

持っていくお金について

カナダの場合、銀行や町なかの両替所ならほぼどこでも日本円からの両替ができるので、必ずしも両替していく必要はない。大きな金額を両替する場合、$50、$100紙幣で渡される場合が多いので、小額紙幣に替えてもらうほうが便利。ただし、現金から現金への両替は手数料がかかり、さらにレートがよくない。また、現金は盗られたり紛失したらまず戻ってこないので、あまり持ち歩かないこと。安全面やレートのよさでおすすめなのは、クレジットカードでのキャッシングとデビット、トラベルプリペイドカードなどで現地通貨を引き出すこと。どちらも手数料がかかるものの、レートは現金両替よりもよい場合が多い。

IC(Integrated Circuit)入りクレジットカード
ICクレジットカード対応端末設置加盟店の場合は、サインの代わりに専用の機械でPIN（暗証番号）を入力することになるので、日本出国までにカード発行金融機関に確認しておこう。

♣ クレジットカード

カナダは非常にクレジットカードの通用率の高い国だ。高級ホテルやレストラン、ショップはほとんどどこでも使用可能だし、美術館や博物館でも入場料を支払える。多額の現金を持ち歩かなくて済むし、両替する手間や手数料もかからないので便利。また、ホテルやレンタカーなどではデポジットとしてカードを提示しなくてはならないことも多いので、1枚は用意したい。

通用度が高いのはVISAとマスターカード。次いでアメリカン・エキスプレス、ダイナースクラブ、JCB。

デビットカード
JCB、VISAなど国際ブランドで、複数の金融機関がカードを発行している。
URL www.jcb.jp/products/jcbdebit
URL www.visa.co.jp/pay-with-visa/find-a-card/debit-cards.html

♣ デビットカード

使用方法はクレジットカードと同じだが、後払いではなく発行銀行の預金口座から「即時引き落とし」となる。口座の残高以上は使えない。ATMで現地通貨も引き出し可能だ。

おもな海外専用プリペイドカード
アプラス発行「GAICA ガイカ」
URL www.gaica.jp
「MoneyT Global マネーティーグローバル」
URL www.aplus.co.jp/prepaidcard/moneytg
トラベレックスジャパン発行「Multi Currency Cash Passport マルチカレンシーキャッシュパスポート」
URL www.travelex.co.jp/product-services/multi-currency-cash-passport

♣ 海外専用プリペイドカード

外貨両替の手間や不安を解消してくれる便利なカードのひとつ。多くの通貨で国内での外貨両替よりレートがよく、カード作成時に審査がない。出発前にコンビニATMなどで円をチャージし（預け入れ）、その範囲内で渡航先のATMで現地通貨の引き出しやショッピングができる。各種手数料が別途かかるが、使い過ぎや多額の現金を持ち歩く不安もない。

ATMで現地通貨を引き出せる

出発までの手続き

パスポートに関する問い合わせ先
外務省パスポート情報ページ
URL www.mofa.go.jp/mofaj/toko/passport/index.html

パスポートに関する注意
国際民間航空機関（ICAO）の決定により、2015年11月25日以降は機械読取式でない旅券（パスポート）は原則使用不可。日本ではすでにすべての旅券が機械読取式に置き換えられたが、機械読取式でも2014年3月19日以前に旅券の身分事項に変更のあった人は、ICチップに反映されていない。渡航先によっては国際標準外と判断される可能性もあるので注意が必要。

パスポート切替の電子申請が可能に
2023年3月27日より、パスポートの発給申請手続きが一部オンライン化される。残存有効日数が1年未満のパスポートを切り替える場合や査証欄の余白が見開き3ページ以下になった場合、マイナポータルを通じて電子申請が可能（旅券の記載事項に変更がある場合を除く）。

▶ パスポート（旅券）の取得

　パスポートは、海外で持ち主の身元を公的に証明する唯一の書類。これがないと日本を出国することもできないので、海外に出かける際はまずパスポートを取得しよう。パスポートは5年間有効と10年間有効の2種類がある。ただし、18歳未満の人は5年用しか取得することができない。パスポートの申請は、代理人でも行うことができるが、受け取りは必ず本人が行かなければならない。

　パスポートの申請は、原則として住民登録している都道府県にあるパスポートセンターで行う。申請から受領までの期間は、パスポートセンターの休業日を除いて1〜2週間程度。申請時に渡される旅券引換書に記載された交付予定日に従って6ヵ月以内に受け取りに行くこと。発給手数料は5年用が1万1000円（12歳未満は6000円）、10年用は1万6000円。

　申請書の「所持人自署」欄に署名したサインが、そのままパスポートのサインになる。署名は漢字でもローマ字でもかまわないが、クレジットカードなどと同じにしておいたほうが無難。また、パスポートと航空券などのローマ字表記が1文字でも異なると航空機などに搭乗できないので注意。結婚などで姓名が変わったときは、パスポートを返納し記載の事項を変更したパスポートの発給を申請する必要がある。

＊＊＊ パスポート申請に必要な書類 ＊＊＊

❶ 一般旅券発給申請書（1通）

用紙は各都道府県のパスポートセンターで手に入る。5年用と10年用では申請書が異なる。外務省のウェブサイトからダウンロードもできる。

❷ 戸籍謄本（1通）

6ヵ月以内に発行されたもの。本籍地の市区町村の役所で発行してくれる。代理人の受領、郵送での取り寄せも可。有効期間内の旅券を切り替える場合、旅券の記載事項に変更がなければ省略可。家族で同時に申請する場合は家族全員の載った謄本1通でよい。

❸ 顔写真（1枚）

タテ4.5cm×ヨコ3.5cmの縁なし、無背景、無帽、正面向き、上半身の入ったもの（頭頂か

らあごまでが3.2〜3.6cm）で6ヵ月以内に撮影されたもの。白黒でもカラーでも可。スナップ写真不可。

❹ 身元を確認するための書類

失効後6ヵ月以内のパスポート、運転免許証、住民基本台帳カード、個人番号カード（マイナンバーカード）など、官公庁発行の写真付き身分証明書ならひとつでOK。健康保険証、年金手帳などならふたつ必要（うち1点は写真付きの学生証、会社の身分証明書でも可）。コピー不可。

❺ 旅券を以前に取得した人は、その旅券

※住民票は、住民基本台帳ネットワークにより確認できるので不要。居所申請など特別な場合は必要となる。

ビザ（査証）と電子渡航認証システムeTA

　日本国籍を含むカナダ入国ビザが免除されている国籍で観光を目的とし、滞在が6ヵ月以内の場合、ビザ（査証）は不要。有効なパスポートと出国を証明する航空券または所持金があることが条件。2016年3月から、カナダに空路で渡航する際、電子渡航認証eTAの取得が必要になった。料金は$7で、5年間有効。期間中にパスポートが失効する場合はその有効期限まで。申請はオンラインで、パスポート、クレジットカード、メールアドレスが必要。申請は英語と仏語のみだが、日本語のガイドもある。また空路でカナダで乗り継いで他国へ渡航する際も必要になる。アメリカ乗り継ぎの場合はESTA申請も必要。商用や留学、ワーキングホリデーなどで6ヵ月以上滞在予定の人は、就労、就学許可証の申請が必要。またバイオメトリクスが必要になるのでIRCCウェブサイトにて確認を。

国外運転免許証

　カナダは日本とは比べものにならないくらいの広大な面積をもった国である。効率よく回りたいなら、レンタカーを借りるといい。カナダ国内で運転するには、日本で国外運転免許証International Driving Permitを取る必要がある。所持する日本の運転免許証を発行している都道府県の免許センターか試験場、指定警察署で、右記の必要書類と手数料を添えて申請する。免許センターの場合は通常その場で発行される。有効期間は1年。

ISICカード（国際学生証）

　学生の人はユネスコ推奨のISICカード（国際学生証）を持っていると国際的に共通の学生身分証明書として有効なほか、国内および海外の文化施設や宿泊施設、飲食店、エンターテインメントなど、さまざまなカテゴリーにて約15万点もの割引や特典が適用される。日本ではISIC Japanのウェブサイトで購入できるバーチャルISICカードのみ。料金は2200円で、支払いはPayPal決済のみ。個人情報と顔写真（タテ3.3cm×ヨコ2.8cm、カラー1枚）、写真入り学生証のスキャンが必要。

海外旅行保険

　旅行中のけが、万一の事故に備えて海外旅行保険に加入しておこう。損保ジャパン、東京海上日動、AIG損保といった損保会社が扱っている。クレジットカードなどに付帯されているものは、保険のカバーする範囲が限られている場合がある。旅先で特に利用度の高い保険項目は、「疾病治療費用」、「携行品損害保険」など。必要な項目だけを選ぶタイプと、各項目がセットになったタイプがある。最近では新型コロナウイルスに感染した場合の現地での延泊や航空券の取り直しなどに対応しているものもある。加入は、旅行会社のほか、インターネット、成田や関空などの空港で当日申し込みも可能。

在日カナダ大使館
🏠東京都港区赤坂7-3-38
☎(03)5412-6200
🔗www.canadainternational.gc.ca/japan-japon
🕐月～金9:00～17:30
🚫土・日および日本とカナダの祝日の一部

eTA申請
🔗www.canada.ca/en/immigration-refugees-citizenship/services/visit-canada/eta/apply-ja.html

査証の問い合わせ
eTAを含む査証のほとんどはオンライン申請。ただし、一時滞在、就学、就労、永住者渡航申請に関しては、カナダビザ申請センター（VFS Global）から書面申請も可能。カナダ政府の移民・難民・市民権省（IRCC）のウェブサイトでは、国籍情報などを入力すると該当の入国要件や査証情報が確認できる。

カナダビザ申請センター
🔗visa.vfsglobal.com/jpn/ja/can

IRCC
🔗www.canada.ca/en/services/immigration-citizenship.html

国外運転免許証
都道府県により異なるので、各運転免許センターまたは警察署に問い合わせること。
🔗www.keishicho.metro.tokyo.lg.jp/menkyo/menkyo/kokugai/index.html

国際運転免許証申請時の必要書類
①所持する有効な運転免許証（有効期限の切れた国外運転免許証を持っている場合は、その免許証も必要）
②有効なパスポート（コピー、申請中の場合は旅券引換書でも可）など、渡航を証明するもの
③写真1枚（タテ4.5cm×ヨコ3.5cm、パスポート用と同規格）
④窓口備え付けの申請書。手数料は2350円

ISICカード
🔗www.isicjapan.jp

「地球の歩き方」ホームページで海外旅行保険について知ろう
　「地球の歩き方」ホームページでは海外旅行保険情報を紹介している。保険のタイプや加入方法の参考に。
🔗www.arukikata.co.jp/web/article/item/3000681/

航空券の手配

エア・カナダ日本支社
☎(0570)014-787
URL www.aircanada.com

ANA
☎(0570)029-333
URL www.ana.co.jp

日本航空（JAL）
☎(0570)025-031
URL www.jal.co.jp

航空券の検索＆予約サイト
スカイスキャナー
URL www.skyscanner.jp
トラベルコ
URL www.tour.ne.jp

カナダ西部の主要空港の3レターコード
バンクーバー国際空港（YVR）
ビクトリア国際空港（YYJ）
カルガリー国際空港（YYC）
エドモントン国際空港（YEG）
エリック・ニールセン・ホワイトホース国際空港（YXY）
イエローナイフ空港（YZF）

▶空路

カナダへの空路によるルートは大きく分けて2種類。日本からの直行便を利用するか、アメリカの各都市を経由して行く。

🍁航空券の種類

航空券には、正規料金のほかに、ペックス運賃PEXや格安航空券などの種類がある。ペックス運賃とは、各航空会社が出している正規の割引料金のこと。エア・カナダAir Canada（AC）のエコノミークラスの正規割引運賃は、「スタンダード」と「フレックス」「ラチチュード」の3種類がある。

ペックス運賃と格安航空券の違いは、価格と制限内容だ。一般的にペックス運賃のほうが有効期間が長く、キャンセル料が出発間際でも低めに設定されている。座席の指定や子供料金の設定もある。格安航空券の価格の安さは魅力だが、同じ日の同じ便でも購入する旅行会社によって価格は異なるので、何社か比較検討したい。スカイスキャナーSkyscannerやトラベルコなど航空券の検索＆予約サイトを利用すれば、各航空会社や旅行会社が出している料金が比較できる。また、国際線と現地の国内線が同一の航空会社のほうが料金は割安になる。

エア・カナダ、日本航空（JAL）（JL）、ANA（NH）はすべてのチケットがeチケット化されている。予約完了後にeメールで届くeチケットをプリントアウトした控えを持参すればよい。

カナダへの直行便（2023年上半期スケジュール）

＋は出発日の翌日着

出発地	便名	出発時間	到着時間	曜日	便名	出発時間	到着時間	曜日
成田国際空港	バンクーバー行き				日本行き			
	AC4 (NH6814)	16:05	8:50	毎日	AC3 (NH6815)	12:15	14:10+1	毎日
	JL018	18:30	11:35	毎日	JL017	13:50	16:30+1	毎日
	トロント行き				日本行き			
	AC10 (NH6812)	16:55	16:05	毎日	AC9 (NH6813)	13:05	15:10+1	毎日
	モントリオール行き				日本行き			
	AC6	17:30	16:50	水・金・日	AC5	13:35	15:45+1	毎日
羽田空港	トロント行き				日本行き			
	AC2※1 (NH1892)	17:40	16:45	毎日	AC1※1 (NH1893)	13:25	15:40+1	毎日
	バンクーバー行き				日本行き			
	NH116	21:55	14:50	毎日	NH115	16:45	18:50+1	毎日
関西国際空港	バンクーバー行き				日本行き			
	AC24※2	18:10	11:40	月・火・木・土	AC23※2	13:40	16:35+1	月・水・金・日

※スケジュールは予告なしに変更する場合がある。要問い合わせ
※上記フライトスケジュールの調査時期は2023年2月。時期により5〜10分程度の変動あり
※エア・カナダ、ANA、JALすべて2023年10月28日までのスケジュール。これ以外のスケジュールに関しては要問い合わせ
※AC3便は〜4/30まではバンクーバー発13:15、成田着15:10、AC4便は〜4/30までは成田発16:55、バンクーバー着9:40
※1 AC1便は4/21から、AC2は4/22より運航　※2 AC23便は6/2から、AC24便は6/3から運航

🍁 カナダ東部への直行便

　カナダ西部の玄関口はバンクーバー。日本の成田国際空港からエア・カナダ、日本航空（JAL）が、羽田空港からANAがそれぞれ直行便を運航している。いずれも毎日1便運航、所要約9時間。2023年6月からは運休していた関西国際空港からの便も再開。成田国際空港からはほかにもトロント、モントリオールへのエア・カナダの直行便が、羽田空港からもトロントへの直行便がある。なお、エア・カナダの便は多くがANAとの共同運航便。同じ便でも便名がACとなっているものとNHとなっているものがあるので注意しよう。

　ローコストキャリア（LCC）は、2023年2現在、日本からカナダへ乗り入れているものはない。カナダ国内なら、ウエスト・ジェット航空（→P.400）など数社がカナダ国内やアメリカへ運航している。

🍁 アメリカ経由でのカナダ入国

　アメリカを経由して東部に入るには、シカゴやニューヨーク、デトロイトを経由するのが便利だ。日本から各都市には日本の航空会社や北米系の航空会社が、アメリカ本土からカナダへは北米系の航空会社が数多く運航している。

🍁 アメリカ乗り継ぎの際の注意事項

　アメリカで乗り継ぐ際、乗り継ぎだけでもアメリカの入国審査が必要となる。入国審査を受けてから一度荷物を受け取り、再度チェックインをする。90日以内の短期旅行であっても、US-VISITプログラムにより指紋採取と顔写真の撮影が行われる。帰りも再びアメリカへの入国審査を受けることになるが、今度はカナダ側の空港内でアメリカへの入国手続きを済ますことができる。

🍁 アメリカ入国ビザと電子渡航認証システムESTA

　日本国籍の人が、商用や観光、または通過目的で入国しアメリカ滞在が90日以内の場合にはビザ・ウェーバー・プログラムVisa Waiver Programによって入国査証（ビザ）は不要。

　2009年からアメリカへの渡航前に渡航認証（ESTA）を取得しなければならなくなった。対象はビザ免除プログラムを利用してアメリカに入国するすべての渡航者。アメリカ経由でカナダへ入国する場合も例外ではないので、事前に必ず取得すること。申請にはUS$21の手数料が必要。

　地球の歩き方ホームページではESTAの申請をわかりやすく解説。パスポート番号や生年月日などを入力後、支払い画面にてクレジットカードで決済を済ませ、ほぼ即座に回答が表示されるまでを紹介。なお、この渡航認証を受けていない場合はアメリカ便航空機への搭乗や入国を拒否されるので要注意。

US-VISITプログラム
　テロ対策の目的で開始された出入国管理システム。入国審査時に指紋採取や顔写真撮影を行う。14歳未満と80歳以上は対象外。セキュリティの状況は変わりやすいので、必ず事前に利用航空会社へ確認すること。

ビザ・ウェーバー・プログラム（ビザ免除プログラム）
　日本はプログラム参加国なので、日本国籍なら90日以内の短期滞在で有効なパスポートと、往復または第3国への航空券を取得していれば、ビザは不要。ただし空路や海路で入国する場合は、利用する交通機関各社がこのプログラムに参加していることが前提になるので事前に確認しておくこと。

　また2016年1月にテロ対策の目的でプログラムの改定が行われた。この改定により、2011年3月以降にイラン、イラク、スーダン、シリアなどに渡航または滞在したことがある人はプログラムを利用することができなくなった。詳細はウェブサイトで確認を。
🔗www.ustraveldocs.com/jp_jp/jp-main-contactus.asp

アメリカ出入国カードの廃止
　ESTAの導入に伴い、アメリカの出入国カード（I-94W）は段階的に廃止されている。

ESTA申請の手数料について
　2010年よりESTAの申請が有料化された。手数料はUS$21でESTAのシステム上にてクレジットカードでの支払いが必要。

　申請は搭乗直前でも可能だが、出発の72時間前までに申請を行うことが望ましい。

地球の歩き方ホームページ内の電子渡航認証システムESTA情報
🔗www.arukikata.co.jp/esta

アメリカ大使館、領事館のESTA申請ページ
🔗jp.usembassy.gov/ja/visas-ja/esta-information-ja

陸路

🍁 長距離バス

カナダはアメリカと陸続きになっており、国境を長距離バスで越えることも可能。カナダ西部内だとアメリカ国内を運行するグレイハウンドGreyhound（USA）の長距離バスを何度か乗り換えることになり、ルートも多様。ちなみに、越境できるポイントのある州は、カナダの西部だとブリティッシュ・コロンビア州、アルバータ州、中部カナダのマニトバ州、そしてカナダ東部のオンタリオ州とケベック州。グレイハウンド・カナダは路線を廃止したが、グレイハウンド（USA）は引き続き運行している。

そのほか、便利な便として、アメリカのシアトル〜バンクーバー間を結ぶ直通バスのクイック・シャトルQuick Shuttleは1日2便運行（夏季は増便）。シアトルのピア66Pier 66からバンクーバーのウオーターフロント駅まで所要約5時間15分。また、アメリカのポートランド〜シアトルからバンクーバーへはフリックス・バスFlix Busも運行。アルバータ州の南部にあるウォータートン・レイク国立公園は、アメリカ側のグレイシャー国立公園と一緒に国際平和公園となっており、国境をレンタカーやクルーズ船で越えた観光が盛んに行われている。

🍁 鉄道

アメリカからアムトラックのAmtrak Cascades号がシアトル〜バンクーバー間を1日1便、所要約4時間で運行。列車はポートランドからも乗れる。また、アムトラックによるバスThruwayも、シアトル〜バンクーバー間を運行している。1日4便、所要約3時間30分。

海路

🍁 フェリー

アメリカのシアトルからビクトリアまで、ビクトリア・クリッパーVictoria Clipperが1日1便運航している（→P.150）。所要約3時間。また、アラスカのスカグウェイSkagwayなどの都市から太平洋岸の町を結んでプリンス・ルパートまでアラスカ・マリーン・ハイウエイ・システムAlaska Marine Highway Systemが運航している。

カナダとアメリカを結ぶビクトリア・クリッパー

グレイハウンド(USA)
FREE (1-800)231-2222
URL www.greyhound.com

クイック・シャトル
FREE (1-800)665-2122
URL quickcoach.com

フリックス・バス
URL global.flixbus.com

アムトラック
FREE (1-800)872-7245
URL www.amtrak.com

ホワイト・バス
アラスカのスカグウェイからホワイトホースまで列車とバスで乗り継いで行く、ホワイト・バスという観光ルートがある(→P.375)。

越境時の注意
カナダからアメリカへ、またアメリカからカナダへ入国する場合、たばこ、アルコール類、ワイン、植物、ペットの持ち出し制限は両国の規定に従う。また、パスポートも必携。

ビクトリア・クリッパー
FREE (1-800)888-2535
URL www.clippervacations.com

アラスカ・マリーン・ハイウエイ・システム
FREE (1-800)642-0066
URL dot.alaska.gov/amhs

旅の持ち物

服装と小物

　季節や行く場所によって、服装や小物、装備は大きく異なる。カナダは夏でも朝夕はかなり冷え込むので、長袖のシャツやセーター、フリースなどは必ず用意しよう。特にホエールウオッチングのような水上のアクティビティは驚くほど冷える。また、アウトドア派は上下のレインウエアやパーカーなども必携だ。都市だけを回る人なら雨具は折りたたみ傘があれば十分だろう。特に、バンクーバーやビクトリアの秋から冬にかけては非常に雨が多い。晴れた日の昼間なら20℃くらいまで上がることもあるが、天気が悪かったり朝晩はかなり冷え込むので、体温調節ができるよう常に1枚多く上着を持っているようにしよう。

　靴は履き慣れたスニーカーやウオーキングシューズが無難。ただしフォーマルな場所にも行くならそれなりの靴も必要。小物では、紫外線の強い夏と冬はサングラスは必携。同じ理由から帽子と日焼け止めも用意したほうがいい。

　また、カナダでは野外に蚊やブヨ（Blackfly）が多く、特に夏にホワイトホースやイエローナイフなどの極北地方やバンフ、ジャスパーなどカナディアン・ロッキーに行く人は、虫除けスプレーは必携だ。冬にオーロラを観賞するのが目的なら、気温はマイナス30～40℃にもなるので、防寒具を持って行くこと。かなりかさばるので、不安なら現地でレンタルするのも手だ。

荷物について

❤ 受託手荷物（チェックイン・バゲージ）

　スーツケースかバックパックかは、旅先での行動や持ち物による。バックパックは両手が自由になるし動きやすいが、中身を取り出しにくいのが難点。頻繁に使うものや小物は、サイドポケットや天蓋に小分けして入れる。バックパックの収納は重いものを下（底）にするのがポイント。ソフトスーツケースにキャスターが付いて、背負い用ストラップも付いたスリーウエイのバッグもおすすめだ。

　空港でチェックイン時に預ける受託手荷物（無料手荷物Free Baggage、Free Checked Baggage）はエア・カナダのエコノミークラスの場合1個までで、ひとつの高さ（H）＋長さ（L）＋幅（W）の合計が158cm、重量23kgを超えないことが原則（成田国際空港〜トロントの場合。目的地により異なるのでウェブサイトで確認を）。それ以上はエキストラバゲージとなり、超過料金がかかる。また、ライターは受託手荷物の中に入れることはできない。ひとりにつき1個を身に付けての持ち込みが可能。

受託手荷物

　JALのエコノミークラスの場合は2個までで、それぞれの荷物は23kgまで。ひとつの荷物の3辺の和は203cm以内。航空会社や経由地によってルールは異なるので、詳細は各航空会社に確認のこと。

エア・カナダの受託手荷物

URL www.aircanada.com/jp/ja/aco/home/plan/baggage/checked.html

機内持ち込み手荷物
機内に持ち込めない物

　万能ナイフやはさみなどの刃物は、受託手荷物に入れること。

　ガスやオイル（ライター詰替用も）、キャンピング用ガスボンベは受託手荷物に入れても輸送不可。

機内に持ち込めるが使用不可（条件付き）のもの

　スマートフォン、ワイヤレス式音響機器、ラジコン式機器など、作動時に電波を発信する機器類は、機内ではドアの開放中、またはフライトモード設定時のみ使用可。

機内の電子機器の使用について

URL www.jal.co.jp/jp/ja/dom/baggage/electronics/

液体物の持ち込み

　日本発の国際線全便で液体物（ジェル、スプレー、歯磨き、ローション類なども含む）は受託手荷物に入れること。100ml以下の容器で1ℓ以下のジッパー付きビニール袋に入れれば機内持ち込み可能。

国土交通省航空局

URL www.mlit.go.jp/koku/15_bf_000006.html

スキー板・スノーボード

　スキー板やスノーボードは、通常の手荷物と同様の取り扱いとなる。大きさや重さにより受託手荷物として預かれない場合があるため、予約時に事前に問い合わせること。

電池類に注意

　製品内部のリチウムイオン電池は、160wh以下なら機内持ち込み、預け入れとも可。予備バッテリーは100whを超え160wh以下なら1人2個まで機内持ち込み可。160whを超えるものやwhが不明なものは一切持ち込み不可。

航空会社の手荷物に
関する案内
エア・カナダ
URL www.aircanada.com/jp/
ja/aco/home/plan/
baggage.html
ANA
URL www.ana.co.jp/ja/jp/
guide/boarding-
procedures/baggage/
international
JAL
URL www.jal.co.jp/jp/ja/
inter/baggage
※その他の持ち込み可・不可、
機内での使用可・不可など
については、利用する各航
空会社に問い合わせを。

🍁 機内持ち込み手荷物（キャビン・バゲージ）

　機内持ち込み手荷物（Cabin Baggage）は、エア・カナダの
エコノミークラスの場合、通常手荷物（23cm×40cm×55cm以
内）1個と身の回り品（16cm×33cm×43cm以内）1個の計2個
まで。重量制限はないが、自身で頭上の収納棚に収納できる重
さである必要がある。ただし、ハンドバッグ、コートなどは別。
カメラも同様だが、カメラバッグに入っている場合は手荷物に
なることもある。機内持ち込み手荷物はチェックインの際規格
内サイズを計り、オーバーしていると預けなくてはならないこ
とになっているが、実際の可否は現場判断のようだ。

持ち物チェックリスト

	品　名	必要度	ある	かばんに入れた	備　考
貴重品	パスポート	◎			有効期限の確認を。顔写真ページのコピーを取り、別に保管！
	現金（USドル）	△			アメリカへも行く場合は持っていくと便利。
	現金（日本円）	◎			帰りの空港から家までの交通費も忘れずに。
	航空券（eチケット）	◎			名前のつづり、出発日時、ルートなどよく確認しておく。
	海外旅行保険証	◎			万一に備え、加入しておこう。
	ホテルの予約確認書	◎			なくてもチェックインできるが、プリントアウトして持参すると安心。
	クレジットカード	◎			持っていくと何かと便利。レンタカーには必携。
	国外運転免許証	△			レンタカーを借りる人は必要。
衣類	シャツ	◎			少なめの枚数で荷物を軽くする工夫を。
	下着・くつ下	◎			ハイキングには汗を吸収しても乾きやすい化繊素材のものを。
	セーター	◎			夏でも夜は涼しいので1枚必要。
	薄手のジャケット	○			
	帽子	○			日よけ、防寒など旅ではけっこう役立つ。
	パジャマ	△			かさばるのでTシャツで代用してもよい。
	水着	○			夏に泳ぐ人は絶対。温泉やスパ、プールでも必要。
薬品・雑貨・その他	洗面用具	◎			現地でも買い足しができるので小さいもの。
	ドライヤー	△			変圧式のものがあるが荷物が重くなるのですすめない。
	マスク、手指消毒液	○			新型コロナウイルスの感染対策として。
	常備薬	◎			胃腸薬、風邪薬、絆創膏、虫さされ軟膏など常備薬。
	筆記用具	○			なくしやすいが現地でも買える。
	裁縫用具＊	○			小型携帯用のもの（糸、針、はさみなど）。
	万能ナイフ＊	○			ナイフ、カンキリ、センヌキなどの付いた軽いもの。
	虫よけスプレー＊/蚊取り線香	○			国立公園などは蚊が多い。
	輪ゴム＆ひも	○			バッグの中身の整理。洗濯ひもにもなる。
	エコバッグ、ビニール袋	○			買い物袋や荷物の整理、洗濯物用に。
	スリッパorビーチサンダル	○			ホテルや車内、ビーチなどで。
	おみやげ	○			小さくて日本的なもの。
	双眼鏡	△			スポーツ観戦や観劇に便利。
	デジタルカメラ	△			小型で軽いもの。使い慣れたもの。
	メモリーカード	△			常時使用するものに加え予備がひとつあるといい。
	スマートフォン、充電器	△			旅先でも活躍。電卓としても使える。
	雨具	○			軽い折りたたみ傘。アウトドア派はレインウエア。
	顔写真（4.5cm×3.5cm）	○			旅券を紛失したときのため。2〜3枚。
	メモ帳	○			パスポートやクレジットカードのナンバー、集合場所の住所など。
本類	会話集、電子辞書	△			スマートフォンのアプリでも代用可。
	ガイドブック類	○			地球の歩き方ほか。

＊機内持ち込み不可（→ P.395 欄外）

出入国の手続き

日本出国前にやっておくこと

新型コロナウイルスの感染拡大により、2022年9月まではArriveCANというアプリをダウンロード、個人情報やワクチン接種についての入力を済ませておく必要があったが、2022年10月1日をもってすべての制限が撤廃（→P.398）。カナダ入国に際して事前に用意しなくてはならないものとしては、eTA（→P.391）のみ（アメリカ経由の場合はESTAも必要）。ただし、ArriveCANを利用すればカナダ入国時の自動端末機での操作が大幅に短縮される。なお日本への帰国に際しては2023年2月現在いくつかの制限がある。ワクチンを3回以上接種している場合はワクチン接種証明書を取得、また入国手続きオンラインサービス「Visit Japan Web」で必要情報を登録しておこう。

日本出国

①出発する空港に到着：目安はフライトの2時間以上前。
②搭乗手続き（チェックイン）：利用航空会社のカウンターで行う（成田国際空港は利用航空会社によって第1ターミナルと第2ターミナルに分かれる）。係員にパスポートと航空券（引換券）を提示して荷物を預け、搭乗券（ボーディングパス）を受け取る。荷物を預けると、預けた荷物に付けたクレームタグ（託送荷物引換証）の半券をくれる。現地で荷物が出てこない場合はこれが証明になるので、大切に保管しよう。
③手荷物検査：ハイジャック等防止のための金属探知器をくぐり、機内持ち込み手荷物のX線検査を受ける。
④税関：日本から外国製品（時計、カメラ、貴金属など）を持ち出す場合は、「外国製品の持出し届」に必要事項を記入して出国前（機内預け前）に現品を添えて税関の確認を受けること。この確認がないと海外で購入したと見なされ、帰国の際に課税される可能性がある。100万円相当額を超える現金などを携帯する場合には「支払手段等の携帯輸出・輸入申告書」の提出が必要。
⑤出国審査：原則として顔認証ゲートを利用し、本人確認を行う。
⑥搭乗：搭乗は通常出発の40分前から。遅れないように早めにゲートの近くへ移動しよう。なお、搭乗時間やゲートは変更になることがあるので、モニター画面などでチェックしよう。

カナダ入国

カナダでは、2017年から税関申告書を廃止。自動端末機で必要事項を入力するようになった。
①入国審査：空港に到着したら順路に従って入国審査エリア（Immigration）へ。設置された自動端末機で必要事項を入力するのみ。印刷された用紙を取り、係員にパスポートとともに提

成田国際空港
☎ (0476) 34-8000
URL www.narita-airport.jp

羽田空港
☎ (03) 5757-8111
URL tokyo-haneda.com

セキュリティチェック
機内持ち込み手荷物のX線検査とボディチェックがある。ナイフやはさみなどは持ち込めないので、受託手荷物に入れておく（→P.395）。

日本出国時の顔認証ゲート
2023年2月現在、羽田、成田、関西、福岡、中部、新千歳、那覇の各空港で導入されている、顔認証による自動化ゲート。利用者はパスポートをかざし、その後顔写真の撮影を行う。事前の登録などは必要ない。なお、顔認証ゲートを利用した場合、出入国のスタンプが省略されるが、希望すれば押してもらえる。

セルフチェックイン、荷物預け
近年、国内外の空港で続々と導入されているのが、機械を使ってのセルフチェックインと自動荷物預け。チェックインはeチケット番号や予約番号、またはパスポートをスキャンすれば搭乗券と受託手荷物につけるクレームタグが出力される。クレームタグを自分で預ける荷物に付けたら、あとは自動荷物預け機へ。行き先などはスキャナーで読み取り、目的地まで運んでくれる。

「支払手段等の携帯輸出・輸入申告書」の提出について
100万円相当額を超える現金（本邦通貨、外国通貨）、小切手などを携帯して持ち出す場合、または携帯する金の地金（純度90％以上）の重量が1kgを超える場合、申告書に必要事項を記入し、税関に提出する。
URL www.customs.go.jp/kaigairyoko/shiharaishudan.htm

国際観光旅客税
日本からの出国には、1回につき1000円の国際観光旅客税がかかる。原則として支払いは航空券代に上乗せ。

カナダ入国の際の免税範囲
アルコール
ワイン1.5リットル、
ビール8.5リットル、
その他1.14リットルのいずれか
たばこ
紙巻たばこ200本
刻みたばこ200g
葉巻50本のいずれか
贈答品　1品につき$60
　アルコールは18～19歳以上（州により異なる）、たばこ類は18歳以上にかぎられる。

出する。滞在日数や滞在先、入国の目的を聞かれることがあるので慌てず答えよう。なお入国のスタンプは押されない。
②荷物の受け取り：利用した便名が表示されたモニターの下のターンテーブルへ行き、荷物が出てくるのを待つ。荷物が出てこなかったり、破損していた場合は搭乗手続きのときに渡されたクレームタグを持ってバゲージクレーム（Baggage Claim）へ。
③税関：特に申告するものがなければ、荷物を開けて調べられることはまずない。出口の係官に税関申告書を渡して到着ロビーへ向かう。これで入国の手続きは終了。

＊＊＊ withコロナのカナダ旅行について ＊＊＊

カナダへの入出国

　2023年2月現在、カナダではすべての外国人の入国を受け入れている。2022年10月1日には新型コロナウイルスに関するすべての措置が撤廃され、到着後の検疫検査やワクチン接種証明、陰性証明の提示、ArriveCANも必要なくなった。カナダ入国に関してはコロナ禍以前と同じ状態に戻っている。ただし、日本帰国時に必要とされる条件があり、ワクチンを3回接種している場合は、出発前に接種証明書を取得しておこう。
■**厚生労働省　ワクチン接種証明書**
URL www.mhlw.go.jp/stf/seisakunitsuite/bunya/vaccine_certificate.html

交通機関

　カナダ国内すべての航空機、長距離バス、フェリー、バンクーバーやカルガリーなど街なかの公共交通機関においてマスク着用の義務はない。ワクチン接種や人の多いところでのマスク着用は強く推奨されているものの、実際の着用率は1割にも満たない。ただし日本発着の航空機の機内ではマスクの着用が義務づけられている場合があるので、スタッフの指示に従うこと。

カナダ滞在中

　屋外、レストランやショップを含む屋内ともマスク着用の義務はない。大規模イベントやフェスティバル、スポーツ観戦なども制限なく開催されている。2022年9月の現地取材の時は博物館や美術館、ショップには入口付近に手指消毒用のスプレーなどが設置されていたが、ほとんど利用されていなかった。

カナダ滞在中に症状がみられた場合

　2022年10月1日から、新型コロナウイルスの症状や兆候が現れた場合の報告や経過観察の義務はなくなっている。検査は基本的にドラッグストアなどで手に入る抗原／PCR検査キットを手に入れ自分で行う。陽性の場合、軽症なら自主隔離、重症ならカナダの緊急時の電話番号911で医療機関へ連絡する。

日本への帰国について

　2022年9月7日以降、有効なワクチンを3回以上接種している者が有効なワクチン接種証明を所持している場合、日本への帰国に際してのPCR検査での陰性証明が不要になった。入国手続きオンラインサービス「Visit Japan Web」で必要事項を登録しておこう。検疫（ファストトラック）、入国審査、税関申告をウェブで行うことができる。ワクチン3回未接種者の場合は、カナダ出国前72時間以内にPCR検査を受け陰性証明書をもらう必要がある。指定された検査方式で、所定の書式の陰性証明書を発行してくれる検査機関をあらかじめ調べておくこと。
■**厚生労働省　水際対策**
URL www.mhlw.go.jp/stf/seisakunitsuite
■**入国手続きオンラインサービス**
　Visit Japan Web
URL vjw-lp.digital.go.jp
　スマートフォンで登録後、QRコードが取得できるので、帰国時にそのコードが表示された画面を係員に見せるだけでOK。
■**海外再出発！ガイドブック更新＆最新情報**
URL www.arukikata.co.jp/travel-support/
　最新情報は「地球の歩き方」ホームページもチェック！

カナダ出国

　カナダ出国の際の手続きも日本出国のときとほぼ同じ。2時間前にチェックインして荷物を預け、搭乗券とクレームタグを受け取ったら、セキュリティチェックを済ませ案内された時間にゲートへ移動する。ただし、カナダでは出国審査がない。チェックインの際、航空会社の係員がパスポートを確認するだけ。今日の世情を反映してか、セキュリティチェックは厳重に行われる。コンピューターやカメラ、携帯電話など、電源を入れた状態を確認しないと通してもらえないこともあるので、必ず電源の入る状態にしておくこと。なお、日本発の国際線と同様、カナダ発の全便も機内に100ml以上の液体物を持ち込むことは禁止されている。おみやげとして購入したメープルシロップなどにも適用されるので、受託手荷物の中に入れておこう。セキュリティチェック後に購入したものは機内持ち込みが可能。

日本帰国

　飛行機を降りたらまず検疫へ。新型コロナウイルスの水際対策はここで行われる。ワクチン3回接種者は「Visit Japan Web」であらかじめ登録を済ませておけば手続きはスムーズ。未登録者は質問表を記入し検察官に提出する必要がある。入国審査を受けたら受託手荷物を便名が表示されたターンテーブルからピックアップする。「携帯品・別送品申告書」に必要事項を記入して税関カウンターで審査を受ける。海外からの（入国）帰国時には免税の範囲にかかわらず、税関検査時に「携帯品・別送品申告書」を提出する。20歳未満の場合、酒、たばこは免税にならないので注意。

おもな輸入禁止品目
○覚醒剤、大麻、向精神薬、麻薬、あへん、MDMA、指定薬物などの不正薬物
○けん銃などの銃砲、これらの銃砲弾、けん銃部品
○爆発物、火薬類、化学兵器原材料、病原体など
○貨幣、紙幣、クレジットカード、有価証券などの偽造品
○わいせつな雑誌、わいせつなDVD、児童ポルノなど
○偽ブランド商品、海賊版などの知的財産侵害物品
○家畜伝染病予防法や植物防疫法、外来生物法で定める特定の動物や植物およびそれらの製品

おもな持ち込み制限品目
　ワシントン条約に基づき、規制の対象になっている動植物およびその加工品（象牙、ワニやヘビ、トカゲなどの皮革製品、動物の毛皮や敷物など）は、相手国の輸出許可書などがなければ日本国内には持ち込めない。なお、個人用を除く食品、植物等は税関検査の前に検疫力ウンターで検査を受ける必要がある。また、個人で使用する医薬品2ヵ月分以内（処方せん医薬品は1ヵ月分以内）、化粧品1品目24個以内など、一定数量を超える医薬品類は厚生労働省の輸入手続きが必要。

植物防疫
URL www.maff.go.jp/pps
動物検疫
URL www.maff.go.jp/aqs
厚生労働省
URL www.mhlw.go.jp

持ち込み免税範囲

品名	数量または価格	備考	免税範囲を超えた場合の税金
酒類	3本	1本760ml程度のもの	ウイスキー、ブランデー800円 ラム、ジン、ウオッカ500円 リキュール400円 焼酎などの蒸留酒300円 その他（ワイン、ビールなど）200円 ※いずれも1ℓにつき
たばこ	※1　紙巻きたばこ200本、加熱式たばこ個装等10個（※1箱あたりの数量は紙巻きたばこ20本に相当する量）、葉巻50本、その他のたばこ250g	免税数量はそれぞれの種類のたばこのみを購入した場合の数量で、複数の種類のたばこを購入した場合の免税数量ではない	紙巻たばこ1本につき15円 加熱式たばこ1個につき50円（2023年4月1日から施行予定）
香水	2オンス	1オンス約28ml（オーデコロン、オードトワレは含まれない）	
その他の品目	20万円（海外市価の合計額）	合計金額が20万円を超える場合は20万以内に抑える品目が免税。同一品目の海外市価の合計金額が1万円以下のものは原則として免税	15%（関税が無税のものを除く）

※上記は携帯品と別送品（帰国後6ヵ月以内に輸入するもの）を合わせた範囲。※詳しくは、税関ホームページURL www.customs.go.jp を参照。

現地での国内移動

飛行機の旅

カナダ国内はエア・カナダがほとんどの都市間を運航している。日本から旅行会社を通して飛行機のチケットを取る場合は、一部の地域を除いてエア・カナダ利用となるだろう。もし、カナダ国内で航空券を取るなら、チケットの安さを売りにするウエスト・ジェット航空West Jetなどのローコストキャリアがお得だ。日本の代理店を通して予約はできないものの、インターネットでオンライン予約が可能。極北地方に便があるのは、カナディアン・ノースCanadian Northやエア・ノースAir Northなどの航空会社。また、バンクーバーからビクトリアなどバンクーバー島の町へは、パシフィック・コースタル航空Pacific Coastal Airlinesなどのほか、ハーバー・エア・シープレーンHarbour Air Seaplanesなど水上飛行機も運航している。

スターアライアンス・サークルパシフィック

エア・カナダなどのスターアライアンス加盟航空会社が発行しているエアパスのことで、カナダ、アメリカ、アジア、南西太平洋地域への訪問に便利。25ヵ国85ヵ所以上の都市から最大15ヵ所まで好きな目的地を選び、最後は最初の出発地まで戻ってくる。3～15枚までのクーポン制。運賃は1区間ごとの距離（マイル数）に応じて算出される。予約手数料は無料（税金、燃油サーチャージは別途）。最低4区間（3都市）、最高16区間（15都市）まで利用できる。

フライトの予約・購入は、スターアライアンス加盟航空会社の予約センターか旅行会社でできる。パスの有効期間は最長で6ヵ月。

マルチトリップを利用しよう

マルチトリップとは、往路と復路の発着地が片方または両方異なるルートのこと。ふたつ以上の目的地に1日以上滞在できる。「周遊型」や「オープンジョー」、「ストップオーバー」と呼ばれている。チケットは、各航空会社の航空券予約サイトで購入可能。

「周遊型」は、日本から最初の目的地であるバンクーバーへ行き、そこからふたつめの目的地トロントへフライト。バンクーバーに戻らず、トロントから直行便で帰国できる。最初とふたつめの目的地の移動を、鉄道やバスなど陸上の交通機関を使うのが「オープンジョー」。陸上での移動は自己負担となる。「ストップオーバー」は、周遊型と同じだが経由便航空券のオプション扱いとなるため、航空会社からオプションが提供されないと選択できない。

VIA鉄道の旅

カナダの鉄道は国営のVIA鉄道が運行しているものがほとんど。カナダ西部にはふたつの路線が走っている。バンクーバーからカムループス、ジャスパーを経てトロントへ向かうカナディアン号The Canadianとプリンス・ルパートからジャスパーへ行くジャスパー〜プリンス・ルパート線（旧スキーナ号）だ。

🍁 乗車券の購入

乗車券は現地でも購入できるが、カナダ西部を走る路線はいずれも人気ですぐに売り切れてしまうため日本であらかじめ予約・購入するのがおすすめ。予約方法は、左記にあるVIA鉄道のウェブサイト(英語)からオンラインで行う。VIA鉄道の日本語ページには、日本語でオンライン予約の手順が説明されているので、それを確認しながら英語ページで予約を行えば簡単。

予約が完了したら、eメールでQRコード付きの搭乗券(e-Boarding Pass)が送られてくる。プリントアウトしたe-Boarding Passを持参するか、QRコードを表示したスマートフォンを搭乗口で提示すればOK。その際に、身分証明書としてパスポートやクレジットカードの提示を求められることがあるので注意。荷物を預けるのは乗車の1時間前までに行うこと。

🍁 座席の種類

カナディアン号には、エコノミークラス（座席）と寝台車プラスクラス、プレスティージ寝台車クラスがある。寝台車プラスクラスには、2人用個室寝台（Cabin for two）と、1人用寝台（Cabin for one）、上下寝台（Berth）がある。

🍁 さまざまな割引運賃

乗車運賃は、ハイシーズンとローシーズンの設定がある。ローシーズンの期間は路線によって異なる。また、路線によってエスケープ、エコノミープラス、ビジネスプラスなどのさまざまな運賃設定があり、エスケープはエコノミークラスで最も割引率が高いが、払い戻しができず、出発前の段階でチケットの交換はチケット代の50%の手数料が必要など制約も多い。

ロッキー・マウンテニア鉄道の旅

夏季のみ運行する観光列車。移動手段ではなく、ツアーだと考えよう。バンクーバーを出発してカムループスのホテルで1泊（宿泊代込み）してジャスパーへ行くジャーニー・スルー・ザ・クラウドJourney through the Cloudsと、レイク・ルイーズ〜バンフと進むファースト・パッセージ・トゥ・ザ・ウエストFirst Passage to the Westのほか、バンクーバー〜ウィスラー経由でジャスパー間を結ぶレインフォレスト・トゥ・ゴールド・ラッシュRainforest to Gold Rushの計3ルートがある。

VIA鉄道のカナディアン号

VIA鉄道
FREE (1-888)842-7245（カナダ国内のみ）
URL www.viarail.ca/en
ホームページには日本語のページもある（予約は不可）。

VIA鉄道利用上の知識
持ち込み荷物について
エコノミークラスの場合、車内持ち込みできる手荷物はひとり2個まで（一部区間によっては1個の場合あり）。サイズは縦54.5cm×横39.5cm×幅23cm以内で重量23kg以下または身の回り品ひとつに3辺の和が158cm、23kg以内の荷物ひとつのいずれか。

預け入れについて
ひとり2個の荷物を無料で預けることができる。荷物1個につき重量23kg以下、サイズは3辺の合計1m58cm以内なら無料。路線や車両クラスによって持ち込み、預け入れ荷物の重量やサイズが異なる場合があるので下記ウェブサイトで確認。
URL www.viarail.ca/en/plan/baggages

禁煙／喫煙／飲酒
全面禁煙。また飲酒に関しては、列車が通過している州の法律に従う。個室寝台以外の列車内で、外部から持ち込んだ種類の飲酒は禁止。列車内でもアルコール飲料を販売している。

割引料金について
URL www.viarail.ca/en/offers/deals-discounts

ロッキー・マウンテニア鉄道
TEL (604)606-7245（予約）
FREE (1-877)460-3200
URL www.rockymountaineer.com
予約はインターネットか、日本の旅行会社を通して行う。

日本の予約先
カナディアンネットワーク
住 〒105-0003
東京都港区西新橋1-2-9
日比谷セントラルビル14階
TEL 050-3754-1931
URL www.canadiannetwork.co.jp

401

カナダ西部を運行するおもなバス会社

BCフェリーズ・コネクター
📞(1-888)788-8840
🔗bcfconnector.com

トフィーノ・バス
📞(1-866)986-3466
🔗tofinobus.com

ライダー・エクスプレス
📞(1-833)583-3636
🔗riderexpress.ca

イーバス
📞(1-877)769-3287
🔗myebus.ca

レッド・アロー
📞(1-800)232-1958
🔗www.redarrow.ca

パシュート・バンフ・ジャスパー・コレクション
📞(1-866)606-6700
🔗www.banffjasper
collection.com

チケットの買い方とバスの乗り方

　予約・購入は事前にインターネットですませておくのがおすすめ。購入にはクレジットカードが必要。購入後送られてくる搭乗券をプリントアウトするかスマートフォンに保存し、乗車時にドライバーに見せればOK。車内への誘導は出発30分前くらいから。座れないことはまずない。タグを付けた大きなかばんは、ドライバーに渡せばバスの下に入れてもらえる。降りる際、預けた荷物があることをドライバーに伝えて、必ず荷物を下ろしてもらうこと。

長距離バスの旅

　カナダは全長約8万kmの道路を持つ国だ。この道路網を利用した長距離バスが、国内の各都市を結んでいる。ただし、カナダ西部のバス路線は2018年10月のグレイハウンド・カナダのカナダ西部路線運行中止（その後全面撤退）以降、カナダ全土のバスは従来と大きく変わり、さまざまなバス会社がそれぞれルートを持っている。

🍁カナダ西部のおもなバス路線

　カナダ西部を運行するバス会社のうち、おもなものとしては、ブリティッシュ・コロンビア州のバンクーバー〜ビクトリア間を走るBCフェリーズ・コネクターBC Ferries Connector、バンクーバー島内を走るトフィーノ・バスTofino

バンクーバーのバスディーポは鉄道駅と同じ建物内にある

Bus、バンクーバーからカムループス、バンフなどを通りカルガリーまで行くライダー・エクスプレスRider Express、バンクーバーからカムループスやケロウナへ行くイーバスEBusなど。アルバータ州では、カルガリーとエドモントンという2大都市を結ぶレッド・アローRed Arroowなど。カナディアン・ロッキー内は最大手の旅行会社、パシュート・バンフ・ジャスパー・コレクションPursuit Banff Jasper Collectionが運行するブリュースター・エクスプレスBrewster Expressをはじめ数社のシャトルバスが運行している。カルガリーからバンフへは、バンフ・エアポーターBanff Airporterのシャトルバスが便利。また、キャンモア〜バンフ〜レイク・ルイーズ間の移動には、ボウ・バレー・リージョナル・トランジット・サービス・コミッションBow Valley Regional Transit Service Commissionのローム・バスRoam Busが利用できる。バンフ市内のほか近郊のキャンモア、レイク・ルイーズへもアクセスでき、とても便利。

🍁グレイハウンドのカナダ西部路線について

　かつてカナダの大部分に路線を持っていたグレイハウンドだが、2018年10月のカナダ西部路線の廃止に続き、2021年5月には残っていたオンタリオ州、ケベック州の路線も廃止、カナダから完全に撤退した。一部提携バス会社へと引き継がれた路線もあるが、2023年2月現在長距離バスが運行していない町もある。バスディーポも、バンクーバーやビクトリアなど別のバス会社が利用している場所もあるが、カルガリーやエドモントンなどはバスディーポごとクローズしている。

　本誌では可能な限り、新しいバス路線を紹介しているが、変更する可能性が高いので長距離バスでの旅を考えている人は、現地で最新の情報を手に入れ、時間に余裕をもって旅行しよう。時間がないという人は、飛行機やレンタカーで移動するほうがよい。

レンタカーについて

自由に旅するならレンタカーが便利

レンタカーは時刻表に縛られず自由な旅ができ、公共の交通機関がない場所へも足を延ばせる。ただし、日本とは違う交通規則や標識もあるのでいつも以上に注意が必要だ。ルールを守って安全で快適なレンタカーの旅を楽しもう。

車社会でもあるカナダでは、ほとんどの町にレンタカー会社がある。最大手のエイビスAvis、ハーツHertzのほか、バジェットBudget、ナショナルNationalなどの大手から、中小のレンタカー会社までいろいろ。大手なら車は最新だし、日本で予約できるのがうれしい。中小は料金は安いが、旧型の車だったり、別の町で乗り捨てができない場合もある。

🍁 日本で予約する

レンタカーは、現地の空港や町なかで簡単に借りられるが、日本から予約と支払いを済ませて行くほうが安心だ。ハーツやバジェットなど日本に代理店のあるレンタカー会社では、ウェブサイトから日本語で予約ができ、出発と返却場所の指定、日時、年齢を入力すると料金が表示される。追加運転手やカーナビ（GPS）などのオプションも申し込める。JAF会員の場合、割引が受けられるものもある。追加ドライバー料金などが含まれている場合もある。

🍁 現地で借りる

申し込み時に、クレジットカードと日本の運転免許証、国外運転免許証が必要。25歳未満のヤングドライバー（21〜24歳）は別途料金がかかったり、借りられないこともある。また、予約なしだと借りられない場合があるので、当日でもいいので電話予約をしよう。予約時には、氏名、宿泊ホテル、借りたい車種、借りる場所などの質問に答えると、予約番号を言われるので必ずメモすること。あとはカウンターに行って予約番号を告げ、契約する。契約する際にチェックすることは、車はオートマチックかマニュアルか、いつ、どこで返すか、保険がどこまでカバーされているか、車に傷は付いていないか（車を借りる予定の人は、旅行前に海外旅行保険に加入する際、レンタカー用保険を付帯できるものを考慮）、運転席に座ったら、ウィンカーやサイドブレーキの位置や正しく作動するかなど車をひととおり点検すること。

🍁 保険について

カナダでは運転中の基本的な保険はレンタル料に含まれている。これは事故による対人・対物の賠償責任金額を補償する自

国外運転免許証について
（→P.391）

JAFの特典を活用

JAF（日本自動車連盟）の会員は、カナダでもCAA（カナダ自動車協会Canadian Automobile Association）のロードサービス、旅行情報サービスなどさまざまな特典や割引サービスが受けられる。自動車クラブの所在地の調べ方やサービスの受け方は出発前にJAFホームページの"海外でJAFを使う"ページをチェックしておこう。

JAF問い合わせ先
総合案内サービスセンター
☎ (0570)00-2811（日本）
URL jaf.or.jp/common/
　global-support

CAA
URL www.caa.ca

**おもなレンタカー会社の
日本での予約先**
ハーツ
🆓 0800-999-1406
URL www.hertz.com
バジェット
URL www.budgetjapan.jp

カナダ国内のレンタカー会社
エイビス
🆓 (1-800)879-2847
URL www.avis.ca
ハーツ
🆓 (1-800)654-3131
URL www.hertz.ca/rentacar/
　reservation
バジェット
🆓 (1-800)268-8900
URL www.budget.ca
ナショナル
🆓 (1-844)307-8014
URL www.nationalcar.ca

動車損害賠償保険Liability Protection（LP）や盗難・紛失・事故などにより車両に破損・損害が生じた場合に、その損害額の支払いを免除する車両損害補償制度Loss Damage Waiver／Collision Damage Waiver（LDW／CDW）など。万が一入っていないことがないよう、契約時にきちんと確認すること。ほか事故により契約者および同乗者が負傷した場合に規定の金額が支払われる搭乗者傷害保険Personal Accident Insurance (PAI)や携行品保険Personal Effects Coverage (PEC) も心配なら追加しておくといい。

🍁カナダ西部のドライブルート

ロッキーでは山をすぐそばに見ながらのドライブが楽しめる

　カナダ西部のドライブルートといえば、何といってもカナディアン・ロッキーのジャスパー国立公園とバンフ国立公園をつなぐ、ボウ・バレー・パークウエイとアイスフィールド・パークウエイ（→P.235）。荒々しい山々、氷河、湖、河川など目に映るすべてが見どころといっていいくらいのルートだ。そのほか、バンクーバーからウィスラーへ行くハイウエイ#99（シー・トゥー・スカイ・ハイウエイ）（→P.137）や恐竜の化石がいくつも発掘されているアルバータ州のドラムヘラー周辺のバッドランド（→P.345）もある。

カナダでのドライブここに注意！

❶右側通行
　日本とは違いカナダは右側通行。右折は小回り、左折は大回りを忘れないように。

❷交通規則
　交通規則は州によって多少異なるので注意。赤信号でも車が来ていなければ一時停止後、右折することができる。信号のない交差点では一番最初に交差点に入った車から優先して進行できる。優先順位がわからない場合は右側の車が優先となる。法定速度は分離帯のあるハイウエイで時速100キロ、その他のハイウエイは80〜90キロ、市街地は30〜50キロ。また、スクールバスのストップサインが点滅中の場合、対向車、後続車とも完全に停止しなければならない。

❸シートベルト着用の義務とヘッドライト
　カナダでは前部席だけでなく、後部席もシートベルトの着用が義務づけられている。また、昼間でもヘッドライトの点灯が奨励されている。

❹道路標識
　カナダの道路標識は比較的わかりやすい。詳しくは（→P.406）。

❺ガソリン補給はこまめに
　広大な国土のカナダでは、次のガソリンスタンドまで200km以上離れていることもざらにある。ガス欠などしないように、早めのガソリン補給を心がけたい（→P.405）。

❻冬季の運転について
　冬季は通常、スノータイヤが装着されている。チェーンの使用を禁止しているところもある。路面凍結やスピードの出し過ぎに注意。

❼アメリカ国境を越える場合
　アメリカで借りてカナダへ入国、あるいはその逆も、事前申請が必要な場合があるので、各レンタカー会社へ問い合わせをすること。

❽携帯電話と飲酒
　日本と同じく、運転中は携帯電話の使用を禁止している。飲酒運転ももちろん厳禁。

❾盗難、置き引きに注意
　車から離れるとき、貴重品は必ず手元に。それ以外の荷物も目につく所に置かず、ダッシュボードやトランクに入れて鍵をかける。

🍁給油の仕方

　ガソリンスタンド（Gas Station）はセルフサービスが多い。給油機の前に車を横づけにし、ガソリンの種類を選び（日本と同じでガソリンは3種類あり、レギュラーガソリンは1リットル当たり$1.8くらい）、ノズルを外してレバーをオンにし、給油口に入れる。グリップを握ると給油が始まり、満タンになったら自動的に止まる。給油後、店のレジでスタンドの番号を伝えて支払う（クレジットカード払いの場合は、あらかじめカードを機械に差し込んでから給油作業を行うところもある）。

🍁駐車について

　日本と同様、カナダも駐車違反の取り締まりが厳しいので、駐車場やパーキングメーターのある通りで駐車をするように心がけよう。パーキングメーターは停めておく時間分の料金を先に入れるコイン式（時間制限や日曜または土・日曜は無料のところもある）。高級ホテルやレストランでは入口で車のキーを係員に預け、駐車場へ移動してもらうバレーパーキングValet Parkingもある。支払いは先かあとかは場所によって異なる。係員にはチップ（$3～5が目安）を渡そう。

ドライブに役立つ情報サイト
**ウエザー・ネットワーク
The Weather Network**
🔗www.theweathernetwork.com
　カナダ全土の天気予報のサイト。最新の道路状況も掲載。

慣れれば簡単なセルフサービスのガソリンスタンド

コイン式のパーキングメーター

レンタカーのチェックアウトからチェックインまでの流れ

※レンタカーは車を借りることをチェックアウト、返却することをチェックインと呼ぶ。

チェックアウト↗

・空港の場合、到着ロビーに着いたら "Car Rental" などレンタカー会社のサインを見つけ、オフィスカウンターへ。

⬇

・予約していることを告げ、日本の運転免許証、国外運転免許証、クレジットカード、パスポート、予約確認証を提示する。

⬇

・レンタルアグリーメント Rental Agreement（貸渡契約書）が提示されるので、料金や保険、返却予定日など契約内容が正しく記載されているか確認してから署名をする（署名した内容はいかなる場合でも変更できないので注意）。契約者以外が運転したり、チャイルドシートなどの装備品が必要な場合はこのときに告げること。

⬇

・車のキーを渡されたらパーキングへ向かう。これから運転する車に傷はないか、正しく作動するかを確認し、計器やレバー類など車の操作に慣れてから出発。

↘チェックイン

・返却する営業所に向かう前にガソリンを満タンにする（レンタカーのプランによっては満タン返却しなくていい場合もある）。

⬇

・営業所に着いたら係員の指示に従って車を停めて、キーを渡す。大手レンタカー会社の場合、係員がハンディコンピューターを持っており、その場で返却手続きが行われる。レシートを受け取り金額を確認して、問題がなければチェックイン終了（支払いがクレジットカード以外の人はレシートを持ってオフィスカウンターへ）。帰る前に車に忘れ物がないかトランクやダッシュボードなどをチェックしよう。

※日本で予約をして、現地の空港でチェックアウト、チェックインした場合。

知っておきたい道路標識

　比較的わかりやすいカナダの道路標識。しかし大自然に包まれてのドライブは注意力散漫になりがちで、思わず標識を見落としてしまったり、制限速度を超えて走行してしまう恐れもある。常に安全運転を心がけ、快適なドライブをしよう。

一時停止

進入禁止

優先道路あり

進入禁止

一方通行

最高時速70キロ

左折禁止

この先最高時速50キロ

追い越し禁止

赤信号時、右折禁止

歩行者優先

この先信号あり

駐車禁止

1時間駐車可

この車線はバスのみ通行可

災害時、通行禁止

前方対面通行

左カーブあり

曲がり道

右車線終了

スリップ注意

この先急な坂あり

この先でこぼこ道

動物飛び出し注意

この先踏切あり

この先スクールバス停あり

近くに病院あり

この先ガソリンスタンドあり

ホテルについて

カナダのホテル

　新型コロナウイルスの感染拡大以降、物価上昇の影響を最も受けたのがホテル代。バンクーバーなど都市部なら3つ星クラスでも$150はかかる。シングルとダブルやツインルームの料金差が少ないため、ふたりで宿泊したほうが割安。ダブルは大きなベッドがひとつ、ツインはひとり用のベッドがふたつ、というのが基本だが、ダブルとツインの区別は曖昧なので、ふたりで同じベッドに寝るのがいやなら"Two persons"とか"Twin"と言うより、"Room with two beds"と言ったほうが通じるはずだ。普通のビジネスホテルでも部屋は非常に広く、ベッドもたいていの場合クイーンサイズ以上の大きさだ。施設やアメニティも揃っている。なお料金は、通常1泊当たりのものとなっている。

カナダのホテルは、中級クラスでも十分な広さ

安く泊まりたい人は

　定番は、ユースホステル。カナダには多くのホステルがあり、合い部屋のドミトリーなら1泊$30前後で泊まることができる。また、おもに家族経営のB&Bや安宿の定番であるゲストハウスもおすすめだ。これは家屋を丸々もしくは一部の部屋を宿泊者用に貸し出していることが多い。格安のホテルのなかでも、バス、トイレが共同の部屋なら、$100以下という場合も。こうした共同ルームを予約する際は、何部屋でひとつのバスルームを共同利用するのか聞いておくといい。シャンプーなどアメニティの有無についても確認をしておくこと。

ホテルの予約について

　旅行会社に予約を依頼するか、ホテルチェーンの日本の予約会社に連絡するか、あるいは自分で直接申し込む方法がある。旅行会社ではツアーで利用するホテルや中級以上のホテルしか扱っていないことが多く、どんなところか様子が聞けて信頼できるが、B&Bのような個人経営のものはほとんど扱っていない。ガイドブックや友人の体験談、インターネットなどで泊まりたい宿があったら、自分で直接予約を申し込んでみるといい。いずれの方法で予約するとしても、キャンセルした場合の規則はきちんと確認しておくこと。また、エクスペディアやホテルズドットコムなどのホテル予約サイトでの予約も人気。

各種の割引料金

　カナダの観光地のホテル料金はハイシーズンとローシーズンで2倍以上の差があることもざら。観光地ではなく、ビジネス客が多い地域では週末割引を設定していることが多い。週末にタイミングが合えば、ランクが上のホテルにかなり安く泊まることができるはずだ。中級以下の宿では週単位、月単位の料金を設定している場合が多い。B&Bやツーリストホームなどにホームステイ感覚で長期滞在する場合に便利だ。

　また、アクティビティなどオプションをセットしたお得なパッケージプランを用意しているところもあるので、予約の際に聞いてみるといい。

キャンセルについて

　キャンセル料の規定はホテルによって異なるが、特にリゾートホテルは厳しく、シーズンによっては1ヵ月前からキャンセル・チャージがかかるところもある。クレジットカード番号を知らせてある場合、キャンセルすると規定に応じたキャンセル料が自動的に口座から引き落とされる。

　あとでトラブルを避けるためにも、予約や問い合わせの際に、キャンセル規定（Cancellation Policy）を確認しておくのを忘れずに。

ホテル予約サイト

　エクスペディアやホテルズドットコムなど、海外のホテル予約サイトなら、その時期の最安値で予約することが可能。ホテルの設備も詳細に紹介されているのもうれしい。クレジットカードでの事前決済やデポジットが必要。
エクスペディア
URL www.expedia.co.jp
ホテルズドットコム
URL jp.hotels.com
ブッキング・ドットコム
URL www.booking.com

ホテルのランク

全般的にカナダ・セレクト（Canada Select）やAAA（全米自動車協会）、CAA（カナダ自動車協会）などが星の数による格付けをしているほか、ケベック州のように州独自のランク（CITQ）を付けている州もある。

モーテル

モーテル（モーターイン）とは車で旅行する人がおもに利用するホテル。出入口ドアのすぐ外が駐車場になっているのが一般的。郊外にある場合がほとんどで、町に入ったすぐの国道沿いに固まっている。

日本ユースホステル協会

📮〒151-0052
東京都渋谷区代々木神園町3-1
国立オリンピック記念青少年総合センター センター棟3階
URL www.jyh.or.jp

ユースホステル会員証

成人パス（満19歳以上）2500円（新規会員の場合。継続の場合は2000円。手数料別途）。スマートフォンやパソコンから入会できる。有効期限は1年間。日本国内で発行した会員証が全世界で有効。

ユースホステルについては「地球の歩き方」ホームページの専用ページ（URL prepare. arukikata.co.jp/1_5_1. html）でも簡単な情報収集ができる。

Airbnb

URL www.airbnb.jp
Airbnbはオーナーとのトラブルなども報告されている。万が一トラブルが発生しても自分で解決できる自信があり、ホテルと同じサービスは期待できないことを納得したうえで利用したい。

▶ ホテル以外の宿泊施設

カナダの宿泊施設は一般に、清潔でサービスもよく安心できる。近代的なホテル、モーテルや高級リゾート以外にも、アクティビティに沿ったロッジやオーベルジュ、家庭的なB&Bとホテルのランクやカテゴリーも豊富だから、目的に合った宿選びができる楽しみもある。

🍁 YMCA／YWCA

"Young Men's（Women's）Christian Association" が運営するエコノミーな宿のこと。営利を目的としていないので、ワンルーム1泊$40程度から泊まれる。YMCAは男性専用、YWCAは女性専用となっている場合もある。

🍁 B&B

B&BとはBed & Breakfastの略。つまり朝食付きの民宿のこと。高級ホテル顔負けの贅沢な家具の置かれた客室をもつところや専用のバスやランドリーまで揃えたところまでさまざまなタイプがある。たいていは自宅の一角を利用しており、子供の手の離れた人が経営しているケースが多い。ホストの個性が反映されるので千差万別のおもしろさがあり、カナダの普通の家庭の生活を垣間見るという点でも貴重な経験だ。

当然、住宅街にあることが多いので、交通はやや不便。B&Bによっては最寄りの駅やバス停、バスディーポや空港までのピックアップサービスを行っている場合もあるので、尋ねてみよう。また、滞在中はあくまで他人の家に客として来たつもりで、マナーに反した行動を取らないように注意しよう。最近ではB&Bは個人の宿ベースで予約するよりも、Airbnbで予約する場合が多くなってきている。

🍁 ユースホステル

時間と体力はあるが、資金のほうはちょっと、という人がお世話になるのがユースホステル。ドミトリーで$30〜45程度（国際ユースホステル協会Hostelling International（HI）会員なら10%の割引あり）で宿泊でき、キッチンやランドリーなどの設備も充実している。ドミトリー形式だが、プライベートルームのあるところもある。ユースホステルの会員証は、乗り物や観光施設などさまざまなところで料金割引の対象となるので、うまく利用するといい。

🍁 Airbnb（エアビーアンドビー）

現地の人が提供するアパートなどの宿泊施設を予約＆検索できるAirbnb。検索は右記のウェブサイトにアクセスし、都市名と日付けを入力する。地図上に開いている部屋と料金が表示されるので、条件にあったところを予約する。チェックイン方法は施設によりさまざまなので、確認しておくこと。

レストランの基礎知識

レストランの種類

高級レストランはフレンチやイタリアン、カナダ料理などが多く、ディナーでも$50〜とそれほど高くはない。カナダでは高級レストランでもドレスコードはほとんどない。破れているジーンズやよれよれのTシャツなどさえ避ければ、ほぼどんなレストランでも入店を断られることはない。

カナダにはマクドナルドやKFC、スターバックス・コーヒーなど日本でもおなじみのファストフード店やコーヒーショップがたくさんある。カナダ生まれのコーヒーショップなら、ティム・ホートンやセカンド・カップが有名。特にティム・ホートンのドーナツは、カナダの国民食といっても過言ではない。現地に行ったら一度は食べてみたい。

また大都市のショッピングセンターには、たいていフードコートがあり、ハンバーガーやパスタ、ピザ、中華、タイ、インドのほか日本食の店も入っている。値段もリーズナブルなので、節約したいときにおすすめ。

各地の名物料理

太平洋沿岸にあるブリティッシュ・コロンビア州は、シーフードが名物。サーモンやタラ、オヒョウのほかダンジネスクラブなどのカニ、ムール貝やオイスターまで、豊富な種類の魚介は格別のおいしさだ。バンクーバーでは、寿司は定番人気。本場さながらの飲茶など、中華料理店も外せない。

アルバータ州といえばアルバータ牛のステーキ。肉には等級があり、AAAが最高級品となる。カナダでは一般的に脂のない部位が好まれるので、レストランのステーキは赤身の部分がほとんど。とろけるような食感のステーキが食べたいなら、リブロースをチョイスしよう。厚切りカットのリブステーキはプライム・リブPrime Ribと呼ばれる。

極北では、ジャコウウシ（マスコックス）やカリブー、イワナの仲間であるアークティック・チャーが3大料理だ。イエローナイフでは無数の湖に生息する淡水魚もよく食べられる。

カナダのアルコール

アルコール類を瓶ごと売っているのは、政府直営のリカーストアだけ。カナダでは公園やバス、列車など公共の場所での飲酒は原則として禁止されているので注意しよう。また、アルコールのカンや瓶をむき出しにして持つことも禁止なので、必ず袋に入れて持ち帰ること。

勘定の頼み方

レストランでの支払いは基本的にテーブルチェック。テーブルの担当者に「Check, please」と言って勘定書を持ってきてもらう。請求額にチップを加えて、テーブルに置けば取りにきてくれて、おつりがあれば持ってきてくれる。レシートは普通、頼まないともらえない。

ファミリーレストラン

安価でしっかり食べたいなら、カジュアルなファミリーレストランへ。ステーキの「KEG」のほか、「Milestones」、「Earls」はカナダ全土にあるレストランチェーン。

食べきれなかったときは？

カナダのレストランはとにかくボリューム満点。男性でもすべてを食べきるのは厳しいこともしばしば。もし食べきれなかったときは、気軽に持ち帰りをリクエストしてみよう。頼むときはウエーターに「To go box（またはcontainerやbag）」、「To take away」、「Take it to go」などと言えば持ち帰り用のボックスがもらえる。

リカーストアの営業時間

リカーストアの営業時間は基本的に月〜土曜の9:00〜18:00。しかし、バンクーバーやトロントなどの都市部では深夜や日曜も営業している店が多い。

チップとマナー

クレジットカードを使用する場合のチップについて
レシートにチップの金額を書いて渡すか、カードと一緒にチップのぶんのお金を渡す。

チップについて

チップとは、ホテル、レストラン、タクシーやツアーの利用時に心づけとして少額のお金を渡すというもの。日本人にはあまりなじみのない慣習だがカナダでは常識。目安はレストランの場合は15%程度とされ、HSTが適用されている前述の5つの州についてはHSTが13～15%なので、レシートに書き込まれている税金の額とほぼ同じ金額をチップとして支払えばいい。

チップの目安

レストラン	合計金額の10～15%が相場。ただし、サービス料がすでに含まれていれば払う必要はなく、払うとしても小銭程度でいい。まれにチップの額まで書き込んだ請求書を持ってくるレストランもあるので、二重払いにならないようによく確認すること。
タクシー	料金の10～15%。料金が低くても最低50¢。荷物が多い場合は若干多めに払う。おつりの端数をそのままチップにしてしまうのも方法。
ルームメイド	特に置かなくてもいいが、部屋を出るときにサイドテーブルに1ベッドにつき$1程度置くのが一般的。
ルームサービス	ルームサービスは料金の10～15%。タオルや毛布の不足補充を頼んだら50¢～$1。
ドライバー	観光バスではドライバーがたいていガイドも兼ねているので、ツアー終了時に$3～5程度。

チップ換算早見表

料金 $	10% チップ	10% 合計額	15% チップ	15% 合計額
10	1.0	11.0	1.50	11.50
15	1.5	16.5	2.25	17.25
20	2.0	22.0	3.00	23.00
25	2.5	27.5	3.75	28.75
30	3.0	33.0	4.50	34.50
35	3.5	38.5	5.25	40.25
40	4.0	44.0	6.00	46.00
45	4.5	49.5	6.75	51.75
50	5.0	55.0	7.50	57.50
55	5.5	60.5	8.25	63.25
60	6.0	66.0	9.00	69.00
65	6.5	71.5	9.75	74.75
70	7.0	77.0	10.50	80.50
75	7.5	82.5	11.25	86.25
80	8.0	88.0	12.00	92.00
85	8.5	93.5	12.75	97.75
90	9.0	99.0	13.50	103.50
95	9.5	104.5	14.25	109.25
100	10.0	110.0	15.00	115.00

その他、気をつけたいこと
レストランでは注文する料理が決まっても大きな声で店員を呼ばず、来るまで待つように。ショップでは店を出るとき何も買わなくても「Thank you」とひと言おう。
カナダは他の欧米諸国同様、レディファーストの国。店に入るとき、出るときなど女性を先に通すように心がけよう。

マナーについて

🍁あいさつ

お店に入って、店員に「Hi」と声をかけられたら「Hi」や「Hello」と返事を返そう。また「How are you ?」も一般的に使われるので「Fine, Thank you.」などと答えるのがいい。ショッピングの最中、店員から「May I Help You? 何かお探しですか」と言われたら、無視したりせずに「I'm just looking. 見てるだけです」と言ったり、欲しいもの、探しているものがあればその旨をしっかりと伝えるようにしよう。

🍁アルコール

カナダでは公園やバス、列車など、公共の場での飲酒は原則として禁止されている。屋外でのバーベキューでも禁止だが、個人の敷地内なら、飲酒してもOK。

電話と郵便

電話機

公衆電話はプッシュホン式で、コイン使用のものがほとんど。空港や大きな駅にはクレジットカード式のものもあり、すべての公衆電話で国内、国際電話どちらもかけることができる。コインは¢5、¢10、¢25、$1の4種類が使用できる。

国内電話のかけ方

国内電話は、市内通話Local Callと長距離通話Long Distance Callとに区分される。市内通話の場合、市外局番は不要で、受話器を取ってコインを入れてから7桁の番号をダイヤルする。長距離通話の場合は、初めに長距離通話の識別番号「1」をプッシュしてから市外局番、電話番号と順番にダイヤルすると、オペレーターが最初の3分間の料金を告げるので、そのぶんのコインを投入。時間が超過するたびにオペレーターが必要な料金を言うので、それに従ってコインを入れる。

市内通話の料金
自宅などの固定電話からの市内通話は無料。公衆電話からは最低料金を入れたら、あとは時間無制限。

電話番号案内
市内：411
市外：1＋市外局番＋555＋1212

トールフリー（無料電話）
（1-800）や（1-888）、（1-877）などで始まる電話番号はトールフリー（無料通話）で、州内、国内、アメリカからなど有効範囲が番号により異なる。日本からもつながるものもあるが、有料。

バンクーバーの市内通話
バンクーバーだけは、市内通話であっても市外局番（604）が必要。

電話のかけ方

（国内電話）

市内通話 Local Call

（例）ビクトリアから市内の（250）123-4567にかける場合

123 + 4567

長距離通話 Long Distance Call

（例）バンクーバーからオタワの（613）123-4567にかける場合

1 + 613 + 123 + 4567

（国際電話）

日本からカナダへ電話をかける場合

始めに事業者識別番号、次に国際電話識別番号「010」をダイヤルし、カナダの国番号「1」、続いて市外局番、相手先の番号をダイヤルする。

（例）日本からカナダ（バンクーバー）の（604）123-4567へかける場合

事業者識別番号	国際電話識別番号	カナダの国番号	市外局番	相手先の電話番号
0033（NTTコミュニケーションズ）0061（ソフトバンク）携帯電話の場合は不要	010 ※	1	604	123-4567

※携帯電話の場合は010のかわりに「0」を長押しして「＋」を表示させると、国番号からかけられる
※NTTドコモ（携帯電話）は事前にWORLD CALLの登録が必要

カナダから日本へ電話をかける場合

始めに国際電話識別番号「011」をダイヤルし、日本の国番号「81」、続いて市外局番（最初の0は不要）、相手先の番号をダイヤルする。

（例）カナダから日本（東京）の（03）1234-5678へかける場合

国際電話識別番号	日本の国番号	市外局番の0を除いた番号	相手先の電話番号
011※1	81	3※2	1234-5678

※1）公衆電話から日本へかける場合は上記のとおり。ホテルの部屋からは外線につながる番号を頭に付ける。　※2）携帯電話などへかける場合も、「090」「080」などの最初の0を除く。

日本での国際電話会社の問い合わせ先

KDDI
☎0057/0120-977097
[URL]www.kddi.com

NTTコミュニケーションズ
☎0120-506506
[URL]www.ntt.com

ソフトバンク
☎0800-9190157
[URL]www.softbank.jp

au
☎157（auの携帯から無料）/
0700-7-111
[URL]www.au.com

NTTドコモ
☎0120-800000
[URL]www.docomo.ne.jp

ソフトバンク（携帯）
☎157（ソフトバンクの携帯
から無料）/0800-
9190157
[URL]www.softbank.jp/mobile

**日本語オペレーターに
申し込むコレクトコール**

KDDIジャパンダイレクト
☎(1-800)663-0681

テレホンカードの使い方
　日本のように電話機に挿入しないで、カード固有（1枚ごとに印刷されている）の番号をダイヤルしてかける仕組み。

オペレーターに申し込む通話

　現地のオペレーターを通す場合は、長距離通話識別番号のあとに0を押し、オペレーターにかけたい国や場所、電話番号などを伝える。コレクトコールを利用することもできる。ホテルには専用のオペレーターがいる場合があり、そのサービスを受けることもできる。また、KDDIの「ジャパンダイレクト」などを利用すれば、カナダから日本のオペレーターを通して電話がかけられる。支払いはコレクトコールのみ。

テレホンカード

　地域や電話会社によって種類もさまざま。カードによりアジア方面に安く国際電話がかけられるものなどがあり、普通、公衆電話からかけるとホテルのオペレーターを通すより割安。自動販売機で買う場合は額面価格（カードの度数）から税金のぶんが引かれ、店頭で買う場合は購入金額に税金が加算される。

郵便

　日本まで航空便ではがきやアエログラム（簡易書簡）、封書（30gまで）はすべて$2.71。日本への所要日数は、投函地によっ

INFORMATION
カナダでスマホ、ネットを使うには

　スマホ利用やインターネットアクセスをするための方法はいろいろあるが、一番手軽なのはホテルなどのネットサービス（有料または無料）、Wi-Fiスポット（インターネットアクセスポイント。無料）を活用することだろう。主要ホテルや町なかにWi-Fiスポットがあるので、宿泊ホテルでの利用可否やどこにWi-Fiスポットがあるかなどの情報を事前にネットなどで調べておくとよい。ただしWi-Fiスポットでは、通信速度が不安定だったり、繋がらない場合があったり、利用できる場所が限定されたりするというデメリットもある。そのほか契約している携帯電話会社の「パケット定額」を利用したり、現地キャリアに対応したSIMカードを使用したりと選択肢は豊富だが、ストレスなく安心してスマホやネットを使うなら、以下の方法も検討したい。

☆ 海外用モバイルWi-Fiルーターをレンタル

　カナダで利用できる「Wi-Fiルーター」をレンタルする方法がある。定額料金で利用できるもので、「グローバルWiFi（【URL】https://townwifi.com/）」など各社が提供している。Wi-Fiルーターとは、現地でもスマホやタブレット、PCなどネットを利用するための機器のことをいい、事前に予約しておいて、空港などで受け取る。利用料金が安く、ルーター1台で複数の機器と接続できる（同行者とシェアできる）ほか、いつでもどこでも、移動しながらでも快適にネットを利用できるとして、利用者が増えている。

　海外旅行先のスマホ接続、ネット利用の詳しい情報は「地球の歩き方」ホームページで確認してほしい。
【URL】http://www.arukikata.co.jp/net/

▼グローバルWiFi

ても異なるが、航空便で1～3週間程度。カナダ国内は$1.07（郵便番号記入分対象、30gまで）。切手は郵便局、ホテルのフロント、空港、鉄道駅、バスディーポの売店、みやげ物店などで買える。カナダではショッピングセンターやドラッグストアの中にPostal Outletと呼ばれる郵便局がある場合が多く、テープ、封筒、郵送用の箱などを販売しているが、場所によっては切手の販売のみで、規定外の郵便（小包など）は扱っていないこともある。営業は基本的に月～金曜9:00～17:00と土曜10:00～14:00。

日本と同じ赤色のポストだ

　また、荷物を送る際には万一の事故や盗難に備えて保険（Liability Coverage）をかけることをすすめる。保険付帯によって盗難のリスクが軽減されるうえ、実際に損失を被った場合でも差出国と配送国への調査・補償が要求しやすくなる。記入伝票も保険付き用のものを使用すること。

🍁 手紙の書き方

　カナダから日本への手紙を書く場合、宛名などの書き方は以下の通り。
①日本の宛先。日本の住所は日本語、下にJAPANと大きく書く
②カナダの住所と差出人の名前。滞在ホテルの住所でOK
③大きく目立つように国際郵便（Air Mail）であることを示す。赤など色文字ならベター
④切手を貼る。30gまでの定形郵便（はがき、封書）なら$2.71

Chikyu Hanako ②
1234 Robson Street
Vancouver, BC, A0B C1D
CANADA

④ 切手

〒141-8415 ①
東京都品川区西五反田2-11-8
地球太郎 様
JAPAN

AIR MAIL ③

封書・はがき、小型郵便物のカナダから各地への料金

種類　／　届け先		重量	日本	カナダ	アメリカ
定形郵便※1（封書・はがき）		30g 50g	$2.71 $3.88	$1.07 $1.3	$1.3 $1.94
定形外郵便※2		100g 200g 500g	$6.39 $11.14 $22.28	$1.94 $3.19 $5.47	$3.19 $5.57 $11.14
小型国際郵便※3	船便	250g 500g 1kg 2kg	$12.01 $16.87 $28.16 $41.39		
	航空便	250g 500g 1kg 2kg	$15.54 $29.62 $54.52 $75.68		$12.3 $16.11 $22.63

※1　245mm×156mm×5mm以内かつ50g以内
※2　380mm×270mm×20mm以内かつ500g以内
※3　1辺の長さが600mm未満かつ3辺の和が900mm以内

2023年2月現在

アルファベットの電話番号
　カナダで見かける、電話番号の一部分がアルファベットで表記されているもの。これは電話のボタン部分に表示してあるアルファベットを意味している。アルファベットを押せば、そこに電話をかけることができる。

Canada Post
🔗 www.canadapost-postescanada.ca/cpc/en/home.page
　郵便サービスや料金についてはインターネットで調べることもできる。

旅の技術

電話と郵便 ◆

インターネット

インターネットを使うには
「地球の歩き方」ホームページでは、カナダでのスマートフォンなどの利用にあたって、各携帯電話会社の「パケット定額」や海外用モバイルWi-Fiルーターのレンタルなどの情報をまとめた特集ページを公開中。
URL www.arukikata.co.jp/net

ネット接続の環境

海外旅行にスマートフォンやタブレット、パソコンなどのインターネット端末を持って行くのは、今や当たり前になっている。現地でインターネットに接続できれば最新の情報を得ることができるほか、飛行機や長距離バス、宿泊施設の予約もできるので非常に便利。カナダ国内ではWi-Fiが広く普及しているので、Wi-Fi機能搭載のパソコンやスマートフォン、タブレットを持っていけば、多くの場所でインターネットの接続が可能。また、一部の長距離バスやVIA鉄道の車内でもWi-Fiの接続が無料となっている。ここでは、現地の無料Wi-Fiを利用してのインターネット接続や、現地の有料SIMを利用してのスマートフォンの使用などインターネットに関するノウハウを紹介。

🍁 空港でのネット接続

Wi-Fiが無料で接続できるおもな空港
バンクーバー国際空港
（バンクーバー）
カルガリー国際空港
（カルガリー）
イエローナイフ空港
（イエローナイフ）

カナダ国内にあるほとんどの空港でWi-Fiの接続が無料。まずWi-Fiに接続し、空港のネットワークを選択すると自動的にWi-Fi接続のウェブサイトに移動するので、あとは画面の表示に従って操作すれば接続できる。各空港では、自分のパソコンを置いてインターネットができるスペースや、プラグを差し込むコンセントが付いた椅子を設置しているところもある。

🍁 町なかでのネット接続

レストランやカフェなどではWi-Fiの接続が可能なところが多い。店の入口に「Wi-Fi Free Spot」「Free Internet Access」などと表示さているのでチェックしてみよう。パスワードが必要な場合もあるので、その際はスタッフに教えてもらおう。また、観光地では町のなかに公共のWi-Fiがある場合もあるが、たいがいは速度が遅くつながらないことが多い。

カナダ発のコーヒーショップ、セカンド・カップはWi-Fiの接続が無料

🍁 ホテルでのネット接続

カナダではほとんどのホテルでWi-Fiでの接続が可能。ログイン用のユーザー名とアクセスコード（アクセスコードのみのところもある）が必要なので、チェックイン時にフロントで聞こう。高級ホテルはビジネス用の高速Wi-Fiのみが有料のことがある。料金は1日$15くらい。支払いはチェックアウト時に宿泊料と一緒に支払うのが一般的。特に格安のホテルの場合、全館Wi-Fiの接続が無料となっていても電波の受信感度が弱い客室もあるので注意。

自分のスマートフォンを現地で使う方法

日本で使用しているスマートフォンを海外まで持って行って使うには、いくつかの方法がある。ひとつ目は現地で無料のWi-Fiを使う。ふたつ目は特に何の手続きもなしに利用する。3つ目はモバイルWi-Fiルーターをレンタルして接続する、4つ目が現地でプリペイド式のSIMを購入する方法。それぞれの詳細の以下に記したので、チェックしてみて。

①現地で無料のWi-Fiを利用する

カナダではホテル、レストラン、カフェなどさまざまな場所で無料のWi-Fiが利用できる。それを利用すれば、一切料金がかかることなく手持ちのスマートフォンでインターネットに接続が可能だ。接続はホテルや店によって異なり、パスワードなしでそのまま接続できる場合もあるが、たいていはパスワードが必要。接続の際はスタッフにWi-Fi接続用のIDとパスワードを聞くようにしよう。特に「ティム・ホートン」や「スターバックス」などの大手チェーン系のカフェは店数も多くWi-Fiもよくつながる。バンクーバーなどの都市部や観光地には市が提供する無料のWi-Fiもあるが、つながりにくい。

②手続きなしにそのまま利用する

日本でなんの手続きもなしにスマートフォンをカナダで利用すると、自動的に海外パケット定額で利用する方法となる。料金はキャリアや契約内容によって異なるが、1日あたり980～2980円。普段は利用しないが、いざというときに使いたい場合などに役立つ。

③モバイルWi-Fiルーターをレンタル

カナダへの旅行者の間で最も一般的なのがこの方法。日本でネットなどから予約し、出発の空港でルーターを受け取る。成田空港、羽田空港、関西国際空港には当日レンタルにも対応している会社もあるが、夏などは品切れの場合もあるのであらかじめ予約しておくと安心。ルーターはスマートフォンのほかタブレット、ノートパソコンなど複数のデバイスに対応しており、容量によって値段が変わる。詳細は各社のホームページで確認のこと。

④現地でプリペイド式のSIMを購入する

旅慣れた人や長期滞在者がよく利用するのが、現地でプリペイド式のSIMカードを購入する方法。日本からの直行便が就航するバンクーバー国際空港には到着ロビーに出てすぐにある両替所、ICE Currency Exchangeで現地SIMが購入できる。料金は容量によって異なり、3G 500MBで$35～。SIMの有効期間中はカナダ全土の電話料金が無料になる。なお、カナダにはほかにも多くの格安SIMカードが流通している。なかでも料金が安く回線も安定していると言われるのが、Lucky Mobileやfido、

スマートフォンのインターネット利用の注意点

旅先での情報収集に便利なスマートフォンでのインターネット接続。しかし、海外ローミング（他社の回線）で利用することになるとパケット通信が高額になってしまうので、日本出国前にデータローミングをオフにしよう。操作方法は各携帯電話会社で確認を。

安心＆便利なドコモの海外パケット定額サービス

ドコモの「パケットパック海外オプション」は、1時間200円からいつものスマートフォンをそのまま海外で使えるパケット定額サービス。旅先で使いたいときに利用を開始すると、日本で契約しているパケットパックなどのデータ量が消費される。24時間980円のプランや利用日時に応じた割引もある。
URL www.docomo.ne.jp/
service/world/roaming/
ppko

海外モバイルWi-Fiルーター

ルーターは日本国内の空港で借りられ、スマートフォンのほか、Wi-Fi搭載のパソコン、タブレット端末でも使用できる。

おもな海外モバイルWi-Fiルーターの問い合わせ先
グローバルWiFi
電話 0120-510-670
URL townwifi.com
イモトのWiFi
電話 0120-800-540
URL www.imotonowifi.jp

PhoneBoxのSIMカード。料金はプリペイド式と月極の2種類がある。SIMカードは町のスーパーやコンビニ、ドラッグストアなどで購入できる。バンクーバーにはけーたい屋という日本語対応の携帯電話販売会社があり、格安SIMも扱っているので、相談してみるのもいい。また一部のSIMカードはamazonなどを利用し日本で購入することも可能。

なお、プリペイド式のSIMカードを利用する場合、SIMロックフリーのスマートフォンが必要となる。2021年10月1日以降に発売した携帯電話の場合、あらかじめSIMロックが外されているが、それ以前のものはロックを外す必要がある。また、機種によってはAPN(Access Point Name)や利用可能な周波数（バンド）に制限がありネット接続できない場合があるので、自分の持っている機種がカナダで利用できるかあらかじめ調べておくといい。

海外で便利なおすすめ無料アプリ

地図系

Google Map
王道地図アプリ。Wi-Fi接続があれば行きたい場所への経路検索ができるほか、Gmailと連動してお気に入りスポットの登録、マイマップの作成も可。

maps.me
オフラインでも利用できる地図アプリ。あらかじめ行きたい場所の地図をダウンロードしておけば、Wi-Fi接続なしでもルート検索ができる。

言語系

Google 翻訳
手書き文字やカメラ入力、会話音声などからも翻訳可能。カメラでメニューを撮影すれば、日本語に変換してくれ便利。

Weblio英語翻訳
日本の会社が作った翻訳＆辞書アプリ。オフラインで使用でき、日本語を打ち込めば翻訳して機械ボイスで読み上げてくれる。辞書としても利用できる。

交通系

Transit
カナダの都市部では必携の交通系アプリ。行きたい場所への交通機関の運行状況やルートをリアルタイムに教えてくれる。

Uber
タクシー配車アプリのUber。ピックアップ場所と目的地を入力すれば個人タクシーを手配できる。支払いは登録したカードで。

安全情報

外務省 海外安全アプリ
外務省提供の海外安全アプリ。GPSを利用して現在地や周辺国・地域の安全情報が得られる。緊急の連絡先の確認もできる。

為替

World Currency Converter Tool
その日の為替レートを簡単に検索できるアプリ。金額を入力すれば、カナダドルから日本円への換算も自動で計算してくれる。

ガイド系

Yelp
北米のレストラン情報を網羅するグルメガイド。エリアやジャンル、営業時間など検索機能も充実。行った人のクチコミ情報も。

Tripadvisor
世界中の都市や観光地の情報を発信するクチコミアプリ。観光地やレストランなど、実際に行った人の生の声を聞ける。

宿泊系

Hotels.com
ホテル予約アプリ。カテゴリーや料金、おすすめ度で検索可。会員登録すれば10泊以上でホテルが割引になるサービスも。

Airbnb
おもに個人で行う宿泊施設を紹介。街と日付けを入力すれば、地図上に宿泊施設が表示される。ホテルより割安な場合が多い。

旅のトラブルと安全対策

カナダの治安

カナダの治安は大都市の一部の地域などを除けば、他の欧米諸国と比べてはるかにいい。しかし、凶悪な犯罪は少ないものの、スリや詐欺、置き引きといった犯罪は多発している。なかには明らかに日本人を狙ったものも多く報告されている。事前に犯罪の手口や対処法を知っておきさえすれば防げるものがほとんど。自分の身を守るのは自分だということを考え行動しよう。

被害防止策

ホテルのロビーやレストランなど、安全だと思われる所でも、荷物から目を離さないこと。これだけで置き引きに遭う危険性は少なくなる。また、財布など貴重品はズボンの後ろポケットなどに入れず、荷物の中に入れたほうが安全だ。荷物も目の届かないリュックよりはショルダーバッグやファスナーなどの閉まるトートバッグがいい。

また、それでも被害に遭わないとはかぎらないので、お金やパスポートはホテルのセーフティボックスに預けたりかばんなど何ヵ所かに分けて持つようにしよう。腹巻き型の貴重品入れも有効だ。

被害に遭ったら

パスポート

パスポートを紛失や焼失、窃盗に遭ったら速やかに警察に届け、すぐに管轄の在外公館（日本大使館、総領事館）で必要な手続きを取ること。まずは、紛（焼）失届出が必要。必要な書類は、在外公館備え付けの紛失一般旅券等届出書1通、警察署の発行した紛失届出を立証する書類または消防署などの発行した罹災証明書など、写真1枚（タテ4.5cm×ヨコ3.5cm、6ヵ月以内に撮影したもの、無帽、無背景）、その他参考となる書類（必要に応じ、本人確認、国籍確認ができるもの）。

紛（焼）失届出と同時に新規旅券または帰国のための渡航書の発給申請を行うこともできる。新規旅券の発給申請には一般旅券発給申請書1通、戸籍謄本1通（6ヵ月以内に発行したもの）、写真1枚と手数料が必要。旅券受領まで1～2週間かかる。帰国が迫っておりパスポートの新規発給が待てない場合は、緊急措置として「帰国のための渡航書」を発給してもらう。手続きには渡航書発給申請書1通、戸籍謄本1通または日本国籍が確認できる書類、写真1枚、手数料、日程などが確認できる書類（航空券や旅行会社作成の日程表）が必要。所要1～3日。

万一に備えメモしておくもの

パスポートの控え（番号、発行日、交付地）、クレジットカードの番号と有効期限、緊急連絡先の電話番号、旅行会社の現地連絡先、海外旅行保険の現地および日本の緊急連絡先など。

海外の安全情報についての問い合わせ先

外務省
領事サービスセンター
🏣〒100-8919
東京都千代田区霞が関2-2-1
☎(03)3580-3311（代表）
（内線2902、2903）
🌐www.mofa.go.jp/mofaj/index.html
（外務省）
www.anzen.mofa.go.jp
（海外安全ホームページ）
🕐月～金9:00～12:30/13:30～17:00
🚫土・日、祝日

渡航先で最新の安全情報を確認できる「たびレジ」に登録しよう

外務省の提供する「たびレジ」に登録すれば、渡航先の安全情報メールや緊急連絡を無料で受け取ることができる。出発前にぜひ登録しよう。
🌐www.ezairyu.mofa.go.jp/index.html

パスポート申請書ダウンロード

日本国外で旅券の発給申請を行う場合も外務省のウェブサイトで申請書をダウンロードできる。ダウンロード可能な申請書類は一般旅券発給申請（10年・5年）、紛失一般旅券届出書など。
🌐www.mofa.go.jp/mofaj/toko/passport/download/top.html

手数料について

（2024年3/31までの料金）
新規旅券10年パスポート
$152
新規旅券5年パスポート
$105（12歳未満$57）
帰国のための渡航書
$24

手数料の支払いは現金のみ。4月以降の手数料については要確認。
（注）帰国のための渡航書で米国を経由して日本に帰国する場合、アメリカビザの取得が必要。アメリカ大使館または総領事館で手続きしなければならない。日本大使館および各領事館の連絡先は(→P.419)

クレジットカード
紛失時の連絡先
アメリカン・エキスプレス
℡ (1-800)766-0106
ダイナースクラブ
℡ 81-3-6770-2796
（日本へのコレクトコール）
JCB
℡ 011-800-00090009
マスターカード
℡ (1-800)307-7309
VISA
℡ (1-866)795-7710

日本大使館および各領事館の
連絡先は（→P.419）

携帯電話紛失時の連絡先
au
℡ （国際電話識別番号011）
　+81+3+6670+6944
NTTドコモ
℡ （国際電話識別番号011）
　+81+3+6832+6600
ソフトバンク
℡ （国際電話識別番号011）
　+81+92+687+0025

コピー商品の購入は厳禁！
　旅行先では、有名ブランドのロゴやデザイン、キャラクターなどを模倣した偽ブランド品や、ゲーム、音楽ソフトを違法に複製した「コピー商品」を絶対に購入しないように。これらの品物を持って帰国すると、空港の税関で没収されるだけでなく、場合によっては損害賠償請求を受けることも。「知らなかった」では済まされないのだ。

大都市のおもな診療所
バンクーバー
Granville Medical Clinic
🏠 2578 Granville St.
℡ (604)733-4700
ビクトリア
Burnside Family Medical Clinic
🏠 101 Burnside Rd.
℡ (250)381-4353
カルガリー
Kensington Clinic
🏠 2431-5th Ave. N.W.
℡ (403)283-9117
バンフ
Alpine Medical Clinic
🏠 211 Bear St.
℡ (403)762-3155

ショッパーズ・ドラッグ・マート
🔗 www.shoppersdrugmart.ca

ロンドン・ドラッグス
🔗 www.londondrugs.com

🍁 クレジットカード

　すぐにカード発行金融機関に連絡して、カードの無効手続きを取る。きちんと紛失や盗難の届けが出ていればカードが不正使用されても保険でカバーされるので、カード番号などのデータと緊急時連絡先は控えておこう。海外で再発行を希望する場合はその手続きも取る。手続きや再発行にかかる日数はカード会社によって異なるが、カード番号と有効期限、パスポートなどの身分証明書を用意しておくこと。日数は2日〜1週間程度。

🍁 持ち物、貴重品

　持ち物や貴重品を紛失、または盗難された場合、最寄りの警察署で紛失・盗難届出証明書を作成してもらう。この証明書がないと海外旅行保険に加入していても、補償が受けられなくなるので、忘れずに取得しよう。作成の際、紛失、盗難された日にちや場所、物の特徴などを聞かれるので、最低限の内容は伝えられるようにしておくこと。帰国後は、各保険会社に連絡をして、保険金請求書類と紛失・盗難届出証明書を提出し、保険金の請求を行うこと。

▌緊急時の連絡先

　カナダ国内の警察や消防、救急車など緊急時の連絡先はすべて「911」となっている。この番号はカナダのほとんどの都市でつながる。まずは警察、消防、救急車のどれなのか落ち着いて伝えよう。ちなみに公衆電話からは無料で通話できる。また、大都市では日本語通訳のサービスを行っているところもあるので、対応できるか聞いてみるのもいい。もし、「911」に電話をしてもつながらない場合は、「0」をダイヤルしよう。オペレーターが警察、消防、救急車につないでくれる。

▌旅行中に病気、けがをしたら

　旅行中に一番起こりやすい病気は下痢と風邪。持っている薬を飲み、1日ゆっくり眠ることが大事だ。無理して旅を続け、こじらせることにならないように注意したい。

　激しい頭痛や不安になるような症状があったら、すぐに病院や診療所に行くべきだ。カナダは高水準の医療サービスを受けられるが、旅行者には医療保険が適用されず、医師の診察を受けると高額な医療費を負担しなければならない。そのためにも、海外旅行保険には必ず加入するように。また、風邪薬や頭痛薬、酔い止めの薬などの市販薬はドラッグストアで購入できる。代表的なドラッグストアはカナダ全土に展開するショッパーズ・ドラッグ・マートShoppers Drug Martやロンドン・ドラッグスLondon Drugsなど。薬のなかには日本人の体質に合わないものもあるので、常備薬は日本から持参すること。

旅のイエローページ

■ 航空会社

エア・カナダ Air Canada
FREE (1-888)247-2262(予約)
URL www.aircanada.com
　カナダ最大手の航空会社。カナダ全土に便を飛ばしている。

ウエスト・ジェット航空 West Jet
FREE (1-888)937-8538
URL www.westjet.com
　カルガリーに本社をおく国内線の航空会社。料金の安さが魅力。

■ 長距離バス会社

トフィーノ・バス Tofino Bus
FREE (1-866)986-3466
URL tofinobus.ca
　バンクーバー島内を走る。

パシュート・バンフ・ジャスパー・コレクション
Persuite Banff Jasper Collection
FREE (1-866)606-6700
URL www.banffjaspercollection.com
　カナディアン・ロッキー最大の旅行会社。ブリュースター・エクスプレスというバスを運行。

ライダー・エクスプレス Rider Express
FREE (1-833)583-3636
URL riderexpress.ca
　バンクーバーからカムループス、バンフなどを通りカルガリーまでを運行。

BCフェリーズ・コネクター
BC Ferries Connector
FREE (1-888)788-8840
URL bcfconnector.com
　ブリティッシュ・コロンビア州のバンクーバー〜ビクトリア間を走る。

■ 鉄道会社

VIA鉄道 VIA Rail
FREE (1-888)842-7245　URL www.viarail.ca/en
　カナダ最大の鉄道会社。旧国鉄。

ロッキー・マウンテニア鉄道
Rocky Mountaineer Railways
TEL (604)606-7245(予約)
FREE (1-877)460-3200
URL www.rockymountaineer.com
　バンクーバー〜レイク・ルイーズ〜バンフ〜カルガリー、バンクーバー〜カムループス〜ジャスパー、バンクーバー〜ウィスラー〜ジャスパーなど4つの路線をもつ観光鉄道会社。

■ フェリー会社

B.C.フェリー B.C. Ferries
FREE (1-888)223-3779
URL www.bcferries.com

■ レンタカー会社

エイビス Avis
FREE (1-800)879-2847　URL www.avis.ca

ハーツ Hertz
FREE (1-800)654-3131　URL www.hertz.ca

■ 大使館、領事館

在カナダ日本国大使館(オタワ)
Embassy of Japan in Canada
住 255 Sussex Dr. Ottawa, Ontario
TEL (613)241-8541
URL www.ca.emb-japan.go.jp
開 月〜金 9:00〜12:15/13:30〜16:45
休 土・日・祝日

在バンクーバー日本国総領事館
Consulate-General of Japan in Vancouver
住 900-1177 West Hastings St. Vancouver, British Columbia
TEL (604)684-5868
URL www.vancouver.ca.emb-japan.go.jp
開 月〜金 9:00〜12:00/13:00〜16:30
休 土・日・祝日

在カルガリー日本国総領事館
Consulate-General of Japan in Calgary
住 Suite 950, 517-10th Ave. S.W., Calgary, Alberta
TEL (403)294-0782
URL www.calgary.ca.emb-japan.go.jp
開 月〜金 9:00〜12:30/13:30〜17:00
休 土・日・祝日

■ クレジットカード紛失時の連絡先

アメリカン・エキスプレス
FREE (1-800)766-0106

ダイナースクラブ
FREE 81-3-6770-2796(日本へのコレクトコール)

JCB FREE 011-800-00090009

マスターカード FREE (1-800)307-7309

VISA FREE (1-866)795-7710

緊急時の連絡先

警察／救急／消防　TEL 911

旅 の 言 葉

移動中、町なかで使う単語

迷う：get lost
信号：signal
近い：near
遠い：far
交差点：intersection
後ろ：behind
右(左)折する：turn right(left)
真っすぐ：straight

ホテルで使う単語

空いてる部屋：vacancy
予約：reservation
チップ：tip

ショッピングで使う単語

お金：money
クレジットカード：credit card
領収書：receipt
フィルム：film
電池：battery
ネクタイ：tie
指輪：ring
財布：wallet
ベルト：belt
パンツ(ズボン)：pants
コットン：cotton
ウール：wool
シルク：silk
麻：hemp
(値段が)高い：expensive
たばこ：Tobacco／cigarette

レストラン(食事)で使う単語

おいしい：delicious/tastes good
まずい：unsavory
甘い：sweet
辛い：hot
(肉の焼き加減)
レア：rare
ミディアム：medium
ウェルダン：well-done
前菜：appetizer
海鮮料理：seafood
肉料理：meat dish
デザート：dessert
コーヒー：coffee

▍町なかで、移動中に

両替してもらえますか
I'd like to change some money.
バスターミナルへ行きたいのですが
I'd like to go to the bus terminal.

▍ホテルで

今晩部屋の空きはありますか
Is there any vacancy tonight?
インターネットで予約していたんですが。
期間は今日から3日間、名前は○○です。
I have a reservation getting by internet for
3 nights from tonight. My name is ○○.
部屋のカギをなくしてしまいました
I lost my room key.
チェックアウトをしたいのですが
I'd like to check out.

▍ショッピングで

何かお探しですか(店員の決まり文句)
Can(May) I help you?
いえ、見ているだけです
No thanks. I am just looking.
もう少し大きい(小さい)サイズはありますか
Do you have any larger (smaller) one?
試着できますか Can I try this on?
いくらですか How much is it?
これをください I'll take it.
いりません No thanks.
クレジットカードでの支払いができますか
Can I pay it with my credit card?

▍レストランで

今晩8:00に夕食を予約したいのですが。
人数は3人、名前は○○です。
I'd like to make a reservation tonight at 8:00 p.m.
My name is ○○, and I need a table for 3 people.
「本日のスープ」はどんな内容ですか
What is the soup of the day?
お勘定をお願いします Check, please.

緊急時の医療会話

●ホテルで薬をもらう
具合が悪い。
アイフィールイル
I feel ill.

下痢止めの薬はありますか。
ドゥ ユー ハヴ アン アンティダイリエル メディスン
Do you have an antidiarrheal medicine?

●病院へ行く
近くに病院はありますか。
イズ ゼア ア ホスピタル ニア ヒア
Is there a hospital near here?

日本人のお医者さんはいますか？
アー ゼア エニー ジャパニーズ ドクターズ
Are there any Japanese doctors?

病院へ連れて行ってください。
クッデュー テイク ミー トゥ ザ ホスピタル
Could you take me to the hospital?

●病院での会話
診察を予約したい。
アイドゥライクトゥ メイク アン アポイントメント
I'd like to make an appointment.

グリーンホテルからの紹介で来ました。
グリーンホテル イントロデュースド ユー トゥー ミー
Green Hotel introduced you to me.

私の名前が呼ばれたら教えてください。
プリーズ レッミー ノウ ウェン マイ ネイム イズコールド
Please let me know when my name is called.

●診察室にて
入院する必要がありますか。
ドゥアイ ハフ トゥ ビー アドミッテド
Do I have to be admitted?

次はいつ来ればいいですか。
ホエン シッダイ カム ヒア ネクスト
When should I come hear next?

通院する必要がありますか。
ドゥアイ ハフ トゥ ゴートゥ ホスピタル レギュラリー
Do I have to go to hospital regularly?

ここにはあと2週間滞在する予定です。
アイルステイ ヒア フォー アナザー トゥ ウィークス
I'll stay hear for another two weeks.

●診察を終えて
診察代はいくらですか。
ハウ マッチ イズイットフォー ザ ドクターズ フィー
How much is it for the doctor's fee?

保険が使えますか。
ダズ マイ インシュアランス カバー イット
Does my insurance cover it?

保険の書類にサインをしてください。
プリーズ サイン オン ザ インシュアランス ペーパー
Please sign on the insurance paper.

●新型コロナウイルス関連
PCR(コロナウイルス)検査を受けたいのですが
アイドゥライクトゥ テイク ア ピーシーアール テスト
I'd like to take a PCR(COVID-19) test.

※該当する症状があれば、チェックをしてお医者さんに見せよう

☐ 吐き気　nausea	☐ 悪寒　chill	☐ 食欲不振　poor appetite
☐ めまい　dizziness	☐ 動悸　palpitation	
☐ 熱　fever	☐ 脇の下で計った　armpit ＿＿＿＿℃／℉	
	☐ 口中で計った　oral ＿＿＿＿℃／℉	
☐ 下痢　diarrhea	☐ 便秘　constipation	
☐ 水様便　watery stool	☐ 軟便　loose stool	☐ 1日に○回　○ times a day
☐ ときどき　sometimes	☐ 頻繁に　frequently	☐ 絶え間なく　continually
☐ 風邪　common cold		
☐ 鼻詰まり　stuffy nose	☐ 鼻水　running nose	☐ くしゃみ　sneeze
☐ 咳　cough	☐ 痰　sputum	☐ 血痰　bloody sputum
☐ 耳鳴り　tinnitus	☐ 難聴　loss of hearing	☐ 耳だれ　ear discharge
☐ 目やに　eye discharge	☐ 目の充血　eye injection	☐ 見えにくい　visual disturbance

※下記の単語を指さしてお医者さんに必要なことを伝えましょう

●どんな状態のものを
生の　raw
野生の　wild
油っこい　oily
よく火が通っていない　uncooked
調理後時間が経った　a long time after it was cooked
●けがをした
刺された・噛まれた　bitten
切った　cut
転んだ　fall down
打った　hit
ひねった　twist

落ちた　fall
やけどした　burn
●痛み
ヒリヒリする　buming
刺すように　sharp
鋭く　keen
ひどく　severe
●原因
蚊　mosquito
ハチ　wasp
アブ　gadfly
毒虫　poisonous insect
サソリ　scorpion
クラゲ　jellyfish

毒蛇　viper
リス　squirrel
(野)犬　(stray)dog
●何をしているときに
ジャングルに行った　went to the jungle
ダイビングをした　diving
キャンプをした　went camping
登山をした　went hiking(climbling)
川で水浴びをした　swimming in the river

旅の技術

カナダ西部の歴史

カナダの地域区分

豊かな海洋と森林が織りなす大自然に恵まれたブリティッシュ・コロンビア（BC）州は、つい百数十年前までカナダとはまったく孤立した世界だった。東隣のプレーリー（大平原）との間にロッキー山脈という巨大な「屏風」が、立ちはだかっていたからである。地図を一見するだけではフラットに見えるカナダだが、ロッキー、五大湖、セント・ローレンス川、そして国土の北半分を占めるカナダ楯状地などの地理的条件が、カナダの地域的な特色と多様性を生み出してきた。

地理的、歴史的に区分すると、カナダは大きく5つの地域に分かれる。①太平洋岸（BC州）、②プレーリー（アルバータ、サスカチュワン、マニトバ州）、③中央カナダ（オンタリオ、ケベック州）、④大西洋岸の沿海州（ニュー・ブランズウィック、ノヴァ・スコシア、プリンス・エドワード・アイランド、ニューファンドランド&ラブラドル州）、そして⑤極北（ユーコン、ノースウエスト、ヌナブト準州）の5つである。本書では①と⑤そして②の一部が「カナダ西部」としてくくられており、以下ではBC州、アルバータ州、ユーコン準州の3つの州ないし準州について、それぞれの歴史の一端をのぞいてみよう。

ラッコが開いたBC州

ほかのカナダ諸州がほとんど東から、つまり大西洋から、セント・ローレンス川、五大湖を経てプレーリーへと開拓されたのに対し、BC州は18世紀末にいきなり西から、つまり海路で白人がやってきた。その目的が、ラッコの毛皮にあったことは、あまり知られていない。1778年に有名なキャプテン・クックが現在のバンクーバー島を訪れ、船員のひとりが気まぐれにラッコの毛皮1枚をわずか1シリング分の装飾品と交換した。帰路のハワイでクックは先住民に殺されたが、彼の船は太平洋を横切って中国の広州に入る。船員が持ち込んだラッコを、中国商人は驚いたことに90ポンドもの高値で買い取った。「ラッコは大金になる」との情報は、たちまち世界に広がった。機敏なボストン商人は南米のホーン岬経由でやってきて先住民からラッコを入手して広州へ運び、中国茶と交換してからインド洋回りで帰国する「黄金の世界一周航路」を開く。水族館の人気者ラッコの毛皮こそ、初めてBC州を太平洋世界へとつないだのである。

毛皮交易は、先住民に富と悲惨の両方をもたらした。欧米から流入した物資は、先住民がポトラッチと呼ぶ贈り物交換儀式を盛んにした。華麗な色彩を施したトーテムポールやさまざまな工芸品、山羊毛を使った見事な儀礼用毛布などに代表される先住民文化がひとつのピークに達する。UBC人類学博物館（→P.67、88）と、ビクトリアのロイヤル・ブリティッシュ・コロンビア博物館（→P.154）は、先住民文化の精華を展示している。これらをじっと見つめていると「血が騒ぐ」ような感動を覚えるのは、同じアジア系としての共感なのだろうか。だが毛皮交易は半面で、アルコールや伝染病、最後には白人至上主義を広げて先住民の心身をむしばんだ。BC州の大都市にあるふたつの博物館は、その現実を直視するべきことを教えてくれる。

アルバータ州での
毛皮交易と農業移民

　BC州からロッキー山脈の急峻を越えると、プレーリー三州の西端アルバータ州に入る。プレーリーは東のセント・ローレンス川＝五大湖ルートと、北のハドソン湾ルートとの二方向から開発が進んだ。初めてプレーリーに到達した白人は、カヌーでサスカチュワン川を遡ってきたイギリスの毛皮企業、ハドソン・ベイ社の交易者だった。彼らが求めていたのは、ヨーロッパで貴重なフェルト帽子素材とされていたビーバーの毛皮である。2世紀にわたってハドソン・ベイ社の領土だったプレーリーは、毛皮獣と先住民しか住めない土地と考えられていた。クリー族などの先住民が、数千年前から勇壮なバッファロー・ハントを繰り広げた舞台が、カルガリーの南にある「ヘッド・スマッシュト・イン・バッファロー・ジャンプ」（→P.357）である。彼らがバッファローの群れを追い落とした遺跡は、ユネスコの世界遺産に登録されている。

　プレーリーが豊かな穀倉地帯になる可能性が認められたのは、ようやく19世紀半ばになってからだった。カナダ政府は1885年にカナダ太平洋鉄道会社によるモントリオールからバンクーバーまでの大陸横断鉄道を完成させ、プレーリーへの入植を急いだ。しかし夏が短く、厳寒の冬は何ヵ月も雪に閉じ込められる西部に、「まっとうな」イギリス人は恐れをなして移民しようとしなかった。実際に苛酷な開拓を担ったのは、東欧や南欧からの移民が多い。プレーリーの随所にタマネギ型ドームのロシア正教寺院が目立つのは、ウクライナからの移民が重要な役割を果たしたからだ。イタリア、ドイツ、北欧からの移民も多く、プレーリーは早くからイギリス系中心ではない多民族社会となった。ここでの歴史を知るには、カルガリーのグレンボウ博物館（→P.335）が必見である。

クロンダイクの
ゴールドラッシュ

　BC州のさらに北、アラスカと同緯度にあるユーコン準州は、1896年からのゴールドラッシュで一躍脚光を浴びた。クロンダイク川とユーコン川が合流する今日のドーソン・シティ近くである。金を求めて殺到した投機家たちの大半は、海路でアラスカから到来したアメリカ人だった。雪深い谷の奥で、喜劇王チャプリンの名作『黄金狂時代』に描かれた一大ブームが引き起こされた。発掘された金の総量はカリフォルニアのゴールドラッシュをも上回り、ドーソン・シティには「オペラ劇場」まで建設されたが、ブームはたった数年で雲散霧消する。

　一攫千金を求め、惨めな失敗に終わった鉱夫のなかに、名作『荒野の呼び声』の作者ジャック・ロンドンがいた。彼が1年を過ごした粗末な小屋がクロンダイク川で発見・復元されており、屋内の板壁には「鉱夫作家ジャック・ロンドン」の自筆署名が残っている。主人公であるそり犬バックが、1000ポンドもの荷を載せたそりを引いてみせる感動的な場面は、まさにドーソン・シティが舞台だった。極北の地にまで黄金を求めてやまなかった人間の狂気と偉大さを垣間見るだけでも、訪問する価値があろう。ユーコンの対極に位置するプリンス・エドワード島で生まれた『赤毛のアン』と比べれば、カナダの広大さをあらためて実感することができる。多文化＝多民族の多様性こそ、カナダの魅力ではなかろうか。

文／木村和男（もと筑波大学教授、故人）
〔参考〕木村和男『カナダ史』（山川出版社）
同『カナダ歴史紀行』（筑摩書房）

さくいん

都市・公園名

見どころ

地球の歩き方 関連書籍のご案内

カナダの旅を満喫したら隣のアメリカへも行ってみよう!

地球の歩き方　ガイドブック

- **B01 アメリカ** ¥2,090
- **B05 シアトル　ポートランド** ¥1,870
- **B15 アラスカ** ¥1,980
- **B16 カナダ** ¥1,870
- **B17 カナダ西部** カナディアン・ロッキーとバンクーバー ¥2,090
- **B18 カナダ東部** ナイアガラ・フォールズ メープル街道 プリンス・エドワード島 トロント オタワ モントリオール ケベック・シティ ¥2,090

地球の歩き方　aruco

- **31 地球の歩き方　aruco　カナダ** ¥1,320

地球の歩き方　旅と健康

地球のなぞり方　旅地図　アメリカ大陸編 ¥1,430

地球の歩き方 シリーズ一覧

2023年3月現在

*地球の歩き方ガイドブックは、改訂時に価格が変わることがあります。 *表示価格は定価（税込）です。 *最新情報は、ホームページをご覧ください。www.arukikata.co.jp/guidebook/

地球の歩き方 ガイドブック

A ヨーロッパ

A01	ヨーロッパ	¥1870
A02	イギリス	¥1870
A03	ロンドン	¥1980
A04	湖水地方＆スコットランド	¥1870
A05	アイルランド	¥1980
A06	フランス	¥1870
A07	パリ＆近郊の町	¥1980
A08	南仏プロヴァンス コート・ダジュール＆モナコ	¥1760
A09	イタリア	¥1870
A10	ローマ	¥1760
A11	ミラノ ヴェネツィアと湖水地方	¥1870
A12	フィレンツェとトスカーナ	¥1870
A13	南イタリアとシチリア	¥1870
A14	ドイツ	¥1980
A15	南ドイツ フランクフルト ミュンヘン ロマンチック街道 古城街道	¥1760
A16	ベルリンと北ドイツ ハンブルク ドレスデン ライプツィヒ	¥1870
A17	ウィーンとオーストリア	¥2090
A18	スイス	¥1870
A19	オランダ ベルギー ルクセンブルク	¥1870
A20	スペイン	¥1870
A21	マドリードとアンダルシア	¥1760
A22	バルセロナ＆近郊の町 イビサ島／マヨルカ島	¥1760
A23	ポルトガル	¥1815
A24	ギリシアとエーゲ海の島々＆キプロス	¥1870
A25	中欧	¥1980
A26	チェコ ポーランド スロヴァキア	¥1870
A27	ハンガリー	¥1870
A28	ブルガリア ルーマニア	¥1980
A29	北欧 デンマーク ノルウェー スウェーデン フィンランド	¥1870
A30	バルトの国々 エストニア ラトヴィア リトアニア	¥1870
A31	ロシア ベラルーシ ウクライナ モルドヴァ コーカサスの国々	¥2090
A32	極東ロシア シベリア サハリン	¥1980
A34	クロアチア スロヴェニア	¥1760

B 南北アメリカ

B01	アメリカ	¥2090
B02	アメリカ西海岸	¥1870
B03	ロスアンゼルス	¥2090
B04	サンフランシスコとシリコンバレー	¥1870
B05	シアトル ポートランド	¥1870
B06	ニューヨーク マンハッタン＆ブルックリン	¥1980
B07	ボストン	¥1980
B08	ワシントンDC	¥1870
B09	ラスベガス セドナ＆グランドキャニオンと大西部	¥2090
B10	フロリダ	¥1870
B11	シカゴ	¥1870
B12	アメリカ南部	¥1980
B13	アメリカの国立公園	¥2090
B14	ダラス ヒューストン デンバー グランドサークル フェニックス サンタフェ	¥1980
B15	アラスカ	¥1980
B16	カナダ	¥1870
B17	カナダ西部 カナディアン・ロッキーとバンクーバー	¥2090
B18	カナダ東部 ナイアガラ・フォールズ メープル街道 プリンス・エドワード島 トロント オタワ モントリオール ケベック・シティ	¥2090
B19	メキシコ	¥1980
B20	中米	¥2090
B21	ブラジル ベネズエラ	¥2200
B22	アルゼンチン チリ パラグアイ ウルグアイ	¥2200
B23	ペルー ボリビア エクアドル コロンビア	¥2200
B24	キューバ バハマ ジャマイカ カリブの島々	¥2035
B25	アメリカ・ドライブ	¥1980

C 太平洋 / インド洋島々

C01	ハワイ1 オアフ島＆ホノルル	¥1980
C02	ハワイ2 ハワイ島 マウイ島 カウアイ島 モロカイ島 ラナイ島	¥1760
C03	サイパン ロタ＆テニアン	¥1540
C04	グアム	¥1980
C05	タヒチ イースター島	¥1870
C06	フィジー	¥1650
C07	ニューカレドニア	¥1650
C08	モルディブ	¥1870
C10	ニュージーランド	¥1870
C11	オーストラリア	¥2200
C12	ゴールドコースト＆ケアンズ	¥1870
C13	シドニー＆メルボルン	¥1760

D アジア

D01	中国	¥2090
D02	上海 杭州 蘇州	¥1870
D03	北京	¥1760
D04	大連 瀋陽 ハルビン 中国東北部の自然と文化	¥1980
D05	広州 アモイ 桂林 珠江デルタと華南地方	¥1980
D06	成都 重慶 九寨溝 麗江 四川 雲南	¥1980
D07	西安 敦煌 ウルムチ シルクロードと中国北西部	¥1980
D08	チベット	¥2090
D09	香港 マカオ 深セン	¥1870
D10	台湾	¥1870
D11	台北	¥
D13	台南 高雄 屏東＆南台湾の町	¥
D14	モンゴル	¥2
D15	中央アジア サマルカンドとシルクロードの国々	¥2
D16	東南アジア	¥
D17	タイ	¥1
D18	バンコク	¥
D19	マレーシア ブルネイ	¥
D20	シンガポール	¥
D21	ベトナム	¥
D22	アンコール・ワットとカンボジア	¥
D23	ラオス	¥
D24	ミャンマー（ビルマ）	¥
D25	インドネシア	¥
D26	バリ島	¥
D27	フィリピン マニラ セブ ボラカイ ボホール エルニド	¥
D28	インド	¥2
D29	ネパールとヒマラヤトレッキング	¥2
D30	スリランカ	¥
D31	ブータン	¥
D33	マカオ	¥
D34	釜山 慶州	¥
D35	バングラデシュ	¥
D37	韓国	¥
D38	ソウル	¥

E 中近東 アフリカ

E01	ドバイとアラビア半島の国々	¥
E02	エジプト	¥
E03	イスタンブールとトルコの大地	¥
E04	ペトラ遺跡とヨルダン レバノン	¥
E05	イスラエル	¥
E06	イラン ペルシアの旅	¥
E07	モロッコ	¥
E08	チュニジア	¥
E09	東アフリカ ウガンダ エチオピア ケニア タンザニア ルワンダ	¥
E10	南アフリカ	¥
E11	リビア	¥
E12	マダガスカル	¥

J 国内版

J00	日本	¥
J01	東京	¥
J02	東京 多摩地域	¥
J03	京都	¥
J04	沖縄	¥
J05	北海道	¥
J06	埼玉	¥
J08	千葉	¥

地球の歩き方 aruco

●海外

1	パリ	¥1320
2	ソウル	¥1650
3	台北	¥1320
4	トルコ	¥1430
5	インド	¥1540
6	ロンドン	¥1320
7	香港	¥1320
9	ニューヨーク	¥1320
10	ホーチミン ダナン ホイアン	¥1430
11	ホノルル	¥1320
12	バリ島	¥1320
13	上海	¥1320
14	モロッコ	¥1540
15	チェコ	¥1320
16	ベルギー	¥1430
17	ウィーン ブダペスト	¥1320
18	イタリア	¥1320
19	スリランカ	¥1540
20	クロアチア スロヴェニア	¥1430
21	スペイン	¥1320
22	シンガポール	¥1320
23	バンコク	¥1430
24	グアム	¥1320
25	オーストラリア	¥1430
26	フィンランド エストニア	¥1430
27	アンコール・ワット	¥1430
28	ドイツ	¥1430
29	ハノイ	¥1430
30	台湾	¥1320
31	カナダ	¥1320
33	サイパン テニアン ロタ	¥1320
34	セブ ボホール エルニド	¥1320
35	ロスアンゼルス	¥1320
36	フランス	¥1430
37	ポルトガル	¥1650
38	ダナン ホイアン フエ	¥1430

●国内

東京	¥1540
東京で楽しむフランス	¥1430
東京で楽しむ韓国	¥1430
東京で楽しむ台湾	¥1430
東京の手みやげ	¥1430
東京おやつさんぽ	¥1430
東京のパン屋さん	¥1430
東京で楽しむ北欧	¥1430
東京のカフェめぐり	¥1480
東京で楽しむハワイ	¥1480
nyaruco 東京ねこさんぽ	¥1480
東京で楽しむイタリア＆スペイン	¥1480
東京で楽しむアジアの国々	¥1480
東京ひとりさんぽ	¥1480
東京パワースポットさんぽ	¥1599
東京で楽しむ英国	¥1599

地球の歩き方 Plat

1	パリ	¥1320
2	ニューヨーク	¥1320
3	台北	¥1100
4	ロンドン	¥1320
6	ドイツ	¥1320
7	ホーチミン／ハノイ／ダナン／ホイアン	¥1320
8	スペイン	¥1320
10	シンガポール	¥1100
11	アイスランド	¥1540
14	マルタ	¥1540
15	フィンランド	¥1320
16	クアラルンプール／マラッカ	¥1100
17	ウラジオストク／ハバロフスク	¥1430
18	サンクトペテルブルク／モスクワ	¥1540
19	エジプト	¥1320
20	香港	¥
22	ブルネイ	¥
23	ウズベキスタン／サマルカンド／ブハラ／ヒヴァ／タシケント	¥
24	ドバイ	¥
25	サンフランシスコ	¥
26	パース／西オーストラリア	¥
27	ジョージア	¥

地球の歩き方 リゾートスタイル

R02	ハワイ島	¥
R03	マウイ島	¥
R04	カウアイ島	¥
R05	こどもと行くハワイ	¥
R06	ハワイ ドライブ・マップ	¥
R07	ハワイ バスの旅	¥
R08	グアム	¥
R09	こどもと行くグアム	¥
R10	パラオ	¥
R12	プーケット サムイ島 ピピ島	¥
R13	ペナン ランカウイ クアラルンプール	¥
R14	バリ島	¥
R15	セブ＆ボラカイ ボホール シキホール	¥
R16	テーマパーク in オーランド	¥
R17	カンクン コスメル イスラ・ムヘーレス	¥
R20	ダナン ホイアン ホーチミン ハノイ	¥

地球の歩き方 旅の図鑑シリーズ

見て読んで海外のことを学ぶことができ、旅気分を楽しめる新シリーズ。
1979年の創刊以来、長年蓄積してきた世界各国の情報と取材経験を生かし、
従来の「地球の歩き方」には載せきれなかった、
旅にぐっと深みが増すような雑学や豆知識が盛り込まれています。

W01
世界244の国と地域
¥1760

W07
世界のグルメ図鑑
¥1760

W02
世界の指導者図鑑
¥1650

W03
世界の魅力的な
奇岩と巨石139選
¥1760

W04
世界246の首都と
主要都市
¥1760

W05
世界のすごい島300
¥1760

W06
世界なんでも
ランキング
¥1760

W08
世界のすごい巨像
¥1760

W09
世界のすごい城と
宮殿333
¥1760

W11
世界の祝祭
¥1760

W10 世界197ヵ国のふしぎな聖地&パワースポット ¥1870		**W12** 世界のカレー図鑑 ¥1980	
W13 世界遺産 絶景でめぐる自然遺産 完全版 ¥1980		**W15** 地球の果ての歩き方 ¥1980	
W16 世界の中華料理図鑑 ¥1980		**W17** 世界の地元メシ図鑑 ¥1980	
W18 世界遺産の歩き方 ¥1980		**W19** 世界の魅力的なビーチと湖 ¥1980	
W20 世界のすごい駅 ¥1980		**W21** 世界のおみやげ図鑑 ¥1980	
W22 いつか旅してみたい世界の美しい古都 ¥1980		**W23** 世界のすごいホテル ¥1980	
W24 日本の凄い神木 ¥2200		**W25** 世界のお菓子図鑑 ¥1980	
W26 世界の麺図鑑 ¥1980		**W27** 世界のお酒図鑑 ¥1980	
W28 世界の魅力的な道 178 選 ¥1980		**W30** すごい地球! ¥2200	
W31 世界のすごい墓 ¥1980			

※表示価格は定価（税込）です。改訂時に価格が変更になる場合があります。